本书为

国家社会科学基金重大招标项目“秦汉三辅地区建筑研究与复原”

国家社会科学基金项目“秦与西汉都城研究”

的阶段性成果

漕渠考古发现与研究

中国社会科学院考古研究所
西安市文物保护考古研究院 编

科 学 出 版 社
北 京

内 容 简 介

本书集中收集迄今为止最主要的关于汉唐漕渠遗址的考古资料和学者研究成果。通过整理，将之前不同作者零散发表在各种期刊、杂志的考古简讯、研究成果等各种资料进行了集中梳理，在进行科学编排后，提供给历史学、考古学学者使用。

可供历史地理学、文献学、交通史、水利史等方面的专家学者参考阅读。

图书在版编目（CIP）数据

漕渠考古发现与研究 / 中国社会科学院考古研究所，西安市文物保护考古研究院编. —北京：科学出版社，2024.6

ISBN 978-7-03-077709-6

Ⅰ.①漕… Ⅱ.①中… ②西… Ⅲ.①漕渠-考古发现-研究 Ⅳ.①K878.44

中国国家版本馆 CIP 数据核字（2024）第 019510 号

责任编辑：王琳玮 / 责任校对：邹慧卿
责任印制：吴兆东 / 封面设计：金舵手

科学出版社 出版
北京东黄城根北街 16 号
邮政编码：100717
http://www.sciencep.com
北京中科印刷有限公司印刷
科学出版社发行 各地新华书店经销
*
2024 年 6 月第 一 版 开本：889 × 1194 1/16
2025 年 2 月第二次印刷 印张：31 3/4 插页：1
字数：900 000

定价：398.00 元

凡　例

《漕渠考古发现与研究》为系统收集漕渠考古与研究资料的论文集，主要收集中华人民共和国成立以来发表的漕渠考古与研究文章，分类编排。

因部分文章年代久远，为尊重历史，在体例等方面做如下说明：

1. 注释体例各文内尽量统一，注释中出版信息不全的文献保持原状。

2. 历史地名如“霸水”“灞水”、“支渠”“枝渠”、“滈”“镐”“鄗”、“揭水陂”“堨水陂”，及同一古人人名的不同写法，保留发表时原状。

3. 尽量查证文中引文，因作者引文出处不同而造成的引述差异保留原有写法。

4. 行政区划以发表文章为准保留原样。

凡 例

岁漕四百万，治水思昔年[1]
（代前言）

一、文献中的汉唐漕渠

东汉许慎《说文解字》言“漕，水转谷也”。唐司马贞《史记索隐》谓“车运曰转，水运曰漕”，漕运即是经水道运输粮食。历史上漕运随首都位置转移，以满足首都政治稳定、军事与经济需求为目标，以连接首都与漕粮产地水路为载体。

从秦封泥中有“陇西右漕丞”的情况看，秦始皇在统一后当已设漕官负责漕运。虽史料失载，秦漕运的具体情况目前尚不清晰，但从诸如灵渠开凿和秦对岭南统治的情况看，秦的漕运应有相当规模，对秦统一的胜利和稳定做出了巨大贡献。

在秦末汉初的汉楚相争中，刘邦的胜利与关中漕运有密切关系。《史记·萧相国世家》载：“汉二年，萧何守关中，计户口，转漕给军，汉与楚相守荥阳数年，军无见粮，萧何转运关中，给食不乏。”而在战争胜利确定都城位置的过程中，张良向刘邦提出当定都关中而非洛阳的重要原因，就有关中的漕运优势，“关中阻三面而固守，独以一面东制诸侯，诸侯安定，河渭漕挽天下，西给京师，诸侯有变，顺流而下，足以委输”。

不过随着汉王朝定都关中，在不断扩张的首都建设和以“强干弱枝”为主要目的的陵邑建设等一系列吸引外来人口措施的大力推动下，关外人口不断涌入长安，逐渐超出了富饶关中平原的农业承载力，越来越需将关东的粮食经黄河、渭河漕运至长安，漕渠应运而生。

1. 汉漕渠

汉武帝元光六年（公元前 129 年），负责国家粮食生产和运输的大司农向汉武帝提出的在渭河之南开凿一条从长安至黄河运输粮食的漕渠建议被采纳，汉武帝派人用时三年凿通漕渠，使得漕船由黄河经漕渠直抵长安，极大提高了漕运效率，且因“渠下之民”可引渠水灌田而增加了关中粮食供给，史载“大便利”。《史记·河渠书》：

> 今天子元光中，……是时郑当时为大司农，言曰：“异时关东漕粟从渭中上，度六月而罢，而漕水道九百余里，时有难处。引渭穿渠起长安，并南山下，至河三百余里，径易

---

① 集明人吴宽《送张都水》句。

漕，度可令三月罢。而渠下民田万余顷，有可得以溉田，此损漕省卒，而益关中之地，得谷。”天子以为然，令齐人水工徐伯表，悉发卒数万人穿漕渠，三岁而通。通以漕，大便利。其后漕稍多，而渠下之民，颇得以溉矣。

开凿漕渠的时间，《汉书·武帝本纪》明载“元光六年（公元前129年）春，穿漕渠，通渭”。《汉书·食货志》则进一步记载，“郑当时为渭漕回远，凿漕直渠，自长安至华阴”，明确了漕渠的起点和终点位置。《文选》收录的班固《西都赋》讲“东郊则有通漕大渠，溃渭洞河，泛舟山东，控引淮、湖，与海通波”，即是指出漕渠从长安一路向东，最后河海联通。

从长安到华阴的漕渠虽解决了“渭漕回远”的难题，但从关东而来的漕粮在进入漕渠之前，需经黄河砥柱之险，故为“省底柱之漕”，汉武帝先后在今山西南部河东郡作“渠田”、在今长安之南的陕西秦岭开凿褒斜道以谋划解决漕运难题，但均告失败。于是之前郑当时提议开凿的漕渠，就成为保障首都长安粮食稳定供应的唯一生命线，成为汉武帝开疆拓土和汉王朝稳定发展的核心基础工程。

2. 隋漕渠

《隋书·文帝记》载，开皇四年（584年）“六月壬子，开渠自渭达河，以通运漕”。《隋书·食货志》对此事的记载更为详细：

开皇三年（583年），朝廷以京师仓廪尚虚，议为水旱之备，于是诏于蒲、陕、虢、熊、伊、洛、郑、怀、邵、卫、汴、许、汝等水次十三州，置募运米丁。又于卫州置黎阳仓，洛州置河阳仓，陕州置常平仓，华州置广通仓，转相灌注。

漕关东及汾、晋之粟，以给京师。又遣仓部侍郎韦瓒，向蒲、陕以东募人能于洛阳运米四十石，经砥柱之险，达于常平者，免其征戍。其后以渭水多沙，流有深浅，漕者苦之。

四年（584年），诏曰：京邑所居，五方辐辏，重关四塞，水陆艰难，大河之流，波澜东注，百川海渎，万里交通。虽三门之下，或有危虑，但发自小平，陆运至陕，还从河水，入于渭川，兼及上流，控引汾、晋，舟车来去，为益殊广。而渭川水力，大小无常，流浅沙深，即成阻阂。计其途路，数百而已，动移气序，不能往复，泛舟之役，人亦劳止。朕君临区宇，兴利除害，公私之弊，情实愍之。故东发潼关，西引渭水，因藉人力，开通漕渠，量事计功，易可成就。已令工匠，巡历渠道，观地理之宜，审终久之义，一得开凿，万代无毁。可使官及私家，方舟巨舫，晨昏漕运，沿泝不停，旬日之功，堪省亿万。诚知时当炎暑，动致疲勤，然不有暂劳，安能永逸。宣告人庶，知朕意焉。

于是命宇文恺率水工凿渠引渭水，自大兴城东至潼关三百余里，名曰广通渠。转运通利，关内赖之。

又《隋书·郭衍传》载，“征（衍）为开漕渠大监，部率水工凿渠引渭水，经大兴城北，东至于潼关，漕运四百余里，关内赖之，名之曰富民渠”。之后，据《隋书·炀帝本纪》，大业元年（605年）“发河南诸郡男女百余万，开通济渠”。据《资治通鉴·隋记》，大业元年（605年）三月“辛亥，命尚书右丞皇甫议发河南、淮北诸郡民前后百余万，开通济渠。自西苑引谷、洛水达于河；复自板渚引河历荥泽入汴；又自大梁之东引汴水入泗，达于淮；又发淮南民十余万开邗沟，自山阳至杨子入江。渠广四十步，渠旁皆筑御道，树以柳；自长安至江都，置离宫四十余所”，形成长安至江都间顺畅的水网运输。

大业四年（608年）又“诏发河北诸郡男女百余万开永济渠，引沁水南达于河，北通涿郡”（《隋书·炀帝本纪》），使漕粮可从涿郡直达长安。这样经隋文帝、隋炀帝两代经营，迅速地架构起庞大关东地区通过漕渠与首都大兴间的快速水运网络。而后大业六年“穿江南河，自京口至余杭八百余里，广十余丈，使可通龙舟，并置驿宫草顿，欲东巡会稽”（《资治通鉴·隋纪》），水网不断扩展向更庞大地域。

3. 唐漕渠

继隋而起的唐王朝继续以长安为都，与汉、隋一样，都面临着庞大人口粮食供给的迫切要求，因此漕运成为必然选择。《新唐书·食货志》载：

唐都长安，而关中号称沃野，然其土地狭，所出不足以给京师、备水旱，故常转漕东南之粟。

高祖、太宗之时，用物有节而易赡，水陆漕运，岁不过二十万石，故漕事简。

自高宗已后，岁益增多，而功利繁兴，民亦罹其弊矣。

初，江淮漕租米至东都输含嘉仓，以车或驮陆运至陕。而水行来远，多风波覆溺之患，其失常十七八，故其率一斛得八斗为成劳。而陆运至陕，才三百里，率两斛计佣钱千。民送租者，皆有水陆之直，而河有三门底柱之险。

显庆元年，苑西监褚朗议凿三门山为梁，可通陆运。乃发卒六千凿之，功不成。其后，将作大匠杨务廉又凿为栈，以輓漕舟。輓夫系二鈲于胸，而绳多绝，輓夫辄坠死，则以逃亡报，因系其父母妻子，人以为苦。

开元十八年，宣州刺史裴耀卿朝集京师，玄宗访以漕事，耀卿条上便宜曰：“江南户口多，而无征防之役。然送租、庸、调物，以岁二月至扬州入斗门，四月已后，始渡淮入汴，常苦水浅，六七月乃至河口，而河水方涨，须八九月水落始得上河入洛，而漕路多梗，船樯阻隘。江南之人不习河事，转雇河师水手，重为劳费。其得行日少，阻滞日多。今汉、隋漕路，濒河仓廪，遗迹可寻。可于河口置武牢仓，巩县置洛口仓，使江南之舟不入黄河，黄河之舟不入洛口。而河阳、柏崖、太原、永丰、渭南诸仓，节级转运，水通则舟行，水浅则寓于仓以待，则舟无停留，而物不耗失。此甚利也。”

玄宗初不省。二十一年，耀卿为京兆尹，京师雨水，谷踊贵。玄宗将幸东都，复问耀卿漕事，耀卿因请“罢陕陆运，而置仓河口，使江南漕舟至河口者，输粟于仓而去，县官雇舟以分入河、洛。置仓三门东西，漕舟输其东仓，而陆运以输西仓，复以舟漕，以避三门之水险。”玄宗以为然。乃于河阴置河阴仓，河清置柏崖仓；三门东置集津仓，西置盐仓；凿山十八里以陆运。自江、淮漕者，皆输河阴仓，自河阴西至太原仓，谓之北运，自太原仓浮渭以实关中。

玄宗大悦，拜耀卿为黄门侍郎、同中书门下平章事，兼江淮都转运使，以郑州刺史崔希逸、河南少尹萧炅为副使，益漕晋、绛、魏、濮、邢、贝、济、博之租输诸仓，转而入渭。凡三岁，漕七百万石，省陆运佣钱三十万缗。……及耀卿罢相，北运颇艰，米岁至京师才百万石。二十五年，遂罢北运。

而崔希逸为河南陕运使，岁运百八十万石。其后以太仓积粟有余，岁减漕数十万石。

二十九年（741 年），陕郡太守李齐物凿砥柱为门以通漕，开其山颠为輓路，烧石沃醯而凿之。然弃石入河，激水益湍怒，舟不能入新门，候其水涨，以人輓舟而上。天子疑之，遣宦者按视，齐物厚赂使者，还言便。齐物入为鸿胪卿，以长安令韦坚代之，兼水陆运使。

坚治汉、隋运渠，起关门，抵长安，通山东租赋。乃绝灞、浐，并渭而东，至永丰仓与渭合。又于长乐坡濒苑墙凿潭于望春楼下，以聚漕舟。坚因使诸舟各揭其郡名，陈其土地所产宝货诸奇物于袱上。……众艘以次辏楼下，天子望见大悦，赐其潭名曰广运潭。是岁，漕山东粟四百万石。自裴耀卿言漕事，进用者常兼转运之职，而韦坚为最。

唐代漕渠是在汉漕渠、隋广通渠基础上而通。

从文献记载看，无论是隋广通渠、还是唐韦坚“运渠”，作为保障隋唐王朝经济繁荣的今称“隋唐大运河”的起点，都是当时的都城大兴或长安，而其渠道的基础，则都是汉武帝开凿的漕渠。

二、漕渠考古

随着唐之后的都城东迁，位于长安和黄河之间的漕渠在失去供应首都粮食的最主要功能后，也就得不到国家力量的管理和维护，而渐成遗迹，成为今人考古的对象。

到目前为止，与漕渠相关的考古工作，可分为两类：一是，直接开展的从长安到华阴的汉唐漕渠及相关遗存考古；二是，与汉唐漕运有关的漕运考古。

1. 漕渠考古

（1）1955～1956 年，中国科学院与文化部联合组成的黄河水库考古工作队调查了位于陕西华县的京师仓遗址，采集到“与华无极”瓦当。1979 年，陕西省考古研究所（现陕西省考古研究院）对遗址再做调查后，于 1980～1983 年对遗址开展考古发掘。在整理出版的《西汉京师仓》中，发掘者指出，在“遗址北面 400 米处有一条东西向的槽型洼地，向西一直延伸到华县境内，长达 40 公里，地势低洼，常年积水，沼泽盐碱化严重，当地群众称‘二华夹槽’。据陕西师范大学马正林和西北大学李健超二位同志研究，认为二华夹槽就是历史上关中漕渠的遗迹”。而京师仓就在“漕渠渠口岸边，这里曾是西汉时漕渠连接黄河河道的一处重要码头”。在梳理文献记载和遗址考古资料后，判断“京师仓与关中漕渠是一套配套工程”，“漕渠的开凿和京师仓的修建是紧密相关的”，认为“京师仓的位置在渭河入黄河的交汇处不远，处在当时关中漕渠的渠口附近，这对于中转、储存漕粮极其方便”，是漕渠运来漕粮的“中转地点”。判断“确定京师仓修建年代应在西汉中期武帝时期”，废弃“下限在东汉初年”。认为“废弃的直接原因很可能与漕渠淤沙过多难以使用、东汉都城东迁洛阳有关”。

（2）在全国文物普查中，陕西西安市灞桥区新合乡万盛堡发现一条地表依稀可见的低洼地带，向东经陶家村、田鲍堡、新合村，延伸至临潼区西泉乡椿树村、唐家村、周家村，残长约 4 千米，登记为“并渭漕渠”遗址①，目前为不可移动文物点。

（3）2012 年至今，中国社会科学院考古研究所与西安市文物保护考古研究院为配合在汉唐昆明池旧址上建设的陕西省斗门水库，开展了大规模的考古工作，在昆明池南侧、东侧勘探发现长 7.2 千米的大型沟渠。经 2013～2023 年考古，先后确定渠首以及昆明池池水东向注入该渠，确定渠始建于汉，沿用至唐代后废弃。从渠的时代、走向及其与昆明池相互关系看，均与《水经注》等文献所载漕渠吻合，为汉唐漕渠。

2. 漕运考古

与汉唐漕运相关的漕运考古，主要有以下六次：

（1）1955 年 10 月，黄河水库考古队工作队在准备建设的三门峡水库区进行调查，中国科学院考古研究所夏鼐先生发现人门古栈道。12 月，王极庆、俞伟超先生进行专题调查，发现和平、甘露、景明、贞观、总章、垂拱、政和等年号的摩崖题刻，进一步了解了古栈道的时代。之后魏善臣、王振江、李进、张国柱、王极庆、张子明、俞伟超等先生从 1956 年 1 月开始，对相关遗迹进行全面调查、测绘、摄影、拓片、做模型等工作，至 1957 年 6 月完成。在 1959 年出版的《三门峡漕运遗迹》中，系统报道了之前调查发现与漕运有关的“古栈道”“开元新河”“北岸陆道与东西仓址”“摩崖题刻与碑记”等内容。在报告结语中指出，“自西汉以来，历代在黄河中运输漕粮时，由于中途有三门峡的天险，遇到了极大的困难，为了征服这一天险，古代和中世纪的王朝曾经动员了大量的人力在此开凿栈道、道路、运渠和建造仓廪。……发现人门左岸的栈道在东汉至魏、晋时期已经基本凿成了，而后来它又经过许多次的修整”②，成为汉唐漕运相关遗存的首次系统考古。该报告附录一《三门峡漕运简史》首次系统开展了对汉唐漕运文献记载的梳理。

（2）1992 年，彭曦先生在考察战国秦简公“堑洛”时，调查发现位于陕西蒲城县东北洛河右岸的漕仓遗址，并“蒲城县钤耳乡北城南村东约 450 米处的漕河引水口。总长 60 多千米为利用自然河道。自引水口至渭南县（今渭南市）孝义镇的单家崖，全长 32 千米，为人工开挖河道，自然

① 国家文物局：《中国文物地图集·陕西分册》，西安地图出版社，1998 年。

② 中国科学院考古研究所：《三门峡漕运遗迹》，科学出版社，1959 年。

河道加人工河道，全长实测 96 千米 ±3 千米”，推断“漕河的开挖时间，不会迟于西汉武帝”[①]。该条漕河位于渭河以北，虽然与郑当时在渭河以南开凿的漕渠无关，但对于全面了解关中地区漕运的发展有重要价值。

（3）1997 年，为配合黄河小浪底水库建设，山西省考古研究所（现山西省考古研究院）、山西大学考古专业、运城市文物工作站等对三门峡以东黄河北岸漕运遗迹开展了两次调查、测绘，在山西平陆、夏县、垣曲沿河 98 千米地段发现黄河古代栈道遗迹 18 地点 45 处，累计长 4517 米，并发现 1 处古渡口和数十条与漕运有关的石刻题记。2004 年再做复查后整理出版《黄河漕运遗迹（山西段）》[②]。该报告系统报道了专题调查发现的过去鲜为人知的漕运遗存，进一步搞清了古代黄河漕运的基本面貌和细节，扩展了黄河漕运研究的基础资料。在报告结语中，调查者利用《史记》《汉书》《通典》《文献通考》等文献记载和石刻题记等材料，对汉唐漕运的规模和栈道修凿情况开展了系统研究，提出汉唐不同时期漕运数额，在借此可直观体现“黄河漕运对于唐朝政府的重要性”的同时，也为我们了解通过黄河漕运进入关中漕渠的运量提供了准确信息。

（4）2003～2004 年，陕西省考古研究院、宝鸡市考古研究所、凤翔县博物馆等单位在陕西凤翔孙家南头发掘一处大型西汉仓储建筑遗址，在出版的考古报告中推断其“可能就是当时的‘百万石仓’”。发掘者提出了该建筑用途的三种推测，其中第一个即是“类似于华县京师仓，是西汉中央政府设在关中西部的一个水上转运站，其目的是将在这一带征集的粮食及时运抵长安”，判断其为研究的“西汉时期政治、经济、军事、文化，以及汧河乃至全国漕运与河岸码头仓库储存情况提供了重要的实物资料”[③]。

（5）2013 年，石自社、张如意先生在河南“洛阳市老城区，调查范围约 240 万平方米，基本确定了隋唐洛阳城内漕渠和新潭的位置与大致范围。漕渠起自今南关码头西南，支分洛水，东北流经今凤化街，再折向东经贴廓巷小学家属院、柳林街，新街小石桥北，汇入瀍河。过河经桂圆街、塔西新村南，东出外郭城，其宽 35～43 米，部分地段宽 110 米左右”，“漕渠和新潭位置的确定，为探索隋唐洛阳城水系脉络、城址布局和漕运系统提供了重要的考古资料”[④]。

（6）2014 年，洛阳市文物考古研究院“对隋唐大运河洛阳段故道进行了较为系统的考古调查”，“重点对汉魏时期堰洛通漕遗址、偃师鱼骨村南谷水左出的水池遗址、洛河至寺里碑处的城下漕渠遗址及谷水遗址的部分地段进行了考古勘探”，“对洛阳盆地内的主要水系有了较为全新的认识”[⑤]。

从上述梳理看，20 世纪 50 年代中期配合三门峡水库建设、1997 为配合小浪底水库建设而开展

① 彭曦：《陕西洛河汉代漕运的发现与考察》，《文博》1994 年 1 期。

② 山西省考古研究所、山西大学考古专业、运城市文物工作站：《黄河漕运遗迹（山西段）》，科学技术文献出版社，2004 年。

③ 陕西省考古研究院、宝鸡市考古研究所、凤翔县博物馆：《凤翔孙家南头：周秦墓葬与西汉仓储建筑遗址发掘报告》，科学出版社，2015 年。

④ 石自社、张如意：《隋唐洛阳城漕渠和新潭遗址调查》，《中国考古学年鉴 · 2013》，文物出版社，2014 年。

⑤ 洛阳市文物考古研究院：《洛阳汉唐漕运水系考古调查》，《洛阳考古》2016 年 4 期。

的黄河漕运遗迹调查、测绘等工作，是汉唐漕运考古的最重要成果。新时代以来河南洛阳调查勘探发现的漕运遗迹，为隋唐大运河考古研究提供了重要的学术资料。而在陕西蒲城、凤翔所发现的漕河和建筑遗迹，为我们更加全面了解汉代漕运系统，提供了重要材料。

不过从历史文献看，汉唐漕渠起于都城长安，终点不管是华阴还是潼关，都是以进入黄河为终点。即，漕渠是长安与黄河间的漕粮运输渠道。位于黄河岸边的相关遗存，都是漕船进入漕渠之前的漕运遗存，与汉唐漕渠无涉，因此无论是20世纪50年代还是90年代完成调查测绘后，均将其名为“漕运”，无疑具有高度的科学性。

三、漕渠与漕运研究

1. 专著探讨

在较长时间里，学界开展的汉唐漕渠研究在有关水利和运河史的专著中多有涉及。

1939年，郑肇经先生《中国水利史》第五章为“运河”，其从文献出发，约略地梳理了“秦汉运道”“晋隋运道”“唐代运道”的相关记载[①]。

1944年，在顾颉刚先生的赞许和鼓励下，史念海先生完成《中国的运河》的写作和出版。该书无论是对汉漕渠，还是对隋唐漕渠的研究，都努力“从史学着眼和立论”，探索运河沿革，以“说明事物变化的缘由及其过程和影响”[②],对之后运河研究的不断深入有重要的示范价值。史念海先生明确指出，“漕渠以引用渭水为水源，这本是无疑义的。它也曾引用过昆明池水。……漕渠开凿于汉武帝元光六年（公元前129年）。昆明池开凿于汉武帝元狩三年（公元前120年），不应水源的开凿反在漕渠通流之后，当是用昆明池水以补漕渠中水量的不足”。认为汉漕渠引渭河取水的渠口，当在“今咸阳县钓鱼台附近”，“昆明池水并不是漕渠主要的水源。或谓漕渠引用渭水处当在今西安市西北，这不仅与文献记载不合，按之当地地形方位也是不可能的”。在绘制的《秦汉时期关中及河东水利图》中，漕渠水源一支在昆明池，一支在长安以西渭河。指出，“漕渠乃是入于黄河，而不是入于渭水”。

1959年，中国科学院地理研究所出版《中国古代地理名著选读》。其中《水经注选释》的《渭水》篇由黄盛璋先生完成。在完成注释的同时，还绘制《根据水经注复原之汉长安城附近水道图》。从该图看，其在长安城西南绘制昆明池，并在昆明池东南方向引出一水道“昆明故渠”，向东北延伸，在长安城以东与从长安城中流出的“明渠”汇合后东流，标注为“（漕渠）”[③]。1961年，钟凤年先生对上述《水经注选释》提出商榷意见，并在文章附图中于长安城东明确绘出“漕渠”，上接“昆明故渠”[④]，但均未做明确文字讨论。仅黄盛璋先生在前文的注中简单提到，“漕渠是汉武帝元光

① 郑肇经：《中国水利史》，河南人民出版社，2018年。

② 史念海：《中国的运河》，陕西人民出版社，1988年。

③ 中国科学院地理研究所：《中国古代地理名著选读》，科学出版社，1959年。

④ 钟凤年：《评<水经注选释>》，《考古》1961年5期。

六年（公元前 129 年）郑当时建议开凿，那时渭河漕运有困难，所以在渭河南面，依着南山另开一条漕渠，现在西安附近还留有若干遗迹”。

1962 年，朱偰先生出版《中国运河史料选集》，系统梳理了历史上运河史料，在编辑说明中将位于长安附近出发的漕渠名为“关中漕渠”，但正文则依文献记载以“漕渠”为名，并在“编者按”中对漕渠做出简略介绍[①]。而在此之前，1956 年，全汉昇先生出版的唐宋运河专著，也以传世文献为基础，进行了对唐宋运河的全面整理[②]。

1979 年，《中国古代水利史稿》出版。该书在“秦汉时期的航运”部分的“沟通全国的航运干线”中，第一个就是“关中漕渠”。其据文献，用 35 行文字叙述了漕渠的基本情况。在该书的《汉武帝时期关中水利工程分布图》内，从长安城西南昆明池开始，向东绘制出一条与渭河平行的水道，经郑县、华阴后入黄河，标注为“漕渠”[③]。

1979 年，郭沫若先生主编的《中国史稿地图集》出版。虽然在相关的西汉时期形势图中没有绘制漕渠，但在“西汉时期形势”图的左下角有“长安”图。在该图的右下角，绘制出“漕渠”，从方向看，应是从昆明池而来[④]。

1982 年，谭其骧先生主编出版《中国历史地图集》，在第二册“秦 西汉 东汉时期”西汉时期图组的“司隶部”图中，将渭河以南从长安出发向东到注入黄河的一条水道标为“漕渠”。在该图左上角的“长安附近”放大图内，长安西南昆明池东侧绘出一条水道向东流淌，仅标“渠”字，但从其与全图的关系看，应即漕渠[⑤]。而在之前 1975 年印行版本中，虽没有单独在左上角绘制“长安附近”的放大图，但在“司隶部”中，从昆明池出发向东绘制的水道被标为“漕渠”[⑥]。

1987 年，潘镛先生在参加了 1984 年的唐宋运河考察队后，出版《隋唐时期的运河和漕运》一书。在开展隋唐运河研究之前，系统梳理了隋唐以前运河的历史，对汉代漕运、南北朝漕运等都有较大篇幅的内容梳理。当然，其最主要的内容，还是对隋唐运河的专门研究[⑦]。

1989 年 4 月，常征、于德源先生出版《中国运河史》[⑧]，将汉漕渠置于甲编“大运河出现之前的地域性运河”中，新命名其为“渭南漕渠”，在该书的《汉渭南漕渠示意图》中，昆明池北侧出一条水道，经汉长安城后东出，在渭河入黄河口西侧注入渭河，标“渭南渠（漕渠）”。同时在昆明池东北有一水道，斜向东北与漕渠相通，之后继续向东北流入渭河，名“昆明故渠”。该书丙编“以洛阳为中心的隋唐大运河”中，对文献所载从首都大兴或长安向东开凿的广通渠等未做多少阐述。

---

① 朱偰：《中国运河史料选辑》，中华书局，1962 年。

② 全汉昇：《唐宋帝国与运河》，（台北）“中央研究院”历史语言研究所，1956 年。

③ 武汉水利电力学院、水利水电科学研究院《中国水利史稿》编写组：《中国水利史稿（上册）》，水利水电出版社，1979 年。

④ 郭沫若：《中国史稿地图集》（上册），地图出版社，1979 年。

⑤ 谭其骧主编：《中国历史地图集》第二册《秦·西汉·东汉时期》，中国地图出版社，1996 年。

⑥ 中国历史地图集编辑组：《中国历史地图集》第二册《秦·西汉·东汉时期》，中国地图学社，1975 年。

⑦ 潘镛：《隋唐时期的运河和漕运》，三秦出版社，1987 年。

⑧ 常征、于德源：《中国运河史》，北京燕山出版社，1989 年。

1989 年 12 月，岳国芳先生出版《中国大运河》[①]，其按时间前后，分时代梳理运河文献。第四章“两汉运河——首开京都漕运”中，虽列出“西汉漕渠”“荥阳漕渠”“东汉阳渠”“王景修汴渠”，但在书后所附的《运河起源图（春秋时代）》后，既为《隋代运河图》《唐代运河图》，未绘汉代运河图，仅在《唐代运河图》中的长安和华阴间绘出“漕渠”。

1990 年，郭涛先生在为《史记·河渠书》完成的注释中，对漕渠水源进行解释，“初以灞水为源，其后凿昆明池，又穿昆明池通渭，与漕渠相通，使航运水源改善。东汉时尚可通行航，北魏时已无水。隋开皇初改自长安西北引渭水为源，浚复旧渠通运，定名广通渠，但习惯上仍称为漕渠。唐代时通时塞，后渐湮废”[②]。

1994 年，王子今先生在《秦汉交通史稿》中，对漕渠在内的汉代内河航运、秦汉粮食仓储运输等问题进行了系统梳理[③]。

1996 年，史念海先生主编出版《西安历史地图集》。在《西汉时期图》中，于长安城西南昆明池向东引出一条渠道，名“昆明渠”，其在汉长安城东侧与从长安城内流出的一条水道汇合后向东，标注“漕渠”，该图绘法在西汉时期的其他图幅中亦然。而在《隋时期图》之后的隋唐时期图幅中，漕渠的取水口绘制在咸阳钓台镇一带，昆明池水不再与漕渠发生直接关系。但在《唐长安县、万年县乡里分布图》中，昆明池北侧绘出一条渠道，标“金堤”，向北一直延伸后与东西向的漕渠连接（该图中漕渠取水自沣河，而非渭河）。从五代时期图开始，不再绘制漕渠[④]。

1997 年，李治亭先生出版《中国漕运史》[⑤]，同样从文献记载出发，梳理了汉唐之间漕渠的发展与历史。

1998 年，周魁一、谭徐明先生出版《中华文化通志·水利与交通志》[⑥]。在书中的“城市水利”章下“汉与隋唐长安城市水利”中的“昆明池——长安供水系统的形成”内，谓“昆明池出城后称漕渠，开凿于元光六年（公元前 129 年），是一条东连渭河的人工运河（《水经·渭水注》）”，并指出“昆明池供水工程的修建，使都城长安的水源丰沛，解决了长安的市政用水和漕运用水，同时也给宫城造就了碧波荡漾的园林景观”。该书所附《汉长安城昆明池供水工程及长安附近水源示意图》，与黄盛璋先生图较接近。在其后“城市水源工程——水绕长安的水环境”部分中所述时代以隋唐为主，所列“漕渠”为隋开皇四年（584 年）、唐天宝六年（747 年）开凿。不过该书第七章“天然河流航运工程”第二节“运河的创建与发展”、第三节“全国水运网络的形成与运河工程技术的完善”中，均未涉及长安出发的汉唐漕渠。

2001 年. 陈璧显先生主编出版《中国大运河史》[⑦]，“以时间为顺序，以水利航运为线索”，据文

① 岳国芳：《中国大运河》，山东友谊书社，1989 年。

② 周魁一等：《二十五史河渠志注释》，中国书店，1990 年。

③ 王子今：《秦汉交通史稿》，中国人民大学出版社，2013 年。

④ 史念海：《西安历史地图集》，西安地图出版社，1996 年。

⑤ 李治亭：《中国漕运史》，文津出版社，1997 年。

⑥ 周魁一：《中华文化通志 · 水利与交通志》，上海人民出版社，1998 年。

⑦《中国大运河史》编纂委员会：《中国大运河史》，中华书局，2001 年。

献梳理了包括汉唐漕渠在内的中国历史上大多数运河的基本情况。

2004 年，李令福先生出版《关中水利开发与环境》[①]，对西汉“漕渠的开凿、布局与兴盛”“隋唐都市水利与漕运工程的发展与布局”都做了系统梳理。认为汉漕渠的“主要水源是渭河而不是昆明池”，赞同史念海先生对漕渠从渭河引水之处当在咸阳钓台的认识，对漕渠的东口则判断不应在今天的潼关老城西的吊桥附近，而是“应该越过三河口，在其东今潼关县西境某处，注入黄河”。

2008 年 8 月，嵇果煌先生出版《中国三千年运河史》，对于汉“关中漕渠”的起点和终点等问题进行了专门的探讨，认为“昆明池也可算是漕渠的起点”，并认为“漕渠尾闾应是通向渭水，而不是直接通向黄河”。并在后文中，还对隋唐广通渠的开凿与漕运情况进行了梳理。

2008 年 9 月，陈桥驿先生主编出版《中国运河开发史》[②]。在“关中豫东与皖北皖中运河史”中，系统梳理西汉“关中漕渠”的开凿、渠首、经行路线与入黄河处，认为“漕渠主要之水源仍是渭水”，认同史念海先生判断的引渭处在咸阳钓台的意见，认为漕渠注入黄河的地点在吊桥村。指出汉漕渠对隋广通渠的建成“打下了良好的基础”。而在隋唐漕渠研究中，提出“隋唐关中漕渠”的概念，指出“‘漕渠’一名实际上已成为关中东部渭河南岸、秦岭北麓所兴修的人工运渠之‘通称’”，并将“关中地区渭河沿线围绕前述漕渠所建之附属配套设施包括进去，构成关中地区更为完善的漕运体系”。

2016 年，张建锋先生将其博士论文修订出版《汉长安城地区城市水利设施和水利系统的考古学研究》[③]。该书系统梳理了汉长安城内外与水利相关的考古资料，在“漕渠及漕运”一章中，对西汉漕渠的水源、渠首、线路等做出探索，认为漕渠的水源为渭河，渠首在咸阳钓台镇附近，认为漕渠部分利用了汉长安城城壕，在《西汉时期漕渠汉长安城段路线图》中，漕渠从长安城西三桥而来后进入南城壕，之后经长安城东城壕，在清明门外东折，向东再与昆明池渠汇合后继续向东。

2019 年，赵维平先生出版《中国治水通运史》[④]。根据文献和有限的考古资料，在梳理历代治水通运的过程中，对秦汉漕运、隋唐漕运的历史、过程等进行了细致梳理。

2. 论文研究

在不断出版水利和运河史研究专著的同时，学者持续以论文形式发表了与漕渠相关的研究成果，其内容大体可分以下几类：

（1）关中航运与漕渠

在渭河水运研究的论文中涉及汉唐漕渠，大体始于 1958 年黄盛璋先生的专题论述。黄盛璋先生研究指出，“一直到王莽篡位，汉朝国库充实，经济上基本稳定，主要原因虽然是由于关中水利的兴修、赵过等改进耕种方法、荒地多加垦辟等，使某些地方农业生产有所增加；但漕渠能负担很大的运输量，解决了财政开支的来源供应问题，也应该是其中一个很重要的因素”。其论述所用资

① 李令福：《关中水利开发与环境》，人民出版社，2004 年。

② 陈桥驿：《中国运河开发史》，中华书局，2008 年。

③ 张建锋：《汉长安城地区城市水利设施和水利系统的考古学研究》，科学出版社，2016 年。

④ 赵维平：《中国治水通运史》，中国社会科学出版社，2019 年。

料，无论是汉，还是之后隋唐，都源于传世文献。对漕渠取水和走向问题，黄盛璋先生明确指出：

> 汉漕渠来自昆明池，隋唐漕渠则自咸阳西十八里引渭水。其故道现在西安附近还有若干遗迹，大致分为两处：一是从鱼化寨附近往东北经汉长安故城之南，今故城南壁有濠池一道自西往东又绕东城壁北上，遗迹极为清楚，另一处则自范家村、肖家村沿395之等高线往东与浐河会，近年西安建设局勘查排水渠道，发现这条沟状地带，认为其即古漕渠，又龙首原以西有一沟自孙家凹起光泰门与浐会，其沟故道经石碑寨，其地为唐望春宫及广运潭所在，当为隋唐时代漕渠故道遗迹。浐水以东，汉、唐漕渠当不应有异，唯故道今多不存，据记载系经临潼、华县、华阴直到潼关附近之渭口合入黄河，现只华县附近东行经华阴大道之旁留有东西横亘的故沟一道，当为隋唐漕渠因汉漕渠之遗迹。余则尚无可考。

黄盛璋先生指出，其“关于关中漕渠经流遗迹，据拙著《西安附近水道的变迁》及《关中古渠考》两稿”，但两稿未见刊发。他指出“漕渠不同于渭河，在于利用它的水源而不用它的河道，漕渠的水源为：①渭河；②灞浐；③沿途兜纳南山脚下诸水流，在汉代还多加上昆明池一个水源，流量虽不可能有渭河那么大，但由于水源甚多，所以还比较充分”，但也指出“漕渠很不易管理，容易淤失”[①]。

1983年，马正林先生发表《渭河水运与关中漕渠》[②]，指出“对稳定汉、唐盛世的政治统治和造就长安城的繁荣，起了极其重要的作用。漕粮是封建王朝赖以存在的物质基础”。马先生“先后在西安、临潼、渭南、华县、华阴一带对关中漕渠进行实地调查，查明了这四次所开凿的漕渠，除渠首有变化外，渠线和渠尾基本上没有多大变动”。在其绘制的《关中漕渠图》中，将漕渠绘制在经汉长安城北后向西到咸阳一带取水，“汉代的渠首应在今西安西北郊的鱼王村附近”：

> 汉代的漕渠从今鱼王村附近引渭水东流，经过今新民村、八兴、西营、中营、席王村、建丰村、惠东村、张道口、解放村、盐张村、张家堡、魏家湾、车家堡、伍家堡，至袁雒村绝灞而过，又流经今杏园南村、枣园、三义村、南吴、新筑镇、半坡村、刘家庄而进入原下，已无遗迹可寻。
>
> 漕渠在西安地区的具体线路并不是一条东西向的直线，而是顺应地形特点，有多处弯曲。流经汉长安城北的一段，是切穿龙首原的北麓而过，又在城的东北角折向东南，在今张家堡附近与昆明故渠相汇。

并指出“昆明池成为漕渠的一个新水源后，漕渠水流丰沛，渠道淤积减缓，这也不可否认。漕渠以汉代维持通航的时间最长，应该说同昆明池的供水不断有密切关系。”判断“从汉代华仓遗址和华阴县东北一带的地形来看，汉代的漕渠在今三河口以西入渭，并未伸延到潼关附近入河”，而“汉代的漕渠口东距黄渭交汇处很近”，“隋唐把渠首向西移到咸阳县西南十八里”。从后续学界的研

① 黄盛璋：《历史上的渭河水运》，《西北大学学报（哲学社会科学版）》1958年2期。

② 马正林：《渭河水运与关中漕渠》，《陕西师范大学学报（哲学社会科学版）》1983年4期。

究看，马先生关于漕渠位于汉长安城北的意见未得到学界认可，如史念海先生在修订出版的《中国的运河》中明确否定了前述意见，且也不同意马正林先生提出漕渠入渭而不入黄河的认识。后来多数学者都与史念海先生意见一致。

1985 年，张骅先生在讨论关中秦汉时期水利工程中，对漕渠的历史进行了文献梳理，指出“徐伯表漕渠，在我国水利史上是一个大贡献。漕渠西起长安，引渭水入昆明池，沿途接纳灞水、浐水、沈水以及渭南县以东秦岭北麓诸峪之水，沿秦岭脚下东行，经今临潼、渭南、华县、华阴、潼关，直抵黄河，全长三百余里，成为当时最大的运河”[①]。

1990 年，王子今先生在对秦汉时期内河航运的研究中，指出“秦汉王朝居关中而役天下，黄河水系的漕运成为当时中央专制政权赖以维持生存的主动脉”，存在“由东至西形成了敖仓—华仓—太仓的转运路线”，“船司空位于河渭交汇之处，成为这一漕运系统的中继站。”而“徐伯‘表’漕渠，是我国水利工程史上关于渠线测量的最早的记录。”[②]

1993 年，潘京京先生在对秦汉时期漕运和运河的研究中，对漕渠的文献进行了梳理[③]。

1996 年，史念海先生发表《环绕长安的河流及有关的渠道》[④]。史念海先生指出“开渠引水，这在西安是有历史渊源的”，汉代“引水的巨大工程应该数得上凿昆明池和开漕渠”，“穿漕渠的目的是运输山东的漕粮”，“说穿凿漕渠本来的水源，就是要利用潏、鄗、浐、霸诸水。昆明池的穿凿使潏、鄗诸水得以以时储存，使后来的漕运更为方便”，“漕渠引水的地方当在昆明池的南端，而不在其北部”。到隋代“渠长 300 余里，由大兴城（即长安城）西引渭水，濒渭东流，至潼关入于黄河。这条渠道当时就称为漕渠，也称为富民渠。隋炀帝时，为避炀帝的名讳，改为永通渠。唐初，富民渠亦以避唐太宗的名讳，改为富人渠”。“由于这条渠道能够开凿贯通，长安城中就显得相当繁荣富庶，不仅隋时乐观其功，后来到了唐朝，还是深享其利”。“隋初开凿的广通渠和汉时漕渠差异处，只是水源不同。汉渠的水源为昆明池，隋渠的水源是渭水，其间的渠道自然是不同的。汉渠的渠道离昆明池后，东北流，绕汉长安城东南角外，再流向东北。这是在前面已经论述过的。隋渠由渭滨东行，与汉渠旧迹相汇合。两条渠道的开凿都未涉及汉长安城，因而汉长安城的南垣还能显露在地面”。

2000 年，李昭淑、徐象平、李继瓒先生在梳理西安水环境的历史变迁中，根据文献整理了漕渠的基本情况[⑤]。

2006 年，殷淑燕、黄春长先生在梳理关中盆地古代城市选址与渭河水文和河道变迁情况的研究时，从环境变迁、人地关系演变的角度入手，探索分析历史时期渭河水文、河道变迁与关中盆地中心城市选址之间的关系，提出“唐代长安城北的东渭桥（今西安市耿镇东南）是渭水上运漕粮的终点”，指出漕渠“从长安城西北引渭水东流，又从以洨河水为水源的昆明池经昆明故渠接济水量，

---

① 张骅：《秦汉时期关中几项水利工程》，《文博》1985 年 2 期。

② 王子今：《秦汉时期的内河航运》，《历史研究》1990 年 2 期。

③ 潘京京：《略论秦汉时代的运河和漕运》，《云南师范大学哲学社会科学学报》1993 年 2 期。

④ 史念海：《环绕长安的河流及有关的渠道》，《中国历史地理论丛》1996 年 1 期。

⑤ 李昭淑、徐象平、李继瓒：《西安水环境的历史变迁及治理对策》，《中国历史地理论丛》2000 年 3 期。

到城东接合了浐、灞两水，在渭水之南，大致与渭水平行，东至潼关附近入黄河。不直接以渭河航运，而通过漕渠，漕渠再以昆明池水和浐、灞两水作接济，主要就是因为渭河常水量不足，含沙量又大，不利于航运。开凿漕渠还有一个原因是渭河上下游河道迂曲异常，航运耗费时间过长，但常水量不足还是主要原因”。[①]

2007年，桑广书、陈雄先生在梳理灞河中下游历史河道变迁的过程中，指出“汉代漕渠略呈东西方向，自万胜堡向东南，经陶家村、田鲍堡、新合村，与临潼并渭漕渠相接，灞桥区境内漕渠遗址为长约2.5千米的低凹地带。经对六村堡附近和田鲍堡附近实地考察，西汉漕渠基本沿渭河一级阶地前缘陡坎延伸，与灞河相交于解放村附近”，“汉代漕渠在解放村附近与灞河相交”[②]。

2006年，辛德勇先生在对西汉时期陕西航运的专题研究中，对漕渠展开深入分析。针对马正林先生提出漕渠在鱼王村引水的意见，指出“渭河在鱼王村附近，河身宽浅，为游荡分汊性河道，难以筑堰引水。而且这里洪枯水期河宽比为1∶5，河身变化较大，在渭河与汉长安城之间的狭窄地段内开渠，也有水浸之虞。因此，漕渠不应当在长安城北引水”，判断“漕渠渠首段在长安城南通过，侧临南垣而东，兼用为护城池”，“漕渠在今文王咀附近分引渭河水流，然后向东通过滈池北面，又经过秦代的磁石门南，其后即沿着汉长安城南垣流向东去”。判断“即使漕渠东段只能终止于三河口以西，也并非不能注入黄河，还是应当尊重《史记》《汉书》等文献的记载，确定西汉漕渠乃是东入黄河，而不是渭河”[③]。

2008年，辛德勇先生对隋唐时期陕西航运开展了专题研究，指出“‘永通渠’这个名字当然寓有企望漕运永久畅通的含义，可是，它既然与汉代的漕渠同样，是以渭河作为主要水源”，“汉代和隋代的漕渠，都是在灞、浐二水合流处以下绝灞而过，可是，兴成渠却是在灞水和浐水两条河流的交汇处以上横截二水”，“唐兴成渠的渠尾也与隋代不同，它是东止于华阴县东北35里的渭河口附近，而不是黄河”。并指出“隋代漕渠的整个使用期限，不会超过22年”，“在禁苑内汉长安城的西北角，也就是中渭桥的南头岸边，还设有一个粮仓，这个粮仓也叫太仓”，“韦坚开挖的漕渠，大部分地段仍沿用隋代漕渠的旧道，东端渠道尾闾汇入渭河的地方，仍然可以和隋代一样，在永丰仓下设置码头，以便转输漕粮。浐河西岸的广运潭，是漕渠最大的码头”。指出“隋唐时期渭河和漕渠上以粮食运输为主体的运输活动，虽然在整个渭河航运史上，也称得上是盛极一时，形成了一个航运高峰……”[④]。

2010年，裴琳娟、林源先生在开展的汉长安城水系统的研究中，绘制《汉武帝时期汉长安城水系统示意图》，从昆明池东南侧绘制出一条向东北延伸的渠道，标为“漕渠”[⑤]。

2010年，杨婷先生从关中漕渠进行研究，指出“漕渠的主要水源是渭河，昆明池为其补充水

① 殷淑燕、黄春长：《论关中盆地古代城市选址与渭河水文和河道变迁的关系》，《陕西师范大学学报（哲学社会科学版）》2006年1期。

② 桑广书、陈雄：《灞河中下游河道历史变迁及其环境影响》，《中国历史地理论丛》2007年2期。

③ 辛德勇：《西汉时期陕西航运之地理研究》，《历史地理（第21辑）》，上海人民出版社，2006年。

④ 辛德勇：《隋唐时期陕西航运之地理研究》，《陕西师范大学学报（哲学社会科学版）》2008年6期。

⑤ 裴琳娟、林源：《试论汉长安城水系统与城市发展的关系》，《华中建筑》2010年9期。

源”，“昆明渠是昆明池济漕的渠道”，“灞河东西岸漕渠并不直接相对，西岸汇入灞水的渠口约较灞河东岸引流渠口在上游即南侧三里有余”，“黄河的西移正在漕渠的开凿之时，所以，漕渠在三河口以西入河也未尝不可”①。

2012年，李令福先生在对西汉关中平原水运交通研究中，同样开展了漕渠研究，将其名为“傍渭漕渠”。再次指出“后世学者受其影响，多把漕渠的水源归根为昆明池，即谓漕渠的渠首在昆明池，这是不全面的”，“漕渠的主要水源是渭河而不是昆明池”，“汉唐漕渠引水口地点相同，而从引水口到汉长安城的渠线也较少变化”，漕渠“尾端也不仅止于三河口之西，应该越过三河口，在其东今潼关县西境某处，注入黄河”②。

2016年，张维慎先生在秦汉时期陕西水利建设的研究中，对漕渠进行梳理。指出“西汉时，关中大型水利工程的修建，肇始于漕渠”③。

2016年，祝昊天先生指出“‘直渠’是为构成西汉关中‘漕渠’之躯干，以‘径’而名，属漕运主航渠道”④。并对关中漕渠运输系统开展研究，“以《西汉关中漕渠复原图》的绘制为据，探讨漕运实际，重新审视漕运系统在历史交通地理上的特殊意义”，指出“在漕运系统的平面结构上，漕渠是运输的主线，在此基础上，以仓布点，沿水陆交通线延伸，最终形成‘点—线’结构的运输网络”⑤。

2020年，冯晓多先生在对唐长安城水资源开展研究的过程中，对漕渠的文献记载和研究进行了梳理，指出广运潭“大致应在浐、灞之汇合处无疑”⑥。

2021年，祝昊天、潘威先生注意到《史记·河渠书》中“漕水道九百余里”，到《汉书·沟洫志》中作“渭水道九百余里”的文字差异，就西汉“漕水道”问题展开研究。指出“《史记·河渠书》作为当时人记载的第一手材料，并不应该出现把‘渭水道’写作‘漕水道’这种错误，而以《汉书·沟洫志》提及的改写作‘渭水道九百余里’完全脱离实际，这才造成一系列误读和质疑”。指出九百里不仅包括长安以下至黄河一段的渭河河道，也包括“潼关至荥阳一段的黄河水道”，“自荥阳敖仓起程”⑦。

2014年，陈晓捷、龚阔英先生在对隋漕渠开展的研究中，根据新发现石刻文献，梳理了负责漕渠开凿的官员构成，指出“唐长安城内诸渠，其基本功能首先都是为了城内供排水，而漕渠连接

① 杨婷：《关中漕渠与西汉社会》，《秦汉研究（第4辑）》，陕西人民出版社，2010年。

② 李令福：《论西汉关中平原的水运交通》，《唐都学刊》2012年2期。

③ 张维慎：《浅谈秦汉时期陕西的水利建设》，《秦汉研究（第10辑）》，陕西人民出版社，2016年。

④ 祝昊天：《西汉“直渠”考辨》，《中国历史地理论丛》2016年1期。

⑤ 祝昊天：《西汉关中漕渠运输系统的构建——以<西汉关中漕渠复原图>绘制为据》，《中国古都研究（第31辑）》，陕西师范大学出版社，2016年。

⑥ 冯晓多：《唐长安城的水资源及其利用》，《唐都学刊》2020年4期。

⑦ 祝昊天、潘威：《西汉“漕水道”及相关问题辨析》，《运河学研究（第7辑）》，社会科学文献出版社，2021年。

西市，则兼有贮木料、运木炭的目的，尚未见到利用漕渠从事城内航运的”[①]。

2004年，郭声波先生对隋唐长安水利设施的地理复原中，对漕渠展开研究，提出“隋唐漕渠的起点高程不低于海拔391米”，“漕渠引渭后，经大兴城北东流，当沿389米等高线自今严家渠村东流，穿三桥而入汉城南古渠”，并指出“广运潭在光泰门外的浐灞之会”[②]。

2009年，张超男先生在对隋唐长安城河渠体系的研究中，指出“漕渠源于兴成堰，渡沣后经大兴城北，与龙首东渠一支合流后东北入广运潭，再过灞水东去”，“漕河是在潏水干流西去后利用潏水故道进行疏浚而形成的”[③]。

2009年，陈云霞先生对唐漕渠系统中的广运潭开展研究，认同郭声波先生提出广运潭的位置意见，指出其当在“唐代浐、灞两河的交汇处”，并分析了广运潭的功用[④]。

2019年，祝昊天先生针对“前人工作多侧重于汉代漕渠线路的考证，虽略有涉及隋唐时期的内容，却一直未能形成专文论著”的情况，对隋唐关中漕渠展开专门研究，对其开凿过程、具体线路，指出“隋唐漕渠基本沿用了汉渠故道，但在补水支线上却存有明显差异。两相比较，汉代修昆明池蓄水，所引自沣、泬（潏）、滈诸水，多侧重于长安西侧的水流，故还设计有昆明池水、昆明故渠这两条支线渠道连接漕渠渠道；而唐代则修凿广运潭，在浐、灞交汇之处截流，明显侧重于长安东侧的水流，遂使灞河以西的漕渠主线整体向上游推移，从而改变了漕渠行径”，“自唐宋以后，因下游河道的频繁摆动，故渭河确有在临潼、渭南这两段部分侵夺了原来的漕渠故道”[⑤]。

漕粮运输离不开舟船。1985年，余华青先生在对秦汉时期舟车制造业的梳理中，指出“我国古代经常性的大规模的漕运，是从秦汉时期才开始的”，“当地官府拥有大量的常备漕船。在当时的一些主要漕运航道上，当有千帆万艘樯顺溯往返”[⑥]。

2004年，上官绪智、温乐平先生在从秦汉时期造船业出发开展的汉代漕运研究中，指出“秦汉时期造船业的发展及其造船技术的迅速提高，为军事后勤提供了大量的漕运船”，“秦汉时期造船业的发展，造船机构的设置及其场地的合理分布，造船经验的积累及其技术的较大提高，都为秦汉军事后勤漕运和水军战船保障提供了强有力的支持”[⑦]。

2002年，庄辉明先生开展了对西汉水利工程与基本经济区的研究，分析了两汉时期水利工程的数量，指出“在两汉时期（前206～220年）这一栏中，最大的数字出现在今陕西和河南两者，前者有18项，后者有19项。两者相加为37项，占了其时全国总计56项水利工程的66.07%。这

① 陈晓捷、龚阔英：《隋漕渠小议——兼论唐长安西市与渭水相通的渠道》，《咸阳师范学院学报》2014年5期。

② 郭声波：《隋唐长安城水利设施的地理复原研究》，《暨南史学（第3辑）》，暨南大学出版社，2004年。

③ 张超男：《隋唐长安城的河渠体系》，《宜宾学院学报》2009年11期。

④ 陈云霞：《唐长安广运潭考》，《三门峡职业技术学院学报》2009年4期。

⑤ 祝昊天：《隋唐时期关中漕渠新考》，《唐史论丛（第28辑）》，三秦出版社，2019年。

⑥ 余华青：《略论秦汉时期的舟车制造业》，《青海社会科学》1985年1期。

⑦ 上官绪智、温乐平：《从秦汉时期造船业看水军战船及后勤漕运保障》，《南都学坛（人文社会科学学报）》2004年2期。

显然绝不是偶然的巧合，而表明了这两个当时分别被称为关中和河内的地区对于汉代中央政权的重要性，以及汉代政权对这些地区社会经济发展的特殊重视"，"西汉时期较大的水利工程，有漕渠、六辅渠、龙首渠、白渠、成国渠、六门陂等。值得注意的是，在这些水利工程中，除了六门陂（亦称'六门堨'）由汉元帝时的南阳太守召信臣兴建于南阳之外，其余较大的水利工程均修凿于汉武帝时期，而且均在关中地区"①。

2006年，吴宾先生从文献记载中的周秦汉唐时期关中自然灾害与粮食安全角度进行研究，指出"周、秦、汉、唐时期，关中的粮食供需变化呈波浪式演进，即秦以前基本自给，两汉魏晋以后依赖关东趋于明显，隋唐时期关中粮食所需则自产自给和漕运并重"②。

2009年，王培华先生对汉唐长安粮食供应开展研究，指出"汉唐时京师长安的粮食供应，并不完全依赖关中，而是部分地依赖东南漕运。东南指函谷关以东的山西、河南和江淮地区"，"纯消费性人口的增长，即长安皇室、京官、禁军、士人等多种消费人口的增长，需要消耗大量粮食。他们是东南漕粮的直接受益者和消耗者。京师纯消费性人口的增加，而关中生产投入的不足、国有土地数量减少（水利灌溉面积减少）和劳动力数量不足，是造成汉唐京师长安粮食供应依赖东南漕运的重要因素"③。

（2）太仓与漕仓

1998年，王社教先生指出，西汉太仓当位于汉长安城之内④。

2016年，祝昊天先生认为"《水经注校正》卷19《渭水》(9)载：'（昆明）故渠又东而北屈，径青门外，与泬水枝渠会。'可知渠汇于霸城门东，寻路线交点处即漕庾；而转运循'驰道'之侧至城中（直城门与安门大街交叉），路口通达，于武库附近，所谓太仓'以给中都官'者。"⑤

2016年，徐龙国先生根据2012年在长安城东南的考古发现，认为唐太仓当在是处，"大白杨粮仓遗址即是唐代太仓所在地。唐代太仓占据了龙首原高地，处在唐代禁苑内，又靠近漕渠，不但有利于粮食储存，交通便利，也有安全保障。唐长安城内及其附近共有两座太仓，另一座位于东渭桥的太仓，有时也称北太仓，而太极宫内的所谓太仓应为太仓官署"⑥。

2009年，张晓东先生在以秦汉时期漕仓为中心研究后，重点分析了秦汉漕运的军事功能，指出"从交通网建构的角度看，漕运系统中漕仓属于交通站点和储备点的设置，而漕运线则被作为交通线的设置，共同构成漕运网的骨架结构"，"秦朝首创了全国漕运系统和全国性的漕仓群，西汉则主要继承秦的漕运系统，局部又有细柳仓、甘泉仓、万安仓、京师仓的出现，充实了漕运系统"，指出"和平情况下，漕运系统的运作主要是满足财政需要和建立战略储备，漕运线的军事交通作用

① 庄辉明：《西汉水利工程与"基本经济区"》，《华东师范大学学报（哲学社会科学版）》2002年3期。

② 吴宾：《周、秦、汉、唐时期关中地区自然灾害与粮食安全问题研究》，《气象与减灾研究》2006年4期。

③ 王培华：《汉唐长安粮食供应与关中天地人关系》，《陕西师范大学学报（哲学社会科学版）》2009年3期。

④ 王社教：《西汉太仓应在长安城内》，《中国历史地理论丛》1998年4期。

⑤ 祝昊天：《汉太仓方位考辨》，《中国历史地理论丛》2016年1期。

⑥ 徐龙国：《唐长安城太仓位置及相关问题》，《考古》2016年6期。

是隐性的，漕仓储备主要为财政和防灾服务”[①]。

2013 年，郭俊然先生据出土文献梳理了汉代仓官，指出“汉代仓官，分属于三个系统：一是边郡防御系统，有仓督、仓监、仓掾、仓丞、仓都丞、仓佐、仓令史和主仓；二是地方行政机构中的仓官系统，有仓督、仓监、仓啬夫、仓佐、仓内作、仓曹令史和仓曹史；三是地方漕运系统，有庾侯、庾丞”[②]。

（3）漕运

漕渠与漕运密切相关，漕运研究的深入不断推进着漕渠研究的深入开展。张晓东先生 2007 年梳理了先秦秦汉漕运史研究的进展、存在问题[③]。2016 年申艳辉先生对秦汉漕运的研究再做梳理[④]。

吴琦先生长期致力于古代漕运研究，先后发表多篇非常重要的论述[⑤]，后整理出版《漕运与中国社会》[⑥]，持续推动着漕运研究的不断深入。陈峰先生略晚出版的《漕运与古代社会》，对古代漕运的一系列重要问题也开展了研究[⑦]。

2008 年，王明德先生对中国古代漕运体系的发展进行了分期研究，“将中国古代漕运体系的发展划分为四个阶段，即‘关东之漕’阶段；由‘关东之漕’向‘江淮之漕’转变的阶段；‘江淮之漕’阶段；‘江南之漕’阶段”[⑧]。

对秦汉之前的研究，以 1998 年嵇果煌先生开展的先秦时代漕运研究[⑨]和 2000 年沈颂金先生开展的秦代漕运研究为代表。沈颂金先生在对秦代漕运目的、方法、管理等开展分析后，指出“秦代的漕运体制建立不久，在运输的规模、数量、人员设施、管理水平等诸多方面都处于草创阶段”[⑩]。

2016 年，申艳辉先生梳理了秦汉时期黄河流域漕运的形成，指出都城长安“为漕运活动的中心”，“关中平原和关东地区都是漕粮的主要来源区”，“如果将黄河流域相对完整的漕运系统看成一个连接各地的区域网，黄河则是主干线，各条支流和人工河则是编织成网的线条，因此，漕道的开凿和疏通整治，是保证漕运系统正常运转的重要一环”，认为“漕运虽然已经出现，但是并没有形成一种制度，只是一种临时性措施”[⑪]。

2008 年，张晓东先生在对汉江漕运开展的研究中，梳理了秦汉江汉漕运的经济社会作用、军

---

① 张晓东：《秦汉漕运的军事功能研究——以秦汉时期的漕仓为中心》，《社会科学》2009 年 9 期。

② 郭俊然：《出土资料所见的汉代地方仓官考》，《江西教育学院学报（社会科学）》2013 年 5 期。

③ 张晓东：《先秦秦汉漕运史研究概观》，《临沂师范学院学报》2007 年 2 期。

④ 申艳辉：《秦汉漕运的研究成果现状》，《济宁师范学院学报》2016 年 6 期。

⑤ 吴琦：《漕运的历史演进与阶段特征》，《中国农史》1993 年 4 期；《中国漕运产生的历史原因》，《华中师范大学学报（哲社版）》1995 年 3 期；《漕运与古代农业经济发展》，《中国农史》1998 年 4 期；《漕运与古代农田水利》，《中国农史》1999 年 3 期。

⑥ 吴琦：《漕运与中国社会》，华中师范大学出版社，1999 年。

⑦ 陈峰：《漕运与古代社会》，陕西人民教育出版社，2000 年。

⑧ 王明德：《论中国古代漕运体系发展的几个阶段》，《聊城大学学报（社会科学版）》2008 年 3 期。

⑨ 嵇果煌：《先秦时代的漕运》，《交通与运输》1998 年 5 期。

⑩ 沈颂金：《秦代漕运初探》，《中国经济史研究》2000 年 4 期。

⑪ 申艳辉：《略论秦汉黄河流域漕运的形成》，《四川职业技术学院学报》2016 年 5 期。

事历史意义，指出“秦朝建立之后在北方依托鸿沟，在南方依托灵渠和江南运河各建立漕运系统为抗击匈奴、开拓岭南等统一活动服务，这些漕运系统和江汉漕运系统共同构成了秦汉的漕运体系”，指出“漕运活动的运作及漕运体系的建设都与地理有着密切的关系，地理条件对漕运路线建构的影响几乎是决定性的”①。

2000年，薛瑞泽先生对先秦至北朝河洛地区的漕运和仓储的情况开展了梳理，指出“东汉、曹魏、西晋、北魏相继定都洛阳，河洛地区因之成为全国漕运和仓储的中心，这集中表现在以洛阳为中心的全国水运网的建立”，“当建都于关中地区时，漕运业的进行是与疏通三门峡砥柱紧密相连的。当定都于洛阳时，对漕运水道的疏通主要集中于黄河中下游水道”②。

2003年，马晓峰先生开展了对魏晋南北朝时期漕运与管理的研究，指出“魏晋南北朝时期的漕运事业主要是基于战争的需要而出现的，所以在工程质量上无法保证，战争结束后也缺乏必要的维护，多数漕渠也就逐渐湮废”③。

2004年，邵院生先生对唐代漕运开展研究，强调“漕运的兴衰关系着唐王朝的盛衰存亡”④。2007年，张荣强先生对《新唐书》中两则唐玄宗的漕运史料开展分析，指出“唐玄宗时期中央赋税的主要来源是江淮地区，而非传统认为的黄河中下游流域”⑤。

四、漕渠考古与保护

“自汉以来，中国便开始了以都城为目的地，为运输粮食开凿和经营运河的历史”⑥。从文献的梳理看，虽然“运河”一词大体从宋代逐渐开始使用，但直到清代官方文书仍多称漕运，负责相关事务的最高职官称“漕运总督”。今天所称的“运河”或“大运河”，汉唐时期主要称为“漕渠”。

长期以来，历史学家、历史地理学家、水利史学界不断开展漕渠的研究，但汉唐漕渠考古工作一直开展甚少。因此学者的研究，就主要基于文献记载和有限的实地踏察。早已有学者指出其中的不足之处，急需通过主动性的漕渠考古来弥补这一不足。

多年来我国先后出台《长城、长征、大运河国家文化公园建设方案》《大运河文化保护传承利用规划纲要》《大运河文化遗产保护传承专项规划》，大运河保护不断推进。2012年公布的《大运河遗产保护管理办法》规定，“大运河遗产，包括隋唐运河、京杭大运河、浙东运河的水工遗存……”该概念是之后大运河国家文化公园、大运河文化带建设的核心。作为世界文化遗产的重要清单，“中国大运河”于2014年6月22日被联合国教科文组织在第38届世界遗产委员会会议上列

---

① 张晓东：《秦汉江汉漕运的演进及其历史价值》，《重庆社会科学》2008年1期。

② 薛瑞泽：《先秦至北朝河洛地区的漕运与仓储》，《洛阳工学院学报（社会科学版）》2000年3期。

③ 马晓峰：《魏晋南北朝时期的漕运与管理》，《西北师大学报（社会科学版）》2003年5期。

④ 邵院生：《论唐代漕运及其影响》，《华北水利水电学院学报（社科版）》2004年1期。

⑤ 张荣强：《<新唐书·食货志>玄宗朝两则漕运史料》，《史学史研究》2007年3期。

⑥ 谭徐明：《漕河图志》“整理说明”，中国水利史典编委会：《中国水利史典·运河卷一》，中国水利水电出版社，2015年。

入《世界遗产名录》，成为世界范围内有广泛影响和号召的超大型线性文化遗产。

世界遗产委员会认为，大运河是世界上最长、最古老人工水道，也是工业革命前规模最大、范围最广的土木工程项目，它促进了中国南北物资的交流和领土统一管辖，反映出中国人民高超智慧、决心和勇气以及东方文明在水利技术、管理能力方面的杰出成就，自古至今在保障中国经济繁荣和社会稳定方面发挥了重要作用。

但如果从文献记载情况看，前述规定“中国大运河”的内容其实并非“中国大运河”的全部。《大运河遗产保护管理办法》提出了对“隋唐运河”的保护，不过受到保护的“隋唐运河”不仅应有洛阳以东的各条渠道，而且当然应包括在汉代漕渠基础上于隋开皇四年（584 年）开凿的广通渠。当然，隋唐运河的基础是汉漕渠，因此只保护“隋唐运河”而不保护汉唐漕渠，也就不是完整的“中国大运河”保护。

也就是说，《大运河遗产保护管理办法》保护了隋大业元年（605 年）“发河南诸郡男女百余万，开通济渠”开始，直到光绪二十七年（1901 年）清政府下令废漕 1296 年间洛阳以东的中国东部大运河，而从公元前 129 年开凿到唐末（907 年）的 1036 年间位于陕西关中的汉唐漕渠，还有早已发现的黄河岸边的漕运遗迹，都没有得到相应保护。

如同京杭大运河以首都北京为起点和核心一样，汉唐漕运网中的首都长安，一直都是漕渠的起点和核心。从历史上看，漕渠从来都是汉唐漕运网的最重要部分。

汉唐时期开凿于今陕西关中的漕渠，是我国古代漕运体系不可分割的重要内容，汉唐漕渠的开凿确保了都城长安的粮食需求，为首都稳定和国家发展提供了稳定的粮食支持，其开创的以都城为中心、漕渠为运道的漕运体系，是后来元明清漕运的直接源头，目前仅保护洛阳以东运河隋唐漕运部分渠道的情况，当引起我们重视并筹划改变。

目　录

2. 太仓与漕仓

3. 漕运

一、漕渠考古

1. 漕渠

西安汉唐昆明池水系的考古勘探与试掘（2012～2016）

中国社会科学院考古研究所　西安市文物保护考古研究院
阿房宫与上林苑考古队

昆明池是汉武帝在上林苑中开挖的大型池沼，延续到唐代仍不断疏浚，是首都地区规模最大的池沼水体，宋时逐渐沦为农田。

20世纪60年代初中国科学院考古研究所为开展丰镐遗址考古、2005年中国社会科学院考古研究所汉长安城工作队受西安历史文化名城研究会委托，先后对昆明池遗址进行考古勘探。两次勘探在基本确认昆明池位置、周边遗址分布及进出水口所在的同时，对昆明池池岸、池内高地、进出水口的认识均有较大差异，并与文献记载不同，历史、地理学者对此一直持不同意见。

2012年秋至2016年夏，受西安昆明池投资开发有限公司委托，由中国社会科学院考古研究所与西安市文物保护考古研究院联合组成的阿房宫与上林苑考古队，在配合陕西省斗门水库项目建设过程中，先后对项目设计的汉唐昆明池区域进行了大规模考古勘探，获得了以汉唐昆明池为中心水系的新认识。

一、昆明池池岸的位置与池深确定

勘探确定，昆明池北岸位于今丰镐村南高地，顶部残宽20～40米，底部宽80～110米，厚5～8米。西岸位于上泉村东南向南经斗门镇至石匣口村北。南岸线从石匣口村北向东随地形延伸，西端为昆明池进水口所在。东岸线在石匣口村东北折至万村西后向北。东岸线上发现东向出水沟渠，将池水引入东侧漕渠。东岸线北段分早、晚两期，试掘确定，早期池岸从西汉沿用至唐，晚期池岸为唐代扩大后形成。早期昆明池约14.2平方千米，唐代扩大为15.4平方千米，池中无岛屿，池最深约3.3米。

二、昆明池进水区、出水渠道与汉唐漕渠的发现与确定

经调查勘探，昆明池水来自秦岭石砭峪，在香积寺向西到西甘河村西后北流至石匣口村西，进入一面积约11500平方米的进水区。该区通过一系列生土区隔，在控制流量、流速后将来水引入昆明池与漕渠，而多余之水则通过池岸西侧沟渠排走。在昆明池南岸线南侧发现大型沟渠，其从昆明池进水

口区东部取水后东流，在蒲阳村西北折向东北、在下店村北流，并先后接纳昆明池东侧排出之水。经试掘，沟渠的时代从汉至唐，与文献所载汉唐漕渠的时代与走向基本吻合，判断其为漕渠。

三、意外发现的夏商时期环壕聚落

在勘探确定昆明池东岸过程中，于昆明池东的太平村、万村、刘旗寨一带发现一东西约780、南北约340米，面积近20万平方米，外围一道宽15～25米沟渠的较大遗址。后在环壕西南东西950、南北350米勘探区内发现大量灰坑及文化层堆积，表明遗址面积不止于环壕。据北京大学碳十四实验室对遗址出土人、兽骨标本测年显示，遗址的校正年代范围从2040BC至1400BC，为夏商周断代工程年表所定的夏至商代前期。

四、滈水及镐京东、南界的确定

在斗门水库起步区勘探中，在昆明池池底淤泥下发现一条位于镐京遗址东、南侧的西南—东北向沟渠，勘探长4200米以上。试掘确定，沟渠大体开凿于西周时期，沿用至战国，昆明池开凿后被淹没淤平。勘探确定，沟渠以西密集分布周代灰坑、墓葬、车马坑等各类遗存，沟渠东、南侧未发现同期遗存，显示出沟渠应为镐京遗址的东界及南界。据文献记载，沟渠为滈水（图一～图六）。

图一　昆明池下早期沟渠

图二　昆明池下早期沟渠发掘

图三　昆明池下早期沟渠

图四　昆明池勘探测量

图五　昆明池考古勘探

图六　昆明池下新发现车马坑

2012～2016年度的汉唐昆明池考古勘探与试掘，第一次从考古学上确定了与文献记载基本相符的昆明池池岸及进出水系统，第一次从考古学上确定了攸关汉唐都城粮食安全与社会稳定的漕渠渠首及部分渠线，共同构成了迄今为止规模最大的汉唐水利工程考古，清晰地揭示出汉唐最强盛时期水利工程的宏伟面貌。与此同时，第一次从考古学上确定了滈水的位置所在，第一次从考古学上确定了周代丰镐遗址东界的位置，是几十年来周代都城考古的突破性成果（图七、图八）。

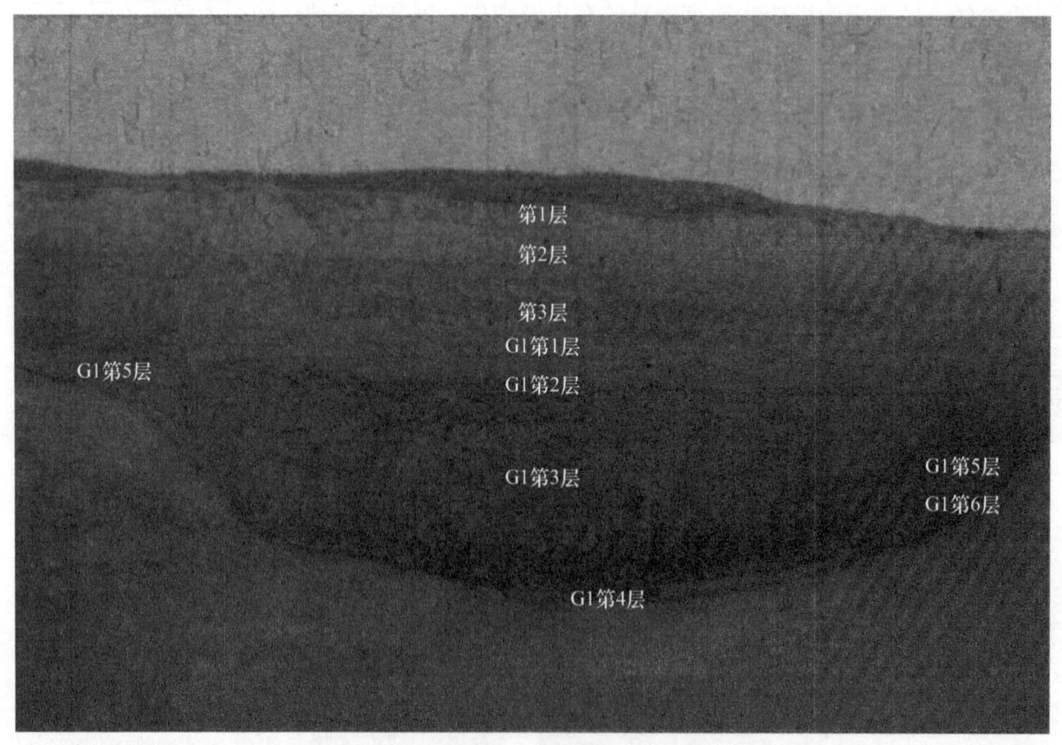

图七　昆明池下早期沟渠G1南壁堆积

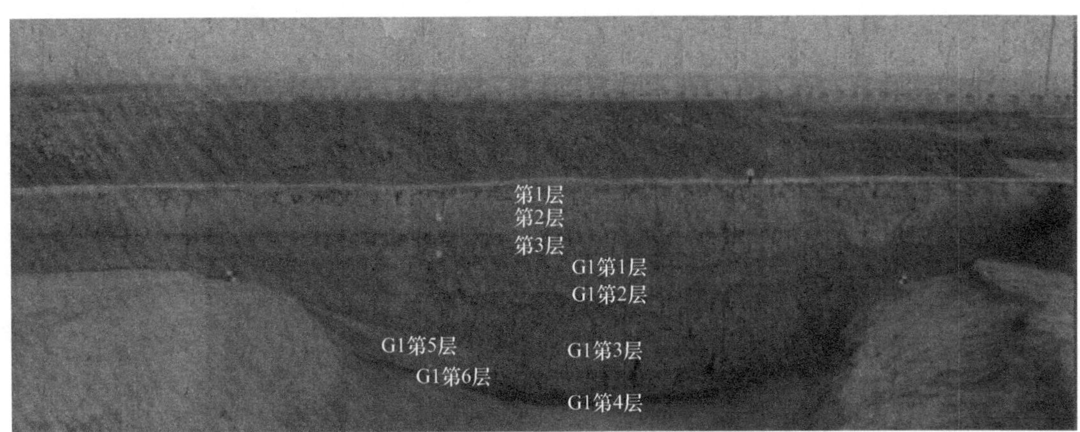

图八　昆明池下早期沟渠 G1 北壁堆积

（原载《中国文物报》2017 年 3 月 24 日 8 版）

西安市汉唐昆明池水系遗存

刘　瑞

昆明池是汉武帝在元狩三年（前 120 年）和元鼎元年（前 116 年）于上林苑中先后两次兴建而成的大型湖泊。先后在 20 世纪 60 年代初、2005 年开展过考古工作，虽基本确定了昆明池的位置，但与昆明池池形、池内高地、进出水口位置的认识有根本差异，并与文献所载昆明池的进、出水口位置及周围水系记载难以形成较好对应，未得到历史学、历史地理学者认可。

2012 年秋至 2016 年夏，受西安昆明池投资开发有限公司委托，由中国社会科学院考古研究所与西安市文物保护考古研究院联合组成的阿房宫与上林苑考古队，为配合陕西省斗门水库项目建设，先后对水库项目的起步区、试验区和库区地块进行了多年连续的考古勘探，勘探面积约 10.28 平方千米，发现大量古代遗迹，并通过 2013 年度试掘，获得了以汉唐昆明池遗址水系为中心的新认识。

第一，重新确定了昆明池的池岸线位置，了解了昆明池池岸的结构、特征和早晚变化，确定早期昆明池面积约 14.2 平方千米，唐代中期扩大为 15.4 平方千米。已勘探区域内未发现过去判断的高地或岛屿，池底部深浅不一，最深处海拔 397.6 米，以北岸的现最大高程计，池最深约 3.3 米。

第二，勘探确定昆明池的水源来自秦岭石砭峪，在石匣口村西北侧进入昆明池，进水口区域构造复杂，是汉代大型水利工程的代表。在勘探中，发现并试掘确定了汉唐漕渠的取水口和走向，并确定在昆明池的池岸东侧、东北侧存在早晚共 4 个出水口，昆明池水通过水渠最后流入漕渠。

第三，在昆明池东侧勘探发现一个东西约 780、南北约 340 米，面积近 20 万平方米，外围有一道宽 15～25 米沟渠环绕的较大遗址。在其外侧还发现大面积的文化层分布区。试掘获得的人、兽骨标本 ^{14}C 测年数据显示，该遗址标本校正年代范围为公元前 2040～前 1400 年，遗址主要时段为夏商周断代工程年表所定的夏时期，并向下延伸至商代前期。

第四，在斗门水库勘探中，在昆明池池底淤泥下发现一条位于镐京遗址东、南侧的西南—东北向沟渠，口宽 13.2～14.5 米，斜壁弧底，底宽 7～8、深 2.5～4 米，勘探长 4200 米以上。经试掘确定，该渠大体开凿于西周时期，到战国时期尚存水流，开凿昆明池后被完全淤平。其西侧较密集分布大量古代灰坑、墓葬、车马坑等各类遗存，东、南侧则不见任何同时期遗存，该沟渠大体可视为镐京遗址的东界及南界。据文献记载和学者研究，该沟渠应为滈水。同时还重新确定了镐池、滮池的位置与形制。

（原载《中国考古学年鉴·2017》，中国社会科学出版社，2018 年，461 页）

2.漕运

陕西洛河汉代漕运的发现与考察

彭　曦

1992 年春，我在洛河考察战国秦简公“堑洛”遗迹时，发现了汉代漕运遗迹。遗迹主要有漕仓遗址的位置、人工开挖的漕河。漕河上游完全利用洛河的自然河道，而下游为人工开挖的河道。现简报如下。

一、漕仓遗址的位置

漕仓位于蒲城县东北 28 千米的西头乡西头村。此处为洛河右岸一平坦而肥沃的大台地。台地顺河南北长约 3 千米，东西宽 1.5～2 千米。以乡政府为中心，其北有坡底村、前阿村、后阿村，南有寨子村，东有麻子街。在整个台地地面上，到处可见古代瓦砾的散布与堆积。从时代分析，其中既有春秋时期的，更有秦汉时期的。其中瓦砾密集分布在乡政府东南一带。这里村庄内外、农田、水渠和道路两旁到处可见以绳纹为母题的瓦片、陶片、瓦当等。在西头村东约 300 米长的曲折断崖上，清晰地镶嵌着长 150 多米的灰层。灰层距今地表 1.7～2 米，厚 1～2 米。许多地方灰层呈上下间隔的两层分布状态。在一处废弃的古代陶窑遗址上，发现许多绳纹板瓦瓦坯。地面的瓦片、陶片、瓦当经采集统计分析，主要特点：①板瓦和筒瓦以瓦背为绳纹，瓦内为麻点纹、菱格席纹为主，也有一定数量瓦内为麻布纹者。②灰陶器皿的纹饰也以细绳纹、网纹为多，许多灰陶器内壁为麻点纹。也有秦汉时期的素面灰陶。器形以罐、瓮、盆、钵为多。③瓦当较多，又以云纹瓦当为多，其中许多瓦当涂以朱砂，至今色彩尚明。玄纹瓦当为关中瓦当少见，可能为春秋晋国之物。④西头村东南农田中拾到的全瓦当有“徵邑漕仓”四字，小篆体，当心饰乳钉，为典型汉代有字瓦当。瓦当直径 17.5 厘米。同一地点的果园中捡到一件涂朱瓦当，上有七个符号（或文字），不识（图一）。据群众介绍，知此处地下深约 1 米处发现过多件古代建筑用的石板、石条。发现一眼古代水井，深度不清。西头乡政府正西 500 多米的三级台地上，发现

图一　蒲城西头乡汉代漕仓遗址上的符号（？）瓦当

属于战国秦简公“堑洛”的烽燧遗迹和绳纹瓦片、灰陶片。

综上所述，此处应为晋国“河西”的重要城邑，即《春秋》文公十年（前617年）夏秦“取晋北徵”的遗址。秦据此后为县，汉因之，并于此设立漕运机构，建有漕仓。

二、漕河遗迹

自西头乡顺河而下，至蒲城县铃耳乡北城南村东约450米处的漕河引水口（图二、图三）。总长60多千米为利用自然河道。自引水口至渭南县（今渭南市）孝义镇的单家崖，全长32千米，为人工开挖河道，自然河道加人工河道，全长实测96千米±3千米。

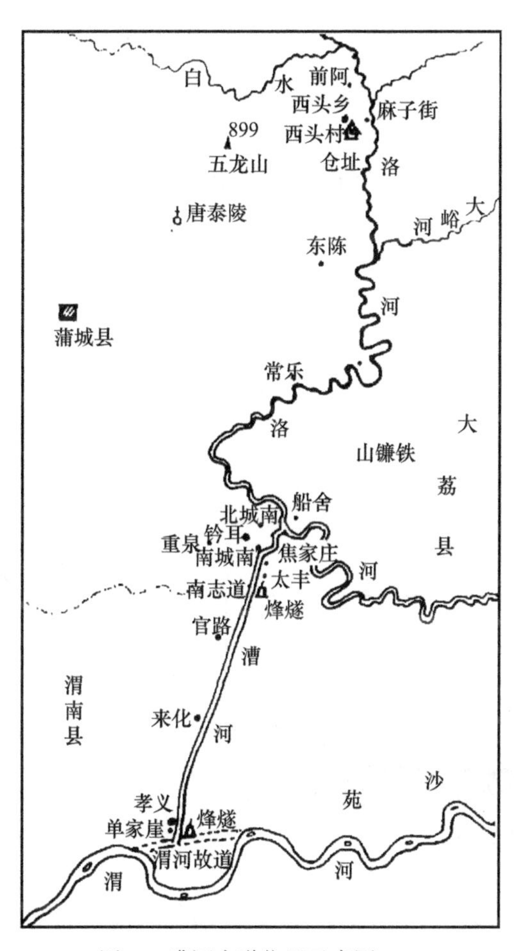

图二 漕河水道位置示意图

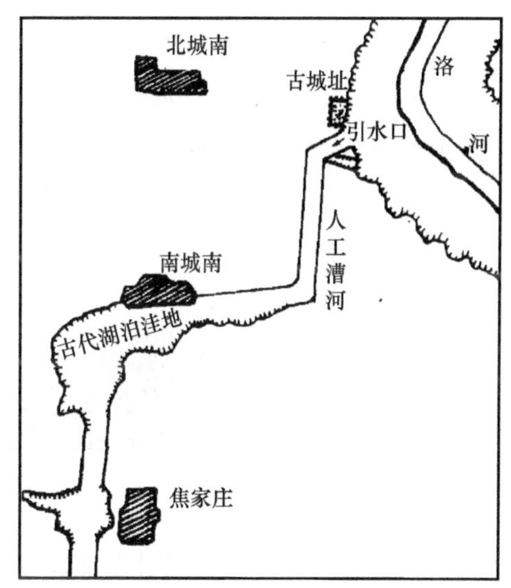

图三 漕河引洛示意图

1. 人工漕河引水口

人工开挖的漕河引水口在蒲城县铃耳乡北城南村东约450米处（图三）。至今人工开挖的痕迹清晰可辨。引水口南侧有一人工开挖未竣工的堑壕，经观察分析，我们认为此处为先行开挖，但因与洛河河流引水角度不顺而废弃。引水工程现为一谷口。现底宽28米，上宽35～40米。沟口距今洛河水道最近200多米，沟口底部已高出现洛河河床约7米。

漕河引水口北侧台地上留有一古代城址，为不规则方形。南北 80～85 米，东西 40～45 米，东侧临河处多已倾倒，观测估计，此城已有一半已倾倒流失于洛河了。现存南墙残长 35 米，高 1 米；北墙残长 40 米，最高一节长 9 米，高 2 米多。基宽 3.5 米，顶宽 1 米多。西墙残高 0.8～1 米。夯层厚 8、9、10 厘米不等。城址内外均发现战国至秦汉时期流行的绳纹、麻点纹板、筒瓦瓦片，亦有后期素面板瓦瓦片。

引水口南侧台地上亦发现此类瓦片，其分布面积约为（150 × 150）平方米，但未发现城址的任何遗迹。

引水口南侧台地于 1992 年雨水冲出一处灰层，出土彩绘茧形壶（现收藏于蒲城县博物馆）、灰陶瓮，为秦汉时期流行的器物，口径 23、腹径 35、高 35 厘米。方砖，为秦汉以后之物，25 厘米 × 28 厘米 × 5 厘米，砖面为钱纹。

2. 人工漕河

漕河自引水口向西南开挖 75 米，向南转折 400 多米，再转折向西，约 500 米，经南城南村再次折向西南方向，取直线经焦家庄、太丰、南志道等 20 多个村庄，和官路、来化两个乡镇，至渭南县孝义镇的单家崖汇入渭河。全长总计 32 千米（图二）。这条人工漕河所取地形，沿线有 20 多个古代湖泊洼地，它们正是古代洛河曾经决口泛滥流经的河道遗迹。湖泊洼地犹如一行串珠，大者 300 米 × 500 米，小者 100 米 × 200 米。人工漕河正是巧取地形，利用了这一泛滥后留下的河床。所以漕河河床人工开挖的宽度不一，最窄处 25 米，而最宽处 70 多米。河床开挖之处 4 米多，淤积厚度 1.5～1.8 米，现人工河岸残高 1 米多至 2.5 米不等，平均尚有 2 米多高，河床底部均为农田。河两岸均有明显的堆土，呈坡垅状（图四）。

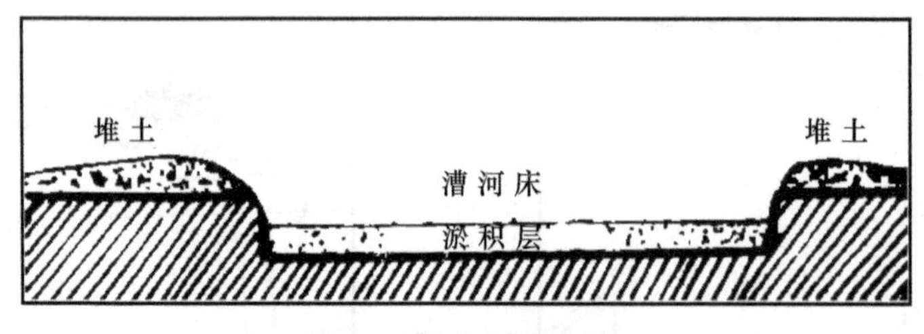

图四　漕河河床断面图

沿河两岸每 2～3 千米，便可发现古代灰坑遗迹残绳纹瓦片和细绳纹、素面灰陶片。瓦片数量以板瓦为主，筒瓦次之，也有极少的绳纹槽形瓦（图五）。在新村见到群众取土刚挖出的板瓦，宽 32～33、长约 40 厘米。瓦面为绳纹，瓦内有布纹也有菱格形席纹。南志道村于 1990 年挖出过茧形壶、灰陶壶、罐、陶俑、陶灶等，惜皆已砸毁。

3. 漕河入渭处的遗迹

漕河于孝义镇南单家崖村汇入渭河（图六），这里正处著名的沙苑西端。

这一带地面上到处可见战国、秦、汉时期的瓦片、陶片、残砖，其中尤以孝义镇南侧的东西向

图五　绳纹槽形瓦拓片（南志道村东漕河岸）

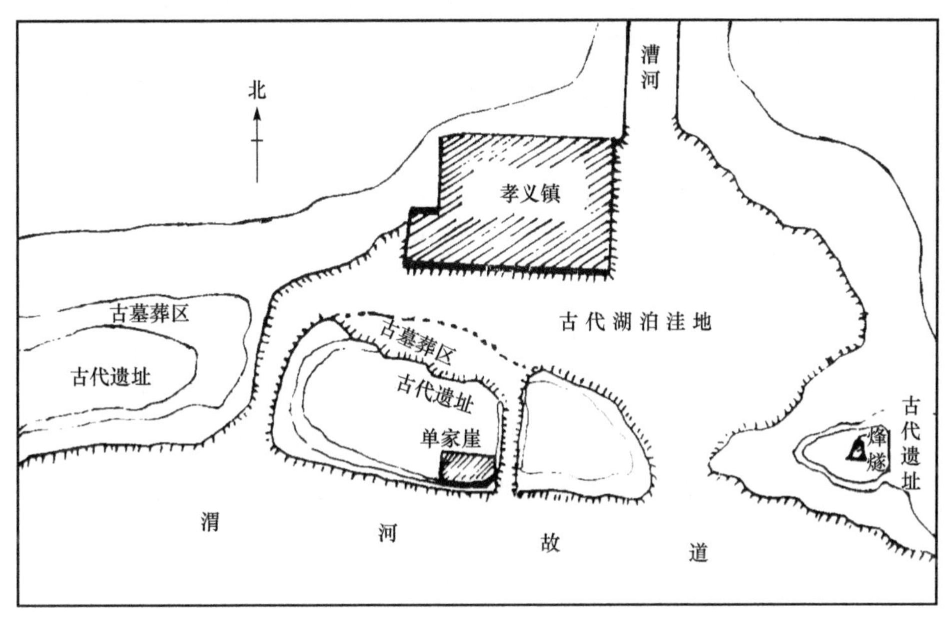

图六　漕河入渭地形关系图

高台地最为密集。①建材类：以绳纹板瓦数量为最，瓦内有三种纹饰，即麻点纹、菱格席纹和麻布纹。其中麻布纹时代较晚。板瓦规格多为43厘米×32厘米。残砖上皆有几何纹。②器皿类：计有夹砂灰陶瓮、罐、甗等，泥质灰陶瓮、罐、盆、茧形壶、囷、钵等。器皿纹饰以细绳纹和素面为多。

考察中适逢群众取土，我们看到群众连年取土的台地北缘为墓葬区。经反复察看，知台地东部时代较早，皆为竖穴土坑墓，有棺木，但已朽成灰，头向不清，墓顶部距地面1.8米。据村中年长者介绍，此处已挖出过二十多座。他们挖出的茧形壶，高27、腹径28、口径10厘米，环足，底部有戳记（字不清）。台地西部墓葬挖出的器物中有绿釉陶罐、陶灶、小铜镜、小铜环等。绿釉陶灶、罐为东汉流行的形式。这些东西挖出后多被当场砸毁。

台地挖土断崖上可以看到数处灰层，皆在地面以下1.5米。灰层中含有绳纹瓦片、陶片和较多的木炭烬。

在人工漕河东岸的太丰村南和孝义镇东南约1200米处，发现两个原筑于战国堑洛时期的烽燧，而为漕河瞭望利用。烽高尚在 3 米多，基部直径 10～12 米，其上为 20 多平方米的平台。周围皆有战国至汉代的绳纹瓦片和更晚的素面瓦片、残砖等。

从整个漕河的全部遗迹遗物分析，我们有以下初步认识。

第一，漕河的开挖时间，不会迟于西汉武帝。《史记·河渠书》中曾言郑当时为大农时建议修建了“引渭穿渠起长安，并南山下，至河三百余里”的漕渠。这条漕渠与渭并行，其遗迹尚有多处可寻。在郑当时建议修并渭漕渠之前，关东粟都是从渭河水道至长安的，就是郑当时所说的：“异时关东漕粟从渭中上……有难处。”正是长安粮食供给有缺，加之从渭河水道漕运，水道曲折里程过长，不便逆水而上的牵引，才有并渭漕渠的工程之兴。而洛河的漕运之举，不会与此相距时间太久。也正因此，人们才会把斯时洛河漕运与渭河漕运混在一起，致使洛河漕运未能单列记载。

第二，洛河人工漕河（也可称渠）虽然利用了洛河曾经泛滥的一条故道，但其工程仍是相当宏大的。迄今为止，有关汉代漕运的遗迹清晰可见者，只有这一条了。它自北向南近百千米的水道，完全是顺流行舟，这要比渭河漕运的逆水行舟省时省力得多。

第三，从全河沿岸的遗迹看，我们在西头乡以北和其南的黎起、平乐、铃耳等地，都发现了秦汉时期的遗址，面积都在 0.5～1.5 平方千米，最大者约 2 平方千米。说明洛河自白水以下，两岸开阔的平坦沃土自古就是宜于农耕之区。至两汉，这里可以说是京师至关重要的供食粮仓。这一漕河的使用年限，也比渭漕的时间要久，东汉以后，至隋唐期间，它的效用可能仍然存在。所以，对这条漕河的继续考察和研究，仍有大量工作。

第四，人工漕河引洛工程，应当有坝，古代称“绝”，以括商洛河水位，使其涌流入漕。这种古代属于岁修的填方夯土工程，今已不复存在了。但从漕河引水口以下，洛河又趋向船舍以东的大湾变化看，这个大湾正是由当时的拦河土坝形成的洛河湍流冲击而形成。洛河左岸至今尚有“船舍”的村名，可证实古代漕运用船，在这里有过修造漕船的港坞。

第五，洛河河床的古今下切数据，是研究河床变化的重要根据。但这种数据实在难觅、难测。而洛河漕河引水口与今洛河河床之间的高差，却提供了这种珍贵数据。

（原载《文博》1994 年 1 期，24～27 页）

隋唐洛阳城漕渠和新潭遗址调查

石自社　张如意

遗址位于洛河北岸，在洛阳市老城区，调查范围约240万平方米，基本确定了隋唐洛阳城内漕渠和新潭的位置与大致范围。漕渠起自今南关码头西南，支分洛水，东北流经今凤化街，再折向东经贴廓巷小学家属院、柳林街，新街小石桥北，汇入瀍河。过瀍河经桂圆街、塔西新村南，东出外郭城，其宽35～43米，部分地段宽110米左右。新潭位于今东城南侧和洛河之间的低洼地带，与明清时期的南关码头位置大体一致，其占地面积10万平方米左右。而桂圆街探出的淤土较宽，为110米左右，有可能与隋代通远市码头有关。此外在调查中还意外发现凤化街夯土遗迹位于东城东墙正南，残长160米左右，宽30～35米，夯土厚1.8米，此夯土的性质是否与新潭的租场或东城东墙有关，还有待商榷。

此次漕渠和新潭位置的确定，为探索隋唐洛阳城水系脉络、城址布局和漕运系统提供了重要的考古资料。

（原载《中国考古学年鉴·2013》，文物出版社，2014年，310页）

洛阳汉唐漕运水系考古调查

洛阳市文物考古研究院

一、工作缘起与调查方法

2013 年 9 月，洛阳偃师市首阳山镇义井村西南洛河滩地内意外发现一艘清代沉船，洛阳市文物考古研究院随即对其进行了抢救性发掘，获得了重要成果[①]。同时，为了弄清沉船是否处在隋唐大运河故道内，我们在查阅大量古代文献和以往考古资料的基础上，于 2014 年 1～8 月对隋唐大运河洛阳段故道进行了较为系统的考古调查。

调查前，我们结合考古资料和古代文献，对洛阳 20 世纪 70 年代以前的航拍影像图进行了认真研究（图一），确定了调查目标和具体的调查区域，在此基础上进行了实地走访、踏查和局部勘探，以及利用、修整现有沟渠断面等多种形式进行调查，并重点对汉魏时期堰洛通漕遗址、偃师鱼骨村南谷水左出的水池遗址、洛河至寺里碑处的城下漕渠遗址及谷水遗址的部分地段进行了考古勘探（图二），取得了重要的考古收获。

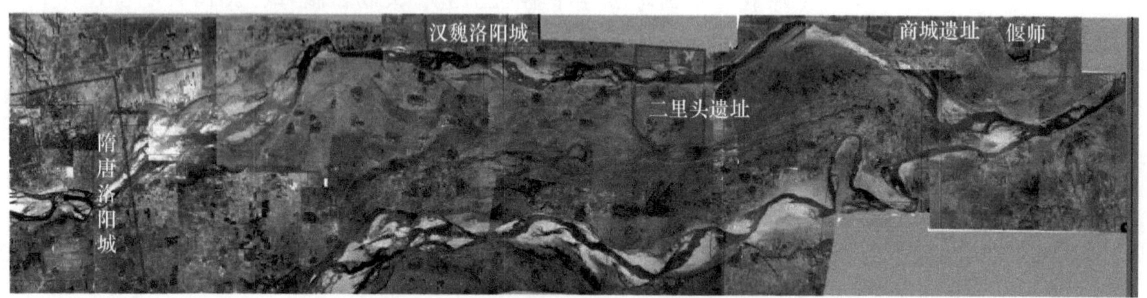

图一　洛阳 20 世纪 70 年代航拍影像图

二、古洛河勘查

《水经注·洛水》载，洛水“又东北过河南县南……又东过洛阳县南，伊水从西来注之”[②]。汉河

① a. 洛阳市文物考古研究院：《洛阳运河一号、二号古沉船发掘简报》，《洛阳考古》2015 年 3 期；b. 史家珍、赵晓军：《河南洛阳清代沉船发掘与汉唐漕运水系调查获重要成果》，《中国文物报》2015 年 3 月 27 日 8 版。

② （北魏）郦道元著，（民国）杨守敬等疏：《水经注疏》（中册）卷 15《洛水》，江苏古籍出版社，1989 年，1312、1313 页。

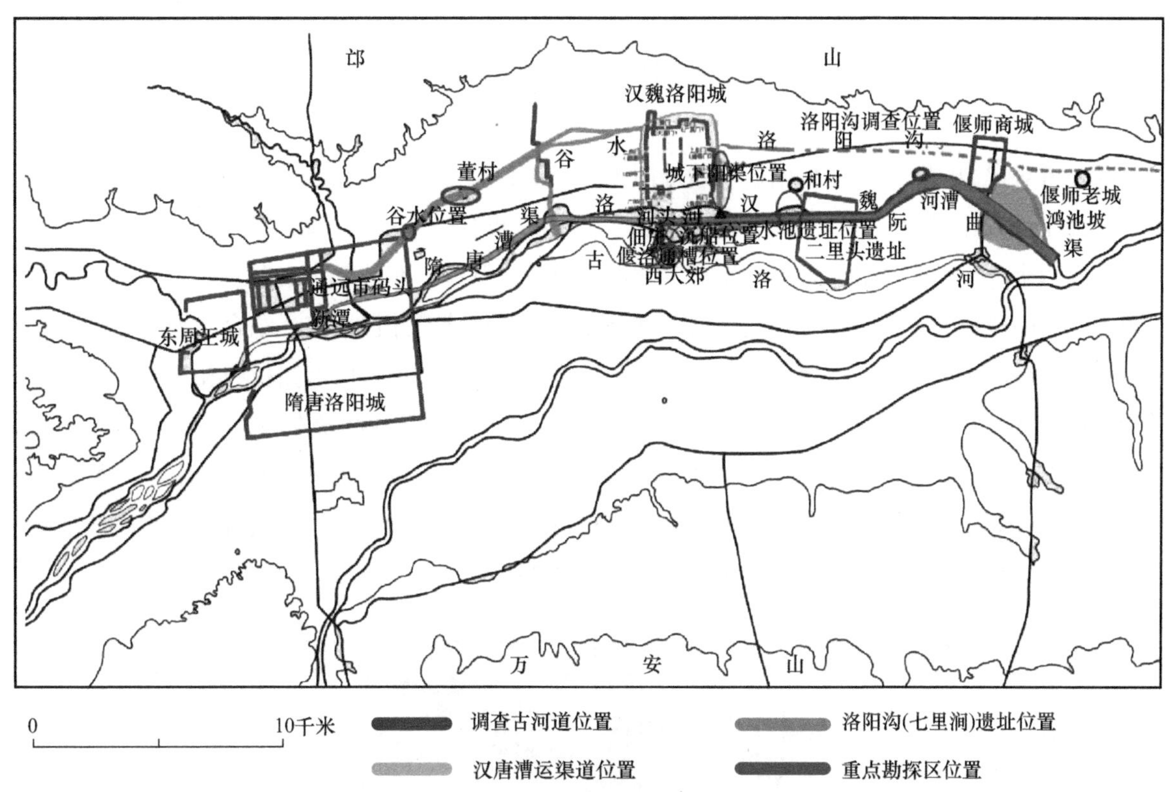

图二　调查水系分布及重点勘探位置示意图

南县城遗址位于今洛阳市西工区涧河以东，其南侧即为现代洛河河床北岸，洛河南岸位于今洛龙区安乐镇聂湾村西北和北侧。此段古洛河呈西南—东北走向，东北至伊滨区佃庄镇的西新庄与西石桥村西侧一带，其走向基本与现代洛河的走向一致。在西石桥村西北，现代洛河转为东西走向，而古洛河则由西石桥村南向东流经孙家岗村南。经我们实地调查，此段古洛河的河床中心最低点由西向东海拔 123.1～121.3 米，地表以下 0.3～0.5 米见淤土，深 3.5 米不至底。而此段古洛河南北两岸均有高出河床的断崖，其中北岸最高点海拔 126.4～126.7 米，南岸海拔 125.3～123.5 米，河床最宽处 900 米，最窄处 350 米左右。古洛河又东经佃庄村南，又东经西大郊北侧，此段河床宽 400～600 米，河床中心最低点 119.2～120.7 米，南岸海拔 121.9～123 米，北岸海拔 120.3～122.8 米，河床中心地表 0.3 米以下均为黄褐色淤土堆积，深 6.3 米见青灰色淤泥，深 7 米左右出水，其淤土不到底。

西大郊北侧的古洛河河道位于汉魏洛阳城津阳门和宣阳门正南，河道南北两岸北距宣阳门附近 1300～1750 米，合汉魏时期 3.13～4.24 里。《洛阳伽蓝记》卷三载：“宣阳门外四里，至洛水上，作浮桥，所谓永桥也。”[①] 此处古洛河位置与文献所记基本一致。在西大郊东侧，一支伊水支渠汇入，古洛河又东过东大郊村，又东过西罗洼村，此段正好在汉魏洛阳城遗址（汉魏时期洛阳县辖区）南侧。又东经四角楼南侧，西来的伊水汇入。又东过前李村，东至岳滩东与现代伊洛河相汇。

① （北魏）杨衒之著，周祖谟校译：《洛阳伽蓝记校释》卷 3，上海书店出版社，2000 年，127 页。

三、汉魏洛阳城西的古谷水勘查

经分析对比20世纪70年代隋唐城遗址图（图三）和航拍照片，在今天的洛阳市老城区东、洛阳市财经学校及洛阳市一中（原洛一高）附近，地面分布有一片沟壑，北接瀍水，其南部、东部、北部分出六个分支，南部和东部有四个分支通向古洛河。其中，东北部一支向东北方向至隋唐城东北角处，出隋唐城又东北穿唐寺闳村，又东北与现代中州渠洛常路段相连。结合中国社会科学院考古研究所汉魏故城队调查的汉魏故城城西谷水的走向[①]，我们重点在唐寺闳村西和董村附近进行了勘探，调查出一段谷水渠道。其中在董村探出一段谷水，东西长900米左右，口宽29.2米，渠深7.6～8.5米，开口于第4层下，口距地表深2.8～3.6米，呈西南—东北向，内填淤土，为黄褐色和浅黄色面沙性淤土。此渠向东北的走向与中国社会科学院考古所汉魏故城队调查的谷水西端基本可以衔接起来，渠西端向西南距洛常路东侧的中州渠约200米。

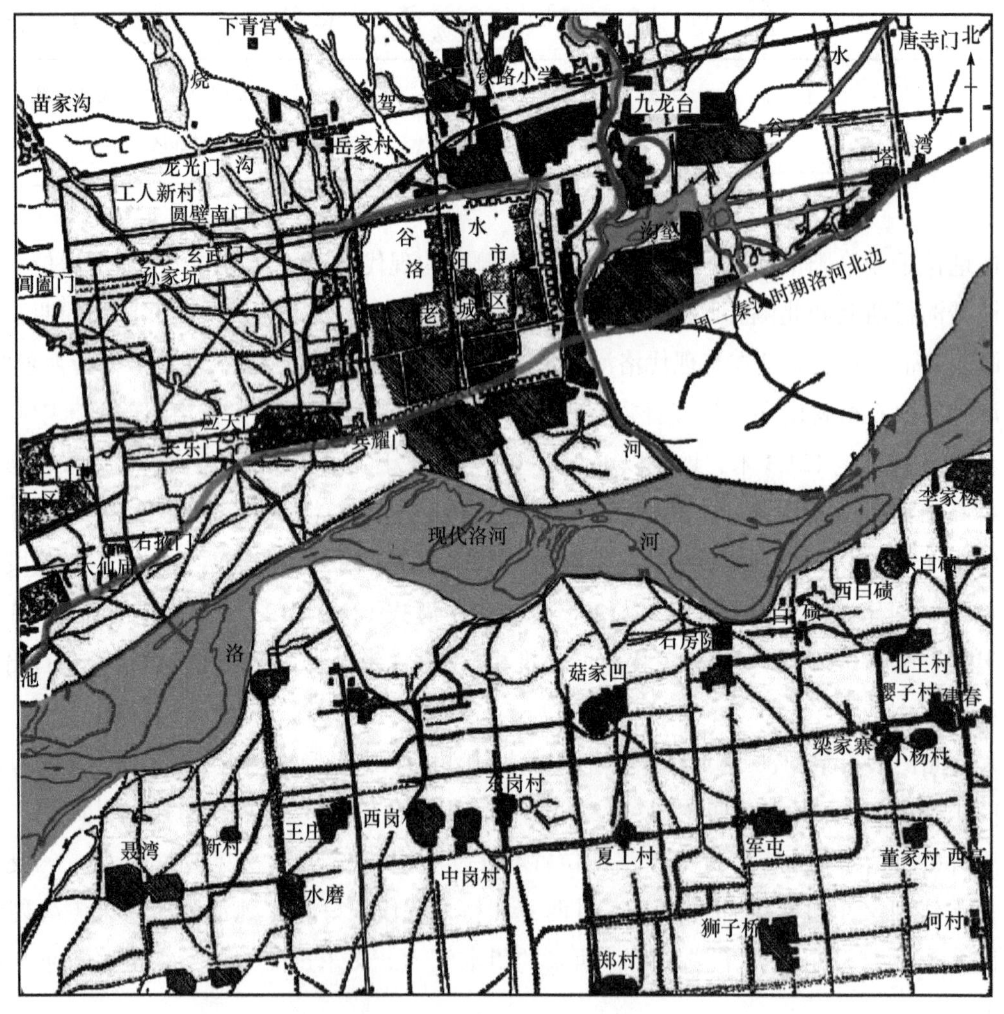

图三　20世纪70年代隋唐城遗址图中洛阳市一中附近的沟壑

① 中国社会科学院考古研究所洛阳汉魏城工作队：《北魏洛阳外廓城和水道的勘查》，《考古》1993年7期。

在唐寺闸村西探出的谷水故道也呈东北—西南向，探出长117、上口宽32.8、底部宽9.5米，渠深8.8米左右，渠内堆积淤土厚5.6米。其中唐寺闸村西钻探出的谷水剖面，位置在唐寺闸村西水泥路西侧，西距焦枝铁路约55米，剖面真北方向37.49°，长35米，其地层堆积如下（图四）：

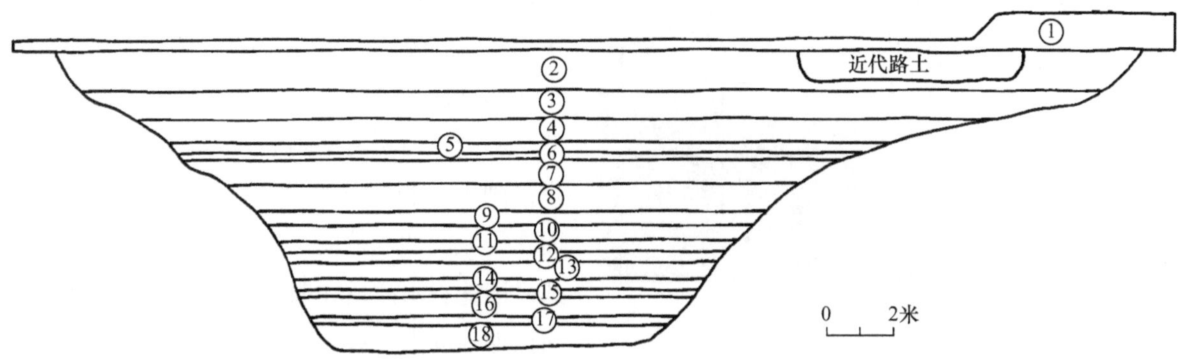

图四 唐寺闸村钻探出的谷水剖面图

第1层：耕土层。厚0.3～1米。内含生活垃圾及炭灰等物。此层下发现近代路土和谷水渠开口。

第2层：浅褐色冲积土。深0.3～1、厚1.2米左右。含少量陶渣颗粒等物。

第3层：黄褐色冲积土。深1.5～2.2、厚0.8米左右。含少量陶渣颗粒。

第4层：浅褐色冲积土。深2.3～2.8、厚0.7米左右。含少量陶渣颗粒。

第5层：黄灰色冲积土。深3、厚0.3米左右。含少量炭灰、陶渣颗粒等物。

第6层：褐色冲积土。深3.3、厚0.2米左右。无包含物。

第7层：黄褐色淤积土。深3.5、厚0.7米左右。含水锈斑点。

第8层：浅褐色淤积土。深4.2、厚0.8米左右。含水锈斑点。

第9层：褐色淤积土。深5、厚0.4米左右。较松软，呈胶泥状，含水锈斑点及螺壳等物。

第10层：浅黄色淤积土。深5.4、厚0.5米左右。含面沙、水锈斑点及螺壳等物。

第11层：青灰色淤积土。深5.9、厚0.3米左右。含少量沙、水锈斑点及炭灰陶片等物。

第12层：浅褐色淤积土。深6.2、厚0.3米左右。呈胶泥状，含粗沙、陶渣颗粒及螺壳等物。

第13层：浅黄色淤积土。深6.5、厚0.5米左右。含面沙。

第14层：黄褐色胶泥土。深7、厚0.3米左右。含水锈斑点。

第15层：黄褐色淤土。深7.3、厚0.2米左右。含面沙。

第16层：浅灰色淤土。深7.5、厚0.6米左右。含面沙、姜石及螺壳等物。

第17层：黄褐色胶泥土。深8.1、厚0.2米左右。含水锈斑点、沙及姜石等物（图五）。

第18层：黄色砂质淤土。深8.3、厚0.6米左右。含陶渣颗粒、螺壳等物。

以上地层中第2～18层均为谷水渠内填土，其中第2～6层应为渠废弃后的冲积土，第7～18层为渠使用过程中形成的淤土。

白马寺董村东钻探出的谷水渠与唐寺闸村西谷水渠结构相似，以上两处渠壁均呈坡状，上部较缓，下部较陡。

图五　谷水渠内淤土

中国社会科学院考古研究所洛阳唐城队曾在洛阳市道南路北侧、隋唐城曜仪城南墙下发现一段谷水遗址，东距明清洛阳城西北城角下护城河630米左右，与明清城北侧护城河在一条东西向直线上[①]。护城河北侧的环城北路，为东西向低洼带，它与护城河一起应为谷水故道的一部分，而明清洛阳城的北墙就设在谷水南岸高地上，利用谷水故道的一部分做护城河，而在护城河的东端向东过瀍水东岸为九龙台高地，因此谷水故道在明清洛阳城北护城河东端向南曲500米左右，在今洛阳一中一带再向东北至汉魏故城，而洛阳一中一带南距古洛河较近，且南部地势较低，而千金堨位置有可能设在此处。《水经注·谷水》载："谷水又东流，径乾祭门北……东至千金堨。《河南十二县境簿》曰：'河南县城东十五里有千金堨。'《洛阳记》曰：'千金堨旧堰谷水，魏时更修此堰，谓之千金堨。积石为堨，而开沟渠五所，谓之五龙渠……'《语林》曰：'陈协数进阮步兵酒，后晋文王欲修九龙堰，阮举协，文王用之。掘地得古承水铜龙六枚，堰遂成。水历堨东注，谓之千金渠。'"[②]汉河南县城遗址东北角至洛阳一中距离5939米左右，按汉魏1里414～419.61米计算，为14.15～14.34里，与文献基本相合，据此千金堨位置应在洛阳一中一带，而此处向南的沟壑分支可能为五龙渠。此处位于瀍河东岸，为西周贵族墓地分布区域，因此后晋修九龙堰"掘地得古承水铜龙"是有可能的。

四、汉魏洛阳城漕渠调查与勘探

我们通过以前的考古成果，结合《水经注》等文献及现代地理地貌分析认为，汉魏洛阳城南阳渠东出的谷水主道可能为阳渠的主要漕运通道，即文献所记"九曲渎"，由谷水主道顺东墙外护城河北上，过青阳门、东阳门，在建春门南、太仓西侧为漕运的终点。为了明确以上认识，我们对汉魏故城东建春门以南至现代洛河段的护城河遗址、堰洛通漕遗址和谷水主道进行了考古勘探，并取得了重要收获。

1. 城东建春门以南至现代洛河段的护城河遗址

我们从现代洛河北岸开始向北至建春门大道南50米处进行了考古勘探，全长2460米，并提取钻探剖面2处，现以寺里碑村西剖面为例（图六）。

---

① 资料现存中国社会科学院考古研究所洛阳唐城队，待发表。

② （北魏）郦道元著，（民国）杨守敬等疏：《水经注疏》（中册）卷16《谷水》，江苏古籍出版社，1989年，1378～1380页。

第1层：耕土层。厚0.4～0.5米。含现代生活垃圾及炭灰等物。

第2层：黄褐色冲积土。深0.4～0.5、厚0.6～3.1米。较纯净。

第3层：红褐色冲积土。深1.1～3.6、厚0.5～1.9米。含少量炭灰及烧土颗粒。该层下发现护城河及灰坑。

第4层：浅褐色淤土。深2.6～4、厚0.9～2米。含少量炭灰、烧土、陶渣颗粒及瓦片等物。

第5层：褐色淤土。深4.8～6、厚0.9～1.8米。含大量炭灰、烧土、陶渣、白灰颗粒及绳纹陶片等物。

第6层：灰褐色淤土。深5.7～7、厚0.7～1.7米。含大量水锈、炭灰及烧土颗粒等物（图七）。

第7层：浅黄色砂性淤土。深7.7～8.6、厚0.3～1.5米。较纯净。

城墙夯土：由墙体和基槽两部分组成，墙体上口东西残宽10.6、底宽16米左右，残高4.5米；基槽上口东西宽16米左右，下口宽15.7、深2.9米，夯层明显，夯层厚0.1米左右。夯土黄褐色，坚硬，内含少量烧土、炭灰和陶渣颗粒等。

图七　寺里碑西城下阳渠内淤土

护城河遗址：位于城墙夯土东侧9米处，呈南北走向，西边第3层下见渠口，渠口距地表深2.6米，为较规整的斜坡状，其口下深4.4米处，有一宽10米左右的二层台，二层台边呈缓坡状，至渠底深2.9米；渠东边开口于第4层下，距地表深4.8米，渠边为不规整的坡状，其下深2米处也有二层台，宽13米左右，二层台向渠心稍有倾斜，呈缓坡状，二层台口部距渠底深2.5米左右，渠上口东西宽64米左右，底部宽20米左右，以渠东边口沿为准，渠总深5.3米。渠内堆积3层，即地层中的第5～7层堆积。

H1：位于渠址东岸，开口于第3层下，开口距地表深3.5米，西侧距护城河东边沿开口处20.6米。灰坑口宽2.6、深0.7米，坑壁与底呈圜形。坑内填土呈灰褐色，包含较多红陶片，绳纹板瓦、筒瓦残片等，另有较多炭灰、烧土颗粒及陶渣等物。

在调查区域内，护城河遗址口宽59～64米，西邻汉魏洛阳城东墙东侧1.5～9米，渠西岸高于东岸2米左右。渠中心较深为5.2米，两侧深2.3米，淤土厚2.3～4.6米，分四层，其中第3层为青灰色淤泥层，厚0.7～1.7米。从现代洛河北堤北侧至寺里碑村西，渠底海拔113.638～113.67米，基本在同一水平上，这样便于漕运。从渠的宽度、渠内淤土形成青灰色并含有较多炭灰及陶渣颗粒等、渠底落差较小这三个因素看，此段河道可以确定为漕运渠道。而城外北、西、东侧建春门以北的护城河宽18～28米[①]，作为漕运主要通道的可能性较小。

① 中国科学院考古研究所洛阳工作队：《汉魏洛阳城初步勘查》，《考古》1973年4期。

2. 堰洛通漕遗址

遗址位于佃庄和河头一线东侧、东大郊西侧、现洛河南堤南侧、西大郊北侧。勘探范围东西 1200、南北 1500 米，发现了古洛河遗址、堤堰遗址、津阳门大街、宣阳门大街和引洛渠遗址（图八）。其中古洛河遗址在西大郊西侧北曲，在西大郊西北又东曲，此处河床宽 400 米左右，其堰洛大堤设在此处。在大堤东侧，古洛河与伊水支渠交汇，交汇处河床宽 800 米左右。

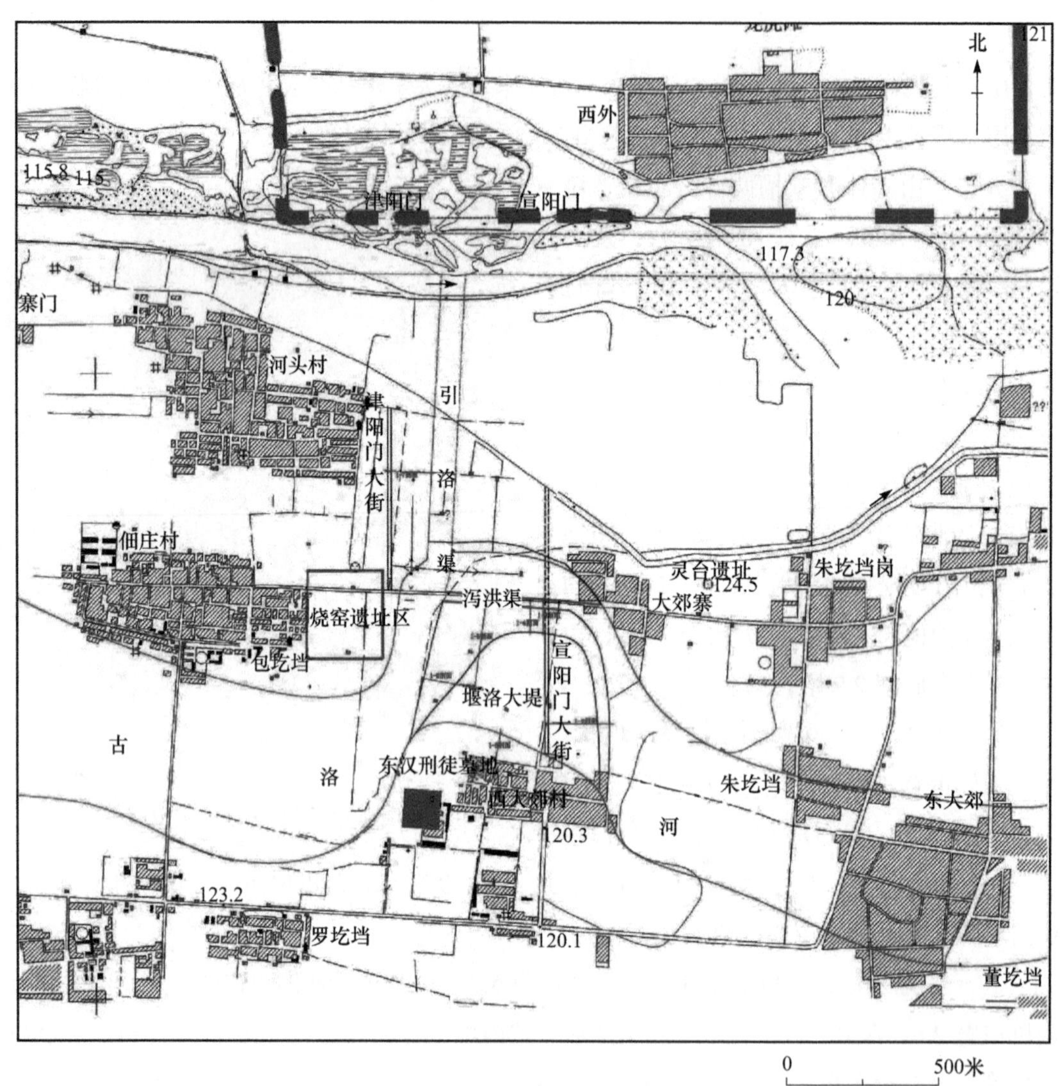

图八　堰洛及引水渠遗址平面图

我们在堰洛大堤的北侧提取一南北向钻探剖面，北端南距佃庄—大郊寨东西向道路北沿 2.9 米，东距西大郊村北的南北向水泥路西沿 51 米左右，南北长 116 米，真北方向 354°（图九）。

第 1 层：耕土层。厚 0.2～0.35 米。土质疏松，含大量现代植物根系、建筑垃圾等物。

第 2 层：黄褐色冲积土，质硬。深 0.2～0.35、厚 0.3～0.5 米。较纯净，无包含物。

第 3 层：浅褐色沙性冲积土，质疏松。深 0.5～0.85、厚 1.2～1.3 米。含沙量大，纯净。

第 4 层：褐色淤土层。深 1.75～1.95、厚 0.15～0.3 米。含大量水锈，无包含物。

第5层：黄色沙性冲积土。深2～2.2、厚0.35～0.6米。含少量水锈土和少量淤泥块，以及少量小石子和炭灰颗粒等物，此层下见堤堰填土和河道淤土。

堤堰遗址：此处堤堰叠压在第5层下，距地表深2.5米见，由南向北6米处以北上部被晚期河道冲毁，最深处4.7米见。堤堰北部为排洪渠，渠北5.3米探出卵石，上部为晚期淤土，由于此处古洛河中探至8米深均未见卵石，仅堤堰夯土中夹有卵石，因此判断排洪渠北侧探出的卵石层应为堤堰的一部分。由于北侧被晚期河道破坏较重，且地层较深，最深处5.3米见卵石，因此堤堰的北边未探出。堤堰为夯筑而成，夯土中夹有卵石，夯土为黄褐色，土质较硬，含微量炭灰、陶渣等包含物。

排洪渠遗址：目前探出河道内共五层淤土堆积，即剖面中的第6～10层。第6层：浅灰色淤土层。深2.4～2.7、厚0.4～0.8米。含大量水锈土。第7层：深灰色淤土层。深2.8～3.3、厚0.5～1.6米。土质湿软，内夹杂淤泥块、水锈土等，淤土中含微量白灰颗粒、炭灰、烧土颗粒、贝壳及少量小石子等。第8层：浅灰色沙性土。深4.2～4.5、厚0.3～1.3米。土质湿软，含沙性大，该层下发现围堰北边沿。第9层：浅黄色淤土层。深4.5～5.7、厚0.5～1.1米。土质湿软，较纯净。第10层：浅褐色淤土层。深5.5～6、厚0.2～0.25米。土质湿软，此层下见水不至底。

以上五层堆积分两期，其中第6～8层为晚期河道将堤堰破坏后形成的堆积，其范围较大；第9、10两层为排洪渠内的堆积，排洪渠上部已经被晚期河道破坏，现开口距地表深4.7～5.3米，上口残宽30米左右，钻探最深处8米左右见水不到底。

堰洛大堤上部被晚期河水破坏，东西残长300～590米，底最长处600米左右，由南至北到排洪渠南沿宽403米。堤西为引洛渠，渠东岸被晚期河道冲毁，渠复原宽80米左右，南北残长550米左右，西岸开口距地表深3.2～4.1米，渠深3米不至底。

津阳门大街位于引洛渠西侧122～147米，开口距地表深2.5～4.1米，探出路土最宽处11米，厚0.1米左右。宣阳门大街位于堤堰之上，西距津阳门大街中心间距529米左右，路土距地表深2～2.3、厚0.1米左右。

《后汉书·五行志》载："永寿元年六月，雒水溢至津阳城门，漂流人、物。"[①]堰洛通漕以后，引洛渠位于津阳门大街东侧，直对汉魏城南墙，洛水的主流输入城南漕运阳渠中，如有洪灾，洪水必然直达津阳门附近，直接危及津阳门，而通过洛河故道的水量相对较小，因此文献上不见永桥水灾的记载。另外堤堰下游在雨季有洪水顺河而下，如至旱季可能断流，河道淤塞的可能性加大，这为后来的洛河改道提供了可能。

3. 城南东出的谷水主道遗址

在汉魏洛阳城遗址的南侧为现代洛河，其河道应为城南谷水故道，由此向东至偃师市首阳山镇古城村东南部，全长6300米左右，基本为一东西直线。我们在河道的北岸进行了勘探，在鱼骨村与和村南发现一水池遗址，我们在水池的北边提取一南北向钻探剖面（图一〇）。该剖面位于偃师

① （南朝宋）范晔著，（唐）李贤等注：《后汉书》志第十五《五行三》，中华书局，1982年，3311页。

市首阳山镇鱼骨村南部偏东，北距310国道1624米左右，西距207国道1052米左右。剖面为南北向，总长120米。

地层堆积：

第1层：现代耕土层。厚0.25～0.3米。内含煤渣等杂质。

第2层：红褐色淤土层。深0.25～0.3、厚0.25～0.55米。较纯净，无包含物。该层下发现G1。

第3层：黄褐色冲积土。深0.45～0.75、厚0.25～0.65米。土质疏松，内含少量陶渣、炭灰等，出极少量近代青花瓷碎片等。该层下发现G2。

第4层：浅黄色淤土层。深0.5～1.2、厚0.1～0.4米。土质疏松，内含少量陶渣、炭灰等。

第5层：浅黄褐色淤土层。深0.6～1.5、厚0.3～0.5米。土质硬，含炭灰、烧土及陶渣颗粒等，出有黑釉瓷片、素面瓦片及布纹瓦片等。

第6层：黄褐色淤土层。深0.9～1.6、厚0.2～0.6米。土质硬，内含炭灰及烧土等，出有宋代黑釉瓷片、内布纹外素面瓦残片等。该层下发现G3，且在沟的北部该层下见自然土。此层下见水池遗址北边上口。

第7层：浅褐色淤土层。深1.1～2.1、厚0.5～0.75米。土质硬，含炭灰、烧土及陶渣颗粒等，出有内布纹外素面瓦片、砖块等。

第8层：深褐色淤土层。深1.75～3.5、厚0.35～1米。土质硬，含大量炭灰、烧土及陶渣颗粒等物，出有绳纹瓦片、陶片等。该层下发现水池遗址北边二层台口。

第9层：青灰色淤土层。深2.9～4.1、厚0.4～0.9米。土质硬，含大量炭灰、烧土及陶渣颗粒等，出有少量绳纹陶片。

第10层：青褐色淤土层。深3.4～4.4、厚1.4～1.5米。土质硬，含淤土块及水锈土等。

第11层：深褐色淤土层。深4.8～5.8、厚0.45～0.6米。土质硬，内含大量炭灰、烧土及陶渣颗粒等，出土极少量绳纹瓦片等。此层下出水不至底。

遗迹：

G1：开口于第2层下，呈东西向，开口距地表深0.65～0.7、底距地表深2.8米，沟深2.1米，长度不详，沟口宽6、底宽1.7米，南北边呈斜坡状，堆积分10层，每层上面被踩踏成路土，较硬，部分路面上有车辙痕迹。

第1层：浅褐色淤土层。厚0.45米。土质疏松，含有大量炭灰及烧土颗粒。

第2层：深褐色淤土层。厚0.4、路土厚0.05米。下层为淤土，较硬，含有炭灰及烧土颗粒等。

第3层：浅褐色淤土层。厚0.2米。土质硬，路土厚0.06米，含炭灰、烧土颗粒等。

第4层：红褐色淤土层。厚0.15米。土质硬，路土厚0.05米，含炭灰、烧土颗粒等。

第5层：浅黄色淤土层。厚0.15米。土质硬，路土厚0.05米，有车辙印，辙印上口宽0.15、深0.12米，两车辙间距0.5米，土质较硬，含炭灰、烧土颗粒等。

第6层：红褐色淤土层。厚0.16米。土质硬，路土厚0.06米，有车辙印，上口宽0.1、深0.08米，两车辙间距0.56米，含炭灰、烧土颗粒等。

第7层：深褐色淤土层。厚0.28米。土质硬，上面路土厚0.1米，路土呈浅灰色，有车辙印，上口宽0.12、深0.07米，间距0.6米，土较杂乱，含较多炭灰、烧土颗粒。

第8层：黄褐色淤土层。厚0.16米。土质硬，上面路土厚0.07米，路土呈灰褐色，有两个车辙印，辙印上口宽0.15、深0.08米，间距0.62米。土层内含炭灰、烧土颗粒和少量陶渣。

第9层：浅黄色淤土层。厚0.1米。路土厚0.05米，呈浅灰色，有两个车辙印，上口宽0.1、深0.12米，间距0.65米。土层内含少量炭灰和烧土颗粒等。

第10层：深褐色淤土层。厚0.15米。土质硬，上面有0.05米厚的陶渣层，含大量烧土、炭灰及陶渣颗粒等。

从地层堆积看，此沟应为路沟，从开口层位上看应为近代形成。

G2：开口于第3层下，距地表深1.15～1.3、底距地表深3.75、沟深2.4米。此沟为不规则形，长度不详，上口南北总宽46、南北底宽42.5米，沟内堆积为黄褐色淤土，分六次淤积，土质疏松，出极少量金元时期白釉褐花瓷碗残片等。

G3：开口于第6层下，距地表深1.25、底距地表深2.6米，沟深1.4米。该沟为东西向，长度不详，南北口宽5、底宽2.3米，南北两边呈斜坡状，沟内填土分为二层：

第1层：黄褐色淤土。厚0.8米。土质硬，内含烧土、炭灰颗粒等，出土少量绳纹筒瓦残片。

第2层：红褐色淤土。厚0.6米。土质硬，内含炭灰、烧土颗粒等，出土少量绳纹瓦残片。从出土物看此沟应为汉魏时期。

水池遗址：开口于第6层下，其北边呈斜坡状，且北边有二层台，北口距地表深1.2米左右，二层台宽38.5米，二层台距口深2米，二层台边也呈斜坡状，池心距地表下探至7.2米，出水不至底。池中堆积为地层中的第7～11层，其中第10、11为钻探所得地层。

从池的剖面和勘探情况看，此池是本次调查中发现的洛河北岸唯一汉魏时期的水池遗址。此池距汉魏洛阳城东墙2702～2843米，位于现在洛河的左侧。《水经注·谷水》载："谷水又东左迤为池。"[①] 结合地理位置和文献看，此池应为谷水主道"又东左迤为池"的水池遗址。

现代洛河过池再向东到古城村以东，河道向东南有一个较大的圆弧形弯曲，与《水经注》所云"谷水又东南转，屈而东注，谓之阮曲"相符。阮曲在偃师市东寺庄村东南、岳滩村东侧与古洛河相交汇，其西北河床有深3米以上的青泥沉积。2014年1月，我们在偃师西寺庄南侧橡胶坝蓄水时进行了水位测量，橡胶坝处水位上升1.6米，沉船遗址处水位则上升1米左右，两地相差12.3千米，水位落差仅0.6米。此外由汉魏洛阳城城南现代洛河东至古城村以东为直线，由此向东经阮曲东至洛口30多千米的流经区域，穿越邙山和嵩山之间，由于山势所限，有九个较大的弯曲，因此古人称之为九曲涧或九曲渎。从文献、地理和所发现的遗迹以及水位落差等因素综合分析，汉魏洛阳城城南阳渠东出的谷水主道为张纯堰洛通漕线路的可能性最大。

---

① （北魏）郦道元著，（民国）杨守敬等疏：《水经注疏》（中册）卷16《谷水》，江苏古籍出版社，1989年，1436页。

五、隋唐漕渠调查

2011年11月至2012年3月，原洛阳市文物工作队（现洛阳市文物考古研究院）联合中国社科院考古研究所洛阳唐城队，对隋唐洛阳城内漕渠遗址进行了考古调查，取得了重要收获。漕渠遗址起点，位于今洛阳市定鼎立交桥东1.2千米、南关码头遗址西35米、今洛河北堤北凸转弯处，东北过九都路与凤化街交叉口，至移动公司九都路营业大楼西北角转曲向东，穿贴廓巷又东，经贴廓巷小学家属院，又东经柳林街中州渠桥南，又东经新街小石桥北，过小石桥北，再穿新街向东至民俗馆东与瀍河相交。又汇瀍河向东，经下园路北段，又东穿桂圆街，塔西新村南端两排民房下，再向东出廓城[①]。《元河南志·唐城阙古迹》载："漕渠本名通远渠，隋开，自斗门下枝分洛水。当洛水中流立堰，令水北流入此渠，有余水，然始东下。时令官奴捺此堰，亦号蜀子堰。亦隋炀帝以为水滩泄，多石碛，不通舟航，乃开此渠。下六十余里，至偃师之西，复与洛合。"[②]从文献上看，隋代在洛阳建都，洛河因水位较浅，多卵石，漕运不能到达东都，才开东都漕渠，在现南关码头遗址西南筑堤堰，引洛水入漕渠。从前期调查情况看，漕渠开凿在洛河故道北侧土质较好的高地上。

2014年1月，我们顺河道向东调查时，在古洛河的北侧、西石桥村北、白马寺镇陈屯和枣园南侧看到一段河床，东至孙家岗，东西1200米左右，为一东西直线，东与汉魏洛阳城城南谷水故道相接。此段河床开在高台地上，海拔126.8米。河床上口宽180米左右，水面宽78米（水面海拔113米左右），河床水面距地表深13米左右，南北两岸为生土断崖。河床底部为生土，内有大量姜石，此处河床的形成应为人工开凿（图一一、图一二）。在此段河床的西端、西石桥北侧河道内的卵石层上有1米厚的青泥淤积，河床的东端出土较多的假山石碎块。这段河床应是目前洛阳盆地内保存最好的运河河床。另外在汉魏故城西南、龙虎滩村采沙场所处的漕渠故道中采集到一件铅锭，为长方台体，六面有印文，模制，正面正中有圆形穿孔，孔径上大下小，台体正面长26.7、宽8.5、穿孔径3.1厘米，印文为"潼关义兴记"，穿孔将"潼关"与"义兴记"之间隔开。背面较大，

图一一　白马寺镇陈屯和枣园南人工漕渠

图一二　漕渠南岸生土断崖

① 资料现存洛阳市文物考古研究院和中国社会科学院考古研究所洛阳唐城队，待发表。

② （清）徐松辑，高敏点校：《河南志》卷4，中华书局，1994年，141页。

长28.5、宽10.7、孔径1.5厘米，穿孔上下各印有“祯祥”和“三”字。四侧面各印“祯祥”二字，重24千克（图一三）。从印记看，其时代上限为晚唐，下限至元代。结合文献和调查情况看，隋唐时期开凿了由东都洛阳城至汉魏洛阳故城城南引洛入谷的漕运通道，沿汉魏时期九曲渎，东至洛口与黄河贯通。

图一三 隋唐漕渠内出土的铅锭

六、结 语

通过此次考古调查，我们对洛阳盆地内的主要水系有了较为全新的认识。现今的洛河自洛阳市伊滨区佃庄镇河头村北侧到偃师老县城南侧与古洛河相交，《水经注》“谷水”和“洛水”注中记述阳渠水入洛河处，均在偃师县城南，此段河道应为洛阳汉魏故城漕运的主要通道（即谷水主道）。此段渠水东入伊洛河后，又东至巩川入黄河，其中在古城村以东至偃师老城南侧一段，洛河有一个向南的圆弧形转曲，与《水经注》上记载的“阮曲”相一致，由阮曲向东入巩川再入黄河，在巩川一段由于洛水两岸山势所限，河道有六个较大弯曲，加上阮曲的三个弯曲正好为九曲，即《水经注》上所载的“九曲渎”或“九曲涧”。而在前期考古发现的建春门东出之水，《水经注》谷水注下有明确注述，以建春门为界，南北分述，其记述北枝云：“……谷水又东，屈南，径建春门石桥下……其水依柱，又自乐里道屈而东，出阳渠。”其记述南枝云：“谷水于城东南隅，枝分北注，径青阳门东，故清明门也……又北径东阳门东，故中东门也。又北径故太仓西，《洛阳地记》曰：‘大城东有太仓，仓下运船常有千计，即是处也。又北入洛阳沟。’”[①] 这说明漕渠的终点为故太仓西侧，此处向北即为建春门，如由洛河从鸿池陂处北上入建春门东出之水到达太仓西侧，此段渠道因东西落差太大，水流较急，且沟内的淤土颜色较浅，基本与沿岸自然土颜色相近，人类活动的遗物较少，与汉魏洛阳城建春门南侧的城下漕渠内淤土相比较，反差较大，其作为汉魏时期主要漕运河道的可能性较小。建春门东出的淤土沟地处邙山脚下，地势较高，东西落差较大，此渠形成后应主要

① （北魏）郦道元著，（民国）杨守敬等疏：《水经注疏》（中册）卷16《谷水》，江苏古籍出版社，1989年，1400、1402、1435页。

作为排洪沟而存在，因此《水经注》上说的“又北入洛阳沟”应为此沟。从以上可以看出，谷水绕城汇集于地势较低的城东南谷水主渠内，又堰洛引入洛水，使水量加大，且谷水主道东西地势落差较小，两岸土层深厚，是张纯堰洛通漕成功的主要因素。其堰洛通漕的位置在今佃庄村东（260米左右）至大郊寨之间。

隋唐时期，以洛阳为都，除地理形势和其他因素外，更看中了其漕运之便利，于是于大业元年（605年）“三月丁未，诏尚书令杨素、纳言杨达、将作大匠宇文恺营建东京……辛亥，发河南诸郡男女百余万，开通济渠，自西苑引谷、洛水达于河”[①]。在东京城宫皇城南引谷洛水入阳渠，至黄河，在汉魏洛阳“东通河、济，南引江、淮，方贡委输，所由而至”[②]这一漕运通道的基础上进行大规模疏通和扩充，建成了隋唐大运河。此次新发现的洛阳运河一、二号古沉船，经鉴定为清代[③]，证明此段运河在清代仍在使用，说明洛阳汉唐漕运体系的建立，历经千年而不衰，这一水利工程的成功具有高度的科学性。

附记：本文为国家社科基金一般项目“洛阳汉唐运河遗址调查与古沉船发掘报告”（项目编号：16BKG018）的阶段性成果。

领队：赵晓军
调查：吕劲松　赵晓军　张如意　常永卿
照相：高　虎
绘图：胡　瑞　高向楠　马伊凡
执笔：赵晓军　吕劲松　张如意

（原载《洛阳考古》2016年4期，8～18页）

① 《隋书》卷3帝纪第三《炀帝上》，中华书局，1982年，63页。

② （北魏）郦道元著，（民国）杨守敬等疏：《水经注疏》（中册）卷16《谷水》，江苏古籍出版社，1989年，1401页。

③ 洛阳市文物考古研究院：《洛阳运河一号、二号古沉船发掘简报》，《洛阳考古》2015年3期。

二、漕渠研究

1. 关中航运与漕渠

历史上的渭河水运

黄盛璋

一、研究渭河水运的历史意义与现实意义

渭河是关中的大河，要了解历史上渭河水运的重要意义，必须从关中的历史地位与形势两方面考察，才能看得更清楚。

10世纪以前关中常是全国政治与军事重心所在，西周、秦、西汉、隋、唐等五个大的封建王朝都建都在这里，10世纪以前国都有时虽然建在洛阳，但建都在洛阳的时代，长安的地位仍然和国都一样地重要。

中古时期国都之所以常常建在关中，与当时国内、国外形势有密切的关系，东方平原黄河中下游广大地区是当时封建王朝统治的资本，国家经济重心之所在，可是那时候的敌人都是自西北方入侵，威胁统治王朝的存在，把国都放在这个通往西北国际通道的总支点上，对外就可以屏蔽东方，既可以防御敌人进攻也可以进攻敌人，对内又可以控制东方。黄河中下游一直是古代重要的农业生产地区，魏、晋以后，由于江淮平原的逐渐开发，广大的东南地区不久也成为全国经济重心。建都在关中的时代，经济的来源主要就是靠这两个地区，没有它们的物资支援，单靠关中地区的农业，有时候连食粮问题都解决不了，更不用说解决浩大的军需供应、政费开支，以及统治阶级本身的享乐消耗了，他们也就不能在这里安居下去；因此每一封建王朝都是把物资（主要是粮食、布帛等）向国都运输的漕运当作生命线一样看待。

物资转运主要是靠水运，关中河流能用于水运的只有渭河，下游恰恰经过西安注入黄河与东方的汴河及后来的运河联系起来，此外泾河、洛河虽也是关中大河，但古今都无舟楫之利。渭河一向存在着困难，古代人民不断设法克服这些困难，寻求解决运输困难的道路，由于千百年来劳动人民的艰苦奋斗，中古时期的陕西水运是有其辉煌成就，能够解决当时运输上的实际问题。现在渭河水运仍然存在困难，治渭又是治黄问题中很重要的一节；由于国家建设的迅速发展，西安将是西北区一个工业重镇；渭河水道的修治与利用对于西北区水利与交通的开发有很重要的意义，我们讨论历史上关中水运情形，一方面阐述过去的劳动人民怎样设法克服困难、同自然做斗争；一方面也为今后陕西水利建设提供若干参考的资料与意见。

二、渭河水运的历史发展

渭河水运，当开始于周初[①]，但明确见于记载则在公元前6世纪，《左传·僖十三年》："秦输粟于晋，自雍及绛相继，命之曰泛舟之役。"孔颖达说："秦都雍（璋按，在现在的凤翔宝鸡间），雍临渭；晋都绛（璋按，在现在的曲沃），绛临汾，繇渭入河，又繇河以溯汾也。"这是利用渭河水运，到达渭口后又由黄河转汾河。周东迁以后，渭河流域虽渐为秦所占有，但渭河以东的黄河流域广大地区，皆属他国之境，渭河水运在运输上发挥巨大作用，实际是在秦统一黄河流域以后。

秦汉统一天下，相继建都关中，秦之咸阳，汉之长安虽为当时的政治重心，但人口密集跟生产丰富的地区大都分布在关东平原，即函谷关以东，今河南、山西、河北、山东沿黄河流域一带，当时称作关东，又称山东。关东的贡赋都要利用渭河水运集中到咸阳或长安，汉高帝当初选择国都，张良曾经强调都关中的必要性，"关中阻三面而固守，独以一面东制诸侯，诸侯安定，河渭漕挽天下，西给京师，诸侯有变，顺流而下，足以委输"[②]，实际上汉、楚在中原相距数年，汉方就是靠关中粮食不断向东方输送，据《史记·萧相国世家》记载："汉二年，萧何守关中，计户口，转漕给军，汉与楚相守荥阳数年，军无见粮，萧何转运关中，给食不乏。"后来汉胜楚败，这个因素实不容忽视。

西汉初年，天下统一未久，一切尚简陋，政府财用开支不大，高帝时每年漕运东方的粮食不过几十万石，后来逐渐有增加，汉代就在长安附近渭河沿岸设立太仓、细柳仓、嘉仓等仓库，而由东方转运来的粮食主要集中在太仓。等到武帝继位之初，汉兴七十余年，太仓之粟，陈陈相因，充溢露积于外[③]。

武帝一继位，凭借祖先为他积蓄雄厚的经济资本，即大事征伐，积聚七十年的"陈陈相因"的"太仓之粟"，不久就空虚，而每岁由渭河漕运东方的粮食，不过百万石，远远跟不上用度，他继位不到十年，这问题就很感严重。要解决政府的庞大财政开支，唯一的出路就是怎样使东方的粮食运输量增大。渭河运道自古就有些困难，三门砥柱，号称天险；而渭河迂曲多沙，水量时感不够，因此怎样改革渭河水运就成为当时一个很实际的问题，"是时郑当时为大司农，言曰：'异时关东漕粟从渭中上，度六月而罢，而漕水道九百余里，时有难处。引渭穿渠起长安，并南山下，至河三百余里，径，易漕，度可令三月罢；而渠下民田万余顷，又可得以溉田：此损漕省卒，而益肥关中之地，得谷。'天子以为然，令齐人水工徐伯表，悉发卒数万人穿漕渠，三岁而通。通，以漕，大便利。其后漕稍多，而渠下之民颇得以溉田矣"[④]，这条漕渠完全出于人工开凿，费时三年，动工至几万人，工程可以想见浩大。开成以后，东方运来的粮食，到了渭口（今潼关附近）就改由漕渠西

① 《诗》："亲迎于渭，造舟为梁。"此记文王事，渭河中既有舟，当即用于水运，周公营洛邑以为东都，以为洛阳天下之中，道里均等，四方贡赋，既都集中洛阳，那时国都在镐京当利用渭运。

② 《史记》卷55《留侯世家》。

③ 《史记》卷30《平准书》。

④ 《史记》卷29《河渠书》。

上，经华阴、华县、临潼到达长安，不必再沿渭河。

统治阶级之所以要费这样大的气力，利用劳动人民进行这件伟大工程，完全是为经济上迫切需要。《史记》《平准书》《河渠书》《汉书·食货志》均记载汉武帝在这一时期经济上窘急情况，继位十多年来不断进行大规模的战争与水利等开发，庞大的军费、政费、建设费等开支，早已使国库空虚，铸钱造币使物价膨胀得更厉害，用纳粟补官或除罪，至“入羊为郎”，这些枝节的办法并不能解决财政来源的根本问题，这一时期汉王朝的统治在经济上的情况是相当危险的，漕渠开凿之后，由于空虚已久，最初并不能立即解除财源不够的危急，还曾紧张过一个时期，但不久每岁的漕运数由百万石增加到四百万石，到了元封年间用桑弘羊为治粟都尉领大司农，“山东漕益岁六百万石，一岁之中太仓甘泉仓满”，“民不益赋，而天下用饶”，可见财政开支基本上得到解决。《汉书·食货志》载宣帝五凤年间（前57～前54年）大司农耿寿昌上言：“故事，岁漕关东谷四百万斛以给京师，用卒六万人。宜籴三辅、弘农、河东，上党，太原郡谷，足供京师，可以省关东漕卒过半。”帝用其计，“漕果大便”，这说明自武帝到宣帝，由关东漕运的岁额，一般都保持四百万石之数；耿寿昌的计划，不过改在近地沿河各郡购买，仍然要用船运到京师长安。一直到王莽篡位，汉朝国库充实，经济上基本稳定，主要原因虽然是由于关中水利的兴修、赵过等改进耕种方法、荒地多加垦辟等，使某些地方农业生产有所增加；但漕渠能负担很大的运输量，解决了财政开支的来源供应问题，也应该是其中一个很重要的因素。

东汉建都洛阳，东方的贡赋都集中到洛阳，不再西运，文献上几乎找不到有关渭河或漕渠的水运记载，只有建安十六年（211年），曹操与马超在潼关相战，“操潜以舟载兵入渭”，结营渭南，所利用的也只限于潼关附近一段。

自汉末分裂，直到晋室渡江以前，魏晋两朝国都长期在洛阳，曹魏时由于蜀汉常自汉中进攻，长安为魏方防御或进攻的军事大本营，需要囤积一批军粮，其运输大概就用渭河[①]。

晋永嘉之乱，关中动荡，建兴以后，长安陷于胡虏，旧时所谓关东、山东者长期陷于分裂局面，连洛阳以东漕运亦久形停滞，更不说渭漕，在此时期（南北朝）渭河水运仅见于战争之中，如晋义熙十三年（417年）刘裕伐秦，王镇恶等至潼关，请率水军自河入渭以趋长安，得到刘裕的许可，镇恶溯渭而上，乘艨艟小舰，行船者皆在舰内，直至渭桥，渭水迅急，舰皆随流，倏忽不知所在，即其一例[②]。直到北魏文帝迁都洛阳才稍稍注意恢复黄河、渭河等漕运问题，据《魏书·文帝》记：“大和十八年（494年）迁都洛阳，十九年车驾循淮而东，民皆安堵，租运属路。”回路经鲁城，至碻磝，“命谒者仆射成淹具舟楫欲自泗入河，溯流还洛，淹谏以河流悍猛，非万乘所宜乘，帝曰：我以平城无漕运之路，故京邑民贫，今移都洛阳，欲通四方之运，而民犹惮河流之险，故朕有此行，所以开百姓之心也”，二十年“将通洛水入谷，帝临亲观”，这就是疏通旧日的漕运水道，便于从东运来的粮食直达洛阳，二十一年从洛阳到平城又到长安，并幸昆明池，回来时即采取渭河

① 《魏略》载魏延说诸葛亮：“楙闻延奄至，必乘舡逃走……邸阁与散民之粟足周食也。”可见长安、洛阳间最便捷的是用渭运舟船邸阁为屯粮之所，粮运当利用渭河。

② 《通鉴》卷118。

水运，“车驾东旋，泛舟入渭”。据十九年泛泗入河之例，也当与恢复漕运有关，目的在于考察关中水运情势，漕渠上承昆明池，这是它重要的上源之一，幸昆明池无疑为考察漕渠水源，与二十年亲临观洛水入谷一样，至于归路采取水路，当在考察渭河水道，并寓有鼓励水运之意。

北魏迁都后，洛阳以东由于租赋大部仰给此区，其水运恢复较早；至于洛阳以西黄河、渭河水运经文帝那次“泛河入渭”，证明通航没有多大问题，可是直到孝明帝时仍然没有恢复，那时水次所置仓库都在洛阳以东[①]，洛阳以西一般仍采取陆运，如京西汾、华二州，恒农、河北、河东、平阳等郡租赋皆雇牛车送京。正光时三门都将薛钦曾建议将沿水次的汾、华二州改采水运办法是自仓门陆运至濡陂，车送船所，以万全由船运[②]。薛钦的建议曾得到尚书崔琳、尚书度支郎中朱元旭极力支持，“诏从之”，但后来也未尽能实行[③]。

中古分裂的局面到了6世纪末叶又归于统一，长期近于停滞的渭河水运到了隋唐两代又兴盛起来。隋文帝一定都长安，立即注意东方漕运恢复的问题，开皇三年下诏在蒲、陕、虢、熊、伊、洛、郑、怀、汾、卫、许、汝等水次十三州置募运水丁，又于卫州（今汲县）置黎阳仓，洛州（洛阳）置河阴仓，陕州（陕县）置常平仓，华州（华县）置广通仓，互相灌注，漕运关东及汾晋等的米粟，供应京都（长安）[④]。那时从洛阳到陕州一段，因有砥柱之险，必须陆运；陕州以西，才可以利用河渭之航，不过当时渭河水运已很成问题，主要是由于“渭水多沙，流有深浅”，次则是洪水期与枯水期水量悬殊，“水力大小无常”，造成阻阂，所以开皇四年下诏指出渭河这些缺点，决计开凿汉代的漕渠，“东发潼关，西引渭水”，共长三百余里，命名为广通渠[⑤]。此渠一开成，即在运输上发挥很大效能，也解决了隋王朝若干粮食的威胁，这从下列一事可获得证明：开皇六年关中大旱，青、兖、汴、许、曹、亳、陈、仁、谯、豫、郑、洛、伊、颍、邳等州大水，百姓饥馑，高祖乃命苏威等分道开仓赈给，又命司农丞王亶发广通之粟三百余万石救关中[⑥]，这时上距漕渠开凿不过

① 《魏书》卷110《食货志》：“自徐扬内附之后，仍世经略江淮，于是转运中州，以实边镇，百姓疲于道路，……有司又请于水运之次，随便置仓，乃于小平、石门、白马津、漳涯、黑水、济州、陈郡、大梁凡八所，各立邸阁，每军国有须，应机漕引、自此费役微省。”

② 《魏书》卷110《食货志》：“三门都将薛钦上言，计京西水次汾华二州、弘农、河北、河东、正平、平阳五郡年常绵绢及赀麻皆折公物，雇牛车送京。道险人敝，费公损私，……汾州有租调之处，去汾不过百里，华州去河不满六十，并令计程依旧酬价，车送船所。船之所运，唯达濡陂；其陆路从濡陂至仓库，调一车雇绢一匹，租一车布五匹，则于公私为便。”

③ 《魏书》卷110《食货志》。又《太平御览》卷73引《后魏书》：“崔亮为雍州刺史，城北渭水浅不通舡，行人艰阻。”此渭水不通航之证，水经注撰成正当是时，渭水篇中屡屡漕渠“今无水”字样，是此时漕渠亦早干涸。

④ 《隋书》卷24《食货志》。

⑤ 《隋书》卷24《食货志》：“其后以渭水多沙，流有深浅，漕者苦之，四年诏曰：‘……渭川水力，大小无常，流浅沙深、即成阻阂，……故东发潼关，西引渭水，因藉人力，开通漕渠，量事计功，易可成就，已令工匠，巡历渠道，观地理之宜，审终久之义，一得开凿，万代无毁，可使官及私家，方舟巨舫，晨昏漕运，沿溯不停，旬日之功，堪省亿万’于是命宇文恺率水工凿渠，引渭水，自大兴城（即长安）东至潼关，三百余里，名曰广通渠，转运通利，关内赖之（又卷46《苏孝慈传》，通典卷10记载略同。）

⑥ 《隋书》卷24《食货志》，据《隋书》卷1《文帝纪》河南诸州水灾，关内七州大旱的在开皇六年。

两年，在这样普遍而又严重的水旱灾情况下，关中的广通仓居然能发粟三百多万石急救关中饥民，这说明由于漕渠开凿，在若干方面可以解决政府财政开支来源供应问题。

炀帝继位，经常驻在洛阳，末年又到江都，以后又经过几年纷乱，关中水运无形终止，渭川水小沙多，本早成问题，漕渠隋代只花费三个月的工夫①，虽有旧道基础，但工程相当草率。唐初统一以后，两河都没法利用，从高宗起，食粮供应与政府财政开支来源即成严重问题②，为了暂时解决关中转运的困难，皇帝就要常常率领百官就食洛阳③，统计高宗时代“巡幸”洛阳共达七次，玄宗也有五次，主要的原因都是为解决粮食与政府的开支，当时漕运有两大困难：一个是三门阻险，从洛口到陕州须用陆运④。另一个困难就是渭河水量不够，流浅沙多，由陕州到潼关虽可用水运，但潼关到长安一段却又要用牛车陆挽，唐渭河有水运是自高宗咸亨三年（672年）王师顺奏运晋、绛之粟以救关中饥馑那一次开始⑤，但并未成为经常之制，景龙三年关中饥，“斗米百钱，运山东、江、淮谷输京师，牛死什八九”⑥，可见一般仍用陆运。

第一次提出解决运送困难办法的是开元二十一年上召做宰相的裴耀卿，耀卿在开元十八年就曾“条上漕事便宜”，建议“节级转运法”，玄宗初不省览，二十一年当玄宗又要到洛阳就食，大概也感到这样往来奔波不是办法，曾召耀卿问题，耀卿因请罢陆运旧法，另建一套办法：分漕程为三段，河口（洛口）一段、三门峡附近一段、三门峡以下又是一段。河口以东为水运，置仓河口，东南漕舟至此输粟于仓，另由官家雇舟分入河洛，三门峡东西也分别置仓，中间采取陆运，自河口至此，先将粟输到东仓凿山路十八里，再陆运输往西仓以避三门之险，三门峡以下采取舟运⑦。他所采取的基本就是节级转运法，特点是：①分段转运，②尽量利用水运。陆运只有三门峡附近那一段山路十八里，这样大大缩短陆运的路程，基本皆为水运。这个计划表面上看来好像平淡无奇，实际上很能解决问题，《旧唐书·食货志》说：玄宗采取这个建议后，“凡三岁漕七百万石，省陆运佣钱三十万缗”。“凡三岁”应该是开元二十四年，就在这一年，由于“漕运复多”，玄宗下诏自洛西返，

① 据《隋书》卷1《文帝纪》：“（开皇四年六月壬子）开渠，自渭达河以通运漕……九月……乙丑，幸霸水，观漕渠。”是前后只有三月。

② 《新唐书》卷53《食货志》：“唐都长安，而关中号称沃野，然其土地狭，所出不足以给京师，故，备水旱常转漕东南之粟。高祖、太宗之时，用物有节而易赡，水陆漕运，岁不过二十万石，故漕事简。自高宗已后，岁益增多，而功利繁兴，民亦罹其弊矣。”

③ 《文献通考》卷21《市籴》：“唐都关中，而关辅土地所入，不足以供军国之用，故常恃转漕东南之粟，而东南之粟必先至东都，然后浮河渭泝流以入关，是以其至也深难。故开元以前岁若不登，天子尝移跸就食于东都，自牛仙客献策和籴，然后始免此行。”

④ 《新唐书》卷53《食货志》：“初江淮租米至东都输含嘉仓，以车或驮陆运至陕，一而水行来远，多风波覆溺之患，其失常十七八，故其率一斛得八斗为成劳；而陆运至陕，才三百里，率两斛计庸钱千，民送租者，皆有水陆之直，而河有三门底柱之险。”

⑤ 《旧唐书》卷49《食货志》：“咸亨三年，关中饥，监察御史王师顺奏请运晋、绛州仓粟以赡之，上委以运职。河、渭之间，舟楫相继，会于渭南，自师顺始之也。”

⑥ 《通鉴》卷209。

⑦ 《旧唐书》卷49《食货志》。

以后就长期住在长安，不再往返东西都间，同一年“于京城内大置常平仓”，可见他的改良漕运办法是很有成效的。

裴耀卿虽然恢复了渭河运道，但并没有解决渭河本身水浅沙深的问题，直到开元二十九年（741 年）才有人建议凿汉隋的漕渠，不由渭河，《新唐书》卷 53《食货志》：

（韦坚）治汉、隋运渠，起关门，抵长安，通山东租赋，乃绝灞、浐，并渭而东，至永丰仓与渭合。又于长乐坡濒苑墙凿潭于望春楼下，以聚漕舟。坚因使诸舟各揭其郡名（据《新唐书》卷 134《韦坚传》：诸舟所署之郡有广陵、会稽、南海、豫章、宣城、始安、吴郡等）……是岁漕山东粟四百万石。

韦坚开凿此渠，历时二年，直到天宝三年渠成放水[①]，可是这条运河没有利用多长时间就遭安史之乱，汴淮阻绝，江淮贡赋改由汉江。广德二年安史乱定，刘晏即着手整理河渭运道，又采取由江淮入汴、渭的政策，《新唐书·食货志》里曾有详细的交代[②]。这次之所以又改由渭河，不从漕渠，当因漕渠为人工开凿之渠道，必须配备很多的工程设置与人工管理，停顿十多年不用，其水道当渐湮失，当时丧乱初定，需财粮孔急之际，来不急修治和配备很多工程设置与人工管理，渭河是天然河运，立即可以利用。

刘晏所整顿的河渭运道也并没有维持多久，大历之末（779 年）江淮为军阀割据，道阻不通，建中四年（783 年）李希烈攻陷郑、汴，朱泚围逼长安，又开辟金商运道，直到贞元元年（785 年）盘踞河汴一带的军阀李希烈（据汴州）、李怀光（据河中）、达奚抱晖（据陕县）等相继被清除，由于韩滉、杜亚的效力，与李泌的设计经营，才又恢复渭流运道。《新唐书》卷 53《食货志》：

贞元初……诏浙江东西节度使韩滉，淮南节度使杜亚运至东西渭桥仓……陕虢观察使李泌……为入渭船，方五板，输东渭桥太仓米至凡百三十万石。遂罢南路陆运。

自此以迄唐末黄巢起义之前，运送大抵是利用渭河，惟在文宗太和初（827 年）因岁旱河涸，由于李石、韩辽的建议，一度恢复旧日的漕渠，《新唐书》卷 53《食货志》：

太和初，岁旱河涸，掊沙而进，米多耗，抵死甚众。不待覆奏秦汉时故漕兴成堰，东

① 《元和郡县志》卷 2《华州华阴县》：“永丰仓在（华阴）县东北三十五里渭河口，隋置。……天宝三年，常侍兼陕州刺史韦坚开漕河，自苑西引渭水，因古渠至华阴入渭，运永丰仓及三门仓米，以给京师，名曰广运潭，以坚为天下转运使（灞、浐二水，会于漕渠。每夏大雨，辄皆涨，大历之后，渐不通舟）。天宝中，每岁水陆运米二百五十万入关。”

② 《新唐书》卷 53《食货志》：“刘晏为户部侍郎，勾当度支，转运盐铁铸钱使，江淮粟帛，繇襄汉越商于以输京师。及专代宗出陕州，关中空虚，于是盛转输以给用，广德二年废勾当度支便，以刘晏领东都、河南、淮西、江南、东西转运租庸铸钱盐铁，转输至上都度支所领诸道租庸观察使，凡漕事皆决于晏，晏即盐利雇佣分吏督之，随江淮河渭所宜。……江船不入汴，汴船不入河，河船不入渭，江南之运积扬州，汴河之运积河阴，河船之运积渭口，渭船之运积太仓：岁转粟百一十万石，无升斗溺者。”

达永丰仓。咸阳县令韩辽请疏之，自咸阳抵潼关三百里，可以罢车挽之劳。宰相李固言以为非时，文宗曰："苟利于人，阴阳拘忌，非朕所顾也。"议遂决，堰成，罢挽车之牛以供农耕，关中赖其利[①]。

韩辽所开，实即汉之漕渠，隋之广通渠以及唐韦坚所开之广运潭，开成以前的情形不详，但在开成元年（836年）裴休改革河渭运道时曾谓："由江抵渭，旧岁率雇缗二十八万，休悉归诸吏。"[②]足证此时已改由渭河，兴成堰利用时间很短。

唐末混乱，河渭运道早已失去其作用，天复四年朱全忠劫迁车驾于洛阳，毁长安宫室百司及民间庐舍，其材浮渭沿河而下，长安自此为虚，经过七十年的长期混战，关中的运道失修，没法利用，以致宋太祖统一天下，终于把国都定于开封。北宋汴京漕运有汴、黄、惠民（即颍、蔡运河）、广济（即五丈河）等四条运道，其中最主要的仍是隋唐时期的汴渠，其次就是河渭运道，《文献通考》卷25《国用》3《漕运》：

宋朝定都于汴，是时漕运之法分为四路：东南之粟，自淮入汴至京师，若是陕西之粟，便自三门、白波转黄河入汴至京师。

《宋会要稿》144册《食货·水运》：

陕西诸州菽粟自黄河三门沿流入汴，亦至京师，三门白波发运使、判官崔纲领之。

此陕西是指陕州（陕县）以西，即指关中一带，但也包括豫西一些州县，这里所记运道只提黄河，是否利用渭运或陆运至三门尚不能一定，但根据《宋会要稿》142册《漕运》所载太中祥符六年三月的诏书，我们确知宋初渭河确用于水运：

黄河自河阳已上至三门并峡路，河（江）水峻急，系山河，并依旧条外，有黄河自河阳已下，并三门已上至谓（渭）桥仓，并诸江、湖、淮、汴、蔡、广济、御河及应是运河，水势调匀，本纲抛失重舡一只，依旧条徒二年；二只，递加一等。

此外宋汴京城的燃料供应，一部分要靠豫西诸山（包括秦岭）上的薪炭，这也要利用河渭运道[③]。

宋初汴京岁运江淮米三百万石，菽一百万石，黄河粟五十万石，菽三十万石，惠民、广济为数

---

① 按《旧唐书》172《李石传》，列此事于开成六年，当误。

② 《新唐书》卷182《裴休传》。

③ 《宋史》卷94《河渠志》："（汴河）又下西山之薪炭，以输京师"，"治平二年（1065年）由京西，陕西，河南运薪炭至京师，薪以斤计一千四百一十三万，炭以秤计一百万"。

更少，广历时黄河岁漕益减耗，才运菽三十万石，航行艰难，运费又巨，所以到了嘉祐四年，连所运三十万石之菽也停止了，“自是岁漕三河”[①]，自此河渭运道就不用于漕运粮食。自仁宗起因为防御西夏，陕西常驻重兵，粮饷仰仗东南，欧阳修曾请案唐裴耀卿旧迹，以通漕运，议不能行。神宗、哲宗时期，渭河水运仅能用于运输关中秦岭山区之竹木，编船筏下放，《宋会要稿》143册《漕运二》：

（元丰七年）五月三十日诏凤翔府竹木筏应募士人以家产抵当及八千贯以上者管押上京，……先是熙宁初凤翔府宝鸡县木务，旧系举人姚舜贤愿将家产抵当，独押修河竹木上京，罢军大将十五人廪秩之实，诏从之，而舜贤所押船筏增羡，官私利之，故有是诏。

元祐三年关中遭水旱灾，吴革曾建议水陆运米以济关中之饥，具体办法是：“陆运以车务营车驼坊驼骡运至陕，水运以东南纲船般至洛口，以白波纲船自洛般至黄河。”苏辙时在户部曾为他详细分析陆运难，水运更难，《龙川略志》中记载此事，首尾甚详，兹节录有关水运部分如后：

至如水运亦且不易，汴河自京城西门至洛口，水极浅，东南纲船底深不可行……白波纲运昔但闻有竹木，不闻有粮食，此天下之至险，不可轻易。

后来苏辙为他选刷汴岸浅底船，量载米以往，结果还是失败，据《龙川略志》记载：“未几，予罢户部，闻所运米中路留滞，虽有至洛口，散失坏败，不可计。”可见此时不但渭河不能用于漕运，连开封以西的黄河也很成问题。

宋金对立时代，陕西河南都为金人所占，渭河此时已不通水运，但在金宣宗时曾有两次改水陆运为水运，《金史》卷108《把胡鲁传》：

（兴定）四年，时陕西岁运粮以助关东，民力寖困，胡鲁因上言：“若以舟楫自渭入河，顺流而下，庶可以少纾民力。”从之。时以为便。

又卷27《河渠志》：

定国节度使李复上言：“河南驻跸，兵不可阙，粮不厌多，比年，少有匮乏即仰给陕西，陕西地腴岁丰，十万石之助不难，但以车运之费先去其半，民何以堪？宜造大船二十，由大庆关渡入河，东抵湖城，往还不数日。……自夏抵秋，可漕三千余万斛，且无稽滞之患。”上从之。

据《金史》卷16《宣宗纪》：“造舟运陕西粮，由大庆关渡，以抵湖城。”时间是在元光元年六

① 《文献通考》卷25《国用考三漕运》。

月，但这次所利用可能只有渭河最下游一小段。

宋以后，渭河一般不通漕运，只明初曾有一次运粮陕西的记录，《续文献通考》卷31《国用》2：

（洪武元年）……其西北边则浚开封漕河，饷陕西，自陕西转饷宁夏、河州。

但这次是否利用渭河，是很成问题，根据以后情形，明代这段河运，一般只能到达陕县三门峡，最多也只到潼关，以西陕西境内就要陆运，孝宗弘治中吏部尚书倪岳建议修治运道时就曾指出："今关陕所需，皆山西、河南所给。……河南米豆，必令运贮潼关卫及陕州诸仓，……当今陆运之害，公私之利，奚啻万万也。"因此他建议修治陕西境内黄河、渭河、洛河诸河运，议亦未行。神宗万历中陕西岁荒，司农欲移京粟万石余，由漕运达河南，"更陆运以给之"，这也证明明代渭河一般不用于漕运。清初山西、河南之米，运往陕西三门一段，大抵采取陆运，陕州以西可雇民船，运至三河口，再溯河，但水运很不容易，一般都采用陆运。

以上所述都是自潼关至长安这一段渭河情形，由于物资转运与行旅往来频繁多在长安以东，此段为渭河下游，水量亦较大，渭河水运古今都以潼关、长安段为最发达，长安以西，情况就相差甚远。现在渭河木筏可通航至兴平，古代则似较此略远，《左传》记秦用舟运粟于晋，自雍及绛相继，是起航总在今宝鸡附近之渭河某地。汉代曾在今郿县引渭水开成国渠经扶风、武功、兴平、咸阳等县地复入渭水，约略相当于现在渭惠渠路线①，主要为灌溉之用。太和二年魏臻征蜀，复开成国渠上引汧水，其所开者乃将此渠引长，即与征蜀有关，是其时此渠可用于漕运（运军粮），否则魏臻无缘引长此渠，证明唐代情形，此渠确可用于水运，唐代有所谓升原渠，实包括汉成国渠与魏成国渠之全段，唐初全段都可以通漕，《新唐书》卷37《地理志》陇州汧阳郡汧源县下：

有五节堰，引陇水通漕。武德八年水部郎中姜行本开，后废。

陇水即汧水，五节堰乃此渠引汧水之水口（古代常以引水口之堰坝代表全渠之名），其渠道则名升原渠，《通典》卷10《漕运》：

（咸亨）三年于岐州陈仓县东南开渠，引渭水入升原渠，通船筏至京故城。

又《新唐书》卷37《地理志》凤翔府扶风郡虢县下：

西北有升原渠，引汧水至咸阳。垂拱初运岐陇木入京城。

① 关于此渠的演变经过，详见拙著《关中农田水利的历史发展及其成就》（即刊《中国农业遗产研究》第二集）。

自五节堰废，而升原渠上引汧水之段（即魏臻所开者）即湮塞。中唐有所谓六门堰所指仅为汉成国渠之段，其作用也全用于灌溉，宋代升原渠尚有一部分存在，亦不见用于水运。唯宝鸡以下之渭河，宋代仍可通行木筏。

综上所述，渭河水运的历史发展可以归纳为三点：①从纵的方面说，似可大略分为五个时期：先秦，为萌芽时期；秦汉，为兴盛时期；魏晋六朝为中衰时期；隋唐，为再盛时期；五代以后，为衰弱时期。②从横的方面说，最通行的仅限于下游即自西安至潼关渭口一段，以西就不常用。③从所载运的货物来说，主要是粮食与布帛，载人的情形很少。

三、古代渭河运道的困难及其寻求解决的途径

黄河最大的一条支流渭河，全河流经黄土高原，它跟黄河有相似的缺点：一是水少，二是沙多，三是洪水期跟枯水期水量悬殊，早在隋代，隋文帝就曾明确指出这三个缺点及其对航运造成的困难。总起来说水量不够，是渭河航运困难的根本原因。渭河水量不够，依据历史情形，原因有以下几方面：

第一，当然是河流本身跟自然条件关系：渭河水的来源本来不多，而西北区域气候又较为干燥，雨量小，蒸发量大，造成水量的不足；其次全河流经黄土高原，沿流挟带的泥沙量相当大，据乾隆五十五年派往实地考察的陕西巡抚秦承恩报告："渭一石滓斗许。"① 像这样的占 10% 以上的巨大含沙量，沉积又沉积，河身当然愈变愈浅，沙滩淤塞，阻碍航运。汉初渭河漕运，大概就有些困难。郑当时说，渭河"时有难处"，又说由渭河上运要费时六月，显然就是由于水少沙多。隋开皇四年文帝下诏开凿漕渠的诏书说："渭川大小，水力无常，流浅沙深，却成阻阂。"把阻碍航运的三个基本缺点更明确地指出来了。

第二是灌溉用水：渭河流域正是所谓关中"沃野千里"之地，沿河两岸都是农业生产很丰富的地区，需要灌溉。长安又是久经建都之地，巩固政权的最起码条件，首先就要使首都的粮食不致发生问题，而关中地区的农业生产，密切关系着京城的粮食供应，这就驱使建都于此的统治阶级不得不积极关心，因此历史上关中水利开展相当早而且已最有成绩，"又秦开郑渠，溉田四万顷，汉开白渠，复溉四千五百余顷"②，单这两个渠就是四万四千五百余顷。到唐代最少时还可灌六千二百余亩，其他小渠还无法计算。清代关中沟渠更是多至无数，灌溉消耗渭河及其支流的水量占很大的一部分。关于灌溉用水影响水量同河道淤浅，王莽时大司马张戎就已指出，《汉书·沟洫志》载戎上言：

> 今西方诸郡，以至京师（长安）东行，民皆引河、渭水山川水溉田。春夏干燥，少水时也，故使河流迟，贮淤而稍浅；雨多水暴至，则溢决。……可各顺其性，田复灌溉，则百川流行，水道自利，无溢决之患矣。

---

① 《续陕西通志稿》卷 57 引《东华录》乾隆五十五年四月辛亥条。

② 《通典》卷 174。

张戎指示灌溉用水使河道淤塞变浅，结果就容易造成溢决，对河道既有影响，航运必然要受限制，可是要用废除灌溉的办法来解决水运及河道的问题，当然是行不通的。所以张戎的建议后来也未见实行。

第三是都市用水，汉、隋、唐都建都长安，古都中以长安历时最久，京城为人口集中之地，又是最高统治者居住之所，为了满足帝王宫苑与权豪贵族的园林中池沼的水源，解决广大居民的给水问题就需要一定的水量。汉长安城主要是把交、潏（泬）汇集到昆明池，昆明池下口分为三派引入城区，隋唐长安城则东引灞、浐，西引潏、交，也是分为三渠引入城中[①]，这些水下流都是流到渭河里去的，这就影响渭河的水量[②]。

第四是贵族权豪与富商大贾在渭河支流的渠旁普遍设立水磨来取利，有时就要放失一部分水量，这部分放失之水量直接影响农田灌溉，间接也就影响渭河的水源[③]。

渭河水运既然很早就有问题，而漕运又直接关系统治阶级的切身利益，因此统治阶级对于渭河运道困难的解除与运输效率的改进就不得不采取积极关心的态度，特别是建都长安的西汉、隋、唐三个王朝都曾经费过很大气力寻求解决渭运困难的道路，其方法可归纳为间接与直接两种，间接的方法是设法利用汉江及其支流大部分的水运以代替渭运，直接则仍利用渭河及其支流的水源是开凿一支与渭河平行的人工漕渠。

汉江并不直通长安，但利用汉江及其支流水运代替渭河运道，这种设想并不是没有根据的：第一，古代汉江确是可用作运道，即在以渭河为主要运道时代，汉江流域荆襄一带物资向关中区转运仍然要利用汉江；第二，渭河与汉江隔着一条秦岭，秦岭北坡之水流入渭河，秦岭南坡之水流入汉江，渭河与汉江的支流有的源头互相对应，仅隔一个分水岭，相去很近，因此如何沟通这种对应的支流间水陆交通，利用汉江水运代替渭河曾先后两次被人提出，而且并立即付诸实施。第一次是在汉武帝元狩年间，提议者姓名失载，提出来修凿的是褒斜水道，《史记》卷 29《河渠书》：“其后人有上书，欲通褒斜道及漕，事下御史大夫张汤。汤问其事，因言‘抵蜀从故道，故道多阪，回远。今穿褒斜道，少阪，近四百里。而褒水通沔，斜水通渭，皆可以行船漕，漕从南阳上沔入褒，褒之绝水至斜，间百余里，以车转，从斜下渭。如此，汉中之谷可致，山东从沔无限，便于砥柱之漕。且褒斜材木竹箭之饶，拟于巴蜀。’天子以为然，拜汤子卬为汉中守，发数万人作褒斜道五百余里。道果便近，而水湍石，不可漕。”

---

① 关于汉、唐长安城的水源，详见拙著《西安都市发展中的给水与今后水源开发》（曾在 1956 年 8 月中国地理学会论文宣读会上宣读，即将刊《地理学报》1958 年 4 期）

② 张方平《乐全集》卷 1《足食篇》曾指出唐代关中灌溉面积之所以锐减，是由于沃衍之地，占为权豪观游林苑，而水利分于池榭碾硙，他当然不能直接触及宫苑用水，其实宫苑用水比权豪的林苑不知大了多少倍。这部分水量加起来是很可观的，不能轻视。

③ 唐代拆除碾硙，先后有为几次，问题闹得很严重，倘不是影响统治者本身利益至大，即不得如此。碾硙主要是妨碍灌溉，但有时也要放失一部分水量，唐代也有人指出，如永徽六年长孙祥说“碾硙堰过费水”，长孙无忌也说比如碾硙用水分渠，水随入滑；加以壅遏耗竭……，又僖宗命相度河渠诏也提到“堰高硙下，足明弃水之由，稻浸秷浇，乃见侵田之害”，都可见一斑。

这次开凿除想解决汉沔流域尤其是汉中盆地的物资运输问题外，主要是想解除河渭运道尤其是黄河三门、砥柱那一段的运输困难，这个困难早在此人上书以前河东守番系就曾指出“漕从山东西，岁百余万石，更底柱之限，败亡甚多，而亦烦费”[①]。山东贡赋要是改由南阳上沔入褒，那就可避免砥柱之险，他的计划是很大。斜水即今石头河，褒水即今黑龙河，上流叫红岩河，石头河跟红岩河分水岭在今郿县西南的五里坡，两水源相去不过几十里，“褒绝水至斜，间百余里”可能是指不能水运那一段距离而言，上这个计划的人对这一带地理情况大概是相当熟悉的，可惜他不了解褒斜流域的水文地形等情形，褒、斜两水因秦岭坡度大，水流相当短促而流急，两岸岩石为急流所冲击，巨石碎塌河中，沿流所在皆有，“水湍石，不可漕”的情形，直到现在还不难看到[②]。褒斜道开通，虽不能漕运，可是它对以后川陕间的陆路交通，却很有些功绩。

第二次是在唐中宗景龙年间，提议者为崔湜，提出来的河道是丹灞水道，《新唐书》卷99《崔湜传》：

> 湜建言山南可引丹水通漕至商州，自商镵石山至石门，抵北蓝田，可通挽道。中宗以湜充使，开大昌关，役徒数万，死者十五。禁旧道不得行，而新道为长潦奔感，数摧压不通。

唐初渭河跟漕渠都不能通航，渭河运道中间虽恢复，只是救临时之急，以致高宗不得不七幸洛阳，求得临时解决，中宗复位之明年把国都迁回长安，接着粮食就发生问题，景龙三年，关中又发生饥荒“米斗百钱。运山东，江、淮谷输京师，牛死什八九”，第二年中宗就被韦后所杀，崔湜的建议，大约就是在景龙三四年间。这次主要是引汉江最大的支流丹江。丹江水大时清代还可通航到商州，至于从石门通达长安这一段即利用灞水水道，在崔湜以前就有人开过，《册府元龟》卷497：

> 高祖六年，宁民令颜旭开渠引南山水入京城，由石门谷，有温泉涌出。

丹、灞两水都发源于商县西北跟蓝田东南的秦岭，两水源头仅隔着一个分水岭，相去不过几千米，是渭河与汉江支流中最接近的地带，秦岭至此，山势较低，而丹江无论古今确可用于水运，清代大水时船还达商县城，崔湜建议比汉代褒斜道更有根据。1953年为解决黄河水源问题也曾打算在汉江上游建筑水库隧道，通过丹水道将汉江引入渭河，后因工程浩大，另外找得方城桃花峪路线，因而终止。当初设计这个路线工程时并不知道崔湜的事，具体路线上有所不同。但这个例证更能说明崔湜的建议并非全无根据。

完全用人工开凿的漕渠代替漕渠，历史上曾经开过四次，四次都是成功，列表如下：

---

① 《史记》卷29《河渠书》。

② 1934年因欲修西汉公路，曾沿石头河跟红岩河即古褒斜所水踏查过一次，详郭显钦：《西汉路凤留郿坎两段之踏勘比较》，《开发西北》第2卷4期，1934年。

开凿年代	名称	建议或主持者	开凿用时	不用时代
汉武帝元光六年（前 129 年）	漕渠	郑当时	三年	不详
隋文帝开皇四年（584 年）	广通渠	于仲文、宇文恺	三个月	隋末、唐初
唐玄宗天宝九年（742 年）	漕渠	韦坚	三年多	天宝十五年后
唐文宗太和元年（827 年）	兴成渠	韩辽、李石	不详	开成元年已由渭河

据郑当时的建议：开凿漕渠有三个好处：一缩短航程；二缩短时间，大约三个月就可运到；三渠成时还可以灌溉民田一万多顷。它的路线是沿南山秦岭脚下，横绝灞浐与渭河平行直到渭口与黄河相汇，此河在宋代就看不到了，遗迹湮没殆尽，因此有人怀疑它并没真开，《汉书·沟洫志》注引刘奉世说：

> 按今渭汭至长安仅三百里，固无九百余里，而云穿渠起长安，旁南山至河，中间隔灞、浐数大川，固又无缘山成渠之理，此说可疑，今亦无其迹。

渭水道九百余里，此句诚有可疑（可能是就渭河全部航程而言，即包长安以西中上游一段），但漕渠确曾开凿成功，并在运输上发挥过很大作用，这是不容怀疑的：第一，汉代漕渠《水经注·渭水篇》中曾明确记载，其时尚有遗迹。第二，汉代漕渠故道隋唐一直沿用（不同仅在于引水源处，汉漕渠来自昆明池，隋唐漕渠则自咸阳西十八里引渭水），其故道现在西安附近还有若干遗迹，大致分为两处：一是从鱼化寨附近往东北经汉长安故城之南，今故城南壁有濠池一道自西往东又绕东城壁北上，遗迹极为清楚，另一处则自范家村、肖家村沿 395 之等高线往东与浐河会，近年西安建设局勘查排水渠道，发现这条沟状地带，认为其即古漕渠，又龙首原以西有一沟自孙家凹起光泰门与浐会，其沟故道经石碑寨，其地为唐望春宫及广运潭所在，当为隋唐时代漕渠故道遗迹。浐水以东，汉、唐漕渠当不应有异，唯故道今多不存，据记载系经临潼、华县、华阴直到潼关附近之渭口合入黄河，现只华县附近东行经华阴大道之旁留有东西横互的故沟一道，当为隋唐漕渠因汉漕渠之遗迹。余则尚无可考①。

漕渠四次开凿都是因渭河运道存在困难，不便漕运，而每次开成之后，从运输效率上证明这条漕渠确实收到很好的效果，解决了当时实际存在的运输困难问题。汉武帝初年未开漕渠以前，漕运山东粮食不过百万石，开成以后，不久就达四百万石，元封间最高额曾达六百万石，距漕渠开不过一二十年。据宣帝时耿寿昌奏："故事岁漕关东谷四百万斛，以给京师。"四百万石大约就是西汉中叶漕运关中粮食的一般效率。隋文帝在未开渠前，"每夏转运不给"，广通渠成于开皇四年九月，而开皇六年就命司农丞王亶发广通之粟三百余万石以拯关中，到了开皇十六年，诸州调物，每岁河南自潼关，河北自蒲阪，达于京师，相属于路，昼夜不绝，当时转运的频繁是可知的，最明显的对比是在唐天宝初年韦坚开凿那一次，先是裴耀卿改良河渭运道，很著功绩，"凡三岁，漕七百万石"，每年平均只有二百三四十万石，这还是最低的运输率，以后普通就只有百万石，而韦坚开凿广运

① 关于关中漕渠经流遗迹，据拙著《西安附近水道的变迁》及《关中古渠考》两稿。

渠，最高转运额达四百万石，"天宝中每岁运米二百五十万石入关"，一般的转运量比裴耀卿利用渭河运道最高额还要高，前后相去不过十年左右，政治、经济情况都没有什么改变，而运输效率前后相差很多，足证漕渠确实能解决渭河运道的某些困难。

漕渠不同于渭河在于利用它的水源而不用它的河道，漕渠的水源为：①渭河；②灞浐；③沿途兜纳南山脚下诸水流，在汉代还多加上昆明池一个水源，流量虽不可能有渭河那么大，但由于水源甚多，所以还比较充分。其优于渭河水运在：①避免流路中水浅沙多，阻滞舟航之病；②取线径直，可以缩短航程。最重要的当然是第①个因素，渭河因为千百年泥沙沉积壅塞，滩碛相继，漕渠初凿，当初不会发生此问题。

然而漕渠也并不是那么理想，可以长期存在，它的作用也是因时间发展而逐渐变弱的，主要原因是一条人为的河流，管理非常不易：一是水源开闭，需要很多设备与手续，二是时时要加以修治，否则就会淤塞，而最严重的问题还在第三，渭水挟带很多的泥沙，流入漕渠，初期虽可免沙深滩多之弊，日久可就会发生问题。隋文帝开凿的广通渠，经过隋末几年的混乱，唐初就不能利用，唐韦坚开凿的广运渠，利用也只有十多年。天宝以后，经安史之乱，中间还不到十年。大历以后，就不能行舟，由此可见漕渠很不易管理，容易淤失。唐代开凿的漕渠，宋代就看不到它的遗迹，这颇能说明它远不能同天然河流相比。

利用汉江及其支流的水运，并非完全开凿成运河，中间仍需利用一般陆运，漕渠则完全开通，不需陆运，它比前者要便利得多，前者之所以两次都遭到失败，完全由于地形限制，它的开凿方向与秦岭垂直，秦岭高峻，开通或开凿一部分秦岭，即使在现在工程技术的条件下，仍然有很大的困难，古代更不用谈，漕渠适与之相反，傍南山下与秦岭平行，地形上有其便利条件，当然开凿人工运河长达三百多里，即使在现在仍然是巨大的工程，没有古代劳动人民那种不畏困难的精神与高度智慧是不可能成功的。

四、渭河水运发展的特点与今后渭河改造利用问题

渭河现在仍然存在很多困难，渭河的改造与利用将是千百年长期存在的问题，改造与利用主要是根据目前实际情况，但也有必要参考它的过去利用、改造情况。

总括渭河水运的历史发展，有四个现象值得指出：

（1）渭河自西汉以来就存在问题，主要是水量少与泥沙多，其次则洪水期与枯水期水量悬殊。这两个现象到了6世纪末已经表现得相当显著，11世纪中叶渭河一般就不通舟楫，仅能行驶木筏，和现在差不了多少。

（2）由于渭河自古就有问题，足以说明汉、隋、唐三代在渭河水运上取得成就很不容易，困难的解除应完全归功于人的努力。虽然汉、隋在寻求别的道路（利用汉江水运）代替渭运上先后都没有成功，但他们在改进渭运上无论是利用原有河道还是另凿漕渠，确实收有成效，大致可以解决当时存在的实际问题——漕运，特别是在古代困难的条件下，居然能开凿长达三百多里的人工运道代替天然河道，这种成就不能不说是辉煌的。

（3）渭河水运在时间上所表现的现象是：时代越往后，它的运输效能越弱，困难越大，可以说时代与困难成正比例发展，与运输效能成反比例发展，下面试举三个比较可靠的例子证明：①北宋中叶渭河已不通粮运，仅浮竹木编筏，而在初年还略可运米菽；再上推隋唐时代，渭运是当时主要运道，虽有困难，但可以通行粮船，确无疑问。②隋、唐以前渭运的情形虽不可考，但可间接推知，漕运数量，汉代岁运四百万石，最高到六百万石，而隋唐最高达四百万石的只有一次，一般只有一百万石至一百二十万石，中唐以后平均只有四十万石，是汉代渭运效率远较隋唐为高，这是一；杜笃《论都赋》："洪渭之流，径入于河；大船万石，转漕相过。"这虽是文学家夸大文辞，但多少也有点根据，倘像唐中叶岁旱的时候甚至要掊沙而进，或像宋代不能通粮船，那当然就不能这么夸张，这是二。自汉末至南北朝，渭运时见用于水军，说明除运粮外，舟船还可以载人；西晋帝王往来长安、洛阳间有时就乘船沿渭入河，直到太和二十一年魏孝文帝回洛阳仍可采取水路，渭运用于行旅，例子虽较少见，但隋唐以前确还可以看到，隋唐时代，渭运就仅限于粮船，行旅无一不采取陆路，这是三。从这三点推知汉魏六朝渭运比隋唐要稍微好一些。③秦向晋输粟，自宝鸡附近起航。唐长安以西至宝鸡仍可以通船筏，到了近代，船筏的终航点，一般只能到兴平，终航点逐渐向中下游缩退，丹江水运也有类似现象。这三个例证都说明一个事实，即渭河愈往后运输效能愈弱，产生这些现象的原因，一方面固然与自然因素有关：①历年永远，泥沙自愈积愈多，河道随时间而愈来愈浅。②古今关中气候可能有些不同；但人为因素也不容忽视，唐以后渭河渐不能通行舟楫，人为因素所占比重可能超过自然因素，最显著的证据是：从现在上数至北宋中叶已有九百年，根据记载当时渭河比现在好不了多少，同样都是只能通行竹木筏；由北宋中叶上数至唐天宝间不过三百多年，上数至隋初也不过是五百年，那时候渭河水浅沙多的情况也很严重，可是在这种困难情形下不断设法加以改进，渭运终于能解决当时漕运问题，年运一二百万石粮食不是一个小数目，可见渭河（或漕渠）中确能行驶大量粮船，而北宋中叶连想尝试一下运粮救关中饥馑都归于失败，除自然因素外，河道的久失修治与人为努力的不够也是很重要的原因。唐以后渭河之所以愈变愈浅，人为因素可能有两种：①自唐末迁都洛阳、长安自此失去统一的国都的资格，五代长期丧乱，渭河自久失治修，宋元明清的统治者只能把力量放在向国都运输的漕河上，渭河水运与他们利益关系不大，自然就放置一边，这种情形是与建都长安的西汉、隋、唐恰恰相反的。②近代森林植物的破坏，水土流失，造成泥沙量愈来愈大。

（4）汉、隋、唐三代渭运成就虽是辉煌的，但由于渭河本身一向有困难限制，水运的运输并不很便利，在指出他们成绩的同时，也必须如实指出这一点，以免夸大与失实。以下我们试对几件事实加以分析：①渭运绝大部分是运粮食，用于军旅的只有几个例子，用于行旅的为数更少，而且都限于隋唐以前，都有其特殊原因（如魏孝文帝泛渭入河是考察河道，为恢复漕运做准备，其他如曹操、王镇恶等利用水军，都是军事上出奇制胜），隋唐以后就不见载人的例子，唐代是中世纪交通最发达的时代，长安与洛阳及东南地区交往频繁，可是无论出关或入关，都是采取渭河水运的例子一个也看不到。②郑当时说自渭上渡六个月方罢，这可能是指全部漕运完毕所费的时间，折半估计，一船航日一般也当在三个月左右（郑又说漕渠开成，可以缩短至三月，所以渭运航日不得少于此数），隋唐渭运大致需要一个季度，隋文帝开皇四年诏书里也指出渭运"计其途路，数百而已，动移气序，不能往复（按：这句大致是说一年只能有一度），操舟之役，人亦劳止”，从西安到潼关只有三百里，陆路日行以六十里计，五天可到，而渭运至少要在一个月以上，这样，没有特殊原因，行旅自然不可能采取渭河水路。③漕渠的成就是肯定的，但它也同古代其他几条大运河一样，开凿出于势不得已，当初开成的时候，运输比较便利，日久河运淤塞困难重重，通航是相当艰难的，唐宋的汴运，宋代的浙西、浙东运河情况都是如此，最近的例子是明清的运河，完全靠闸坝来维持各段河的水量，舟船通过的困难与费时可想而知，这条运河去今不过百年，清人的记载还很清楚，漕渠的情形并不比这些运河好，韦坚天宝初开凿的漕渠大历以后渐不通舟，前后才不过二十多年，到了北宋就湮废难找到遗迹，说明它的命运比其他运河还坏。过去讨论运河都只着重描述它的成绩的一面，而不注意它的另一面。这就容易造成使人对古代运河一种错误的看法，好像古代运河都好，到了近代就不成了，这种看法对于历史知识的接受与今后新运河的建设可能都有影响，应该如实地加以纠正。

现在渭河所存在的缺点仍然是隋文帝所指出的水量少、泥沙多与洪水期与枯水期水量悬殊，除通行木筏以外，几乎没有什么舟楫之利，但渭河现在需要解决的问题主要不是运输而是灌溉，其次渭河泥沙量大就必得影响黄河，增加水源与减少泥沙量是今后渭河改造的两大问题。三门峡水库修建，其范围最西可达渭河下游，这对于渭河水源是很有影响的。除此以外，渭河水源的开发，一是靠蓄水与防止支流的水量流失，二是靠主、支流河道的疏导工作，这个工作虽然较大，但渭河的改造与利用是个长期问题，渭河利用不外灌溉与航运两项，而增加水源与处置泥沙则是一个关键的问题，是今后一定得注意的。就航运而论，根据目前实际情形，渭河的利用第一步应该着重在下游，即西安至潼关一段。从历史事实上看，渭河从西安到潼关在航运利用上有很大的可能性是肯定的，过去关中水利之所以衰落，除了自然因素以外，人为因素也不容忽视。有一点得指出的，由于若干条件的限制，古代渭河航运并不是很顺利，因此在短时期内如果对渭运要求过高，那就不合事实。

［原载《西北大学学报（哲学社会科学版）》1958年2期，97～114页］

评《水经注选释》

钟凤年

中国科学院地理研究所编辑的《中国古代地理名著选读》第一辑中，有《水经注选释》三篇，系由侯仁之、黄盛璋两位先生所分任的。它们的出版，对于学习古代地理的人有很大的帮助。《水经注》一书在古代地理学上的重大贡献，是无容细说的。两位先生以比较浅易明白的注释介绍了瀔水、鲍丘水和渭水三篇，是以北京地区和西安地区作为示例，这样的选题极为恰当。不过，在注释中间还有可以商榷的地方，在引文方面也存在一些错误。今就个人所见，分述于下。

黄盛璋所担任的“渭水注”部分，问题比较多，先就这一部分加以评述。关于“昆明故渠”，“渭水注”原文云：

> ……昆明故渠……东迳长安县南，……故渠又东而北屈，径青门外，与沉水枝渠会。

这是说包围长安城东南角之水为“昆明故渠”，黄先生却以为“王渠”在此，故所绘图（图四）于此部标以“王渠”二字，并于注释［99］云：“汉王渠仅南城和东城有。”都是不正确的。《汉书·王嘉传》称：“……为董贤治大第，开门向北阙，引王渠以灌园。”注于下文云：“……未央宫……北有玄武阙，即北阙也。”可证王渠实在长安城内，即注所谓“……沉水枝渠……上承沉水于章门西，飞渠引水入城，……又东迳未央宫北，……又东迳汉高祖长乐宫北，故渠又东出城，……即《汉书》所谓‘王渠’者也”之水。《渭水》注文又引：

> 晋灼曰：渠名也，在［长安］城东覆盎门外。

覆盎门乃长安城南、东头第一门，不在城东，故残宋、大典于此俱作“霸门”，即城东、北头第三之青门。上引晋灼说固误，以为王渠在长安城东门外，也是错误的，但他并不以为即在城东南角之水。

今依《汉书》及注文，可知王渠乃于长安城西、南头第一之章门入城后经未央宫之北，直向东流经长乐宫北，更东出霸门。黄先生以为此渠乃于经未央宫北后便东北流于城东、北头第二之清明门出城，也是错误的。此或乃董贤所引灌第之水的故迹，但注文所叙既不如此，今却不能以此代之（长乐宫既在霸门内道南，则道北及清明门之间于时自当大有其他建筑物在，因此，王渠倘确于清明门出城，则将不能经长乐之北，亦可证黄先生所主张的不当）。

依注于上文所谓“渭水又东径长安城北，渭水东合昆明故渠”，则此渠应于此城之东而北入渭。前已知此渠乃于城南、东流而北屈迳青门外，则王先谦合校本页十五下之一“侧城北迳邓艾祠西而北注渭”一语即为回应渭水于长安城东北合昆明故渠之文而设，而“侧城”云云十二字乃指此故渠而言，因舍此则于长安城东别无其他北入渭之道，而渭水于此与相会文将无反应之辞，昆明故渠将成见首不见尾之水。黄先生却目此十二字为彼所谓“王渠”之尾闾，亦误；杨守敬《长安城图》以此为沉水枝渠入渭之道，同误。此二水会又在东，即注所谓“沉水枝渠……东北迳汉太尉夏侯婴冢西，故渠又北，分为二渠，……一水北合渭水”之道，参看今所附图便自了然。

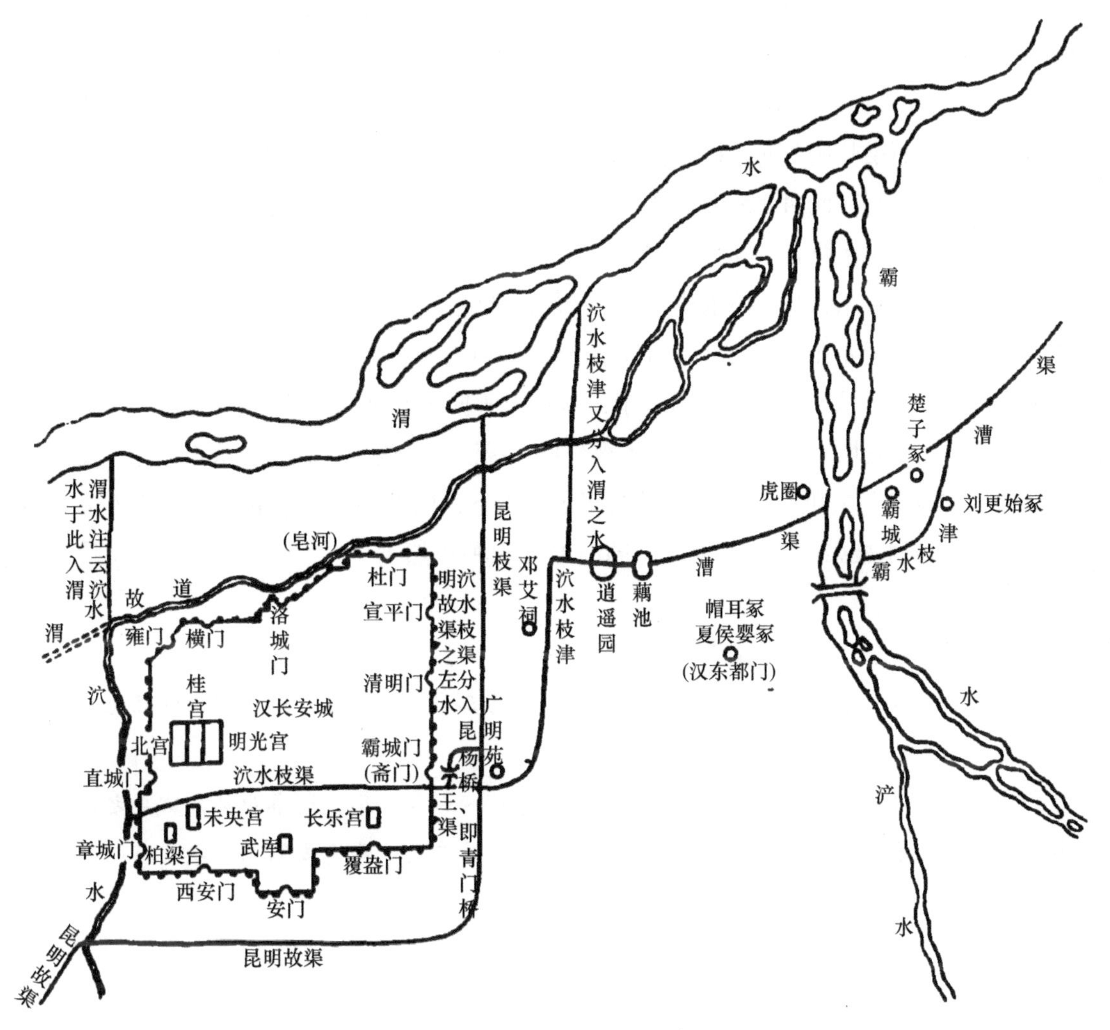

汉长安城四周及城东水流示意图

不过《水经注》叙昆明故渠于经长安城南后屈而北流只及城东之青门外而止，此以下如何北流经清明门外，今无其文，盖脱去。此脱文今宜在合校本页十五上末的“即青门桥也”之下（此句下实尚别有脱文，但于此不便详及）、“侧城北迳邓艾祠西”之上，但今只能知其然，却不便妄为臆补。

至黄先生之所以将“邓艾祠”下之“西”字删去，盖因合校本页十下十叙渭水于长安城西北合泬水枝津文下有“水上承泬水东北流迳邓艾祠南”一说之故。但此二者明应为一祠，注何以一置于长安城西北，一置于此城东，确甚可怪。今就此部“……泬水枝津……上承泬水东北流迳邓艾祠南，又东，分为二水：一水东入逍遥园，注藕池；其一水北流注于渭”，参以今所附图，可知汉长安城北面之所以自西向东逐渐向北突出，乃被皂河所限而然。但据经注应为渭水过长安城北，则皂河此部古昔乃渭水故道，盖后来渭水北徙而皂河代之（今所附图虽仍为古今渭水流行同一水道，但因皂河在南，故亦可著见泬水及其枝津和昆明故渠入古渭水之势，究其实际，仍以认为流行于汉长安城北之渭水古今不同道为是）。

于此今所应首先解决者为注所谓之“逍遥园”究何在？《清一统志》卷228云：“逍遥园在长安县西北，《晋书·载记》：建兴初，刘聪将赵染袭长安，入外城，既而退遁逍遥园。”《读史方舆纪要》卷53云在长安县西，除引赵染事外，并云王镇恶趋长安，姚弘屯军于逍遥园。赵染、王镇恶乃俱从东方来，因而染师应为向东撤退，姚弘应为屯军于长安城东，是则逍遥园在此城东。旧长安县在今西安市西部，则在此西北或西之逍遥园正当在汉长安城东；汉城在西安之西北，此园宜在城东偏北部分，于西安为在西北，《清一统志》之说是正确的。

逍遥园既在长安城东，则《渭水注》置之于城的西北，实误；叙此园之位置既误，则同见于一部注之“邓艾祠”无疑亦在城东而与昆明故渠所经者同在一地。我以为合校本页十下十之“泬水枝津”与页十四上六之“泬水枝渠”同是一水，盖郦氏所据之资料原分见两书而不知其乃二而一者。又因不知逍遥园在长安城东及忽于邓艾祠不得分见，遂误裂而为二：置叙“泬水枝津”文于长安城西北、叙“泬水枝渠”文于此城东。今录两部注文于下，以见并为一水的流行之势（黄先生倒也说：“泬水枝津和泬水枝渠好像是一水。”只惜未能言其所以然）。

（1）渭水又东，与泬水枝津合。

水上承泬水，东北流迳邓艾祠南，又东，分为二水：一水东入逍遥园，注藕池；其一水北流注于渭。

（2）……泬水枝渠……又东出城，分为二渠：……其一渠东迳奉明县广城乡之广明苑南，故渠东北迳汉太尉夏侯婴冢西，故渠又北，分为二渠：东迳虎圈南而东入霸；一水北合渭。

第一条之“泬水枝津”所承之“泬水”实即第二条之“泬水枝渠”，“枝津”则乃枝渠所分为二之径广明苑南的“其一渠”，此渠经广明后（参看附图）东北流经邓艾祠南，然后北流经夏侯婴冢西，又北而东屈分为二水：一水东经逍遥园、注藕池，又出池东经虎圈南而东入霸；一水北注渭。不过今只能知二水归并后流行之次第应如此，但两部注则无从合并只得各仍其旧（今图置藕池处现名池底村，当即因原为藕池所在而得名）。

黄先生因不知逍遥园实在汉长安城东，遂不确知凡两见之“邓艾祠”乃同一建筑物，以致无法安排，故于图未绘入此祠，于正文则将昆明故渠经此祠下之“西”字删去，以弥缝其迹，我以为此举恐非偶然笔误。

以上所述，由于黄先生对于长安城内诸水分布的情况有错误的了解，因此注释及其所绘图也有错误。

选释所引《渭水注》的注文不及三千字，根据刊本至少可以指出以下二十处错误：

①“周武王之故都也”，“故”原注作“所”。②“基构沦褫”，“构”原作“拘”，但二字可通用。③“建章宫园阙”，“园”原作“圆”。④“桥广六丈”，原无“桥”字。⑤“石桂南京兆主之”，原无“石”字。⑥“丹遇之”，“遇”原作“过”。⑦“布思亭”，“思”原作“恩”。⑧“……本名霸城”，原于城下有“门”字。⑨“北对武库门”，原无“门”字。⑩“王莽更名信平门诚正亭”，此十字抄脱。⑪“著茂亭”，“茂”原作“义”。⑫“亦曰突门”，四字抄脱。⑬“渠南有汉故圜丘”，“圜”原作“圜”。⑭“从所欲也”，“欲”原作“好”。⑮“乐思后园”，“后”原作“后”。⑯“未央殿”，原于殿下有“东”字。⑰“秦昭王异母弟也”，“昭”原作“惠”。⑱“在章台宫”，原无“在”字。⑲“犹今御沟”，沟下原有“矣”字。⑳“侧城北迳邓艾祠”，祠下原有“西”字。

这些错字遗字，有些可能是抄写与校对之误，但是对于这类供初学者参考的选注本，过于草率不严谨，是应该指出的。此外，注释〔50〕所引各书俱见朱笺，注释〔71〕所引《淮南子》及《论语摘辅象》皆与《卮林》一致。凡此也应标明出处才是。

对于侯仁之先生所释鲍丘水和㶟水两篇，我也有一些意见。“鲍丘水注”文“山水暴发”和“高下孔齐”之“发”和“齐”二字，大典、黄、吴各本俱作“戾”和“济”，《玉海》所引亦同。《说文》曰“戾，至也”，注文的“发”必须改正为“戾”才能和下句“则乘遏东下”相切合，文气衔贯，若山水暴发，则殊不必定尽由戾陵遏东下而概免水患。至于“高下孔济”乃形容得水利之效用，言田地无论高下全获其益而农事得济，若水涨得高下一样，势将大涝，有何水利之可言。这两个字，全、赵、戴诸家所改的俱乖于事实，必须还原。侯先生于此似欠斟酌。又“㶟水注”“㶟水又南出山”，侯先生在注释〔6〕说“应是入山而非出山”，而大典、黄、吴各本俱正如此，注疏说《御览》引同，应明白援引为证。又注释〔2〕的久已并入繁峙，也应指出才是。又注释〔16〕所论“封蓟”问题本之注疏；注释〔19〕云《汉书·燕刺王旦传》及《论衡》有记旦的宫殿文，赵氏已先论及；注释〔25〕论“二燕王陵”本之赵释。凡此出处，亦宜明白标出。

（原载《考古》1961年5期，261~263转265页）

渭河水运和关中漕渠

马正林

渭河水运和关中漕渠在我国水利史上占有重要的一页。渭河水运是诸大河流中发展航运最早的河流之一。关中漕渠不仅有航运之利，而且用于灌溉，也是最早把运输和灌溉结合起来的著名水利工程之一。关中漕渠又支撑了我国历史上汉唐盛世的发展，在某种程度上说，它又是汉唐长安城的生命线。今天，探讨关中漕渠的兴起和发展，对展望未来关中水运及其与渭南城市发展的关系，仍有重要的现实意义。

一、渭河航运的演变

关中平原是我国经济文化最发达的地区之一，城市的兴起很早。这同渭河及其支流有着血肉的联系。关中平原的所有城市都坐落在渭河及其支流的沿岸，周秦汉唐都城都是在渭河沿岸或者不远的地方。秦咸阳和汉唐长安城分别建立在渭河的北岸和南岸，而只有周代的丰京和镐京位于渭河的支流沣河的西岸和东岸，距离渭河稍远。国都是一个王朝政治统治的中心，既是全国经济、文化最发达的所在，又必须得到全国财政经济力量的支持。否则它是无法行使统治权力和延续数百年之久的。因此，渭河航运作为王朝对外联系的主要水路交通线也得到了开辟和发展，周代“渭水多力而宜黍”，说明它有舟楫之利由来已久[①]。《诗经》中的一些诗句像“亲迎于渭，造舟为梁”[②]，“涉渭为乱，取厉取锻”等[③]，也反映了渭河能够行船。由于史料不足，我们已经无法知道周人在渭河上航行的具体情况了。秦都咸阳（今咸阳市东窑店公社一带）濒临渭河，就是为了控制关中地区的东西水陆交通。“渭水贯都，以象天汉；横桥南渡，以法牵牛”[④]，证明咸阳是渭河的重要渡口，是东西行旅的必经之地。秦王朝曾把关东（函谷关以东）地区的粮食集中在敖仓（今荥阳东北），显然也是要溯河、渭而上，以支援咸阳[⑤]。远在公元前647年的春秋时代，晋国大旱向

① 《淮南子》卷4《坠形训》。

② 《诗·大雅·大明》。

③ 《诗·大雅·公刘》。

④ 《三辅黄图》卷1。

⑤ 《史记》卷97《郦食其传》。

秦国求救，建都雍城的秦国给晋国支援了大批粮食，“以船漕车转，自雍相望至绛”[①]，历史上称为“泛舟之役”[②]。这次运粮的规模很大，其水运路线就是沿渭顺流而下，溯河水、汾水而上，一直到达晋国的都城绛。但周秦时代，渭河航运还只是发轫阶段，大批粮船的通行也只有春秋时那么一次，还不能说已经有了固定的航道。

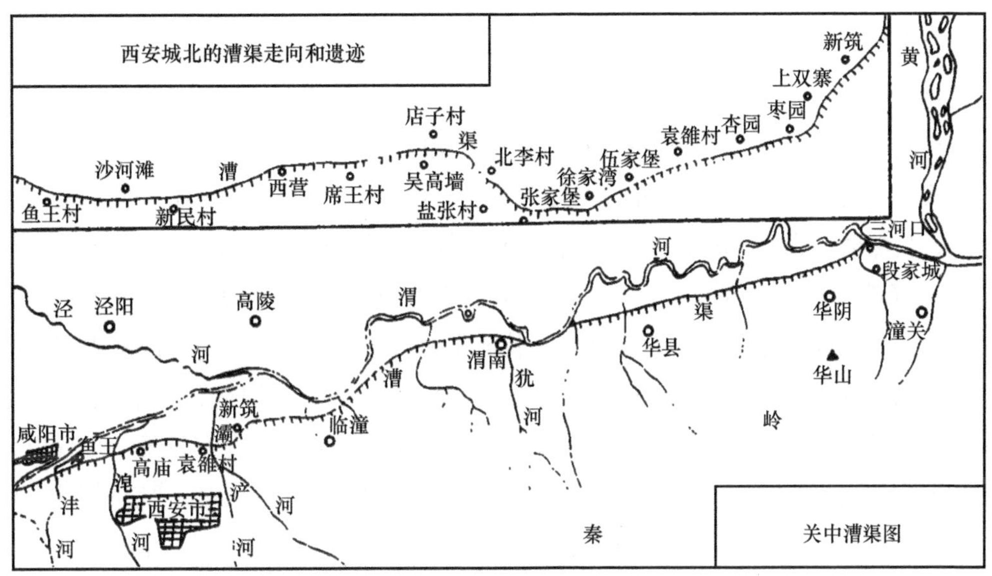

西汉和隋唐长安城的兴起，使渭河航运进入了一个新的历史阶段。汉唐长安（汉长安在今西安市西北，唐长安即今西安市所在地）都是当时世界上最大的城市，人口众多，经济文化发达，对粮食的需求急剧增加。渭河航运即被迅速开辟，使其成为与关东水路联系的主要通道。虽然曾多次开凿了一条与渭河平行的漕渠，但终究不能代替渭河水运。因为渭河毕竟是一条天然河道，容易整顿，不需要更多的设施就可以迅速加以利用[③]。这一时期，渭河上的粮船风帆上下，络绎不绝。长安每年所需要的数十万石乃至数百万石漕粮大都是通过渭河运输的。粮船能够载重六七百石[④]。但载人的船却几乎没有。只有那些不畏艰险的水手们，才长年累月在渭河上航行。当然，战争中也曾有过大批军船，运载千军万马杀向长安。刘裕伐后秦之战，王镇恶就率领水军，乘艨艟小舰溯渭而上，至渭桥登陆，一举攻克长安城。

唐末迁都洛阳，拆毁了长安城，木料沿渭浮河而下，运往洛阳，使长安城永远失去了国都地位，漕粮西运中止，渭河漕运也就结束了。渭河水运也迅速转入衰败时期。当然，这并不是说唐以后渭河上再没有粮船通行，而只是说数量很少，次数很少。宋初曾漕运陕西粮食到达国都开封[⑤]，金

① 《史记》卷5《秦本纪》。

② 《左传》僖公十三年。

③ 《历史上的渭河水运》,《历史地理论集》。

④ 《魏书》卷11《食货志》;《三门峡漕运遗迹》第44页《题刻》。

⑤ 《宋史》卷175《食货志》。

代也曾转运陕西粮食以接济关东[①]，都数量有限。只有宋代从岐陇以西的渭河上游采伐和贩运木材，联成木筏，浮渭而下，规模很大，竟使开封木材市场堆积如山[②]，但这终究不能与船只的正常通行相比。明清两代的初年，虽有东粮西运的事，是否利用渭河，尚属疑问[③]，即使利用渭河，也仅限于下游部分河段[④]。大约到了清代中叶以后，渭河已基本上不能行船，仅有小木船在下游的某些河段上通行，但也只限于夏秋两季很短的时间。也就是说，渭河中下游水运的历史，在清代初年已经结束。之所以出现这种情况，除受到政治原因（国都东移）的影响外，主要还是渭河本身的自然条件和河势的急剧变化所造成的。

渭河流经陕甘黄土高原，尽管曾有航运之利，但流域气候干燥，雨量偏少，使渭河成为一条水源不足、流浅沙多的河流。陕甘两省的雨量不仅偏少，而且变率很大，降雨量集中在夏秋两季，冬春雨雪很少，自然会造成渭河洪水期暴涨暴落，枯水期涓涓细流，流量变化无常，相差悬殊。这些不利的自然因素都给渭河水运带来了极大的困难。当然，这也并不是说数千年来渭河一直缺少水源，泥沙一直很多，实际上是在不断变迁的。就流量而言，由于同整个流域的降雨多少有密切关系，某些时期雨量较多，渭河流量就较丰沛，反之，流量就较小。从周秦汉唐时期长安附近湖泊众多、水域广阔的情况来看，则公元1000年前，当地的气候湿润期长，干旱期短。唐代以后当地湖泊相继干涸，也应该是气候干燥少雨的表现。这时渭河流量的变化自然会有一定的影响，即前期流量较丰沛，后期则相反。其实，从唐代以前及其以后渭河通航能力的变化，也表现出水流多少的差异。从泥沙来看，唐代以前及其以后的含沙量也有明显的变化。渭河流经黄土高原，自然会挟带大量泥沙，但由于渭河上游农牧业的交替发展和植被状况的变化，各时期河流的含沙量也不尽相同。在周秦汉唐建都关中的时期，大致上都是渭河水流比较清澈的时期。也就是说，含沙量均比较少。追溯其原因，这几个时期恰好都是渭河上游森林植被比较良好的时期[⑤]。唐代诗人笔下的渭河，简直可与江南的清流相媲美。李频在《东渭桥晚眺》一诗中就说："秦地有吴洲，千樯渭曲头。人当返照立，水彻故乡流。"李频的老家在富春江上，他在东渭桥上所看到的自然景色，竟然与江南水乡无异，既为亲眼所见，应该不会失之太远。而唐代以后的渭河，已经完全成为一条浊流。不仅干流如此，就连它的支流也都浊浪滚滚。清代人所看到的西安附近的灞河，其浊浪犹如黄河[⑥]。从唐宋起在渭河上游不断采伐森林，唐代的"运岐陇木入京城"[⑦]，宋代"岁获大木以万计"[⑧]，直到20世纪初期，这种破坏有增无已，致使渭河上游的森林基本消失，渭河含沙量越来越高。以河型而论，由于流量变率大，含沙量不断增高，数千年来，下游河势急剧变迁。渭河从咸阳桥以下称为下游，流经

① 《金史》卷108《把胡鲁传》。

② 《续资治通鉴长编》卷28。

③ 《历史上的渭河水运》。

④ 《续文献通考》卷31《国用二》；雍正《陕西通志》卷37《屯运一》。

⑤ 《论泾渭清浊的变迁》，《河山集（二集）》。

⑥ 《秦蜀驿程记》，《小方壶斋舆地丛抄》第七帙。

⑦ 《新唐书》卷37《地理志》。

⑧ 《续资治通鉴长编》卷3。

西安、临潼、渭南、华县、华阴和潼关而注入黄河。这段渭河河道经常南北摆动，变化无常，总的趋势是河道越来越宽，水流越来越浅，沙洲不断涌现，曲流急剧发展。以临潼县（现临潼区）的船北村为界，以西的河道比较顺直，没有明显的湾道，但咸阳至泾河马王渡一段，却具备一般游荡性河道的特征，河身宽浅，水流散乱，沙洲移动迅速，断面变化大，主流迁徙无常①。两千年来，其主流主要滚向北岸。秦咸阳在今长陵车站、窑店镇和肖家村车站一带，北倚咸阳原，南濒渭河，由于渭河不断北徙，秦咸阳城仅留下原上宫殿区和原下部分遗址，其他已荡然无存了②。唐代的东渭桥北端距今河槽已有两千五百米，桥长四百多米③。值得注意的是，秦代的横桥（即汉代中渭桥）南北长三百八十步④，约折合532米，与唐东渭桥的长度大体相当，证明从秦到唐一千年间，河道宽窄变化不大，河流态势基本稳定。这段河道迅速滚向北岸，也应该是唐代以后的事情⑤。然而船北村的河道，曲流十分发育，湾道有30余处。特别是沙王渡至三河口一段河道形成自由流，犹如九曲回肠，成为典型的湾曲性河道⑥。根据《元和郡县图志》、《长安志》和嘉庆《一统志》的记载，渭河流经临潼、华县、华阴县北均在十里以外，同今天的形势相仿佛。只有渭南县东北的渭河向南滚动。唐时渭河在渭南城北四里⑦，而今天却一直滚到渭南东北城墙之下了。胡渭认为今渭河下游就是汉唐的漕渠故道，显然是不正确的⑧。如果说渭河侵占了汉唐漕渠的故道，也只能说是在渭南附近的一段。今三河口下的渭河，也就是黄河的故道，呈西北东南走向，与黄河的流势完全一致。数千年来，这段河道由于受到黄河东西摆动的影响，也时有变迁，但主要还是向南移动，紧逼原下流过。

从渭河的流量、泥沙和河势变迁的动态观察，说明渭河是一条水少、沙多、流量不稳定和河道弯曲大的河流。在这样的河段上航行，当然会受到种种自然条件的限制，汉唐王朝就相继开凿了一条与渭河平行的人工河道——漕渠，以解决漕粮供应的困难。

二、漕渠的开凿与废弃

关中漕渠一共开凿过四次，都是在漕粮供应紧张的情况下施工凿成的。第一次是在汉武帝元光六年（前129年）⑨。大司农郑当时建议从长安城的西北引用渭水，开凿一条与渭水并行而东的漕渠。据说漕船溯渭而上，主要问题是渭水流路长，从长安到黄河九百余里，而且时有难处，每年漕运时间需要六个月。如果开凿一条漕渠，只有三百里，时间也可以节省一半。汉武帝采纳了他的意见，

① 《渭河下游冲积形态的研究》,《地理学报》1963年3期。

② 《秦都咸阳第一号宫殿建筑遗址简报》,《文物》1976年11期。

③ 《唐东渭桥》,《西安晚报》1983年4月16日。

④ 《水经注》卷19《渭水注》。

⑤ 雍正《陕西通志》卷9《山川二》。

⑥ 《渭河下游冲积形态的研究》。

⑦ 《元和郡县图志》卷1《关内道一》。

⑧ 《禹贡锥指》卷17。

⑨ 《汉书》卷6《武帝纪》。

令“齐人水工徐伯”勘察线路，“发卒数万人穿漕渠，三岁而通”[①]。漕渠修成后，漕粮的供应状况迅速得到改善，在桑弘羊作大司农时，“山东漕益岁六百万石，一岁之中，太仓、甘泉仓满”[②]。在渠口附近修建了规模宏大的京师仓，亦称华仓[③]。这条漕渠维持了多长时间，史无明文，大约在宣帝以后，漕粮又由渭河西运[④]。如果这个判断不错，这次开凿的漕渠使用了七八十年。这是工程量最大、工期最长、维持通航时间也最长的一次。

第二次开凿是在隋开皇四年（584年）[⑤]。准备工作可能从元年就开始了，因为在这一年就征郭衍为“开漕渠大监”[⑥]。从开皇四年所颁布的诏书可知，所以要开凿漕渠，是因为“渭川水力，大小无常，流浅沙深，即成阻阂”，严重影响漕粮的西运，致使京师仓廪空虚[⑦]。隋文帝忧虑“转运不给”，便采纳了于仲文的建议，重开漕渠，并“使仲文总其事”[⑧]。其实，这次重开漕渠的总设计师，也就是规划大兴城（即唐长安城）的能工巧匠宇文恺[⑨]。漕渠开凿以后，粮船风帆上下，“转运通利，关内赖之”，“名曰广通渠”[⑩]又名富民渠、永通渠[⑪]。并在渠口兴建广通仓（大业时改名永丰仓）[⑫]。隋代开凿漕渠大约只用了三个月时间，从开皇四年六月动工，到九月文帝“幸灞水，观漕渠”[⑬]说明大功已经告成。隋代转运到关中的漕粮到底有多少，已不得而知，但从开皇五年（585年）一次发放广通仓粮三百万石，以救济关中饥荒的事实[⑭]来看，每年从关中转运漕粮的数量也十分可观。因为这三百万石粮食仅是广通仓存粮的一部分，绝不是它的全部，姑且以二分之一来推算，藏粮在六百万石以上。这次重开的漕渠一直维持到隋末[⑮]，大约使用了三十多年。

第三次开凿是在唐天宝三年（744年）[⑯]。陕郡太守、水陆转运使韦坚循汉隋旧渠，重新开凿，历时二年[⑰]。在此以前，关中漕粮主要依靠陆运，不仅隋代的漕渠被废弃，就是渭河水运也基本上处

---

① 《史记》卷29《河渠书》。

② 《史记》卷30《平准书》。

③ 《汉书》卷99下《王莽传》。

④ 《历史上的渭河水运》。

⑤ 《隋书》卷1《文帝纪》。

⑥ 《隋书》卷61《郭衍传》。

⑦ 《隋书》卷24《食货志》。

⑧ 《隋书》卷60《于仲文传》。

⑨ 《隋书》卷68《宇文恺传》。

⑩ 《隋书》卷24《食货志》。

⑪ 《隋书》卷61《郭衍传》;《古今图书集成·职方典》卷496《西安府部汇考》。

⑫ 《读史方舆纪要》卷54《华州》。

⑬ 《隋书》卷1《文帝纪》。

⑭ 《隋书》卷24《食货志》。

⑮ 《历史上的渭河水运》。

⑯ 《新唐书》卷37《地理志》。

⑰ 《新唐书》卷134《韦坚传》、卷53《食货志》。

于停止状态。高宗咸亨三年（672年）才第一次使用渭河水转运漕粮[①]，但陆运也并未停止[②]。只有到了开元年间，裴耀卿主持漕运以后，采取了水陆联运和分段转运的办法，使渭河漕运达到了高峰，三年之间转运漕粮达七百万石之数。可是，正在渭河水运比较顺利的情况下，韦坚却重开漕渠，一岁之中，"漕山东粟四百万石"。这就说明，渭河水运仍有困难，而漕渠的效率高于渭水。自从韦坚重开漕渠后，唐玄宗就长期住在长安，结束了二三十年风尘仆仆、奔波于二都之间的生活。韦坚所开凿的漕渠，是几次开凿中最成功的一次，漕粮之多和航行在漕渠上的船只络绎不绝就是证明。广运潭就是韦坚为漕渠新开辟的码头，位于望春宫东的浐水西岸（今长乐坡东南望春宫遗址的东边）。韦坚为了显示漕渠畅通无阻，还曾命令关东船只三二百只云集广运潭中，玄宗"欢悦"，"赐名广运潭"[③]。然而，好景不长，安史之乱爆发，漕运断绝，漕渠也逐渐失去了作用，"大历之后，渐不通舟"[④]。实际上，在大历之前，刘宴整理运道，已明确规定"江船不入汴，汴船不入河，河船不入渭。……河船之运积渭口，渭船之运入太仓"。可见漕粮又由渭河西运，不再使用漕渠[⑤]。如果以广德二年（764年）为下限，则这次开凿的漕渠仅仅使用了23年。若以大历（766～779年）为限，也仅使用了39年。

第四次是唐文宗太和初年（827～835年）咸阳令韩辽建议重开的[⑥]。"堰（兴城堰）成，罢挽车之牛，以供农耕，关中赖其利。"[⑦]这次重开漕渠，是在"岁旱河涸，掊沙而进，米多耗，抵死甚众"的情况下动工的，说明漕运十分艰难，而关中地区的陆运更是不堪忍受的沉重负担。然而，由于工期短，仅仅重修兴成堰，疏通了渠道，通航能力较差，宣宗大中时即难于转运，漕粮又改由渭河运输了[⑧]。韩辽所疏凿的漕渠，只使用了二十年左右，是上述四次开凿中维持通航最短的一次。

史书上所记载的渠尾和具体线路已不太清楚。我们先后在西安、临潼、渭南、华县、华阴一带对关中漕渠进行实地调查，查明了这四次所开凿的漕渠，除渠首有变化外，渠线和渠尾基本上没有多大变动。

汉代的漕渠是从长安城西北引用渭水，其引水口已无遗迹可寻。根据实地踏勘和当地老农见告，汉代的渠首应在今西安西北郊的鱼王村附近，距离城约15千米。在若干年前，从鱼王村起，还有一条向东伸延的干河床存在。今天鱼王村以北即沣河河道，而这段沣河则应该是渭河的故道。只是渭河北徙后，沣河才折向东北流，从今农场西站西北入渭。最早的沣河应该是从今斗门镇以西北流，在咸阳县西南二十里的短阴山注入渭河[⑨]。今天这条干河道最宽处有300余米，河床清晰可

① 《旧唐书》卷49《食货志》。

② 《资治通鉴》卷209"景龙三年条"。

③ 《旧唐书》卷105《韦坚传》。

④ 《元和郡县图志》卷2《关内道二》。

⑤ 《新唐书》卷53《食货志》。

⑥ 《新唐书》卷53《食货志》。

⑦ 《新唐书》卷53《食货志》。

⑧ 《新唐书》卷182《裴休传》。

⑨ 《水经注》卷19《渭水注》。

辨。汉代的漕渠从今鱼王村附近引渭水东流，经过今新民村、八兴、西营、中营、席王村、建丰村、惠东村、张道口、解放村、盐张村、张家堡、魏家湾、车家堡、伍家堡，至袁雒村绝灞而过，又流经今杏园南村、枣园、三义村、南吴、新筑镇、半坡村、刘家庄而进入原下，已无遗迹可寻。漕渠在西安地区的具体线路并不是一条东西向的直线，而是顺应地形特点，有多处弯曲。流经汉长安城北的一段，是切穿龙首原的北麓而过，又在城的东北角折向东南，在今张家堡附近与昆明故渠相汇。然后略偏东北，横绝灞河，折向东北去，在新筑镇东北的刘家庄下原，向东流去。这段漕渠仍有多处遗迹，渠道历历在目，尤其是汉长安城北、魏家湾、徐家湾、袁雒村、三义庄、新筑、刘家庄等处更为清晰。漕渠所以切穿龙首原的北麓，主要是由于当时的渭河紧逼龙首原脚下流过，不允许把漕渠开凿在龙首原以北的低平地区。汉代时渭河到底距离长安城有多远，学术界有不同看法。黄盛璋先生认为有相当距离①，而钟凤年先生则认为很近②。从文献记载和当地地形判断，汉代时渭河距长安城很近，紧逼龙首原脚下流过。在若干年前，渭河暴涨，滔滔洪水仍可漫到龙首原脚下。汉成帝时，有个小女孩叫陈持弓，在渭河岸上行走，听说大水来了，迅速从横门进入长安城，并误入未央宫③。女孩年仅九岁，能从渭河岸上很快进入长安城，说明长安城确实距离渭河很近。关于这次大水的传言，竟使“京师相惊”，可见渭河发大水时也能威胁到长安城。汉代的中渭桥，也就是秦代的横桥④，位于长安城北三里⑤。汉代的里比今里为小，三里距离也正好就在龙首原的脚下。正因为如此，漕渠就不能不顺应地形特点，切穿龙首原的北麓，以避免渭河洪水对漕渠的冲击。漕渠在长安城东北折向东南，除受地形特点限制外，恐怕主要还是为了靠近太仓（汉长安城东南）⑥以便卸下漕粮。我们已经找不到当时漕船的码头，但从太仓的位置和漕渠的具体线路看来，当时粮船的码头应该在长安城的东南某地。为了尽量争取引用清水，以减少渠道的淤积，汉武帝元狩三年（前120年），即漕渠开凿后的第九年，开凿昆明池，并把池水引入漕渠，使昆明池成为漕渠的一个新的水源。然而，从《水经注》起，直到现在的历史地理著作和历史地图集，都把汉代漕渠的水源归根为昆明池，这显然是不对的。因为开凿昆明池是漕渠开凿后九年的事。当然，昆明池成为漕渠的一个新水源后，漕渠水流丰沛，渠道淤积减缓，这也不可否认。漕渠以汉代维持通航的时间最长，应该说同昆明池的供水不断有密切关系。

汉代的漕渠在今临潼、渭南县境已无遗迹可寻。《长安志》载，漕渠在渭南县北一里。从县东北渭河南移的形势看，今渭南县东的一段渭河也就是过去漕渠的故道。由于渭河在二华地区的河槽变迁不甚剧烈，从二华地区的地形判断，二华夹槽就是过去的漕渠。今天仍有一条排水渠流经二华夹槽，大体上就是利用了古代漕渠的部分故道。今天的二华夹槽村庄稀少，也正是地势太低、地下水位太高的缘故。汉代漕渠的尾闾到底是入黄还是入渭，当时的记载就不一致。《汉书·武帝

---

① 《关于〈水经注〉长安城附近复原的若干问题》,《历史地理论集》。

② 《评〈水经注〉选释》,《考古》1961年5期。

③ 《汉书》卷10《成帝纪》、卷27之下《五行志》。

④ 《三辅黄图》卷6。

⑤ 《汉书》卷4《文帝纪·注》引苏林语。

⑥ 《三辅黄图》卷6。

纪》说，“穿漕渠通渭”，而《史记·河渠书》则说，“引渭穿渠起长安，并南山下，至河三百余里”。《汉书·食货志》只说“自长安至华阴”，入黄入渭并未提及。今天，所有历史地理著作和历史地图，都认为汉代的漕渠在潼关附近注入黄河，这是不正确的。从汉代华仓遗址和华阴县东北一带的地形来看，汉代的漕渠在今三河口以西入渭，并未伸延到潼关附近入河。汉代的船司空县在今华阴县东北十五里[①]，也就是当时黄渭交汇的地方。今华阴县东北的三河口与仁义堡和东平洛之间的三角地带，是一块330米等高线以上的阶地，而漕渠尾闾在华阴县西北已进入330米高程以下，已无必要，也不可能穿越三河口以南的高地，所以，只能顺应地形，在三河口以西入渭。这种地形特点十分明显，古今即使有变迁，也不会相差太远，三河口以南的阶地可能由来已久。那么当地黄渭交汇的具体地点又在什么地方呢？从三河口一带的地形看，应该在三河口以东不远的地方。今三河口以下的渭河，实际上就是黄河的故道。《禹贡》一书中没有洛水入渭的记载，可见战国时的洛水是注入黄河的。《汉书·地理志》中对洛水入黄入渭的说法不定，在北地郡归德县下说洛水“入河”，而在左冯翊怀德县下又说洛水“入渭”。说明在汉代时，旧朝邑县与三河口的黄河，正在东西摆动不定时期，才有了洛水入黄入渭不定的记载。在历史上，黄河西移，洛水入黄，黄河东徙，洛水入渭。因为在今洛河口以东有一片沙滩，称为葫芦滩，黄河西移则滩隐，洛河入黄，黄河东徙则滩显，洛河入渭，这几乎成为一条不可改变的规律[②]。汉代时，旧朝邑以南的黄河正处在东西摆动不定并逐渐东移的过程中。《汉书·沟洫志》记载，当时曾在蒲坂（山西永济县）开垦了五千顷良田，即“故河壖弃地”，由于黄河的东徙而废弃。大概由于三河口以东的黄河距离三河口以西的漕渠口很近，文献中才有了“至河三百里”的记载。汉代的华仓（亦称京师仓）遗址就在华阴县东北硙峪公社段家城和王家城北的瓦碴梁上，东倚凤凰岭，西、南两方面紧邻白龙涧河，北濒渭河，形势险要，地势高敞，是选作粮仓的优越所在。今天的白龙涧河，《水经注》称沙渠水，西北流入长城，又北流入渭[③]。今天的白龙涧河流经段家城之南，汉代时可能流经二城之北，绕过瓦碴梁的南、西两面。漕渠凿成后，它已汇入漕渠，不再北流入渭。今王家城、段家城以北干河床依然存在，据杜葆仁同志调查，今天的白龙涧河与干河床分离处已切深20余米。从关中地区沟壑发育的速度来推算，两千多年前的白龙涧河，其河床的深度大约同这条干河床相当。王家城和段家城实际上是白龙涧河两条河床之间的离堆。汉代的华仓规模很大，瓦碴梁名副其实，遍地皆是瓦碴，证明汉代时仓房很多。仓库城址的范围东西长1120米，南北宽700米，所有仓房（北面）和管理机构（南面）均被包入城内[④]。已经清理的一号仓遗址，东西长623米，南北宽25米，中间有两道东西向的隔墙，把仓房分割成北、中、南三室，并有架空地板，证明是一座设计考究的大型仓房建筑。从复原图可以看出，一号仓为土木结构，十分坚固，通风条件良好，造型美观，代表了汉代仓房建筑的高度艺术水平[⑤]。从华仓位置证明，汉代的沙渠水紧邻仓下，关东

① 咸丰《同州府志》卷3《前汉疆域图》，《通典》卷173记载的是五十里。

② 乾隆《华阴县志》卷1《水》。

③ 《水经注》卷19《渭水注》。

④ 《汉华仓遗址勘查记》，《考古与文物》1981年3期；《汉华仓遗址发掘简报》，《考古与文物》1982年6期。

⑤ 《汉华仓遗址一号仓建筑复原探讨》，《考古与文物》1982年6期。

漕船从今三河口以西进入漕渠，然后再溯沙渠水而上，直到华仓的南边卸粮入仓。从瓦碴梁的地形来看，漕船的码头只能选择在瓦碴梁的南边，因为北、西两面地势陡峻，东有凤凰岭，只有南面的地形有利。华仓遗址还出土了“宁秦”字样的瓦当，证明汉代的华仓城也就是原来秦国的宁秦县城[①]。而宁秦地就在汉代的船司空县之南，黄渭已在这里相汇，漕渠再沿黄河南岸东伸，就完全没有必要了。汉代的漕渠口东距黄渭交汇处很近。不汇入黄河，也就是从河流的自然特点考虑的。黄河是一条大河，又是含沙量极高、暴涨暴落和浊流滚滚的河流，汉代时已称为一石水而泥六斗[②]。如果漕渠汇入黄河，就会受到黄河洪水和泥沙的威胁，冲毁和淤积渠道，使粮船无法进入漕渠。黄河水流迅急，波浪滔天，漕渠渠小水微，二者相汇，必然会受到黄河的顶托而形成倒灌，渠道淤积，势所必然。而漕渭相汇入黄，就可以借助渭河的力量避免黄水倒灌，使漕船容易进入漕渠。在我国运河史上，凡与黄河相汇或交叉的运河，都会因与黄河纠缠不清而被淤废。关中漕渠不与黄河直接相汇，显然是谙悉水性、巧用地形而布设渠线。

这样说来，汉代的漕渠就是从今西安西北郊的鱼王村附近引用渭水，流经汉长安城北，再从袁雒村横绝灞河，经过今临潼、渭南县北，沿二华夹槽向东，从华阴县北折向东北，在今三河口以西注入渭河。

隋唐所开凿的漕渠都是对汉代漕渠的重开或疏浚，渠道和水源略有变迁，渠线基本上是一条。隋代的漕渠仓促开成，除把渠首向西延伸到咸阳县南十八里的兴成堰外，渠线和尾闾均未改动。虽然《隋书》有关漕渠的记载都说是入河[③]，但按实际，仍然是汇入渭河。因为隋开漕渠只用了三个月时间，不可能对汉代的漕渠故道有更多的改变。同时，隋代的永丰仓就设在华阴县北三十五里的渭河口[④]，恰好就在漕渠入渭处不远的地方。尽管目前还没有找到永丰仓的遗址，但从当地地形判断，它应该在三河口附近330米等高线以上的高地上。隋末，李渊从太原起兵西渡黄河，占领朝邑，从洛渭汇合处渡过渭河，南入永丰仓，“见籍廪填实，铭题数多，喜谓从者曰：‘千里远来，急于此耳。此既入手，余复何论！食之与兵，今时且足’”[⑤]。既然从洛渭汇合处南入永丰仓，证明该仓就在三河口附近。隋时洛、渭、黄在今三河口附近的形势与今天大体相仿佛。那么，隋代为什么不利用汉代的华仓，而要另建永丰仓呢？这是由于华仓在东汉初年已经拆毁[⑥]，而且高处原上，转授困难的缘故。同时，隋时黄河东徙，今三河口附近的高地已不受黄河的威胁，地形条件又允许建立大仓，把粮仓从原上移到原下，也是当时漕运形势发展的需要。永丰仓的位置一旦确定，漕渠的归宿也就不言自明了。《隋书》记载的漕渠入河，可能同今三河口附近距离黄河也不甚远，只说个大概方位

① 《汉华仓遗址发掘简报》，《考古与文物》1983年6期。

② 《汉书》卷29《沟洫志》。

③ 《隋书》卷1《文帝纪》、卷68《宇文恺传》。

④ 《元和郡县图志》卷2。

⑤ 《大唐创业起居注》卷2。

⑥ 《汉华仓遗址发掘简报》。

罢了。唐代的漕渠及其归宿，史有明文，都是说利用汉、隋运渠，“至永丰仓与渭合”①。可见在唐代人的心目中，汉、隋、唐的漕渠是一条渠道，并没有第二条。从渭河下游河床演变的特点和渭河以南的地理形势来看，也只能开凿一条渠道。唐代渭河在渭南县北四里，漕渠在县北一里。而一里以外就进入河漫滩，不可能开凿渠道，一里以内地形显著增高，也无法选择渠线，开凿第二条渠道的可能性是不存在的。渭南城北的地形特点比较典型，但其他渠段的地形也有类似的情况。关中漕渠渠首高程为380米左右，而渠尾低于330米高程，全长150千米，落差仅为50米，比降只有万分之三，水流十分缓慢。

汉代的渠首在长安城的西北，隋唐把渠首向西移到咸阳县西南十八里②。再西二里就是沣河入渭的地方，被称为“短阴山”或“短阴原”③。隋唐的渠首工程就是修了一座兴成堰，堰渭水入渠，漕渠也称作兴成渠④。汉代的渠首是否有堰，未见于记载，不过从汉代在洨河上设置石闼堰，堰洨水入昆明池来看⑤，漕渠首也应该有堰，否则渭水不能入渠。滚水坝既可以拦截足够的水流，又可以让洪水漫坝而过，比较安全。隋唐所以要把渠首向西移，是由于渭河逐渐北徙，河床切深，不西移，就无法进水。隋唐选择的渠首地形比汉代的优越。隋唐渠首选择在短阴原下，依仗原势可以避免渭河对渠首的冲击，同时渠首又是在沣河入渭处之下，还可以接纳更多的清水，以减少渠道的淤积。沣河是一条大河，又是清水，加上兴成堰的拦截，自然会有更多的清水进入漕渠。

漕渠在唐以后终于废弃，这除了政治上的原因之外，主要是通航上的困难：

（1）渠道工程容易遭到破坏。漕渠的渠首主要是有一座滚水石坝拦截渭河，使其分水入渠。然而，渭河是一条大河，在洛渭汇合处，多年平均流量为316秒/米^{3}⑥，洪水期更可高达数千个秒/米^3。在这样一条大河上修建石坝，不仅在过去的技术条件下不大容易，就是在今天的技术条件下也有一定困难。渭河拦水坝容易被冲毁，漕渠进水困难，也就不能不废弃。

（2）渠道容易淤积。渭河咸阳站多年平均含沙量为33.3千克/米^3。当然，渭河的含沙量古今不尽相同，上文已经论及。渭河的重要支流泾河，在汉代时已有“泾水一石，其泥数斗”的说法⑦，渭河的含沙量当也不会太小。实际上，远在春秋时代，就有“泾以渭浊”的诗句⑧。东汉末年郑玄对这句话的解释是“泾以有渭，故见渭浊”，可见渭水的混浊也由来已久。漕渠是一条人工河道，宽窄深浅均有限，比降又很小，水流缓慢，渠道淤积必然迅速。漕渠淤塞后，重开一次工程量大，如果漕粮能从渭河勉强西运，漕渠自然就被废弃。

---

① 《新唐书》卷53《食货志》、卷134《韦坚传》、卷131《李石传》；《通典》卷1《食货·漕运》；《元和郡县图志》卷2。

② 《长安志》卷13《咸阳》。

③ 《水经注》卷19《渭水注》引《地说》；《元和志》卷1。

④ 《长安志》卷13《咸阳》。

⑤ 《长安志》卷12引《水经注》称为石碣；嘉庆《长安县志》卷14。

⑥ 《陕西自然地理》175页。

⑦ 《汉书》卷29《沟洫志》。

⑧ 《诗·邶风·谷风》。

（3）横绝灞河困难。灞河是渭南大川之一，与浐河相汇后，河面展宽，波涛汹涌。从长安西北引渭，不能不横绝灞河。秦岭北坡陡峻，灞河水流迅急，一旦暴发洪水，便恶浪翻腾，漕渠横绝灞河，易被冲毁。汉代如何绝灞，未见记载，而唐代则因石渠而过①。石渠，也就是截断灞河的石堤。韦坚开凿的漕渠之所以废弃，《元和志》说："灞浐二水会于漕渠，每夏大雨辄皆涨，大历之后，渐不通舟。"《通典》说："每夏大雨，辄皆填淤。"② 每年夏季灞河总会涨大水，威胁漕渠的安全。今天的灞河是西安地区最大的沙石库，天天挖掘外运，而河床还在继续抬升。汉唐时代或许不像今天这样严重，但灞河多沙石，是它上游的地质条件造成的，可能自古而然。漕渠横绝灞河，渠道年年被填淤，也应该是一个严重问题。当然，造成关中漕渠废弃的原因很多，而上述三点地理上的原因实为主因。

三、关中漕渠的历史成就与未来的展望

关中平原自古以来就有"天府"的称誉③。这里确实沃野千里，从《禹贡》起就被列为上上田，认为是"膏腴""陆海"的所在④。然而，平原面积狭小，凡是在这里建都的王朝都深感美中不足，需要从关东转运大批漕粮，以支撑庞大的官僚机构和禁军。"唐都长安，而关中号称沃野，然其土地狭，所出不足以给京师，备水旱，故常转漕东南之粟"⑤，正是这种情况的真实记录。汉、隋和唐王朝都建都关中，就不能不开凿一条与渭河平行的漕渠，转运千百万石漕粮。这对稳定汉、唐盛世的政治统治和造就长安城的繁荣，起了极其重要的作用。漕粮是封建王朝赖以存在的物质基础。虽然汉、唐统治者为转运漕粮想了许多办法，但却只有开凿漕渠才是解决问题的根本途径。

汉代开凿漕渠后，每年转运到关中的漕粮一般保持在四百万石，最多时还达到六百万石。汉一升折合市制 0.2 市升，四百万石可折合市制八十万石。这对稳定西汉的政治统治和伸张国力起了极大的作用。公元前 127 年、前 121 年和前 119 年的三次大规模征伐匈奴的战争，都在漕渠开凿之后，显然同漕粮的供应充分有密切的关系。特别是公元前 119 年那一次，名将卫青、霍去病就各率骑兵五万，随军私马四万匹，步兵、辎重兵数十万。这样大规模的出兵，如果没有雄厚的物质基础，是难以想象的。太初元年（前 104 年），汉武帝在长安城西修建了一座规模宏大的建章宫⑥，是长安三大宫中最为辉煌壮丽的一座宫殿，号称"千门万户"⑦。显然也是漕渠开凿后，漕粮供应充分，才能够大兴土木。唐玄宗时转运漕粮的最高限额达到四百万石。唐一升折合市制 0.6 市升，四百万石也就是市制的二百四十万石，相当于汉代的三倍。从粮食的供求上，也反映了唐代长安城是一座

① 《新唐书》卷 37《地理志》。

② 《通典》卷 10《食货·漕运》。

③ 《战国策·秦策》。

④ 《史记》卷 99《刘敬传》;《汉书》卷 65《东方朔传》。

⑤ 《新唐书》卷 53《食货志》。

⑥ 《汉书》卷 6《武帝纪》。

⑦ 《雍录》卷 2。

规模宏大、人口众多和经济繁荣的城市。从某种程度上说，漕渠的开凿是唐代长安城达到极盛的必要前提。

今天有没有可能恢复关中漕渠呢？我们认为，随着社会主义建设的迅速发展，恢复漕渠的部分河段还是可能和必要的。可以考虑从泾河口以下引水，开凿运河。或者考虑关中东部未来的大城市是渭南，渭南以下，地形又有利，也可以从渭南以东渭河拐弯处引水，循二华夹槽东去，至港口附近汇入渭河，开凿一条五六十千米的运河。二华夹槽直到今天仍村庄稀少，又有一条排水渠可资利用，不会侵占更多的土地。运河是一本万利的，水运具有载重量大和运费便宜的优点。随着黄河的阶梯开发和航线的开辟，关中水运的恢复势在必行。运河开凿后，还可以对渭河下游进行整治，向河滩要地，以扩大耕地面积。

［原载《陕西师范大学学报（哲学社会科学版）》1983 年 4 期，92～102 页］

秦汉时期关中几项水利工程

张　骅

陕西的关中，是历史上周、秦、汉、唐等十一个朝代建都的地方，是中国古代的政治、经济、文化、交通中心，也是中国古代农业的发祥地，水利建设历史悠久，业绩辉煌。秦汉时期的郑国渠、赵老峪、龙首渠、漕渠，就是举世闻名的几项伟大水利工程。充分显示了我国古代劳动人民的聪明才智和科学技术水平。对于开发关中水土资源，除害兴利，发展农业，便利航运，保障当时京都给养等方面起到了重要的作用，在中国水利史上写下了光辉的一页。关于郑国渠，学术界多有论述，本文从略。

一、赵　老　峪

赵老峪洪灌区是我国最古老的洪灌区，一直沿用至今。赵老峪是富平县北山的一个峪口，控制流域面积近 160 平方千米。从这里引顺阳河（古称频河）上游山区的洪水，灌溉薛镇、美原、流曲一带的川原农田，起源于秦代，距今已有 2300 多年的历史。经过长期淤灌，也使顺阳河（全长 120 华里）从赵老峪到注入石川河（渭河一级支流）八十华里长的河床基本消失，形成平地，成为我国历史上第一条不给黄河输送泥沙的河流。在开源节流、泥沙利用、保持水土上都具有独特的科学价值。

赵老峪洪灌区，是秦国在政治上不断革新、重视耕战的历史背景下产生的。秦国成为“五霸”和“七雄”之首，直到秦始皇统一中国。其中一个重要的原因就是重视水利建设，努力发展农业生产。秦孝公时，商鞅变法的一个重要政策，就是奖励耕战，注意合理利用土地。富平县赵老峪洪灌区的产生、形成，就是“其山陵溪谷数泽可以给其财，都邑蹊道足以处其民”[①] 的典型范例。

赵老峪洪灌区，“群峰环峙，地土高燥”(《富平县志》)，水源缺乏，十年九旱。“每天雨，山上水暴至”(《耀州志》)，水土大量流失，洪水泥沙俱下，危害田园，多有凶年。两千多年前人们就在这里修渠引水，但“水微甚，出山不一、二里即渴（涸）”(《富平县志》)。为了补偿常流水的不足，便针对这里的自然条件、洪水特性，利用山洪灌田淤地。“其水膏泥如粪壤”(《耀州志》)，“关中暴水溉田，惟赵老峪为粪水，一淤寸许”(《清·富平舆地图》)。经过多年的“且灌且粪”，使

① 《商子·徕民篇》。

原来“地土高燥”的穷乡僻壤，变成了“土润而腴”的美原良田，“收皆亩一锺”(《耀州志》)，其产量相当可观了。正如马克思所说：“必须社会地控制自然力，经济地利用它，依靠人手的劳作，大规模地占有它，驯服它。这种必要，在产业史上最有决定性的作用。例如埃及、朗巴底、荷兰等处的治水工程就是这样。印度、波斯等处也是这样。那些地方由人工运河进行灌溉，不仅为土地供应不可缺少的水，而且从山上把矿物性肥料和泥水一道运进来。阿拉伯人统治下西班牙和西西里产业繁荣的秘密，正是在灌溉工事上面。”① 引洪漫地正是这种“灌溉工事”。是劳动人民征服自然，除害兴利，以山养川的创举。不仅免除了洪水灾害，而且充分利用了水、土、肥资源，从而带来了经济的繁荣。

由于赵老峪洪灌区良田千顷，原野肥沃，为世人所争。秦国大将王翦是关中频阳东乡人（今富平县千口村人），是与白起、蒙恬齐名的战将，一生戎马倥偬，在扫灭六国统一天下的雄业中战功赫赫。始皇十一年（前236年）攻赵，拔九城。始皇十八年（前229年）他率兵进攻赵国，定赵地为郡。始皇十九年，燕国派荆轲刺秦王未遂。始皇大怒，派王翦攻燕，燕王喜败走辽东，王翦定燕蓟凯歌而还。接着秦又击败魏国，平定了东方各国。始皇二十三年（前224年），秦始皇召集群臣商议消灭最强大的楚国的方略，王翦认为“非七十万人不可”，另一位少年将军李信则认为“不过二十万人”便可打败楚国。秦始皇说：“王将军老矣，何怯也！李将军果势壮勇，其言是也。”② 便派李信和蒙恬为将，率兵二十万，南下伐楚。王翦因秦始皇不听他言，称病辞朝，回归故里，在富平闲居。结果不出所料，李信大败，损兵折将。这便是历史上有名的李信代将的故事。秦始皇是一个雄才大略，善于用人的人。他亲自到了富平，向王翦认错，说悔不听将军之言，李信败归，还是请老将军出兵伐楚。“于是王翦将兵六十万人，始皇自送至霸上。王翦行，请美田宅园池甚众……王翦既至关，使使还请善田者五辈。”③ 王翦三番五次求赐的美田，就是家乡赵老岭洪漫区美原一带的良田。王翦灭楚以后，秦始皇便把洪漫区赐封给王翦。于是，“流曲大川（即顺阳河川）为方百里，秦王翦美田千顷之地”(《富平县志》)。王翦受赐后，继续开拓灌区，相传现在的东宫渠就是王翦所修。

赵老峪洪灌方法世代相传，不断改进提高。群众在长期的生产实验中创造总结了“多渠口、短渠线、大比降”的引洪经验，使灌区经久不衰。中华人民共和国成立后又建立了小洪浅灌、隔年轮灌等用水制度，统筹解决了上下游、左右岸的争水矛盾。洪灌区由几千亩扩大到三万四千亩。并在灌区打井200余眼，实现了洪水、清水灌溉双保险，成为富平县有名的粮仓。

二、龙 首 渠

龙首渠是西汉时开凿的一条渠道，是开发洛河灌溉关中东部的首创工程。因为在施工中发现龙骨化石而得名龙首渠。

大约在汉武帝元朔到元狩年间（前128~前117年），有个名叫庄熊罴（《汉书·沟洫志》因避

① 《资本论》第一卷，人民出版社，1963年，55页。

② 《史记·白起王翦列传》。

③ 《史记·白起王翦列传》。

汉明帝刘庄的名讳，改庄为严，又省去罴，写为严熊）的人，上书朝廷，建议说：临晋（今大荔县）百姓愿开渠引洛河水灌溉重泉（今蒲城县东南）以东的一万多顷农田，并使这里的盐碱地得到改良（图一）。汉武帝采纳了这个建议，征调一万多人开渠。

为了保证引水高差，渠首在临晋西北的征县（今澄城县），灌区在洛河下游平原，中间要穿越一座东西横亘的商颜山（今称铁镰山），过山区十余华里。在两千年前，穿山凿洞引水，谈何容易。最初采用开山挖明渠的施工方案，但商颜山高四十余丈，又为黄土覆盖，湿陷性强，工程量大，容易塌方。于是，便改为开凿隧洞的方案。在山的两旁开洞，施工面小，工程进展慢，并且随着洞的加深，洞内施工带来了三个困难：一是光线不足，照明困难；二是氧气不足，通风困难；三是不易出土，运输困难。为了解决这些矛盾，就在渠线中途打若干个竖井，上下左右互相贯通。既增加了工作面，加快了施工速度，又解决了洞内通风、采光、出土等困难。这种施工方法叫井渠法，它开创了我国隧洞施工的先例，有十分重要的科学价值。司马迁《史记·河渠书》有："引洛水至商颜山下，岸善崩，乃凿井，深者四十余丈。往往为井，井下相通行水。水颓以绝商颜，东至山岭十余里间。井渠之生自此始"的记载。当时在两端不能通视的情况下，能准确地确定渠线走向，竖井方位，创造井渠法施工，确实是难能可贵的（图二）。1949 年前后在修筑洛惠渠总干渠时，在五号隧洞附近发现许多交叉放置的汉柏，可能是当年施工或支撑的遗物。

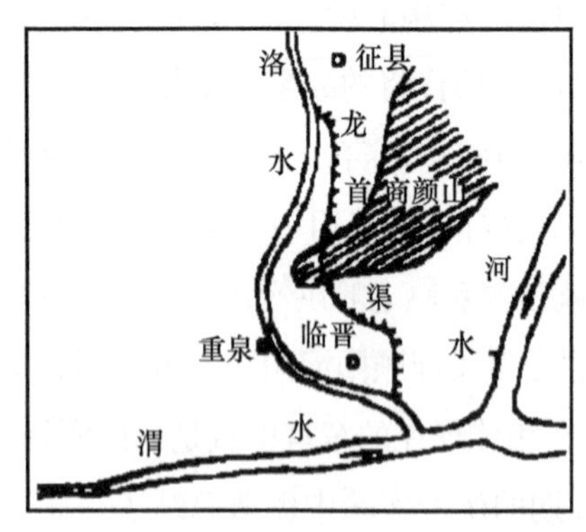

图一　龙首渠井渠施工法工程布置示意图

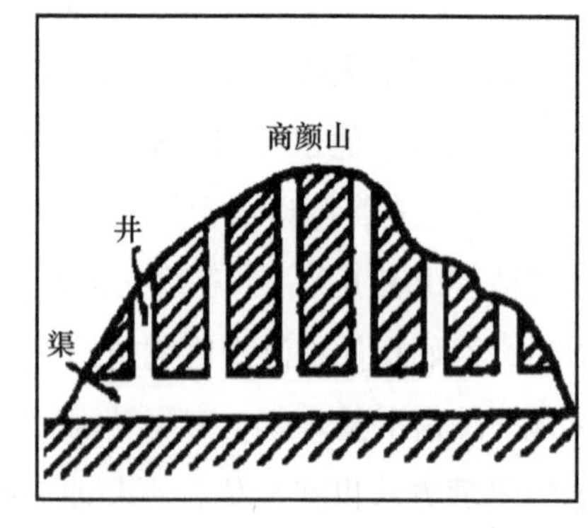

图二　井渠剖面示意图

龙首渠经过十余年的施工，终于建成通水。可能因为黄土隧洞未加衬砌，通水后经常坍塌堵塞，导致了工程的失败。

然而，井渠法却得到了传播推广。不少学者认为干旱、半干旱地区，利用地下潜流进行自流灌溉的"坎儿井"，起源于龙首渠的井渠法。清代史学家王国维在所著《观堂集林·西域井渠考》中认为坎儿井由关中传入西域、始源"井渠"。他还引用《史记·大宛列传》中"闻宛城中新得秦人，知穿井……"，以佐证这一说法。大宛就是现在的苏联费尔干纳盆地，秦人是泛指中国的关中人。大宛城原来无井，引城外水为源，后来在战争中城被围困，切断了城外水源。找到了秦人打井，解决了城内用水的燃眉之急。这种井不可能是引明流的一般竖井，而是指引地下潜流的水井，实践上也类似现在的坎儿井了。西汉张骞通使西域，沟通了横跨欧亚的丝绸之路，彼此进行政治、经济、文化和科学技术的来往与交流。所以，井渠法传入西域演变成坎儿井是顺理成章，十分可能的事了。

目前坎儿井不仅在中国新疆大量分布，而且传播到中亚、中东和北非，以伊朗最多，叙利亚、伊拉克、阿富汗、巴基斯坦等都有分布。所以，先进的井渠法施工是关中古老文明的珍贵遗产。

历史上通过商颜山引洛河水灌溉农田的工程失败了。直到1934年才开始兴建洛惠渠，终未成功，1953年建成通水。灌溉大荔、蒲城、澄城三县50余万亩土地。1976年以后创了高含沙引水灌溉农田法，改良盐碱地，使洛惠渠灌区扩大到78万亩。

三、漕　　渠

漕运，本义指水路运输。后专指中国历代王朝所征粮食运往京都或其他定点的运输方式（主要是水运，间有部分陆运）。从秦至明清，都十分重视漕运。秦始皇将山东粮食运往北河（今内蒙古乌加河一带）作军粮。从西汉到唐代，都将东南的粮食经黄河或渭水运往关中或洛阳。明清两代江南粮食经贯通南北的大运河运往通州（今北京市通县）、北京。

楚汉相争刘邦取胜以后，讨论建都地点时，多数大臣主张在洛阳，唯有娄敬和张良主张在长安。张良说："关中左殽函，右陇蜀，沃野千里，南有巴蜀之饶，北有胡苑之利。阻三面而守，独一面专制诸侯。诸侯安定，河渭漕挽天下，西给京师。诸侯有变，顺流而下，足以委输，此所谓金城千里，天府之国也。"[①] 刘邦采纳了这个建议，定都长安，其中一个重要原因是靠渭水和黄河的水运，可以补给京师供应和控制诸侯。这里所说的"河渭漕挽天下"是指通过渭河、黄河进行漕运。连通黄河运输的是鸿沟。鸿沟是战国时魏惠王（前361年）开凿的运河，也叫狼汤渠，从现在的河南荥阳县北引黄河水，沟通黄河、濮水、济水、睢水、颍水而贯通淮河。

渭河是八水绕长安中最大的河流，横贯八百里秦川。其河道情况是，自宝鸡峡以下至咸阳河床比较窄狭，顺直，易于通航；自咸阳以下至潼关，地势舒展，河床宽阔，水流曲折，动荡不定，不便通航。从河南的崤山以东把粮食运到长安，往往需要半年多的时间。到了汉武帝时，国力强盛，长安更加繁荣，对外又反对匈奴入侵，经常用兵，粮食和其他的物资消耗日益增多，运输供不应求的矛盾更加突出。西汉元光六年（前129年）大司农郑当时提出了开凿漕渠的建议。他说："关东漕粟从渭中上，度六月而罢，而漕水道九百余里，时有难处。引渭穿渠起长安，并南山（秦岭）下，至河（指黄河）三百余里，径，易漕，度可令三月罢；而渠下民田万余顷，又可得以溉田：此损漕省卒，而益肥关中之地，得谷。"[②] 说明开凿漕渠，可以缩短航程，节省时间、人力，还有灌溉农田的效益。汉武帝采纳了这一建议，征发了几万人施工，以三年的时间建成了漕渠。

要开凿漕渠这样大的水利工程，渠线的勘测和规划是一个突出的技术难关。当时由齐人水工徐伯担负了这个任务，他用了一种叫作"表"的测量仪器，进行规划定线和操作高程，圆满地完成这一使命。徐伯表漕渠，在我国水利史上是一个大贡献。漕渠西起长安，引渭水入昆明池，沿途接纳灞水、浐水、沈水以及渭南县以东秦岭北麓诸峪之水，沿秦岭脚下东行，经今临潼、渭南、华县、华阴、潼关，直抵黄河，全长三百余里，成为当时最大的运河。西汉王朝凭借鸿沟、黄河、漕渠把

① 《史记·留侯世家》。

② 《史记·河渠书》。

江淮一带的粮食和物产源源不断地运到长安，漕渠就成为西汉王朝的生命线，与长安息息相关，安危共存。

漕渠建成后，长安的交通运输，如虎添翼。加上当时造船业已很发达，出现了长五丈到十丈的可装五百至七百斛的大船（斛，是量器，古时十斗为一斛，后改为五斗为一斛），能在漕渠上畅通无阻，可见漕渠的规模很大，运输工效很高。西汉初期（高祖时），从关东运粮每年不过数十万石，武帝时猛增到四百万石，到武帝元封年间（前110～前105年），每年运粮竟达六百万石。东汉时，杜笃在《论都赋》中回顾长安航运之盛况，有“鸿渭之流，泾入于河；大船万艘，转漕相过；东综沧海，西网流沙……”的描述。

江南粮食和物产通过鸿沟从荥阳入黄河，再由黄河溯源而上到潼关，中途要经黄河三门峡，有中流砥柱、急流险滩之碍，经常人仰船翻。司马迁在《史记·河渠书》上有“漕从山东西，岁百余万石，更砥柱之限，败亡甚多，而亦烦费”的记载。有人便提出引黄河、汾河灌溉山西省河津、永济一带，增产粮食。避开三门峡，西运长安。曾动员十万民众，耗费巨银开渠，因河流动荡不定，难开渠口，告以失败。于是又有人提出把中原和江南的粮食运到南阳郡（辖今豫西和鄂西），沿汉江溯源而上到达汉中的褒河口，又逆褒河至斜水（石头河）分水岭，陆转一百里，沿斜水顺流而下通渭河，东到长安。这个方案经御史大夫张汤审定上奏，汉武帝采纳，便封张汤的儿子张卬为汉中郡守，主持这一工程，征发几万军民开凿。由于秦岭在地质构造上是一个北俯南仰的断块山，奇峰突兀，峡谷深切，水流湍急，多有礁石，航船根本无法通行，褒斜运河计划终告失败。但却起到了开拓陆路交通的作用，大大方便了褒斜道的旅程。由关中平原漕渠的开挖到秦岭山区褒斜运河的开凿，可以看出封建王朝对于保证京都供养，发展交通，是不惜代价的。

到了西汉末年，在鸿沟的东南又兴建了一条汴渠，逐渐代替了鸿沟。东汉时迁都洛阳，政治和经济中心东移。加上公元11年黄河大改道，鸿沟淤塞。黄河三门峡运输难关依然存在，上述这些原因造成关中漕渠“皮之不存，毛将焉附”的局面，逐渐在政治上和经济上失去了作用。东汉时尚可通行，北魏时已无水。到了隋代开皇初年，改自长安西北引渭水，浚复旧渠，定名为广通渠，但人们习惯上仍称漕渠。唐代时通时塞，唐代末年迁都洛阳，漕渠堙没淤废，终于成为历史的陈迹。

（原载《文博》1985年2期，30～33转54页）

秦汉时期的内河航运

王子今

秦汉时期是中国交通发展史上的关键时期。随着大一统专制主义王朝的建立和巩固，形成了全国规模的交通网。除了陆路交通的突出发展之外，水路交通，特别是内河航运也表现出显著的进步。当时，主要河流的主要河段都已通航，为便利漕运，还开通了许多人工河道。秦汉时期的内河航运不仅成为维护专制帝国生存并保证其行政效能的重要条件，而且为后世河运的发展奠定了基础。

一、黄河水系航运

秦汉时期以粮食为主的物资运输称作"转漕"。秦汉王朝居关中而役天下，黄河水系的漕运成为当时中央专制政权赖以维持生存的主动脉。

早在战国时期，黄河水运已经得到初步发展。《禹贡》是成书于战国时期的地理学名著。《禹贡》规划出九州贡道，即各地向都城进贡的路线。各条贡道都尽量遵由水路，没有适宜的水路时才经行陆路：

冀州——夹右碣石入于河。

兖州——浮于济，漯，达于河。

青州——浮于汶，达于济。

徐州——浮于淮、泗，达于河。

扬州——沿于江海，达于淮、泗。

荆州——浮于江、沱、潜、汉，逾于路，至于南河。

豫州——浮于洛，达于河。

梁州——西倾因桓是来，浮于潜，逾于沔，入于渭，乱于河。

雍州——浮于积石，至于龙门西河，会于渭汭。

据史念海先生考证，《禹贡》是魏国士人在梁惠王自安邑继位至迁都大梁这一期间撰著成书的，是在魏国霸业基础上设想出来的大一统事业的宏图①。所谓"西河""南河"，正是以魏地为中心形成的称谓。《战国策·魏策一》载，张仪说魏王时，说到"粟粮漕庾，不下十万"。魏前后所都安邑

① 《论〈禹贡〉的著作年代》，《河山集（二集）》，生活·读书·新知三联书店，1981年。

（山西夏县西北）、大梁（河南开封西北）之间，最便利的通路亦为循河上下。《禹贡》九州贡道皆归于河，至少可以说明作者所熟悉的黄河航道当时是畅通的。

秦统一后，秦始皇推动交通发展的措施之一，有所谓“决通川防，夷去险阻”①，即清除战国时各国在战争状态中设置的河运航道上的障碍。楚汉战争期间，刘邦军事集团充分利用黄河河道航运的便利，在萧何的主持下，兵员和物资得到源源不断的补充，因而虽屡战屡败，但终于凭借持久的后勤工作的优势在垓下决战中击败项羽。萧何以“常从关中遣军补其处”，“转漕关中，给食不乏”功列第一，“赐带剑履上殿，入朝不趋”②。

两汉时期，黄河水系的漕运得到了新的发展。《水经注·河水二》有关于东汉时黄河上游航运的记载：“永元五年，贯友代聂尚为护羌校尉，攻迷唐，斩获八百余级，收其熟麦数万斛，于逢留河上筑城以盛麦，且作大船。”“逢留河”，即黄河流经青海贵德、尖扎间的河段，又称“逢留大河”。

汉代黄河水运仍以中下游最为发达。汉惠帝和吕后当政时，“漕转山东粟以给中都官，岁不过数十万石”，至武帝元鼎中，“下河漕度四百万石，及官自籴乃足”，到了桑弘羊主持“均输”时，“山东漕益岁六百万石”③。600万石粟，按照汉代运车“一车载二十五斛”的载重指标④计，陆运需用车24万辆，以1船承载相当于20车左右⑤核算，仍需用船1.2万艘，确实形成“水行满河”⑥，“大船万艘，转漕相过”⑦的情形。

汉武帝以后，常年漕运在400万石左右。据《汉书·食货志上》，宣帝五凤年间，大司农中丞耿寿昌建议改革漕事，奏言：“故事，岁漕关东谷四百万斛以给京师，用卒六万人。宜籴三辅、弘农、河东、上党、太原郡谷足供京师，可以省关东漕卒过半。”据说天子从其计，而“漕事果便”。除三辅外，其他诸郡粟谷运往长安，仍不能排除采取水运方式的可能。由于黄河漕运直接关系着中央政府的工作效能，甚至对西汉王朝的生存也有至关重要的意义，因而尽管“更砥柱之限，败亡甚多，而亦烦费”⑧，汉王朝仍坚定不移地投入大量人力物力，力求确保漕运的畅通。只有汉昭帝元凤三年（前78年）因关东水灾，曾诏令“其止四年勿漕”⑨。

黄河水道被利用通漕的最主要区段是河东、河内二郡与弘农、河南二郡之间的河道，即敖仓所在的荥阳至华仓所在的船司空之间的区段。《水经注·河水五》说陶河即孟津一带河段，三国时还

---

① 《史记·秦始皇本纪》。“决通川防”又作“决通隄防。”

② 《史记·萧相国世家》。

③ 《史记·平准书》。

④ 《九章算术·均输》。这一运载规格还可以得到汉简资料的证实，参看裘锡圭《汉简零拾》，《文史（第12辑）》，中华书局，1981年。

⑤ 《史记·淮南衡山列传》：“上取江陵木以为船，一船之载当中国数十两车。”《释名·释船》谓船型最大者为“五百斛”，其载重量相当于20辆运车。

⑥ 《汉书·枚乘传》。

⑦ 《后汉书·文苑列传·杜笃》。

⑧ 《史记·河渠书》。

⑨ 《汉书·昭帝纪》。

曾试行大型船舶楼船[①]，说明到东汉末年，这段航道的通行条件还是比较好的。

黄河漕运的最大困难在于三门峡难以克服的险阻。这里河面狭窄，多奇石浅滩，水势湍急，有著名的砥柱之险。汉武帝时，河东守番系曾经建议在皮氏（今山西河津）、汾阴（今山西万荣西）一带开创粮食生产基地，避开三门峡天险，“谷从渭上，与关中无异，而砥柱之东可无复漕”。汉武帝采纳了这一意见，发卒数万人作渠田。“数岁，河移徙，渠不利，则田者不能偿种。久之，河东渠田废。”此后又有人提出将关东粮食由南阳溯汉水再经褒斜道北运的计划，以为“褒水通沔，斜水通渭，皆可以行船漕”，建议“漕从南阳上沔入褒，褒之绝水至斜，间百余里，以车转，从斜下下渭”，同样“便于砥柱之漕”。然而施工后发现“水湍石，不可漕”，预期的目的没有达到[②]。汉成帝鸿嘉元年（前20年），又曾进行过一次征服三门峡险阻的尝试。丞相史杨焉提出：“从河上下，患底柱隘，可镌广之。”即以人力开拓三门峡航道，使之深广以便通行。成帝“从其言，使焉镌之。镌之裁没水中，不能去，而令水益湍怒，为害甚于故”。开凿后，碎石沉落水中，无法清除，于是水流更为急湍，漕运的困难甚至较以往更为严重[③]。

三门峡存留至今的古代漕运遗迹中可以看到挽纤人所行栈道，还有东汉桓帝和平元年（150年）题刻[④]。可见，东汉时三门峡依然是黄河漕运往复经行的要隘。《水经注·河水四》说到这一河段航行条件的险恶：“激石云洄，澴波怒溢，合有一十九滩，水流迅急，势同三峡，破害舟船，自古所患。”“虽世代加功，水流湖濟，涛波尚屯，及其商舟是次，鲜不踟蹰难济。”

西汉河、渭之交有船司空县，属京兆尹。《汉书·地理志上》：“船司空，莽曰船利。”颜师古注：“本主船之官，遂以为县。”王先谦《汉书补注》：“何焯曰：《百官表》‘都司空’注：‘如淳云：律，司空主水及罪人。’船既司空所主，兼有罚作船之徒役皆在此县也。”《水经注·渭水下》：渭水“东入于河，春秋之渭汭也”，“水会，即船司空所在矣。”“《三辅黄图》有船库官，后改为县。”船司空附近有华仓[⑤]，于是由东至西形成了敖仓—华仓—太仓的转运路线。在当时最高执政集团的统治思想中，这一转运路线具有有利于机动地控制全局的效能，即所谓“诸侯安定，河渭漕挽天下，西给京师；诸侯有变，顺流而下，足以委输”[⑥]。船司空位于河渭交汇之处，成为这一漕运系统的中继站。传世汉印有“舩司空丞”印[⑦]，是明确属于船司空的遗物。此外，汉“都船丞印”封泥可能也与船司空建制有关。

渭河航运在黄河水系航运中居于突出地位。《诗·大雅·大明》：“文定厥祥，亲迎于渭。造舟为梁，不显其光。”具备数量众多的规格统一的舟船，体现出组织较大规模水运的条件已经成熟。《左

① 《水经注·河水五》：“（孟津）又谓之为陶河，魏尚书仆射杜畿以帝将幸许，试楼船，覆于陶河。”

② 《史记·河渠书》。

③ 《汉书·沟洫志》。

④ 中国科学院考古研究所：《三门峡漕运遗迹》，科学出版社，1959年。

⑤ 陕西省考古研究所华仓考古队：《汉华仓遗址勘查记》，《考古与文物》1981年3期；《汉华仓遗址发掘简报》，《考古与文物》1982年6期。

⑥ 《史记·留侯世家》。

⑦ 《汉印文字征》。

传·僖公十三年》记载，公元前647年，晋荐饥，秦人输粟于晋，“自雍及绛相继，命之曰‘泛舟之役’”。杜预《集解》：“从渭水运入河、汾。”《国语·晋语三》：“是故泛舟于河，归籴于晋。”这是关于政府组织河渭水运的第一次明确的记载①。

渭河航运对于政治经济的突出作用，更体现于秦统一之后。秦都咸阳，汉都长安，惊人数额的都市消费，主要仰仗关东漕运维持。除平时“河渭漕挽天下，西给京师”外，非常时期又有萧何以关中物资“转漕给军”的史例。在楚汉相持于荥阳，“军无见粮”之际，“萧何转道关中，给食不乏”②，也曾利用渭河航道。

渭河是一条靠雨水补给的多沙性河流。流量、沙量变化与流域降雨条件、地面覆盖物质密切相关。秦汉时期气候较现今温暖湿润，上游、中游和森林亦尚未受到破坏，渭河当时的航运条件当远远优于后世。《太平御览》卷62引《淮南子》：“渭水多力宜黍。”所谓“多力”，可能即强调其宜于航运的特点。然而渭河自古亦以迂曲多沙著名，水量不能四季充足。《史记·河渠书》记述，汉武帝时，大司农郑当时曾指出：“异时关东漕粟从渭中上，度六月而罢，而漕水九百余里，时有难处。”由于下游曲流已经相当发育，不利航运，于是建议开凿漕渠。漕渠开通之后，渭河漕运未必完全废止。楼船一类大型船只的通行，依然可以沿渭河航线。杜笃《论都赋》：“鸿渭之流，径入于河，大船万艘，转漕相过，东综沧海，西纲流沙。”肯定了渭河航运对于加强各地区之间的联系，贯通东西的重要作用。黄盛璋先生认为，杜笃壮年正当西汉末年，所描述渭河漕运的情况，至少体现了西汉后期情形，“大约漕渠通航不利，必然又改由渭运了”③。王莽令孔仁、严尤、陈茂击下江、新市、平林义军，“各从吏士百余人，乘船从渭入河，至华阴乃出乘传，到部募士”④。更始帝避赤眉军，也曾避于渭中船上⑤。建武十八年（42年），光武帝巡行关中东返时，也曾行经渭河水道⑥。可见直到东汉初年，渭河航运仍是关中地区与关东地区相联系的主要途径。大约东汉末期，渭河水运已逐渐衰落。建安十六年（211年），曹操击马超、韩遂，“潜以舟载兵入渭”，分兵结营于渭南⑦，舟行似只限于临近潼关的渭河河道。《淮南子·原道》说：“舟行宜多水。”东汉以后，由于气候、植被等条件的变化，渭河下游形成“渭曲苇深土泞，无所用力”⑧，“渭川水力，大小无常，流浅沙深，即成阻阂”⑨的状况，水文条件已经越来越不适宜发展航运了。

杜笃《论都赋》中，说到“造舟于渭，北斻泾流”，说明泾河某些区段当时也可以通航。那种

---

① 《史记·秦本纪》：“以船漕车转，自雍相望至绛。”以为取水陆联运形式。

② 《史记·萧相国世家》。

③ 《历史上的渭河水运》,《历史地理论集》，人民出版社，1982年。

④ 《汉书·王莽传下》。

⑤ 《太平御览》卷643引谢承《后汉书》。

⑥ 《后汉书·光武帝纪下》：十八年春二月，“甲寅，西巡狩，幸长安。三月壬午，祠高庙，遂有事十一陵。历冯翊界，进幸蒲坂，祠后土”。左冯翊与京兆尹以泾、渭为界，“历冯翊界”，当即循渭河水道东行。

⑦ 《三国志·魏书·武帝纪》。

⑧ 《资治通鉴》卷157。

⑨ 《隋书·食货志》。

认为关中河流只有渭河航运得到开发的认识[①]，似乎不尽符合历史事实。

黄河中下游的一些其他河道，也曾经留下通航的记载。

《水经注·汾水》记载了汉明帝永平年间自都虑至羊肠仓之间的水利工程，设计者规划在完工后，“将凭汾水以漕太原”。可见汾河在汉时可以通航。汉武帝《秋风辞》中也说到汾河可行楼船，有“泛楼船兮济汾河，横中流兮扬素波”句。《后汉书·王梁传》：“梁穿渠引谷水注洛阳城下，东写巩川，及渠成而水不流。”《水经注·谷水》：“后张纯堰洛而通漕，洛中公私怀赡。”[②]又引阳嘉四年洛阳桥右柱铭：“东通河济，南引江淮，方贡委输所由而至。”可见东汉时洛水、谷水航运的发展。曹植《洛神赋》有“御轻舟而上溯，浮长川而忘返”句，也体现洛河有相当长的河段可以行舟。《水经注·谷水》又引《洛阳地记》曰：“大城东有太仓，仓下运船，常有千计。”《洛阳地记》大约是西晋时书，可见直到晋代，洛阳内河运输依然一派繁荣气象。《水经注·河水五》还记载了黄河下游支流漯水的通航状况：“漯水又北迳聊城县故城西，城内有金城，周匝有水，南门有驰道，绝水南出，自外泛舟而行矣。”从同卷记载汉安帝永初二年（108 年），“剧贼毕毫等数百乘船寇平原，县令刘雄、门下小吏所辅浮舟追至厌次律”所体现的厌次河的通航情形，可以推想黄河下游纷歧杂出的支流，大约都具有较便利的航行条件。

当时中国北部可以通航的河流，还有滹沱河、石臼河等。《后汉书·章帝纪》记载建初三年（78 年）夏四月己巳，“罢常山呼沱石臼河漕”。今天的永定河当时称温水，《后汉书·王霸传》：王霸“颇识边事，数上书言宜与匈奴结和亲，又陈委输可从温水漕，以省陆转输之劳，事皆施行”。这是利用永定河通航的最早记载。不过这些河流用于通漕的作用，显然不能与黄河水系的航运相比。

二、长江水系航运

长江水系航运在战国时期已经得到初步发展。《禹贡》称荆州贡道，“浮于江、沱、潜、汉”。安徽寿县丘家花园出土的鄂君启节，是战国时楚王颁发给鄂君的免税凭证。1957 年 4 月出土 4 件，其中车节 3、舟节 1，作于公元前 323 年。1960 年又发现舟节 1。舟节应用的路线，涉及长江、汉江、油水、澧水、沅水、资水、湘江以及巢湖等水域。长江通航区段，自江陵直至镇江[③]。可见当时长江水系的航运已经相当发达。

关于秦汉时期长江上游通航的记载，见于《华阳国志·南中志》：“自僰道至朱提有水、步道。水道有黑水及羊官水，至险，难行。”同书又记载了诸葛亮南征，“自安上由水路入越嶲”的传说。《后汉书·哀牢夷传》：“建武二十三年（47 年），其王贤栗遣兵乘箄船，南下江、汉，击附塞夷鹿茤。鹿茤人弱，为所禽获。于是震雷疾雨，南风飘起，水为逆流，翻涌二百余里，箄船沉没，哀牢

① 黄盛璋在《历史上的渭河水运》一文中指出，“关中河流能用于水运的只有渭河”，“此外泾河、洛河虽也是关中大河之一，但古今都无舟楫之利”。

② 《后汉书·张纯传》：建武二十三年，“上穿阳渠，引洛水为漕，百姓得其利”。

③ 参见黄盛璋：《关于鄂君启节地理考证与交通路线的复原问题》，《历史地理论集》，人民出版社，1982 年。

之众，溺死数千人。”哀牢箄船，大约也经行今金沙江水面。云南江川、晋宁铜鼓图像中关于行舟的画面，有助于我们推想当时箄船浮江的情形。不过，由于长江上游航行条件艰险，这一区段的航运对于当时的社会经济文化并未形成重要的影响。

《战国策·燕策二》记载苏代对燕王谈述秦国的强横，其中说道秦人对楚人的警告：“蜀地之甲，轻舟浮于汶，乘夏水而下江，五日而至郢。汉中之甲，乘舟出于巴，乘夏水而下汉，四日而至五渚。寡人积甲宛，东下随，知者不及谋，勇者不及怒，寡人如射隼矣。”张仪为秦离间连横，说楚王时，也曾说道：“秦西有巴蜀，方船积粟，起于汶山，循江而下，至郢三千余里。舫船载卒，一舫载五十人，与三月之粮，下水而浮，一日行三百余里，里数虽多，不费马汗之劳，不至十日而距扞关。”[①]《史记·秦本纪》：秦昭襄王二十七年（前280年），“使司马错发陇西，因蜀攻楚黔中，拔之”。《华阳国志·蜀志》：“司马错率巴、蜀众十万，大舶船万艘，米六百万斛，浮江伐楚，取商於之地为黔中郡。”对于航程、航速以至运载工具的形式和运载量都有具体的描述，可以看作关于江汉航运开通的明确记录。

秦汉时期长江水系航运继续得到发展。

云梦睡虎地秦简《日书》是反映当时社会生活风貌的数术书，其中可见“可以行水”（801）、“可以水”（995）、“行水吉”（733）、“不可以船行”（799反面、768反面、939）等内容，说明秦代江汉地区“行水”“船行”已经成为十分普及的运输方式。《史记·高祖本纪》说，刘邦出汉中北定三秦，东进雒阳，为义帝发丧。并遣使者告诸侯，扬言当“悉发关内兵，收三河士，南浮江汉以下，愿从诸侯王击楚之杀义帝者”。郦食其说齐王，夸示刘邦军威，也说“诸侯之兵四面而至，蜀汉之粟方船而下”[②]。汉武帝元鼎二年（前115年），江南水灾，中央政府曾利用长江航运的便利，“下巴蜀之粟致之江陵”，赈救饥民[③]。

四川出土汉画像砖体现江上行筏的画面，反映出川江航运最简便的方式。长途营运的运输船舶则应是为加强稳性而设计的“方船”“舫船”以及承载量更大的“大舶船”等。《华阳国志·巴志》记述一次长江水害，江州“结舫水居五百余家，承二江之会，夏水涨盛，坏散颠溺，死者无数”。这些结舫水居的民家，可能就是专以水运为生的船户。即《水经注》所谓“舟子”。《汉书·地理志上》：巴郡“鱼复，江关都尉治”。正是依此江险扼守江航要隘。江关的设置，也可以说明长江航运的密度与规模。《续汉书·郡国志五》“巴郡鱼复”条下曰：“扞水有扞关”，以为即战国楚关。《括地志》则以为故扞关在今湖北宜阳西。《封泥考略》有“扞关长印”“扞关尉印”。“扞关”，疑即“扞关”[④]，关长、关尉除军事防卫之外，也负有管理交通运输的责任。

秦汉时期长江水系中，以三峡以下江面水运条件最为优越。陆抗临终曾上疏吴主，忧虑“西

① 《战国策·楚策一》。又见《史记·张仪列传》，“马汗之劳”作“牛马之劳”。

② 《史记·郦生陆贾列传》。

③ 《汉书·武帝纪》。

④ “扜”多讹作“扞”。《山海经·大荒南经》：“有人方扜弓射黄蛇。”《韩非子·说林下》：“羿子扞弓，慈母入室闭户。”则作“扞弓”。又《吕氏春秋·贵卒》：“管仲扞弓射公子小白，中钩”及《雍塞》：“因扞弓而射之”，亦同。《汉书·西域传》“扜弥国”，《史记·大宛列传》作“扞冞”。

陵、建平，国之蕃表”，“若敌泛舟顺流，舳舻千里，星奔电迈，俄然行至，非可恃援他部以救倒县也”，主张“如其有虞，当倾国争之”[①]。《水经注·江水三》：“樊口之北有湾，昔孙权装大船，名之曰长安，亦曰大舶，载坐直之士三千人，与群臣泛舟江津。”历史上规模空前的水战——赤壁之战，就发生在这一带江面上。《三国志·吴书·周瑜传》说，“刘表治水军，蒙冲斗舰，乃以千数，（曹）操悉浮以沿江”，“船舰首尾相接”。而孙权、刘备联军亦有“关羽水军精甲万人，刘琦合江夏战士亦不下万人”，“周瑜、程普、鲁肃等水军三万”[②]。

《水经注·江水二》说，江陵今城，“楚船官地也”。江陵地区是楚文化的中心，又是辽阔的楚地的水陆交通中心。江陵汉墓出土的木船模型，可以说明这一地区航运的发达和普及。江陵凤凰山8号汉墓以及可确定为下葬于汉文帝十三年（前167年）五月的168号墓，都出土木船模型。168号墓木船模型与轺车、安车、骑马俑、奴婢俑等都置于头箱，似乎可以体现墓主对于出行的专好。8号墓“遣策”有文曰“大舟皆（？）廿三桨”，两侧各23桨，确实是较大的航船。“遣策”偶人籍所记“大奴 × 棹”内容者就多至6简。168号墓除木船模型外，还出土船工俑5[③]。江陵凤凰山10号汉墓出土2号木牍正面文字为“中舨共侍约”，背面内容为：“□囯三月辛卯，中舨舨长张伯、石囩、秦仲、陈伯等十人相与为舨约，入舨钱二百。约二·会钱备，不备勿与同舨，即舨舨直行共侍非前谒·病不行者，罚日卅，毋人者庸贾，器物不具，物责十钱·共事凡器物毁伤之及亡，舨共负之，非其器物擅取之，罚百钱·舨吏令会不会，会日罚五十，会而计不具者，罚比不会。为舨吏□器物及人·舨吏秦仲。”所谓“舨”，根据字形构造以及简牍字义分析，意同“贩”字，大约是指从事贩运的合作组织。“贩”字从“舟”作“舨”，正符合这一地区多利用舟船往返贸易的实际[④]。

江陵汉墓出土木船模型所体现的实际应用的船型，与汉武帝推行算缗令时所谓“船五丈”[⑤]应计以一算的运船规格比较，还有相当大的差距。司马迁在《史记·货殖列传》中关于巨富之家经济实力的叙述中有所谓“船长千丈”语，若以“船长五丈”计，当拥有运船200艘之多。民间如此雄厚的航运力量，当有相当大的比例集中于曾作为楚文化基地的江汉地区。

《史记·秦始皇本纪》：秦始皇三十七年（前210年），“行至云梦，望祀虞舜于九嶷山，浮江下，观籍柯，渡海渚，过丹阳”。《汉书·武帝纪》：元封五年（前106年），“行南巡狩，至于盛唐，望祀虞舜于九嶷。登灊天柱山，自寻阳浮江，亲射蛟江中，获之。舳舻千里，薄枞阳而出，作《盛唐枞阳之歌》”。盛唐在今安徽六安，寻阳在今湖北广济，枞阳即今安徽枞阳。“舳舻千里”，颜师古注引李斐曰：“舳，船后施柂处也。舻，船前头刺棹处也。言其船多，前后相衔，千里不绝也。”秦

① 《三国志·吴书·陆逊传》。

② 《三国志·蜀书·诸葛亮传》。

③ 长江流域第二期文物考古工作人员训练班：《湖北江陵凤凰山西汉墓发掘简报》，《文物》1974年6期，纪南城凤凰山一六八号汉墓发掘整理组：《湖北江陵凤凰山一六八号汉墓发掘简报》，《文物》1975年9期。

④ 参看弘一：《江陵凤凰山十号汉墓简牍初探》，《文物》1974年6期；黄盛璋：《江陵凤凰山汉墓简牍与历史地理研究》，《历史地理论集》，人民出版社，1982年。

⑤ 《史记·平准书》。

皇汉武随行浩荡船队的巡游，无疑是长江航运史上盛事。孙吴经营长江下游，航运事业又得到进一步发展。史籍记载当时规模较大的运输活动，有赤乌十年徙武昌宫材瓦治建康宫[①]，以及孙皓迁都武昌，“扬土百姓溯流供给，以为患苦”[②]诸例。

长江支流的航运在战国时期已经有初步的发展。《水经注·青衣江》引《竹书纪年》中，已可看到关于岷江早期通航的记录：“梁惠成王十年，瑕阳人自秦道岷山青衣水来归。”《华阳国志·蜀志》：李冰“穿郫江、检江，别支流双过郡下，以行舟船。岷山多梓、柏、大竹，颓随水流，坐致材木，功省用饶”。沫水“水脉漂疾，破害舟船，历代患之”，于是李冰“发卒凿平溷崖，通正水道”。秦汉时期，这些水道的航运历经开发整治，又达到新的水平。刘邦伐楚，萧何在后方给运军需物资，其中就有蜀汉经水路输送的军粮。《华阳国志·蜀志》：“汉祖自汉中出三秦伐楚，萧何发蜀汉米万船以给助军粮。”汉武帝时，曾试图开发褒水航运而未成功。东汉安帝元初二年（115年），武都太守虞诩“由沮至下辨数十里，皆烧石剪木，开漕船道”，“于是水运便利，岁省四千余万”，开通了嘉陵江上游的航道[③]。处于沅水和延江上游的西南边郡牂柯之得名，据说也与航运有关[④]。

汉江航运开发较早，周昭王南征，就在泛舟汉水时意外丧生[⑤]。《水经注·沔水》载诸葛亮笺：“朝发南郑，暮宿黑水，四五十里。”体现了汉江上游的通航情况。据《水经注·江水三》，江汉汇合处有所谓“船官浦”，“江之右岸有船官浦”，“是曰黄军浦，昔吴将黄盖军师所屯，故浦得其名，亦商舟之所会矣”。《水经注·湘水》又记述湘江上有船官：湘水“又径船官西，湘洲，商舟之所次也，北对长沙郡”。长沙汉墓出土的木船模型，是体现湘江航运状况的实物资料[⑥]。湘江又有地名称“关下”，郦道元以为“是商舟改装之始”。此外，《水经注·赣水》说，赣水有“钓圻邸阁”。《水经注·涢水》：涢水“初流浅狭，远乃广厚，可以浮舟筏巨川矣”。是知赣水、涢水等支流当时也可以通行舟船。

长江水系航运对于全国经济文化的作用当时稍逊于黄河水系航运，然而其发展显著促进了长江流域经济文化的进步，并且为以后全国经济重心向东南地区的转移奠定了基础。

三、珠江水系航运

秦汉时期，岭南经济文化已经达到相当高的水平，并且在许多方面表现出与内地接近的趋向。这一进步，是以水运的发展作为重要基础的。珠江水系的早期航运，还为南海交通的开拓准备了必要的条件。

---

① 《三国志·吴书·吴主传》注引《江表传》。

② 《三国志·吴书·陆凯传》。

③ 《后汉书·虞诩传》。

④ 《汉书·地理志上》颜师古注：“牂柯，系船杙也。《华阳国志》云：楚顷襄王时，遣庄蹻伐夜郎，军至且兰，椓船于岸而步战。既灭夜郎，以且兰有椓船牂柯处，乃改其名为牂柯。”

⑤ 参见《左传》僖公四年。

⑥ 中国科学院考古研究所：《长沙发掘报告》，科学出版社，1957年。

秦始皇时，曾“使尉屠睢将楼船之士南攻百越”[①]。军号“楼船”，显然是以水军为主力。《淮南子·人间》记述各部队集结地点：“(秦皇）使尉屠睢发卒五十万为五军。一军塞镡城之领，一军守九嶷之塞，一军处番禺之都，一军守南野之界，一军结余干之水。”护应番禺秦军的四军，分别据沅江、湘江、赣江、信江水道。而直下“番禺之都”的部队，必然会利用珠江航运之便。

关于南下水军循行珠江航道更为明确的记载，有汉武帝发楼船十万师征南越事。《史记·南越列传》说，南越吕嘉等反，汉武帝于元鼎五年（前112年）秋“令罪人及江淮以南楼船十万师往讨之”：“卫尉路博德为伏波将军，出桂阳，下汇水；主爵都尉杨仆为楼船将军，出豫章，下横浦；故归义越侯二人为戈船、下厉将军，出零陵，或下离水，或抵苍梧；使驰义侯因巴蜀罪人，发夜郎兵，下牂柯江。咸会番禺”。主持讨伐事宜的将军以“伏波”“楼船”“戈船”为号，说明远征军的主力是强大的水军。“下厉将军”，《汉书·武帝纪》作“下濑将军”，也标示出兵种特征。南下路线可以考订者，当如下所示：

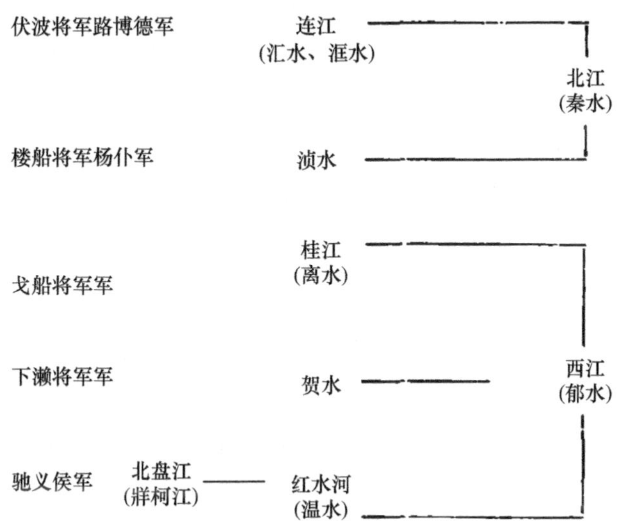

其中楼船将军杨仆的部队“先陷寻陕，破石门，得越船粟，因推而前”[②]，兵锋最为凌厉。

珠江的径流主要来自西江，占77%左右。西江支流多，集水面积较大，总的水情变化比较缓和，同时，流域内大面积的岩溶地形，使地面水和地下水有可能相互补给，以致河流的水位和流量变化相对较为稳定，为航运的发展提供了便利的条件。《史记·西南夷列传》记载，汉武帝时，唐蒙曾因“南越食蜀枸酱”，开始调查西江水路。当地人说，蜀枸酱“道西北牂柯，牂柯江广数里，出番禺城下”。唐蒙在长安又询问蜀地商人，答曰：“独蜀出枸酱，多持窃出市夜郎。夜郎者，临牂柯江，江广百余步，足以行船。”于是唐蒙上书建议：“闻夜郎所有精兵，可得十余万，浮船牂柯江，出其不意，此制越一奇也。”武帝于是置犍为郡，“发巴蜀卒治道，自僰道指牂柯江”，后遂有驰义侯行牂柯江击南越之举。

① 《史记·平津侯主父列传》。

② 《史记·南越列传》。

两汉之际，中原战乱，夜郎大姓龙、傅、尹、董氏与郡功曹谢暹保境为汉，曾遣使从番禺江转回贡奏，受到光武帝刘秀褒赏①。据《三国志·蜀书·刘巴传》注引《零陵先贤传》记载，刘巴曾入交阯，更姓为张，因与交阯太守士燮计议不合，于是“由牂柯道去”，至于益州。可见当时北盘江—红水河—西江水路，曾经长期作为联系巴蜀云贵与岭南地区的主要通道之一。

《水经注·泿水》引王氏《交广春秋》，说到东汉末年一次西江水战：“步骘杀吴巨、区景，使严舟船，合兵二万，下取南海。苍梧人衡毅、钱博，宿巨部伍，兴军逆骘于苍梧高要峡口，两军相逢，于是遂交战，毅与众投水死者千有余人。”高要，在今广东肇庆。大规模的水军船队在江面交战，可以间接说明当时西江航运的发展水平。

北江和东江是珠江另两大支流，然而都具有山区河流暴涨暴落的特性。汉武帝时议伐闽越，淮南王刘安分析当地交通条件的险恶，指出，“其入中国必下领水，领水之山峭峻，漂石破舟，不可以大船载食粮下也”。关于当地“地深昧而多水险”，“水道上下击石”，“视之若易，行之甚难”等评述②，应大致也符合北江和东江的实际情形。尽管如此，北江因地势近便，仍成为珠江水系中最受重视的航道。元鼎五至六年（前112～前111年），远征南越的楼船军的主力伏波将军路博德军和楼船将军杨仆军，就是由此进军，抢先攻破番禺的。

珠江水情的一个突出特征是汛期很长，水量丰富，在下游河网密织的三角洲地区，形成特别利于航运的条件。秦汉时期番禺附近水运的发展，造船业的发达以及南海航运的开通，除了与地理条件的优越有关而外，当地人民开发交通事业的艰苦劳动，也留下了不可磨灭的历史印迹。

四、人工河道的开通和利用

司马迁在《史记·河渠书》中历数春秋战国时期开通的比较重要的人工河道：

> 荥阳下引河东南为鸿沟，以通宋、郑、陈、蔡、曹、卫，与济、汝、淮、泗会。于楚，西方则通渠汉水、云梦之野，东方则通沟江淮之间。于吴，则通渠三江、五湖。于齐，则通菑济之间。于蜀，蜀守冰凿离碓，辟沫水之害，穿二江成都之中。此渠皆可行舟，有余则用溉浸，百姓飨其利。

司马迁指出，一般的水利工程多至“以万亿计”，而“莫足数也”，以上这些较重要的人工河渠则“皆可行舟”。大致各地人工河道，大多注意利用以发展水运。

秦汉时期是水利事业得到空前发展的时期。以运输为主要目的或兼及运输效益的水利工程在各地兴建。鸿沟、邗沟等先秦时期已经开通的运河仍然通航，并多加以整治和拓展。新开通的较著名的人工河道则有灵渠、阳渠、漕渠，等等。

① 《后汉书·西南夷传·夜郎》。

② 《汉书·严助传》。

狼汤渠和汴渠 战国时已经开通的鸿沟，使黄河水系与淮河水系得以沟通。在秦王朝统治期间，鸿沟作为河淮间的水运要道，推行对东方实行强制掠夺的政策，发挥出突出的作用。秦末战争中，陈胜举事，首先占领鸿沟之畔的阵地，控制了秦统治中心联系东南地区的主要通路。刘邦西进，也曾从郦食其建议，攻克鸿沟之侧的陈留，因为陈留据“天下之冲，四通八达之郊也，今其城又多积粟”，刘邦的势力因此得到发展。楚汉战争时，刘邦“屯巩、洛以拒楚”，郦食其又建议他“急复进兵，收取荥阳，据敖仓之粟”，“以示诸侯效实形制之势，则天下之所归矣”。敖仓当鸿沟引黄河口附近，东南输粟，多囤积于此，再向关中转运。郦食其说：“夫敖仓，天下转输久矣，臣闻其下乃有藏粟甚多。楚人拔荥阳，不坚守敖仓，乃引而东，令适卒分守成皋，此乃天所以资汉也。”刘邦“乃从其画，复守敖仓”，掌握了战争的主动权[①]。敖仓积粟，是鸿沟水路转运的总结。楚汉战争时仍“藏粟甚多”，说明这条航运线路在秦时运输效能之高。鸿沟西汉时称“狼汤渠”。《汉书·地理志上》：“(河南郡荥阳)有狼汤渠，首受泲，东南至陈入颍，过郡四，行七百八十里。”狼汤渠虽长期通航，但联系黄淮两大水系的作用，后来逐渐为汴渠所替代。

汴渠又称汳水，本是济水东南入泗的一条支流，经过有计划的浚通，西北承河水补给，东南接泗水，成为汉代，特别是东汉时漕运的主要水道。东汉时，汴渠水运曾经常受到黄河水害的影响，“河汴决坏”，“汴渠东侵，日月弥广，而水门故处，皆在河中，兖、豫百姓怨叹”。汉明帝时整修今河南开封附近的汴渠河段，时称“渠仪渠”。永平十二年(69年)再次“议修汴渠”，发卒数十万，由王景主持，治河治汴[②]。经过历时一年的大规模治理，“河汴分流，复其旧迹”[③]，黄河安流，汴渠畅通，联系中原与江淮的航运得到保障。

黄河是著名的多沙河流，又有丰、枯水期交替现象。要在黄河中取得足以保障航运的水量，同时又不至于失去控制导致漫溢，取水口工程至为关键。《水经注》中记载有鸿沟和汴渠的多处水口，有的建于先秦时，有的是秦汉时新建或加以复修的。修建水门的技术在秦汉时期有所改进。西汉前期，“其水门但用木与土耳”[④]，到了东汉时期，则“垒石为门，以遏渠口，谓之石门”，“门广十余丈，西去河三里”[⑤]，“水盛则通注，津耗则辍流”[⑥]。可见这时人工河道的取水口已经由土木结构演变为石结构，因而更为坚固可靠，可以比较有效地调节引水的流量了。

邗沟 沟通江淮两大水系的人工运河邗沟，开通于春秋末叶。最初开通时为减少人工河道的开挖量，于樊梁湖东北折向博支湖，又转射阳湖，再西北入淮。这不仅绕行回远，而且射阳、博支二湖湖面广阔，风急浪高，阻遏航船。三国时这条人工河道的走向，则已改由樊梁湖北上至津湖，再

---

① 《史记·郦生陆贾列传》。

② 《后汉书·王景传》。

③ 《后汉书·明帝纪》。

④ 见《汉书·沟洫志》。这里是指荥阳漕渠水门，但大致可以代表当时修建水门的一般技术水平。

⑤ 《水经注·济水》。

⑥ 《水经注·河水五》。

向北过白马湖，北入淮水了[①]。《三国志·魏书·文帝纪》：黄初五年（224 年）八月，“为水军，亲御龙舟，循蔡、颍，浮淮，幸寿春”，“九月，道至广陵”。黄初六年八月，“遂以舟师自谯循涡入淮”，“冬十月，行幸广陵故城，临江观兵，戎卒十余万，旌旗数百里”。两次率水军伐吴，均由淮水经邗沟入江。当时邗沟的通航条件已不太理想，曾任丹阳太守、扬州别驾的蒋济了解这一情况，曾上表向至于广陵的魏文帝说明“水道难通”情形。然而这一意见未受重视，于是果然“战船数千皆滞不得行”。有人建议驻兵在当地屯田，魏文帝甚至准备烧掉战船。蒋济凿地开水道，集中船队，又先用土豚（土墩）隔断湖水，引船尽入后，一时开放，乘水势冲入淮河[②]。吴嘉禾三年（234 年），孙权也曾“遣孙韶、张承等向广陵、淮阳”北进[③]。“淮阳”，卢弼《三国志集解》以为当作“淮阴”。北向路线，亦当经由邗沟。

灵渠　灵渠是秦王朝为统一岭南而完成的重要交通工程，以尉屠睢为统帅的秦军进军岭南，粮食等军用物资的运输，面临湘桂山区的严重阻碍。《史记·平津侯主父列传》：秦始皇“使尉屠睢将楼船之士南攻百越；使监禄凿渠运粮，深入越，越人遁逃”。《淮南子·人间》：“使监禄转饷，以卒凿渠而通粮道。”由监禄主持，在今广西兴安开凿了著名的灵渠，沟通的湘、离二水，使长江水系和珠江水系联系起来。湘江北流，离水（今漓江）南泻，二水在兴安相距极近。离水支流零水（亦称灵水）一源名始安水，与湘江上游的海洋水最近处相距不到 1.5 千米，中隔一仅高 20 余米的分水岭。灵渠的开凿者合理地选择了分水地点，开通南渠、北渠，并注意延长渠线长度，降低渠底坡度，可能还采取了修堰拦水及人力牵挽等方式，以便利通航[④]。

灵渠开通的直接目的，在于大军远征岭南，“三年不解甲弛弩”，“无以转饷”，于是“以卒凿渠而通粮道，以与越人战”[⑤]。而这条联系长江水系与珠江水系的水道的开通，促进了渊源不同的两个文化系统的交流融汇，直接推动了秦汉时期岭南地区经济文化的发展。汉武帝元鼎五年（前 112 年）出兵南征南越，其中一支部队“出零陵或下离水”[⑥]，显然利用了灵渠航道。据说汉光武帝建武十八年（42 年），伏波将军马援南下，也曾修整灵渠，运送军粮[⑦]。汉章帝建初八年（83 年），郑弘为便利“交阯七郡贡献转运”，“奏开零陵、桂阳峤道，于是夷通，至今遂为常路”[⑧]，零陵、桂阳郡治在今湖南零陵、郴州，都南临五岭险要。南岭陆运的开发，体现出在灵渠实际效益的启示下，这一地区交通事业的全面进步。

---

① 魏文帝以舟师伐吴，往复均经行精湖。事见《三国志·魏书·蒋济传》及《满宠传》。精湖即津湖。又《水经》：“中渎水（即邗沟）出白马湖东北注之（淮水）。”

② 《三国志·魏书·蒋济传》。

③ 《三国志·吴书·吴主传》。

④ 参看武汉水利电力学院、水利水电科学研究院《中国水利史稿》编写组：《中国水利史稿》上册，水利电力出版社，1979 年。

⑤ 《淮南子·人间》。

⑥ 《史记·南越列传》。

⑦ 参看唐鱼孟威《灵渠记》。

⑧ 《后汉书·郑弘传》。

阳渠 东汉光武帝建武五年（29年），河南尹王梁曾穿渠引谷水注入洛阳，然而可能由于设计或施工的失误，"渠成而水不流"[①]，是为秦汉水利工程史上著名的失败的记录。《后汉书·张纯传》记载，建武二十三年（47年），大司农张纯主持阳渠工程，"引洛水为漕，百姓得其利"。阳渠承纳洛水和谷水，成为洛阳地区水路交通网的主纲之一。

漕渠 秦与西汉均定都关中，以漕运沟通与关东农业中心地区的经济联系。河渭交通运输线成为中央集权专制主义帝国的生命线。中央政府为维护河渭航运的畅通不得不付出相当大的代价。娄敬向刘邦建议定都关中，强调关中"资甚美膏腴之地，此所谓天府者也"[②]。其实，当时关中可供都市消费的农产品数量是相当有限的。《史记·秦始皇本纪》记载，秦二世元年（前209年），因关中役徒军士人众，"当食者多，度不足，下调郡县转输菽粟刍藁，皆令自赍粮食"，规定"咸阳三百里内不得食其谷"。直到西汉前期，对关中地区的开发程度依然不能估计过高。张良在帮助刘邦确定定都长安的决策时，就考虑到关中以"河渭漕挽天下，西给京师"的经济条件[③]。然而西汉政府机构不断扩大，官吏人数急剧增多，为北防匈奴，也需要加强军队警备力量，而迁入关中的关东豪富，又使消费人口以远远高于生产人口的比例增加。西汉初，关东漕粟年不过数十万石，尚"太仓之粟陈陈相因，充溢露积于外"[④]。汉武帝时，已经需要输送400万石方能得到满足。在渭河航运能力逐渐表现出退化趋势的情况下，努力改善航运条件的要求，已经十分急迫。据《史记·河渠书》，汉武帝元光六年（前129年），大司农郑当时提出了开通漕渠的建议："异时关东漕粟从渭中上，度六月而罢，而漕水道九百余里，时有难处。引渭穿渠起长安，并南山下，至河三百余里，径，易漕，度可令三月罢。"汉武帝赞同这一建议，"令齐人水工徐伯表，悉发卒数万人穿漕渠，三岁而通。通，以漕，大便利"。渠线的勘测选定，即所谓"表"，由齐人水工徐伯承担。徐伯"表"漕渠，是我国水利工程史上关于渠线测量的最早的记录。

按照郑当时的估算，漕渠开通后，运输距离较渭河水道大致可缩短2/3左右，水道径直，"损漕省卒"，从而减少运输费用。《史记志疑》及《汉书补注》皆引刘奉世说，从运距长短出发，提出对漕渠工程的怀疑："按今渭汭至长安仅三百里，固无九百余里，而云穿渠起长安，旁南山至河，中间隔灞、浐数大川，固又无缘山成渠之理，此说可疑，今亦无其迹。"黄盛璋先生《历史上的渭河水运》文中也以为"渭水道九百余里"[⑤]，诚有可疑，可能包括长安以西中上游一段。其实，"今渭汭至长安仅三百里"之说是不确实的。渭河下游在历史时期是一条著名的迂回曲折、流浅沙深的河流。据《渭南县志》，"渭河东西亘境百余里，率三十年一徙，或南或北相距十里余"。《大荔县志》也说，"荔之南界，东西四十五里，渭水横亘，一蜿蜒辄八九里，一转圜二十里"。考察现今渭河河

① 《后汉书·王梁传》。

② 《史记·刘敬叔孙通列传》。

③ 《史记·留侯列传》。

④ 《史记·平准书》。

⑤ 《史记·河渠书》："漕水道九百余里。"《汉书·沟洫志》："渭水道九百余里。"其间似有不应忽视的差异。

道，自咸阳至河口，总长约为 212 千米，以汉里相当于 325 米计[①]，相当于 625 汉里。从渭河下游曲流河段河道平面变迁图及通过历年地形演变和航空照片所反映的渭河下游河床摆动图看，许多区段河道折回弯曲往往有甚于现今河道的情形，并且多有河曲裁弯后废弃弯道形成的牛轭湖，以此推想，汉代渭河航线总长达到八九百汉里是完全可能的。《新唐书·食货志三》说："秦、汉时故漕兴成堰，东达永丰仓，咸阳县令韩辽请疏之，自咸阳抵潼关三百里，可以罢车挽之劳。"唐文宗赞同此议，"堰成，罢挽车之牛以供农耕，关中赖其利"。可见漕渠运程三百里的记载是可信的。《水经注》中有关于漕渠的明确记载，后来隋文帝开皇四年（584 年）开广通渠、唐玄宗天宝元年（742 年）开漕渠、唐文宗太和元年（827 年）开兴成渠，都曾利用西汉漕渠故道。据黄盛璋先生考述，陕西西安汉长安故城南、范家村肖家村附近以及华县、华阴之间，都存在汉漕渠遗迹。可见，"今亦无其迹"之说，确实难以成立。漕渠横渡灞水、浐水的方式目前尚无法确定，推想有可能是承纳其流，以为水源之一的。《元和郡县图志·关内道二》："灞、浐二水，会于漕渠，每夏大雨辄皆涨。"即可为一明证。

郑当时说，渭河漕运"度六月而罢"，而漕渠开通之后，"度可令三月罢"，令人疑其运期过长。其中大概包括下碇装卸等占用的时间。北魏太和二十一年（497 年），孝文帝由长安向洛阳，五月"己丑，车驾东旋，泛渭入河"，"六月庚申，车驾至自长安"，行程总计 32 日[②]。其中"泛渭"之行当有 20 余日。这是顺水行舟情形，重船逆水，自然费时更多。隋文帝开皇四年诏书说到渭河水运的艰难，也指出："计其途路，数百而已，动移气序，不能往复，泛舟之役，人亦劳止。"[③]所谓"动移气序，不能往复"，大约指单程运期往往要超过一个季度，在年度之内是难以两度往复转运的。

漕渠工程历时三年，"通，以漕，大便利"，缩短了航程，提高了运输效率，加强了长安与关东地区的联系，班固《西都赋》："东郊则有通沟大漕，溃渭洞河，泛舟山东，控引淮湖，与海通波。"也说到漕渠在当时全国交通网中的重要地位。

秦汉时期开通的人工河道，见于史籍的还有鲁渠、涡渠、濮渠、蒲吾渠、平虏渠、泉州渠、睢阳渠、白沟、贾侯渠，等等。汉武帝时，"朔方亦穿渠，作者数万人"[④]。《盐铁论·刺复》说："泾、淮造渠以通漕运。"淮渠或与《史记·河渠书》所谓"汝南、九江引淮"有关，泾渠或以为即汉武帝太始二年（前 95 年）所开之白渠。这些渠道，也可以为漕运服务。《后汉书·邓禹传》中，还有关于因条件险恶施工艰难而废止的运河工程的记录："永平中，理呼沱、石臼河，从都虑至羊肠仓，欲令通漕。太原吏人苦役，连年无成，转运所经三百八十九隘，前后没溺死者不可胜算。"于是，"遂罢其役，更用驴辇，岁省费亿万计，全活徒士数千人"。

魏晋时期，在秦汉内河航运的基础上，又有新的人工河道得以开通。魏文帝黄初六年（225

① 杨宽:《中国历代尺度考》（商务印书馆 1955 年重版）以为汉制 1 里相当于 414 米。陈梦家则根据对居延地区汉代邮程的考证，以为"以 325 米折合的汉里，比较合适（用 400 或 414 米折合则太大）"。见《汉简考述》，《考古学报》1963 年 1 期。

② 《魏书·高祖纪下》。

③ 《隋书·食货志》。

④ 《史记·平准书》。

年），"通讨虏渠"[1]。齐王曹芳正始年间，又有"开广漕渠"[2]"穿广漕渠"[3]之役。吴末帝建衡三年（271年），"凿圣溪以通江淮"，"以多磐石难施功，罢还"[4]。显然，秦汉时期河运的成功，对于交通史的进程表现出积极的影响。至于后世规模更为宏伟的人工河道的开通，当然也参照了秦汉时期人工河道的设计思想，是以秦汉时期运河开凿的技术基础为基本条件的。

（原载《历史研究》1990年2期，26~41页）

① 《三国志·魏书·文帝纪》。

② 《三国志·魏书·邓艾传》。

③ 《晋书·宣帝纪》。

④ 《三国志·吴书·薛综传》。

略论秦汉时代的运河和漕运

潘京京

在我国封建社会史上，人工开凿的运河是交通运输的主干，封建国家向人民搜刮来的粮食和财物，都要通过人工运河和天然河道从各地输送到政治中心的国都来，供统治者享用。所以，运河的开凿和疏浚，很受封建统治者的重视，被看作是国家的一项国策。而利用运河来运输粮食和物资的漕运，是封建国家的一项专业运输，它直接关系封建王朝的盛衰隆替，也被视为一项重要的国策。这在秦汉的历史上表现得很明显，特别是汉代，对运河和漕运的工作非常重视，在中国漕运史上做出了显赫的成绩。

一、秦朝对运河的开凿和影响

秦统一全国后，出现了政治中心和经济中心难以联系的矛盾。当时的政治中心在咸阳，而经济中心却在定陶，如何将政治中心的咸阳与经济中心的定陶联系起来，在当时既经济而又省力的便是水道运输。

咸阳在渭水岸上，定陶在济水岸上，由渭水可以入黄河，再由黄河可以通达济水；反之，也可以由济水上溯入黄河，再由黄河入渭水，这样就可以沟通两个中心了。这不仅可以发挥秦国的政治经济优势，而且可以发挥它的军事威力，对维护全国统一具有重要的意义。

秦都咸阳，地处物产富庶的关中平原，但自秦定都咸阳以来，农产丰硕的关中，所产不足以供给京师的大批官僚群和拱卫京师的军队，以及密集的人口，迫切地需要从外地漕运大量的粮秣和物资来接济。这种情形，在秦国还没有统一天下以前就已经显示出来了，统一以后，困难就更大了，矛盾也更加尖锐了。

为了解决以粮食为主的运输问题，秦统治者首先在荥阳附近建立起了一个规模宏大的粮仓——敖仓。敖仓地当古鸿沟和济水由黄河分流出来的水口上，这就使由济水和鸿沟运来的粮食在这里总会合，然后再由黄河、渭河转输咸阳。这是秦王朝非常重视的一项国策。

秦朝每年由各地运来供京师使用的粮食有多少，史书上没有记载，无法说明。但应当是一个相当大的数字。《汉书·主父偃传》里说：秦“使天下飞刍挽粟，起于黄（今山东黄县）、腄（今山东义登县）、琅邪（今山东东南海滨）负海之郡，转输北河，率三十钟而致一石。”《史记·郦生传》也说：“夫敖仓，天下转输久矣，……藏粟甚多。”从而可知粮食的储藏量数字一定很大。而当时东方的临淄、济泗之间、鸿沟流域、江淮二水的下游都是农业发达的区域，所产的粮食很丰盛。这些地区丰富的农产品，通过秦政府的税收政策聚集起来的粮食和其他物资，沿着鸿沟、邗沟、济水、黄沟等水道，运往关中。从历史文献上看，敖仓的存粮是很丰富的，超过了黄河、渭河的运输力量，一直到秦灭亡，敖仓的储粮不仅没有运完，而且剩下来的粮食还可以供汉高祖刘邦与西楚霸王项羽争夺天下之用。《史记》卷97《郦食其传》郦食其说汉王刘邦曰："民以食为天"，"臣闻其（指敖仓）下乃有藏粟甚多。楚人拔荥阳，不坚守敖仓，乃引（军）而东，令适卒分守成皋，此乃天所以资汉也。""愿足下急复进兵，收取荥阳，据敖仓之粟。"刘邦采纳了郦食其的意见，占据敖仓之粟，对解决军粮问题起到一定的作用。这从侧面说明秦朝的漕运事业是比较发达的。

除鸿沟、邗沟、黄沟、黄河、渭河，济、汝、淮、泗四川等的漕运之外，秦始皇还在湘桂之间凿渠（即后来史书上所说的灵渠）以通漕运。这条运渠，史书记载很粗略，凿渠的情形说得也很模糊。史念海先生考证说："灵渠这个名称大概是后人加上去的。秦始皇初开凿这条渠道时，似乎还是笼统地称为渠的。""最早的记载是《史记·主父偃传》。这传上说：'（秦始皇）使尉佗屠睢将楼船之士，南攻百越，使监禄凿渠运粮。'历来的注释家对于这段文字都没有解说，只有韦昭说过一句：'监，御史，名禄'，仍不能使人有明确的观念。《淮南子·人间训》也记载这事，和《史记》所说的差不多。高诱注：说监禄所凿的乃是湘水和漓水之间的渠道，他根据的是什么材料，我们也不知道了。不过这种说法是可以凭信的。五岭两边的水道，只有湘水和漓水最为接近，这一段地势，《水经注》说得最为清楚。《漓水注》说：'漓水与湘水出一山而分源也，湘漓之间，陆地广百余步，谓之始安峤，即越城峤也。'这样接近的水道，施工当然容易，秦始皇要开渠通运道，绝不会舍易就难的。后来的书中，记载这条渠道的很多，说得也比较详细。《太平御览》所引的《临桂图经》就说，'秦使御史监史禄自零陵凿渠，出零陵下漓水。'这大概是根据高诱的说法，而推衍出来的。《唐书·地理志》说：桂州理定县，'西十里有灵渠，故秦史禄所凿'。则把名称和地点都确切地指出来了。"史先生的这段考证很精辟。他把秦凿的运渠在文献记载中的简要情况都列举出来了，对灵渠的沿革也有个梗概。灵渠在古代是沟通中原与南越的重要运河，对南北经济文化的交流和南越的文明起着重要的作用，历来是中国古代史的重要问题之一，值得注意。

除此之外，秦在四川还有蜀守李冰凿的离堆、关中的郑国渠等，虽然其主要功能在于灌溉农田，但"皆可行舟"，以供漕运。

二、汉代对漕运网的整理和漕运

汉初，漕事较简，据史书所载，每年不过几十万石，漕运任务不大。但到汉武帝时，漕运粮食由几十万石增加到百余万石，后来又增加到六百万石（《史记》卷29《河渠书》载）。这样大的漕运数额，就迫使汉统治者必须设法改进漕运粮食的功能，即对漕运网的开凿、整理和疏浚，以完成巨额的漕运数量。主要有：

1. 开凿漕渠

汉武帝时，从盛产粮食的山东各地漕运的粮食，到潼关附近，因渭水水道弯曲，而且水浅多泥沙，对于漕运的阻碍很大。为了加快运输，以满足京师长安的需要，当时主管经济的大司农郑当时，向汉武帝建议开凿漕渠。《汉书》卷29《沟洫志》记载："异时关东漕粟从渭（水）上，度六月罢，而渭水道九百余里，时有难处。引渭穿渠起长安，旁南山下，至河（即黄河）三百余里，径，易漕（漕），度可令三月罢；（罢）而渠下民田万余顷又可得以溉（灌溉）。此（捐）[损]漕省卒，而益肥关中之地，得谷。"武帝采纳了郑当时的这项建议，"令齐人水工徐伯表，发卒数万人穿漕渠，三岁而通。以漕，大便利。其后漕稍多，而渠下之民颇得以溉矣"，即漕渠是由长安引渭水入渠，沿着南山山脚一直通到黄河，长三百余里。这条运河完成后，使山东一带的粮食和物资可以从水道直接运输到长安，改变了长安以东的交通状况。汉代班固在他的《西都赋》里赞扬漕渠说：漕渠"泛舟山东，控引淮、湖，与海通波"。这种说法并不算夸张。漕渠除了控引淮湖、连通大海的漕运功能外，还灌溉渠两岸的一万多顷农田。可见漕渠是一条运输兼灌溉的两用水利工程，不过以漕运为主罢了。

2. 凿褒斜道

所谓"褒斜道"，就是褒水和斜水间的通道。褒水和斜水都发源于秦岭，褒水流入沔水（今汉水），斜水流入渭水，褒、斜二水的水源不连接，但两水相距只有一百多里。为了避免黄河中的三门砥柱的危险，汉武帝时有人上书"欲通褒斜道及漕"（见《汉书》卷29《沟洫志》），即把褒、斜两条水加以整理通船。这样，山东各地的漕船不必再经过黄河中的砥柱之险，由南阳附近的沔水，朔（沔）水而上，一直运到褒水，再由褒水的源头用车辆搬运过秦岭的山顶，顺斜水而下，由渭水可以运粮到长安。这条路虽然远一些，但如果成功，可以避免三门峡砥柱的危险航运。汉武帝命令御史大夫张汤研究，张御史对武帝说：这条水道如果开通，不仅"汉中之谷可致，山东从沔无限（《正义》：无限，言多也；山东渭河南之东、山南之东及江南、淮南皆经砥柱主运，今并从沔，便于三门之漕也），便于砥柱之漕"，而且"褒斜材木竹箭之饶，拟于巴蜀"（据《史记》卷29《河渠书》）。于是，武帝派张汤之子张印为汉中太守，主持开凿事宜，发数万人整理水道和开凿道路，但据《汉书》卷29《沟洫志》说：结果是"道（路）果便近，而水多湍石，不可漕"。这样，汉武帝时试凿褒斜道以避砥柱之险是失败了，但巴蜀与关中的交通却比过去便利多了。

3. 凿砥柱

为改善三门峡砥柱的漕运，汉成帝鸿嘉四年（前17年），依杨焉之言，整理黄河运道，主要是在三门峡砥柱施工凿石，以避砥柱之险。据《汉书·沟洫志》所载，凿石"裁没水中，不能去，而令水益湍怒，为害甚于故"。直接凿砥柱来避三门峡砥柱之险也失败了。砥柱之避在封建时代的科学技术水平是很难克服的。

4. 鸿沟的破坏和整理

鸿沟在战国和秦时都是非常重要的漕运网，但在汉初，因梁、淮阳、楚、淮南和吴等诸侯国割据在鸿沟系统流域，这些王国政治、经济独立，租税往往不输送京师，影响到鸿沟的漕运；同时，汉初采取休养生息政策，漕事也简，这样使鸿沟的运输萧条下来，从而导致鸿沟的失修，渐趋淤塞和破坏。但危害最大的是汉武帝元光三年（前132年）黄河忽然在濮阳附近决口，向东南流去，一直流到大野泽（故址在今山东巨野县北）中，又由大野泽溢出，顺着菏水流入泗水，更下流到淮水；不仅菏水和淮、泗受到了它的灌注，就是鸿沟的一部分也连带遭到破坏。

这几条运河是人工开凿的，本身不太深，由于黄河水所含泥沙的沉积，就日渐趋于湮塞。鸿沟系统有几段未受到太大的影响，但是彼此联络的功用减弱了。直到东汉明帝（58～75年）时，才命水利专家王景多次治理河水泛滥和恢复鸿沟故道。东汉时的黄河，除流入鸿沟的一支外，还有一支差不多已经成为固定的水道。就是流入鸿沟的这支，也只是借用鸿沟系统中的汲水和获水的故道，至于鸿沟系统中的其他支流，也连带湮塞了。他针对这种情况，首先把鸿沟原来由黄河分水处的水门整理一下，使黄河流入鸿沟的水量有一定的节制；又在黄河两岸筑堤，使其不易泛滥。经过这次整理，六十多年的黄河水患治好了，黄河水改道从今山东利津入海（西汉的黄河是从今天津市入海），它不是西汉时的故道，但已纳入正轨。鸿沟系统也改变了原来的面目。鸿沟一名，本是中原一带人工运河的总名，但经过这次大水灾，许多支流都不通了。黄河原来冲入汲水（下流为获水）内的这一支，等到黄河归入正轨，汲水就单独分流，成为这次水灾过后，鸿沟系统剩下的唯一的遗迹。此后，鸿沟这一名称就在历史上逐渐消失了，这支独存的支流——汲水，就被称为汴渠。王景的这次整理，史称"河汴分流"（据《后汉书》卷2《明帝纪》；并参考史著《中国的运河》第三章）。

5. 汴渠的培护

据《水经注》卷5《河水五》的记载：汴渠经王景治理后，"十里一水门，更相洄注，无渗漏之患"。东汉建都洛阳，所以非常重视汴渠的培护，首先要防止黄河水冲入汴渠；也不能让其他水浸入汴渠或者从汴渠本身溢出。东汉顺帝阳嘉（132～135年）中，大举动工，从汴口以东一直到淮口，沿岸积石为堰，彻底防护，咸曰"金堤"。《水经注校》卷5《河水·蒗荡渠》说："（汉）灵帝建宁（168～171年）中，又增修石门，以遏淮口、水盛则通注，津耗则辍流。"可见东汉时对汴渠（又名蒗荡渠）的培护很重视，因它关系到首都洛阳的安全。

6. 阳渠的开凿

东汉建都洛阳，为了解决漕运问题，必须整治洛阳之南的洛水和开凿新的人工运河，以便漕舟由汴渠入黄河，再由洛口溯洛水运输到洛阳，但洛水的水量不充足，所以在光武帝刘秀的建武五年（29年），河南尹王梁拟在洛阳城开凿一条水渠，引谷水注入洛水，以利漕运。《后汉书》卷22《王梁传》说："（王）梁穿渠引谷水注洛阳城下，东泻巩川，及渠成而水不流。"王梁的开渠计划失败了。直到建武二十四年（48 年），大司空张纯又提出了重新整治洛水的水道问题，他总结了王梁整治洛阳水道失败的教训，改变了王梁的办法，在洛阳城南另外开凿一条水道叫阳渠，《后汉书》卷35《张纯传》说："上穿阳渠，引洛水为漕，百姓得其利。"又《读史方舆纪要》引《述征记》说：东城有二石桥，旧王城东北，开渠引洛水，名曰"阳渠"。东流经洛阳，于城南回道出石桥下，运输粮食和物资至建春门以输常满仓。阳渠凿成后，漕船可由汴渠入黄河，再由黄河溯阳渠而入洛阳建春门以输常满仓，自然便利多了。

7. 邗沟的修整

邗沟开凿于春秋末期的吴王夫差时期，一直是南北经济文化交流的大动脉（详情请参看拙稿《吴霸中原与邗黄运河》一文）。据《水经注》卷 30《淮水》条所记，东汉中期，对邗沟故道进行了较大的修整，因邗沟故道由江都入射阳湖后，由于湖面宽广，风浪很大，漕船常有被淹没的危险，因此，多年来就有人想避开射阳湖的风险。东汉顺帝永和（136～141 年）中，陈敏另改新道，由江都经樊良湖改道津湖，再由津湖直接由末口入淮水，这就避开了射阳湖的风涛之险，给漕运带来了很大的便利。

8. 灵渠的维护

前已述及，秦开灵渠，沟通了湘、漓二水，联系了长江和珠江两大水系，成为中原和岭南之间唯一的水上交通的捷径和南粤文明的交通要道，汉代很重视这条水道，经常维修，以利南北交通。灵渠在我国古代，不但对南北经济文化交流起着重要的作用，对维护祖国的统一也做出了贡献。例如，汉武帝元鼎五年（前 112 年），南粤反叛。武帝派路博德为伏波将军征粤，即沿灵渠平叛，维护了统一的汉中央集权，此段历史《汉书》卷 95《南粤传》记载颇详。为免读者翻检之劳，录之如下：

> 元鼎五年秋，卫尉路博德为伏波将军，出桂阳，下湟水；主爵都尉杨仆为楼船将军，出豫章，下横浦；故归义、粤侯二人为戈船、下濑将军，出零陵，或下离水，或抵苍梧；使驰义侯因巴蜀罪人，发夜郎兵，下牂牁江；咸会番禺。六年冬，楼船将军将精卒先陷寻陿，破石门，得粤船粟，因推而前，挫粤锋，以［粤］数万人待伏波将军。伏波将军将罪人，道远后期，与楼船会，乃有千余人，遂俱进。楼船居前，至番禺。建德、（吕）嘉皆城守。楼船自挥便处，居东南面；伏波居西北面。会暮，楼船攻败粤人，纵火烧城。粤素闻伏波，莫不知其兵多少。伏波乃为营，遣使招降者赐印绶，复纵令相招。楼船力攻烧敌，反殴而入伏波营中。迟旦，城中皆降伏波。吕嘉、建德以夜与其属数百人亡入海。伏波又问降者，知嘉所之，遣人追。故其校司马苏弘得建德，为海常侯；粤郎都稽得嘉，为临蔡侯。……南粤已平，遂以其地为儋耳、珠崖、南海、苍梧、郁林、合浦、交趾、九真、日南九郡。伏波将军益封，楼船将军以推锋陷坚为将梁侯。自尉佗王，总计五世九十三岁而亡。

综上所述，秦汉时对于运河培护、维修和开凿是不遗余力的，对漕运网的建树和利用也是不遗余力的，这对秦的大一统和汉的强盛以及长治久安起了重要作用。

（原载《云南师范大学哲学社会科学学报》1993年2期，17~21页）

环绕长安的河流及有关的渠道

史念海

一、八水绕长安

“八水绕长安”，乃是一句古谚，出自西汉时司马相如所作的《上林赋》。指的是泾、渭、霸、浐、丰、鄗、潏、涝[①]。泾、渭两水源远流长，其余六水皆出自秦岭山中，就在西安的近旁。

这八水中，渭水是主流，其他皆是渭水的支流。渭水发源于甘肃鸟鼠山，山下就设有渭源县。渭水由渭源县东南流，经陇西、武山两县，再东流，经甘谷县和天水市、天水县，过陇山，进入陕西省，再经过宝鸡市、县和岐山、眉县、扶风诸县，进入西安市区，经周至、户县，过西安城北，至临潼县东，出西安市区，过渭南、华县、华阴三县，至潼关县入于黄河。

泾水为渭水的最大支流，发源于宁夏回族自治区六盘山下。那里设有泾源县，泾水由泾源县东流，经甘肃平凉市和泾川县进入陕西省，再经长武、彬县、永寿、淳化、礼泉、泾阳，进入西安市区，至高陵县入于渭水。

泾水在渭水之北，其他诸水皆在渭水之南。霸、浐两水在西安之东，丰、鄗、潏、涝四水入渭处皆在西安之西。这里就先由霸、浐两水说起，实际上浐水还应是霸水的支流，并非独流入于渭水。

霸水发源地现在说来是在蓝田县东，当地还设了一个霸源街。这里旧称霸龙庙，1913年改为霸龙镇，1949年后因地处霸水源头，才改为霸源街。这只能是现在的说法，历来的记载并非就是这样。霸水发源地始见于《汉书·地理志》，据说是出于蓝田谷。郦道元撰《水经注》也是如此说法。秦岭山谷很多，蓝田谷确在何处，没有定说。《水经注》在记载霸水发源后，就接着说：“西北有铜谷水，次东有辋谷水，二水合而西注，又西流入泥水，泥水又西北流入霸。”这句话过于简略，很难说明问题。宋时人以泥水为刘谷水，谓在蓝田县东南，以铜谷水所出的铜谷在蓝田县东，而辋谷水又在蓝田县南[②]。今图上有流峪河，即刘谷水，亦有铜峪河，即铜谷水，更有辋峪河，即辋谷

① 泾渭八水现皆以河相称，如泾水称泾河，渭水称渭河，但在以前，仅称泾水或渭水。本文兼论往事，不能泾水泾河、渭水渭河，并称并用。且文中往往征引前贤撰著，不便改为今名，故不论今古，皆以水相称，以免分歧。又八水之中，名称用字，亦间有不同处，如霸之为灞，潏之为泬，鄗之为滈又为镐，今皆用霸、用潏、用鄗，以归一律。

② 宋敏求：《长安志》卷16《蓝田》。

水。可是流峪河和铜峪河之间却又有今所谓出于霸源街的霸水，而铜峪河入流峪河却在入所谓霸水之后。而辋峪河和流峪河之间又隔了一条蓝桥河。这些都与《水经注》所说不同①。不过自来说霸水源头的多以今蓝桥河当之，并未确认今所谓出自霸源街的河流为霸水。唐时人说："霸水，古兹水也，亦名蓝谷水，即秦岭水之下流。"② 蓝谷水就是现在的蓝桥河，宋时人说蓝谷水，谓"南自秦岭、西流，经蓝关、蓝桥，过王顺山下"③，所说更为明确。不过宋人在所说的话下边却接着说："水下出蓝谷，西北流入霸水。"蓝谷水既是霸水的别名，如何又说"入霸水"？这霸水应是渭水之误。霸水西北流，过今蓝田县西，又北流入于渭水。

霸水也有一些支流，主要是在蓝田县城的南方和东南，都是从秦岭北坡流下的。这些支流《水经注》都有记载，如上面所征引的。蓝田县北却另是一种情况。这里霸水西侧，高岸陡起，高处就是白鹿原，原上是无水东流的。霸水东侧，却是逐渐高起的漫坡，漫坡上流下许多的小水，作为霸水的支流，最大的为白马河和白牛河。白马河还绕到蓝田县城南流入霸水。白马河和白牛河远在宋时已见记载，称为白马谷水和白牛谷水④，是由白马谷和白牛谷流下的。

霸水最大的支流为浐水。浐水在今西安市东北广太庙入于霸水。远在汉时，这里属于霸陵县，故汉时的记载说："浐水北至霸陵入霸水。"⑤

浐水虽是霸水的支流，却是绕流长安八水之一。《水经》还为它特立一目，说是"浐水出京兆蓝田谷"。郦道元为《水经》作注，征引《地理志》的话，说是"浐水出南陵县之蓝田谷"。可是《地理志》所说自蓝田谷流下的，乃是沂水和霸水，并未涉及浐水。所说的沂水实为误文。《水经注》征引的正是浐水而非沂水⑥。据《地理志》所说：霸水和浐水都出自蓝田谷。一个蓝田谷怎么能流出两条河水？可能都是在蓝田县南，因而就都以蓝田谷为名。《水经注》还说："霸水又左合浐水，历白鹿原东"。这是说霸水合浐水之后，再流经白鹿原东。浐水诚然流入霸水，却不是在未历白鹿原东之前。现在还是如此。有人作解释，说是《水经注》所说的浐水并非现在的浐水。据说在

① 这里征引的《水经注》所说的霸水出蓝田谷后，"西北有铜谷水，次东有辋谷水，二水合而西注，又西流入泥水"。这段文字有未审处。今铜谷水和辋谷水分在霸水的东西，如何能够相合，而又同入于泥水？朱谋玮笺本谓此辋谷水当为轻谷水之误。赵一清《水经注释》据《名胜志》所引作辋谷水，并以《方舆纪要》有关记载为证，而谓作轻谷水为误。如不以轻谷水为是，则《水经注》所说的霸水源头及其所纳的支流，殆将全无是处。今辋川所出的辋谷水，在《水经注》中实为浐水。这将在下文另做说明。赵一清仅据文字记载立论，而不悟其与实际的地理形势不相符合，而反以朱谋玮不误之说为误，良可慨也！

② 《史记》卷28《封禅书·正义》引《括地志》。

③ 宋敏求：《长安志》卷16《蓝田》。

④ 宋敏求：《水安志》卷16《蓝田》。

⑤ 《汉书》卷28《地理志》。

⑥ 关于沂水、浐水的问题，清代学者多所论列，具见杨守敬《水经注疏·浐水篇》的征引：大要皆不以沂水为误文。并非《汉书·地理志》的讹误，因而迂回曲折，求其为浐水的缘由。其中不免牵强附会之处，如以沂水为泥水，而泥水又为浐水。霸水支流本有泥水，与浐水并无关系。这样曲予解说，甚无谓也。

白鹿原东，那应该就是现在的辋谷水了[①]。《水经注》在引用《地理志》所说的浐水出蓝田谷时，还添注了一段话，说是“西北流与一水合，水出西南莽谷，东北流注浐水”。今辋谷水有两源，东源为东采峪，当是辋谷水的正源，西源为西采峪，当是《水经注》所说的浐水西北流所合的出于西南莽谷的水。这样说来，《水经注》的记述本是历历可考的。只是传抄讹误，而后来学人又未能恰当解释说明，治丝愈紊，反而得不到头绪。

现在的浐水在《水经注》为荆溪及其所合的狗枷川水。荆溪就发源于白鹿原上。现在白鹿原上还有泉，泉水汇成鲸鱼沟，西北流注入浐水。《水经注》说狗枷川水有东西二源：西川出斫槃谷，其东有苦谷二水合，流向东北。苦谷今为库谷。库谷水正是和其西一条小水相合，北流与东川相合，成为浐水。据说东川是由五条小谷水合成的，现在这里的五条小谷水仍然并列，可见山麓高地里水道的变迁并非很显著，甚至还不易看出其间的变迁。

浐水在这里为什么叫作狗枷川水？据说白鹿原上有狗枷堡，秦襄公时，有大狗来，下有贼则狗吠之，一堡无患，因而川水就以狗枷为名[②]。这自然是传说了。长安八水中只有霸水的得名有来由。霸水本来叫作滋水，秦穆公称霸当世，为了表现霸功，遂改滋水为霸水。狗枷川水和霸水能得溯其原委，也是难得的。

在西安城西入于渭水的丰、鄗、潏、涝四水中以丰水为最大。丰水的源头，据《水经注》说是出于丰溪。现在丰水出于丰谷，虽无丰溪之名，山谷深奥，是不会多所改变的。丰水与渭水汇合处在短阴山内，平原之地，渭水之滨，如何会有隆起之山，而且是在山内与渭水相汇合？据《水经注》的记载：“水会无他高山异峦，所有惟原阜石激而已。”其地在今咸阳市西南，就是原阜石激也难得见到了。现在丰水入渭处已改在咸阳市东，和《水经注》所记载的时代又不相同了。

在这八水中，鄗水较为特殊。《水经注》记载鄗水，说是“鄗水上承鄗池于昆明池北，周武王之所都也”，接着还说：“鄗水又北流，西北注于滮池合，水出鄗池西，而北流入于鄗”。据所说，滮池还有它的源头，鄗水的源头何在，却成了问题。鄗池之水怎么能长期流出，而不会涸竭？鄗池在昆明池北，当时凿成昆明池，阻断了水源。鄗水自有源头，其源头为今交水[③]。今交水发源于南五台西的石砭峪，西北流经香积寺南，西流入丰水。今香积寺西尚有故河道，当地称为干河，西北通到石匣口。石匣口为昆明池南的进水口，这当是滈水北流的故道。《水经注》也提到交水，仅说：丰水“又北，交水自东入焉”，而未涉及交水和昆明池的关系。这是今本《水经注》的阙文，因而脉络就显得不很清楚。赵一清据宋敏求《长安志》补了三条：其一，《长安志》万年县下说：“福水即交水也。〈水经注〉曰：水承樊川、御宿诸水，出具南山石壁谷南三十里，与真谷水合，亦名子午谷水。”其二，长安县下引《水经注》曰：“交水……又西至石堨，北经细柳诸原，北流入昆明

① 杨守敬在《水经注疏》中，不以《水经注》所说的辋谷水为轻谷水之误，而以轻谷水为辋谷水，那是不对的。但在《水经注图》中以《水经注》所说的浐水置于今辋谷水的位置，应该说是恰当的。当时似尚无辋谷水的名称，故《汉书·地理志》及《水经注》皆以之为浐水。今辋谷水的得名似为郦道元以后事。

② 《水经·渭水注》。

③ 《类编长安志》卷6《山水》：“镐（鄗）水：按〈长安图〉，本南山石鳖谷水，至香积寺与坑河交，谓之交河，西北入石巷口，灌昆明池，北入古镐京，谓之镐水。”石鳖谷今为石砭谷。

湖。”其三，石闼堰下引《水经注》云：“交水西至石堨。汉武帝元狩三年穿昆明池所造。”[①]这几段说得十分清楚。如果汉武帝时未开凿昆明池，交水还应是由这里一直向北流去。郦道元说得清楚，只是说明了鄗水无上源，交水无下游。可见鄗水和交水只是一条水道，鄗水的上源为交水，交水的下游不为鄗水。郦道元虽然说得清楚，只是没有点明交水就是鄗水，因而引起了好像就根本无法解决的问题。

鄗水之东就是潏水。潏水在《水经注》中写作泬水。潏、泬是异体字，实际本是一水。《水经注》说泬水上承皇子陂于樊川，西北流经下杜城，再经汉长安城西入于渭水。这里现在还有一条皂河，乃是潏水的故道。皇子陂在今长安县东南，为储水的池泊，如何能成为潏水的源头？当时潏水流入皇子陂，再由皇子陂引出。今潏水上源为大峪河和小峪河，分别流自大峪和小峪，今潏水并不再经长安县东南皇子陂的故地，而是由瓜州村在皂河之南向西北流去，至香积寺南与鄗水合流为交水。宋人张礼说：“今潏水不至皇子陂，由瓜洲村附神禾堑。”西北流后再向南流，合御宿水，才成为交水。御宿水就是现在舆图上的鄗水。神禾堑就是神禾原。原面较高，潏水在这里西北流，是凿原后才能流过的，所凿竟深至八九尺，因而当地称为坑河。交水的得名，张礼也做了解释，说是樊川和御宿之水相交流之后的称谓[②]。是什么时候相交流的，也就是说神禾原上的坑河是什么时候开凿成功的？张礼只就当时目睹的情景而言，未再做说明。至迟在唐代已应如此。因为唐代在长安城南曾经不止一次地兴修水利工程，凿原成渠的工程不小，当时也是有这样的力量的。不过交水的名称已见于《水经注》，而且《水经注》也曾说过“交水上承樊川、御宿诸水”。这和张礼所说的完全一样，也许张礼的话就是秉承《水经注》的意思。如果说这条坑河是唐时人开凿的，就不应是先有名称而后再动工兴修。如果再往前溯，那就只有西汉了。西汉时能够兴修昆明池这样大的工程，再开凿一条坑河应该是可能的。也许昆明池用水过多，仅仅一条鄗水还满足不了，需要再引用潏水。当然这也是一种推测。《水经注》中曾经明白记载着：潏水“又北与昆明故渠会”。是潏水本来就可以直接流入昆明池，用不着再凿神禾原，使潏水绕一个圈子，和交水并流入昆明池。《水经注》还曾记载潏水尚未流入昆明池时，就已经“枝合故渠”，而这条故渠有两股水流，上承交水。交水的一支都流入潏水，为什么还开凿坑河，引潏水和交水合流？

至于丰水以西的涝水，如《水经注》所说，乃是出于南山涝谷，流经鄠县故城西，而北注于渭水，鄠县故城就在今户县北一里。现在涝水仍流经户县城西，和《水经注》的记载完全相同，没有什么大的变迁。

渭水以南，西安周围这几条河流有一个共同的特点，就是流程都相当短促，出山之后，流经数十里皆汇入渭水。在这数十里间，各自的河床高低，上下很不相同。初出山口，落差较大，下切较为明显，没有改道旁流的现象。流近渭水，地势较为平缓，河道就不免间有改易。其实这样的改易主要还应是渭水河道的变迁引起的。西安南倚秦岭，由于造山运动的不断延续，秦岭也时在隆起之

① 赵一清：《水经注释·补丰水》。石闼堰在香积寺西。今其地尚有堰渡村，交水当是由此北流，汇入昆明池。石壁谷即石鳖谷，也就是现在的石砭谷。

② 张礼：《游城南记》。

中。这样隆起的趋势虽是十分缓慢，不易为世人所察觉，但水流却难免不会受到影响。渭水的河道就是因此而不断向北滚摆。显而易见的是秦都咸阳为渭水所侧蚀，过半的遗址皆已被冲塌。秦都咸阳在今咸阳市东窑店。窑店北倚咸阳原，咸阳原边尚能见到秦时宫殿的残迹。咸阳原下，渭水河边当然也在都城范围之中。只是其间相当狭窄，如何能显示出当年瑰丽的气派？迄至汉时，咸阳与长安之间一桥相连，横架渭水之上。今则河滩广阔，河道推易，如何能如当年在原桥址上再架桥梁？据唐人记载，渭水南去咸阳县三里[①]。清人记载，渭水仅在咸阳县南一里[②]。其间摆动的过程是相当明显的。像秦都咸阳的现象也显现在唐时所筑的东渭桥。东渭桥的遗址在现在西安市东北耿镇东南约二里处。其地田垅纵横，禾苗茂盛。与河流毫不相涉，就在这样田垅间，禾苗深处，桥基巨石垒垒相迭，当年规模依然可睹。东渭桥如何能架设在村旁田园之中？渭水既已北移，河滩经过改造，成为农田，故能五谷畅茂，到处遍布绿茵。当然这只是就总的演变规律来说，个别河段还是难免有若干变例的。

据唐宋时人的记载，渭水在盩厔县北五里[③]，在鄠县北十七里，万年县北五十里，临潼县北十里，兴平县南二十九里[④]。明清时人记载，渭水在盩厔县五里[⑤]，鄠县北三十里，兴平县南二十里[⑥]，长安县北三十里[⑦]，临潼县北十五里[⑧]。其间向北摆动的过程显然可见。由于渭水的摆动，其支流各水入渭处自然也相应有所移动。前面说过，丰水入渭处，据《水经注》的记载，乃在短阴山，而短阴山在今咸阳市西南，今丰水入渭处转在咸阳市东，西去短阴山已相当悬远。就是灞水入渭水处也有过几次变迁。以前文献对此皆未尝有所记载，在现在卫星摄制照片上却历历可睹，当非虚构。

然而最为明显的则为盩厔县芒水、就谷水和田谷水。芒水今为黑水，就谷水和田谷水尚仍旧称。据《水经注》和宋敏求《长安志》所载，这几条河水皆分别入于渭水。芒水下游虽有分支，亦皆相继入于渭水，不与就谷水和田谷水相涉。可是现在黑水北流并不直接入渭，而是在盩厔县东北数里处折而东流，接纳就谷水、田谷水以及更东的赤谷水，至盩厔县东寺章村入于渭水。为什么有这样的变迁，很可能黑水在盩厔县城东北折向东流处，本是渭水的河道。渭水向北摆动，这段旧河道并未淤塞，黑水和就谷、田谷诸水依然流入，渭水的旧河道因而成了黑水的新河道。就谷水和田谷水也相应成了黑水的支流[⑨]。

这里还应该再次提到丰水。丰水的变迁又是一种类型。如前所说，《水经注》曾经记载丰水入

① 《元和郡县图志》卷1《京兆府》。

② 胡渭：《禹贡锥指》卷17。

③ 宋敏求：《长安志》卷18《盩厔》。

④ 《元和郡县图志》卷1、2《京兆府》，宋敏求：《长安志》卷15《临潼》。

⑤ 乾隆《西安府志》卷8《大川志》。

⑥ 乾隆《西安府志》卷6《大川志》。

⑦ 嘉庆《咸宁县志》卷2《长安志·水道》，按：咸宁与长安两县合治一城。

⑧ 康熙《临潼县志》卷2《山川志·河渠》。

⑨ 如上所说，唐宋和清代盩厔县城距渭水的里数，前后相同，没有改变。不过其间相隔已数百年，渭水河道可能曾经有过南北摆动，因而对芒水等支流也有了影响。渭水一些河段南北有时摆动也是习见不鲜的。

渭的地方为短阴山。这只能说郦道元时的情景，而不是最早丰水入渭的地方。可能远在西周时就不是这样。西周时的诗篇曾经歌颂过："丰水东注，维禹之绩。"[①]在远古的传说中，禹以治水而垂名宇宙，丰水能为所治理，也是难得的盛事。出之于战国人士之手的《尚书·禹贡篇》也说道"丰水攸同"。可见丰水能得到禹的治理，一直为世人所铭感。丰水据说都是北流，可是禹所治理的丰水却是东注。近年考古发掘和卫星照片，证明确是有过这样一条古河道。这条古河道起自长安县斗门镇。斗门镇就在丰水东岸，相距约一千米。由斗门镇东北行，过三桥镇，再向东北流，绝浐水和霸水，在今霸水入渭处以东入于渭水[②]。如果这样的论证不至于有任何讹误，则丰水以东的鄗水、潏水以及浐水、霸水都曾成为丰水的支流，这当然就成为相当巨大的河道，无怪乎周人从周原东迁就选定这条相当大的河道旁边作为建都的所在，而且以丰水的安流作为大禹治水的成就。

丰水是什么时候改道北流的？这就难得稽考。班固撰《汉书·地理志》于右扶风鄠县下说："丰水出东南，又有潏水，皆北过上林苑入渭。"至少在汉时丰水已北流入渭。丰水北流入渭，潏水也就不再作为丰水支流，同样北流入渭了。

二、西安附近的重要渠道

环绕于西安周围的诸河流，已使西安附近仿佛成为水乡泽国，可是这里的居人还不断设法开凿渠道，使这些河流发挥出更大的作用。

开渠引水，这在西安是有历史渊源的。至迟可以上溯到周人的先世，《诗·公刘》篇说：公刘迁豳之后，曾经"相其阴阳，观其流泉"，然后"度其隰原，彻田为粮"。为什么要观其流泉？据注释家的解释，是要观察流泉浸润的所及，为了灌溉耕地。如果这样的解释不至于讹误，则周人发明灌溉的方法是相当早的。豳地流泉稀少，河流不多，还这样的用心，迁到丰镐之后，自然就更为方便了。丰镐附近，其时湖泊罗列，河流贯通，周人是可以发挥其所长的。《诗·白华》篇说："滮池北流，浸彼稻田。"滮池在鄗池之西，其水北流与鄗水合，再北入于渭水。滮池北流的水并非大川，周人也尽量使其发挥灌溉的作用。周人除了灌溉农田外，还引水到都城附近，储于池沼之中，促成都城的美化。《诗·灵台》篇称道文王能得民心，在灵台之旁，凿成灵沼。灵沼之中，"于牣鱼跃"。这是说灵沼之中储水，因而鱼类繁殖很多，灵沼在灵台旁边，灵台在丰水之东，与都城所在的丰隔着丰水[③]。其东就是武王后来所建的镐京，镐京是由丰京发展起来的。这灵台虽与丰京隔水相望，显示出丰京向东发展的趋势。灵沼所引用的自是丰水无疑，显示当时开渠引水已经不以灌溉农田为限了。

这样的开渠引水灌溉，到了秦汉之时得到充分的发展。南山之下，种植粳稻，成了当地的主要农作物。特别是丰镐之间农田，因为能得灌溉，被称为"土膏"，农田的地价在当时竟达到每亩一金的高度，为全国所仅见[④]。汉武帝初年，丞相窦婴和太尉田蚡还为争夺长安城南数亩田，而互相倾

① 《诗·大雅·文王有声》。

② 杜甫亭：《西安附近渭河河道的演变》，《史前研究》1985年1期。

③ 《水经·渭水注》。

④ 《汉书》卷65《东方朔传》。

轧结怨，窦婴为此竟死于非命[①]。应该说，所谓“八水绕长安”的说法，不仅仅是这八条水道在长安周围流过，而是能够引水处都在开渠灌溉，成为一个相当周密的灌溉网，作为一代都城的长安，就处在这个灌溉网的中心。秦汉时期如此，后来到了隋唐时期，重现一次，前后辉映，作为长安城富庶的标志。

像这样的开渠引水灌溉，所发挥的作用虽然不小，但工程都非很大。所开的渠道可能都很短促，也难得有具体的渠名。当时引水的巨大工程应该数得上凿昆明池和开漕渠。昆明池遗址在今长安县韦曲西北，斗门镇之东。斗门镇有村名为西石匣口，当是当年昆明池的进水口。昆明池久涸，当地迄今仍为洼地，面积约10余平方千米。昆明池凿于汉武帝元狩三年（前120年）[②]。据说汉武帝曾经遣使寻求相当于现在印度的身毒国，中途为位于今云南的昆明所阻，为要讨伐昆明，故开凿这周围四十里的昆明池，以教习水战。也有人说，开凿昆明池是为了讨伐岭南的越人，以之作为备战之所[③]。说法虽然不同，但都是以昆明池作为训练水师的场所。

昆明池的水源主要是来自交水，也就是以前的鄗水。交水之外，也容纳一部分丰水。《水经注》说，丰水于出山之后，分为二水。一水西北流，为丰水的主流，一水东北流为枝津。这条枝津和交水相汇合[④]。交水流入昆明池，其中当然包括一部分丰水。这条丰水枝津的具体所在，已不可确指。其与交水汇合的地方应在今香积寺西南，交水尚未折向西北流的所在。昆明池水源也来自潏水。前面曾经征引过《水经注》所记载的潏水“北与昆明故池会”，就是确切的例证。不过考核当地形势，似尚需再为斟酌。潏水故道就是现在的皂河。皂河和昆明池遗址之间尚有一段距离，势须有渠道相通，才能彼此贯注。

昆明池排水的水道自然是鄗水了。鄗水北流直接入渭。还有一支是西入丰水。入丰水处就在周人所建的灵台之南，其地在今户县东北，已近于渭水了。然而相当多的水流则是注入漕渠。漕渠可以作为昆明池排水的渠道，实际上漕渠的开凿都是对于昆明池水的利用。修穿漕渠也是汉时一项大工程，甚至还远远超于昆明池。

穿漕渠为汉武帝元光六年（前129年）事[⑤]，在开凿昆明池前九年。穿漕渠最初建议的为身居大司马官位的郑当时。穿漕渠的目的是运输山东的漕粮。漕粮本来是由渭水运输的，渭水下游河道多弯曲，运输时有难处。穿成漕渠，由长安傍南山东行，直达黄河，就相当便捷。这条漕渠的穿凿经过三年得告完成，漕运得到很大的方便[⑥]。

漕渠的穿凿早于昆明池的兴工九年，漕渠修成之时，昆明池还未兴工。昆明池既尚未储水，漕渠的水源由何而来，当时的文献没有明确的记载。《水经注》解释这个问题，仅仅说是引用渭水，

---

① 《汉书》卷52《窦婴田蚡传》。

② 《汉书》卷6《武帝纪》。

③ 同上，师古注引臣瓒说。

④ 《水经·渭水注》。下文论述汉时开渠引水的渠道，大体皆据《水经注》，除水数随文举出外，一般皆不再注明出处。

⑤ 《汉书》卷6《武帝纪》。

⑥ 《汉书》卷29《沟洫志》。

还提到昆明池。昆明池尚未开凿与漕渠还联系不上。漕渠虽也引用丰水，只是一条枝津，并非全流，更说不上引用渭水。由漕渠告成到昆明池告成，其间仅有六年。原来漕渠的渠道已经定型，可能不会因昆明池的开凿而另行改道。这是说穿凿漕渠本来的水源，就是要利用潏、鄗、浐、霸诸水。昆明池的穿凿使潏、鄗诸水得以以时储存，使后来的漕运更为方便。这样的设计显示当时水利技术的高超。昆明池的设计未悉出于何人。漕渠的设计则是出于齐地水工徐伯，这是应该称道的。

漕渠的渠道，据《水经注》所载，是由昆明池分出后，流经河池陂北。河池陂久已干涸。今有河池寨村，当是其故址的所在。其地在石匣口东微偏北处，则漕渠引水的地方当在昆明池的南端，而不在其北部[①]。漕渠经河池陂后，就和潏水交叉。今潏水故道的皂河，流经鱼化寨，漕渠和潏水交叉处当在今鱼化寨附近。今丰惠渠由户县秦渡镇引丰水东北流，也经过河池寨和鱼化寨，大致就是遵循当年漕渠的渠道。漕渠过鱼化寨后，流向东北，经过汉时的明堂之南和圜丘之北[②]。汉时的明堂在长安城鼎路门东南七里。鼎路门就是安门，为长安城南面正中的门，今地在今西张村南。明堂在今大土门东北变压器电炉厂附近。圜丘更在明堂之南，即今丰惠南路马军寨附近。漕渠绕汉长安城东南角外而东北流。流至清明门（在今北玉女村东）东北，今其地有张家堡村，在徐家湾西稍偏南处。当地有渠道遗迹，中间凹下，两侧高起，显露地面。若亲履其地，就可见当年旧基宛然未改。由此再往东北，越过霸水，经过新筑镇附近，一直伸延到更远，入于黄河。漕渠如何经过霸水？据《水经注》记载，是霸水“左纳漕渠”，而漕渠“绝霸右出”。这是说为了漕运的畅通，漕渠完全利用霸水的流量，可是就在漕渠越过霸水的地方稍上一点，也就是在霸桥之南，当时还开凿了引霸水的渠道，就是所谓霸水故渠。这条渠道傍其南的骊山东行，在新丰县（今新丰镇）与漕渠相会合。这条渠道应该是应用于灌溉的渠道，因之就是没有这条渠道，灞水还是一样被绝流拦住，都流到漕渠之中。

西汉时开渠引水的大工程，还应该提到供给都城长安的用水。这主要引用潏水。潏水由昆明池东再往北，到长安城西北入渭水，这就给引水入城有了方便的条件。就在潏水被引入长安城之前，还容纳了由昆明池引出一段渠水。潏水在建章宫东分为二水，一水北流，经宫内渐台东，北流入渭。渐台在太液池中。太液池周回十顷[③]，池中还有一个高达十丈的渐台[④]，规模颇为壮观。池中的水当然是引自潏水的。其枝津则由北向东北流，入了逍遥园中的藕池[⑤]。逍遥园就在长安城的西北角外，后来刘裕北征姚秦时，逍遥园仍未圮毁[⑥]，或以为逍遥园乃在章门之西，那是不符合当时的事实

---

① 杨守敬《水经注图》置漕渠引水口于昆明池东北，与《水经注》的叙述不合，也与当地地形不符。

② 《三辅黄图》卷5《圜丘》。

③ 《三辅黄图》卷4《池沼》。

④ 《三辅黄图》卷5《台榭》。

⑤ 嘉庆《长安县志》卷14《山川考》：“今皂河故道循（汉）长安城北行，至西北隅为皂河村，有水东流，当即注藕池者。北流之水独无所考证，盖湮没久矣。”皂河村今为皂河湾，在六村堡之西。皂河湾周围已无水道。六村堡北为相家巷，其北尚有水道流向东北，当是其遗迹的所在。

⑥ 《太平御览》卷906《兽部》引戴延之《西征记》。

的[①]。章门乃是汉长安城西面三门中最南的一门，在今延秋门村东南约 1 千米处。当时是在建章宫东南，其西并非藕池所在之地，这里所说的潏水和所分出的枝津都还在长安城外，没有流到城内。

潏水被引进长安城中是由章门外开始的。这股潏水称为潏水枝渠，以飞渠的方式引入城内。所谓飞渠，为架空的渠道[②]。当时章门内外地势较低，必须垫高，渠水才能畅流无阻。章门以内则是明渠。明渠应就是在地面挖掘沟壕，引水流过，渠上也无所覆盖。这是以前一般常用的开渠引水方式，西汉时当已如此。潏水枝津入城后，流经未央宫和桂宫之间，再经长乐宫北，再由霸城门附近流出城外。霸城门亦称青门，为长安城东面三门中最南的一门，位于今汉城樊家寨东约 2 千米许。长安城虽濒渭水，却南倚龙首山，未央宫和长乐宫皆在城内偏南处，是以城内这段明渠，并非由西向东端直流于章门和霸城门之间，不免有弯曲之处。这段明渠中间也有些池沼，未央宫西有仓池，长乐宫有酒池和鱼池[③]。仓池中也有以渐台为名的台，据说就是王莽为汉兵诛杀的所在。潏水枝渠出霸城门后称为王渠，分为二水，一水东南流，入于昆明渠，也就是漕渠，一水则循城北流，入于渭水。

这里渠水以王渠相称。王渠据说就是官渠，郦道元以为就是北魏时的御沟。霸城门外的王渠循城向南，曲折流到覆盎门外。覆盎门为当时长安城南面三门中最东的一门，在今阁老村南 1 千米处。这是说王渠不仅在城东，而且绕城到了城南。这里的王渠直到现在还有存水，显示当地凹下，迄至今日仍未淤平。现在存水处，不仅达到覆盎门之外，而且由覆盎门故址再向南伸，并折而向西，到了安门的所在地。从现在的存水看来，这段王渠犹如现在的护城河一样。霸城门外向北流的那一条潏水枝渠，循城北流，经过清明门。清明门为长安城东面三门中居中的一门。枝渠在那里也称为王渠。这些都是循城的水渠，和现在的护城河实相仿佛。清明门北那段枝渠循城北流，还经过东面三门中最北的宣平门，也就是现在的青门坊，因而可以说东城墙外都有和现在护城河相似的渠道。至于城西，如上面所说的由建章宫和其北的太液池东向北流的那条潏水枝津，在注入逍遥园的藕池前，流经今卢家口村西南和六村堡西，也就是长安城西面三门中间的直城门和最北的雍门外。虽然未能像霸城门和覆盎门外的王渠那样的贴近城墙，也会起到同样的作用。长安城北紧濒渭水，就用不着这样的设施，现在所不知道的是长安城南面三门中最西的西安门外是否也有王渠。西安门在现在马家寨南。现在马家寨南的地势，较之安门所在地的西张村南还稍低一点，可是现在这里未见积存的水，文献中也未见到有关的记载，未能率尔为之论定。

潏水枝渠入汉长安城后，由霸城门流出城外，这是见于《水经注》的记载。程大昌《雍录》别著有出霸城门北清明门的一支。《雍录》说："沧池下流，循（未央）殿之北，向东而往，迳石渠、天禄阁、桂宫、北宫、长乐宫，皆用此水。"《雍录》接着还说："自此以往，凡水既周遍诸宫，自清明门出城，是为王渠。"这就和《水经注》所说不尽相同。不过潏水枝渠既已流入城内，则分注各处也是有可能的。《水经注》就曾征引过汉时王氏五侯大治池宅事作为例证，据说："前汉之末，王氏五侯大治池宅，引沉（潏）水入长安城，故百姓歌之曰：'五侯初起，曲阳最怒，坏决高都，

---

① 杨守敬：《水经注图》。

② 程大昌：《雍录》卷 9《飞渠》。

③ 《三辅黄图》卷 4《池沼》引《庙记》。

竟连五杜，土山、渐台，像西白虎'，即是水也。”王氏五侯的池宅具体所在，未能确切指出，但至少不与诸宫殿相错杂，也就是说曾经引潏水枝渠的水流，曲折流转，至于他们的第中。王氏五侯为皇室外家，位高权重，自然可以任所作为，其他达官贵人作园林池沼也是难免的[①]。汉哀帝为倖臣董贤治大第，开门向北阙，引王渠灌园池，也是一条著名的例证[②]。正是一条潏水解决了当时长安城中的用水问题。

长安城所濒的渭水北岸，本为秦都咸阳的废墟所在。咸阳虽已残破，废不为都，沿渭各处的土地素称富饶，并未因之减色。和长安城南一样，富饶的土地仍需时常灌溉。当时在这里所用的功力则是远超于城南各处。这里的灌溉渠道为成国渠。《水经注》记载有这条渠道，是由陈仓县（今宝鸡县）引汧水东流，经郿县（今眉县东北渭水北）、槐里（今兴平县东南）、渭城（即秦咸阳旧都）诸县入于渭水，其入渭处在霸水入渭以东。《水经注》所记载的成国渠为三国时魏国卫臻受命伐蜀时所开凿的。汉时自有成国渠是由郿县（在今眉县东渭水北）引用渭水的。卫臻所开的渠只是在汉时旧渠的基础上向上引申，郿县以东还是一样的。这条渠道的开凿主要是为了灌溉农田。由于源远流长，灌溉的范围自然相当广大。长安城北的渭水北岸各处在咸阳原下的土地都受到滋润，应该较长安城南还多出许多。可以说，八水绕长安都能使长安受益。这里没有多涉及泾水。由泾水引出郑国渠和白渠，灌溉之利最为鸿大，有名于当时后世，只是灌区距离现在西安市较远，这里就从略了。

西汉以后，都城迁徙，长安废不为都，水利设施也就不为人所重视，不免渐就废弛。工程浩大的成国渠虽经卫臻的引申展修，但到郦道元撰《水经注》时，就早已无水。成国渠如此，其他渠道的通塞也就可想而知了。直到隋唐两朝相继而起，才有重现繁荣的局面，可是前后相隔已经将近6个世纪了。

隋朝建立，虽仍以长安作为都城，却将长安城迁徙到其东南的龙首原上。在诸多的迁徙原因中，长安旧城内地下水咸苦是其重要的一条。长安城作为都城多历年所，地下水质受到污染引起变质，自是难免的现象。这也说明汉代以后，潏水入城枝渠以都城迁徙而被湮废，地下水已经受到污染变质，城内居人就难免凿井饮用咸苦水的困难。都城迁徙到龙首原上，地势更为高昂，城内用水的问题就不能不早日予以解决。隋朝建国之初，就先后开凿了永安渠、清明渠和龙首渠。永安渠引用的是交水，清明渠引用潏水，龙首渠则引用浐水。近城的三条河水都得到了引用，用功也是相当大的。

永安渠引用交水的地方，距御宿川（今为滈水）和潏水相汇合成为交水处不远，也就是在香积寺西今周家庄附近。周家庄西约3千米处为赤栏桥。赤栏桥远在隋唐时即已得名，迄今犹未改动。永安渠就是经过赤栏桥流向东北[③]。今长安县韦曲之西，丈八沟南有第五桥，第五桥东北又有沈

① 《水经注》所引的王氏五侯事，具见《汉书》卷98《元后传》。《元后传》还有记载说：“成都侯商……穿长安城，引内沣水注第中大陂以行船，立羽盖，张周帷，辑濯越歌。上幸其第，见穿城引水，意恨，内衔之。”丰水距长安城较远，中间还隔着鄗水和潏水，未审王商如何引丰水入长安城中。

② 《汉书》卷86《王嘉传》。

③ 雍正《陕西通志》卷39引《长安县志》。

家桥[①]，皆应是永安渠流经的地方。这些桥也应是架设在永安渠之上。由沈家桥再向东北流，就可由安化门西流入长安城内。安化门为唐长安外郭城南面三门最西的一门（在今北山门口村东约200米处）。安化门西为长安城朱雀门街西第三街最南一坊大安坊[②]。永安渠流入城后最先流到大安坊，再往北流，依次经大通、敦义、永安、延福、崇贤、延康六坊之西，再经西市之东，又依次经布政、颁政、辅兴、修德四坊之西；又北出外郭城，流入芳林园，又北入苑，再北注入渭水[③]。这条渠在唐时亦称交渠[④]。

清明渠在永安渠之东。其引水处在朱坡村东南。朱坡在今韦曲东南，申店正东，其南则为小江村。清明渠由这里循少陵原麓西北流，经牛头寺，再西过韦曲[⑤]，经塔坡[⑥]，再北流，至安化门东朱雀街西第二街最南的安乐坊的西南隅屈而北流，再北依次经昌明、丰安、宣义、怀贞、崇德、通义、太平七坊之西，又北经布政坊之东，进入皇城，曲折流去，直至皇城南面最西的含光门之北，转而北流，北入宫城南面最西的广运门，更北流依次注入宫城内的南海、西海和北海[⑦]。

龙首渠引浐水处在长安城东南马头埪[⑧]。马头埪今为马登空。其引水处的遗迹迄今仍略可见到。龙首渠由于引用的为浐水，因而也称为浐水渠[⑨]。此渠由浐水引出后，北流至长乐坡西北，分为东西二渠。长乐坡在长安城东面三门中最北的通化门（在今长乐西路陕西省火电公司东南角）外，就是以前的浐坡，迄今尤为西安东行至霸桥及其以东各处的大道必经之地。所分的东渠，经长安外郭城东北隅外，折而西流，入于苑中。西渠经通化门南，流入城内，经朱雀门街东第五街永嘉坊和兴庆坊，西流转入街东第四街的胜业坊和街东第三街崇仁坊，再西入于皇城，折北由宫城南面五门中，

---

① 张礼：《游城南记》。

② 隋唐长安城的外郭城，以朱雀门街为南北中轴街道，北起朱雀门，南至明德门。朱雀门为外郭城北皇城南面三门的中间一门，今在其遗址所在地重辟为朱雀门，就在今西安城南门之西。明德门为外郭城南面三门的中间一门，在今南郊杨家村。朱雀门街东西各有五条南北向街，就依次称为朱雀门街东第一街，一直至东第五街。朱雀门西的五街也是一样的。

③ 宋敏求：《长安志》卷10《唐京城四》。

④ 嘉庆《长安县志》卷14《山川考》："（永安渠），今香积寺北故道犹存。旧志称香积寺渠。《唐会要》：'元和八年四月，发神策军士修城南交渠'，即是渠也。"按：今故道在香积寺西交水北岸，香积寺北地势高昂，渠水不会由其地北流。

⑤ 张礼《游城南记》述清明渠原委较为详备。其所记说："清明渠，隋开皇初，引沈（泬）水西北流，屈而东流入城。当大安坊南街，又东流至安乐坊，入京城。今其渠自朱坡东南分沈水，穿杜牧之九曲池，循坡而西，经牛头寺下，穿韩符庄，西过韦曲，至渠北村，西流入京城。"张礼亲履其地，其言历历有致，当无讹误，今韩符庄和渠北村皆已不存，朱博村犹未移改，可覆按也。徐松《唐两京城坊考》卷4《清明渠》谓此渠乃引泬水自丈八沟分支，经杜城之北，屈而东北流。丈八沟在永安渠之西，永安渠尚不流经其地，清明渠在永安渠之东，何能越永安渠由其地引水东流？

⑥ 塔坡之名始见于《长安志图》卷中《图记杂说》，嘉庆《长安县志》卷13《山川考》亦曾提及。

⑦ 宋敏求：《长安志》卷10《唐京城四》。

⑧ 《雍录》卷6《浐水》。

⑨ 《雍录》卷6《龙首渠》。

由东向西第二门长乐门流入宫城[①]，折西注入宫城内的东海，其东渠入苑的余水，则经后来的大明宫[②]，复归于浐水。西渠流经兴庆坊储为龙池，这应是后来兴庆坊改建为兴庆宫时凿成的新工。唐德宗贞元年间，还曾由流经永嘉坊的渠水分出一支，流至朱雀门街东第四街大宁坊中的太清宫前[③]。

永安、清明和龙首三渠引水入城，当然是为了供应长安城内的用水，更重要的是供应宫城和皇城内的用水。三渠之中除永安渠经过外郭城直流入苑，再注入渭水外，清明和龙首两渠皆流经皇城，至于宫城，分别汇入诸海之中。这应是隋时创业的成规。至于唐时益重视园林设施，一些达官贵人亦乐此不倦，寺院道观中更为必要的点缀。兴庆宫的龙池、大宁坊的太清宫池皆其著者。约略统计，长安城有名于当世的园林池沼，约有近40所。朱雀门街西第三街延福坊琼山县主宅，就以宅内有山池院，溪磴自然，林木葱郁，为京师所称道[④]。街西第一街安业坊有程怀直宅。怀直自沧州归朝，唐德宗赐宅于务才里，又赐别宅于此坊。宅中就有池榭园林之胜[⑤]。而尚唐中宗女长宁公主的杨慎交的两所宅第，一在朱雀街东第二街大业坊，一在街东第五街靖恭坊。大业坊的宅第中的山池，本为徐王李元礼所有[⑥]。靖恭坊的宅第，本来也是高士廉的旧居。据说这一宅第“左属京城，右频大道”，已是富丽堂皇，杨慎交更筑山浚池，当时帝后都数次临幸，置酒赋诗[⑦]。街东第三街永宁坊的永宁园中本有永穆公主的池沼，唐玄宗以之赐安禄山为游赏的胜地[⑧]。安禄山未叛前最为唐玄宗所眷顾，赏赐逾恒，则永宁园的池沼亦当绝非凡品。朱雀街西第三街延寿坊裴巽宅，以土地平敞，水木清茂，更为京城之最[⑨]。特别是朱雀街东第四街安邑坊中的马燧宅和街西第三街延康坊中的马璘宅，还曾引起当时帝王的重视。使其子弟作为进奉，入于大内。马燧子弟进宅后，遂改为奉诚园[⑩]。马璘的山池既进属官司，亦多为赐宴公卿的处所[⑪]。朱雀街西第二街最南的昭行坊，居长安城的最南面，地属偏僻，汝州刺史王昕却在其中“引永安渠为池，弥亘顷亩。竹水环布，荷荇丛秀”，以名园见于记载[⑫]。

在上面所说的永安、清明和龙首三渠外，还应该提到黄渠。永安等三渠固然供应唐长安城内绝大部分池沼的用水，也供给其他方面的用水。黄渠则主要是为了供应曲江池中的水流。曲江之名始

① 宋敏求：《长安志》卷9《唐京城三》。

② 《唐两京城坊考》卷4《龙首渠》。

③ 嘉庆《咸宁县志》卷2《长安县·水道》：“〈志〉称‘渠水长乐坡上’，当自长乐坡西北流经今[illegible][illegible]垛、午门两社地。今城北厉坛前有沟绕含元殿迳孙家凹（原注即太液池遗址），东北至光泰门，当即龙首东渠由太液池入浐之道。”按：孙家凹今为孙家湾。

④ 宋敏求：《长安志》卷10《唐京城三》。

⑤ 宋敏求：《长安志》卷9《唐京城三》。

⑥ 宋敏求：《长安志》卷7《唐京城一》。

⑦ 《新唐书》卷83《诸帝公主传·长宁公主传》。

⑧ 宋敏求：《长安志》卷8《唐京城二》。

⑨ 宋敏求：《长安志》卷10《唐京城四》。

⑩ 《旧唐书》卷134《马燧传》。

⑪ 《旧唐书》卷152《马璘传》。

⑫ 宋敏求：《长安志》卷10《唐京城四》。

见秦汉时期，司马相如作赋曾经道及[①]。其地在隋唐长安城的东南隅。隋时始筑长安城，空此一隅，未筑城垣，亦当是由于曲江澜漫，不复再筑[②]。既已有曲江，则黄渠的开凿可能就在隋时。黄渠起讫，宋人张礼曾经有过具体记载，据其所说，则“黄渠水出义谷，北上少陵原，西北流经三像寺，北流入鲍陂……自鲍陂西北流，穿蓬莱山，注之曲江”[③]。这里所说的义谷，就是现在的大峪。由大峪流出的水今为大峪河，那时称为义谷水。黄渠就是由这条河水分流出来的。鲍陂今已干涸，当地仍有鲍陂村，村旁地势凹下，显示其遗迹的所在。三像寺早已圮毁，其遗址当在由韦兆上少陵原坡路的西侧，蓬莱山当在今曲江池南岸近处。这样说来，渠道历历可知[④]。张礼还曾说过：黄渠由曲江西北岸直西流，经慈恩寺而西。慈恩寺山门前近数十年前尚见渠道的残迹，信不诬也。据说，慈恩寺当时由于南临黄渠，故水竹深邃，为京都之最[⑤]。慈恩寺在朱雀街东三街晋昌坊，黄渠水西流，当过东四街的曲池坊和青龙坊，再经晋昌坊南的通善坊[⑥]，始能北流至慈恩寺前。朱雀街东五街升道坊内龙华尼寺南，曲江流水屈曲[⑦]。升道坊与曲江之间尚隔立政、敦化二坊，则曲江水流须经过立政、敦化二坊，才可以流到升道坊内。据说，修行、修政和昭国三坊也为曲江水流经之地[⑧]。修行和修政两坊皆在朱雀街东四街，其南就是青龙和曲江两坊。昭国坊在朱雀街东三街，正位于晋昌坊之北。如此说不虚，则曲江水涉及的范围也相当广泛。如前所说，唐长安城以东南一隅最为高昂，永安、清明以及龙首诸渠皆不能通到，有此黄渠和曲江，正可补苴其不足之处。今曲江池东北有村名为黄渠头，当是当年黄渠在行将汇入曲江之前，别有一分支由这里流过，再稍偏南入于曲江。可能张礼游城南时，并未见到这样一条分支，因而未曾道及[⑨]。

到了唐朝，仍继续开凿渠道，引南山的水流入长安城中。不过这一时期的开渠引水并不是为了供应城中的用水，而是为了便利交通，有助于运输。最早见于记载的是唐玄宗天宝二年（743 年）韩朝宗所开凿的渠道。这次开凿的渠道有关文献记载间有歧义处。有的记载说，韩朝宗所引用的是渭水，因为是运输林木，置潭于西市[⑩]。有的记载却说，韩朝宗所引用的乃是潏水，与渭水无关[⑪]。不佞当年撰文，就根据前一记载立论，以为开元、天宝年间，漕渠尚在畅通，漕渠引用的就是渭水，流过长安城北。韩朝宗引用漕渠中的水至于西市，并不是不可能的[⑫]。经过考察核实，并非如此。漕

① 《史记》卷 117《司马相如传》。

② 《太平御览》卷 297《居处部》引《天文要集》。

③ 张礼：《游城南记》。

④ 曹尔琴：《长安黄渠考》，《中国历史地理论丛》1990 年 1 期。

⑤ 宋敏求：《长安志》卷 8《唐京城二》。

⑥ 同上：“通善坊，杏园，黄渠。”

⑦ 宋敏求：《长安志》卷 9《唐京城三》。

⑧ 辛德勇：《隋唐两京丛考》，1991 年。

⑨ 张礼：《游城南记》。

⑩ 《旧唐书》卷 9《玄宗纪下》，《新唐书》卷 37《地理志》及卷 118《韩朝宗传》；宋敏求：《长安志》卷 12《长安》。

⑪ 徐松：《唐两京城坊考》卷 4《漕渠》。

⑫ 拙著《中国的运河》第五章，陕西人民出版社，1988 年。

渠的开凿，后文将另行论述，这里只先说漕渠和韩朝宗引水的不同处。漕渠确是由长安城西引用渭水，由长安城北流过。长安城乃在龙首原上，漕渠流经的地方则在龙首原北坡下，上距韩朝宗引水入城的长安城西面三门中间一门金光门（在今西安城西李家庄西北约130米处），其间高差竟至十米以上。这样的高差，是不能开渠引水上流的。上面说过，隋唐时潏水由长安城西向北流入渭水，这是经过金光门外的。金光门内距西市不远，施工较为容易。后来到唐代宗大历元年（766年），黎干在南山谷口开凿漕渠，运输南山的薪炭，所引用的应该还是潏水[①]。流经城内这一段，是由西市引渠，经朱雀门街西第三街光德坊。光德坊就在西市的东偏南处。由光德坊再东流，至朱雀门街东第一街开化坊荐福寺东街，北至朱雀门街东第二街务本坊国子监东，折北，过皇城东面的景风、延喜两门（景风门约在今西安城内东大街炭市街口附近，延喜门在景风门之北），北流入苑。这条渠水的开凿是为了运输南山的薪炭，故渠深一丈，阔八尺。这是说渠中可以行船[②]。长安城中的渠水可以行船，应该是建城以来仅有的一次，连当朝的皇帝都感到惊奇，特地登上皇城观看。据说唐代宗所登上的皇城是在安福门（今西安玉祥门南侧）[③]。安福门和延喜门东西相对，渠道在延喜门外，怎么能在安福门上可以看见？也可以说安福门南光福坊东南为渠道所经过的地方。可是由安福门到光福坊，中间还隔着颁政、布政和延寿三坊，也是相当远的。还应该顺便指出，黎干所开凿运输南山薪炭的渠道是利用潏水施工的。稍后一段时间，这条渠道不再运输薪炭了，甚至连城内这段渠道也湮废了，可是潏水在韦曲以北的河道却一直保持着漕河的名称。现在的舆图上把这段河道称为皂河。皂河也就是漕河。

韩朝宗和黎干开凿的渠道是为了运输，是交通水道。运输的路程是在南山和长安城之间。当时还有一条规模巨大的漕渠，就从长安城北流过，是不能不涉及的。这条漕渠就是隋文帝所开凿的广通渠。这是开皇四年（584年）开凿的[④]。渠长300余里，由大兴城（即长安城）西引渭水，溯渭东流，至潼关入于黄河。这条渠道当时就称为漕渠[⑤]，也称为富民渠[⑥]。隋炀帝时，为避炀帝的名讳，改为永通渠[⑦]。唐初，富民渠亦以避唐太宗的名讳，改为富人渠[⑧]。

隋初开凿这条广通渠，其目的意图和汉代的漕渠完全相同，是为了运输关东的漕粮，以补充关

---

① 嘉庆《长安县志》卷14《山川考》中有《〈长安志〉水道考》，其说永安渠，谓“渠自香积寺引交水，迳赤栏桥，迳第五桥池陂，由丈八沟西北，东流入城”。释清明渠，谓“即今丈八沟之渠，但屈而东北流，与通济渠异道”。永安渠与清明渠皆不能绕流至丈八沟西北。盖其地有渠东北流，遂误以为永安渠或清明渠。北渠当是韩朝宗和黎干所凿的渠，明清时的通济渠亦在丈八沟设闸遏水北上，地势高低不同，不能不因地设闸，明清时如此，唐时亦当相同。

② 《旧唐书》卷11《代宗纪》，《新唐书》卷37《地理志》，又卷145《黎干传》；宋敏求：《长安志》卷12《长安》。

③ 《旧唐书》卷11《代宗纪》。

④ 《隋书》卷24《食货志》，又卷68《宇文恺传》。

⑤ 《隋书》卷1《高祖纪上》。

⑥ 《隋书》卷61《郭衍传》。

⑦ 宋敏求：《长安志》卷12《长安》。

⑧ 《北史》卷74《郭衍传》说到这条渠道，就称之为富人渠。

中粮食的不足。这在隋文帝为开凿漕渠所颁布的诏书中说得相当明白。诏书说："京邑所居，五方辐凑，重关四塞，水陆艰难。"又说："渭川水力，大小无常，流浅沙深，即成阻阂。"若得渠道开凿成功，"可使官及私家，方舟巨舫，晨昏漕运，沿泝不停，旬日之功，堪省亿万"[①]。正是由于这条渠道能够开凿贯通，长安城中就显得相当繁荣富庶，不仅隋时乐观其功，后来到了唐朝，还是深享其利。

汉时漕渠水源引昆明池水。昆明池自凿成后多历年所，渐就湮塞，隋时未加疏浚，自不易再事引用。隋时所引用的乃是渭水。引用渭水的地方，据宋时的记载是在兴成堰[②]。唐代中叶以后，从事修复漕渠，也是在兴成堰施工的。兴成堰在咸阳县西十八里[③]，唐咸阳县在今咸阳市东，兴成堰当为今咸阳市南稍偏西的钓鱼台。由钓鱼台往东，渠道是由什么地方通过的？仅有的记载是《隋书·郭衍传》所说的"凿渠引渭水，经大兴城北"。隋大兴城就是唐长安城。隋唐两代的都城都是皇城居中，再北就是禁苑。这都是皇家的要区，渠道如何能够通过？是不是横过长安城的外郭城？有人据嘉庆《咸宁县志》所说的有沟经孙家凹东北趋光泰门，因而谓"此渠应即是唐故渠的故道"[④]。孙家凹就是现在孙家湾村，在唐大明宫含元殿遗址北稍偏西处。这里的沟应是龙首渠东渠的尾闾所在，黎干所凿的漕渠，有关的记载只说它过皇城东面的景风、延喜二门北流入苑。漕渠的水是经常流通的。如果仅仅储在苑中，苑中如何容纳得下。孙家凹的沟也应是黎干所凿漕渠的尾闾所在，由这里把余水排到浐水中去。如果说这里是广通渠流经的地方，则广通渠就应该流经当时的长安城中。这是不可能的。这在前面已经提到过，位于龙首原上的长安城，特别是其西面三门中的金光门，和龙首原下漕渠故道间的高差，竟在10米以上，渠水如何能由低洼处流到较高的地方？

其实广通渠的渠道并非无迹可寻。霸水之东，现在新筑镇附近就有一条壕沟遗迹，既深且阔，用不着再做解释，分明是一条故河道。这条故河道一直向东延伸，也向西延伸，直到霸水岸边。过了霸水，遗迹还是显然在目，也直到徐家湾偏西的张家堡。张家堡西虽未再见到遗迹，由张家堡西行，约2千米处就是汉长安城了。这应是汉时旧渠的遗迹。这是在前面已经论述过的。隋时凿广通渠应是循着汉渠的旧基。这里渠道遗迹只有一条，就足以说明问题。汉时渠道遗迹都能留到现在，为什么隋唐的渠道竟无遗迹可寻？既然汉时渠道遗迹依然存在，隋时再事开凿就可以完全利用。这是一般的常理，是用不着多所说明的。

隋初开凿的广通渠和汉时漕渠差异处，只是水源不同。汉渠的水源为昆明池，隋渠的水源是渭

---

① 《隋书》卷24《食货志》。

② 宋敏求:《长安志》卷12《长安》。

③ 《旧唐书》卷172《李石传》。

④ 嘉庆《咸宁县志》谓孙家凹东北趋光泰门的沟为龙首渠入浐的故道，已见前文的征引。黄盛璋在所著的《历史地理论集·西安城市发展中的给水问题以及今后水源的利用与开发》文中，谓此为唐漕渠故道，与龙首渠无关。按唐漕渠遗迹已见于孙家湾西北的张家堡，这在下文行将提及。张家堡的高程为383～384米。孙家湾西北坑底村的高程为399米，其正西方新村的高程为400米，与张家堡的高程相差在10米以上。漕渠水在当时如何能经过坑底村或方新村流至孙家凹？不过这也并非黄文的错误。嘉庆《咸宁县志》所绘制的《〈长安志〉水道图》即已以漕渠流经孙家曲，黄文盖承此图所示而误为之说。

水，其间的渠道自然是不同的。汉渠的渠道离昆明池后，东北流，绕汉长安城东南角外，再流向东北。这是在前面已经论述过的。隋渠由渭滨东行，与汉渠旧迹相汇合。两条渠道的开凿都未涉及汉长安城，因而汉长安城的南垣还能显露在地面。

后来到了唐初，还在渭水以北另外开凿一条供交通运输使用的渠道。这条渠道名为升原渠，是武则天垂拱初年凿成的。由岐州（治所在今陕西凤翔县）的虢县（今陕西宝鸡县）引汧水至咸阳，以运岐、陇（州治在今陕西陇县）两州的木材，供应都城的需要[①]。为什么以升原为名？有人说这是引汧水流经原上的渠道。这应是望文生义的解释。汧水在这里循五畤原西麓南流。五畤原高耸斗绝，汧水河谷又相当低下，汧水如何能够在这里被引到原上？升原渠当是由五畤原下引汧水，循原麓东流。五畤原麓稍高于渭水河谷，就以升原为名。前面曾经说过，汉时曾由郿县开凿成国渠，引水东流，灌溉到长安城北秦都咸阳旧地附近的田亩。这条渠久已淤塞，唐时可能再加疏浚，因而仍然通流[②]。成国渠和升原渠平行东注，在武功县汇于六门堰中，再由六门堰分别流出。六门堰以西，成国渠在南，升原渠在北，六门堰以东，成国渠反在升原渠之北。在武功县东的兴平县境，成国渠在县城北一里，升原渠却在县城南十五里[③]。可见升原渠并非流在原上。升原渠的开凿固然是为了运输岐、陇林木，却也用于灌溉，和成国渠起到相同的作用[④]。升原渠引用的是汧水，也是渭水的支流，和霸、浐诸水相仿佛。加上这条汧水，则绕长安的就不仅是八水了。

成国渠和升原渠在渭水之北曾经用之于灌溉，渭水以南长安城诸渠绝大部分是为了供给城内用水而开凿的，是否用于灌溉未多见于记载。黄渠的开凿虽是为了供给曲江的用水，然在义谷引水之初，就已分为二渠，一渠北流入于长安城东南隅，一渠则西流入樊川，灌溉稻田[⑤]。这里还应该提到清渠和贺兰渠。清渠在唐长安县西五十里，自鄠县流来，北入于渭[⑥]。郭子仪与安禄山之子安庆绪的

---

① 《新唐书》卷37《地理志一》说：虢县"西北有升原渠，引汧水至咸阳，垂拱初运岐、陇水入京城"。岐、陇水有什么特点要远道运至京城？这时所说的岐、陇水应为岐、陇木之误。

② 《元和郡县图志》卷2《凤翔府》。

③ 宋敏求：《长安志》卷14《兴平》。

④ 宋敏求：《长安志》卷14《兴平》。

⑤ 宋敏求：《长安志》卷11《万年》；张礼：《游城南记》。

⑥ 宋敏求：《长安志》卷12《长安》。郭子仪与安庆绪将安守忠战于清渠事，《旧唐书》卷120《郭子仪传》及《资治通鉴》卷219《唐纪三五》均有记载。胡三省注《资治通鉴》说："程大昌《雍录》有《汉唐要地参出图》，唐京城西有漕渠，南出丰水，迳延平（按：门在今西安南郊陈家庄南）、金光二门，至京城西北角，屈而东流，迳汉故长安城南，至芳林园西，又屈西北流入渭。清渠在漕渠之东，直秦之故杜城南，稍东即香积寺北。"按：程大昌的《汉唐要地参出图》虽甚简明，殊不清晰，胡三省又复误读，故所释多谬误。唐漕渠出于潏水，不出丰水。图上又以清渠置于香积寺之侧，故胡注所云如此。如清渠果在香积寺之侧，则郭子仪军既败于清渠，如何又能取胜于香积寺？宋敏求以清渠在长安县西五十里，其《长安志》中所记长安县的幅员，东西才四十里，说亦难通。《资治通鉴》记此次战争的经过说："子仪与王思军合于西渭桥，进屯潏西，安守忠、李归仁军于京城西清渠。"郭子仪由凤翔率军东征，故称其过西渭桥后至于潏水之西为进屯，而安军所守的清渠乃近在京西，这仿佛示人以清渠可能就在潏水之东。《长安志》卷12《长安》引《括地志》说："今《图经》，滈水在县西四十里，其水自鄠县界入本县界十里入清渠。"则清渠当在潏水之西。然《括地志》又谓滈水入于永通渠，与清渠无关。这样说来，清渠所在的方位虽可确定，流经的地方还只能有待再事考核。

军队曾大战于这条渠上。贺兰渠引自丰水，亦称丰水渠，东北流在昆明池注于交水[①]。这两条渠道的开凿，皆非供应长安城中用水，亦与交通渠道无关，自当是为了灌溉农田而开凿的。

唐朝末年，都城迁往洛阳，长安城残破圮毁，与前迥不相同。外郭城已完全拆除，宫城亦无复残留，所余的仅为皇城。原来引用潏水的永安、清明两渠以及韩朝宗和黎干所开凿的渠道，绝大部分在外郭城中，外郭城既已拆除，这些渠道也就荡然无存。潏水不复由渠道入城，就皆由丈八沟向北流去，独流入渭水。就是由城东引用浐水的龙首渠也同样难免厄运，受到阻遏。

这时的长安城经过几百年的建都，也和汉长安城一样，由于长期污染，地下水相应变质咸碱不适于引用。长安虽不作为都城，但以地势重要，还是相继作为地方区划的治所，宋时的永兴军路，金时的京兆府路，元时的奉元路和明清的西安府，皆仍治于长安。这些时期，长安的居人虽不如原来都城的众多，为数却也非少。城内水已咸碱，确也成了问题。宋真宗大中祥符七年（1014 年），陈尧咨又开始整修龙首渠，引浐水入城。为什么陈尧咨从整修龙首渠着手？因为隋唐时龙首渠由当时长安城东面三门中最北的通化门南流入城内，由通化门西到皇城，中间仅隔原来朱雀门街东第三到第五的三条街，距离较近。原来龙首渠入城后，稍稍绕向南面的兴庆宫，这时兴庆宫已经拆毁，宫内的兴庆池也就是所谓龙池并未淤平，还可加以利用。尤其可以称道的，城东二里的渠身还相当完整，渠内还有流水，修正引用就相当方便。只是引水入城后，都流到什么地方，未见有关的记载，不易具体确指[②]。

金和元朝继起，也都修整过龙首渠。只是目的各异，长安城内不一定得到多少好处。金时修整龙首渠，主要是为了在兴庆池中储水，以便于池畔的游宴取乐，仿佛以之同于唐时的曲江，这和宋时很不一样[③]。元时修整龙首渠固曾如陈尧咨的旧事，引水入于长安城中；可是再一次修整，却是引水北至王城。王城即当时的安西王府，也是所谓斡耳垛。安西府现在尚残留些许遗迹，其地在西安车站之北，东元路之东。以唐长安城相比照，则在兴庆宫直北偏东处，也是在大明宫直东偏北处。具体说来，应在唐长安城外郭城东北城角外的北偏东处。唐的龙首渠的东渠是由外郭城东北角外循城西流。元时所修整的引水向斡耳垛的龙首渠当是循唐时渠道引向外郭城东北角外，然后再向北偏东流至安西王府。至于引入城内的渠，乃是先灌入兴庆池，再引入城内，又由城内西入城壕[④]。

龙首渠经过这样一些曲折，到了明代，城内渠道系统才能具备脉络。明代于关中中部设西安

---

① 宋敏求：《长安志》卷 12 引《括地志》。

② 《宋史》卷 95《河渠志五·河北诸水》；骆天骧《类编长安志》卷 6《渠》载陈尧咨为开渠所上的奏文中说："开渠引流入城，散流尘闬，出纳城壕，阖城尽食甘水。"

③ 骆天骧《类编长安志》卷 4《堂宅亭园》："兴庆池北众乐堂后有宋大尉张金紫所构流杯亭，砌石成风字样，曲水流畅，以为祓禊宴乐之所。傍有《禊宴诗碑》。"又说："众乐堂，在兴庆池北，金朝金紫光禄大夫张仲孚所建，与宾客宴游。"所谓宋大尉张金紫即此金时的张仲孚。

④ 《类编长安志》卷 6《渠》：龙首渠，"至元甲子，赛平章复引水入城中，至元十年，复开五季后涸渠，自长乐坡西北流入于王城，一渠西流，灌兴庆池，经胜业坊西京（入）城，经少府、钱监、都水监、青莲堂，西入熙熙台，西入城壕"。《长安志图》中的《奉元路图》，未标出少府等处，不易确定其具体所在地。青莲堂，据《类编长安志》卷 6《堂宅亭园》所说，则在当时省衙莲池，宋陈尧咨所造。《类编长安志》又谓：京兆"府城掖庭街有（寇）莱公宅，中有山池，熙熙台"。

府，长安城即为府治，也是秦王府的所在地。秦王府于清时为满城，今陕西省人民政府及其南的广场皆为秦王府的旧地。明时仍继续修治龙首渠，城内渠道不尽与元时相同。据当时记载："渠水自长乐门入城，分作三渠：一从玄真观南流，转羊市；过咸宁县总署，西流转北，过马巷口；一从真武庵北流；一从羊市分流，过书院坊西入秦府。"① 长乐门为西安府的东门，现在仍因而未改。玄真观在东门内偏南，羊市今仍为东羊市街。咸宁县总署即咸宁县治。咸宁县省并已久，其地今仍称县门街。就在东羊市街之西。这样说来，渠水是从长乐门偏南处进入城内，玄真观尚近长乐门，故渠水由玄真观南流，才能转到羊市和咸宁县总署。马巷口可能就在西安市钟楼之南，南大街的北端②。这条渠道当是由今县门街西行，再由南大街向北流去。至于流入秦府的渠道，则是从羊市分流出去的。据清时记载，龙首渠流入城内后，所分的三派为："一经流郃阳府前，至西分一渠，流经大菜市，往北入临潼府；一经流京兆尹并永兴府，至西转北马巷口，入莲花池。"③ 今传世嘉靖《陕西通志》附有西安城内的龙首渠图，与清时记载相仿佛，可以互相参证。郃阳府在今玄风桥。前引明人记载所说的玄真观，亦当在郃阳府的近旁。大菜市今为大差市，音同字异，实为一地。临潼府在秦府东北，今为北都统巷。这条渠道当是明人记载的由真武庵北流的渠道。京兆驿在今饮马池巷东，而饮马池巷在今菊花园之东，由咸宁县总署西行，自须经过京兆驿之南。永兴府未知确地。上面所说的《龙首渠图》上以之置于秦府的西南，而又在由京兆驿西流之北，南门内的街道之东，以形势度之，可能就在今东木头市之北。清时记载，这条渠也经过马巷口，和明人记载相同。明人记载，如前所说，此渠过马巷口后，即不见其踪迹。清时记载，谓由马巷口北流，入于莲花池。所说的莲花池乃在今莲湖公园的东北，似为宋元时青莲堂畔的莲池。

嘉靖《陕西通志》所附的西安城内龙首渠图，较之上引的明清时人记载尚多出两条支渠。一为在郃阳府之东，即已分出一渠，北流至杨大人宅。此宅无考，可能在临潼府东，近东城墙处。一渠在马巷口之北分出，流至汧阳府。汧阳府在今梁府街。流往临潼府的渠，在府南还分出一支，流入秦府。这几条支渠未见明人记载，可能是王恕修渠后补开的。其后淤塞，故清初记载亦未能涉及。

清初康熙年间，还曾疏浚过龙道渠④。说是疏浚，大致仍遵循明时的规模，没有什么新的改置。上面所说的清初有关的记载，与嘉靖《陕西通志》所附的西安城内龙道渠图相仿佛，可能就是这样的缘故。后来到乾隆年间修筑西安城，废龙首渠入城的水门，渠水遂不能再流入城，余波遂注入东城壕⑤，这当然不是彻底的办法，因而后来也就湮塞了。迄今西安东关的一条巷还保存有龙渠堡的名称，还可仿佛想见当年的盛况。

---

① 雍正《陕西通志》卷39《水利一》引王恕《修渠记》。

② 《长安咸宁两县续志》卷4《地理考》：城内坊巷，南路七坊，头一坊为马巷坊。此所谓南路坊巷大致指今南大街而言，故马巷口当近今钟楼。《长安志图》亦绘有马巷口，乃在开元寺西北，其间尚隔旧景风街。开元寺今为解放商场。旧景风街今为东大街。如所言，则马巷口当在今钟楼东北，可能稍有偏差。因《长安志图》玄真观亦被置于旧景风街之北。

③ 雍正《陕西通志》卷39《水利一》引《县册》。

④ 雍正《陕西通志》卷39《水利一》。

⑤ 《续陕西通志》卷57《水利一》。

龙首渠在西安城内与隋唐时的渠道有所不同，就是城外也有差异。隋唐时龙首渠是由马头埪引水入城，马头埪就是现在的马登空。明清时则移向东南，改由留公引水[①]。留公在鸣犊镇西北，也是在浐水岸旁。这样的改易只是由于浐水河道的下切，显得更深，不能引水入渠，只好移向上游河谷较浅处施工。

明清时流入西安城的渠水，龙首渠之外还有通济渠。通济渠始修于明宪宗成化（1465~1487年）初年，所引用的就是潏水。隋唐时所修的清明渠本来就引用的潏水。清明渠涸绝已久[②]，渠道当仍未湮失。因而通济渠由潏水引出后，仍遵循清明渠的故道，经韦曲而至于塔坡，由塔坡偏向西北，转到杜城，经沈家桥而至丈八沟。这一段本是皂河的河道，皂河西北流，为了引水入西安城，当时在丈八沟作闸，逼水东北流，经南窑村、甘家寨、縻家桥、解家村，入于西安城。就在入城前后也还有点曲折。渠水已入西门外的壅城，复由水门出壅城，沿城而南，过一敌楼，复入城内，南流至白路湾，东北流至牌楼南。白路湾当为白鹭湾，牌楼当为梁家牌楼。梁家牌楼位于白鹭湾之东，中间虽尚隔几条街巷，相距并非很远。今白鹭湾又有名为龙渠湾的街巷，也应是当时渠道所经过的地方。过梁家牌楼后分为三派：一派由长安县署前东流，过广济街，再过大菜市，东向出城，注入东城壕。长安县署今为第六中学，盖由长安县署一直向东，流出城外。一派从广济街北流，过钟楼折而西入贡院。当时的钟楼和现在不同。其地就在广济街东，也是在城隍庙的东北方。贡院在今早慈巷之西，据嘉靖《陕西通志》所附的西安城内通济渠图，这条渠过钟楼后，转向西北，流到贡院之北，再折向南流，流到贡院。今西安城内北广济街北端有劳武巷曲折斜向西北，以至于洒金桥街，未知是否这条渠道斜流所经过的地方。还有一派由广济街直北注入莲花池[③]。据上面所提到的西安城广济渠图，这三派渠中特别是由广济街东流的一派，也曾分别流注宜川府、永寿府、保安府和秦府，这当是明代的情形。到了清代，渠道已多有所淤塞，曾因时加以疏浚。康熙三年（1664年）、乾隆六年（1741年）、乾隆三十年（1765年）、嘉庆九年（1804年）、十七年（1812年）以及光绪二十九年（1903年），都曾先后施工过[④]。前面曾引用雍正年间的记载，乃是康熙年间疏浚后的演变。曾经疏浚过的三派渠道，不到七十年间，仍然只剩下一派，其淤塞的速度是相当快的。为什么会如此？其中一个原因，是供应城中用水的渠道还兼用于灌溉农田。在农田需要灌溉的季节，就难得有余水流入城中。渠道中没有水流，焉能不被堵塞？旧志于光绪二十九年疏浚之后，再未有复修的记载，大概就再未兴工，一直拖延到中华人民共和国成立之前。渠道既多淤平，也就难于考核。当然莲花池的积水还掩映于林荫草坪之间，而白鹭湾的名称依然保存未失，可以作为例证，不过仅凭这样的孤证，也难引起世人注意，不易洞悉其间命名的本意。当前，西安市正在修建导引黑水入城的渠道。黑水就是秦汉时的芒水，在今周至县。芒水不在环绕长安的八水之列，距今西安市也较远。引水工程是相当巨大的。渠道建成后，其引水量必然会超过隋唐时的永安、清明和龙首三渠，至于明清时的通济渠，就更不在话下了。

---

① 雍正《陕西通志》卷39《水利》。

② 《长安志图》。

③ 雍正《陕西通志》卷39《水利一》引项忠《通济渠记》。

④ 《续陕西通志》卷57《水利一》。

开渠引水，灌溉农田，汉唐各代皆很重视，这是在前面已经分开论述过的，明清时也应如此。不过像成国渠那样专为灌溉而开凿的源远流长的大渠未闻有所兴工，至于较为短促的渠道为数还很少。据清代嘉庆时的记载，长安和咸宁两县境内，引用浐水的渠道就有21条，引用霸水的有8条，潏水18条，鄗水15条，引用由鄠县流来的丰水2条，潏鄗之间的低地还有11条。显得有一定的成就①。撰成于民国年间的《续陕西通志》也曾经做了统计，据说“自霸浐而下，渠水所灌三万五千一百四十八亩，其溪谷支渠及民间汲灌之利不与焉”。亩数虽然不少，余利却未尽兴。《续陕西通志》的撰者因而感慨地说：“汉唐旧渠多可复修”，以种种原因，“因循岁月，遂至湮废，良可慨矣！”②可见汉唐两代，开渠灌田更为繁多。前面论及汉唐开渠灌溉，只是根据现存的文献记载而言，《续陕西通志》的撰者所说，可能根据故老传言，间或还有遗迹可征，当非过于诬妄。中华人民共和国成立以来，大力兴复农事，灌溉之利也最为广博，遍及西安周围各县。仅就这一点来说，八水绕长安，由汉唐以至现代，都是如此。具体来说，现代更当超迈汉唐。

三、渭水南侧诸支流流量的增减

本文开篇就提到“八水绕长安”的古谚。八水环绕长安，这是自古以来颇受人称道的具体事例。还应该提到的则是这八水都不是很小的水流，能为长安增加声势，也能助长长安的富庶。现在看来，好像这样的说法和实际情况不完全相符合。环绕的形势固然仍旧没有较大的改变，有些水流都相当细小，甚至到了炎夏之时还不免干涸。水流干涸，连环绕都说不上，还能说到其他方面？这不是这句古谚说错了，而是千百年来的变化促成的。事物都是经常在变化之中。水流也是一样的，不可能独为例外。

现在西安市东郊的半坡，为近年发掘出来的原始社会新石器时期的遗址，最负盛名，遐迩皆知。遗址中残存的遗物不少，彩陶最多。彩陶上所绘的图案，往往皆作鱼形，或是与鱼有关的绘画。在诸多遗物中还间杂有捕鱼的工具。这当然是半坡人对鱼最为熟悉的表现，不仅熟悉，而且是以鱼作为佐餐的视频。半坡紧邻浐水东岸，咫尺之间，按一般道理来说，半坡人的鱼当是捕之于浐水之中。现在浐水是一条小河流，水上虽然有桥，行人如果不在桥上行走，就可以脱去鞋袜，涉水而过。若在夏季，浐水动辄干涸，竟无水流，更不要说是涉水了。像这样的水流，如何会有鱼类孱生？浐水沿岸的新石器时期遗址，已发现的为数殊为非少，显得相当稠密，甚至还多于现代的村庄。半坡人能够捕鱼，还能以鱼作为不可或缺的食品。同居于浐水沿岸的原始社会的人群，谅皆具有相同的生活方式，也有捕鱼的习俗。准此而言，当时浐水的流量是相当大的，和现在的细流甚至绝流，迥不相同。

西安附近原始社会新石器时期的遗址相当普遍，浐水沿岸如此，丰、霸两水沿岸也很繁多。显示丰、霸两水的流量也不少，尤其值得称道的则是丰水。上面说列浐水和霸水的流量，还是由原始

① 嘉庆《陕西通志》卷39《水利一》。

② 《续陕西通志》卷57《水利一》。

社会新石器时期遗址的有关事物推论出来的。丰水流量的巨大，文献记载还可以作为证明。前面曾经说过《诗三百篇》所歌诵的“丰水东注，维禹之绩”。禹是以治水出名的前代帝王，据说他为了治水跑遍了全国各处，江河那样的大川都曾受到治理，丰水和江河相比，就算不得大川。因为它只是渭水的支流，渭水才是黄河的支流。那样多的江河支流，怎么还能轮到支流的支流。可是《诗三百篇》的记载是清楚的，至少在周人眼中丰水是一条大水，是值得称道的。

和丰水比较起来，鄗水就显得小些，至少不如丰水的源远流长。西汉中叶，汉武帝修筑昆明池，把鄗水拦腰截断，后来的人们甚至不知道鄗水源流的所在。实际上昆明池就是鄗水汇集而成的。昆明池也承受丰水和潏水，只是由渠道分流出来的一部分，算不得主流。就是这样的昆明池水，竟然成为当时所开凿的漕渠的水源。漕渠的开凿是为了运输关东的粮食，接济都城长安的需要。运输漕粮端赖船只，这是说，以鄗水为主，再加上丰水和潏水分出来一些水流，就可以行船。这样说来，鄗水的流量也是不小的。

再后来到了唐朝，潏水能够行船也见于记载。前面曾经征引过韩朝宗在唐长安城西市凿潭引水以运输材木事。韩朝宗所引用的水流有不同的说法。前面为此还曾作过考核，确定所引用的不是渭水，而是潏水。材木的运输可以用船载，也可由水上漂来，这一点无法肯定。就是随水漂来，也应不是近乎溪涧的小水。前面还曾征引过黎干由南山运输木炭供应皇室而开渠引水事。所引用的就是潏水，所开的渠不仅进入长安城内，而且还绕行了几条街道，经过不少的里坊。木炭的运输是要船载的，还要一直载到长安城内。北方少有船只，长安城内街道之间有船行驶，史无前例，长安城中自然成为奇事，甚至皇帝也亲自出来观赏。由潏水引来渠水能够行船，潏水流量之大，是无可怀疑的。

中华人民共和国成立后，在长安县治所韦曲的西南，也是香积寺北偏东处的温国堡发掘出一艘沉船。温国堡位于潏水的沿岸。这里所说的潏水，是潏水被引将合于交水的一段，也就是前面所说的坑河。温国堡所在地下距交潏两水合流处已不很远。这艘沉船至迟也应是唐时的船只，因为宋时潏水的水位已经降低，不可能再行船了。唐时黎干引潏水开渠处乃在韦曲的东南，相距还非很近。这显示出当时潏水相当多的河段都能行船。也许就是因为这样的原因，才使黎干敢于引水开渠在都城之内行船运输木炭。

在温国堡发掘沉船的先后，丰水岸旁也发掘出一艘沉船。这艘沉船的具体制造时期不可确知，至少可以说明丰水也曾经可以行船。这也可以证明《诗三百篇》所记载的“维禹之绩”，不是徒托空言的虚说。

这种旺盛的流量是什么时候开始减少的？没有见到有关的记载。不过唐末五代以至北宋的初期就已显露端倪。宋人张礼游长安城南时，潏水上已无行船，只好徒涉而济[①]。张礼游长安城南时，在宋哲宗元祐元年（1086年），上距北宋开国已经140余年。再往上溯，历年就更久了。年代悠久，难免就没有变化。张礼以后，好像这几条河流的流量除洪水泛滥外，再未见到有所增长，可能一直到了现在。现在不是流量增长的问题，而是减少到了什么程度。如上所说，像浐水这样的河流，炎

① 张礼：《游城南记》。

夏之时，竟至于干涸断流。隋唐时期，永安、清明、龙首三渠引用交水、潏水和浐水，已满足长安城内用水的需要。现在西安城内用水至为迫切，却远自黑河引水，交水、潏水和浐水都不在考虑之列。前后相差确实是这样的明显！

为什么会有这样的变化？原因当然不只一端。由南山流下来的渭水诸支流，其发源处都有泉水。泉水由地下涌出。若非地震那样剧烈的变化，使地层受到影响，阻遏了地下水，一般说来，不会有显著的增减。当然，河流的流量与降水量的多寡也有关系。降水量小固然可使河流的流量减低，降水量过多，河流还会泛滥成灾。在悠久的历史里，降水量的多寡大小，也是不时在变化之中，难得前后都是一样的，最多只能是短暂的现象，不至于一直延续下来，都在减少之中。这就和这几条渭水支流的流量在隋唐以后一直在减少的情形没有什么显著的关系了。

这样的流量减少，很可能是受到南山植被破坏的影响，特别是森林的破坏影响更为显著。南山的森林自来是丰硕茂密的。这在拙著《历史时期黄河中游的森林》中做了详细的论述[①]。不过这里还可略举一些唐人在诗篇中的描述，作为例证。唐太宗有一首《望终南山》的诗，诗中有句说："叠松朝若夜，复岫阙疑全。"[②]这是说，南山的松树到处都是密密麻麻的，在那里白天竟然都和黑夜一样。储光羲诗中也有句说："深林开一道，青嶂成四邻。"[③]这是说南山上都是森林，只有林中的路才可以行走往来。在林中路上行走，四面像青嶂一样，阻断了视线，别的都难得看见。像这样丰硕茂密的森林，确实是少有的。一般说来，包括森林在内的植被可以涵蓄水分，这是现代科学已经得出的结论，是无可辩驳的。丰硕茂密的森林，再加上其他的植被，在降水时就可以大量涵蓄水分，不使之倾泻而下，了无剩余，降水之后逐渐流出，这就使山下的河水保持较大的流量，而少有变化。植被遭受破坏，涵蓄水分的作用荡然无存，不论降水多少，皆倾泻无余，山下河流一时固然猛涨，甚至泛滥成灾，平时的流量必然就会因之减少，难得有所增加，南山以近于有关时期的都城，山上的森林就容易遭受破坏，这在唐朝后期就已经颇为明显。唐朝后期，长安城内营建宫殿，所需材林，取之于岚、胜之间[④]。唐时的岚州在今山西岚县，胜州在今内蒙古自治区准格尔旗，皆距长安甚远。如果长安南山还有丰硕茂密的森林，宫殿所需的材林能有几许，而远取于岚、胜之间。唐朝以后，都城东迁，可是长安南山的森林遭到的破坏却并未停止，甚至还在加剧。以前满山的青嶂，后来却成了濯濯的童山。不要说森林，能够看到少数的树木，也就是很稀罕了。因而由山上流下的河水的流量也就难得增长了。

（原载《中国历史地理论丛》1996年1期，1～38页）

① 拙著《河山集（二集）》。

② 《全唐诗》卷1。

③ 《全唐诗》卷136，储光羲《终南幽居献苏侍郎三首时拜太祝未上》。

④ 有关这个问题的具体论证，具见拙著《论西安周围诸河流量的变化》，《陕西师大学报》1992年3期。

西安水环境的历史变迁及治理对策

李昭淑　徐象平　李继瓒

西安古称长安，位于北纬33°39′～34°44′，东经107°40′～109°49′，东西长204千米，南北最宽处101千米，总土地面积9983平方千米。西安市是陕西省政治、经济、文化、交通中心，也是全国新兴的工业基地之一，已成为我国西部多功能的现代化大型中心城市和世界旅游的胜地。但目前西安水资源缺乏，水污染严重成为影响城市发展的主要限制因素。本文拟探讨一下西安环境的历史变迁及治理对策。

一、“八水绕长安”的自然特征

水是生命的源泉，是城市生存和发展的乳汁与动力。西安地区的水，有大气降水、地表水和地下水等。三部分水资源相互转化，互补长短。地形是北低南高，呈阶梯状升起。地貌类型复杂，有河流冲积平原、黄土台塬、山前黄土梁、黄土丘陵、低山和中高山等，是各类地貌组合最集中的地区，为八水形成和发育提供了优越的自然条件，也为长安古都建设提供了优异的自然环境及丰富的物质基础。从西周开始，秦、西汉、新莽、西晋（愍帝）、前赵、后秦、西魏、北周、隋、唐等十三个王朝，相继建都西安，历时近1100年。

八水是在地貌组合的格局中发育而形成的，渭、泾、灞、浐、潏、滈、沣、涝诸河形似脉络环绕古都，水资源丰富，水利事业发达，水运畅通，旅游景观美好，形成“八水绕长安”的自然景观（图一，表一）。

“八水”按发源地分为两类，即过境河与该区秦岭山地河流两类。

（一）发源于外区的过境河有渭河和泾河

渭河　发源于甘肃省渭源县乌鼠山，是古都最大的过境河，也是黄河的第一大支流，全长818千米。在西安市区段长141千米，河床比降1.5‰，于潼关注入黄河。

泾河　发源于六盘山脉，横跨宁、甘、陕三省，于高陵县泾渭堡汇入渭河，全长455.1千米，流域面积45421平方千米，流经西安市长度仅8.5千米。

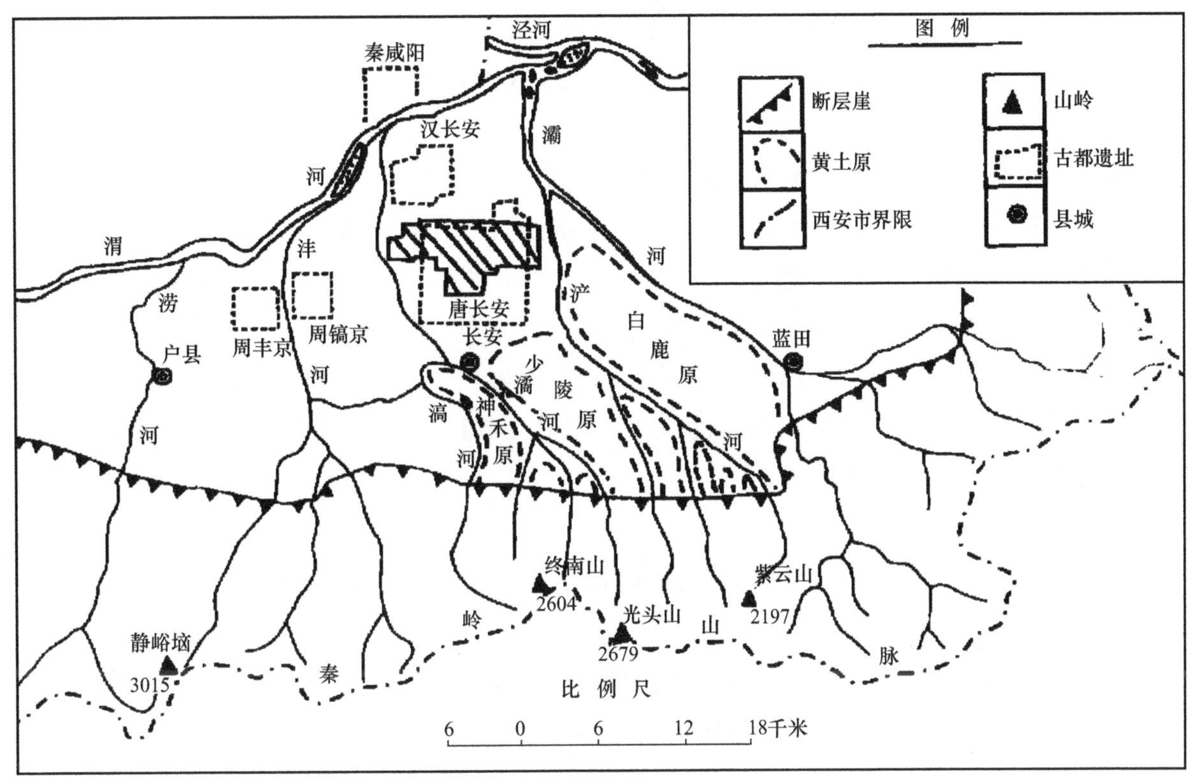

图一 长安古都与八水绕长安图

表一 西安市八水特征表

流域特征 / 河流名称		流域面积 / 平方千米	河长 / 千米	平均比降 /‰	多年平均径流量 / 万立方米	发源地	注记
灞河	发源于秦岭河流	2563.7	107	6.2	64787.5	箭峪岭南九道岭	
浐河		752.8	66.4	8.8	8198.5	紫云山南月亮石沟	浐河是灞河支流
潏河		176.44	31.75	10.2		光头山的甘花溪	唐初杜正伦挖人工河道，纳入滈河
滈河		238.36	147.35	10.2	11373.2	终南山	
沣河		1459.54	81.9	8.8	48026	秦岭南碾子沟	
涝河		665.4	86.0	9.4	17912	静峪垴	
渭河	过境河	9984.5	141	1.5	10297	乌鼠山	西安地区流域
泾河		45421	8.5	2.47		六盘山老龙潭	面积和河长

（二）发源于秦岭山地的河流有灞河、浐河、潏河、滈河、沣河、涝河

灞河　原名滋水，春秋战国时，秦穆公称霸西戎，欲显耀武功，更名灞河。发源于蓝田县灞源乡东北箭峪南九道沟。灞河流域面积2563.7平方千米，平均比降6.2‰，多年平均径流量73986万立方米。主要支流有清峪河、网峪河和浐河。下游受骊山新构造抬升运动影响，水系不对称，右岸支流多，左岸不断侧蚀白鹿原。古代灞桥沿河柳树垂枝，迎风起舞，是为送别亲友之地，故有“灞河垂柳”之说，系关中八景之一。

浐河　是灞河的支流，发源于紫云山南月亮石沟，纳岱峪河、库峪河之后，始称浐河。

潏河　原系渭河的支流，唐初杜正伦在神禾原北挖人工河道，改潏河西流，纳入滈河，成为沣河的支流

滈河　原名洨河、福水，发源于终南山西侧要钱场。

沣河　发源于长安县喂子坪乡秦岭梁。支流有高冠峪、太平峪和潏河。沣河是古长安一条久负盛名的河流，两岸森林密布，景色诱人，水量丰沛，水质洁清，沿河物产丰富。流域面积1460平方千米，多年平均径流量48026×10^4立方米。

涝河　发源于户县静峪垴（海拔2822千米）的秦岭梁（西河）。流域面积665平方千米，河长86千米，平均比降9.4‰，多年平均径流量17912×10^4立方米。上游森林茂密，水源涵养好，中下游土质肥沃，水源充足，农业发达。

二、与“八水”相关的水利工程和其他工程

随着各朝都城兴建，八水流域建有许多水利工程，在发展水运交通和蓄、灌、调洪、军事以及旅游等方面具有极其重要的作用，在工程设计、施工、规模等方面，堪称我国水利工程建设史上的楷模。

据文献记载，八水是古都长安的主要水源，与八水相关的水利工程除清明渠、永安渠和黄渠以外主要有漕渠、昆明池和曲江池等。

漕渠　是古都水利建设最雄伟的工程之一。渭河多泥沙，水运航道经常受泥沙淤塞困扰。为了保证向京城运送粮食、燃料、铁器和其他物资，汉武帝初年，动员了数万人参加施工，经过三年艰苦努力，终于完成漕渠工程。漕渠水利工程从潼关县的三河口经二华夹槽、渭南、临潼和八水进入长安。漕渠长150千米余，流向和渭河基本平行①。漕渠水利工程的设计，不仅考虑要通过载重货船，和控制发源于秦岭北坡诸河的洪水泥沙，同时还要考虑利用漕渠发展灌溉。故凿通漕渠是一项伟大的水利工程建设。漕渠建于汉武帝时代，因秦岭北坡河流洪水泥沙淤积，隋文帝、唐玄宗、唐文宗时曾四次进行整修。漕渠约到文宗开成元年（836年）废，使用期几近千年。漕渠每年给长安运粮约600万石，需用大船12000艘，正如杜笃《论都赋》所说的“大船万艘，转漕相过”的壮观场面。

昆明池　建于汉武帝元狩三年（前120年），目的是蓄积水量，形成人工湖，利用广阔水域，训练水军和旅游，调节漕渠水量。该湖引用潏河和滈河的水，水域面积广阔，周界约20千米。昆明池的“艨艟”是一种军用战船，能隐蔽军卒，出奇制胜，具有良好的水战性能。昆明池也是皇室贵族游乐划船的场所。《三辅故事》所载：池中有龙首船，常令宫女泛舟池中，张凤盖（绣凤为船篷饰），建华旗，作棹歌（即船歌）。在琳池、太液池、影娥池等都有划船记载。

曲江池　原是沟谷地形。秦代把曲江池叫作“隑州”，隑是弯弯曲曲的意思。秦始皇曾在这里修建离宫，叫“宜春苑”。汉武帝时，把曲江池划入上林苑（皇家苑囿），因其水蜿蜒弯曲，有似广

① 西安市交通史志编纂委员会：《西安古代交通志》，陕西人民出版社，1997年。

陵之江，故名“曲江”。隋文帝改名“芙蓉池”。唐明皇对曲江池进一步扩大兴建，疏凿水道，引南山义峪口的黄渠水注入池内，使水量大增，全池水域面积 70×10^4 平方米。临池筑有亭台楼榭，周围又有许多景观陪衬，两岸垂柳如云，游船漂荡，花光人影，景色十分绚丽。曲江实际上是一组庞大的风景游览区，由曲江池、芙蓉池、杏园、慈恩寺、乐游园等组成[①]。每年新科进士及第，皇帝在曲江赐宴，乘兴作乐，放杯（羽觞）于曲流上，杯随水势，轻飘漫泛，赢至谁前，谁就执杯畅饮，遂成一时盛事，“曲江流饮”就由此得名，被誉为关中八景之一。

八水桥涵建设工程，在渭河建有中渭桥、东渭桥和西渭桥。灞河建有灞桥。浐河和沣河建有浐水桥与沣水桥。这些桥梁的建设，大大方便了古都的交通。此外，利用八水河谷还开辟了畅通的道路。渭河谷地是长安—新丰—潼关东西交通干线，向西即丝绸之路。穿越秦岭古道有长安—蓝田武关道；长安—子午谷道；长安—周至—骆峪道。向北有长安—高陵—蒲津关道；长安—三原—延州道。这些道路以长安为中心向外辐射，把长安与外地紧密地联系在一起。

三、水污染问题的出现与加剧

水量是水资源基本组成部分，但水质是评价水资源利用的关键。水质不好的水，就会失去使用的价值，不但难以发挥其经济效益，还会造成公害，危及人民的身体健康和国民经济建设。水质好坏是评价环境变化，乃至国家盛衰变化的指标。

（一）水污染问题的出现

汉长安古城位居渭河一级阶地，阶地组成物质，下部是沙层，上覆亚黏土、粉砂。地下水储存条件优越，城市居民饮水，以凿井开采供给，而生活污水凿渗井排泄，致使潜水经过长时间提渗循环，不断发生污染。据《隋书·庾季才传》称：“汉营此城，经今将八百岁，水皆咸卤，不甚宜人。”汉长安城废弃的原因是多方面的，如凋残日久、屡为战场、宫室狭小等原因，而水质变咸卤，不利人民生存应是主要的原因。

隋唐长安城建在渭河二级阶地上，阶地组成物质，下部是砂层，上覆黄土状土，底部是棕红色土壤与碳酸钙结核层。城市居民饮水除部分利用渠水外仍以凿井提供，生活污水还多是利用渗井排泄，其结果还是不断污染了地下水。原来地下水丰沛，清甜可口。经过 279 年地下水不断污染，井水变得咸苦。李肇《国史补》说，“善和坊旧都御井，故老云非可饮之水，地卑水柔，宜用浣，开元中，日以骆驼数十驮水，以供六宫”。

隋唐以后至中华人民共和国成立前的西安市地区，地下水污染依然严重，曾开渠引水，解决居民生活用水。宋大中祥符七年（1014 年），陈尧咨奏“永兴军（即西安城）井泉大半咸苦，民居不堪食，州臣亲相度城东二里有水渠曰龙首渠，其水清冷甘冽，可五十六丈开渠引注入城，散流缠闾间，出纳城壕，阖城食甜水……”。渠道引水仍然未解决地下水的污染，但在小南门因井底挖穿碳酸

① 史念海：《环绕长安的河流及有关渠道》，《中国历史地理论丛》1996 年 1 期。

续表

钙结核层，沙层甘甜水上冒，名为甜水井。

古长安地下水污染源，是居民生活的污染，不含有毒物质。关中盆地平原有许许多多古老村庄地下水被污染，其原因与古长安城污染的模式相似。即在长期人口密集的古老村庄和城镇，由于人畜粪便以及许多遗弃的含氮有机物，经过微生物分解，大量含氮有机物质，在适宜条件下被矿化成硝酸盐和溶于水中的各种离子、分子和微粒（表二）。以村庄为单元污染了的地下水，含有相当数量的硝态氮和其他可溶盐，污染了局部潜水，透明、无色、无臭、味苦、燥涩、咸，一般为中性或碱性。因水中的硝态氮，浇到农田里，既有肥，又有水，故增产效果显著，群众称为油水、苦水、赖水、含氮井水或肥料井。

表二　关中部分农村污染水的盐分组成

地点	酸碱度 pH	总盐量 克 / 升	硝态氮 克 / 方	阴离子（毫克当量 / 升）					阳离子（毫克当量 / 升）				钠吸附比
				硝酸根离子	重碳酸根离子	硫酸根离子	氯离子	总量	钙离子	镁离子	钠离子	钾离子	
兴平县马嵬	8.4	1.3	74.2	5.3	6.1	4.2	5.8	21.4	3.9	11.5	5.9	0.07	2.0
兴平县药市	8.1	1.8	85.4	6.1	8.6	8.0	7.4	30.0	4.4	19.1	6.5	0.03	2.0
武功姚安	8.0	2.6	165.2	11.8	7.0	12.7	7.9	39.4	11.9	23.2	4.3	0.03	<2.0
兴平县田阜	8.4	2.7	51.8	3.7	10.2	17.6	13.7	45.2	48	24.3	16.1	0.04	4.5
兴平县西吴	8.3	4.7	54.6	3.9	16.1	27.3	30.2	77.5	5.0	36.3	36.1	0.08	8.0
兴平县赵村	7.7	1.5	319.2	22.8	6.4	41.2	24.8	95.8	27.6	52.8	14.7	0.06	<2.0

（二）水污染问题的加剧

西安城市原是最严重的污染源，中华人民共和国成立后，随着城市人口猛增和工业迅速发展，未经处理的工业废水和城市生活污水大量排入河道，促使八水不同程度污染，更使地下水污染不断扩大，水质变得更差，并含有毒物质。

1. 河流水质污染[①]

渭河　西安市最大的一条河流，沿河地带受城市影响，河水已被污染。渭河每日排向黄河约1069吨黑色污水，含有铜、汞等重金属元素，氧化物严重超标。黄河中游的支流有汾河、渭河、涑水河等，都已发生严重的污染，它们源源不断地流入黄河，影响到下游沿河几百万人的饮水、灌溉和工业生产，形成了黄河下游另一种“水患”。

① 陕西省地质矿产局：《西安市城市地质图集》，西安地图出版社，1989年。

灞河　轻度污染，主要污染物质是硫化物、氨、酚和氟化物。

浐河　是接纳污染物较多的河流，从田家湾以下已被污染，十里铺至灞河口。污染严重。属中度污染河段。

潏河　沿河许多工厂企业，将未经处理的工业废水直接排入，香积寺至申店河段，污染较严重，有害物质超标。

沣河　原来污染较轻，随着乡镇企业的崛起与当地民众不断开矿，未经处理的污水直接排入河里，污染也在不断加重。

皂河　是重污染河段，实际已成为排污沟，主要污染物是有机物和有毒物，均来自市郊化工厂、造纸、建材等企业。不仅污染了地表水，也污染了地下水。

2. 人工河湖及水库的水质污染

西安市护城河、大环河、兴庆湖、团结四库等，均污染较严重。护城河以溶解氧、亚硝氮为主，超标率100%。兴庆湖、大环河以三氧、氨、氮、亚硝氮为主。团结四库以COD、氨、氮、亚硝氮为主。大环河、兴庆湖、团结四库五毒有害物质均有超标记录，污染严重（表三）。

表三　西安市主要河流和人工河、湖质监测成果表（1983年）

河流	项目 / 指标	总硬度	化学耗氧量COD	生物需氧量BOD5	亚硝酸盐氮	挥发酚	氰化物	砷	总汞	六价铬	氟	氧化物
渭河	平均值（毫克/升）	4.21	11.58	8.65	0.102	0.015	0.0024	0.0135	0.0002	0.031	0.6	0.07
	超标率%		90	81	35	25				20	11	35
浐河	平均值（毫克/升）	4.64	9.34	8.17	0.108	0.008	0.0103	0.005	0.0002	0.32	0.5	0.99
	超标率%		46	64	38	21	8			13	8	50
灞河	平均值（毫克/升）	3.43	3.31	4.77	0.037	0.0033	0.0007	0.001	0.0001	0.011	0.4	0.11
	超标率%		17	40	14							5.5
沣河	平均值（毫克/升）	3.48	4.8	3.22	0.023		0.0002	0.0001	0.002	0.009	0.2	0.20
	超标率%		22	17								83
潏河	平均值（毫克/升）	4.32	13.76	2.08	0.033	0.037	0.0008	0.004	0.0005	0.02	0.3	0.17
	超标率%		40	11		0.17			37	3	3	67
皂河	平均值（毫克/升）	4.97	31.1	21.39	2.4333	0.1613	0.2077	0.035	0.0004	0.032	1.9	0.17
	超标率%	86	187	79			17	28	0.096	10		
护城河	平均值（毫克/升）	9.84	15.96		1.39	0.0037	0.0105	0.009	0	0.036	0.9	0
	超标率%		100		100							
兴庆湖	平均值（毫克/升）	4.87	16.5	11.78	0.128	0.002	0.0002	0.004	0.0001	0.009	0.8	0.18
	超标率%	100	100	80	40						100	60

3. 地下水污染加重

西安市地下水污染，以城市为中心，北起草滩镇，南至八里村，西从皂河附近，东到等驾坡，约218平方千米，水质已大部不宜饮用。根据省地矿厅资料，西安市地下水污染的情况与污染的分区，采用矿化度、总硬度、硝酸根、氯离子、六价铬、氟和酚等七项指标，按其超标项目的多寡，把潜水污染程度分为重污染区、中度污染区、轻度污染区和良好区。

重污染区　指潜水中有三项以上超标物，且超标在一倍以上。

主要分布在城区与北郊污灌区、西郊工业区、东郊胡家庙、韩森寨，以及南郊吉祥村、小寨等地。重污染区硝酸根、氯化物、矿化度、总硬度等都十分高，水质很差，不宜饮用。

中度污染区　指潜水中有二、三项污染物超标，且超标小于1倍。污染范围北到草滩，西到湟河，南到三爻村，东到十里铺，成环状分布于重污染区外围。该区三废排放量较大，主要的排污河、污水库、垃圾堆等都在此区。潜水水质较差，不宜饮用。

轻度污染区　指潜水中有一项污染物超标，最大超标0.5倍。环绕中度污染区外围分布，北到草滩农场车站，南到长安县韦曲镇，西起三桥镇，东抵浐、灞河附近。

未遭受污染区　指区内潜水除有个别污染外，潜水水质清洁，适宜生活饮用[①]。

四、治理西安水环境的对策

当前西安市地表水资源特点是数量少，地区分布、年内和年际分配不均，水质污染日益严重。治理西安水环境，就是要让八水焕发青春，恢复优美的自然环境，防治污染，建成社会主义现代化的城市。这是一项庞大的综合系统工程，涉及城市建设各个部门。而环境破坏和水的污染，是经过漫长的岁月，必须要有长远规划和近期安排。西安市为使八水焕发青春，已做了不少工作，但存在的问题也不少，为了进一步开发，利用八水的宝贵资源，拟采取以下三项主要措施。

（一）加强秦岭生态环境保护

秦岭山地在西安段，总土地面积1275.92平方千米，占全市总面积的12.64%，山区总人口8.48万人。森林植被是山地生态的最重要组成部分，它具有调节气候、涵养水源、调节河流径流，抑制土壤侵蚀，美化环境，防止污染等多种功能。山区林地因受人为破坏日趋严重，除太白山自然保护区天然植被保存较好外，广大山区由于森林面积不断缩小，水土流失增强，年平均侵蚀模数1592吨每平方千米，水土流失面积达811.79平方千米，占山区总面积的64%。因失去森林调蓄洪水作用，八水的河源水量不断减少，与此同时，山洪泥石流灾害频繁。如1957年沣河山洪泥石流，死亡110人，倒塌房屋2636间，塌窑96孔；1980年户县泥石流影响惠安公司和电厂；1988年蓝田葛牌乡泥石流死亡49人。因此要严禁毁林开荒，陡坡耕地，退耕还林，扩大森林覆盖率，促进水汽循环，涵养水源，控制水土流失，维护生态环境[②]。秦岭山区地表水丰富，水质好，天然水资源占全市81.6%，随着山区旅游事业迅速发展，应有计划地建立旅游点，防止水土流失。应该在山区兴建控制性骨干蓄水工程，拦蓄洪水，增加水资源，这既可减少洪水灾害损失，又可保护水资源。

---

① 中国科学院西北水土保持生物土壤研究所：《肥水》，科学出版社，1973年。

② 李昭淑：《西安市自然灾害的成因与防治研究》，《西北大学学报（自然科学版）》1991年3期。

（二）解决城区防治污染的途径

1. 开源节流，告别“水荒”

西安市为了解决城市供水，加强水源地保护，搞好黑河引水工程[①]。自1996年6月28日引石头河水流入西安之后，再也不会出现像1995年那样缺水状况。周至黑河金盆水库建成后，连同自来水公司的地下水，西安日供水量可达180万吨，已向“水荒告别”。西安水质得天独厚，目前主要六大水源地采取了水源保护措施，地下水质不易受到污染。黑河水源水质清纯，可达一级标准。因此，西安市有良好的水源和水质，经过自来水公司对各地水源的净化处理，自来水清甜可口，不含异味。自1995年至1999年供水达标率连续5年达100%，市民已饮上了放心水，但西安水资源是有限的，供水虽然有所缓解，仍需节约用水。

2. 减轻污染，改变环境

西安市的大气污染十分严重，因能源以煤为主，兼有油、气等燃料。据1995年资料，二氧化硫超标率12.6%，氮氧化物超标14.1%，总悬浮微粒超标62.5%。其中燃烧排放占主要地位，故西安大气污染属于较典型的煤烟型污染。不仅严重危害居民健康，而且影响工农业生产，腐蚀和破坏建筑物、破坏城市环境和生态。市政府积极采取措施，以城市天然气气化工程为契机，加大大气环境污染综合治理力度，改善大气环境质量。主要举措：①改善城市以煤为主的能源结构，引用陕北气田，加快城市天然气气化工程建设。1999年天然气、煤气、液化石油气用气总户数预计达到54万户，并完成燃煤茶浴炉使用天然气的改造工程。②积极开展汽车尾气污染的治理，一方面，推广无铅汽油；同时大力推广天然气汽车，遏制氮氧化物和汽车尾气污染。③加快城市集中供热工程建设，限制拆除已建的分散燃煤供热锅炉。④巩固和提高已建成的烟尘控制区。⑤加强城市建设工地扬尘和市政工程施工工地的管理。⑥增强市民环保意识。经治理后西安市大气污染逐渐好转，1998年比上年污染物浓度指标下降5%，全面遏制大气公害，早日还空气以清新，还天空以蔚蓝，正在逐步实现。

西安市洪涝灾害与污染防治。根据西安市农业区划委员会水利区划组资料，全市地表水资源量24.87亿立方米，秦岭山区年径流量占81.6%，平原、丘陵和台原年径流量仅占18.4%，由于地表水年内分配不均，年际变化大，易造成洪涝灾害。先后对渭河、沣河、潏河、浐河、灞河、黑河、涝河等河流逐年治理，使其日趋完善。不但保护了沿岸农田、村庄安全，也对城区安全起了保障作用。西安市1995年排放废水3397.7万吨，处理量1114.9万吨，处理率近达41%，为了进一步减轻地表水污染，对所有水源地制定保护区，严格执行经省人大批准的《西安市饮用水源污染防治管理条例》，同时，加大对企业单位排放污水治理，坚决取缔、关闭小造纸厂等“十五小”企业，力争2000年所有工业排污达标。

西安市护城河杂草丛生，臭气扑鼻，是蚊蝇滋生地，已成为污染的公害河。护城河综合治理工

① 李继瓒：《黑河水库库区及库周的植被调查与生态学评价》，《西北植物学报》1988年5期。

程已于1998年全面开展，由驻陕某部工兵团战士承担，在脏、苦、累、差的条件下，顽强拼搏，日夜鏖战，正在为建设秀美护城河工程而战斗。护城河环境风景区周长14.6千米，平均宽度130米，占地总面积2600多亩，综合治理除清淤衬砌外，还要完成河床下的雨水管道铺设、两岸铺石工程和采取护坡植物措施。为了防止护城河污染和泥沙淤积，每隔一段距离修建沉泥池，以便清淤。护城河水源引自曲江池分水厂，通过退水管道，防止污染。这是一项以“墙、林、河为一体，历史文物与自然景观相结合”的工程建设，将是目前我国以城郭为主体，以园林水榭作环抱，规模最大，恢复保存最完整，历史最悠久的一个环城旅游风景区。

结合全面整治市容环境，对所有沿街绿化带和花坛进行整修，对城内裸露地带统一规划全面绿化。彻底清理市区和近郊区积存垃圾，1999年底以前，老城区及外主干道沿线全部实现垃圾袋装。

3. 建好渭滨“九里堤”，美化西安“北大门”

渭河是流经西安市最大的一条过境河，管辖河道全长28.65千米。属于游荡性河道，河槽宽浅顺直，比降0.65‰，主槽摆动不定，河心沙洲发育，河宽1～1.5千米，河槽冲淤交替，不断北移。汛期洪水猛涨急落现象明显。

堤防是抗御洪水的主要设施，用以约束水流和抵御洪水，保证城镇和农业生产安全度汛。西安市郊渭河大堤长28.65千米，大堤顶宽6米，堤高4～5米。灞河以西有三个险工段，即华山分厂险工段、四分厂水源地险工段和空军通校-农六险工段。河道整治目标，护岸控制主流，力求把“宽、浅、乱”的河道整治为较通顺的河道，控制河道的游荡摆动幅度。控制河岸长约53%，弯道顶冲段多数已布设工程，河势有所控制，摆动逐渐减小，治理已取得了一定成果。

大堤生物工程措施，包括林业植树造林。养灌育草和农业合理垦殖。渭河大堤是永久性的建筑物，由河堤两侧的水流堆积物建造而成，虽然人工夯压，增加了密实度。但长期受降雨冲刷，径流侵蚀，地下水浸泡影响，发生不均匀沉陷，以及受风蚀的影响、有害动物所造成的蚁穴鼠洞，使大堤表面和堤坡产生雨淋沟、裂缝，当发生洪水时，就会形成祸患。为了长期保护大堤，就必须搞好后续生物工程，否则将影响大堤寿命。生物工程能拦截雨水减缓径流，防止雨滴对大堤的溅蚀和冲刷，因而能保水固土，延长径流汇流的时间，长期庇护大堤，减轻流水侵蚀。防浪林带能有效地防止洪峰冲击大堤。在护堤地发展果林，既能增加经济收入，又为护堤提供资金。生物工程的建设，能改变大堤生态，增强抗洪能力，因此，大堤工程和生物工程建设，是相辅相成、互相依存。应积极加强生物工程建设，有效地发挥大堤防洪作用。标准化堤防建设和生物措施相结合，其示范段位于西三桥南端两侧，全长4.5千米，名曰“九里堤”，建成之后对美化西安北大街有着积极意义。

五、结　　语

长安古都利用了特有的地貌结构，优美的自然环境，才为世界名城。八水滋润千古帝王都，哺育着古今长安人。西安水环境的变迁，影响城市建设、生活和工农业生产的发展。西安水质从古代以生活为主污染源，发展到现在以生活和工业为主的复杂污染源，已有2000余年的漫长历史过程，是世界城市污染少有的现象；利用肥水发展农业生产，也是国际罕有的奇迹。它的发展过程，为人类认识和防治城市污染建立了一个典型的模式。随着西部开发大好机遇和山川秀美工程的建设，西安市人民政府积极采取了有效防治污染和保护水环境措施，已取得明显成果，让八水焕发美丽的青春，将是有期可待。为把西安建成为经济繁荣、工业发达、科技领先、环境优美、旅游兴盛、交通发达、信息畅通、文明整洁的城市而努力。

（原载《中国历史地理论丛》2000年3期，39～53页）

论关中盆地古代城市选址与渭河水文和河道变迁的关系

殷淑燕　黄春长

从历史发展过程来看，城市的选址、建设、发展、迁移与自然环境、自然资源之间相互作用和相互影响。在历史上，关中盆地曾建立过多个城市，也是全国著名的古都所在地。在不同历史时期，城市所在地的自然环境条件有着较大的差异。作为黄河中游地区的一个典型的环境敏感地带，关中盆地古城的选址与迁移都与自然环境和资源条件有着密切的关系。过去，人们在研究该区域城市选址、建设、发展和迁移等问题时，更注重探索政治、经济、军事、文化等人文因素，而忽视环境变迁对其产生的影响，就历史时期城市发展迁移与环境变迁互动关系进行深入研究的还很少，只有少数该领域的探索性文章发表①。本文拟从环境变迁、人地关系演变的角度入手，探索分析历史时期渭河水文、河道变迁与关中盆地中心城市选址之间的相互关系。

一、历史时期渭河水文与河道变迁

在历史时期，渭河不论是水量、水质还是河道位置都发生了较大的变化。

1. 渭河水量的变化特点及其原因

历史时期以来，渭河水量变化的特点可以总结为：常水量持续减少，季节性越来越明显，洪涝灾害不断增多。

关中地区3000年来的气候水文变化，具有明显的波动性。大致说来，西周时期气候明显干旱，秦汉时期较为湿润；东汉、三国到六朝时期，气候变冷变干，隋唐时期气候好转，变得温暖

① 黄春长、庞奖励、陈宝群等：《渭河流域先周—西周时代环境和水土资源退化及其社会影响》，《第四纪研究》2003年4期，404～414页；王晖、黄春长：《商末黄河中游气候的环境变化与社会变迁》，《史学月刊》2002年1期，13～18页；黄春长、赵世超、王晖：《西周兴衰与自然环境变迁》，《光明日报（理论版）》2001年2月17日；黄春长：《渭河流域3100多年前资源退化与人地关系演变》，《地理科学》2001年1期，30～35页。

湿润。南宋以后直到20世纪40年代末，气候都较为寒冷干旱[①]。而与气候干湿的波动性变化不同，关中地区诸河流的常水量从远古至历史时期直到现代，一直在持续减少，航运条件越来越差[②]。在远古时期，西安城东渭河的支流灞、浐二河附近，文化遗址众多，浐河东岸有著名的半坡，是新石器时代的文化遗址，其中出土相当数量捕鱼工具，一些彩陶上还绘有鱼形花纹，当时的居民以捕鱼作为食物的重要来源之一。现在的浐河一年之中多数时候只是涓涓细流，甚至河床干涸，无鱼可供捕捞，因此那时浐河的水量应该比现在大得多。渭水下游本是周人肇兴之地，据史料记载，周人居于豳时，已在渭水行船。至春秋时，公元前647年，“晋饥，请粟于秦，秦输晋粟，自雍及绛相继”，此即著名的“泛舟之役”[③]。秦国的粮食顺渭河而下，再由黄河和汾水至晋都绛，这足以表明渭河当时的航道是相当长的。而且据《左传》记载，此次“泛舟之役”是在冬季的枯水季节，并非夏秋水大之时。枯水季节尚能行载重的粮船，水位应该不低。后至秦汉及唐代，皆建都于关中，由于关中人口众多，所产粮食不敷食用，故需从关东运粮。运输的水程是先运到黄河岸边，再由黄河而上，进入渭水，运到咸阳和长安。唐代长安城北的东渭桥（今西安市耿镇东南）是渭水上运漕粮的终点。唐代李频诗《东渭桥晚眺》云：“秦地有吴洲，千樯渭曲头。”可见那时东渭桥帆樯林立，俨然一个大型的货运码头。然而隋唐时渭水水量已较秦汉时为小。因为当时在渭水以南开凿漕渠的一个原因是渭水流浅沙深，不利于航运。隋代为开漕渠而下的诏书就说：“渭川水力大小无常，流浅沙深，即成阻阂，计其途路，数百而已，动移气序，不能往复，操舟之役，人亦劳止。”[④]到了宋代，关中不再为建都之地，自然不会再有漕粮西运之事，但利用渭水从长安向东运输粮食的情况偶尔还有，只是数量少了。宋代以后，渭河航运就不再见诸史籍了。由上述事实可见历史时期渭河常水量逐渐减少，航运条件越来越差，以至到现代无航运条件的变化过程。

关中地区水涝灾害的发生在史籍中有非常详细的记载。根据《陕西省自然灾害史料》《中国西部农业气象灾害》等资料及当地县志资料[⑤]，选取史料中有明确记载的灾害事件，可以统计出关中地区历史时期水涝灾害的发生频率（图一）。从图一中可见，在隋以前，关中地区水涝灾害的发生频率少且稳定，而隋唐以后（581～1950年），水涝灾害的发生虽然有所波动，整体上还是呈较明显的上升趋势。渭河是关中地区水系的干流，关中地区水涝灾害以渭河水患为主。因此可以看出历史时期渭河水灾频率也是呈上升趋势的。

---

① 主要参见以下文章研究结果：朱士光、王元林、呼林贵：《历史时期关中地区气候变化的初步研究》，《第四纪研究》1998年1期，1～11页；竺可桢：《中国近5000年气候变迁初步研究》，《中国科学（A辑）》。其他相同研究结果的论文还有较多，在此不再一一罗列。

② 史念海、萧正洪、王双怀：《陕西通史·历史地理卷》，陕西师范大学出版社，1998年，1～52页。

③ 杨伯峻：《春秋左传注》，中华书局，1981年。

④ 《隋书》卷24《食货志》，中华书局，1973年。

⑤ 其中数据主要根据以下资料进行统计：陕西省气象局气象台编：《陕西省自然灾害史料》，陕西省气象局内部资料，1976年，1～263页；冯佩芝、李翠金、李小泉等：《中国主要气象灾害分析》，气象出版社，1985年，14～180页；王建林、林日暖主编：《中国西部农业气象灾害》，气象出版社，2003年，1～164页。

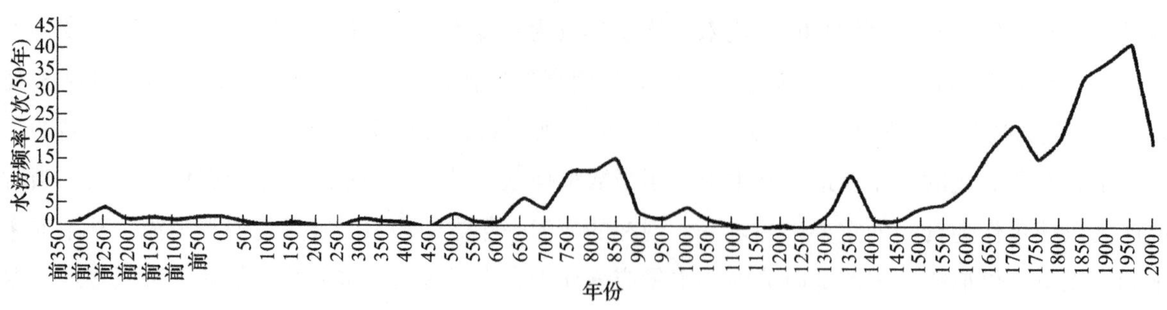

图一　历史时期（前 350～2000 年）关中地区水涝灾害频率统计图

水量的变化及水灾频率的增加既有自然的因素，也有人为的因素。自然的因素虽然不能为人力所控制，但一些人为的作用却能促成或加速自然的变化。就自然因素而言，历史时期呈周期性变化的气候和水文条件变化对河流水量有很大的影响。但是，正是由于这种变化是周期性的，那么就不能很好地解释在 2000 年或更长的历史时期中河流水量逐渐减少以至于干涸、水涝灾害不断增多的趋势。这样一来，就不能不从人为影响方面去寻找原因。关中地区在历史上曾是一个富有森林的地区，冲积平原及河流两侧的阶地有平林、中林和桃林等林区。战国末年，关中被誉为“山林川谷美，天材之利多”①。但后来随着关中地区大中城市尤其是都城的兴起与建设，特别是隋唐时期大规模的城市建设和明清关中地区人口的大幅度增长②，关中地区的森林遭到了严重破坏。秦、汉、隋、唐建都关中，建筑材料与燃烧的劈柴，皆取之于秦岭森林，经过长期的砍伐，致使原始森林几乎损失殆尽。宋朝时由于没有在关中建都，秦岭的林木暂时得到了一定的恢复，经过元代至明代早期，秦岭东端的华阴谷中，“高达千寻，粗逾十围”的松柏还常见，可是到后来随着人口的增加，开垦的加剧，大致从明代中叶起，陕西的森林又遭到了摧毁性的破坏③。清朝前期，人口大增，耕地有限，争田日益激烈，导致矛盾重重，清政府曾对关中地区采取鼓励开垦的政策，如嘉庆四年（1799 年）仁宗谕令，“朕意南山内既有可耕之地，莫若将山内老林，量加砍伐，其地亩既可拨给流民自行垦种，而所伐材木，即可作为建庐舍之用”④。在这种情况下，关中地区的森林植被遭到了极度的破坏。明代早期，秦岭东端华阴谷中的松柏还常可见，可是到后来，就连山岗上都已成了童山⑤。森林可以涵蓄水分，能够均匀地为河流提供水源从而保持河流的水量。森林植被的破坏，使渭河水量季节性变化明显，雨季河流水量陡增，甚至暴溢，水患不断；冬春之季则往往河床干涸甚至断流。常水量减少，航运条件越来越差。事实上，径流时空分布极不均匀是今天关中地区各河流水量的共同特点，渭河及其支流黑河、涝河、沣河、灞河、浐河等河流年际水量变化一般高达 4～6 倍⑥。这种水量的季节差异悬殊，是与流域内森林植被的破坏密切相关的。

---

① 梁启雄：《荀子简释》，中华书局，1983 年。

② 薛平拴：《陕西历史人口地理》，人民出版社，2001 年，23～177 页。

③ 田培栋：《明清时代陕西社会经济史》，首都师范大学出版社，2000 年，344～362 页。

④ 曹振镛、戴均元：《清仁宗实录》卷 53，中华书局，1968 年。

⑤ 李元春、石全润：《关中两朝文钞》卷 9，道光十二年木刻本。

⑥ 陕西师范大学地理系：《西安市地理志》，陕西人民出版社，1988 年，125～155 页。

2. 河道的变迁及其原因

渭河河道变迁特点：在历史时期中下游河道一直向北迁移。关于两千余年来渭河在西安段的北蚀侧移变动，不仅有大量文献记载，并为丰富的考古资料所证实。秦、汉、唐三代都在渭河架设桥梁，以利交通。秦始皇二十七年（前220年）修建横桥，跨渭河南北两岸，汉代改为石柱桥，亦称中渭桥。中渭桥的位置据《汉书·文帝纪》注："渭桥在长安城北三里。"又据《水经注疏》引《雍州图》："（渭桥）在长安北二里横门外。"而汉长安的横门在今六村堡相家巷。如按以上位置推算，则今日的渭河与昔日相比，已向北偏移了5千米以上，每年平均北移2米多①。又据记载，灞水东20里左右有东渭桥。最近考古工作者在高陵耿镇发现唐代开元九年（721年）修建的东渭桥桥址，与历史记载基本吻合。根据卫星图片并结合历史资料和实地考察，它距中华人民共和国后（1965年）新建的高陵耿镇渭河大桥约2600米，在1200年间，渭河平均每年向北偏移2米左右。渭河北岸的秦咸阳宫部分遗址被渭水冲毁，唐代李晟墓碑距今渭河北岸仅30米，也从另一侧面证实渭河变化的基本趋势。现渭河南岸有若干古河道遗迹，这些古河道遗迹，也反映了渭河西安段的演变历史过程。汉代以前的渭河，在汉长安城北侧有两条明显的古河道痕迹。汉、唐时期的渭河，大体从草滩镇附近通过，与东渭桥遗址相吻合。将古河道与今日渭河河道做比较，可以看出，渭河从一级阶地形成以来河道不断向北偏移的规律。

根据不同时期河道位置，可计算出它们的北移速率（表一）。可以看出：①渭河西安段春秋末年以来，河道持续北移，平均北移速率为1.74～2.17米/年；②河道北移速率有加速趋势，由春秋末的0.96～1.43米/年提高到明洪武时的2～3.19米/年；③汉唐以前，东部河道（耿镇、东渭桥）北移速率大于西部河道（中渭桥）北移速率；汉唐以后，西段河道北移速率大于东段河道北移速率。渭河中下游河道持续北移的原因，首先是与构造运动有关，全新世以来秦岭山地新构造运动上升强烈②，渭河北侧又受咸阳—临潼断层下沉的影响，因此，该段渭河总的趋势是由南向北移动。其次由于渭河两岸支流分布不均，南岸发源于秦岭的支流众多且河道比降大，到入渭口水流较为平缓，在入渭的河口地区，诸支流携带的泥沙容易发生堆积，形成类似三角洲式的沙滩，这对渭河的北移起了顶托作用③。此外，汉唐以前渭河西安段东部受骊山上升影响较大，而西部距骊山、秦岭稍远，因此东段北移速度大于西段；汉唐以来，东段河道已靠近北侧较高的二级阶地，受到的阻力较大，同时河道已与咸阳—临潼断层重合，处于相对稳定下降地段，而西段南侧支流堆积越来越强，对渭河的顶托作用更加强烈，因此，出现了西段北移速率大于东段的趋势。

① 陕西师范大学地理系：《西安市地理志》，陕西人民出版社，1988年，125～155页。

② 陕西师范大学地理系：《西安市地理志》，陕西人民出版社，1988年，125～155页。

③ 甘枝茂、桑广书、甘锐：《晚全新世渭河西安段河道变迁与土壤侵蚀》，《水土保持学报》2002年2期，129～132页。

表一　渭河河道北移速率[①]　单位：米/年

地址	春秋末	唐（开元十三年）	明（洪武）	清（顺治）～1979年	平均
中渭桥	0.96（1000/1047）		3.19（4000/1253）		2.17
草滩渡		0.71（1200/1689）	3.19（800/251）	5.56（2000/360）	1.74
东渭桥	1.43（1500/1047）		2.00（2500/1253）		1.74

3. 水质的变化

历史时期以来渭河河水经历了由清变浊、水质不断恶化的过程。流域区内森林植被的破坏，及秦汉隋唐以来在渭河中下游平原建立的中心城市都是直接或间接地以渭河作为排污河，使得渭河河水由清变浊，含沙量增大，渭河及其周围地下水水质不断受到污染，水质严重恶化。

泾、渭二河为关中大川，泾河是渭河北侧最重要的一级支流。此二河的清浊差异曾经长期引人注意。泾河水清，渭河水浊，西周春秋以来被当作定论，两水在汇合处清浊不混，称之为“泾渭分明”。但历史上由于其上游地区森林植被状况的变化，泾河的含沙量也或高或低地发生过变化。在西周时期泾河是相当清澈的，但到西汉引泾水开凿白渠时，就有了“泾水一石，其泥数斗”[②]的说法。南北朝时期，由于上游地区自然植被有所恢复，泾河一度转清，而隋唐时期又复转浊。泾渭以北，黄河有些支流由于含沙量较低，还曾以“清水”或“黑水”命名，可见含沙量较低，但到今天，这些河流都以含沙量大而著名，是黄河泥沙的重要来源。究其原因，当与森林植被的毁坏和严重的水土流失直接相关。渭河作为流域内的主干河流，汇聚了支流的泥沙，含沙量也就越来越大了。

导致渭河水质较差的另一重要原因是从西周以后，西安附近一直有区域性中心城市或都城存在，而这些大城市的城市污水大部分直接或间接地排入了渭河之中。随着城市人口的增加，人们生活中产生的污水日渐增多，渭河的污染也日益严重。唐代诗人杜牧在《阿房宫赋》中形容，“渭流涨腻，弃脂水也”，虽然有诗人的想象，但也可见秦咸阳生活污水对渭河的污染。秦咸阳宫考古发现11处排水管道，各路水管均有一定的坡度，可以让污水迅速排泄，最后排入渭河。汉长安城内的排水排污系统更为完善，每个城门下均有砖和石砌的下水道，贯通全城南北的长达10华里的御街两侧均有排水沟[③]。这个全城规模的排水排污系统可将雨水、污水汇集并排泄至渭河。隋唐长安城经过宇文恺的系统设计与规划，城市排水和排污系统也极为完善。14条南北走向和11条东西走向的大街两侧均有明沟，除明沟之外坊间巷道下有砖砌的暗沟，暗沟与明沟相通，构成了完整的城市排水排污体系，唐代污水的排出口一是通向渭河，另一是通向渭河的支流浐河，当然通过浐河最终也排入了渭河之中[④]。大城市污水的长期排放，结果造成渭河及其周围地下水的严重污染。

---

① 表中数据引自甘枝茂、桑广书、甘锐等：《晚全新世渭河西安段河道变迁与土壤侵蚀》，《水土保持学报》2002年2期，129～132页。

② 《汉书》卷29《沟洫志》，中华书局，1982年。

③ 李恩军：《我国古代城市的排水排污设施的发展》，《环境教育》1998年1期，45、46页。

④ 黄盛璋：《西安城市发展中的给水问题以及今后水资源的利用与开发》，《地理学报》1958年4期，406～426页。

汉末长安城“水皆咸卤，不甚宜人”[①]，宋时西安“城内泉咸苦，民不堪食”，明代“城内穿井饮水咸”[②]，可见渭河及西安附近长期以来地下水受到的污染。到今天，渭河仍是陕西省境内最浑浊和污染最严重的河流[③]。

二、渭河的历史变迁对附近都城选址与迁移的影响

关中盆地是我国文明发祥最早的地区之一。渭河作为关中盆地的母亲河，与关中盆地原始聚落的聚集和城市的发展历史休戚相关。关中地区出现的重要城市有周都丰京与镐京（丰镐）、秦都咸阳、汉长安城、隋唐长安城（隋大兴城）、唐以后的京兆府与西安城。关中地区出现的最早的全国性大城市是周的首都丰镐。丰镐位于渭河以南渭河支流沣河的两岸，离渭河还有一段距离；而秦咸阳城和汉长安城却距渭河很近，紧靠渭河而建，隋唐长安城又远离了渭河，唐以后的京兆府和西安城基本上只是隋唐长安城的缩建，没有再重新选址，离渭河的距离相对也较远些。

就关中平原这块“膏腴”“陆海”之地来说，选择在什么地方建都，从政治、军事及经济意义上来说，差别不大。因为整个关中地区都属于“沃野千里”“四塞以为固”的范围内。但如果从城市用水方面看，关中内部就不一样了。要城市供水和排水方便及航运便利，当然是靠近大的河流最好，而如果该河流水质过差，过于动荡又水患频发，常水量又不够维持航运的话，靠近这样的河流显然对城市的发展有弊无利。

多方面研究表明[④]，西周时期，约从公元前11世纪中期至公元前8世纪中期，关中地区为显著的冷干气候。考虑到这一点，周人选择丰京作为都城是容易理解的。此时气候明显干旱化，丰京地势低平，东临沣水，西侧是灵沼河。灵沼河本是平地起水，它的水源就是一个海子（灵沼）。该河两岸地势低平，每当阴雨连绵，平地即积水成涝，潮湿异常。丰京地形狭长，武王继位后为了扩大国都，在沣水东岸建立了镐京。镐京和丰京一样，都是因水而得名，镐京就在滈池的西南，因滈池而命名。滈池遗址在今镐京观西边，当地群众称为小昆明池，地势低下，遗迹清晰可辨[⑤]。汉代时还因这里地势低下，而在附近兴建了主要的城市蓄水库——昆明池。气候干燥时期，选择地势低平、水源充足地区作为都城所在地，可以较好地解决城市供水。而气候湿润的隋唐时期，是不可能选择这样的区域建都的。

咸阳最初兴建于今咸阳市东渭城区窑店乡，正位于渭水北岸，九嵕山之南。按古人的阴阳观

---

① 《隋书》卷78《庚季才传》，中华书局，1973年。

② 宋伯鲁：《续修陕西志通稿》卷57《水利一》，陕西通志馆铅印，1934年。

③ 张炜：《渭河水质污染调查分析报告》，《陕西环境》1996年4期，25～28页；王西琴、周孝德、李怀恩：《渭河流域工业发展与水环境质量趋势分析》，《水资源保护》2001年1期，18～20页。

④ 黄春长、庞奖励、陈宝群等：《渭河流域先周—西周时代环境和水土资源退化及其社会影响》，《第四纪研究》2003年4期，404～414页；朱士光、王元林、呼林贵：《历史时期关中地区气候变化的初步研究》，《第四纪研究》1998年1期，1～11页。

⑤ 史念海：《汉唐长安城与生态环境》，《中国历史地理论丛》1998年1期，5～22、251页。

念，山南水北这些日照时间较长的地方称“阳”，因具有“山水俱阳”的地理特点，故名咸阳。选择阳面之地构筑城市，是古人选择城址的理念之一。且秦咸阳北依高原，南临渭水，是关中东西交通的枢纽，渭水在咸阳附近折向东北，咸阳正好是关中东西大路函谷道与渭北道的交汇处，直接控制着这两条大道，也控制着向东南的武关道。自古以来人们东去西往就必须从这里渡渭。渭北道向东经函谷道直通黄河，而向北的直道则通长城外。从交通上来说，咸阳位于交通网的中心，位置十分优越。咸阳临近渭水，选作都城当然也考虑到城市用水及航运条件。但是，渭河北岸虽然有山水俱阳、陆路与航运便利的优点，在这里建筑一个大的都城，却有着天然的缺陷。由于渭河两岸地形差异明显，两侧支流的情况完全不同。渭河北岸支流发源于黄土高原，支流少，且泥沙含量大，西安境内只有泾河和石川河，而且这两条支流都在关中平原的东北角上，在渭河下游入渭，距关中中部较远，加之河道纵坡变化小，水流活力也不如南侧河流，即使要建设引水工程也不适合；而南侧支流发源于秦岭山脉，由山间小溪汇聚而成，支流多，著名的较大的支流就有涝河、沣河、浐河、灞河、潏河、黑河、太平河、戏河、零河等多条，常水量较北侧大，且支流上游位于山区，河水清澈，水质也远好于北侧支流。南侧地形起伏大，河道纵坡变化明显，水流活力也强于北侧支流，引水也较为方便。因此城市建在渭河北岸，供水与纳污都要依赖渭河这同一条河流。随着城市的发展，污水量的增加及附近植被的破坏，渭河的水质下降，不堪供应；另外，渭河向北迁移，长期侵蚀北岸，使北岸形成陡崖，渭河主河槽直逼陡岸一侧，往往造成严重的滑塌[①]，地形不稳，也不利于城市的发展。所以渭河北岸虽然山水俱阳，却并不是建立一个大都城的合适位置。事实上，不但除咸阳外，后世没有在渭河北岸建立过大的中心城市，即使是秦咸阳，在后期也开始向渭河南岸发展。虽然渭河北岸的咸阳宫始终是秦王朝政治活动的中心，但渭河南岸的阿房宫却是作为朝宫来兴建的，建设阿房宫，政治中心已有向南移动，取代咸阳宫之趋势。阿房宫在古滈水和潏水之间，东距潏水和西距滈水都不甚远（古潏水河道大致相当于今天浐河河道，唐代时杜正伦绕神禾原北侧开挖了一条人工河道，使潏河改道西流纳入沣河水系）[②]。杜牧在《阿房宫赋》中提到“二川溶溶，流入宫墙”，二川指的就是滈水和潏水[③]，而流入宫墙当然是引导的结果。诗赋中所反映的情况可能不尽属实，却也可以想象阿房宫选址时必然是考虑到引水问题的。

渭河的北移侵蚀、渭河水质的下降、渭河北部支流的特点，都使以后关中地区都城选址只能选择在渭河南岸。相对于渭河北岸来说，渭河南岸平原开阔，河流密布，支流上游河水较为清澈，自然条件比渭河北岸优越得多。汉长安城兴起于龙首原西北麓，以龙首原为基地向北展开，直抵渭滨。城北由于受到渭水的制约，北墙还不得不曲折和向东北方向斜行，以致汉长安城呈现“斗城”的形状。这样靠近渭河，当然也是考虑到供排水与航运问题的。刘邦是在娄敬和张良的说服下定都汉长安城的。张良言：“……夫关中左殽函，右陇蜀，沃野千里，南有巴蜀之饶，北有胡苑之利，阻三面而守，独以一面东制诸侯。诸侯安定，河渭漕挽天下，西给京师；诸侯有变，顺流而下，足以委输。此所谓金

① 陕西师范大学地理系：《西安市地理志》，陕西人民出版社，1988年，125～155页；甘枝茂、桑广书、甘锐：《晚全新世渭河西安段河道变迁与土壤侵蚀》，《水土保持学报》2002年2期，129～132页。

② 陕西师范大学地理系：《西安市地理志》，陕西人民出版社，1988年，125～155页。

③ 李恩军：《我国古代城市的排水排污设施的发展》，《环境教育》1998年1期，45、46页。

城千里，天府之国也。”[①] 正是张良的分析，使刘邦下定决心，当天即下令迁都关中。可见汉定都长安，除了从军事上考虑到关中地区便于防守之外，另一重要原因是考虑到渭河漕运问题。要方便漕运，城市也就尽量靠近渭河。汉长安城供水利用的是渭河的支流，先是引用城西的潏水，后来随着长安城的扩大和人口的增加，汉武帝元狩三年（前120年）又引洨水在地势低洼的城西南滈池南侧修建了昆明池，成为汉长安城的主要水源。城市污水通过排水管道最后排入渭河[②]（图二）[③]。也就是说，汉长安城是以渭河南部发源于秦岭的渭河支流为供水源，而以渭河为排水排污河。这实际上也是以后西安附近中心城市的基本供排水模式。还有一点值得注意的是，虽然定都长安的重要理由之一是希望借渭河漕运作为都城的物需供应，但事实上，汉代时渭河在漕运方面并没有起到预想的作用。汉代漕粮转运实际上主要靠的是漕渠。漕渠是汉武帝元光六年（前129年）开凿的，从长安城西北引渭水东流，又从以洨河水为水源的昆明池经昆明故渠接济水量，到城东接合了浐、灞两水，在渭水之南，大致与渭水平行，东至潼关附近入黄河。不直接以渭河航运，而通过漕渠，漕渠再以昆明池水和浐、灞两水作接济，主要就是因为渭河常水量不足，含沙量又大，不利于航运。开凿漕渠还有一个原因是渭河上下游河道迂曲异常，航运耗费时间过长，但常水量不足还是主要原因。

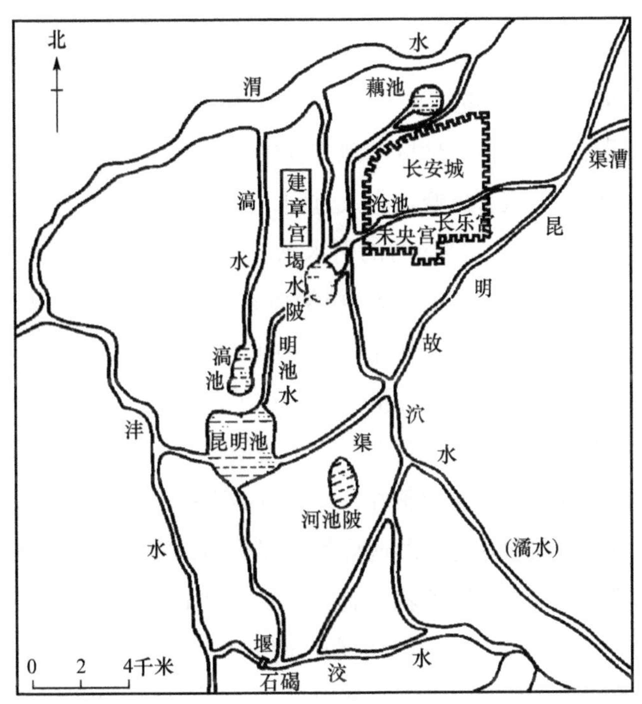

图二 汉长安城水利示意图

① 《史记》卷55《留侯世家》，中华书局，1959年。

② 李恩军：《我国古代城市的排水排污设施的发展》，《环境教育》1998年1期，45、46页；黄盛璋：《西安城市发展中的给水问题以及今后水资源的利用与开发》，《地理学报》1958年4期，406～426页。

③ 图二参考以下文献绘制：郑连第：《古代城市水利》，北京水利电力出版社，1984年，26页；陕西省城乡建设环境保护厅：《西安环境质量评价研究图集》，陕西师范大学出版社，1986年，6、13、21页；西安市地图集编纂委员会：《西安市地图集》，西安地图出版社，1989年，73、103页。

既不再直接以渭河为城市水源，而依靠其南侧来自秦岭的渭河支流供水；渭河水量又变化无常，无法指靠渭河进行有效的航运，加之陆地交通网进一步完善，交通工具发展，这种情况下城市建设再靠近渭河已看不出任何意义。而且渭河附近由于长期的城市排水排污，又地势低凹，水皆咸卤不适饮用；过于靠近渭河，渭河水量无常，水患频发，城市还容易遭受洪水的侵袭。这种情况下，隋唐长安城选址时只能废弃汉长安城旧址，而向地势开阔，平原面积较大的龙首原南发展。隋唐时期人口进一步增多，城市功能分化，更加复杂，城市需用土地大大扩张。宇文恺经过统一整体规划，选择了渭河南岸的二级阶地建立都城。隋唐长安城比汉长安城位置偏南，更靠近发源于南山的诸河流，城市周围河网密布，加之隋唐时期气候温暖湿润，河流水量较大，形成了所谓“八水绕长安”的景观，城市水源非常充足。城市供水除引城南的潏水、洨水外，还引入了城东的浐水，排水除直接排入渭河外，也有一部分先排入了浐河，再汇入渭河[①]。虽然隋唐时期气候湿润，但是仍可看出渭河常水量不足和含沙量过大，不利于航运的特征。隋唐的漕运主要还是依靠漕渠。唐长安城下的漕渠是隋时开凿的。隋文帝为开凿漕渠颁布的诏书，说开凿漕渠的原因是渭水下游流浅沙深，不利于漕舟的运行，因而也就不能不开凿漕渠。可见这时渭河已不堪用于航运了。

唐朝以后关中地区不再是都城所在地。唐代末年，朱温胁迫唐昭宗东迁洛阳，同时把长安城内的宫室庐舍尽行拆毁，利用渭河和黄河顺流而下，运到洛阳。同年长安佑国军节度使韩建缩建长安为“新城”，成为唐末至明清时西安的主要范围。现代西安市的范围则基本上是在隋唐长安城的基础上向四周扩展。以后西安一直为西北地区的地方性中心城市，不再是都城所在地。唐末时人口既大为减少，又非首都所在地，渠道管理修治少人过问，加之宋与明清时期气候的冷干化发展，降水量减少，导致河流本身常水量减少，隋唐时的引水系统也就逐渐湮废了。居民引水主要依赖井水，井水咸苦不堪饮用时，也反复修复过龙首渠或通济渠引潏水及滈水作为水源[②]。唐代以后关中地区无法成为都城所在地，也与渭河不堪航运密切相关。唐中叶以后全国的经济重心由黄河中下游地区转移到长江中下游地区，长江三角洲地区的经济发展超过了黄河流域，全国经济重心随之南移。都城所需的大量物资都需要从南方运送，古代物资运输主要依赖航运，黄河和渭河的水运条件变差，使长安城的供给日益艰难。没有良好的航运条件，是不可能维持一个远离经济中心的都城的正常运行的。众所周知，作为都城，洛阳和开封地形地势条件都不如长安，洛阳长期作为陪都，开封在唐代之后能够取代长安成为都城，主要的原因就是航运方便，便于供给京城需要的大量物资。唐高宗和武则天居住洛阳的目的之一，就是要方便消费来自南方和关东的漕粮及物资，史称皇帝“就食”，北宋时太祖赵匡胤几次欲迁都于长安或洛阳，都因为在开封可以比较方便地取得漕粮和其他消费物资而作罢。正如铁骑左右厢都指挥使李怀忠说：“东京（开封）有汴渠之漕，岁致江淮米数百万斛，都下兵数十万人，咸仰给焉。陛下居此，将安取之？”[③]明清时则更多是因为政治、民族与军事因素建都于北京，因此，西安在唐朝之后失去了都城的地位，除了国家的经济与政治中心转移的原因

① 李恩军：《我国古代城市的排水排污设施的发展》，《环境教育》1998年1期，45、46页。

② 黄盛璋：《西安城市发展中的给水问题以及今后水资源的利用与开发》，《地理学报》1958年4期，406～426页。

③ 李焘：《续资治通鉴长编》卷17，中华书局，1992年。

外，应该说也是与渭河越来越缺乏航运条件有着一定关系的。

三、小　结

根据以上分析可见，关中地区都城迁移的特点：生活用水从依赖渭河水源到改用支流水源；交通以渭河航运为主到依赖漕渠再到缺乏航运条件；城市从渭河北岸迁移到渭河南岸，从靠近渭河到远离渭河。

城市靠近渭河的原因主要就是方便生活用水和航运。城址选在渭河北岸可取山水之阳，但北岸支流少，泥沙多，供水条件不如南岸。且北岸平原面积局促，渭河的北迁又使北岸侵蚀严重易于滑塌，地形不稳，使秦后期及其后的都城城址向渭河南岸发展。严重的河水与地下水污染，使渭河及附近无法供应城市需水，所以只能改用渭河南岸支流作为水源。既不能作为水源，水量的暴涨暴缩及含沙量越来越大又使渭河难于航运，水患频发，是汉至隋唐以后城市选址由靠近渭河至离渭河较远，而向更南发展的根本原因。虽然渭河水量变化有一定的自然气候因素，但在使渭河含沙量过大，水质污染严重，水量暴涨暴缩这些方面，人为因素的影响还是非常大的。努力恢复流域内的森林植被，尽量减少对渭河河水的污染，是使渭河流域生态系统向良性发展的唯一有效途径。目前，随着西部大开发的深入，西部地区大中小城市迅猛发展，遇到了一系列新的环境、资源问题。还有全球变化带来的环境和水土资源的变化，不合理开发建设诱发的环境问题等，使得城市发展当中环境和资源条件的限制日益凸显出来。深入探索研究渭河流域历史上城市发展迁移与渭河变化的互动关系问题，不仅对于科学地理解黄河中游地区历史上城市的发展演变和与环境变迁互动规律具有重要的理论意义，同时，对于目前在全球变化的环境背景当中，黄河中游地区各类型城市的建设发展，也可提供一定的历史经验借鉴。

［原载《陕西师范大学学报（哲学社会科学版）》2006 年 1 期，58～65 页］

灞河中下游河道历史变迁及其环境影响

桑广书　陈　雄

古都西安河流环绕，历史上曾是“八水绕长安”。河流不仅为古都西安的形成和发展提供了资源和景观条件，河流的变迁也会对城市的发展产生重要影响，因此西安周边历史时期河道变迁研究是西安历史自然地理研究的重要内容。“长安八水”中由于渭河西安段历史上北移侧蚀强烈，引起了历史地理研究的关注，研究比较深入，基本上弄清了历史上渭河河道变迁的过程[①]。西安东部的灞河曾经是长安城东重要的天然屏障，对长安城有着十分重要的意义。然而其河道历史变迁的相关研究却一直较为薄弱。2004 年隋代灞桥遗址重现后，灞河沿岸考古发掘活跃，考古成果一方面为研究灞河河道的历史变迁提供了依据，另一方面也迫切需要恢复灞河河道的历史变迁过程为考古工作提供支持。本文拟就灞河中下游河道的历史变迁特点及其产生的环境影响做一探讨。

一、灞河河道特点

灞河古称滋水[②]，位于西安市东部，是渭河一级支流。灞河发源于蓝田县东部灞源乡箭峪岭，流经灞源镇后向西转折，以先成河穿过华山断块西端峡谷进入蓝田谷地。在蓝关镇以西受白鹿原阻挡转向西北流，下游接纳浐河后注入渭河。干流长 109 千米，流域面积 2581 平方千米。

灞河有清峪、峒峪、道沟峪、流峪四源，四源在玉山镇汇流后始称灞河。灞河河谷在玉山镇以下较为宽广，普化附近谷地宽 4～5 千米，蓝关镇附近最宽达 10 千米。蓝关镇以下河道狭窄，新街附近最窄仅 1.5 千米。灞河在毛西村以下进入渭河平原，河床宽浅，河道形态为顺直微弯形，在广太庙附近接纳浐河。受渭河顶托影响，灞河河口多心滩，河口形成向东敞开的三角洲。

灞河按河道地貌特征，蓝关镇以上为上游段，属山区性河流，河道为山间峡谷与宽谷盆地。蓝关镇至毛西村为中游段，河道为谷地形态，两岸极不对称，右岸为山势和缓的骊山，支流众多。左岸河道与白鹿原交接，河道直逼白鹿原坡脚，白鹿原边坡高差达一百多米，坡度 10°～20°的陡坡，形成如墙似壁的地形。毛西村以下为下游段，下游段是平原性河流，河床比降小，河流流速缓慢。

---

① 李令福：《从汉唐渭河三桥的位置来看西安附近渭河的侧蚀》，《中国历史地理论丛》1999 年增刊；桑广书：《秦末以来秦都咸阳地貌演变》，《地理科学》2005 年 6 期。

② 《水经注》卷 19《渭水》，“（灞水）古曰滋水矣，秦穆公霸世，更名滋水为霸水，以显霸功”。

按照灞河河道的地貌特点，本文主要研究蓝关镇以下灞河中下游河道的历史变迁及其环境影响。

二、灞河中游河道变迁与环境影响

（一）中游河道变迁

灞河中游河道变迁是河流地貌演变的漫长过程，这一过程要用地质历史来衡量，通过研究河谷地貌来揭示河道的演变。灞河中游两岸地貌极不对称，在骊山断块新构造抬升运动的影响下右岸抬升，致使灞河河道一方面下切，另一方面不断向西侧移。这样右岸形成了宽广的五级阶地，左岸形成了白鹿原陡坡。根据阶地的发育规律，阶地基底的地层年代代表阶地的形成时间。阶地的前缘位置代表阶地形成时的河流位置。相邻阶地基底高差代表阶地形成过程中河流的下切量。选取蓝关镇附近作为灞河中游河谷地貌的典型剖面，其河道地貌特征表现为[①]：

1. 河漫滩

灞河河漫滩高出河床0.5～2米，宽数十米至数百米，堆积物为全新世晚期冲积亚黏土、砂卵石层，与一级阶地有斜坡或陡坎过渡。

2. 一级阶地

灞河一级阶地宽1～2千米，基底由全新世早期冲积砂卵石层夹砂质亚黏土构成，高出灞河河床5～6米。基底之上发育有厚0.5～1米的黑垆土层，黑垆土的^{14}C年代为8800年±116年[②]，说明一级阶地形成于距今8800年左右的全新世早期。

3. 二级阶地

灞河二级阶地宽900～1000米，底部基座高出河床9～12米。基座为第三系河湖相砂卵石层，上部覆盖1～3米具有水平层理的冲积黄土，之上为10～15米的晚更新世黄土，黄土的第一古土壤层与下部的冲积层接触，第一古土壤层的年代为距今116500年±14700年[③]，说明二级阶地形成于距今12万～11万年。

4. 三级阶地

灞河三级阶地宽1.5～2.5千米，属基座阶地，基座高出河床20～25米。基底为第三系河湖相沙砾层，向上为厚20～25米的风积黄土，黄土中的第三层古土壤层与基底接触，根据第三古土壤层的年代，三级阶地的形成年代在距今30万年左右。

---

① 甘枝茂：《黄土高原地貌与土壤侵蚀研究》，陕西人民出版社，1990年。

② 雷祥义、屈红军：《西安白鹿塬边黄土滑坡的稳定性与人类活动》，《地质论评》1991年3期。

③ 刘东生：《黄土与环境》，科学出版社，1985年。

5. 四级阶地

灞河四级阶地宽3千米左右，由于后期侵蚀，阶地比较破碎。阶地基底高出河床50～65米，基底为第三系河湖相沙砾石层，上覆2～3米具有水平层理的冲积黄土，再向上为40～50米厚的风成黄土，近河湖相层的底部为黄土第九古土壤层。四级阶地与公王岭附近蓝田猿人下颌骨化石（年代为距今65万年）发现地对比，陈家窝化石发现地位于公王岭四级阶地黄土剖面第六古土壤层中，所以四级阶地的形成年代应早于距今65万年，与第九古土壤层年代相近，为距今80万年左右。

6. 五级阶地

灞河五级阶地受后期侵蚀分割已成黄土丘陵，阶地基底高出河床85～105米，近基底的黄土层为黄土第十六古土壤层，公王岭蓝田猿人头骨化石发现于五级阶地的第十六黄土层中，故五级阶地的形成年代与蓝田猿人头骨化石年代相当，为距今125万年左右。

根据以上灞河中游阶地数据，得出中游河道下切、西移量见表一。

表一　灞河中游河道下切、西移量

阶地	形成时间	河道下切量 / 米	河道西移量 / 米
一级阶地 - 河漫滩	距今8800年至今	4～4.5	—
二级阶地 - 一级阶地	距今11万～8800年	4～6	1000～2000
三级阶地 - 二级阶地	距今30万～11万年	11～13	900～1000
四级阶地 - 三级阶地	距今80万～30万年	30～40	1500～2500
五级阶地 - 四级阶地	距今125万～80万年	35～40	3000

从表一可以得出，灞河中游在距今125万年以来河道下切量为85～105米，西移量为6.4～8.5千米。

（二）中游河道变迁的环境影响

灞河中游河道下切、西移侵蚀左岸的白鹿原，使白鹿原边坡不稳定，产生的最主要环境影响就是白鹿原边的滑坡灾害。从蓝关镇到毛西村30多千米的白鹿原边分布着滑坡100多处，这些滑坡有老滑坡也有新滑坡。老滑坡形成于全新世早期灞河一级阶地形成时期，从形态看后壁呈围椅状，滑坡后壁高50～70米，宽度多在300米以上，常常多个滑坡相连，宽度可达1000米以上。新滑坡主要形成于历史时期，蓝关镇到毛西村有新滑坡42处，70%以上的新滑坡是老滑坡复活形成的[①]。

灞河谷地滑坡灾害历史上多有记载，“元帝建昭四年（前35年）六月甲申，蓝田地沙石，壅霸

① 赵法锁、毛彦龙：《西安灞河左岸滑坡发育的阶段性及形成主因的历史转变》，《西安地质学院学报》1995年3期。

水”①。“开元十七年（729年）四月乙亥，大风震电，蓝田山摧裂百余步。”②“大历六年（771年）四月戊寅，蓝田西原地陷。”③灞河谷地是历史上“武关道”所经之地，春秋以后就是联系关中与楚地的要道，由于滑坡灾害严重，给古道畅通和交通安全造成严重影响。

中华人民共和国成立以来，由于不合理的工程建设，兴修道路、村庄，白鹿原引水灌溉等因素，灞河中游左岸滑坡灾害有加剧的趋势。如1964年10月17日马家什字村发生特大型滑坡，滑动土方485万立方米，滑坡体漫过公路，漫及马家什字村。1983年10月5日三羊坡等多处发生特大型滑坡，滑动土体187万立方米，地面沉陷、地裂，中断交通半月之久。1990年4月11日位于白鹿原边的西安新型墙体材料厂发生大型滑坡，30万立方米的土体下滑，3个车间遭受严重破坏，其中二车间是新引进的国外生产线，1/3厂房被压埋，机器设备全部被毁，1人受伤1人死亡，造成直接经济损失400多万元。因此，灞河中游河道是陕西省确定的崩塌、滑坡等地质灾害的重点监测、治理地区。

三、灞河下游河道变迁与环境影响

（一）下游河道变迁

毛西村以下灞河下游河道流入渭河平原，历史上灞河是长安城东重要的天然屏障，河上建有桥梁、水坝等交通、水利工程，史书记载详细，近年来有大量的考古发现，这些都为研究灞河下游河道演变提供了依据。历史上灞河下游的河道位置，可以通过研究灞桥及近年来在灞河上发现的水坝遗址、埽工遗迹等的位置来确定。

最早在灞河上修建灞桥始于春秋时的秦穆公，但其位置难以考证。汉代在灞河上建造灞桥，“霸桥在长安东，跨水作桥，汉人送客至此桥，折柳赠别。王莽时，霸桥灾，数千人以水沃救，不灭，更霸桥为长存桥”④。关于汉代灞桥的位置众说纷纭。北魏郦道元在《水经注》中记道：“霸水又北，会两川。又北，故渠右出焉。霸水又北，径王莽九庙南。……霸水又北，径枳道。（枳道）在长安城东十三里，王莽九庙在其南。……水上有桥，谓之霸桥。霸水又北，左纳漕渠。（漕渠）绝霸右出焉，东径霸城北，又东径子楚陵北，……又东径新丰县，右会故渠，渠上承霸水。”⑤从上文看北魏时灞桥在浐灞交汇口以下，汉代枳道上，漕渠以南。

2000年在段家村灞河东岸发现了汉代水上建筑遗址，经西安市考古研究所考古队挖掘，清理出大箱体1个、大凹槽形体1个、小箱体11个。此外，还有一些汉代砖瓦、陶井圈及部分陶片，根据出土遗物可以断定遗址的时代在西汉末至东汉之间。2006年3月考古工作者又相继在段家村

① 《汉书·元帝纪》。

② 《新唐书·五行志》。

③ 《新唐书·代宗纪》。

④ 《三辅黄图》卷6《桥》。

⑤ 《水经注》卷19《渭水》。

以北发现了汉埽工遗迹和汉代水坝遗址，这些遗址的发现足以证明汉代时灞河流经段家村一带。

西汉枳道为出汉长安向东方向的大道，过灞河后经霸城（在今谢王庄、郝家村一带）向东[①]。汉代灞桥在枳道上，即在今谢王庄、郝家村一线向西延伸与灞河相交处，其地理位置为灞河东岸段家村、西岸下水腰村一带（图一）。汉代灞桥是汉代一座大型桥梁，在中国古代桥梁史上具有重要地位，一直为历史学界和考古学界所重视，但其位置多有争议。这里初步判断汉代灞桥在段家村、下水腰村一带，与汉长安的地理位置相吻合，也可以较好地解释近年的考古发现。第一，这一带处在汉长安城之东，汉霸城之西，向东3000米为汉新寺遗址，与汉宣平门和新寺遗址处在东西一线，正位于秦汉时期的东西大道上。第二，2000年发现的汉代水上建筑遗址，很可能是汉代灞桥遗址的一部分。由于灞桥在当时所具有的特殊重要性，灞桥附近河段出现护岸的埽工建筑，护堤或改变水位的水坝建筑都是情理之中的事。

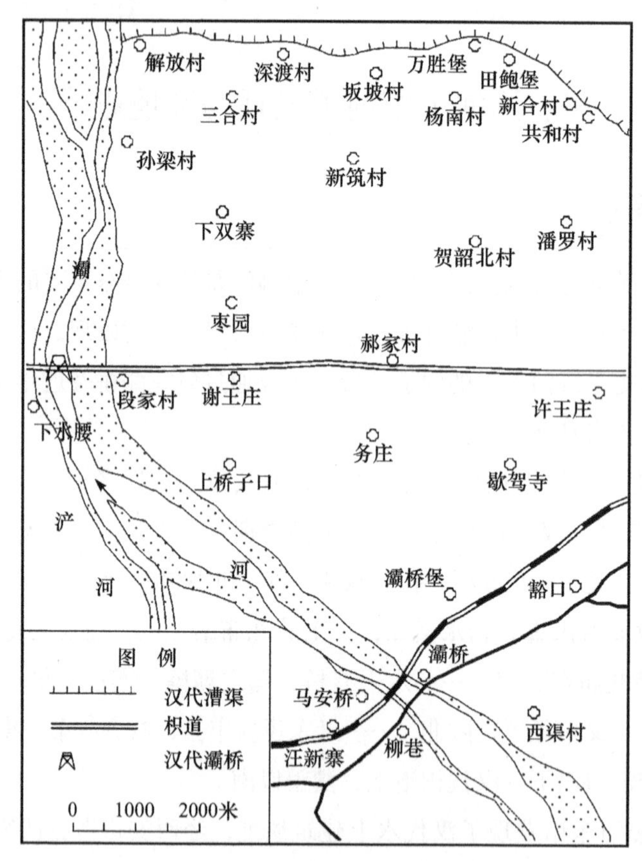

图一　历史时期灞河下游河道变迁

汉代漕渠是当时一条重要的水路交通线[②]，从《水经注》看漕渠在灞桥以北。对于汉代漕渠，考古工作者已做了大量发掘工作，考古发现汉代漕渠略呈东西方向，自万胜堡向东南，经陶家村、田

① 国家文物局编：《中国文物地图集（下）》，西安地图出版社，1998年。

② 《汉书》卷29《沟洫志》。

鲍堡、新合村，与临潼并渭漕渠相接，灞桥区境内漕渠遗址为长约2.5千米的低凹地带[①]。经对六村堡附近和田鲍堡附近实地考察，西汉漕渠基本沿渭河一级阶地前缘陡坎延伸，与灞河相交于解放村附近。

隋唐时营建大兴、长安城，唐长安“东面三门，北曰通化门”[②]。“霸岸在通化门东二十里”[③]。唐通化门在今西安市新城区长乐西路东端陕西省水电公司院内[④]。唐二十里合今10.62千米[⑤]，即隋唐时灞河在今灞桥镇马安桥、汪新寨、柳巷村一带。1994年隋代灞桥遗址的发现证明了文献记载的可靠性。宋敏求：《长安志》记载：“霸桥隋开皇三年（583年）造，唐隆二年（711年）仍旧所，为南北两桥。”[⑥]1994年5~6月发掘的隋代灞桥遗址位于灞桥镇柳巷村，这里在隋唐时是向东通往潼关路，向北通往蒲津关路，向西南通往蓝田路的要冲。遗址作西南—东北走向，长约400米。有石砌桥墩4座，残券拱3孔，拱5.14~5.76米，是我国迄今为止发现最早、规模最大的联拱石拱桥。2004年10月，此桥墩受洪水冲刷再次现于灞河河滩。隋唐以后，历五代、宋，至元代隋代灞桥才被废。由以上可以看出隋唐时由于长安城较西汉向东南移，西汉的枳道被废，相应西汉灞桥也被废，代之以隋代灞桥，其位置已与现代灞桥位置相当（图一）。

唐以后灞桥屡建屡废，清康熙三年（1664年）、道光十三年（1833年）都曾重修过灞桥。嘉庆二十四年（1819年）《咸宁县志》记载：“霸桥即今霸桥街也。”[⑦]今灞桥东北桥头尚存康熙三年桥碑，记载着重修灞桥的过程，道光时灞桥的桥基一直使用到20世纪90年代。可见唐以后灞桥的位置基本未变。

综合以上分析可以看出，毛西村以下灞河下游河道上的汉代水坝遗址、埽工遗迹，汉代直至明清的灞桥位置，都沿现在的灞河分布，说明历史上灞河下游河道位置比较稳定。

（二）下游河道变迁的环境影响

历史上灞河下游河道在平面上比较稳定，水平方向变化不大。历史时期灞河下游河道变迁主要表现为河床的淤积抬高。这从隋代、明清灞桥遗址可以得到证明。

汉代灞桥因缺乏确凿的考古发现，难以确定当时的河床高度。1994年发现的3个隋代灞桥桥墩、2004年10月被洪水冲出的10个隋代灞桥桥墩，桥墩顶部在今天河床以下2米深处，隋代灞桥桥墩残高2.68米，说明隋开皇三年（583年）修建隋代灞桥时灞河河床最少应低于目前河床4.68米。2005年考古人员在清理隋代灞桥时，在距隋代灞桥50米处发现了另外一座古灞桥遗址，探掘出桥墩5个，这些桥墩比隋代灞桥桥墩高出了2米，这些桥墩由于尚没有发现文字记录，难

① 国家文物局编：《中国文物地图集（下）》，西安地图出版社，1998年。

② 宋敏求：《长安志》卷7《唐京城》。

③ 《太平寰宇记》。

④ 国家文物局编：《中国文物地图集（下）》，西安地图出版社，1998年。

⑤ 陈梦家：《亩制与里制》，《考古》1966年1期。

⑥ 宋敏求：《长安志》卷11《万年》。

⑦ 嘉庆《咸宁县志》卷2《长安志·水道》。

以确定其时代，但从其低于清代灞桥而高于隋代灞桥看，陕西省考古所考古人员疑为元代灞桥。清道光十三年（1833 年）所修灞桥桥墩一直沿用到现代，可见清道光以来的一百多年灞河下游河床淤积不甚显著。

通过上面的分析可以得出，历史上灞河下游河道处于淤积过程，隋初至元代淤积量为 2 米左右，元代至清代淤积量接近 2.68 米。河道淤积带来的环境影响表现为：第一，影响下游桥梁、渠道等工程的安全。灞河下游有历代灞桥，汉唐漕渠等重要工程，河道淤积使桥墩逐步被泥沙掩埋，到一定程度桥梁不得不被废弃。如果说隋代灞桥取代汉代灞桥主要由于隋唐长安城南移，使长安城东道路桥梁相应南移，那么隋以后元、明、清各代灞桥在同一地点的废弃和重建，其中一个重要原因是河床淤积抬高所致。另外，河床淤积也会使河道变浅，使漕渠等的航运能力下降。第二，历史上灞河下游是人口稠密、经济发达的地区，河道淤积使河床抬高，降低了河道的行洪能力，使下游易受洪水灾害的威胁，对此史书记载甚多，如"贞元二年（786 年）四月八日，灞水暴溢，杀百余人"①。

造成历史上灞河下游河道淤积的原因除下游河床比降较小，河口受渭河顶托作用等自然因素外，主要由于人为因素的影响。灞河泥沙主要来自蓝田境内秦岭山区，蓝田县自秦献公六年（前 379 年）置县以来，疆域变化不大。据《汉书·地理志》，汉代元始时（1～5 年）京兆尹 12 个县的总人口是 682468 人，其中长安县人口最多为 246200 人，包括蓝田县在内的其余 11 个县人口是 4 万人左右②。唐代京兆府有 20 个县，天宝元年（742 年）有人口 1960188 人③，按平均算蓝田县有人口 9.8 万人。明清时期大量流民涌入秦岭山区，乾隆《西安府志》记载，乾隆年间（1736～1795 年）蓝田县有人口 98167 人④。隋唐以后蓝田县人口的增加，毁林垦田，秦岭植被遭到严重破坏⑤，水土流失加剧，河流泥沙大大增加，是引起灞河下游河道淤积严重的重要原因。

四、结　　语

毛西村以上灞河中游河道受骊山断块新构造抬升运动影响，致使灞河河道下切的同时不断向西侧移，右岸形成宽广的五级阶地，左岸形成白鹿原陡坡。通过研究各级阶地的宽度、基底高差和形成时间，计算出了灞河中游河道自形成以来的西移、下切量。由于河道西移下切，左岸白鹿原原边极不稳定，历史上崩塌、滑坡等环境灾害严重，蓝田县蓝关镇到灞桥区毛西村约 30 千米的原边分布着历史时期形成的滑坡 42 处，滑坡给历史上"武关道"的畅通，沿岸居民的安全造成严重影响。毛西村以下的下游河道，从近年来考古工作在段家村附近发现的汉代水工建筑、汉埽工遗迹、古水坝遗址，以及隋代灞桥遗址，元、明、清灞桥位置可以确定，灞河下游段秦汉以来河道位置比较稳

① 《新唐书》卷 36《五行志》。

② 《汉书》卷 28 上《地理志》。

③ 《新唐书》卷 37《地理志》。

④ 乾隆《西安府志》卷 13《食货志·户口》。

⑤ 史念海：《论西安周围诸河流量的变化》，《河山集（七集）》，陕西师范大学出版社，1999 年。

定。在实地考察和文献考证的基础上提出，汉代灞桥在段家村、下水腰村一带；汉代漕渠在解放村附近与灞河相交。历史上灞河下游河道变迁主要表现为河床淤积抬高，隋初至元代淤积量为 2 米左右，元代至清代淤积量为 2.68 米。河道淤积降低了灞河的行洪能力，影响下游桥梁、渠道的安全，下游沿河易受洪水灾害的威胁。下游河道淤积的主要原因是隋唐以后蓝田人口增加，毁林垦田，秦岭植被遭到严重破坏，水土流失加剧，河流泥沙大大增加。

（原载《中国历史地理论丛》2007 年 2 期，24～29 页）

西汉时期陕西航运之地理研究

辛德勇

南船北马，是中国古代南方和北方地区在交通运输形式上最显著的差别。今陕西省地域兼跨南北，但其主体部分，深处北方内陆，总体上看，在历史时期航运很不发达。但是，由于关中平原上的今西安城，曾经是西汉和隋、唐时期这几个重要统一王朝的都城，应从都城经济和政治、军事的特殊需求，也曾发展起相当规模的航运事业，值得重视和研究。

秦祚短促，刚刚建立起统一的大帝国就被推翻。因此，虽然秦朝建都咸阳，位于关中腹地，本应为适应都城的需要而在这里发展起相当规模的航运事业，可是，在统一后短短的十几年内，秦朝还没有来得及在这方面做出任何建树，就在关东六国旧地的反叛浪潮中，土崩瓦解。代之而起的西汉王朝，依然在关中建都。出于政治、经济活动的需要，西汉二百多年间，在都城长安附近，特别是利用渭河，大力发展航运，把古代陕西的航运事业，推向了有史以来的第一个高峰时期。本文拟主要从地理角度，对此做一概括性的考述。

一、自然航道的变迁与人工运渠的开凿

在西汉时期，陕西境内一些重要的可通航河道，与现在有所不同。虽然我们现在还不可能一一复原当时的状况，但是一些重要河段的变迁，还是可以大致复原出来。此外，出于都城长安的运输需要，西汉时还在关中开凿了大型人工运渠——漕渠，并积极疏凿了其他一些航道。

1. 长安附近的渭河河道

渭河在今西安、咸阳以下河段进入下游。这也是历史时期渭河的主要通航河段。《史记》记载西汉时从长安城到渭河口这一段河道，非常曲折萦回，本来这一段的直线距离只有 300 多里，可是，弯弯曲曲的河道，却长达 900 多里①。河曲发育，这本是平原地区河流下游河道的正常形态，只是随着人类开发活动的深入，后来才逐渐通过堤堰等工程措施，限制和阻碍了它的自然发展。渭河的情况也是这样。

平原地区河流下游广泛发育的河曲，不仅萦回曲折，延长了河道，增加了航运时间；而且它的

① 《史记》卷 29《河渠书》。

平面形态，还经常不断地通过裁弯取直等形式发生着改变，使河道处于连续不断的局部移徙之中。对于航运来说。这意味着航道时常会发生一些小尺度的变迁。由于这种河道变迁，过于频繁而且反复出现，所以，很难对其一一做出具体的复原。

在渭河河道上，除了上面所说的这种河曲演变之外，还有一种主要是由于地质构造造成的河道移徙。这种情况，在今西安附近一段河道，有比较突出的反映。

渭河水系形成于早更新世以前。在今西安附近一段河道，从中更新世末至晚更新世初起，就不断向北移动。之所以会产生这种河道北徙现象，是由于渭河盆地是一个新生代形成的断陷盆地。在它的南面，是秦岭山地。在地质史上晚近的新构造运动过程中，秦岭山地持续不断地出现了抬升运动。在今西安附近地区，这种作用尤为明显。秦岭山地的相对抬升，就造成了渭河断陷盆地中的渭河河床不断北移。

从卫星照片上，在今西安附近，可以看到四条比较清晰的渭河河道，依次由南向北，并列延伸①。其中最南面的两条河道，穿过了汉长安城遗址。因此，这两条河道，显然不可能是汉代的河道，只能形成于西汉以前。关于这两条河道的具体年代，目前还缺乏有力材料来加以论证，只能留待以后研究。由南向北数的第三条渭河河道，正贴近汉长安城址的北面，距汉长安城约 2 里。结合历史文献的有关记载和考古发现，可以证实，这就是西汉时期的渭河河道。

汉长安城北临渭河，城北面一共有三座城门。其中最西头的城门，叫作横门②。正对着这座城门，在渭河上架有一座很有名的桥梁，名为横桥（后来又称此桥为渭桥或中渭桥）。根据比较可靠的记载，横桥为秦始皇时期所兴建③。另外还有一个说法，认为横桥的兴建时间比这还要早，是战国秦昭王时期始建④。不管按照哪一种说法，都可以清楚看到，横桥在秦代已经存在，并为汉代所沿用。因而，秦汉时期这一段的渭河河道，也就应当没有什么改变。不仅如此，直到三国两晋时期，这种情况也依然如故。《汉书·文帝纪》记载有汉文帝登基前夕，由封地代国过横桥而入长安的经过，曹魏时人苏林，在注释横桥的位置时说："在长安北三里。"⑤魏晋间人所作的《雍州图》，也记载说横桥"在长安北二里横门外"⑥。考古工作者在横门遗址附近的今相家巷村北二里左右的田地里，曾经发现一些古代的木桩和建筑用大石块。据分析，很可能就是汉魏时期的横桥遗址⑦。结合这几方面情况，完全可以认定，汉代的渭河河道，就在长安城北二里左右，这与今天渭河河道距汉长安城

① 杨思植、杜甫亭：《西安附近渭河河道的演变》，《史前研究》1985 年 1 期。

② 《三辅黄图》卷 1。关于西汉长安城诸门的名称，今传世文献，记载颇为混乱，相关考辨，请参见拙文《〈水经·渭水注〉若干问题疏证》，原刊《中国历史地理论丛》总第 3 辑（1988 年），此据拙著文集《古代交通与地理文献研究》（中华书局，1996 年），256～262 页。

③ 《水经·渭水注》。据王先谦合校《水经注》（民国聚珍版印《四部备要》线装本）卷 19。《汉书》卷 63《戾太子传》。《史记》卷 49《外戚世家·正义》引《括地志》。

④ 《史记》卷 10《孝文本纪·正义》引《三辅旧事》；又《史记》同卷《索隐》引《三辅故事》。

⑤ 《汉书》卷 4《文帝纪》唐颜师古引苏林语。

⑥ 《文选》卷 10 潘岳《西征赋》李善注引《雍州图》。

⑦ 王翰章：《唐东渭桥遗址的发现与秦汉以来的渭河三桥》，《中国考古学会第三次年会论文集》，文物出版社，1984 年。

遗址有十二里之遥的情况，有很大的不同；也就是说，从秦汉时期起至今，这一段渭河河道，已经向北移徙了十里左右。

根据杨思植等通过卫星照片所做的分析，在汉长安城北二里左右的这条渭河河道，大致与汉长安城北面城垣的走势平行，呈西南—东北流向。其具体流经的地点，是由汉长安城遗址向东北，通过今草滩稍北，又经过耿镇南 4 里左右，然后穿过今泥河河道，在今渭河北岸，继续向东北流，在今临潼县陈家庄附近，始与今渭河河道相合。由汉长安城遗址向上游西南方向追溯，这条河道则是在今咸阳市东南，由今渭河河道上歧分出来①。

2. 今大荔附近的黄河河道

黄河自龙门流出山陕间的峡谷之后，河谷骤然展宽，在今陕西合阳县东南部和大荔县东部，直到潼关一段的南流河道，左右分别为涑河和洛河、渭河下游谷地，地势更为开阔。由于河道两岸，坦荡无阻，没有高亢的地形束缚；同时，涑河、渭河和洛河几条大水，同时汇聚在这里，水文情况变化很大，致使这一段黄河河道在历史时期经常左右摆动，很不稳定。

迁徙不定的河道，不仅反复造成“鬼无墓，人无庐，百万田产了无余”的凄惨景象②，使沿岸民众，饱受其灾。而且根据近代水文资料，可以知道，黄河西徙，就往往要袭夺洛河下游河道，与渭河相汇，因而洛河也就会直接东流注入黄河；黄河河道东偏之后，洛河则又将会复归于渭河。所以，大荔以东一段黄河河道的变迁，还直接影响到洛河和渭河下游河道，随之发生相应的改变。

在汉代以前，战国时期成书的地理学名著《禹贡》上，记载有一条漆沮水，在泾水之东，注入渭河。按照《尚书》伪孔传的看法，这条漆沮水，就是洛水的异名③。这一说法，符合实际地理形势，因而，也得到了后世的广泛认同④。与《禹贡》成书时间相近的《山海经》之“西山经”篇，更明确记述说，洛水注于渭水⑤。因此，在这一时期，洛水应是流入渭河。这也就是说，今大荔以东一段黄河河道，若与今天的情况相比，大体相似，并没有较现在向西有较大幅度偏移。

《山海经》和《禹贡》以后，一直到西汉时期，在历史文献中，再没有见到有关这一段黄河河道和洛河口情况的记载，估计可能变化不大。在记载西汉地理情况的《汉书·地理志》中，并存有洛河入河和入渭两种说法：在洛河口的左冯翊怀德县下，记洛河流入渭河；而在洛河源的北地郡归德县下，却又记洛河流入黄河。今人则多遵从入渭之说，而未做详细甄辨。

对《汉书·地理志》这两种不同说法曾进行过分析，并提出了自己看法的人，有清代学者胡渭和王念孙。

---

① 据前举杨思植等人文章附图。

② 康熙《朝邑县后志》卷 8《艺文》载明王钺《黄河民谣》。

③ 《尚书·禹贡》伪孔传，据孔颖达《尚书正义》（影印阮刻《十三经注疏》本）卷 6。

④ 如清孙星衍《尚书今古文注疏》（中华书局，1986 年）卷 3 等。

⑤ 《山海经·西山经》，据袁珂《山海经校注》（上海古籍出版社，1980 年）卷 2。关于《山海经》“西山经”篇所从属之“五藏山经”部分的成书年代，诸家看法不一，但不出春秋末期至战国后期之间，与《禹贡》的成书时间，均相去不远。

胡渭认为,《汉书·地理志》这种歧说并出的情况，是由于“杂采古记，故有不同”。胡渭以为西汉时洛河应当是入渭；之所以会有入河之说，则是因为“其曰入河者，以二水合流，渭亦可称洛耳”①。也就是说,《汉书·地理志》关于洛河入黄河的记载，是指先入渭河，再与渭河同入黄河。这种看法，显然是很牵强的。古人记述河流水口归属，总是很明确的，不应这样含混。如果都是这样含混不清，那么，这种记述也就没有什么意义了。

王念孙的看法与胡渭不同。王氏认为,《汉书·地理志》北地郡归德县下的“入河”二字，乃是后人妄加，并非《汉书·地理志》原文。他这样看的理由，是东汉许慎的《说文》和高诱注《淮南子·坠形训》，都没有洛河入渭之说，而这两部书的相关记述，又都是以《汉书·地理志》为依据，因而，可以证明,《汉书·地理志》本来只有入渭一说，当时的洛河，与黄河不相关涉②。

王念孙之所以这样看待这一问题，是因为他认为“记大川所入，前后异文,《汉志》从无此例”。其实，不仅《汉书·地理志》不应如此，其他任何一种地理书中，按理也都不应该出现这种现象。一般出现这种前后矛盾的情况，往往是杂采各种不同材料而在编排时有所疏失所致。后人如许慎、高诱等，完全可能只采取其中一说，而舍弃相矛盾的另一说；或是只随手摘录所见到的其中一种说法，而根本没有见到与此相异的另一种说法。所以，不能由此证明另一种说法根本不曾存在。

那么，如何解释这两种相互歧义的记载呢？事实上，这种矛盾情况，正好说明在这一时期，黄河河道有过较大幅度的移徙，并且已经影响到洛河尾闾的归属。胡渭和王念孙都没有意识到，河道是随着时代而有变化的③，所以，只是静止地看待这一问题，自然不能做出令人满意的解释。

汉武帝元光六年开凿漕渠之后，河东太守番系在汾阴、蒲坂开垦了河壖弃地5000顷，浚引河水灌溉。汾阴、蒲坂就在今大荔东面一段黄河的东岸，这说明当时这一段黄河河道，正向西移徙，所以才会有河壖弃地可耕。番系开渠作田数年之后，“河移徙，渠不利，则田者不能偿种。久之，河东渠田废”④。河道移徙而导致河东的渠道引水不利，渠田废弃，说明这一段黄河河道，又继续向西有所移徙。因为假若是向东移徙，就要冲溃淹没东岸河壖上新开的田地，而不是引水不利的问题了。番系在河东任太守的时间不长，元朔五年时，已升任御史大夫⑤。所以，这次河徙，应当发生在汉武帝开凿漕渠之后不久。

这次河徙，又可以以番系所开河渠的废止为界，划分为前后两个阶段。从番系在河徙的第一阶段，就已经轻而易举地开垦出5000多顷新地的情况来看，这次黄河西徙的幅度，应当很大。这一时期开凿的漕渠，也恰好是直接入于黄河⑥，从侧面证明了这一点。今黄河在潼关县东北一个叫作“港口”的地方，向东转折。这里地势高亢，由西向东延伸的漕渠，已经无法通过。漕渠最远只能

① 胡渭:《禹贡锥指》，卷10，上海古籍出版社，1996年。

② 王念孙:《读书杂志》(中国书店，1985年)之《汉书》第七“入河”条。

③ 按：胡渭在《禹贡锥指》(卷10)中提到，过去有人怀疑，“禹时漆沮，本入河；其后改流入渭。明成化中，乃复故”，即洛河下游河道的归属关系，前后有过变动。但是，胡渭对此不以为然，谓之“非也”。

④《史记》卷29《河渠书》。

⑤《汉书》卷19下《百官公卿表》下。

⑥《史记》卷29《河渠书》;《文选》卷1班固《西都赋》。

延伸到今潼关县西北的吊桥街一带。因而，当时大荔以东一段黄河河道，也一定西徙到了今吊桥街以西，始转而东折；而黄河西徙至此，也就必然要袭夺洛河下游河道，造成洛河直接入河的局面。《汉书·地理志》中洛河汇入黄河的说法，反映的正是这一时期的情况。这次黄河河道移徙最初发生的时间，可能在番系垦田以前不久。因为若是时间已长，就应早被耕植耕种了。从《汉书·地理志》的行文来看，入河之说系于洛源，可能是抄袭汉初资料而未经考订；入渭之说系于洛口，则是不大容易疏忽的，说明在西汉中后期的大部分时间内，洛水入渭。也就是说，到了西汉中期以后，今大荔以东一段黄河河道，重又东归故道，恢复到了战国时期的状况。

3. 漕渠的开凿

西汉由函谷关以东地区，向国都长安城输送粮食和其他物资，最初在很大程度上要依赖渭河水运。可是，由于渭河下游河道河曲发育，迂回萦折，当时人称由渭口到长安城下，"水道九百余里"[①]。这或许有些夸张，可是弯弯曲曲的河道，大大地增加了航行时间，却应当是事实。

为改变这种困难局面，汉武帝时，大司农郑当时建议在渭河南岸开挖一条人工运河，引渭河水直达黄河，以免却迂曲的河道，徒然耗费航行时日。同时，在航运之余，还可以利用渠水，灌溉农田，增加关中的粮食生产[②]。郑当时的建议，得到了汉武帝的赞赏。于是，汉武帝在元光六年春，征发数万人，由水工徐伯负责规划施工，前后耗时三年，在元朔二、三年间完工通水[③]。

由于史籍记载简疏，漕渠引渭渠首地段，现在已经不易考究。有人根据现代地形，把渠首定在今西安市西北鱼王村附近。这种观点认为，漕渠在这里分引渭水后，沿着汉长安城北今新民村、西营等地北侧而行，在今张家堡附近，与西汉昆明渠相汇，然后东过灞河[④]。新民村和西营，距汉长安城遗址均在二里以上。可是，如前文所述，根据卫星照片分析和文献记载，汉初的渭河，距长安城也只有二里左右，漕渠不应当反在渭河之外，也不可能紧逼渭河河床。

渭河在鱼王村附近，河身宽浅，为游荡分汊性河道，难以筑堰引水。而且这里洪枯水期河宽比为1∶5，河身变化较大，在渭河与汉长安城之间的狭窄地段内开渠，也有水浸之虞。因此，漕渠不应当在长安城北引水。

开凿漕渠，主要是为了向长安城输送关东的粮食，而这些粮食，主要是输往太仓储藏。汉太仓在长安城东南[⑤]，与漕渠相通连的昆明渠，流经其地。但是，昆明渠水量有限，还不足以负载粮舟直抵仓下。昆明渠的水源昆明池，直到唐代仍然保持相当规模，而漕渠却屡遭废弃，就是因为漕渠的主要水源是渭河，而不是昆明池。所以，只有源于渭水的漕渠主干经由太仓，才能将粮食运入仓中。

---

① 《史记》卷29《河渠书》。

② 《史记》卷29《河渠书》。

③ 《汉书》卷6《武帝纪》;《史记》卷29《河渠书》;《汉书》卷29《沟洫志》。

④ 马正林:《渭河水运和关中漕渠》,《陕西师大学报》1983年4期。

⑤ 《三辅黄图》(陕西人民出版社1980年，陈直:《三辅黄图校证》本)卷6。

相传汉长安城南覆盎门外，有一座工巧绝世的桥梁[①]。可是，却没有见到有关城南河渠的专门记载。班固描述长安城“呀周池而成渊”[②]，《三辅黄图》也记载汉长安城“城下有池周绕”[③]。但是，实际上汉长安城东、北、西三面，都是利用其他自然水道，或其他水渠，并没有专门修建护城的池隍。因此，城南可能也是采用的同样办法，即漕渠渠首段在长安城南通过，侧临南垣而东，兼用为护城池。

环绕汉长安城南墙和东南角，今残存有明显的古渠遗迹（城东南角一部分已被拓凿利用为污水池）。清嘉庆时期著名地理学者董祐诚在所纂《长安县志》中对此有明确记述，谓“汉城南有渠道，自西南入壕，折而北至青门外”[④]。日本学者足立喜六，在1906～1910年也对这条渠道遗迹做过勘查。足立氏当时所见到的漕渠，还有3米深、6米宽[⑤]。

后来在隋唐时期，又都重新开凿过漕渠。隋代重开的漕渠，称为永通渠，是沿着大兴城北（也就是汉长安城南）东行[⑥]。唐人韩辽，在重开漕渠时称“旧漕渠在咸阳县西十八里……自秦汉以来疏凿，其后堙废”[⑦]。由此可知，汉、隋、唐漕渠的渠首段，经行地点应当基本一致。

其具体分引渭水的地点，在咸阳城西十八里，唐名兴城堰[⑧]，当在今沣河口下的文王咀一带。元代时人记载，沣水“北流至长安县西北堰头元村周文王庙，西合于渭”[⑨]。堰头就是指水坝端头。宋元时期这里没有什么水利工程。这个堰头，指的只能是西汉和隋、唐时期的漕渠渠首堰水坝。在文王咀附近，渭河河床束狭，当地人称“十里长峡”，十分便于筑堰引水。

漕渠在今文王咀附近分引渭河水流，然后向东通过滈池北面，又经过秦代的磁石门南[⑩]，其后即沿着汉长安城南垣流向东去。到长安城东南角后，循城墙折而向北，至汉长安城东面南头一门青门外，与城里流出的泬水枝渠相汇，向东流，至汉霸桥以下，横穿灞河[⑪]。

《史记·河渠书》记载，新开的漕渠航道，与原来的渭河下游航道相比，最大的特点和便利之处，就是径直捷近，使原来弯弯曲曲长达900里的航程，缩短为300多里。按照这一记载，漕渠的渠路，自然应该相当平直。渭河谷地，地形平夷，也有条件开挖这样一条平直的渠道。因此，漕渠在灞河以东，直至其终端，都应该是比较平直的。而关于这一段漕渠路线的具体复原，则由于一无具体的文字记载，二无清楚的遗迹可为凭依，目前还很难做出。

---

① 《三辅黄图》卷1引《庙记》。

② 《文选》卷1班固《西都赋》。

③ 《三辅黄图》卷1。

④ 嘉庆《长安县志》卷14《土地志》下。

⑤ 〔日〕足立喜六：《长安史迹の研究》之《汉の长安城》。

⑥ 《隋书》卷61《郭衍传》；《册府元龟》卷497《河渠》二。

⑦ 《旧唐书》卷172《李石传》。

⑧ 《旧唐书》卷105《韦坚传》，卷172《李石传》。

⑨ 《类编长安志》卷6《山水类》“沣水”条。

⑩ 《史记》卷6《秦始皇本纪·正义》及《长安志》（《宋元方志丛刊》影印清毕沅校勘本）卷12长安县引《括地志》。

⑪ 《水经·渭水注》，据王先谦《合校水经注》卷19。

按照《史记·河渠书》和《汉书·沟洫志》的记载，漕渠的东端，乃是止于黄河[①]。然而，现在却有研究者认为，在渭河南岸今洛河汇入渭河的河口地域，即今三河口村附近，有一海拔330米以上的高地，其西侧地势较低，在海拔330米以下。因而，漕渠无法流入黄河，只能在今三河口村以西，注入渭河[②]。今按20世纪70年代测绘的大比例尺地图，从华阴县西北到三河口村一带，地势由西向东倾斜，三河口村附近，并无特殊高地，漕渠完全可以通过三河口村附近，一直流到今潼关县北的吊桥街附近。

前文已经论及，今潼关县以北、大荔县以东的一段黄河河道，在历史上东西摆动相当频繁，在黄河河道西徙时，往往要袭夺洛河和渭河下游尾闾，洛水也因而直接汇入黄河。而在西汉初期漕渠开凿前后，恰恰是黄河西徙夺洛汇渭的时期；也就是说，当时黄河已经西徙到了今三河口村一带，因此，在《汉书·地理志》中也留下了洛水入河的记载。这样看来，当时漕渠直接入河，也就显得十分自然，没有什么问题值得疑虑。1927年时，黄河河道就曾西徙到过今三河口村以西；1967～1968年时，洛河也曾西徙到今仓西村（在今三河口村西侧5里左右）附近汇入渭河[③]。因而，历史时期黄河夺洛也完全有可能西移到这里。

所以，即使漕渠东段只能终止于三河口以西，也并非不能注入黄河，还是应当尊重《史记》《汉书》等文献的记载，确定西汉漕渠乃是东入黄河，而不是渭河。

4. 昆明池与漕渠其他辅助渠道

昆明池是在漕渠开凿9年之后，于汉武帝元狩三年开凿的一个大型人工湖泊[④]。昆明池在两个方面与航运具有密切关系。一是昆明池本身就是为水军练习水战而开凿的，因此，也可以说是皇家设置的水上航行和作战训练的基地；二是昆明池开凿后，可以调节漕渠的来水，对漕渠的航运产生了一定的积极的影响。

昆明池故址在今长安县斗门镇西南侧，是堰阻潏河和滈河蓄积而成[⑤]。昆明池是一项十分复杂的水利工程，在这里无须全面论述昆明池各个方面的情况，只是重点论述有关航运方面的问题。

潏河和滈河，本来是两条独自流入渭河的河流。为了使昆明池有充足的水源，潏河在今香积寺附近被分引部分水量，堰入滈河。两河相交后西流，人称交水。交水在今堰头村附近，又被堰向北流，至石匣村口，汇集为昆明池[⑥]。昆明池水域广阔，周回四十里上下[⑦]，十分适于船只航行。

昆明池的东面、北面和西面，各有一条泄水水道。其中西面的一条流入沣河，与漕渠没有什么

① 《文选》卷1班固《西都赋》也说漕渠是“溃渭洞河”。《水经·渭水注》亦同样记载漕渠是“东至于河”。

② 马正林：《渭河水运和关中漕渠》，《陕西师大学报》1983年4期。

③ 中国科学院地理研究所渭河研究组：《渭河下游河流地貌》，科学出版社，1983年。

④ 《汉书》卷6《武帝纪》。

⑤ 参阅吕卓民《西安城南交、潏二水的历史变迁》，《中国历史地理论丛》1990年2期。

⑥ 参阅黄盛璋《西安城市发展中的给水问题以及今后水源的利用与开发》，原刊《地理学报》1958年4期，此据作者文集《历史地理论集》（人民出版社，1982年）。

⑦ 《汉书》卷6《武帝纪》唐颜师古注引臣瓒语。

关系。北面和东面的两条水道，则只能流入漕渠[①]。

以往人们一般认为，昆明池的开凿，为漕渠提供了重要的甚至是唯一的水源。这种看法，似乎不够妥当。作为昆明池水源的潏河和滈河，如果不加人工改道，顺其自然河道北流，也都必然要通过漕渠。这样，这两条河流的水量，也就照样可以加入漕渠，不一定非要开凿昆明池不可。从历史实际情况来看，汉武帝开凿昆明池也只是为了造一片辽阔的水域来练习水军[②]，既不是为了给漕渠开拓水源，也不是像现在许多学者所说的那样，是为了给长安城建一座蓄水库。所以，昆明池对于增加漕渠来水量，不会起到什么作用。不过，由于昆明池面积比较广阔，储水量很大，通过它还是可以起到调蓄入渠水量的作用。昆明池对于漕渠的作用，也仅仅在这一点上。

昆明池北出一支水渠，根据《水经注》的记载，是流经滈池东、秦阿房宫西，再向东北，又在汉长安城西南角外，形成一小水陂，名揭水陂，然后北流入泬水（大致即今皂河河道）[③]。由于在《水经注》成书的北魏时期，漕渠渠首段已经完全堙废，所以，《水经注》中没有记载漕渠渠首一段的情况。如前文所论，漕渠渠首正通过汉长安城南，所以这支昆明池水流，应当在揭水陂上下汇入漕渠。

昆明池汇入漕渠的另一条水渠，是由昆明池东口分出。这条渠道就叫作“昆明渠”。它从昆明池东侧分出后，东北经今河池寨附近的古河池陂北侧，再经今鱼化寨附近（据黄盛璋研究），然后仍向东北，经过汉代的明堂、白亭、博望苑南，再屈而向北，与漕渠主干渠相合于汉长安城青门（霸城门）之外[④]。

汉明堂遗址已经发掘，在今大土门附近。白亭东有桐柏园，为汉武帝卫后及太子妃史良娣葬所。汉宣帝继位后，又为卫后和史良娣改葬，追谥卫后为“思后”，故后世称其葬所为“思后园”；宣帝并改史良娣所葬之桐柏园为“戾后园”[⑤]。依据后世的文献记载可知，唐长安城内金城坊西北隅，即卫后思后园所在[⑥]；史良娣戾后园亦同在此坊[⑦]。戾后园东南侧，就是汉武帝为戾太子所建的博望苑之所在[⑧]。唐长安城金城坊大致在今西安城西任家庄一带，因此，昆明渠应当在这一带通过后，再屈而北折，与漕渠主干相汇合。

黄盛璋曾对汉唐长安附近的河渠水道进行过几次复原研究，取得很大成就。黄氏的绝大多数见解，已为学术界所公认，并被广泛沿用。可是，关于这一段渠道的复原，却与《水经注》等书的记

① 《水经·渭水注》，据王先谦《合校水经注》卷19。

② 《汉书》卷24下《食货志》下，卷1《武帝纪》注引臣瓒语；又《西京杂记》卷1。

③ 《水经·渭水注》，据王先谦《合校水经注》卷19。

④ 《水经·渭水注》，据王先谦《合校水经注》卷19。

⑤ 《汉书》卷63《戾太子传》，卷97上《外戚传》上。《续汉书·郡国志》京兆尹长安县下梁刘昭注引《皇览》。《水经·渭水注》，据王先谦《合校水经注》卷19。

⑥ 《汉书》卷97上《外戚传》上唐颜师古注。《太平寰宇记》（清光绪八年金陵书局刻本）卷25雍州长安县。

⑦ 《太平寰宇记》卷25雍州长安县。按：戾后园，《太平寰宇记》原文作“戾园”，据《汉书·戾太子传》，戾园乃戾太子据陵园，在湖县“阌乡邪里聚”，故此“戾园”应为“戾后园”之讹。

⑧ 《太平寰宇记》卷25雍州长安县。

载有很大差异。黄盛璋在1958年复原的昆明渠渠道，是在汉明堂南直趋东北，汉博望苑所在的今任家庄一带，显然在其南岸，与《水经注》的记载明显相悖[①]。后来，黄氏又干脆经明堂北面，把昆明渠直接推至汉长安城南门外的城墙下面[②]。

在这段渠道的复原过程中，黄氏完全脱离文献记载，单纯依据野外考察。其原则是："文献如与地理勘查不符则依后者。"在漫长的社会活动和自然营力的作用下，地面上的古遗迹，特别是上古遗迹，必然要发生很大变化。采用野外考察方法进行历史地理问题研究时，不应忽视这一因素。黄盛璋自述云："大土门附近之汉代遗迹，至少可认为汉明堂区……自明堂区往东、往北，唐城之外都有古渠遗迹，如何联系，未能查出。"根据这一情况，也不能排除昆明渠在汉明堂区经汉博望苑南东流的可能。汉博望苑一带在唐代的城区之内，同时也处在现在的市区之中，渠道遗迹，自然难以存留至今。

此外，黄盛璋勘查汉长安城南渠道遗迹，称："覆盎门外古渠……往西则仅至汉城凸出处，以下今虽无渠道，但察其遗迹趋向，显是南折，绝非西折，而安门、西安门外绝无此等古渠遗迹。可以断定，渠系南下至明堂区与漕渠接。"可是，在1959～1960年测制的大比例尺地图上，覆盎门外古渠至汉城凸出处后，与城墙相并转而西折的痕迹相当明显，至今也仍有一些残痕。由此再向西，在汉长安城南侧的西安门外和城西南角处，沿着城墙也都有相贯连的低槽，这在黄盛璋绘制的《汉长安城建章宫区遗址及渠道复原图》上，也是显而易见的[③]。前文在论述漕渠干道时引述的日本学者足立喜六在21世纪初的考察结果，同样表明，东西贯通汉城南侧的渠道确曾存在。

如前所论，这条渠道是漕渠的主干线。至于黄盛璋所说的古渠在汉长安城凸出处东侧南下的趋向，却并不明显。倘或有之，唐时在此正有南山漕河北流，也不是非汉渠莫属。因此，目前还不能否定《水经注》的记载，昆明渠还是应当经汉明堂（今大土门附近）、白亭、博望苑（今任家庄一带）以南，再北屈经青门外，与漕渠相汇合。

漕渠从沣河口下引渭东行，直到黄河，沿途横截了许多从南山流出的渭河支流。这些河流的水量，大多也是要汇入漕渠。除此之外，还有一条从灞河引出的人工渠道，从汉霸桥以上分引灞水，斜向东北，至汉新丰县城（今沙河西岸长鸾村东）附近与漕渠干渠相合[④]。这条渠道，也可以对漕渠新丰附近河段起到调剂水量的作用。

5. 沟通褒、斜水道的尝试

东西横亘的秦岭山脉，阻隔着关中地区与汉中盆地、四川盆地的交通联系，起伏的山地使得陆路交通都十分艰难，更不用说水上航运了。然而，古代人们还是做出了积极的努力，试图在一定程度上沟通秦岭南北的航运联系。西汉沟通褒、斜水道的工程，就是这种最初的尝试。

---

① 见侯仁之主编《中国古代地理名著选读》（科学出版社，1959年）之《水经·渭水注》部分。

② 黄盛璋：《关于〈水经注〉长安城附近复原的若干问题——兼论〈水经注〉的研究方法》，原刊《考古》1962年6期，此据作者文集《历史地理论集》。

③ 见《中国古代地理名著选读》之《水经·渭水注》部分。

④ 《水经·渭水注》，据王先谦《合校水经注》卷19。

褒水是秦岭南坡的汉江支流，在今汉中市西侧汇入汉江。斜水今名石头河，是秦岭北坡的渭河支流，在今岐山县境内，汇入渭河。从褒水上源今红岩河，到石头河上源，这两条河流的源头之间，相去只有几十里。如果能够沟通褒、斜二水，实际上也就沟通了汉江与渭河的水上联系。

西汉武帝时，有人上书提议沟通这两条水道，也正是基于这一自然地理形势。这项建议指出：褒水通汉江，斜水通渭河，都可以通行漕船。漕运物资，可以从南阳一带沿汉江溯流而上，再进入褒水。在褒、斜之间近百里不能通航的地段，改行陆运。然后，再入斜水，改行水运，顺流而下，直至渭水。这样，就可以顺利运来东部各地和汉中一带的物资[①]。

从这项规划中可以看出，当时所需要致力的航道疏通工作，主要是整治褒水和斜水的中下游河段，这两条河流的上游河段，航运条件太差，当时完全无法治理。秦岭山高岭险，褒、斜二水间的分水岭是秦岭主脊，更是陡峻异常，两侧河流的河道，根本无法直接连通。因而，在分水岭上的几十里绝水地带和两河上源各自几十里河段，加在一起共百里上下的地段之内，仍然需要改行陆运。

这一计划，看起来似乎比较合理可行。所以，汉武帝同意按计划兴工，建造这条通道。具体工程事宜，是委派御史大夫张汤的儿子张卬为汉中太守，总负其责；朝廷并为此签发数万民众，从事施工[②]。

数万人大力整治的结果，使得陆路交通变得大为便捷；可是，由于褒、斜二水水流湍急，礁石丛布，仍然无法通航。这次沟通褒、斜水道的尝试，最终以失败告终。

二、水上运输及其相关设施

西汉时期见于历史文献记载的航运活动，主要是以粮食运输为主体的物资运输活动和出于军事目的的水上航行。至于帝王贵戚们在一些池沼水泊之内行船游乐，一是规模太小，二是都属于园林游赏性质，算不上航运，没有什么社会意义。因此，在这里也就不做具体论述了。

1. 渭河和漕渠上的粮食运输

渭河在汉代是关中也是今陕西最重要的水上航线。渭河东西横贯关中平原之后，汇入黄河，而黄、渭交汇之后，又一直向东流去，直至于海。东西相连贯的黄、渭两河，构成了一条水上航运大干道。通过这条航道，可以直接或间接地把函谷关以东地区的粮食和其他重要物资，运送到关中地区，以保障都城长安的物资供应。同时，在一些特殊时期，也可以顺流东下，由渭河驶入黄河，把关中的物资输往关东。

在秦汉之际的楚汉战争时期，刘邦由汉中起家后，向北占据了关中平原，并吞三秦。然后，刘邦以关中为基地，出兵函谷关以东，问鼎中原，与项羽争逐多年。在刘邦与项羽连年争战的时候，

① 《史记》卷29《河渠书》。

② 《史记》卷29《河渠书》。

军队所需的粮食给养，完全依赖萧何在关中“转漕”输送，才免却乏食之忧[①]。“转”是指用车陆运，“漕”则是指用船水运。从关中向关东“漕”运，当然只能通过渭河。因此，通过渭河水运粮食，在楚汉相争中对于刘邦能够与强劲的西楚霸王项羽相持多年，并最终取得胜利，起到了十分重要的作用。正因为如此，刘邦取得天下，分封功臣、序列位次的时候，才封萧何以头功，并使其位列身经百战的各位将领之上[②]。

刘邦除灭项羽、一统天下之后，开始筹备正式建都。开始，许多人都是主张建都洛阳，只有娄敬主张建都关中，刘邦无所适从，征询张良的意见。张良赞同娄敬的意见，极力主张定都关中。他说：“……阻三面而固守，独以一面东制诸侯。诸侯安定，河渭漕挽天下，西给京师。诸侯有变，顺流而下，足以委输。”[③]

张良这段话，反映了几个方面的情况。首先，证明了上面所说的萧何转漕关中，确是充分利用了渭河水运，没有这样的历史基础，张良不会讲出“诸侯有变，顺流而下，足以委输”这样的话来。其次，张良讲述了渭河漕运的两种基本模式：一是社会安定时期，通过渭河漕运关东各地的粮食以供给京城长安的需要；二是关东各地出现社会变乱的动荡时期，可以通过渭河，把关中的粮食向关东输送，支持军队平定变乱。对于西汉王朝而言，汉初的战乱时期，体现了渭河水运的后一种作用；战乱平定之后的大部分时期，则主要体现的是前一种运输作用。

在汉代以前，关东地区的经济就比关中发达，为了充实国都附近的经济实力，西汉时从关东地区强行迁来许多富户，安置在长安城周围地区。然而，这样仍然无法改变关东地区的富庶。正如上面引述张良的话所表明的那样，刘邦最终定都关中，主要是从军事方面着眼所做的抉择。也就是说，刘邦选择的是在军事上最有利于控制天下的地点，而不是经济上最富庶的区域。

关中八百里秦川，固然也很富庶，但与广袤的关东平原相比，却就相形见绌。刘邦虽然定都关中，却也不能不依赖关东这一富庶地区。军事和经济两方面的优势，既然不能兼于一地得之，也就只能依靠交通运输线，把关东的财富（最重要的是粮食）运输到关中来。粮食重量很大，陆运十分艰难，水运当然要省便一些。张良向刘邦提出，可以通过河、渭航道而“漕挽天下”，就是点明了依靠河、渭航运，定都关中，也可以兼顾关东的富庶地区。显而易见，渭河漕运，本是长安这一国都得以确立和繁荣的一项重要条件，它的意义十分重大。

西汉时期，渭河的通航区间仅限于长安以下的下游河段。虽然汉武帝时期在试图沟通褒、斜水道时，提到过斜水以下的河段都可以通航，但是，在西汉时期没有见到实际例证。

在渭河下游河段，沿岸建有京师仓、嘉仓和细柳仓。这些仓储沿渭河而设，都是用来储存、转运渭河运输的粮食。因而，在这些仓储附近当然也要有码头。

京师仓设在渭河口附近[④]。这里是由黄河转入渭河的中继码头。京师仓的遗址，考古工作者已经

① 《史记》卷 53《萧相国世家》。

② 《史记》卷 53《萧相国世家》。

③ 《史记》卷 55《留侯世家》。

④ 《汉书》卷 99《王莽传》下并唐颜师古注。

发现，在今华阴县东北硙峪乡段家城和王家城北的瓦碴梁上[①]。京师仓离开渭河河道，有很远一段距离，但它紧邻白龙涧河。这条河的尾闾，现在已在田野里消失，成为一条断流河，但在古代，却是流入渭河。白龙涧河旧称沙渠水，曾见于《水经注》的记载[②]。估计当时由黄河过来的漕船，进入渭口不远后，就沿着沙渠水上行，在比较接近京师仓的地方，设立码头，卸下漕粮。

设立京师仓和京师仓码头，有几个方面的作用。一是在渭河枯水期不便航行的季节，可以将由黄河航运过来的漕粮暂时积存，待丰水期到来以后，再由渭河航运到长安城附近。二是在一些时期，如果感觉渭河航道过于艰难，也可以把由黄河运来的漕粮在京师仓卸下后，改用陆运，西输长安。三是京师仓也可以积存在周围附近地区征收的粮食，集中后再水运或陆运到长安。现在发现的京师仓遗址，范围很大，整个仓城将近 80 万平方米[③]，完全可以实现上述各方面的功能。

嘉仓在汉长安城东[④]。更具体的位置，历史文献中没有记载。不过，城东南角另有太仓，所以，嘉仓位置应当较太仓稍偏北，估计应在城东垣外不远。这样的话，嘉仓应在太仓北面距渭河岸边不远的地方。嘉仓存储的粮食，同样也应与渭河航运有关。因此，在嘉仓北面的渭河岸边，也要有粮食装卸的码头。

过嘉仓码头后，溯流而上，再向西行，到了汉长安城的西北方向。在今沣河入渭口下，汉武帝建元三年，架设西渭桥，又称便桥或便门桥[⑤]。桥北头不远就是细柳仓[⑥]。咸阳市文物考古工作者，在渭河西北岸上的今咸阳两寺渡村附近发现了大型汉代建筑基址，并出土“百万石仓”瓦当[⑦]。可以断定，这里就是西汉细柳仓的遗址。

西渭桥是汉长安城去往西北地区的道路所必经的咽喉要地，细柳仓设在这里，应是出于防守西北边疆的需要。西汉时匈奴强盛，经常在北方和西北方侵扰汉朝疆界，有时甚至深入关中附近。防御和反击匈奴的内侵、开拓西北边疆，这是西汉朝廷的一项重要事务，而为此所需的大量粮食，很大一部分都要依赖从关东各地，漕运到关中长安城后，再行转输。如汉武帝时征发十万余人筑城戍守朔方，转漕粮食，“甚辽远，自山东咸被其劳”。为此需耗资数百万，朝廷府库，为之空虚。又如河西、上郡、朔方等西北边塞的戍卒，往往有几十万众，“……缮道馈粮，远者三千，近者千余里，皆仰给大农”[⑧]。在长安城西北侧的交通咽喉要地西渭桥北头，设立细柳仓，来囤积关东运来的漕粮，非常便于西北边防调用军粮。

细柳仓不仅可以存储溯渭而上的关东漕粮，而且可以收储从渭河北岸一些邻近地区征收的粮

---

① 《汉华仓遗址勘查记》,《考古与文物》1981 年 3 期;《汉华仓遗址发掘简报》,《考古与文物》1982 年 6 期。

② 《水经·渭水注》，据王先谦《合校水经注》卷 19。

③ 《汉华仓遗址勘查记》,《考古与文物》1981 年 3 期;《汉华仓遗址发掘简报》,《考古与文物》1982 年 6 期。

④ 《三辅黄图》卷 6。

⑤ 《汉书》卷 6《武帝纪》;《水经·渭水注》，据王先谦《合校水经注》卷 19。

⑥ 《三辅黄图》卷 6;《元和郡县图志》卷 1 京兆府咸阳县。

⑦ 承邓霞、时瑞宝、曹发展几位先生介绍，谨致谢意。

⑧ 《史记》卷 30《平准书》。

食。关中平原，“膏壤沃野千里”[①]，特别是“始皇之初，郑国穿渠，引泾水溉田”[②]，在渭河北岸建成的郑国渠灌区，在秦时即溉田四万余顷，使之成为高产农田，“秦以富强，卒并诸侯”[③]。至汉代又在渭河北岸，先后开凿龙首渠、六辅渠、白渠等灌溉渠道，进一步大幅度扩大灌溉面积，粮食生产更为丰盈[④]。这些地区出产的粮食，自可纳入细柳仓存储。同时，如果京城长安有需要，因距离很近，通过西渭桥调运，也很方便。细柳仓紧邻渭河，仓下应当就是渭河码头。

渭河流浅沙深，加之下游河道河曲发育，造成航道严重迂曲。这样，给利用渭河航运带来了很大的困难，需要耗费相当长时间。在漕渠开凿之前，每年从关东漕运到长安的粮食只有几十万石。当时朝廷与民休息，还没有大肆搜刮征敛，加之秦人以暴虐失天下，前鉴不远，因此，在各方面都还不至于过分铺张挥霍，国用支出也有所节制。所以，仅仅这几十万石粮食，也已足够内外用度，甚至“太仓之粟……充溢露积于外，至腐败不可食”[⑤]。然而，就是这几十万石粮食的运输，也是要耗费很大力气。仅仅渭河一段的运输，每年就要花费整整六个月，也就是半年时间。弯弯曲曲的九百里航道，“时有难处”，漕船航行，十分艰难[⑥]。

至汉武帝登基以后，朝廷上下，开始日渐奢侈。汉武帝好事喜功，在长安城周围大兴土木，兴造不断，如造建章宫、开上林苑，等等。同时，汉武帝还开辟西域、筑城朔方，在西北和其他各个边地都大兴军旅。这些内外用度的急剧增加，使得渭河的漕运量也随之迅速上升。这样，本来相当艰难的渭河航运，也就更为窘蹙了。正是在这种情况下，郑当时提出了开凿漕渠以代替渭运的建议。汉武帝闻知有如此救急良策，自是喜出望外，当即令人兴工开挖漕渠。

漕渠建成后，漕粮运输改从漕渠。按照郑当时最初的设想，由于漕渠航道比较平直，原来每年需要运输六个月的漕粮，通过漕渠只需要三个月，可以大大缩短用于航运的总时间[⑦]。

那么，漕渠的实际效用究竟怎样呢？漕渠在缩短航道方面确实可以起到很大作用，但在解决渭河航道水量不足、流沙淤浅方面，却不会起到多大作用。因为漕渠的主要水源，还是渭河。虽然拦截了南山一些河流入渠，但是，这些河流同样也有许多沙石淤淀。在渠内的水量方面，虽然渠道不像河道那样散漫，它可以束狭水流，增大航行水深，可是，漕渠毕竟只分引了一部分渭河水流，而且渭河南岸没有北岸像泾河这样大的支流，渠内的实际水量，比原来的渭河航道要少许多。此外，整个漕渠航道，从分水到横截一系列河流，需要有一系列复杂的水利工程，从南山流下的河流，流程都比较短，而且出山未远，在洪水季节，很容易出现较大洪峰，冲毁渠道及有关工程设施，特别是像灞河这样较大一些的河流，更容易发生这类问题。因此，漕渠初开，在解决漕运方面，或许可以奏效于一时，而从长久效应来看，它似乎不会比渭河更好。西汉时的实际情况也正是这样。

---

① 《史记》卷129《货殖列传》。

② 《汉书》卷28下《地理志》下。

③ 《史记》卷29《河渠书》。

④ 《汉书》卷29《沟洫志》。

⑤ 《史记》卷30《平准书》,《三辅黄图》卷6。

⑥ 《史记》卷29《河渠书》。

⑦ 《史记》卷29《河渠书》。

《史记·河渠书》记载说，漕渠通航后，“漕稍多”[①]，显得很是便利。当时对改善渭河漕运的困难状况，确实起到了一定作用。然而，这种效果，时间很短，作用也有限。因为通水、通航之后，由于漕渠水量不及渭河，挟沙能力也要比渭河低，随之而来的泥沙淤淀也要比渭河快得很多，很快就会影响正常通航。

以往许多人都把汉武帝时漕运量的急剧上升，归为漕渠的作用，这是不合适的。如前文所述，漕渠开通后不久，河东太守番系在河东即今山西运城地区开渠种田。番系在提出这一方案时，向汉武帝陈说，开田后可以收得200万石以上的谷物，把这些粮食从渭河运到长安，与使用关中当地出产的粮食，一样便利[②]。番系开河东田地事，乃是在漕渠开通之后，而前文已经论及，漕渠开通于元朔二、三年间，元朔五年六月，番系已由河东太守升任御史大夫[③]，那么，番系在河东开田一事，只能在元朔三、四年间。这时漕渠刚刚开通，番系却只字不提漕渠，而只讲利用渭河来水运河东的粮食。尽管仅仅根据这一点来说漕渠刚刚通航就被淤塞，还有些唐突；可是，《史记·平准书》又记载说，番系在河东开田、郑当时修漕渠以及在朔方修渠这三件事情，都是“作者数万人，各历二三期，功未就，费亦各巨万十数”[④]。这里明确讲到，漕渠并没有奏效。《史记·平准书》所说三件事中，番系开田一事，当时并非没有成功，只是数年之后，黄河河道移动，新开田地赖以灌溉的渠道，无法继续引水，这才不得不废弃[⑤]。《史记·平准书》对于此事，仍以“功未就”称之，可见漕渠应与河东新田一样，虽然最初也有相当功效，可是没能使用多久，就不能继续使用，很快即被废弃。从番系所讲的话里，至少可以反映出，漕渠开通后仍有相当一部分漕粮要继续依靠渭河航运。

在漕渠通行期间，漕运与渭运一样，也需要使用京师仓转运。所以，京师仓也是漕渠岸边的重要码头。京师仓设在漕渠的东端，在另一侧的漕渠西端则有太仓，设在汉长安城东南角外[⑥]。这里正是漕渠主干和昆明渠都经过的地方。因此，太仓下也要设置相应的码头。这个太仓，不仅可以通过漕渠运粮，而且昆明渠还有一条支渠，在长安城东注入渭水[⑦]。渭河里的漕船，也可以沿着这条支渠，循昆明渠而上，把粮食运到太仓。

汉武帝时期采取了告缗、令吏入粟补官等一系列搜刮民财的措施，由关东漕运入京的粮食数额大为增加，很快就由原来的每年几十万石，增加到每年400万石；元封年间，更一度高达每年600万石[⑧]。400万石的漕粮数额，至少要维持到宣帝时期[⑨]。这400多万石漕粮，除了漕渠初开时，有一短暂时期，可以通过漕渠运输外，其余大多数时间，还是都要依赖渭河水运。所以，东汉时人杜笃

---

① 《史记》卷29《河渠书》。

② 《史记》卷29《河渠书》。

③ 《汉书》卷19下《百官公卿表》下。

④ 《史记》卷30《平准书》。

⑤ 《史记》卷29《河渠书》。

⑥ 《三辅黄图》卷6。

⑦ 《水经·渭水注》，据王先谦《合校水经注》卷19。

⑧ 《汉书》卷24上《食货志》上；《史记》卷30《平准书》。

⑨ 《汉书》卷24上《食货志》上。

曾在《论都赋》中追忆、描绘当时的渭河水运盛况说："鸿渭之流，径入于河。大船万艘，转漕相过。"[①] 所谓"大船万艘"，自然是夸大其词的文学语言。不过，从中可以看出，西汉关中漕运所依赖的水道，主要还是渭河，而不是漕渠。

渭河航运有很强的季节性。这是受渭河本身的径流季节变化所制约的。渭河 70% 以上的径流量，集中在夏、秋两季，其余时间，流量不足，无法通行漕船。因此，汉武帝时郑当时说，渭河运粮，每年要耗费六个月左右时间。实际上，这是整个可通航时期内，都在进行漕运。然而，前面已经论述，当时的漕粮数额，每年只有几十万石，后来增加到 400 多万石，乃至 600 多万石以后，渭河是否能够单独承负这样繁重的航运量，已经不能不令人怀疑。或许当时已有部分粮食，由黄河运到京师仓后，已改用陆运。史籍简疏，缺而失载，亦未可知。

2. 昆明池上的水师

关于昆明池开凿的目的，现代学者往往过于"现代化"地看待。这些学者，从昆明池开凿后，对于增加漕渠水源、解决长安城供水等方面起到了一定作用出发，抛开文献记载中的实际史事，推论昆明池是有计划地开凿的一个复杂的供水工程。这种看法，事实上是求之过深，增添了过多主观的诠释。

前面已经指出，昆明池开凿的目的，本来简单明了，它是汉武帝为了演练水军而开凿的一个大型水上军事训练基地。事情的原委是：汉朝派遣使节，取道西南，出使身毒（今印度）国，而为滇池一带的昆明国所阻拦，不能通行。因此，汉武帝想要出兵讨伐。为适应昆明国滇池上的水战，特地开挖昆明池，以模拟滇池的作战环境，练习水战[②]。昆明池开挖修成后，没有派兵讨伐昆明国，也就没有能够到滇池去检验演练的水军。可是，西汉朝廷不久又要与南越的吕嘉相战，而南越本是习于船战，为此，汉武帝又重疏浚拓凿昆明池，并在昆明池周围建造了许多楼观[③]。在修治昆明池的同时，汉武帝命人建造了大批军舰，仅戈船、楼船两种船只，就各有数百艘，游弋在周回四十里的辽阔水域上，构成了一支威武雄壮的水师[④]。这可以看作是一种特殊的航运形式。

3. 汉江和黄河的航运

西汉时期的汉江航运，没有留下明确的文献记载。但是，前面叙述的汉武帝时沟通褒、斜道的尝试，本来就是为了开辟汉江航线，来代替由黄河到渭河的河、渭漕路。按照当时的设想，如果沟通了褒、斜水道，就可以把关东各地的漕粮先集中到南阳，然后利用汉江，西运到汉中，再沿褒水，运送到秦岭山上，改换陆运，转至斜水，顺流而下，进入渭河，直抵长安。这样，就可以免却黄河航运的砥柱之险。

---

① 《后汉书》卷 80 上《杜笃传》。

② 《汉书》卷 6《武帝纪》唐颜师古注引臣瓒语。《西京杂记》卷 1。《汉书》卷 87 上《扬雄传》上。《史记》卷 30《平准书》并《索隐》。

③ 《史记》卷 30《平准书》并《索隐》。

④ 《西京杂记》卷 6。《史记》卷 30《平准书》。

能够提出上述设想，当然是要以汉江可以通航为前提，起码要像渭河那样，其大部分条件适宜的河段，都可以通航。战国时秦王曾威胁楚王说，秦国假如想进攻楚国，命令汉中的军队，乘船顺水而下汉江，在夏天水大时，四天就可以到达楚国的腹心地带①。由这一事例可以证明，陕西境内的汉江河段，确实可以通航，起码可以上行到汉中一带。根据这种情况，可以推测，在西汉时期，汉江上也会有一定规模的民间航运，只是史有阙疏，没有留下具体的记载罢了。

黄河在今山陕峡谷内水流湍急，不便航行。但在龙门以下河段，河道却很开阔，可以畅行无阻。番系在河东开田，其用意和尝试开通褒、斜水路一样，也是想用河东出产的粮食，代替东面从黄河上运来的粮食，以避免黄河航运的砥柱之险。番系说河东收获的粮食，可以从渭水直接西运长安。可是，渭水并不直接流到河东，河东的粮食要想进入渭河，却必须先在黄河边上，装上漕船，然后沿黄河顺流南下，到渭河口后，再转而溯渭西上。

番系所开凿的灌溉渠道和开垦的田地，虽然没有维持几年，但最初也曾取得一定成效。当时河东收获的粮食，一定是按照番系的设想，由河入渭，运到长安。河东本来就是一个富产粮食的地方，即使没有番系开田，也会有一些粮食调入长安。这些粮食，当然也会按照同样方式，由河入渭，通过水上输送到长安。

这一段黄河的航运，可以从以往的历史当中得到印证。春秋战国之际，魏武侯曾在这一段黄河上泛舟顺流而下就是很好的证明②。继番系之后，汉宣帝时，耿寿昌又提议，为省除关东漕运的财力费用，籴买关中以及河东、上党、太原等地的粮食，转运京师③。这一措施，和番系的想法一样，都是为了免却黄河砥柱一段的艰险。河东、上党、太原，都在今山西省境内，这里的粮食，要想西运到关中，大部分也只能在河东通过黄河转入渭河航运到长安城。

由以上例证可以看出，龙门以下的黄河河段，也是关中漕粮的一条重要运输航道。

4. 关于西汉时期的人员航行问题

西汉时期，今山西境内各河流，基本上没有关于人员乘船航行的记载。除了园林池沼间的游玩和陆路渡口的渡船之外，唯一的乘船航行活动，就是前面讲到的昆明池上的水师了。虽然我们不能因此就说西汉时期绝对没有人乘船旅行，但是这种情形确实极为罕见。

在一些论及陕西历史时期航运状况的著述当中，一些人往往举述汉武帝《秋风辞》和《汉书·薛广德传》的有关记载，来说明西汉时期在黄河和渭河上乘船航行的普遍性。其实，仔细分析这两种材料，可以看出，这两项史料都不能作为人员乘船航行往来的例证。

《秋风辞》是汉武帝在由长安去河东祭祀后土祠的行程中，在船上所作的一首歌，其中有“泛楼船兮济汾河，横中流兮扬素波”两句歌词④。有人认为，这就是乘船由渭入河、再由河入汾的例证。其实，歌词中“济汾河”的“济”字，以及“横中流”三字，都已点明，这里所歌咏的是由渡

① 《战国策》卷30《燕策》二“秦召燕王”条。

② 《史记》卷65《孙子吴起列传》。

③ 《汉书》卷24上《食货志》上。

④ 见《文选》卷45《秋风辞并序》。

口乘船横过黄河（“河”）和汾河（“汾”）的情形。后来汉成帝时祠祀后土，即是“帅群臣横大河，凑汾阴”①，即横渡黄河而非顺流航行，可以从侧面证明这一点。类似的情况，还有东汉光武帝在建武十八年巡历关中时，前去祠祀后土一事。东汉人杜笃，在《论都赋》中叙述说：“千乘方毂，万骑骈罗，衍陈于岐梁，东横乎大河。瘗后土，礼邠郊。”② 有人认为，这“东横乎大河”，指的也是在黄河上航行。其实，唐人李贤早已指明，“横”字指的乃是“绝流度也”③。这里讲的同样是横渡黄河，而不是顺河航行。

《汉书·薛广德传》记载，御史大夫薛广德等侍从汉元帝，赴宗庙举行祭祀。他们一行从长安城西面出城，“出便门，欲御楼船。薛广德当乘舆车，免冠顿首曰：‘宜从桥。’……光禄大夫张猛进曰：‘臣闻主圣臣直。乘船危，就桥安。圣主不乘危。御史大夫（按：指薛广德）言可听。’上……乃从桥”④。过去有些人认为，这里所讲的“御楼船”，是指在便门外叫作沉水枝渠的一条河流上乘船。由于沉水枝渠是流入渭河的，所以，汉元帝应是想要乘船，在沉水枝渠上驶入渭河。其实，仔细审视上文中或从桥或乘船的争执，可以看到，汉元帝所要乘御的船只，根本不会是在河流上顺着河道通行的航船，而只是陆路渡口上的渡船。

（原载《历史地理（第21辑）》，上海人民出版社，2006年，234~240页）

① 《汉书》卷87上《扬雄传》上。

② 《后汉书》卷80上《杜笃传》。

③ 《后汉书》卷80上《杜笃传》唐李贤注。

④ 《汉书》卷71《薛广德传》。

隋唐时期陕西航运之地理研究

辛德勇

隋文帝统一了东汉以后长期四分五裂的中国，建立起隋朝。隋朝的统治虽然和秦始皇一样，仅及二世就遭倾覆，但继之而起的唐朝却持续统治了将近300年。隋唐两朝是我国历史上在秦汉之后的又一个强盛时期，两朝又都以关中腹心地带上的长安为都城，在这两个强盛帝国都城的影响下，今陕西省境内的航运事业又进入了一个极为兴盛的时期。五代各国加在一起，前后也只有50多年，其间战乱频仍，航运大多停废，少有兴作，现一并附在隋唐这一时期之内来论述①。

一、自然航道状况与人工运渠的开凿

（一）长安附近渭河河道的北移

在隋唐时期，长安城以北一段渭河河道向北发生了大幅度的摆动。唐代和西汉一样，在长安城附近的渭河上架设了三座桥梁，沟通两岸的交通。这三座桥也分别按照其各自所处的方位，由东向西，依次被称为东渭桥、中渭桥和西渭桥。

唐代东渭桥的遗址，位于今高陵县耿镇白家嘴村西南，距今渭河河床有5里左右[1]。杨思植、杜甫亭根据卫星照片分析发现，有一条渭河古河道正通过这处遗址；从照片上看，这条河道比汉代的渭河河道要偏北4里左右，显然就是唐代的渭河河道。整个这段河道比汉代的河道都要偏北4～5里，大致与汉代河道和现代河道平行，处于二者之间[2]。

（二）大荔以东一段黄河河道的变迁

在北周末、隋初有一段时间内，今山陕间禹门口以下一段黄河河道再度西徙，而且西徙的幅度也比较大，很可能又袭夺了洛河的尾闾。因为隋文帝开皇四年重新开浚漕渠时，和汉代的漕渠一样，东端也是终止于黄河[3] 卷1《高祖纪》上，卷68《宇文恺传》，黄河若不是西徙幅度很大，不会出现这种情况。

① 有关西汉时期陕西航运的地理问题，请参见拙文《西汉时期陕西航运之地理研究》，《历史地理（第21辑）》，上海人民出版社，2006年，234～248页；又有关魏晋南北朝时期陕西航运的地理问题，请参见拙文《东汉魏晋南北朝时期陕西航运之地理研究》，《历史地理学研究的新探索与新动向——庆贺朱士光教授七十华帙暨荣休论文集》，三秦出版社，2008年，6～11页。

北周武帝保定二年，曾在河东蒲州开挖渠道浚引黄河水灌溉农田[4]卷5《武帝纪》上，这很可能和西汉时的番系一样，是在黄河西徙后的河壖弃地上开田。不过黄河这次西徙，并没有维持多长时间。隋朝末年李渊自太原进军长安时所见到的洛河，已经是复归于渭河了①。

唐初颜师古注《汉书》，说流入渭河的漆沮水"即今冯翊之洛水也"②，说明当时洛河也是流入渭河，黄河河道则东归到了原来的故道。在此之后，李泰等人撰著《括地志》，也是说漆沮即洛水，"至华阴北南流入渭"③。到开元年间张守节作《史记正义》的时候，仍然说"洛水一名漆沮，在雍州东北，南流入渭"。再往后到元和年间，李吉甫撰著《元和郡县志》，更明确记载这一段黄河是在华阴县东北35里处与渭水相汇，而洛水乃是在渭水与黄河相汇前流入渭河④。可见，在整个唐代，洛河都是汇入渭河，今山陕间禹门口以下这段黄河河道一直处在与现在大致相同的偏东位置⑤。

（三）漕渠的重新疏浚

隋朝在长安建都后，最初没有大量从关东向都城漕运粮食，所以，没有感到运输过分困难。文帝开皇三年，朝廷因京城仓廪空虚，开始从关东各地漕运粮食作为储备，以防水旱灾害发生时供应不足。但是，渭河沙深水浅的问题，到了这时更为严重，渭河航运已相当艰难，常常造成阻隔。为解决这一问题，又想到开浚漕渠[3]卷24《食货志》。

汉代的漕渠虽然久已废弃不用，可是，渠道毕竟还基本留存着，这时只需对原来的渠道再加开挖整治，工程量并不很大。这次工程由开皇四年六月动工，同年九月告成，前后只用3个月时间[3]卷1《高祖纪》上。由此也可以看出，当时恐怕不可能对汉代的漕渠线路做出太大更改。

隋文帝开皇三年，都城由汉长安城旧址迁到了新建的都城大兴城。大兴城在汉长安城东南，今西安市区大部分都在隋大兴城城区之内，规模空前。据文献记载，隋代漕渠的渠首段经由大兴城北[3]卷61《郭衍传》，其实隋大兴城北也就是汉长安城南，这与西汉漕渠的线路完全一致。另外，隋漕渠的线路总长300多里[3]卷24《食货志》，也和汉代一样；渠道的东端止于黄河，这一点仍然与汉代相同[3]卷1《高祖纪）上；卷46《苏孝慈传》；卷68《宇文恺传》，主持这次开浚渠道工程的有郭衍、苏孝慈和宇文恺[3]卷6《郭衍传》；卷46《苏孝慈传》；卷68《宇文恺传》，其中宇文恺是隋代著名的土木工程建筑专家，隋代的大兴城、洛阳城和其他一些重要土木工程都是出自他的具体规划，这次开凿漕渠自然也应当是由他来负责具体技术施工问题。漕渠开成后，最初被命名为广通渠，又名富民渠。仁寿四年七月，隋炀帝杨广登基就皇帝位，为回避他的名讳，诏令更改所有带"广"字的地名，广通渠便在仁寿四年改名为永

---

① 据温大雅《大唐创业起居注》卷2，上海古籍出版社，1983年。按：此书原文洛水之"洛"书作"濼"，应属异写。

② 据班固《汉书·地理志》卷28（中华书局1962年版），上引述《尚书·禹贡》雍州下唐颜师古注。

③ 据王应麟《诗地理考》（上海商务印书馆1936年版，《丛书集成》初编影印明末毛氏汲古阁刊《津逮秘书》本）卷3"瞻彼洛矣"条引唐李泰《括地志》佚文。

④ 据李吉甫《元和郡县志》（中华书局1983年版）卷2华州华阴县"永丰仓"条，又卷2"同州"。

⑤ 据吴曾《能改斋漫录》（上海古籍出版社1979年版）卷13《记事》"河中府浮桥"条。

通渠①。

“永通渠”这个名字当然寓有企望漕运永久畅通的含义，可是，它既然与汉代的漕渠同样，是以渭河作为主要水源，就也同样难以解决终南山流下的一系列河流与渠道交汇时对渠道的冲淤问题；因此，也就同样难以维持长久通航，需要不断重新疏浚。

唐天宝元年，再度开浚渭渠。这次工程是由陕郡太守韦坚主持，前后用时不到两年，在天宝二年月完工②，定名为兴成渠[5]卷172《李石传》。兴成渠的渠首和隋代的永通渠位置一样，沿用未改。渠首处筑堰引渭水，名为兴成堰[5]卷105《韦坚传》。其他整个渠道线路也基本上是袭用汉、隋旧道③。只是在穿过灞河前后对原来的渠路做了一些更改。

汉代和隋代的漕渠，都是在灞、浐二水合流处以下绝灞而过，可是，兴成渠却是在灞水和浐水两条河流的交汇处以上横截二水。在通过浐水之前，韦坚在开凿兴成渠的同时，分引浐水，在浐水西岸禁苑苑墙上的望春楼（又作望春亭、北望春宫）下，又疏凿了一个大水潭，兴成渠从潭中穿过，以此作为漕船的停泊港湾和码头。唐玄宗为这个水潭御赐名称“广运潭”④。今西安市北面的滹沱寨西北有一洼地，长约 1 200 米，宽约 300 米，东距浐河不远，从位置和地形上看，应当就是唐代广运潭的旧址。从现在的地形状况来分析，唐代的渠道应当在滹沱寨西的白花村一带离开汉、唐渠道，东入广运潭，再由今滹沱寨北的低地，经今赵围附近，东过浐河。过灞河的地点，大致在原郊区农业大学西侧一带。

渠道过了灞河之后，又趋向东北方，重沿汉渠路线东去。在 1975 年拍摄的卫星照片上，还可以大致看出这条渠道的影像。前面已经论述过，唐代黄河大荔以东一段河道位置偏东，与现在大致相似，因此，唐兴成渠的渠尾也与隋代不同，它是东止于华阴县东北 35 里的渭河口附近，而不是黄河⑤。

韦坚这次开浚的漕渠也没有维持多久。唐文宗开成元年，在废弃了很久之后，咸阳县令韩辽又提出重新疏凿通航。当时，宰相李固言以为时机不太适宜，不同意动工。但是，由于当时渭河航运已经更加艰难，以至停止水运，改用牛车陆运。这样做不仅耗费很多人力，增大劳动量，而且占用耕牛，影响了关中地区的农业生产，造成重大经济损失。所以，唐文宗没有听从李固言的意见，最终还是决定动工开渠。渠道修成后，一时航运也很便利，省却了大批耕牛，对关中的农业生产起到

---

① 据宋敏求：《长安志》（中华书局 1990 年版，《宋元方志丛刊》，影印清毕沅校勘本）卷 12 长安县“永通渠”条。

② 据刘昫等《旧唐书》（中华书局 1975 年版）卷 9《玄宗纪》下；王溥《唐会要》（商务印书馆 1936 年版）《丛书集成》初编排印《武英殿聚珍版丛书》本，卷 87《漕运》。

③ 据王钦若等《册府元龟》（中华书局 1960 年版，影印明刻本）卷 497《邦计部·河渠》二。

④ 据刘昫等《旧唐书》卷 9《玄宗纪》下（中华书局 1975 年版），卷 105《韦坚传》；王溥《唐会要》卷 87《转运盐铁总叙》（中华书局 1990 年版）；欧阳修等《新唐书》（中华书局 1975 年版）卷 37《地理志一》京兆府万年县。

⑤ 据刘昫等《旧唐书》卷 105《韦坚传》；李吉甫《元和郡县志》卷 2，华州华阴县“永丰仓”条；王钦若等《册府元龟》卷 497《邦计部·河渠》二。

了很大助益。

此外，唐玄宗开元二年，姜师度在华阴以西 24 里的地方，还开凿了一条敷水渠，用来宣泄水害。可是，开元五年刺史樊忱又重加开凿之后，这条渠道就用于沟通渭河漕路了[6]卷37《地理志》。估计这条渠道是用来漕运渠道邻近地区的粮食入渭河以西运长安。

（四）升原渠的开凿

升原渠是唐代初年开挖的一条运输渠道，这条渠道并不完全是新开的，它主要是修复、利用了汉魏时期的成国渠旧渠道。

成国渠是汉武帝时为灌溉农田而开挖的一条水渠。渠道在眉县引渭水，在渭河北岸与渭河相并东行；到了灞河和渭河两河口间，又重新流回渭河①。三国时期又重新疏浚这条渠道，并把渠道引长，改在陈仓（今陕西宝鸡市）以东的汧水（今千河）上分引水流。

三国修成国渠，历史记载有两种不同的说法。一说此渠系魏明帝太和二年卫臻征蜀时所开，见于《水经·渭水注》；一说此渠系魏明帝青龙元年司马懿所开，见于《晋书·宣帝纪》以及《晋书·食货志》。现在一般都遵从前一种说法②，也有人两从其说，谓司马懿是在卫臻所开渠道的基础上“重开”③。虽然也有个别人主张依从后一种说法，但也仅仅止于一般性推测，没有做出仔细考辨[7]113。

今按从太和二年到青龙二年期只有 7 年，成国渠不应该刚刚开挖随后就被湮废，以至需要重新疏浚。所谓卫臻征蜀，是指太和二年诸葛亮率兵伐魏，而曹魏派军入关中拒战一事。当蜀军初来之时，朝臣上下莫知计之所出，明帝只好派遣大将军曹真及张郃等率军先行入关④。卫臻参与此役，是因为他后来又奏上计策，以为“宜遣奇兵人散关，绝其粮道”，这一计策为正一筹莫展的魏明帝所认同，所以，又委派他为“征蜀将军”，入关参战[8]卷22《魏书·卫臻传》，卫臻到长安时，蜀军已被曹真、张郃击退，卫臻计无所施，只好东还洛阳，官复旧职。因此，卫臻恐怕不大可能为征蜀而在关中专门开挖渠道。再退一步讲，蜀军出兵是在太和二年正月之后，到二月丁未，明帝西镇长安，这时诸葛亮已经败走，这期间最多不过一个多月时间⑤，即使是曹真，也根本无暇临战掘渠；至于在戎事匆匆之际来引水灌溉关中农田，就更不可想象了。因此，《水经注》的说法，实在不足为信，曹魏重

---

① 据班固《汉书》卷 29《沟洫志》，卷 28《地理志》上，右扶风眉县；据北魏郦道元《水经·渭水注》，此据清王先谦合校《水经注》（中华书局民国聚珍版印《四部备要》线装本）卷 19。

② 如李健超《成国渠及沿线历史地理初探》，原刊《西北大学学报（社会科学版）》1977 年 1 期，此据作者文集《汉唐两京及丝绸之路历史地理论集》（三秦出版社，2007 年，16 页）。

③ 如黄盛璋《关中农田水利的发展及其成就》，原刊《农业遗产研究集刊》1958 年第 2 期，此据作者文集《历史地理论集》（人民出版社，1982 年，115 页）。

④ 据陈寿《三国志》（中华书局，1982 年）卷 3《魏书·明帝纪》并刘宋裴松之注引《魏书》；卷 9《魏书·曹真传》。

⑤ 据陈寿《三国志》卷 3《魏书·明帝纪》。参据方诗铭等《中国史历日和中西历日对照表》（上海辞书出版社，1987 年）。

开成国渠的时间，应当以《晋书》的记载为准。

根据《晋书》的记载，这次司马懿开渠，也是为了灌溉农田，而不是用作运输通道。西魏大统十三年，又在成国渠上设置六门堰，以节制水量，显然还是用为农田水利设施[①]。直到唐代以前，成国渠一直只是一项农田水利工程，从来没有进行过航运。

唐代改造利用成国渠的工程，是在唐高祖武德八年十二月，由水部郎中姜行本奏请施行的。姜行本在开源县（今甘肃陇县）境的汧水（今千河）上修筑五节堰，引汧水东流，以通水运，名为升原渠[②]。这个渠首的位置，比魏晋时期在陈仓东面的渠口向上游移动了许多。渠口向上游移动，很可能于汧水河床的下切有关。由于汧水水量较小，高宗咸亨三年，又在陈仓县东南引渭水入升原渠[③]。由升原渠向东，可以一直航行到灞、泾两河口间的渭河上，再沿渭河溯流而上，就可以驶抵汉长安旧城北，也就是隋唐长安城的禁苑外面[④]。

（五）其他运输渠道

除了漕渠和升原渠外，唐代还开凿了其他一些运输渠道。这些渠道基本都是为运输木材而开凿的。

就在韦坚开凿漕渠的唐玄宗天宝元年，京兆尹韩朝宗也开凿了一条分引渭河水的渠道，用以运输木材。这条渠道从唐长安城西面中间一门金光门进入长安城，在西市西街开挖水潭，用以存放通过漕渠运来的木材[⑤]。这条渠道的引渭地点缺乏记载，具体路线也已难以复原。从现在的地势来分析，很可能是在今周至县渭河南岸引水，经昆明池南侧转入金光门。唐代开挖的另一条运输木材的渠道，是代宗永泰二年京兆尹黎幹奏请自南山谷口引水穿过长安城进入禁苑，用以漕运终南山上的薪炭。终南山是长安城薪炭的主要供给区，白居易《卖炭翁》诗里描写的卖炭翁就是用牛车来拉运终南山里的木炭到城里去卖。木炭质重，运输不便，长安城中的木炭因此价格昂贵，供应匮乏，“苦樵乏薪”。假如能够凿通水路，自然要方便很多。可是，令人遗憾的是黎幹并没有开成这条渠道，只是在皇城外边安排倡优表演了一些名之曰“水戏”的小把戏，哄弄皇帝高兴了一下，根本没有凿通这条渠道[⑥]，更丝毫谈不上起到什么运输作用了。

黎幹运送木炭的渠道虽然没有凿通，不过，唐朝在长安城西面有一条叫作“漕河”或是“漕水”的水道，乃是在城西南从现在的洈河上分出，沿唐长安城西垣北流，再进入禁苑，缘汉长安城

① 据宋敏求：《长安志》卷14武功县“六门堰”条引《十道志》。

② 据王溥《唐会要》卷87《漕运》；欧阳修等《新唐书》卷37《地理志一》陇州。

③ 据杜佑《通典》（中华书局1988年）卷10《食货十》中对此有详细记述。

④ 据郦道元《水经·渭水注》；又据清王先谦合校《水经注》卷19；王钦若等《册府元龟》卷497《邦计部·河渠》二。

⑤ 据王钦若等《册府元龟》卷497《邦计部·河渠》二；《旧唐书》卷9《玄宗纪》下。

⑥ 据王钦若等《册府元龟》卷497《邦计部·河渠》二；欧阳修等《新唐书》卷145《黎幹传》。

南垣和东垣，流入渭河[①]。这个漕河显然也是一条人工渠道。只是文献失于记载，现在已经无法知道这条渠道开凿的具体过程了。从“漕河”这一名称来看，这条渠道也显然与运输有关，至少不是主要用于灌溉农田。结合黎斡在终南山开渠的意图，可以看出这条“漕河”的主要运输职能似乎也应该是终南山上的薪炭。

（六）沟通丹江和灞河水道的尝试

在韦坚开浚漕渠以前，为解决渭河航运的困难，在唐中宗景龙年间，襄州刺史崔湜提出了一个新的运输方案。崔湜的基本想法同汉武帝时沟通褒斜道的构想大体相同，就是尽量避开不用三门峡黄河险段以及流浅沙深、水力无常的渭河水道，而设法沟通汉江与关中的联系。不过，崔湜选用的路线不是当年的褒斜线，而是试图先把粮食货物由汉江溯源而上，转入汉江支流丹江，水运到商州后，再改陆运，越过秦岭，在秦岭北坡的蓝田南面，出石门谷，至蓝田，再沿灞河水运到长安附近[②]。

过去有人认为崔湜所说的石门是指蓝田西南的石门谷，即今汤峪河[③]。这种看法实际上是错误的。蓝田西南的石门谷水，乃是北流汇入浐河[④]，它与灞河东岸的蓝田牵扯不上任何关系，从这个石门谷出来北去长安城，无论水路还是陆路，都不会经行蓝田。今蓝田东南的道沟峪，唐宋时期一般叫作倒回谷，而它还另有一个名称即是“石门谷”[⑤]。这个石门谷的南面，与丹江隔岭相对，谷内本来就有道路东通洛南[⑥]。从商州商洛凿山筑路，沟通丹、灞两条河谷，也远比向西到今汤峪河那里要方便得多。在唐代，本来就是以这个石门谷作为灞河的正源。北出石门谷，就是宽阔的灞河谷地，便于通行往来。所以，崔湜沟通丹、灞二河的交通线路就应当是选在这里。

崔湜督役数万人，开通了这条新路。新路开通后，封锢了原来的蓝田关旧路，强令行人一律取道新路。由于行用时间过于短促，文献记载有限，这条新路上水路地段的效用如何，还有待更进一步探索，但是穿越秦岭一段陆路却是艰难备至，远不如旧路通畅，“每经夏潦，摧压踣陷，行旅艰辛，僵仆相继”，甚而至于“数摧压不通”[⑦]，实际上并没有怎样很好地利用。崔湜主持开路时身为襄州刺史，而他出守襄州是因过被贬流放，时为唐中宗景龙三年五月，至同年十一月，大赦天下，所

---

① 据宋敏求：《长安志》卷 11 万年县“漕水”条，卷 12 长安县“漕河”条；又据黄盛璋《西安城市发展中的给水问题以及今后水源的利用与开发》，原刊《地理学报》1958 年第 4 期，此据作者文集《历史地理论集》（人民出版社，1982 年，27 页）。

② 据欧阳修等《新唐书》卷 99《崔湜传》；王钦若等《册府元龟》卷 697《牧守部·酷虐》。

③ 据黄盛璋《历史上黄渭与江淮间水陆联系的沟通及其贡献》，原刊《地理学报》1962 年第 4 期，此据作者文集《历史地理论集》（人民出版社，1982 年，181～183 页）；严耕望《唐代交通图考》第 3 卷《秦岭仇池地区》（“中研院”历史语言研究所专刊之八十三，1985 年）篇拾陆《蓝田武关驿道》，660、661 页。

④ 据宋敏求：《长安志》卷 11 万年县“石门谷水”条。

⑤ 据宋敏求：《长安志》卷 16 蓝田县“刘谷水”与“铜谷水”条。引北魏郦道元《水经注》佚文。

⑥ 据宋敏求：《长安志》卷 16 蓝田县“倒回谷”条。参见拙文《西汉至北周时期长安附近的陆路交通》，刊《中国历史地理论丛》1988 年 3 期，96、97 页。

⑦ 据王钦若等《册府元龟》卷 697《牧守部·酷虐》；欧阳修等《新唐书》卷 99《崔湜传》。

有流人一律放还，崔湜也重归长安①。因此，这条石门新道应当开凿于景龙三年五月至十一月之间。到玄宗先天二年七月，崔湜又因谋乱被配流岭南，商州奏请复依旧路通行②。这样，石门道从开凿到废弃，总计不超过4年，其间又“数摧压不通”，就连陆路交通都没有起到任何积极作用，更不用说连接丹江河灞河的水运了。在当时的工程技术条件下，秦岭高峻起伏的山峰，对交通运输的阻碍作用是相当巨大的，不管人们怎样努力，沟通两坡的水系不仅是不可能的，而且像汉唐先后沟通褒、斜和丹、灞这样，以陆运越岭来连接两坡的水路运输，也由于越岭陆运的艰险，失去了在正常社会状况下的开发价值。崔湜沟通丹、灞水路的设想，乃是必然要以失败而告终。

（七）嘉陵江航道的疏凿

唐代后期，吐蕃在西边经常侵扰唐朝的边境，今陕西南部的略阳县一带，属唐兴州辖境，也邻近于吐蕃的边地。为防范吐蕃的袭扰，唐朝在边境地区驻扎了很多兵力。兴州西面的成州，就是一处戍守要地。成州戍军的粮食，需要经由兴州长举县运去。长举县治所在今甘肃省徽县东南的嘉陵江北岸，距嘉陵江10里左右③。经陆路由长举向西北到成州，路途十分艰难，在县西北50多里的地方，要翻越著名的青泥岭，这座山“悬崖万仞，山多云雨，行者屡逢泥淖”。整个300里行程，也大多都是“崖谷峻隘，十里百折”，加之“盛秋水潦，穷冬雨雪，深泥积水，相辅为害”，在这样的道路上运送粮食物资，极为艰难，“负重而上，若蹈利刃”，运夫甚至常常会“颠踣腾藉，血流栈道”，在路上失去性命[9]卷26《兴州江运记》。

鉴于陆运这种艰难局面，德宗贞元末年，山南西道节度使严砺决定疏凿嘉陵江航道，用水运来代替陆运[9]卷26《兴州江运记》。严砺的疏凿措施，包括清除水道上的石块，砍除影响通航的树木，对河床中基底与河岸联结在一起的影响航运的岩石，则用火烧醋激的办法粉碎后，再将其清除下去。航道经过这样一番清理之后，江涛负载漕船“雷腾运奔，百里一瞬”，免除了陆运的艰险，也缩短了整个运输路程。原来走陆路需要300多里，现在走水路却只有200里。百姓大为便利，为此专门请文章高手柳宗元撰文刻石，以作纪念[9]卷26《兴州江运记》。

严砺疏凿的嘉陵江水道究竟是哪一地段，历史文献中没有明确记载，还需要进行研究分析。疏凿这段水道，是为给成州的戍卒漕运粮食等军需物资。成州的治所本来是在上禄县，位于西汉水的上游，在今甘肃礼县南面，可是，肃宗宝应元年以后，这里已经陷没于吐蕃人之手。贞元五年，成州内徙，权治于同谷县西境的泥公山（一作“泥功山”）上[6]卷40《地理志》。严砺疏凿嘉陵江航道时，成州的治所就设在泥公山上。唐同谷县治即今甘肃成县，也就是东汉武都郡的治所下辨④，泥公山在县西20里。今成县距离嘉陵江甚远，而在嘉陵江支流青源河岸边。《新唐书·地理志》记载严砺

① 据刘昫等《旧唐书》卷7《中宗纪》；司马光《资治通鉴》（中华书局，1956年）卷209，唐中宗景龙三年。

② 据刘昫寺《旧唐书》卷8《玄宗纪》上；王钦若等《册府元龟》卷697《牧守部·酷虐》。

③ 据李吉甫《元和郡县志》卷22兴州长举县“嘉陵水”条；又参阅谭其骧主编《中国历史地图集》（中国地图出版社，1982年）第5册“山南东道、山南西道”图。

④ 据清官修《嘉庆重修一统志》（中华书局1986年）卷277《阶州直隶州·古迹》“同谷故城”条；范晔《后汉书》（中华书局，1965年）卷58《虞诩传》唐李贤注。

疏凿江道，是自长举而西疏凿嘉陵江 200 里[6]卷40《地理志》。从长举县到青源河口有一段嘉陵江水道，但只有几十里，远不及 200 里之数；若是从长举县循嘉陵江西南行，到青源河口，再循青源河而上到同谷县西的泥公山下，倒是有 100 多里，与《新唐书·地理志》记载的里程相近。严砺既然是为漕运过去由长举陆路运往成州的戍粮而疏凿江道，那么，他所疏凿的也只能是这样一条由嘉陵江联通青源河的航道，而主要的工程是在青源河段，而不可能如文献记载的那样，只是嘉陵江主干道。我在《东汉魏晋南北朝时期陕西航运之地理研究》一文中已经论述说，青源河航道在东汉时期曾经由虞诩做过疏凿①，因此，严砺此举在很大程度上只是修复前人旧路。严砺疏凿的这段水道，大部分都在今甘肃省境内，只有一小部分在今陕西略阳境内。

二、航运状况及相关设施

（一）渭河下游与漕渠上的粮食运输

隋代初年，朝廷内外各方面的用度都相对比较节俭，因此，没有从广东各地漕运粮食到京城。到了开皇三年的时候，由于京师仓廪储备已经逐渐空虚，不敷这个庞大王朝都城的支用，若是京城周围的关中地区再遇到水旱灾害，京城的用粮也就无法保障了。为此，隋文帝杨坚始颁下诏书，责令在关东一些河流沿岸的州内，募集人丁运米，同时在黄河岸边的“卫州置黎阳仓、洛州置河阳仓、陕州置常平仓、华州置广通仓”，通过这些粮仓存储附近地区的粮食，然后一级一级“转相灌注”，次第西运，把关东地区的粮食运往京师大兴城。这是隋代首次启动渭河航运来运输漕粮[3]卷24《食货志》。

隋文帝时在华州设置的广通仓，位于渭河口附近的渭河南岸。这个广通仓同广通渠一样，也是冲犯隋炀帝杨广的名讳，所以，在杨广登基后被改名为永丰仓[10]卷2《华州华阴县》。渭河上的漕船自然要在这里停泊，因此，这里也是渭河上重要的漕运码头。

渭河漕运启用了仅仅一年，就发现存在严重的航运障碍。这主要是渭河河床淤积泥沙过多，“流乍深乍浅”，致使航道许多地段已经淤浅阻碍航行，“漕运者苦之”。在这种情况下，隋文帝只好又施用汉朝旧策，于开皇三年，下令开挖漕渠[3]卷24《食货志》。

开皇四年九月，漕渠通水。隋文帝亲临灞河岸边，观看通水的情况。开挖漕渠的紧迫性和重要性，由此可见一斑。

隋代使用漕渠运输关东的漕粮，究竟持续了多长时间，文献中没有明确记载。不过，维持漕渠通航不是很容易的事情，大业二年以后，隋炀帝移都洛阳，已经没有多大必要再多向关中漕运粮食，因而，便不必在漕渠上花费太多的力气，估计最迟至大业二年，漕渠就已经不再通漕。这样计算，隋代漕渠的整个使用期限，不会超过 22 年。

① 参见拙稿《东汉魏晋南北朝时期陕西航运之地理研究》，刊陕西师范大学西北环境与经济社会发展研究中心、中国历史地理研究所编《历史地理学研究的新探索与新动向——庆贺朱士光教授七十华帙暨荣休论文集》。

唐朝初年和隋朝初年一样，也没有从关东各地大量漕运粮食。在高祖武德和高宗永徽年间，姜行本、薛大鼎、褚朗等曾先后上言，建议在不同地区开挖渠道，水运物资，可是，却一直没有利用渭河水道向关中大规模输送粮食等物资。显而易见，这时各地的经济还没有从隋末战乱的严重破坏中恢复过来，既不宜过多征收粮食，也不便征发太多劳役。当时每年只是从关东陆运 20 万石上下的粮食，数额很小，微不足道。高宗咸亨三年，关中遭遇饥馑，粮食严重匮乏，这才按照监察御史王师顺的建议，通过渭河，漕运河东绛州的粮食入京，并在东渭桥头设置渭桥仓，存储通过渭河运来的粮食①。

东渭桥仓也是个重要的运输码头。在漕运旺季，东渭桥头舟航聚集，甚至略有几分江南水乡的景象，唐德宗贞元人李观，尝谓桥下“舟者如徽”[11]卷1《东渭桥铭》；大中、咸通间人李频亦曾描述云：“秦地有吴洲，千樯渭曲头。”[12]96 除了东渭桥仓以外，唐代还沿用了隋代的永丰仓，作为渭河口上的码头和仓库。

过了东渭桥仓再向西，在禁苑内汉长安城的西北角，也就是中渭桥的南头岸边，还设有一个粮仓，这个粮仓也叫太仓②。由于唐代的太仓本来设在宫城掖庭宫的北面，所以，对这两处太仓的关系，从很早就引起过争议③。其实，长安城附近的几个仓储，都可以冠以太仓之名。例如，东渭桥仓有时就又被称为“东渭桥太仓”[6]卷53《食货志三》，而长安城禁苑西北的这座太仓，为了与宫城中的太仓相区别，另外又有一个名称，是被称作“北太仓”[13]71。北太仓的渭河运输码头当然就在中渭桥边。《新唐书·食货志》记载贞元年间韩滉、杜亚运送江南粮米至“东、西渭桥仓”[6]卷53《食货志三》，西渭桥有仓未见到其他文献记载，所以，这里的“西渭桥仓”很有可能就是“中渭桥仓”的错讹，指的就是这个北太仓。北太仓的地位和作用似乎远远不能与东渭桥仓相比，大多数漕船应该还是停泊在东渭桥仓下。

唐高宗开通渭河漕运以后，运送到关中的粮食，比以前有所增多。然而，朝廷的财政开支和粮食需求这时也在大幅度增长。由于三门峡险段河道对黄河水运的阻碍，以及渭河水运的艰难，还是供不应求。为解决这一问题，当时采取过两种办法：一种办法是皇帝率领百官诸臣一起跑到洛阳渠“就食”，也就是到那里去吃住花用，以减少一些长安城的开销。据有人统计，高宗朝总共去过洛阳 6 次，玄宗也去过 5 次，唐中宗李显对此颇感愤怒，径称皇帝就食东都乃是沦落成为“逐粮天子”。另一种办法是在遭到严重饥馑的时候，陆运粮食入京，以解决普通百姓的生计。但这样做代价也很高，陆运急迫时甚至会把拉车的耕牛累死十之八九④。

开元十八年，宣州刺史裴耀卿来京师，唐玄宗向他征询解决漕运的办法。裴耀卿提出在整个漕

① 据王溥《唐会要》卷 87《转运盐铁总叙》，卷 87《漕运》；欧阳修等《新唐书》卷 53《食货志》三。

② 据宋敏求：《长安志》卷 6，《宫室》四《唐·禁苑内苑章》；又据司马光《资治通鉴》卷 229，唐德宗建中四年十一月“马燧遣其行军司马王权屯中渭桥”条，元胡三省注。

③ 据李好文《长安志图》（中华书局 1990 年，《宋元方志丛刊》影印清毕沅校勘宋敏求：《长安志》附刊本）卷中，《图志杂说》第 220 页，即尝依据宋敏求：《长安志》没有记述掖庭宫中的太仓，否定这一太仓的存在。

④ 据马端临《文献通考》（中华书局 1986 年）卷 21《市籴考·常平义仓租税》；司马光《资治通鉴》卷 209 唐中宗景龙三年；又参见黄盛璋《历史上的渭河水运》，原刊《西北大学学报》（社会科学版）1958 年第 1 期，此据作者文集《历史地理论集》，154、155 页。

路上根据南北东西不同水道各自的特点，令当地水工，分段转运，在各转运地点，沿水路设置码头和粮仓，河道水量丰盛时则行舟启运，水浅受阻时则藏粮于仓。他提出的这个办法，实际上在隋文帝时已经实行过，并没有什么特别独到的地方，而且他在沿河各地设仓的想法，也就是想要沿用隋代旧址重建新仓。当时唐玄宗没有重视裴耀卿的意见。三年之后，裴耀卿升任京兆尹，正遇到京师附近遭受水灾，谷价腾升，唐玄宗在无可奈何之中，只好又一次到京都洛阳去“就食”。这时，实在被漕运不济而困扰不堪的唐玄宗才又想到了裴耀卿提出的建议。于是，裴耀卿得到机会又一次向唐玄宗详细陈述了自己的设想。这次玄宗皇帝龙颜大悦，当即擢拔裴耀卿为宰相，并兼任“江淮都转运使”，统筹实施他的漕运方案。

裴耀卿的漕运改革办法，简单地说，就是节级转运。渭河口上的永丰仓，本来也就是隋代节级转运的产物，再向远追溯，西汉设在这里的京师仓，起的也是同样的作用。因此，若是仅仅对于渭河水运来说，裴耀卿的方案，并没有起到实质性的改良作用。裴耀卿的漕运方案中意义最大、最为关键的地方，是在三门峡附近开辟了 18 里山路，并在这条道路的东、西两端，沿河设置粮仓，使河运避开动辄覆舟的三门峡险段，改用陆运转输。裴耀卿这一方案，施行三年，共漕运到关中 700 万石粮食，即平均每年漕运 230 多万石，主要也是因为较好地解决了河运中的这个“卡脖子”地段的问题。至于由渭河口到京师东渭桥仓的运输，并没有改善任何航运条件，只不过是让船工们再多付出一些苦力和朝廷多付出一些代价而已。人们当时用“斗钱运斗米”来形容运输的巨大耗费和艰难情形[6]卷53《食货志三》。

裴耀卿罢任之后，每年漕运到京城的粮食，仍维持在 100 万至 180 万石之间，比起唐初 20 万石的数额来说，已经增加了许多[6]卷53《食货志三》。对于这样的高额运输量，渭河航运是很难长久承负的。于是，天宝元年，唐玄宗又任用韦坚开挖漕渠，试图用漕渠替代渭河水运，以缓解粮食运输的困难局面。

韦坚开挖的漕渠，大部分地段仍沿用隋代漕渠的旧道，东端渠道尾闾汇入渭河的地方，仍然可以和隋代一样，在永丰仓下设置码头，以便转输漕粮。浐河西岸的广运潭，是漕渠最大的码头，在漕渠开通的庆典上，一次便有二三百只船舶停泊在这里[5]卷105《韦坚传》。接近广运潭的苑墙光泰门外，唐代有一个村庄叫米仓村[13]77。按照它的相对位置关系，这个村庄就应当在广运潭边。顾名思义，应当是漕渠畅通时在广运潭边设置了粮仓，才会产生米仓村这个名字。此外，禁苑西北角的北太仓，仍然可以通过漕渠运输去粮食。这一般应当是从广运潭启航，沿漕渠西行，穿行禁苑当中，到汉长安城边时再沿南山漕河向北，运送到禁苑西北边的北太仓[13]102。漕渠开通之后，一时也曾产生过较大效益。天宝二年当年，漕运关东粟米 400 多万石，开创了隋唐以来的历史最高纪录。但是，这个数字里面肯定也包含很多其他人为的因素，韦坚为了取悦玄宗以邀功，必然会采取其他手段促使漕额暂时增长起来。以后天宝年间的正常运额是 250 万石，而且这并不是完全依靠漕渠运输，其中还有部分陆运的份额[10]卷2《华州华阴县》。由天宝年间水陆并用这一情况推测，开元年间裴耀卿运入关中以及继此之后由关东西运入关的粮食当中，很可能也有一部分是来自陆运。

韦坚开凿的漕渠，与汉代和隋代的漕渠相比，没有任何特别之处，因此，它也不能避免汉、隋漕渠很快就被湮塞废弃的命运。灞水和浐水等河流的冲击填淤，对韦坚的漕渠构成了很大威胁。每当夏季大雨之时，灞水、浐水等与漕渠相交叉穿越的渭河支流暴涨，漕渠必然要受到洪水严重冲激，水退以后则又要淤下许多泥沙，航运便不能不受到阻滞①。因此，也就必须辅以陆运相济。

天宝十五年，安史之乱爆发，整个河淮地区都受到乱军的占据或是冲荡，关东的漕粮已经无法西运，江淮的贡赋租粟都改由汉江西运，漕渠的航运亦随之陷入停顿。战乱平定之后，代宗广德二年，刘晏着手整顿漕运。这时，他重又采取裴耀卿的节级转运办法，规定“江船不入汴，汴船不入河，河船不入渭”，令“河船之运积渭口，渭口之运入太仓”，此时已经不再使用漕渠，而是改为利用渭河航路[6]卷53《食货志三》。显然，自然的淤积冲激再加上战乱的荒废破坏，漕渠已经不再能够负载装运粟米的重船了。不过，这时漕渠还没有彻底湮塞，可能有时还能够通行一些装载轻货的小船。到了大历年间以后，才最终废弃这条水渠，不再用作航运通道[10]卷2《华州华阴县》。

广德二年以后，重又启用渭河水道，漕运关东江淮等地的租粟等物资，这也是漕渠湮塞废毁后而采取的不得已办法，渭河水运仍然十分艰难。虽然在刘晏整顿漕运的当时，每年漕运至京城的粮食达到了110万石[6]卷53《食货志三》，可是，在这以后，每年运输到京城的粮食只有40万石，而且在其中也还含有一部分陆运的份额[6]卷53《食货志三》，渭河的航运能力已经不能全部负担，京城的粮食供应显得十分紧张。

德宗贞元初，京城周围的关辅地区驻扎有大量军队，需要耗费很多军粮。由于粮食供应不足，米价暴涨，以至每斗米价高达千钱，太仓中留供皇宫食用的粮食已经不敷支用10天，宫禁中不敢再用粮食酿酒。在这种情况下，不得不紧急陆运永丰仓米进京。结果由于运输程限过于急迫，驾车的牛大部分都被累死。面对这样的局面，德宗皇帝只好又一次安排人来整顿漕运。

这次漕运整顿工作，是由浙江东西节度使韩滉和淮南节度使杜亚负责。韩滉和杜亚两人不仅在三门峡附近重又花费一番工夫，疏通了这处“卡脖子”的隘口，而且还针对渭河航运的困难，改进了渭河运粮的船只，以使其更加适宜在水浅沙深的渭河里航行。改进渭河运粮船只的具体工作，是由陕虢观察使李泌主持。经过李泌的这一番技术改良和其他人为努力，使得运输到东渭桥仓的粮食数额竟然又达到了130万石，一时明显提高了渭河的航运能力[6]卷53《食货志三》。只是好景不长，这样好的运输效益并没有能够维持多久，以后最好的时候，漕运到京的粮食一般也只有40万石[6]卷53《食货志三》。

贞元年间整顿漕运以后，由于渭河航运艰难，仍然有很大一部分粮食要通过陆运入京，这说明从长时段来观察，李泌改进船只的效果也并不十分明显。文宗开成元年，李石奏请重修开凿疏浚漕渠时曾经讲述说，漕渠修复通航之后，可以使从渭河口的永丰仓到长安城这300里之间再无车挽之劳，辕下之牛悉数归耕于农田[5]卷172《李石传》。可见，以陆运辅助水上漕运，不仅早已成为一种定制，而且越来越占有重要比重。

占用大量耕牛来驾车转运粮食，要对农业生产造成很大影响；特别是这些用来运输的耕牛，一般也都只能从关中就地征集，而关中的农业生产受到损害，更不利于京城长安的粮食供应。为此，唐文宗开成元年，又一次动工开挖疏浚遭遇湮塞废弃了的漕渠，试图采用天宝时期的老办法，用漕

① 据李吉甫《元和郡县志》卷2华州华阴县“永丰仓”条；王钦若等《册府元龟》卷498《邦计部·漕运》等记述。

渠来解决渭河航运的困难。然而，这次开浚漕渠的效果也不比天宝年间更好。在大中五年，裴休出任盐铁转运使，翌年八月改革漕运，这时已经不再使用漕渠，重又改从渭河运输漕粮[5]卷49《食货志下》。

唐代以后的五代战乱时期，没有再见到利用渭河或漕渠运输粮食以及其他物资的记载，渭河航运，应当已经陷于停顿。

除了粮食运输以外，其他由关东运入长安城的货物，大多采用陆运，一般不利用渭河或是漕渠。例如，隋开皇年间关东诸州调物均由潼关和蒲津关两关陆运入京，“每岁河南自潼关、河北自蒲坂，达于京师，相属于路，昼夜不绝者数月”[3]卷24《食货志》。所谓“调物”以布帛为主，这是除了粮食之外的另一大宗重要生活物资。唐代的情况依然与隋代相同，布帛运输也是依赖陆运。如开元初年张说在幽州做官时，每年都要用许多车辆陆运河间、蓟州一带的庸调缯布到京城[14]卷485《东城老父传》。其他调物如麻等也是陆运入京[15]卷6《王无得》。

需要指出的是，天宝二年广运潭开成庆贺典礼时，韦坚曾在潭内陈列二三百只运船，每条船上立牌标明郡名，船上则堆积各郡特产，包括广陵郡的锦、铜器，南海郡的玳瑁、珍珠、象牙、沉香，豫章郡的瓷器、酒器，宣城郡的纸墨等，各种生活物资，几乎应有尽有。然而，这只不过是韦坚为邀取玄宗皇帝宠幸而有意摆布的场面，并不能说明这些各种各样的物资都要通过漕渠或者渭河来运输。

从总体来看，隋唐时期渭河和漕渠上以粮食运输为主体的运输活动，虽然在整个渭河航运史上也称得上是盛极一时，形成了一个航运高峰，可是，却不宜因此而过高估价当时的航运发达程度。在韦坚开凿漕渠之前的开元年间，每年从关东运送粮食 120 万石到京城，这应该是渭河航运在唐代相对比较兴盛的时期。可是，当韦坚凿成广运潭后从关东取来二三百艘船只陈列在水潭当中时，关中父老竟然会因为“不识连樯挟橹，观者骇异”，视之以为奇观[6]卷134《韦坚传》。由此可见，平常渭河水面上并没有太多船只，开元年间的漕额之中很可能也含有陆运的成分在内。

（二）黄河航运

隋唐五代时期陕西境内黄河上的航运，仍主要限于今大荔以东一段河道，而且是以漕运河东的粮食为主。

隋开皇三年初兴漕运，就在河东的蒲州置有募集来的“运米丁”，这应当是为漕运河东以及太原一带的粮食到京城[3]卷24《食货志》。唐高宗咸亨三年始行关中漕运的时候，更是专为运输河东及太原一带的粮食。当时，这些地区的粮食在河东黄河上装船以后，再顺流南下至渭河口，转从渭河溯流而上，西运长安城，“河、渭之间，舟楫相继”，一直运送到东渭桥仓[16]卷87《漕运》。河东一带的漕船究竟都在哪些地方泊靠，现在已经无法考索，不过，当时汾水可以直接与黄河通航[6]卷154《李宪传》，所以，这一段的通航河道，起码可以包括汾河口以下的全部河段。

除了粮食运输以外，唐代黄河河道上还有木材运输。开元、天宝年间，长安城附近由于缺乏建筑用木材，派人到岚州和胜州一带去采伐购买。岚州在今山西岚县、合河、岢岚一带，位于吕梁山区，西临黄河；胜州在今陕北神木、府谷一带，东隔黄河与岚州相邻。在这里采伐木材运到长安城，只能利用黄河顺水放漂，到渭河口后，再溯渭河向上游漂运。当时朝廷在胜州设有 120 名“转运水手”，应当就是负责漂运木材[13]103。

岚州和胜州这两个州，除了向长安漂运木材之外，每年还要向黄河上的大阳桥和蒲津桥两座浮桥漂送一定数额的木材，用于修护更换浮桥的“脚船”。大阳桥在陕州（今河南三门峡市）北侧，蒲津桥在蒲州（今山西永济县）西侧。供应这两座桥木材的还不只岚、胜两州，在黄河东岸，由岚州向南，依次有石州、隰州和慈州三个州，它们也要给大阳桥和蒲津桥漂送木材[13]105。因此，在唐代，今陕西东部的黄河河道上从北向南，应该到处都有木材漂流运输。

木材漂流可以单放，也可以组扎成木排漂放，估计朝廷组织的这种大规模木材运输，当时应是采用后一种排筏式。北宋时由秦陇地区向开封城里运送木材，就是将原木联结成“巨筏”在渭河水面上漂放，似乎可以用来印证唐代的情况[17]卷276《张平传》。不管怎样，在河面上运送木材都是一种比较特殊的运输形式，与一般通过船只装载运输的货物大不相同，倾覆触礁等一系列重大航运危险远不如普通船只严重，因此，能够漂运木材并不等于也能够通行一般的航船。山陕峡谷之间的黄河，水流湍急，航道十分危险，当时还不能通航。唐人陈鸿的《东城父老传》中曾记载说，开元年间敦煌“岁屯田实边食，余粟转输灵州。漕河下黄河，入太原仓，备关中凶年”。过去许多人都根据这条材料，推论说当时是从灵州（今宁夏灵武）用船装载粮食，在黄河上顺流而下，直到太原仓（在陕州，今河南三门峡市附近）。其实，这种看法，并不符合《东城父老传》的原意。《东城父老传》原文中的“转输灵州”与“漕下黄河”这两句话，讲得本来是毫不相干的两件事情，不能混为一谈，“漕河下黄河，入太原仓，备关中凶年”，讲的本是漕运江淮粟米入太原仓事①。

（三）关中的木材运输

隋唐时期为了在长安城及其周围地区修建各种宫殿寺观和宅院，利用一些渠道和河流，向长安城运输了许多木材。此外，长安城内外的百官僚属，也需要定量配给木材，用作薪柴。这些燃料用木材，有时可能也要利用水路运输。

升原渠是运输木材的一条主要渠道。历史文献在记述武德八年姜行本开浚这条渠道的时候，只是记载为“通运”或“通漕”[16]卷87《漕运》，没有明确交代用来运输什么货物。岐州和陇州一带是唐代关中地区重要的木材产区，所谓“陇坻之松”，作为优良建筑制作用材，备受当时人称赞。唐高宗咸亨三年，在陈仓东南引渭水入升原渠后，文献记载渠道中有“船栰”通行，由岐州直抵汉长安故城[18]卷497《邦计部·河渠》。“栰”就是木筏，木筏和木排在形式上也没有什么区别。不可能在这样长的距离内用木筏运送什么货物，这应当就是顺渠道向下流漂放木排。至武则天垂拱初年，又有记载由升原渠运输岐陇木材到京城长安②。到了开元年间，京兆府和岐、陇二州每年固定征募役夫7000人，每人各向京城输送木橦80根，于春、秋两季送到[19]31。同时，在陈仓也设置了固定的采伐营造用木材

① 详据周绍良《东城老父传笺证》，刊《文史》1982年第17辑，此据作者文集《绍良丛稿》（齐鲁书社1984年，第115页）。

② 据欧阳修等《新唐书》卷37《地理志一》，凤翔府虢县下记作“运岐、陇水入京城”，此据《玉海》（江苏古籍出版社1988年，影印清光绪浙江书局刻本）卷22《地理志·河渠》“唐升原渠、高泉渠”条，“水”当为“木”字形讹。

的百工监[5]卷44《百官志》。升原渠这时依然完好使用，当然也仍在用于运输木材[13]102。

天宝元年韩朝宗分引渭水开挖的运输渠道，根据前文所做推测，其引水地点应当在今陕西周至县终南镇一带，而这里正是唐朝将作监下设的主要木材采集机构就谷监的所在地，就谷应当就是今终南镇西面的山谷山就峪①。显而易见，通过这条渠道，可以直接把就谷监采伐的木材运到长安城内的西市西街。只是这条渠道后来再未见到记载，可能使用期限很短，实际没有发挥太大作用。

唐代长安城附近设置的采伐营造用材的机构，除了陈仓的百工监和周至的就谷监外，还有库谷监和斜谷监，"皆在出材之所"。唐代郿县有斜谷，在今陕西眉县境内，称作斜峪，即秦汉以来褒斜道北段所经由之终南山北坡谷地。有斜水出斜峪，经今眉县北注渭河。西汉试图沟通褒斜水道时，就是想开发斜水河道，从事航运。但是，当时经过一番整治，水流还是太急，河床中又有岩石阻碍，没有能够如愿行船。不过，溜放木材却不大受河道限制，完全可以顺流而下，直入渭河。显而易见，唐斜谷监就应当设在斜谷口外的斜水岸边，利用斜水、渭水水运通道漂运材木至京城。

《大唐六典》和《旧唐书·职官志》都记载"库谷监在鄠县"，但这种说法却应当存有讹误。鄠县有库谷不见于其他史籍记载，清人毛凤枝逐一考核陕西南山谷道古代的名称，也没有能够找到这个"库谷"一丝一毫痕迹，只好以"未详所在"作罢[19]31。另外，很多文献都记载在蓝田县东南有一库谷，即今陕西长安县东南界的库峪②。因此，按照常理，库谷监就应当设在这里，与鄠县没有任何关联。

那么，《大唐六典》和《旧唐书·职官志》的记载又何以会出现这样荒唐的谬误呢？这两部书的相关记载，都是先列举"百工、就谷、库谷、斜谷、太阴、伊阳"六监，然后逐一说明上述诸监所在的地点，可是，《大唐六典》和《旧唐书·职官志》在这些具体说明中，却都缺失有关斜谷监所在地点的记述。清人刘毓崧早已发现《旧唐书》这一处文字有违其常例，不过，令人遗憾的是刘氏并未能识破问题所在，他只是很随意地推测说："按自百工至伊阳凡六监，注中备列五监所在之地，独不言斜谷监，《六典》亦然。疑此监即在斜谷，故耳。"③斜谷监固然应当是设在斜谷，但正如刘毓崧对《旧唐书》这部分内容所做校勘显现出来的那样，该书说明百工等诸监所在，都只是注明其设在某县境内，因此，斜谷监也不应位居斜谷便不再注明其地处何县；况且《旧唐书·职官志》下文记"伊阳监在伊阳"，也没有因为监名与县名相同而省略不记，刘毓崧所说并不合乎情理。结合库谷监位置的明显讹误，可知《大唐六典》与《旧唐书·职官志》对这两个监位置的记述，显然存在着文字脱佚和舛误。

按：《旧唐书·职官志》记述百工等六监位置全文为："百工监在陈仓，就谷监在周至（原作'王屋'，如前文所述，系据《大唐六典》订正），库谷监在鄠县，太阴监在陆浑，伊阳监在伊

---

① 据刘昫等《旧唐书》卷44《职官志》三记，就谷监"在王屋"，而《大唐六典》卷23"将作监"条则记作"在周至"，当以《大唐六典》所记为是，《旧唐书·职官志》文字有讹误。

② 据欧阳修等《新唐书》卷37《地理志》一京兆府蓝田县所记；宋敏求：《长安志》卷16蓝田县"库谷水"条所记；又据毛凤枝《南山谷口考》（陕西通志馆1934年）。

③ 据罗士琳、刘文淇等《旧唐书校勘记》（岳麓书社1994年《二十五史三编》影印清道光岑建功原刻本）卷26。

阳。”[5]卷44《职官志三》依据这一段话上下文的通例，和上文有关斜谷监位置的论述，可以推测，《旧唐书·职官志》原本应当是相继记述库谷监和斜谷监的位置，书作：“库谷监在蓝田，斜谷监在郿县。”而现今所见文本则是脱漏了库谷监的后半部分和斜谷监的前半部分；复又因“郿”“鄠”二字形近，将“郿县”讹作“鄠县”。于是，这两句话就被误连为一句，成了“库谷监在鄠县”这个样子。估计《大唐六典》和《旧唐书·职官志》所依据的史料，都已经同样存在上述舛误，所以，在这两部书中才会出现大致相同的问题。

蓝田县的库谷有溪水出山谷后下注浐河，库谷监采伐的木材，可以通过浐河向下游溜放，运送到长安城附近。

其实，不仅是斜谷监和库谷监，百工监和就谷监的木材，也都可以利用渭河溜放漂运。直到北宋时，还通过渭河向东都开封大量输送岐、陇一带的木材，“以春秋二时，联巨筏，自渭达河，历砥柱以集于京。期岁之间，良材山积”①。由此看来，唐代当然不会不利用渭河漂运木材到长安城。由升原渠向东运来的木材，在升原渠下口进入渭河之后，也要再逆水向上游运输一段路程，才能运到长安城北禁苑中的汉长安城故城处。从咸亨三年时船筏由升原渠运抵汉长安故城这一点来看，这些木排应当是运到了北太仓下的中渭桥码头附近。因而，这里不仅仅是粮食运输的港口，还是木材运输的码头，而且作为木材码头的作用似乎还要更大一些。

渭河上的木材运输，不仅限于长安城以西河段，在长安城以东的河段上，也有木材运输。前面叙述的开元年间朝廷到岚、胜二州采伐的木材，在顺黄河运送到渭河口后，或许是改用陆运，但也有一定可能是再转入渭河，使用拉纤式的方法，溯源而上，拖运到京城。唐末昭宗天元年，朱全忠逼迫昭宗迁都到洛阳，拆毁长安城宫室百司以及大量民间庐舍，收取木材，“浮渭沿河而下”[20]卷264。这是这一时期规模最大的一次木材运输。唐长安城范围广大，与今西安市区相差不多，隋唐两代，经营多年，宫殿壮丽，寺观和达官贵人的宅邸也都很奢华，所使用的良材巨木，数额巨大。

关中运输木材的河流和渠道不止上述这些，只是文献记载有缺漏，有些已经不能清楚地复原当时的状况。譬如前面讲过的长安城西的南山漕河，显然也是用于输送终南山的薪炭。另外，开元、天宝年间在蓝田县城附近也修过一条渠道，兼用于木材运输和灌溉农田[13]13。长安城以西的渭河河道和升原渠，除了木材以外，一般很少运输其他物资；而且在渭河和升原渠上，也只是漂运木排或是较为粗大一些适于溜放的木材，普通薪柴有时也不便漂运，只能用车陆运。相传唐朝时就有人在凤翔给京城里的友人送去数车薪柴。薪柴这样的重物还要用车来运，那么，其他一些轻货通常就更不会用船水运了。出现这种情况，显然是由于渭河和升原渠水量有限，只能在特定的季节漂放木材，在大多数情况下，并不适宜船只航行。

（四）陕南的水上运输

汉江是陕南最大的河流，也是最重要的航运通道。唐代曾经几次启用这条水上通道，运送江淮

① 据徐松《宋会要辑稿》（中华书局 1957 年）《食货》第四十三之三；又据脱脱等《宋史》卷 276《张平传》。

地区的物资。

唐玄宗天宝十五年，安史之乱爆发，很快河淮之间的广大地区为叛军占据，京师长安城随之陷落。玄宗皇帝李隆基出逃到四川成都，宣布退位；他的儿子李亨在灵武（在今宁夏银川平原）继位，筹划收复京师。

当时肃宗仓促召集人马，财赋粮草都毫无准备，急需补给。可是，当时黄河、渭河这条运输通道，已经被安禄山控制；东南的蓝田武关一道，也被叛军阻塞，很难把江淮地区的财赋物资运送到灵武。正当这一困难时期，北海太守贺兰进明派遣手下的录事参军第五琦，在至德元年八月，到四川去觐见已经退位成为太上皇的唐玄宗李隆基，第五琦向李隆基毛遂自荐，出马为朝廷解决江淮财赋的运输问题。唐玄宗闻之龙颜大悦，马上给第五琦委派了个"江淮租运使"的头衔，让他放手去搞运输。可是，玄宗本来就是在李亨的逼迫下不得不退下帝位的，唐肃宗对他的一举一动都保持着高度的警觉。假若得不到肃宗的认可，玄宗给第五琦委任的这个头衔不仅毫无意义，还会招惹来麻烦。于是，第五琦又在同年十月，特地赶到灵武，重新向肃宗兜售他的运输方案。肃宗对此，正是求之不得，随即便任命第五琦为"山南等五道节度使"，让他赶快按照自己的设想去实施。

第五琦的运输办法，是避开叛军控制的河渭通道和蓝田武关道，把江淮地区征收的租庸物资一律折买为便于运输的轻货，溯长江入汉水，一直水运到洋川郡（洋州），也就是现在的陕西西乡县附近；然后再改从陆运，越过秦岭，运送到扶风郡（岐州），也就是现在的陕西凤翔；然后再转运到肃宗所在的灵武。第五琦这一转运方案，很快为唐肃宗解决了财政危机，对最后击败叛军，收复都城长安，起到了重要支撑作用[20]卷218，卷219。至德二年九月，肃宗收复长安城以后，这条运道也随之失去了继续使用的意义。

唐德宗建中四年，朱泚在长安反叛，德宗仓皇出奔奉天（今陕西乾县）。翌年，光启元年二月，德宗又再逃往汉中。这时，江淮一带的贡赋，又一次源源不断地从荆襄地区运送到汉中①。这些贡赋也应当是利用汉江水道来运输。但是，这次德宗在兴元的时间，仍然很短。唐德宗二月到汉中，六月就启程返回长安了，前后只有 4 个多月时间。与此相应，这次朝廷在汉江航道上大规模组织实施水运的时间，最多也只能有 4 个多月。

至唐末，僖宗广明元年十二月，黄巢攻陷长安城，僖宗逃亡到四川。中和元年春行至兴元，七月抵达成都。直到光启元年正月才离开四川，返回长安。这次唐僖宗在成都滞留前后将近 4 年。在这一期间，东部各地可以征收来的贡赋，都通过山南东道的均州向四川转运[21]卷42《冯行袭传》。均州在今湖北，位于汉江边上，所以，这时也应当是通过汉江转运物资到洋州、汉中，然后再陆运到四川。

汉江水运在唐朝对保障朝廷供给直接发挥作用的时间虽然很短，但都是在一些重大的特别时期，因此，所具有的意义也显得尤为重大。从这几次朝廷组织的特别运输活动来看，隋唐五代时期汉江的航运在民间应当具有很好的基础，不然的话，在朝廷紧急需要动用这条航线时，就不会如此

① 据刘昫等《旧唐书》卷 131《李皋传》；又据赵元一《奉天录》（商务印书馆 1937 年《丛书集成》初编排印《指海》本）卷 2、卷 3。

顺利地迅速发挥效用。

汉江支流丹江，是隋唐五代时期陕南的另一条重要通航水道。唐中宗景龙年间，崔湜试图治理航道，通过开辟新的陆路通道，来接续丹江与渭河支流灞河之间的航运联系，从而联通汉江与渭河两大河流之间水运通道的间隔。崔湜的设想，是以丹江能够一直通航到商州（今陕西商县）一带为基础的[6]卷99《崔湜传》。崔湜沟通丹、灞水道的尝试虽然基本上失败了，但是，商州本来也是长安城东南蓝田武关一路所必经的地方，仍然可以尽量利用一段丹江水道，把物资运送到商州附近，再改用陆运，越过秦岭。就在崔湜这次沟通丹、灞水道前后，姚彝曾以邓州刺史“兼检校商州漕运”①。丹江从商州流过邓州入汉江，姚彝以邓州刺史兼管商州漕运事务，足以说明从邓州到商州附近这一段汉江航道确实存在比较兴盛的航运活动。

大历十二年四月，杨炎因附从元载，被贬为道州司马，路出武关，在商州以南丹江岸边的洛源驿，路逢道州司仓参军李钫“挽运入奏”[14]卷153“崔朴”条引《续定命录》。道州在湘江上游，这说明湘江流域的贡赋，要通过湘江入长江，再转入汉江、丹江，越秦岭运送到长安城。不过，丹江水道比较湍急，航运条件实际上不够理想，一般只能利用较小的船只在水量较大的时候，才能航行到商州附近，所以，当时丹江上的航运，总的来说，并不十分发达。杨炎在商州洛源驿遇到李钫“挽运入秦”，已是采用陆路运输，这说明丹江水上航道有时还到不了洛源驿一带。唐德宗建中四年朱泚叛乱时，李希烈在东面也阻断了河、渭运路。当时“长安以东，飞书不通。南方贡使皆自宣、池、洪、饶、荆、襄抵武关而入”[22]卷2，其中应有一部分物资的运输利用了丹江水道。

贞元末年，严砺在兴州疏凿嘉陵江和青源河航道，沟通了从长举县到成州之间的航运联系，成州戍卒所用军粮，从此由江上水运，免除了陆运之劳苦，对巩固西部边防，起到了重要作用。兴州地处四川与关中之间的陆路通道上，而长举又在兴州的北鄙。以前水路不通时，由长举县治陆运去往西北方向的成州，路线比较合理。可是，长举和整个兴州都地处山区，当地不会有余粮供应边卒，这里的粮食只能是从东南边的汉中或南边的四川运来，通过嘉陵江水道从这些地方把粮食运到长举县治，要首先经过青源河口，再上行很长一段水路。这样，若是从长举县治再把粮食装船水运到成州，就需要先顺原路沿嘉陵江南下至青源河口后，再向西转入青源河水道。这样势必会造成在嘉陵江上的往返运输，当时肯定不会做这样的傻事。柳宗元记述严砺疏凿嘉陵江航道事，称之为“兴州江运”[9]卷26《兴州江运记》，说明疏凿后的航运区间，应当不仅局限于长举一县，长举只是兴州向成州路运粮食时的起点，而航道疏通后的水运则应属兴州全州范围之内的事情。所以，由兴州向成州水运军粮，应当不会再经由长举县治，而是在其下游的兴州州治顺政县即今甘肃略阳附近，直接循嘉陵江溯源而上，至青源河口后转入青源河航道，驶抵成州。东汉时虞诩向武都郡治下辨也就是唐同谷县漕运粮食，就是由唐兴州治所顺政县附近溯嘉陵江而上，转运汉中的粮食②。

---

① 据王昶《金石粹编》(中国书店1985年）卷71《大唐朝议大夫光禄少卿虢县开国子□□姚府君神道之碑并序》。

② 详据拙文《东汉魏晋南北朝时期陕西航运之地理研究》，刊陕西师范大学西北环境与经济社会发展研究中心、中国历史地理研究所编《历史地理学研究的新探索与新动向——庆贺朱士光教授七十华帙暨荣休论文集》，7、10页。

三、船只与航运管理

隋唐五代时期的造船业相当发达。这从隋炀帝大业元年九月由运河巡游江都宫一事当中可以清楚地看出。隋炀帝这次出游江都，跟随了一支庞大的船队，共有水殿、大朱航、小朱航、朱鸟航、苍螭航、白虎航、玄武航、飞羽航、青凫航、凌波航、五楼船、三楼船、二楼船、板舟塌、黄篾舫、平乘、青龙、艨艟、艚舟爰、舴艋舸等各类船只5000多艘，船舱层级最多的有5层之多[23] 18-22，可以充分反映出当时大运河航运船只种类复杂多样，可以适应多种不同的需要。

在今陕西境内，由于整个航运状况都不如东部特别是江南地区发达，而且除了陕南的汉江等河流上可能有一定客运外，主要是货物运输，尤以朝廷所需的漕粮为重要构成，所以，航运船只的种类，当然要相对简单一些，不会像上面所说的那样繁复。关于隋唐五代时期今陕西地区航运船只的情况，留下的直接记载很少，在这一时期特别需要引起注意的主要是渭河运船的改进。

渭河水量不足，河床淤积的泥沙阻碍船只航行，这一问题由来已久。隋文帝设置广通仓储存东部各地的漕粮以待通过渭河运输，已经开创节级转运的办法。通过这一办法，一方面，可以调节顺应渭河的通航季节；另一方面，也能够针对渭河自身的航运条件，选择最适宜的船只类型。以后唐代裴耀卿、刘晏等对渭河航道的治理，也都离不开这一核心环节，即所谓“河船不入渭”[6] 卷53《食货志·三》。这样，就可以在渭河上选用与其河道特点相适宜的船只。

贞元初年，陕虢观察使李泌为进一步改善渭河上的通航状况，对渭河运船做了一次专门的改进。文献记载李泌这次改造的渭河运船“方五板”，其具体形制现在已经无从考核，不过，应当是针对渭河流浅沙深的特点而专门设计，顾名思义，很可能是以五块板相拼接制成的宽平底漕船，以防止触沙搁浅。李泌改进后的新型渭河运船，对缓解航运困难，起到过一定作用[6] 卷53《食货志·三》。

唐代关中航行过的另一种运船，称为“小斛底船”。这种“小斛底船”并不是为关中航运专门建造的船只，而是唐朝的时候在今洛阳、开封一带一种通用的航船[5] 卷105《韦坚传》。斛是古代量器，形状与斗相同而大于斗，如同倒覆的截顶方锥。“小斛底船”的得名缘由，应当是取其船底形状类似斛底而船又较小。因此，这应当是一种平底斜帮的小船，船头、船尾也比较平直。这样的船只，在水流平缓的漕渠或渭河里航行，应该都比较适宜。在水流湍急的汉江、丹江、嘉陵江等陕南河流中通行的船只，性质肯定不会与关中的船只相同，只是史阙有间，现在已经难以确知当时的具体状况了。

隋唐五代时期对航运的管理，较前代进一步加强。各种组织管理机构和制度，也都得到了完善。

隋代朝廷设有都水台，掌管航运事务。都水台下面设有河堤谒者、船局尉、都水尉等官职，分别掌管河渠堤堰的修护和漕运、灌溉等各项事务[3] 卷28《百官传下》。唐代改都水台为都水监，统管有关川泽、津梁、渠堰的各类事务。有关航运的事务，具体由都水监主簿负责。在贞观六年至开元二十六年期间，都水监还下设有舟楫署，掌管公私船只和漕运方面的事务。舟楫署特别需要注意稽查各地到京城来的船只。都水监下设有河渠署，掌管河渠航道方面的事务。此外，各地方州郡的官员，还要负责当地有关航运的具体工作，譬如前述唐代严砺疏凿嘉陵江航道就是如此[6]卷48《百官志·三》。

除了上述这些固定的专门机构和官职外，对一些重大的河渠航运事务，朝廷往往会委派临时性的专使负责。如隋代开挖漕渠，就临时委派苏孝慈、郭衍、宇文恺几个人统领其事。唐代对京师的漕运极为重视，渭河和漕渠的漕粮运输、航道治理也经常由专使负责。譬如韦坚开漕渠、通航运时，就是身膺“水陆转运使”一职。

航道上的一些关键设施，一般设有专人负责管理。如漕渠引水工程兴成堰、漕渠穿越灞河的堰水工程滋堤，都在都水监下设置有直属官吏进行管理[6]卷48《百官志三》。

对航运与农田用水的协调，唐朝也有专门规定。譬如关于木材运输，唐朝规定农田灌溉引水不能妨碍运输，在运输河渠上引水灌溉农田，必须设立节水斗门，以避免过量引水。如果是在朝廷规定的水运期间，必须首先保证水运，而且即使是在这一期限之外，也不应妨碍水运。但是，这并不意味着完全弃农田灌溉于不顾，朝廷规定即使是在水运期间，假如出现没有航船通行的空隙，或者当时水量较大，仍然可以引水灌溉，水运管理部门对此不得加以干涉[13]104。

此外，对于一些特殊的航运事务，朝廷设有专门的管理规则。譬如，皇帝出巡时使用的舟船，若是建造不够坚固，工匠要处以绞刑；若是缺少诸如船篙、船棹之类的附属设备，或是船上不够整饬，有关人员要判处两年徒刑[24]卷9。

总之，隋唐五代时期的各项航运管理制度已经相当完备。隋唐两朝能够克服渭河航运的困难，维持了最大可能的航运量，在特别时期也能够迅速组织汉江的大规模航运，这些都充分说明这些航运管理办法，在当时曾发挥了很大作用。

参考文献

[1] 王仁波. 规模宏大的唐东渭桥遗址［N］. 光明日报，1983-06-30（3）.

[2] 杨思植，杜甫亭. 西安地区河流水系的历史变迁［J］. 陕西师范大学学报：哲学社会科学版，1985（3）.

[3] 魏征，等. 隋书［M］. 北京：中华书局，1973.

[4] 令狐德棻，等. 周书［M］. 北京：中华书局，1971.

[5] 刘昫，等. 旧唐书［M］. 北京：中华书局，1975.

[6] 欧阳修，等. 新唐书［M］. 北京：中华书局，1975.

[7] 武汉水利电力学院，等. 中国水利史稿［M］. 北京：水利电力出版社，1979.

[8] 陈寿. 三国志［M］. 北京：中华书局，1975.

[9] 柳宗元. 柳宗元集［M］. 北京：中华书局，1979.

[10] 李吉甫. 元和郡县志［M］. 北京：中华书局，1983.

[11] 李观. 李元宾文编［M］. 北京大学图书馆藏明抄本.

[12] 李频. 黎岳诗集［M］. 民国《四部丛刊》三编影印明抄本. 上海：商务印书馆.

[13] 郑炳林. 敦煌地理文书汇辑校注［M］. 兰州：甘肃教育出版社，1989.

[14] 李昉，等. 太平广记[M]. 北京：中华书局，1961.
[15] 张鷟. 朝野佥载[M]. 上海：商务印书馆，1936.
[16] 王溥. 唐会要[M]. 上海：商务印书馆，1936.
[17] 脱脱，等. 宋史[M]. 北京：中华书局，1977.
[18] 王钦若，等. 册府元龟[M]. 影印本. 北京：中华书局，1960.
[19] 毛凤枝. 南山谷口考[M]. 西安：陕西通志馆，1934.
[20] 司马光. 资治通鉴[M]. 北京：中华书局，1956.
[21] 欧阳修. 新五代史[M]. 北京：中华书局，1974.
[22] 赵元一. 奉天录[M]. 上海：商务印书馆，1937.
[23] 辛德勇. 大业杂记辑校[M]. 西安：三秦出版社，2006.
[24] 长孙无忌，等. 唐律疏议[M]. 北京：中华书局，1983.

[原载《陕西师范大学学报（哲学社会科学版）》2008年6期，77～88页]

试论汉长安城水系统与城市发展的关系

裴琳娟　林　源

由于汉长安城的历史价值，对于汉长安城的研究一直是考古学、历史学、建筑史学等学科的重要课题。从20世纪50年代开始，随着国家对汉长安城的大规模田野勘探、调查和科学发掘工作的进行，研究工作也逐步展开。根据这些研究工作的总体状况可以将其概括为三个阶段（表一）：第一阶段——20世纪50年代，中华人民共和国成立初期，1956年中国科学院考古研究所开始对汉长安城进行系统的考古工作。这个时期研究古代城市的目的在于为当时的城市规划和建设提供相关的参考意见；第二阶段——20世纪80年代，继续发展阶段，与日本学术界的交流扩大了我们的研究视野；第三阶段——20世纪90年代至今，由于几十年来大规模田野考古工作的持续进行，汉长安城的研究工作进入多元发展的阶段。通过历史地理环境的变迁分析汉长安城的城市建设与发展状况成为现阶段汉长安城研究的新角度。

表一　国内关于汉长安城水系统的研究概况

时间	发展阶段	主要研究成果	研究内容
20世纪50年代	开拓局面	1. 中国科学院地理研究所，黄盛璋《西安城市发展中的给水问题以及今后水源的利用与开发》 2. 陕西师范大学历史地理研究所，史念海《中国的运河》《河山集》	中华人民共和国成立后解决西安城市发展中的水问题，以及引水的水源与渠道径流的路线问题。通过分析研究水源利用的经验，为西安水利建设提供参考意见
20世纪80年代	继续发展	1. 中国先秦史学会，杨宽《西汉长安布局结构的探讨》 2. 中国水利学会水利史研究会，姚汉源《中国水利史纲要》 3. 中国社会科学院历史研究所，辛德勇《汉唐长安交通地理研究专题》	研究内容涉及中国古代都城的起源和发展，通过和日本较多的学术交流扩大研究的视野，探索新的角度和方向
20世纪90年代至今	多元发展	1. 中国社会科学院考古研究所，刘庆柱、李毓芳《汉长安城的布局与结构》《汉长安城》 2. 陕西师范大学西北历史环境与经济社会发展研究中心，李令福主持完成国家社会科学基金项目“中国八大古都发展与水环境的互动关系——以城市水利为切入点”《渭河平原水利开发的历史地理学研究》《关中水利开发与环境》	几十年大规模田野考古工作的开展为汉长安城的研究提供充足的基础资料，20世纪80年代末发表大量关于汉长安城水环境和规划的论文，促进了从历史地理学角度分析水系统和社会环境经济的发展关系

一、汉长安城城市发展对水环境的影响

汉长安城水系统的建设、完善是与城市的发展建设同时进行的。一方面，汉长安城的规划建设

充分利用了城周边的自然水体加以改造，使之成为可满足城市生活用水、农业用水、交通用水及景观用水需求的水系统。另一方面，汉长安城的农业发展、对外交通模式等也都受到水系统发展的影响。

从城市发展的角度来观察水系统的建设、完善过程，可以将其概括为由自然水环境发展成为水系统的过程。中国古代城市历来重视水这一重要环境要素，建城选址时对山川河流等自然地貌的考虑不仅要满足生存、防御的需要，还要保障城市日后的持续发展。关中地区因优越的地理条件长期成为多个朝代的都城所在，其中优良的水环境是重要因素之一。周文王建丰都，初期主要是依靠沣水做水源，因为沣水是渭水以南流量较大的一个支流，能够为城市的建设提供必要的条件。但是到了周武王时期，丰京的发展受到城西灵沼的限制，于是又在沣水东岸建立镐京。除沣水之外，镐京的发展还有滈池和滈水可以利用。同样，秦建都于渭水之北，城市发展主要依靠的是渭水主流。由于城市以北的干旱地区不能为城市进一步发展提供充足的水源，秦都最终越过渭水向南发展。发源于秦岭北麓而汇入渭水的众多河流将渭水以南、秦岭以北的广大平原分隔成条状的平原区域，汉长安城就选址在潏水、浐水、灞水之间最为开阔的地带，东西宽 17 千米，南北长 40 千米。由于龙首原横贯其间，形成东南高西北低的总体地势，便于引潏水、交水入城，顺地势向北，纵贯全城后汇入渭水。

汉长安城水系统的建设可以分为两个主要阶段。第一阶段——西汉初年，一方面利用周、秦时期原有的水系统，另一方面开发潏水将其作为长安城的主要水源（图一）。周、秦时期的水系统是以沣、滈二水为主要水源，以滈池为主要蓄水水库。潏水水系统是以潏水为源，引入未央宫沧池，初期并未规划建设蓄水水库。潏水水系统的流线基本是沿汉长安城西城墙由南向北汇入渭水，在章城门分一支流引入城中，在城内宽度为 1 米到 11 米，深 1.5 米左右，主要为未央宫和长乐宫供水，称为明渠。明渠由西南向东北流至清明门附近出城。潏水主流沿西城墙平行向北流，供应西城、北城附近主要居民区的生活用水。

汉武帝继位后长安城的建设得到空前的发展，不仅扩建未央宫、北宫，还新建桂宫、明光宫和城外的建章宫。此时原有的水系统已无法满足城市发展的需要，潏水水系统开始从扩充涵蓄水源和扩展水系统两个方面同步进行大规模的建设（图二）。扩充涵蓄水源的工程主要是开凿昆明池，引发源于秦岭北麓的交水[①]入城。交水本身汇集了樊水、杜水，所以水量较充沛但水流湍急。昆明池的开凿可以涵蓄交水的水源并调节流速，保证干旱时期长安城的城市用水。由于昆明池的这个重要作用，它是整个水系统扩建的关键。昆明池的位置选在汉长安城的西南一隅，以避开城南的少陵原、凤栖原[②]对水流的阻碍，如宋人程大昌所说："少陵原、凤栖原横据城南，此即水皆碍高，不得贯都之由矣。"[③]同时还可以利用滈水故渠从而减少工程量。另外从海拔高度和水平距离两个方面来看，昆明池地处细柳原和高阳原之间的洼地，便于交水汇入。但又比长安城地平面高出 8～

① 交水发源于秦岭北麓，由于纳樊、杜诸水形成巨流，由东向西流入沣水。

② 少陵原、凤栖原、细柳原和高阳原都位于渭河以南，关中平原的广大区域内。少陵原位于浐水、潏水之间，凤栖原在其西北。

③（宋）程大昌，《雍录》卷 6《汉唐都城要水说》。

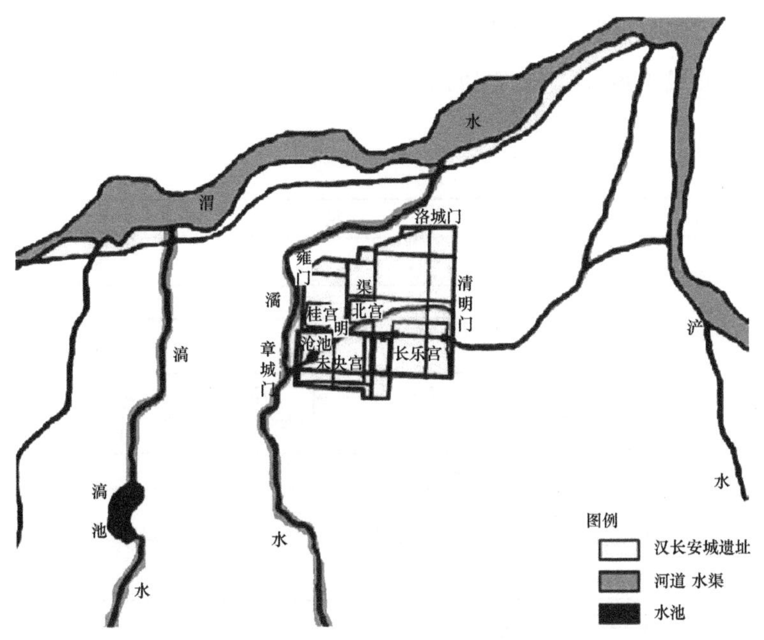

图一 西汉初年汉长安城水系统示意图

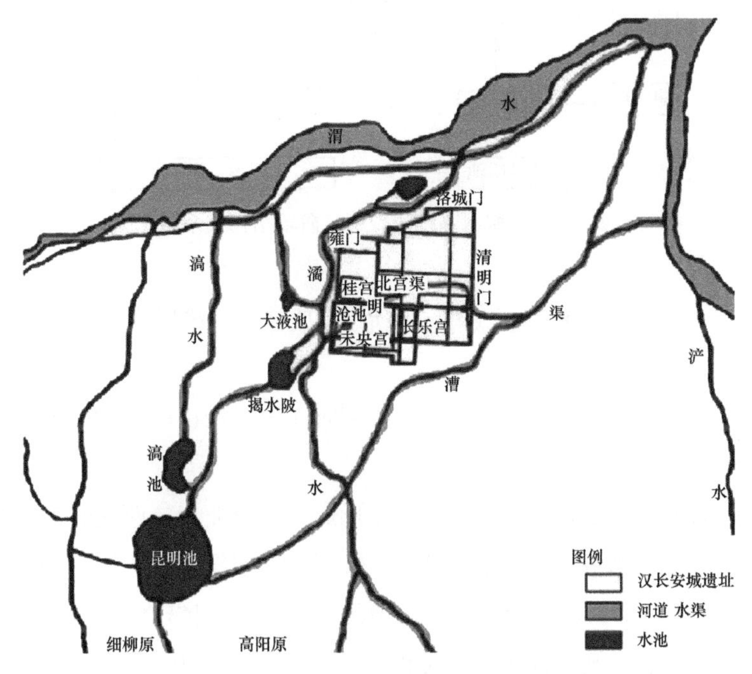

图二 汉武帝时期汉长安城水系统示意图

10米，利于引水入城。而且昆明池距离长安城和交水主流的水平距离都在10千米范围之内，便于引水又利于躲避水患。昆明池分一支流向北汇入揭水陂[①]，通过揭水陂补充和调节潏水水量。另有一分支向东汇入漕渠。

在开凿昆明池的同时扩展水系统，在建章宫前殿以北开掘太液池，引潏水为源，流经建章宫后

① 揭水陂，位于昆明池北，专为调节水量控制流向的人工水库。

向北汇入渭水。后期又在太液池以南开掘唐中池，并将揭水陂水源引入太液池作为水源的补充。此时的整个水系统基本形成体系（图三、图四）。水量能够满足城市发展需要，水系统能够覆盖整个城市范围。

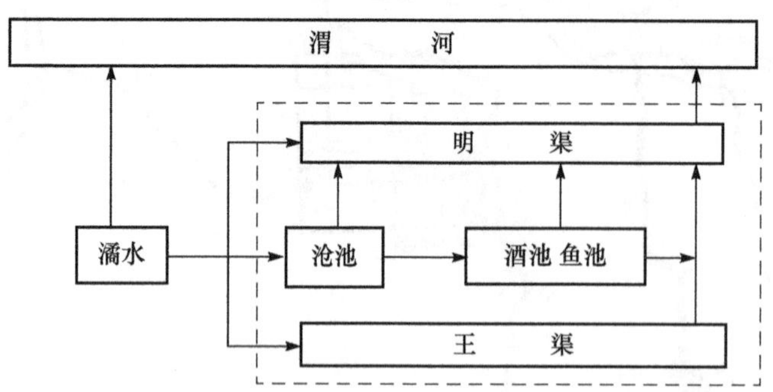

图三　汉长安城水系统建设第一阶段结构关系示意图

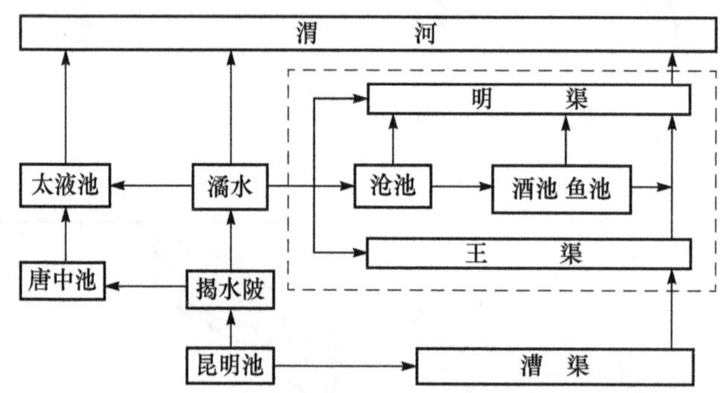

图四　汉长安城水系统建设第二阶段结构关系示意图

二、汉长安城水系统对城市发展的影响

汉长安城水系统在城市建设过程中不断完善的同时，也对城市的发展起到重要作用，主要体现在农业、交通运输和城市景观三个方面。

关中地区农业起源很早，在仰韶文化时期就已形成不少农业点，西周时期关中农业基本发展成形。此后又通过开挖渠道，改善关中东部低洼地区的盐碱土壤，使关中东、西部地区相连成为千里沃野。汉长安城的主要农业区域在城外西南部地区，在上林苑扩建之前就利用东西陂池[①]进行农业灌溉。漕渠的开挖在农业区域位置转移的过程中起到重要的作用，依据《史记·河渠书》记载："通，以漕，大便利。其后漕稍多，而渠下之民颇得以溉田矣。"漕渠修建于汉武帝元光六年（前129年），是关中地区也是全国最早的大型水利建设工程。元狩三年（前120年），汉武帝下令凿昆明池蓄水，并引一分支入漕渠，使昆明池也成为漕渠的水源之一，补充漕渠水量的不足，为灌溉及通航提供重要保障。正是漕渠的灌溉作用使大约68万亩（约45333.33公顷）农田得以灌溉，整个

① 东西陂池是汉武帝扩建上林苑之前，上林苑范围内的两个水池。

汉长安城的农业耕作区域才能顺利从汉长安城的西南部转向其东部和南部发展[①]。

城市对外交通的发展是影响城市发展的重要因素，汉长安城的交通有效地利用地理位置的优势，结合城市水系统构成便利的水路交通网络。汉长安城水路交通网络的中心是渭水。渭水是关中地区最大的河流，水量充沛且沿途支流众多，秦时就曾利用渭水运送山东漕粮。根据《三辅黄图》记载，汉长安城紧邻渭水的洛城门，以及渭水、潏水交汇处的雍门（又称函里门），都是往来船只靠岸入城之处，城门外有多家客舍，商贾云集。由于雍门有引潏水入城的便利条件，城市的主要商业区域东、西市就设在雍门内的城区范围。这种发展模式影响了后来城市商业区的布局。城市对外交通的另一重要内容是漕粮运输。漕渠是汉代漕运的主要渠道，可以通过漕渠开挖前后汉长安城漕粮运输数量的对比了解漕渠发挥的重要作用：汉初关东每年运往关中的粮食数量为数十万石，汉武帝初年也不过百万石，而漕渠修成后即达四百万石，并一直维持在这个规模上。漕粮的数量与城市人口有直接关系，而城市人口的多少是城市发展程度的重要标志，由此可知汉长安城水系统不仅为城市发展提供有效保障，也起到强大的助力作用。

在城市建设方面发挥着重要作用的汉长安城水系统，对城市整体绿化也有相当的影响。汉长安城的每条大街都是由三条并行道路组成的，其间以两条宽约90厘米、深45厘米的排水沟分隔，杨、柳、槐、松、柏等行道树即沿排水沟种植，城市线型绿化和水系统相互结合，有利于统一管理。另外，汉长安城中宫殿建筑群的规划设计也常与苑囿相结合，结合的基础就是汉长安城水系统。昆明池、揭水陂这类一级蓄水池，与未央宫中的沧池、长乐宫中的酒池、鱼池和建章宫的太液池这类二级蓄水池，作为线型水渠的节点，与水体和水渠共同构成水系统的点线组合模式。而长安城中的大型宫殿建筑将水体作为苑囿造景的基本要素。例如，未央宫中的沧池位于未央宫前殿西侧，沧池周围殿阁林立，中有渐台，构成一个核心景观点，渐台上建造亭阁以供登高眺望。长乐宫中的酒池和鱼池、建章宫的太液池及昆明池都是其所属宫殿建筑区域的景观中心。汉长安城水系统中的点线组合建设模式与城市线型绿化系统和大型园林区域的规划和建设相结合，为绿化系统使用过程中的管理和维护工作提供便利。这种绿化系统的规划方式在日后城市规划中发展得更加成熟和完善。

汉长安城水系统从城市规划选址之初的水环境因素，逐步发展成为城市结构体系中不可或缺的水系统要素的过程中，明显受到城市规划建设和城市发展的影响。另外，汉长安城的水系统建设也从农业灌溉、对外交通和城市景观等不同方面影响城市的规划和建设，满足城市持续建设的发展需要。认识城市发展和水系统建设之间的相互关系，能够揭示出汉长安城规划和发展的过程。同时，以中国古代城市规划的发展和演变而言，汉长安城所反映的阶段规划思想，对相关城市规划发展的研究具有深刻、广泛的意义。

① 李令福：《关中水利开发与环境》，人民出版社，2004年，124页。

参考书目

何清谷:《三辅黄图校注》，三秦出版社，2006 年。

姚汉源:《中国水利发展史》，上海人民出版社，2005 年。

李令福:《关中水利开发与环境》，人民出版社，2004 年。

刘庆柱、李毓芳:《汉长安城》，文物出版社，2003 年。

史念海:《汉唐长安城与生态环境》,《中国历史地理论丛》1998 年 1 期，1～18 页。

马正林:《中国城市的选址与河流》,《陕西师范大学学报（哲学社会科学版）》1999 年 4 期，83～87 页。

杨金辉:《长安昆明池的兴废变迁与功能演变》,《贵州师范大学学报（社会科学版）》2007 年 5 期，20～24 页。

侯甬坚:《周秦汉隋唐之间：都城的选建与超越》,《唐都学刊》2007 年 2 期，1～5 页。

马正林:《论汉长安园林》,《陕西师范大学学报（哲学社会科学版）》1995 年 4 期，114～118 页。

（原载《华中建筑》2010 年 9 期，109～111 页）

关中漕渠与西汉社会

杨 婷

两千年前，刘邦在满朝争议声中定都长安，继秦之后，这第二个统一王朝开始在关中平原上缔造光耀千古的辉煌盛世。雄才大略的汉武帝继位后，继文景之治，更是全面推行了强化中央集权的方针，他在削藩过程中采取了更为严厉的措施，于是封国或废，或沦为郡属机构。至此，西汉王朝已完全控制了全国的经济收入。随着关中人口的增加，禁军、百官的消耗，征调关东之粮的规模也突破了以往的限度，漕运量迅速提高到年400万石，不久又达到了600万石的空前纪录。但渭河流浅沙深、河道曲折，难当重任，汉武帝遂于元光六年，用命大司农郑当时开凿漕渠。其渠于咸阳钓鱼台附近筑堰引水后沿长安城南垣东行，又合昆明渠水，又沿途补充滈水、灞水，在今三河口以西注入黄河，全长三百余里。漕渠的通航，将关东之粟源源不断地输往关中，满足了京师皇室、官僚、禁军及百姓的粮食需求，保证了政治局势的稳定。

这条由郑当时率卒历时三年完成的人工运河沿渭河南岸而行，溃渭洞河，为盛世的开创贡献了自己的力量。但关中平原的地理地质条件已决定了其在水运上难以占据优势。漕渠虽然曾盛极一时，但终是难逃昙花一现的命运，其后的隋唐两代，将漕渠三次疏浚利用，但均不能持久。漕渠最终的废弃，暗示了关中漕运渐渐走向了穷途末路，暗示了经济中心的转移，也预示着统治中心的转移。

一、汉武帝时期开漕渠背景分析

西汉初，国家定都何处引起了一场争议，刘邦左右大臣多欲定都洛阳，唯有张良、刘敬力主定都关中，张良在论述自己观点时说："夫关中左殽函，右陇蜀，沃野千里，南有巴蜀之饶，北有胡苑之利，阻三面而守，独以一面东制诸侯。诸侯安定，河渭漕挽天下，西给京师；诸侯有变，顺流而下，足以委输。"[①] 这段话告诉我们两个信息，一是关中的地理优势；二是在交通上对河渭的倚重。秦与西汉皆都关中，关中平原自古就有"天府"美誉，这里沃野千里，被人认为是"膏腴""陆海"的所在，故司马迁曾说："关中之地，于天下三分之一，而人众不过什三，然量其财富，什居其六。"[②] 然而，美中不足的是，由于关中平原面积狭小，凡是在这儿建都的王朝都需要转运山东的粮

---

① 《史记》卷55《留侯世家》，中华书局，1999年，1632页。

② 《史记》卷129《货殖列传》，中华书局，1992年，2467页。

食，以支撑庞大的官僚系统和禁军，“唐都长安，而关中号称沃野，然其土地狭，所出不足以给京师，备水旱，故常转漕关东南之粟”[①]，正是这种情况的真实写照。

汉初承大乱之后，政府提倡黄老之治，与民休养生息，官吏省减，日用朴素，“孝文帝从代来，即位二十三年，宫室园囿狗马御服无所增益，有不便，辄弛以利民”[②]。这时的关中居民也因为大乱的关系，往往流离死亡，户口减少。在这样的情况下，关中所需粮食并不是特别多，“转漕关东粟以给中都官，岁不过数十万石”[③]。经过几十年的努力，西汉政局稳定，经济大为好转，为汉武帝继位后大展宏图奠定了基础。

武帝继位，一改先祖简朴之风，行止奢侈，“犹敬鬼神之祀”，对方士赏赐甚厚。又爱四处巡行，“所过赏赐，用帛百余万匹，钱金以巨万计”[④]。西汉自惠帝以后，人口已明显增加。且秦汉两代都采取“弱干强枝”的政策，西汉自高帝以后元帝之前的每个皇帝，每于继位不久便在长安附近预造陵寝，并选东方高资望族徙居置邑以奉之，使人口中的寄生阶层迅速增长。经过70余年的发展，至汉武帝时，关中地区人口稠密，司马迁对此做了高度概括：“长安诸陵，四方辐奏并至而会，地小人众，故其民益玩巧而事末也。”[⑤]此时，中都诸官也在迅速增长，又蓄养了大批的狗马禽兽和众多的官奴婢，“其没入奴婢，分诸苑养狗马禽兽，及与诸官。诸官益杂置多，徙奴婢众，而下河漕度四百万石，及官自籴乃足”[⑥]。长安食之者众，生之者寡，以致不得不转运关东之粟以解关中生产的不足。当桑弘羊主持“均输”时，岁漕曾达六百万石，“（元封中）弘羊又请令……诸农各致粟，山东益漕岁六百万石，一岁之中，太仓、甘泉仓满”[⑦]。平时也不下四百万石，“故事，岁漕关东粟四百万斛以给京师，用卒六万人”[⑧]。

对于这些问题的解决方法，当时有两种建议：一是整理漕道，便利运输；二是增加关中粮食产量，降低对漕粮的需求。而兴修水利是增加关中地区粮食产量的有效方法之一。当时农田灌溉收效最好的是引渭水和引泾水所开凿的诸渠。引渭水开凿的渠道有成国渠、蒙茏渠和灵轵渠。秦末统一六国前，已在关中引泾水，凿郑国渠，此时又在郑国渠旁开凿了六条辅渠，即所谓六辅渠。为免黄河砥柱之险，在河东地区也曾兴修水利，“穿渠引汾溉皮氏，汾阴下，引河溉汾阴、蒲坂下，度可得五千顷……可得谷二百万石以上，谷从渭上，与关中无异，而砥柱之东可无复漕”[⑨]，可惜由于黄河向西摆动，水渠未能开凿成功。当时也在洛水下游开龙首渠，可以灌溉当地万余顷农田，但由于地质条件限制，收效并不明显。开凿这些水渠，有的成功有的失败，大体说来，关中粮食增加有

① 《新唐书》卷53《食货志》，中华书局，1999年，897页。
② 《史记》卷10《孝文本纪》，中华书局，1999年，304页。
③ 《汉书》卷24《食货志上》，中华书局，1999年，1127页。
④ 《史记》卷30《平准书》，中华书局，1999年，1219页。
⑤ 《史记》卷129《货殖列传》，中华书局，1999年，2467页。
⑥ 《史记》卷30《平准书》，中华书局，1999年，1216页。
⑦ 《史记》卷30《平准书》，中华书局，1999年，1219页。
⑧ 《汉书》卷24《食货志》，中华书局，1999年，959页。
⑨ 《史记》卷29《河渠书》，中华书局，1999年，1198页。

限，只能减少关东漕粮的一部分，其余仍靠运输。

如张良所言，渭河系长安所依恃之交通线，但因其流经黄土高原，尽管有航运之利，但流域气候干燥，降水偏少，使得渭河成为一条流浅沙深、水力无常的河流，尤其是渭河经长安、临潼、渭南、华县、华阴和潼关至黄河一段，河道经常南北摆动，河道愈来愈宽，水流愈来愈浅，沙洲不断涌现，曲流急剧发展。这样的河道，自是无法承担起岁漕数百万石的重任，再加上砥柱之险和其他自然条件的限制，给漕运工作带来许多困难。在这种情况下，开凿一条新运河的建议被提出来了，是时郑当时为大司农，言曰："'异时关东漕粟从渭中上，度六月而罢，而漕水道九百余里，时有难处。引渭穿渠起长安，并南山下，至河三百余里，径，易漕，度可令三月罢；而渠下民田万余顷，又可得以灌田：此损漕省卒，而益肥关中之地，得谷。'天子以为然，令齐人水工徐伯表，悉发卒数万人穿漕渠，三岁而通。通，以漕，大便利。其后漕稍多，而渠下之民颇得以溉田矣。"①

漕运矛盾的激化是漕渠开凿的动力，但其开凿成功还需要其他方面的因素，首先便是中央集权的加强，征发大量的"卒"参与治理黄河及开挖漕渠的行动也正说明了这一点。秦汉时期，"卒"指征集自兵役或力役中的平民。藤田胜久先生认为，"早在战国时代，军队即已拥有军事土木工程的技术及组织形态。其工程内容有构筑城郭、修筑城墙、挖掘堑壕、建设道路、营造陂池等，为汉代水利事业的开展提供了充分的技术准备。……水工是隶属于军队的水利技术者，从事水利土木工程的技术指导"②，《汉书·沟洫志》中也有发卒修河堵决的记载。与普通平民相比，军队实施工程有一定的机动性，可以不受每年农忙时期的制约，也不必受工程区域的限制。

根据陈代光、蓝勇等的研究，春秋战国至西汉末年是历史上的温暖时期，《诗经》《史记·货殖列传》都明确记载此期亚热带经济作物的分布北界比今天偏北，如黄河流域多梅竹，江汉地区多橘，黄、淮地区多漆、桑、麻；安邑千树枣，燕、秦千树栗；蜀、汉、江陵千树橘，淮北常山以南、河济之间千树荻；陈、夏千亩漆；齐、鲁千亩桑麻；渭川千亩竹③。毋庸置疑，这种气候条件应该有利于河渠的开挖。

二、关中漕渠路线考证

根据《汉书·沟洫志》的记载，漕渠的水源为渭河，"时郑当时为大司农……引渭穿渠起长安"，这本是毫无异议的。但《水经注》上又提到："渭水东合昆明故渠，渠上承昆明池东口，东经河池陂，亦曰女观陂，又东合泬水，亦曰漕渠。"④"（灞水故渠）又东北迳新丰县，左合漕渠，汉大司农郑当时所开也……其渠自昆明池，南傍山原，东至于河。"⑤据郦道元所注，昆明池东引出的昆

① 《汉书》卷29《沟洫志》，中华书局，1999年，1336页。

② 藤田胜久：《汉代水利事业的发展》，转引自段伟《西汉黄河水患频发与防治制度的变迁》，《安徽大学学报》2006年4期。

③ 《史记》卷129《货殖列传》，中华书局，1999年，2407页。

④ 熊会贞、杨守敬：《水经注疏》，苏州古籍出版社，2001年，1591页。

⑤ 熊会贞、杨守敬：《水经注疏》，苏州古籍出版社，2001年，1615页。

明故渠即为漕渠的上源，其水源自然也为昆明池了。

漕渠开凿成功是在元朔三年（前 126 年），但昆明池的开凿却是在元狩四年（前 119 年），此时，漕渠已经通航使用了六年。昆明池作为当时供应长安用水的大水库，应曾向漕渠引水，一方面有调节蓄水量的作用；另一方面又可以向漕渠补充供水，且因为昆明池属水库性质，水质较清，可以冲刷渠道，减少淤积，利于通航。由此可知，漕渠的主要水源是渭河，昆明池为其补充水源。

渭河为漕渠的水源地，在何处设堰引水就成为另一个疑问。马正林先生认为渠首应在今西安市鱼王村附近，“根据实地踏勘和当地老农见告，汉代的渠首应在今西安市北郊的鱼王村附近，距西安城约为 15 公里……汉代的漕渠从今鱼王村附近引渭水东流，经过今新民村、八兴、西营、中营、席王村、建丰村、惠东村、张道口、解放村、盐张村、张家堡、魏家湾等村”，在汉长安城以北流过[①]。但据卫星照片分析，汉初的渭河距长安 1 里左右，最多不超过 2 里，而新民村、西营村距长安 2 里以上[②]，漕渠不可能反在渭河之外。汉长安城与渭河间地势平坦低洼，也易发生泛滥。据《汉书·成帝纪》：“建始三年（前 30 年），秋，关内大水，七月，虒上小女陈持弓闻大水至，走入横城门……吏民惊上城。”[③] 女孩年仅九岁，能从渭河岸很快进入长安城，说明渭河与长安之间的距离十分近，在此筑堰引水无疑会对此种情况雪上加霜，故此说，引渭地点应另有他处。

据《旧唐书·李石传》载：“唐韩辽复开漕渠时称：‘旧漕在咸阳西十八里……自秦汉以来疏凿，其后湮废。[④]’”著名历史地理学家史念海先生认为“韩辽复开的漕渠即为兴成堰，而兴城堰乃根据隋永通渠的旧迹开凿的，秦时未闻开渠事，汉渠当指漕渠而言，是隋唐两代皆因前人旧规。所谓咸阳西十八里渠口，当在今咸阳钓鱼台附近，当地渭水河道相当狭窄，不似长安城附近开阔，筑堰引水比较容易”[⑤]。

《三辅黄图》云汉长安“城下有池周绕”[⑥]，实际上汉长安城东、北、西三面都是利用其他自然水道或水渠，并未专修护城池，城南亦是同样措施，其应为漕渠西引渭水濒南垣而东，与昆明渠相合。20 世纪初叶，日本学者足立喜六在考察汉城时，记述了漕渠在汉长安城附近的遗迹：“沿故城南壁，见有壕池痕迹。深约十数尺，宽二百余尺，与城壁西端相并行，贯通安门之突出部分，更东行，依城壁北行二里，再东向至龙首原而消失，按此即所谓漕渠之痕迹也。漕渠开凿于汉武帝元光六年。因为当时渭水舟运甚感不便，故开此渠，一方面导入渭河之水，另一方面堰沣水注入昆明池，再与太液池及导入城内之水相合，回绕城郭至龙首原之北，直通灞水。”[⑦] 今天绕长安城南墙和东南角，仍有明显的古渠遗迹。

漕渠过沣后又“东行迳滈池北，秦磁石门南”，据《史记·秦始皇本纪·正义》：“滈水源出雍州

① 马正林：《渭河水运和关中漕渠》，《陕西师大学报》1983 年 4 期。

② 辛德勇：《汉唐期间长安附近的水陆交通》，《古代交通与地理文献研究》，中华书局，1996 年。

③ 《汉书》卷 10《成帝纪》，中华书局，1999 年，215 页。

④ 《旧唐书》卷 172《李石传》，中华书局，1999 年，3057 页。

⑤ 史念海：《中国的运河》，陕西人民出版社，1988 年，79 页。

⑥ 何清谷：《三辅黄图校释》卷 1，中华书局，2005 年，67 页。

⑦ 足立喜六：《长安史迹考》，三秦出版社，2003 年，84 页。

长安县西北滈池，郦元注《水经》云‘滈水承滈池，北流入渭’，今按滈池水流入永通渠，盖郦元误矣。”[①] 永通渠即隋唐时的漕渠，与汉漕渠水源相同，也随汉渠古道东流，其流经地方亦与汉渠相同，据此可知，漕渠又沿途补充了滈水水量。

昆明渠是昆明池济漕的渠道。《水经注·渭水》称作昆明故渠，并记有基本流经路线“渭水东合昆明故渠，渠上承昆明池东口，东迳河池陂北，亦曰女观陂，又东合沉水，又东迳长安县南，东迳名堂南……渠南有汉圆丘……故渠之北有白亭、博望苑……故渠又东而北屈，迳青门外，与沉水支渠会”[②]。汉昆明池在今西安市西南斗门镇东侧，河池陂在今河池寨。嘉庆《咸宁县志》说：“从谷雨村东抵河池镇，又东北至鱼化镇，地皆卑下，自鱼化镇东有渠东北行，时有集潦。”[③] 鱼化镇旁今㶖河为沉水故道所经，可推知镇东北之渠应即昆明渠。明堂遗址已被考古发现，在今大土门村西北，白亭在今西安市劳动公园附近，博望苑在今任家庄一带。汉昆明渠应经汉明堂、白亭、博望苑南，其后北曲经长安城东青门外，与沉水支渠及漕渠相合。

漕渠与昆明渠汇合后，又与灞水相交，过灞而东至于河，《水经注》与《史记·河渠书》对此均有记载：“灞水东迳枳道，在长安县东三十里……灞水又北，左纳漕渠，绝灞在阳之丽山。”[④] 据《中国文物地图集·陕西分册》，“在今西安市灞桥区与临潼区存在着长约 4 公里的漕渠遗址，自灞桥区新合乡的万盛堡向东略偏南，经陶家村、田鲍堡、新合，进入临潼区西泉乡，经椿树村、唐家村至周家村。此一线有明显的槽形洼地，历历在目，沿线发现少量绳纹板瓦、筒瓦。当地村民仍称其为漕渠。考古学者判断其为西汉漕渠遗存”[⑤]。史念海先生在其《中国的运河》中对这一段遗址也进行了考证，明确指出这是汉代的漕渠遗址，由新筑西越灞水，稍偏西南，即可到达长安故城[⑥]。

西安市文物保护考古所对灞桥段家村汉代水上大型建筑遗址进行了全面勘查和钻探，在灞河东西岸都发现了漕渠遗址，其东头与上文所述灞桥区、临潼区并渭漕渠相连，东西共长 5500 米，宽 80 余米。其西起灞河东岸西王村村东（距村西 200 余米为灞河故道，下为黑淤土），一直延伸至东王村、三合社、深渡、半坡村至万盛堡。表层 0.4 米为耕土，其下为冲积土，距地表 1.5 米出现粗沙层，不见底（带不上沙子）。三合社、深渡、半坡村情况基本一致，两边均为黑淤土，宽度不等，中间是 80 余米宽的冲积土，见沙层。半坡和万盛堡衔接处北边无边界，泥沙向北延伸，沙层距地表 0.6 米，有可能和故渭河河道相通。在灞河西岸，钻探出漕渠的长度为 6500 米。遗址宽 110 余米，渠道宽 90 余米，地表下 0.8 米见渠道淤积土，3 米以下见沙。经由北辰村东南灞河古河道处向西紧贴高速路北边，经河道村、沟上村，过污水渠在联合村西端绕大弯，斜向西航公司生活区东南，再拐弯顺西航公司厂部区南，经张千户到河止西村，向南拐向蔡家村、杨家村、城运花园人工

① 《史记》卷 6《秦始皇本纪》，中华书局，1999 年，184 页。

② 熊会贞、杨守敬：《水经注疏》，苏州古籍出版社，2001 年，1591-1594 页。

③ 转引自李令福：《关中水利开发与环境》，人民出版社，2004 年，117 页。

④ 熊会贞、杨守敬：《水经注疏》，苏州古籍出版社，2001 年，1617 页。

⑤ 《中国文物地图集·陕西分册（下册）》，西安地图出版社，1998 年，60、76 页。

⑥ 史念海：《中国的运河》，陕西人民出版社，1988 年，80 页。

湖西端，流经农科院到汉城附近[①]。

灞河东西岸漕渠并不直接相对，西岸汇入灞水的渠口约较灞河东岸引流渠口在上游即南侧三里有余。因为漕渠引渭水及昆明池水东流入灞后，会随灞河下流，只有把引水口放在其下游才行。

据《水经注·渭水》漕渠过灞水后，“又东迳新丰县，右汇故渠，渠上承灞水，东北迳灞城县故城南……故渠又东北迳刘更始冢西……又东北迳新丰县，左合漕渠”。熊会贞解释故渠为灞水故渠，其渠自灞水东出，在漕渠之南。后文并无此渠又出漕渠之记载，故此推知，这亦是漕渠的一支支渠，在新丰县附近汇入漕渠，可起到调节水量和灌溉的作用，也可以通漕行船，便于载重船越过灞水。

西汉漕渠过灞后又东流经今临潼、渭南、华县、华阴、潼关入河，这在《汉书·沟洫志》中明确可见，但近代学者对此却颇有争议：马正林先生认为在今天黄河、渭河、洛河附近有一330米高地，其西侧在330米以下，漕渠无法入河，只能在三河口以西入渭[②]。而根据谭其骧先生所绘地图以及史念海先生的观点，漕渠应在三河口以东今陕西潼关老城西吊桥附近入河。据1975年重新绘制的五万分之一地图，从华阴县西北到三河口一带，地势由西向东倾斜，三河口附近并无特殊高地，漕渠足以通过三河口[③]。且潼关以北的一段河道历史上东西摇摆频繁，《汉书·地理志》中并存洛水入河入渭两种说法。武帝时河东太守番系在汾阴、蒲坂开河壖弃地五千顷，引河水灌溉，说明黄河渠道正向西迁移，其后数岁“河移徙，渠不利，则田者不能偿种。久之，河东渠田废”[④]。说明此时黄河又向西迁移，如是向东迁，则是淹没河东渠田而不是水利问题了。番系在漕渠开凿之后，元朔初年漕渠通航，五年，番系升任御史大夫[⑤]，这说明黄河的西移正在漕渠的开凿之时，所以，漕渠在三河口以西入河也未尝不可。

三、评　　价

漕运是中国封建时代中央王朝通过水运征调物资的一种运输制度，通常是将全国各地的粮食物资调运到首都地区。换句话说，封建中央政府通过这一制度，直接控制了全国的赋税物，以满足自身的各项需要。这种带有强制性的运输制度，在中国封建时代可以说是意义非凡。于是，为了漕运才开挖了无数条运河，漕渠便是其中一条。

漕渠的经济效益主要表现在漕运和灌田两个方面，《汉书·沟洫志》所谓：“通，以漕，大便利。其后漕稍多，而渠下之民颇得以溉田矣”，而漕渠最主要的作用在于运输。

张良在论述长安交通状况时说，“诸侯安定，河渭漕挽天下，西给京师；诸侯有变，顺流而下，足以委输”，这句话清楚地说明了长安与渭河水运的关系。渭河的交通作用包括人员交通和物资运

① 李令福：《关中水利开发与环境》，人民出版社，2004年，118页。

② 马正林：《渭河水运和关中漕渠》，《陕西师大学报》1983年4期。

③ 辛德勇：《汉唐期间附近的水陆交通》，《古代交通与地理文献研究》，中华书局，1996年。

④ 《汉书》卷29《沟洫志》，中华书局，1999年，1680页。

⑤ 《汉书》卷19《百官公卿表下》，中华书局，1999年，655页。

输两项内容，但由渭河出入长安仅见于个别帝王的突发奇兵，物资运输一直是其主要作用。但因其流浅沙深，水力无常，加之下游河道迂曲，航行甚受阻滞，渭河口至长安竟每次耗半年之程，漕渠即在这种渭河航运时有难处的状况下开凿。漕渠开凿后，渠道取直，从长安城至黄河只有三百余里，漕运时间可以节省一半。加上当时造船业的发展，出现了长五至十丈的可装载五百到七百斛的大船，极大地提高了漕运的效益。这从当时向京师输送漕米数量的迅速增加上可以看出。汉初，从关东每年漕运关中的漕粮不过数十万石，汉武帝初期也不过百万石，漕渠修成后，猛增到四百万石，武帝元封年间（前110～前105年）竟创造了每年六百万石的高纪录，《史记·平准书》载："山东漕益岁六百万石，一岁之中太仓甘泉仓满。"《汉书·食货志》载宣帝五凤年间（前57～前54年）大司农耿寿昌上言："故事岁漕关东谷四百万石，以给京师。"说明自漕渠兴修至宣帝时，由关东漕运的粮额一般都保持在四百万石之数。正是由于大量关东漕粮源源不断地输送，才维持了长安庞大的官僚群和禁军。公元前127年、前121年和前119年三次大规模征伐匈奴的战争都在漕渠开凿之后，显然同漕粮的顺畅供应有密切关系："元朔二年（前127年）又兴十万余人筑卫朔方，转漕甚辽远，自山东咸被其劳。"[①] 可以说漕渠的通航对稳定西汉政治和增强国力发挥了重要作用。

漕渠的次要功效即是"渠下民田万余顷，又得以溉田"，这不仅可增加朝廷税收，更有利于渭河两岸的百姓。

但漕渠的通航时间并不长，西汉漕渠初凿，通航时间也只有80年[②]，漕渠易废，是因其主要水源是渭水，流量不足，泥沙过盛。漕渠初开时期，其作用也主要在于取直航道以缩短航程；束狭航道以提高水位，减轻流沙之阻。汉代中叶漕额之增，故赖于漕渠，但也是因为国初休养生息之后，统治者多方聚敛。元丰年间增至600万石，也是桑弘羊置均输、令民得以入粟补吏及赎罪等所致。

西汉王朝自宣帝以后，就如夕阳西下，逐渐从光辉走向衰落。在昭、宣以前，尤其是汉武帝时期，在大一统的需要及加强君权的要求下，政府采取了抑制打击地主、豪商的政策，使他们势力的发展受到一定的限制，降低了土地集中的速度。但自汉元帝以后，作为中央集权绝对体现的君权开始衰落，对地主豪强的限制不得不减弱，如西汉各代帝王均借修陵园之际，将各地豪强集中于京师附近，但元帝、成帝都以"毋令天下有动摇之心"而罢。皇权干涉不利，终导致土地的迅速集中，出现"关东富人益众，多规良田，役使贫民"[③] 的局面。地主阶级兼并土地的对象是广大的自耕农，随着地主阶级土地面积的扩大，越来越多的农民失去了土地，再加上天灾，他们只有选择流亡。而关东地区，是受到剥削最重的地区，流民问题尤为严重，从元帝至汉末50多年，关东流民入关问题屡见于记载：

> 今（元帝初）天下独有关东，关东大者独有齐楚，民众久困，连年流离，离其城郭，相枕席于道路。[④]

---

① 《史记》卷30《平准书》，中华书局，1999年，1205页。

② 马正林：《渭河水运和关中漕渠》，《陕西师大学报》1983年4期。

③ 《汉书》卷70《傅常郑甘陈段传》，中华书局，1999年，2255页。

④ 《汉书》卷64《严朱吾丘主父徐严终王贾传》，中华书局，1999年，2138页。

关东困极，人民流离。[①]

元帝始即位，关东连年被灾害，民流入关。[②]

成帝河平元年三月，旱，伤麦，民食榆皮……流民入函谷关。[③]

成帝阳朔二年，关东大水，流民欲入函谷、天井、壶口、五阮关……[④]

成帝鸿嘉四年春三月，诏曰："……水旱为灾，关东流冗者众，青、幽、冀部尤剧……勿出租赋。"[⑤]

（哀帝建平二年）岁比不登，天下空虚……以十万数。[⑥]

平帝始元二年，大旱蝗，青州尤甚，民流亡。[⑦]

自耕农经济的繁荣和凋敝，直接关系政府是否能榨取到更多的租赋，在这种情况下，从山东输往关中的物资应会大大减少，渭河也是可以负担的。

如上所述，关中利用渭河和开凿漕渠进行水运，基本上是在封建社会的陆路交通条件实在难以满足封建王朝国都粮食需求的情况下，不得已而为之。而且渭河与漕渠就连长安城的粮食供应也未能保障，始终需以陆运相辅，因此对漕渠的作用不应扩大。

［原载《秦汉研究（第 4 辑）》，陕西人民出版社，2010 年，204～211 页］

① 《汉书》卷 71《隽疏于薛平彭传》，中华书局，1999 年，2285 页。

② 《汉书》卷 71《隽疏于薛平彭传》，中华书局，1999 年，2283 页。

③ 《汉书》卷 26《天文志》，中华书局，1999 年，1076 页。

④ 《汉书》卷 10《成帝纪》，中华书局，1999 年，219 页。

⑤ 《汉书》卷 10《成帝纪》，中华书局，1999 年，223 页。

⑥ 《汉书》卷 81《匡张孔马传》，中华书局，1999 年，2501 页。

⑦ 《汉书》卷 12《平帝纪》，中华书局，1999 年，247 页。

论西汉关中平原的水运交通

李令福

西汉关中是首都长安所在的京畿重地，为了充实都城的经济实力，汉政府首先整治利用了前人开辟的渭、汧两大自然河流的水路联运道路。其次，特别重视运河的开凿，先后修建了三条人工漕渠。汉武帝于元光六年（前129年）在渭水南岸傍渭水开凿了漕渠，东西长三百余里，大为成功；漕渠不仅是关中最大最早的人工运河，而且是西汉政府在关中也是在全国最早从事的大型水利建设。其后不久，又兴修了褒斜道漕渠线路，惜乎因自然原因，无法通漕。在关中内部，也有连接洛渭两水之人工运河的修凿，它沟通了都城长安与澂邑漕仓的联系，发挥着重要的漕运作用。渭、汧两大自然河流的通漕运粮与渭水南北人工运河的修建，使西汉关中的水运交通发展到其古代历史上的最高峰。

一、渭河与汧河的水路联运

西汉王朝定都长安，关中成为京师重地。政府机构的扩大必然带来官吏数量的增加，而为了京师的安全，军事警卫的力量也要大大加强。这是历代首都所在地区的通例，而西汉京畿地区特殊的是，西汉前期实行强干弱枝的政策，大量移民充实关中，使京畿的人口急剧增加，尤其是非生产性人口的膨胀，给粮食供给带来极大压力。

西汉初立长安，统治者面临的形势是北近匈奴，东有六国强族。《汉书》记载："匈奴河南白羊、楼烦王，去长安近者七百里，轻骑一日一夕可以至。"娄敬敏锐地觉察到这些，于是向汉高祖建议"愿陛下徙齐诸田，楚昭、屈、景、燕、赵、韩、魏后，及豪杰名家居关中"，并强调指出迁豪的政治、军事作用，"无事，可以备边；诸侯有变，亦足率以东伐"，是"强本弱末"的良策①。汉高祖于是"使刘敬徙所言关中十余万口"，"徙贵族楚昭、屈、景、怀，齐田氏关中"。其实早在这之前就已有移民关中之举，如汉高祖七年（前200年），"太上皇思欲归丰，高祖乃更筑城寺市里如丰县，号曰新丰，徒丰民以充实之"②。

汉文帝时情况发生变化，由于大批移民迁入关中，造成关中地区人口增加太快，文帝不得不疏散关中非生产性人口。汉文帝二年（前178年）下诏："今列侯多居长安，邑远，吏卒给输费苦，

① 班固：《汉书》，中华书局，1962年，2123页。

② 班固：《汉书》，中华书局，1962年，72页。

而列侯亦无由教训其民。其令列侯之国，为吏及诏所止者，遣太子。”文帝十二年（前 168 年），政府又废除关禁，允许百姓出入关自由[①]。

景帝时发生吴楚七国之乱，为防止此类反叛再次发生，景帝又开始采取“移民实关中”政策，并恢复了关禁。景帝前元五年（前 152 年），“募民徙阳陵，赐钱二十万”[②]。景帝迁豪强徙入关中主要以充实陵邑人口来实现，名为守陵，实际上则是通过移民、迁豪来达到“强本弱末”的政治目的。这项措施遂为西汉各朝所继承，《汉书》记载：“后世世徙吏二千石高訾富人及豪杰兼并之家于诸陵。”[③]武帝时建元三年（前 138 年），“赐徙茂陵者户钱二十万，田二顷”；元朔二年（前 127 年），“徙郡国豪杰及訾三百万以上于茂陵”；太始元年（前 96 年），“徙郡国吏民豪杰于茂陵、云陵”[④]。

西汉多次迁徙豪强的结果，使关中地区成为人口最稠密的地方。据《汉书·地理志》记载，元始二年（2 年）围绕首都长安的三辅地区总人口超过了 256 万。而这些人口又多集中于都城长安和七个陵县，其中长安（246200 口）、茂陵（277277 口）、长陵（179469 口）三县的人口就有 70 多万。据葛剑雄先生研究，西汉迁入陵县的移民有 120 余万，几乎占三辅人口的一半[⑤]。迁来的豪富多是非生产性人口，《史记·货殖列传》载：“长安诸陵，四方辐凑并至而会，地小人众，故其民益玩巧而事末也。”

虽然“八百里秦川”有郑国渠的浇灌，但是急剧增长的人口带来的物质需求还是需要外来粮食的漕运。好在关中平原有渭水贯通东西，渭水北岸又有汧、泾、洛水等较大支流，成为水运交通的有利自然条件。

汉代关中水运交通主要是渭河的通航。《诗·大雅·大明》：“文定厥祥，亲迎于渭。造舟为梁，不显其光。”这是说西周时代渭水上已经具备数量众多的大船，显示出组织较大规模水运的条件已经成熟。《左传·僖公十三年》记载，公元前 647 年，晋荐饥，秦人输粟于晋，“自雍及绛相继，命之曰‘泛舟之役’”。杜预《集解》云：“从渭水运入河、汾。”《国语·晋语三》：“是故氾舟于河，归籴于晋。”这是关于政府组织渭河水运的第一次明确的记载，而且是渭水与黄河、汾水联运。对于运输形式也有不同的说法，《史记·秦本纪》记载：“以船漕车转，自雍相望至绛。”这被认为采取的是水陆联运形式。然无论何种看法，渭河水运的存在是大家公认的。

刘邦在楚汉相争中能够最后取得胜利，也与萧何经营的关中漕运有关。《史记》记载：“汉二年，汉王与诸侯击楚，何守关中，侍太子，治栎阳。……关中事计户口转漕给军，汉王数失军遁去，何常兴关中卒，辄补缺。……汉五年，既杀项羽，定天下，论功行封。群臣争功，岁余功不决。高祖以萧何功最盛，封为酂侯，所食邑多。……夫汉与楚相守荥阳数年，军无见粮，萧何转漕关中，给食不乏。”[⑥]

---

① 班固：《汉书》，中华书局，1962 年，115 页。

② 班固：《汉书》，中华书局，1962 年，143 页。

③ 班固：《汉书》，中华书局，1962 年，1642 页。

④ 班固：《汉书》，中华书局，1962 年，158、170、205 页。

⑤ 葛剑雄：《西汉人口地理》，人民出版社，1986 年，198 页。

⑥ 司马迁：《史记》，中华书局，1959 年，2015、2016 页。

西汉定都长安的重要原因就是关中地区有着渭河漕运的便利，从张良对刘邦的解说中可以看出来："诸侯安定，河渭漕挽天下，西给京师；诸侯有变，顺流而下，足以委输。"

汉代初期，"漕转山东粟以给中都官，岁不过数十万石"[①]。这些应该全部来自渭河的水上运输。武帝修建漕渠后"而下河漕度四百万石，及官自籴乃足"。桑弘羊主持均输时，"山东漕益岁六百万石。一岁之中，太仓、甘泉仓满，边馀谷诸物均输帛五百万匹，民不益赋而天下用饶"[②]。其中一定有渭河水运的巨大贡献。杜笃的《论都赋》明确说明了渭河水运的巨大规模以及在加强东西地方间联系的重要作用："鸿、渭之流，径入于河；大船万艘，转漕相过。东综沧海，西纲流沙。"[③]

直到东西两汉之交，渭河航运仍是关中与关东相联系的主要途径。汉末王莽令孔仁、严尤、陈茂击下江、新市、平林义军，"各从吏士百余人，乘船从渭入河，至华阴乃出乘传，到部募士"[④]。更始帝避赤眉军，也曾避于渭中船上[⑤]。

西汉时代除了渭河的水运交通以外，汧河与泾河也很可能有水运交通，而且它们与渭河相互连接，构成了关中水运交通的基本网络。

2004年3～8月，陕西省考古研究所工作者在凤翔长青发掘的西汉仓储建筑遗址，证实了这里确实存在规模甚大的国家仓库设施。发掘者还与早年在凤翔采集到的西汉时期"百万石仓"瓦当相比对，"因而推断该仓储建筑可能就是当时的'百万石仓'"。它类似于华县京师仓，是西汉中央政府设在关中西部的一个水上转运站，具有仓储转运、存储和军需守备多重作用。该遗址位于凤翔县城西南长青镇孙家南头村西汧河东岸的一级台地上，西距今汧河河道300米。发掘者将遗址定名为"陕西凤翔县长青西汉汧河码头仓储建筑遗址"。遗址南北总长216、东西宽33米，建筑总面积7200平方米[⑥]。如果考古学者的推测不错的话，汧河的水运交通在汉代也是确实存在的，至少自凤翔长青至汧渭之会的汧河河段，西汉时期也曾经开发水上运输。不仅如此，我们同时也可以推测：渭水能够通航的河段超过了大家公认的只到长安附近，可以说一定向上游扩展到了宝鸡一带。

杜笃《论都赋》说道："遂天旋云游，造舟于渭，北杭泾流。千乘方毂，万骑骈罗，衍陈于岐、梁，东横乎大河。"[⑦]这里涉及泾河在汉代有没有航运交通的问题。

有学者认为，"北杭泾流"，"不是在泾水中航行，而是乘渡船过河。从汉光武帝回洛阳后下诏在泾水上造桥来看，当时泾水上也没有桥梁，而且也没有造舟桥，而是用船摆渡。人们在引用

① 《史记》卷30《平准书第八》、《汉书》卷24《食货志》记载基本相同："漕转关东粟以给中都官，岁不过数十万石。"

② 司马迁：《史记》，中华书局，1959年，1441页。

③ 范晔：《后汉书》，中华书局，1965年，2603页。

④ 班固：《汉书》，中华书局，1962年，4176页。

⑤ 《太平御览》卷643引《谢承后汉书》："前行见定陶王刘礼，解其械言：'帝在渭中舡上。'遂相随见更始。"

⑥ 陕西省考古研究所、宝鸡市考古工作队、凤翔县博物馆：《陕西凤翔县长青西汉汧河码头仓储建筑遗址》，《考古》2005年7期。

⑦ 范晔：《后汉书》，中华书局，1965年，2597页。

'北杭泾流'这句话时，往往把'杭'字写成'航'字，其实，'杭'与'航'并非一个字，'杭'是'并舟而渡'；《尔雅》中把'方舟'与前述的'造舟'一起，列为以船过渡的不同形式。因此，《论都赋》中的'杭'也是与'造舟'相对并举的，是指乘船渡过泾水渡口。李贤注《后汉书》，就认为'杭，舟渡也'。"然而，论者又指出："东汉光武帝刘秀没有乘船在渭水和泾水上长距离航行，不等于说这两条河流根本没有舟船载人航行的记录。"[①] 然而"杭"实有"航"的意义。《说文·方部》："杭，方舟也。"段玉裁注："'杭'亦作'航'。"在汉代，"杭""航"或通用。《方言》卷九："舟，自关而西谓之'船'，自关而东或谓之'舟'，或谓之'航'。"钱绎《笺疏》："'杭'、'航'，古今字。""北杭泾流"，尚不可完全排除"在泾水中航行"的可能。

二、傍渭漕渠的开凿、渠系与效益

1. 开凿的时间与经过

汉武帝在大司农郑当时的建议下，沿渭水南岸兴修了一条由都城长安直通黄河的人工运河，主要目的是为漕运关东的粮食。《史记·河渠书》对此有较详细的记述："是时郑当时为大农，言曰：'异时关东漕粟从渭中上，度六月而罢，而渭水道九百余里，时有难处。引渭穿渠起长安，并南山下，至河三百余里，径，易漕，度可令三月罢；而渠下民田万余顷，又可得以溉田：此损漕省卒，而益肥关中之地，得谷'。天子以为然，令齐人水工徐伯表，悉发卒数万人穿漕渠，三岁而通。"

漕渠开凿之年代，《汉书·武帝纪》有明确记载，谓在元光六年（前129年），"春，穿漕渠通渭"。据上引《史记》文，此渠修建共用了三年时间，竣工当在元朔三年（前126年）。古今学者皆是如此理解的，如宋司马光《资治通鉴·汉纪十》在武帝元光六年条下记作："春，诏发卒数万人穿渠，如当时策；三岁而通，人以为便。"唯有日本学者木村正雄认为漕渠兴修始于元光三年而成为元光六年[②]。其说似将元光六年当作了漕渠修成的年代。

郑当时开凿漕渠的计划得到了最高统治者汉武帝的同意，于是武帝命令齐人水工徐伯进行线路勘测与设计，并征调数万人从事运河的挖凿工作。数万人修了三年方才完成，可知漕渠的工程规模巨大。

历史上曾有人怀疑漕渠是否真的修成，如刘奉世就说："按今渭河至长安仅三百余里，固无九百余里，而云穿渠起长安，旁南山，至河，中间隔灞浐数大川，固又无缘山成渠之理，此说可疑，今亦无其迹。"杨守敬在《水经注疏》中对上述观点进行了驳论，认为"刘氏乃以漕渠中隔灞浐，缘山成渠为疑，失考甚矣"[③]。现代历史地理学家黄盛璋也从两个方面进行了论述，认为西汉"漕渠确曾开凿成功，并在运输上发挥过很大作用，那是不容怀疑的，第一，汉代漕渠《水经注·渭水》中曾明确记载，其时尚有遗迹；第二，汉代漕渠故道隋唐时一直沿用，其故道现在西安

① 王开：《陕西航运史》，人民交通出版社，1997年，76页。

② 〔日〕木村正雄：《中国古代帝国の形成》，不昧堂书店，1963年，189页。

③ 杨守敬、熊会贞：《水经注疏》，江苏古籍出版社，1989年，1618页。

附近还有若干遗迹”①。

2. 漕渠的水源及其渠首段路线

漕渠以渭水为主要水源，《史记》明言“引渭穿渠”，这本是毫无疑义的。到元狩三年（前120年），汉武帝凿昆明池蓄水，曾引一支入漕渠，使昆明池也成为漕渠的水源地。昆明池属水库性质，水质较清，其引入漕渠不仅可以较稳定地补充漕渠水量之不足，而且能减少渠道的淤积，甚至冲刷渠道，为漕渠的持续通航带来了重要保证，但却不能因此把昆明池当作漕渠的唯一水源。《水经注·渭水》曰：“（霸水故渠）又东北迳新丰县，左合漕渠，汉大司农郑当时所开也……其渠自昆明池，南傍山原，东至于河。”郦道元是把昆明池东岸引出的昆明故渠当作漕渠上源的。后世学者受其影响，多把漕渠的水源归根为昆明池，即谓漕渠的渠首在昆明池，这是不全面的。因为开凿昆明池在漕渠建成后六年，而且昆明池水主要供应京师长安城市用水，向漕渠输送的水量有限，仅此一源不足以负载漕船，昆明池由汉迄唐一直保持相当规模，而漕渠在汉唐之间却长期废弃不用。以上各点皆可证明，漕渠的主要水源是渭河而不是昆明池。

漕渠引渭地点，因史文简疏确实不易考究。马正林先生首先提出了自己的见解，“根据实地踏勘和当地老农见告，汉代渠首应在今西安市西北郊的鱼王村附近，距离（西安）城约十五公里。在若干年前，从鱼王村起，还有一条向东伸延的干河床存在……这条干河床最宽处达三百余米，河床清晰可辨。汉代的漕渠从今鱼王村附近引渭水东流，经过今新民村、八兴、西营、中营、席王村、建丰村、惠东村、张道口、解放村、盐张村、张家堡、魏家湾”等村，在汉长安城以北流过。其所绘《西安城北的漕渠走向和遗迹图》很直观地表述了这一观点②。

从汉长安城北至渭河之间范围狭窄而地势低洼等特点来看，汉漕渠不应修建在汉城北，其引水渠口也不会在今鱼王村附近。西汉长安城距离当时的渭水很近，据文献记载，汉中渭桥位于汉城横门外三里，1汉里折414米，汉3里为1242米。这一点已被现代考古学成果所证实，中国社科院考古研究所汉城队在横门外钻探出一条南北向大道，长1250米，向北多为淤沙堆积，不见路土③。汉长安城与渭水之间除范围狭窄外，地势也平坦低洼，因其为渭河最新发育的高滩地，汉时渭河时有向南泛滥的事情，而且给整个都城造成了很大恐慌。据《汉书·成帝纪第十》，建始三年（前30年），“秋，关内大水。七月，虒上小女陈持弓闻大水至，走入横城门……吏民惊上城”。从汉长安城北范围与地形看，汉人不会凿渠经此，因人为掘渠引水更容易造成不可控制的洪涝灾害。再说，“渭河在鱼王村附近河身宽浅，为游荡分汊性河道，难以筑堰引水”④。

那么，汉漕渠引用渭水究竟在什么地方呢？著名历史地理学家史念海先生论述过这个问题，我认为其观点是正确的：“唐中叶后韩辽复开漕渠时，曾说过：‘旧漕在咸阳西十八里……自秦汉以来疏凿，其后堙废’。韩辽复开的漕渠即所谓兴成堰，而兴成堰乃是根据隋永通渠的旧迹开

① 黄盛璋：《历史上的渭河水运》，《历史地理论集》，人民出版社，1982年。

② 马正林：《渭河水运与关中漕渠》，《陕西师范大学学报》1983年4期。

③ 李令福：《从汉唐渭河三桥的位置来看西安附近渭河的侧蚀》，《中国历史地理论丛（增刊）》1999年12期。

④ 辛德勇：《汉唐期间长安附近的水路交通》，《古代交通与地理文献研究》，中华书局，1996年。

凿的。秦时未闻开渠事。汉渠当指漕渠而言，是隋唐两代皆因前人旧规。所谓咸阳西十八里的渠口，当在今咸阳县钓鱼台附近。当地渭水河道相当狭窄，不似汉长安附近广阔，筑堰引水比较容易。”①

汉唐漕渠引水口地点相同，而从引水口到汉长安城的渠线也较少变化，经多位历史地理学者的考证，此段漕渠已经基本可以勾绘出来。首先，黄盛璋与辛德勇二位先生认为汉长安城南垣外护城壕即漕渠水道，因为汉长安城并未专修护城壕，其东、北、西三面都是利用自然水道或水渠的②。古代文献记载汉长安城南覆盎门外有桥梁，证明其南垣外有壕沟，而且在汉城的南墙与东南角，至今仍遗留有较明显的古渠遗迹，城东南角一部分已被拓凿利用为污水池，一般的西安市地图上都可看出其水体轮廓。清董祐诚《长安县志》对此也有明确记载：“汉城南有渠道自西南入壕，折而北至青门外。”③20世纪初叶，日本学者足立喜六在考察汉城时，也记述了当时的情形，并明确说明是西汉漕渠的遗迹：“沿故城南壁，见有壕池痕迹。深约十数尺，宽二百余尺，与城壁西端相并行，贯通安门之突出部分，更东行，依城壁北行二里，再东向至龙首原而消失，按此即所谓漕渠之痕迹也。漕渠开凿于汉武帝元光六年。”④

郭声波认为，“漕渠的起点高程不低于391米，由于汉城南漕渠高程为388米，兴城堰至汉城间的渠路应大致沿380～389米等高线设计，渡沣地点当在今严家渠附近。据清人记述，沣水两岸有古渠经阎家村（即今严家渠村）、席家村（即今西席村）、张家庄（即今东张村）、马家村（当今段家堡一带）入渭。卫星照片也显示出这条古渠的痕迹”⑤。这是隋唐时漕渠的渠首段，汉漕渠与其相同。

漕渠渡沣后，当沿389米等高线自今冯党村西沣河东岸酾出，东北流经滈池北，秦磁石门南。《史记》卷6《秦始皇本纪·正义》引《括地志》：“滈水源出雍州长安县西北滈池。郦元《注水经》云：‘滈水承滈池，北流入渭’。今按滈池水流入永通渠，盖郦元误矣。”宋敏求：《长安志》卷12《长安》：“《水经注》云：滈水西经磁石门，注于渭。《括地志》曰：‘今按滈池水又北流入永通渠，不至磁石门，亦不复入渭矣’。”⑥永通渠即隋唐时漕渠，与汉漕渠水源相同，自随汉渠故道东流，其流经的地方当亦与汉渠相同，即汉唐漕渠沿途接纳了滈池水，补充了水量。

其渠东流，穿三桥而入汉城南垣外古渠。“三桥”即今西安城西三桥镇，其名称始见于唐德宗时，其时该地除泬水外，还有漕渠经过，又当京西大道，所以桥多。贞观中，长安城西有漕店⑦。玄奘归国，以开远门外闻者凑观，欲进不得，因宿于漕上⑧。此漕店、漕上距开远门不远，当在三

---

① 史念海：《中国的运河》，陕西人民出版社，1988年，179页。

② 黄盛璋：《历史上的渭河水运》，《历史地理论集》，人民出版社，1982年；辛德勇：《汉唐期间长安附近的水路交通》，《古代交通与地理文献研究》，中华书局，1996年。

③《长安县志》卷14《土地志下》。

④〔日〕足立喜六著，杨鍊译：《长安史迹考》，商务印书馆，1935年，62页。

⑤ 郭声波：《隋唐长安水利》，硕士学位论文，1984年。

⑥（唐）李泰等，贺次君辑校：《括地志辑校》，中华书局，1980年，10页。

⑦《太平广记》卷328《异闻录》。

⑧ 慧立：《大慈恩寺三藏法师传》卷5。

桥附近。

从昆明池引水济漕的渠道叫昆明渠，《水经注·渭水》称作昆明故渠，并记有其基本流路："渭水东合昆明故渠，渠上承昆明池东口，东逕河池陂北，亦曰女观陂。又东合泬水，又东逕长安县南，东逕明堂南……渠南有汉故圜丘……故渠之北有白亭、博望苑……故渠又东而北屈，逕青门外，与泬水枝渠会。"

汉昆明池在今西安市西南斗门镇东侧，河池陂在今河池寨，东有唐定昆池遗址，20 世纪 60 年代时其附近还留有若干沼泽遗迹，定昆池或即利用河池陂基础开凿。嘉庆《咸宁县志》说："从谷雨村东抵河池镇，又东北至鱼化镇，地皆卑下，自鱼化镇东有渠东北行，时有积潦。"这一路线可视作昆明故渠所经。鱼化镇旁今皂河为泬水故道所经，镇东北之渠应即昆明渠。汉明堂遗址已被考古发现，在今大土门村西北，明堂、辟雍的水源应该利用此水。白亭在今西安市劳动公园附近，博望苑在今任家庄一带。汉昆明渠应经汉明堂、白亭、博望苑南，其后北曲经汉长安城东青门外，与泬水枝渠及漕渠相会[①]。

3. 灞河两侧的漕渠路线及引灞助漕支渠

西安市文物保护考古所在进行灞桥段家村汉代水上大型建筑遗址的考古工作中，于 2001 年 2～5 月对其周围古遗址进行了全面的勘查和钻探，在灞河东西岸都钻探发现了漕渠遗址，其东与《中国文物地图集·陕西分册》标明的灞桥区、临潼区并渭漕渠相连，从而在灞河两侧发现基本相接的漕渠遗址约 16 千米，这当然是漕渠研究方面的重大收获。

在灞河西岸，钻探出漕渠的长度为 6500 米。遗址宽 110 余米，渠道宽 90 余米，地表下 0.8 米见渠道淤积土，3 米以下见沙。经由北辰村东南灞河古河道处向西紧贴高速路北边，经河道村、沟上村，过污水渠在联合村西端绕大弯，斜向西航公司生活区东南，再拐弯顺西航公司厂部区南，经张千户到河止西村，向南拐向蔡家村、杨家村、城运花园人工湖西端，流经农科院到汉城附近。汉城附近的探查工作因故中断，如何与汉城南漕渠相接只能用文献推测，估计是城南漕渠沿东垣北进，后接此渠道。

本次考古钻探发现的灞河东岸漕渠呈东西走向，共长 5500 米，宽 80 余米。西起灞河东岸西王村村东（距村西 200 米为灞河古河道，下为黑淤土），一直延伸至东王村、三合社、深渡、半坡村至万盛堡。表层 0.4 米为耕土，其下为冲积土，距地表 1.5 米出现粗沙层，不见底（带不上沙子）。三合社、深渡、半坡村情况基本一致，两边均为黑淤土，宽度不等，中间是 80 余米宽的冲积土，见沙层。半坡和万盛堡衔接处北边无边界，泥沙向北延伸，沙层距地表 0.6 米，有可能与古渭河河道相通[②]。

据《中国文物地图集·陕西分册》，在今西安市灞桥区与临潼区存在着长约 4 千米的漕渠遗址，

① 黄盛璋：《西安城市发展中的给水问题以及今后水源的利用》，《历史地理论集》，人民出版社，1982 年。

② 西安市文物保护考古所：《灞桥段家村汉代水上大型建筑遗址试掘及调查、钻探情况汇报》2001 年 5 月（未刊稿）。

西与此次考古钻探发现的漕渠遗址相连接，略呈东西向延伸。自灞桥区新合乡的万盛堡向东略偏南，经陶家村、田鲍堡、新合，进入临潼区西泉乡，经椿树村、唐家村至周家村。此一线有明显的槽形洼地，历历在目，沿线发现少量绳纹板瓦、筒瓦。当地村民至今仍称其为漕渠。考古学者判断其为西汉漕渠遗存[①]。

最东段约 4 千米的漕渠遗存，早已由历史地理学家史念海先生指证，其在《中国的运河》中写道："现在西安市东北灞水以东，由新筑附近起往东的万胜堡（即万盛堡）、陶家、田家、新合、椿树庄、唐家村、周家湾等处，有一道较为低下的地区，低于其两侧 1 米上下，容易积水，其中一些片段地方还是只能种植芦苇，当地居民即称为漕渠。由新筑西越灞水，稍偏西南，即可直达汉长安故城。这道较为低下的被称为漕渠的地区，当是汉代漕渠的遗迹。"[②]

灞河东西岸漕渠并不直接相对，比较而言，西岸汇入灞水的渠口约较灞河东岸引流渠口在上游即南侧 3 里有余。这也很好解释，漕渠引渭及昆明池水东流入灞后，会随灞河下流，要引灞水及漕渠水继续东行，一定要把引水口放在其下游才行。

西汉漕渠在灞河东西两岸不相对齐的形势，说明了其渡灞时不像唐朝时有滚水堰的修筑，可能采取的是自流或导游堰引水的方式。

仔细分析《水经注·渭水》所载灞河东岸的水道经行，我发现一个新情况，即西汉时可能在漕渠上游开凿有引灞支渠，用于引水济漕。这个措施有效地保证了灞河以东漕渠水量的充足和稳定，是特别重要的漕渠辅助设施。

据《水经注·渭水》，漕渠过灞水后，"又东迳新丰县，右会故渠。渠上承霸水，东北迳霸城县故城南，……故渠又东北迳刘更始冢西……又东北迳新丰县，左合漕渠"。其中所谓故渠，熊会贞谓："此霸水故渠也，其渠自霸水东出，在漕渠之南。"其合漕渠后，未闻有北出入渭的尾闾，故我认为这是西汉时人工兴修的运河支线，除引灞水以补充漕渠流量外，还可通行漕船。

此支线经过汉代霸城县城以南，而多数学者判断汉霸城县治于西汉灞桥东岸，即今上桥梓口与下桥梓口村一带，则其引水渠口当在灞浐之交汇处也。其渠东北流，过铜人原南，至汉新丰县附近合漕渠。此运河支线似开辟了隋唐漕渠此段路线的先河，因唐朝所修广运潭就在灞浐交汇处。

换一个角度，也可以把引灞济漕支线与漕渠引灞看作漕渠的两个渠口引水，这种多口引水方式能够较稳定地保证漕渠的水量，而且有个更大的好处，即载重漕船多是由东向西航行，如只有漕渠正线，则东来漕船入灞后要向上游纤行三里许才能进入灞西漕渠，把漕粮运至太仓。逆水纤行满载之舟，困难很大，现修此支线，则载重船可沿支线东南入灞，正位于灞西漕渠入口上游，船向西岸入漕渠，正是顺水，可谓便利。漕渠支线的开辟不仅补充了下游漕渠水量，而且可以丰富漕船线路，便于载重船越过灞河，一举两得，绝对是科学合理的设计。

2000 年在灞河段家村发现的汉代水上大型建筑遗址，位于今灞河东岸的河床上，东距河堤 200 余米，清理出土大量的木桩和木板。这些木构件成组排列，可分为三类：大箱体 1 件，大凹槽形木

---

① 《中国文物地图集·陕西分册》（下册），西安地图出版社，1998 年，60、76 页。

② 史念海：《中国的运河》，陕西人民出版社，1988 年，80 页。

结构1件，小箱体11件，从遗址发现汉代砖、瓦和陶片，器物时代均晚不过东汉，结合木材的^{14}C年代测定，此水上建筑的时代被初步断定为汉代。2001年6月15日，在西北大学宾馆举行的专家论证会上，对此遗址的性质众说纷纭，或曰是灞河桥或引桥遗存，或曰是灞河上的一个漕运码头，或曰是漕渠绝灞的渡槽，至今仍没有多数学者认可的观点①。

4. 下游路线及其归宿

西汉漕渠在新丰以东今临潼、渭南、华县、华阴、潼关诸市县境内已无遗迹可寻，马正林先生曾利用文献记载和实地考察方法给以复原，得到学界的公认②。据《长安志》，漕渠在渭南县北1里，从今渭南市东北渭河南移的形势分析，今渭南市东的一段渭河也就是西汉漕渠的故道。由于渭河在二华地区的河槽变迁不甚剧烈，按照史书所载漕渠并南山东流的形势及当地地形判断，二华夹槽似乎就是过去的漕渠。今天仍有一条排水渠流经二华夹槽，大体上就是利用了古代漕渠的部分故道。现二华夹槽村庄相对稀少，也正是地势太低，地下水位太高的缘故，每年汛期，大雨过后，此夹槽就汇满了明水，可以清楚地显示出其槽形凹地的形状。1998年我在此地实地考察，目睹了这种情形。

西汉漕渠东首有个标志性建筑即华仓，遗址在华阴市东北硙峪乡段家城和王家城北的瓦碴梁上，东倚凤皇岭，西南两方面紧邻白龙涧河，北濒渭河，地势高敞是选作粮仓的好地方③。华仓又称京师仓，是漕运的转储仓库，漕渠在此附近为东口也很正常，正如隋唐时以永丰仓为漕渠东口那样。华仓遗址中出土写有“宁秦”字样的瓦当，证明汉代的华仓城距离秦代宁秦城不远，而宁秦城就在汉代的船司空县之南。黄、渭、洛三河当时在此相汇，其东北侧现有村庄叫三河口，漕渠至此进入黄河，再没有必要沿黄河南岸向东延伸。

明确提出漕渠东口位置的代表性观点有两种。因为渠口位置连带着涉及渠尾入河还是入渭这个问题，现在给以辨析。

马正林先生认为：“从汉代华仓遗址和华阴县东北一带的地形来看，汉代的漕渠在今三河口以西入渭，并未伸延到潼关附近入河。汉代的船司空县在今华阴县东北十五里，也就是当时黄渭交会的地方。华阴县东北的三河口与仁义堡和东平洛之间的三角地带，是一块330米等高线以上的阶地，而漕渠尾闾在华阴县西北已进入330米高程以下，已无必要，也不可能穿越三河口以南的高地，所以，只能顺应地形，在三河口以西入渭。”④即马先生认为西汉漕渠东口在华阴市东北三河口以西，尾入渭水。

史念海先生不同意这种观点，认为漕渠“东入于黄河。其入河处，当在今陕西潼关老城西吊桥附近。或谓漕渠应在今华阴县东入于渭水，这种说法与当地地形不合。今华阴县西北地势隆起，并由西向东，逐渐倾斜，直至吊桥附近，始行降低。这不仅可以目验，就在最近新测定的五万分之一

① 笔者有幸参加了此次论证会，受益匪浅。在此多谢西安市文物考古所的专家们。

② 辛德勇：《汉唐期间长安附近的水路交通》，《古代交通与地理文献研究》，中华书局，1996年。

③ 陕西省考古研究所华仓考古队：《汉华仓遗址发掘简报》，《考古与文物》1982年6期。

④ 马正林：《渭河水运与关中漕渠》，《陕西师范大学学报》1983年4期。

的地图上，也已明确标出。当地亦未见有漕渠旧迹，是漕渠不能由此高地入渭。此高地在吊桥附近降低，漕渠也只能由此北流，与黄河相会合”[①]，即史先生认为漕渠尾入黄河，而且是在今陕西潼关老城西吊桥附近。

我认为以上两种观点各有合理成分，今综合之，提出个人的见解。当时黄河河道处于向西偏移时期，漕渠尾端不一定要到今潼关老城西吊桥附近即可入河；当然，其尾端也不仅止于三河口之西，应该越过三河口，在其东今潼关县西境某处，注入黄河。

此区地当黄、渭、洛三河交汇之处，黄河河道不时有所摆动，而且摆动幅度相当大，有几次摆到三河口附近。洛水本来是在三河口一带入渭的，因黄河西移，洛河有时就注入黄河。当西汉开凿漕渠时，河东守番系正在兴修河东渠，在汾阴、蒲坂引河水淤灌河壖弃地五千顷，说明当时黄河河道正向西移徙，其后数岁，“河移徙，渠不利，则田者不能偿种。久之，河东渠田废”[②]。河徙而致渠道引水不利，渠田废弃，说明黄河又向西徙，若东徙则是冲毁河东渠田，而不是引水不利的问题了。马正林先生也认为：“那么，当地黄渭交会的具体地点又在什么地方呢？以三河口一带的地形看，应该在三河口以东不远的地方。今三河口以下的渭河实际上就是黄河的故道。”[③]而且三河口一带的地形也是可以穿越而过的，已如上述史先生所说。那么，《史记》明言西汉漕渠，“并南山下，至河三百里”，就可以理解了，漕渠应该越过三河口，在其东不远的潼关县西境注入黄河。

5. 经济效益

漕渠的经济效益表现在漕运与溉田两个方面。《史记·河渠书》所谓：“通，以漕，大便利。其后漕稍多，而渠下之民颇得以溉田矣。”即漕渠起了漕粮输送与浇灌农田的双重效益，当然最重要的经济效益应该是漕运。

渭河是水少沙多、流量不稳定与河道弯曲大的河流，在这样的河道中航行，当然会受到种种自然条件的制约。因渭河弯曲多，漕船由黄河溯渭水至长安据说就有 900 里[④]，而且中间还有不少浅滩，极不利于航行，每年漕运时间需要 6 个月。漕渠开凿后，渠道取直，只有 300 里，漕运时间也可以节省一半。加上当时造船业发达，出现了长五至十丈的可装 500～700 斛的大船，极大地提高了漕运效益。这从当时向京师输送漕米数量的迅速增加上可以看出来。在汉初从关东每年漕运关中的漕粮不过数十万石，汉武帝初期也不过百万石，漕渠修成后，猛增到四百万石，武帝元封年间（前 110～前 105 年）竟创造了每年六百万石的高纪录，《史记·平准书》载：“山东漕益岁六百万石，一岁之中太仓甘泉仓满。”《汉书·食货志》载宣帝五凤年间（前 57～前 54 年）大司农耿寿昌上言：“故事岁漕关东谷四百万石，以给京师。”说明自漕渠兴修后直至宣帝时，由关东漕运的粮额一般却保持在四百万石之数。显然，这与漕渠的修建成功有直接关系。

漕渠的开凿还有个次要的功效，即“渠下民田万余顷，又得以溉田”，我认为其实质是淤灌开

① 史念海：《中国的运河》，陕西人民出版社，1988 年，80 页。
② 司马迁：《史记》，中华书局，1959 年，1410 页。
③ 马正林：《渭河水运与关中漕渠》，《陕西师范大学学报》1983 年 4 期。
④ 此九百里数据颇有可疑处，虽不一定准确，但却可说明渭河下游段游荡弯曲性河道的特征。

发荒地性质，"万余顷"这个数量只是规划数据，是指漕渠以下至渭河仍有万余顷土地可供淤灌开发，绝不是有万余顷农田得到了浇灌。在六辅渠建成之前，溉田这个词的实质是以放淤为主的（实际上这个词也不是出现在六辅渠兴修之前的，是司马迁写下的，至于是否是郑当时奏言原文很难考知也）。我们还可假设一下，如果有万余顷即约68万市亩的农田可以从此渠道中获得浇灌之利，那么，这么巨大的农田水利效益也足以使后代的人们修复此渠，而实际上，历史上从来没有过以农田水利为目的来修复此漕渠的。

西汉漕渠维持了多长时间，史无明文。马正林先生认为"大约在宣帝以后，漕粮又由渭河西运。如果这个判断不错，这次开凿的漕渠大约使用了七八十年"①。黄盛璋先生《历史上的渭河水运》对西汉漕渠废弃不用时代的看法是"不详"②。即使是持续使用七八十年，与其后历代修复的关中漕渠相比，西汉漕渠也是维持通航时间最长的。

三、褒斜道漕渠的尝试

郑当时开凿漕渠以后，又有人提出新的漕运方案，计划开凿褒斜道，避开黄河砥柱之险，将关东粮食从沔水（今汉水）经褒水、斜水漕运到关中。《史记·河渠书》详细记载了其修建原因、过程及其最后结果："其后人有上书欲通褒斜道及漕事，下御史大夫张汤。汤问其事，因言：'抵蜀从故道，故道多阪，回远。今穿褒斜道，少阪，近四百里；而褒水通沔，斜水通渭，皆可以行船漕。漕从南阳上沔入褒，褒之绝水至斜，间百余里，以车转，从斜下下渭。如此，汉中之谷可致，山东转沔无限，便于砥柱之漕。且褒斜材木竹箭之饶，拟于巴蜀。'天子以为然，拜汤子卬为汉中守，发数万人作褒斜道五百余里。道果便近，而水湍石，不可漕。"

关东各地的漕粮经黄河水运入关，必须经过三门峡，此峡谷河道狭窄，水流湍急，中有礁石，号称砥柱之险，漕船过此，非常艰难，"触一暗石，即船碎如末，流入旋涡，更不复见"③。为避开三门之险，计划将关东漕粮经鸿沟、淮水、汝水进入舞水等，然后通过泚水运抵南阳，再由汉中运往关中，而由汉中送输关中则可以通过兴修褒斜道进行漕运。

所谓褒斜道，就是褒水和斜水间的通道。褒水与斜水都发源于秦岭，褒水流入汉水，斜水流入渭水，两水相距最近的地方（今陕西太白东）只有百余里。如果这两个水道加以疏浚修整，使漕船可以通过，那么山东各地的漕船就可以不经过黄河中的砥柱之险，由南阳、汉中一直水运到褒水，再通过褒斜道用车运至斜水，从斜水顺流而下，入渭水至长安，而且汉中一带的粮食与秦岭的林木也可由此道运到京都（图一）。这一方案经御史大夫张汤审定上奏，武帝采纳之，发数万人一方面整理水道，一方面开凿陆路，由张汤的儿子张卬主持此项工作。

褒斜道开凿完成后，水路漕运的目的却没能实现，由于褒、斜的河谷过于陡峻，水流很急，同时，水中多礁石，根本无法行船。虽然开辟褒斜道水运交通的目的没能实现，但它却是沟通渭水与

① 马正林：《渭河水运与关中漕渠》，《陕西师范大学学报》1983年4期。

② 黄盛璋：《历史上的渭河水运》，《历史地理论集》，人民出版社，1982年。

③ 史念海：《三门峡与古代漕运》，《河山集》，生活·读书·新知三联书店，1963年。

汉水也就是黄河与长江中游水运联系的最早的伟大尝试。从实际效果来看，其所花的力气并没白费，其水路漕运虽不能行，但其开辟的陆路交通确使关中通往汉中的道路比故道近了 400 里，褒斜道遂成为其后连接秦岭南北的最主要的陆路交通线。

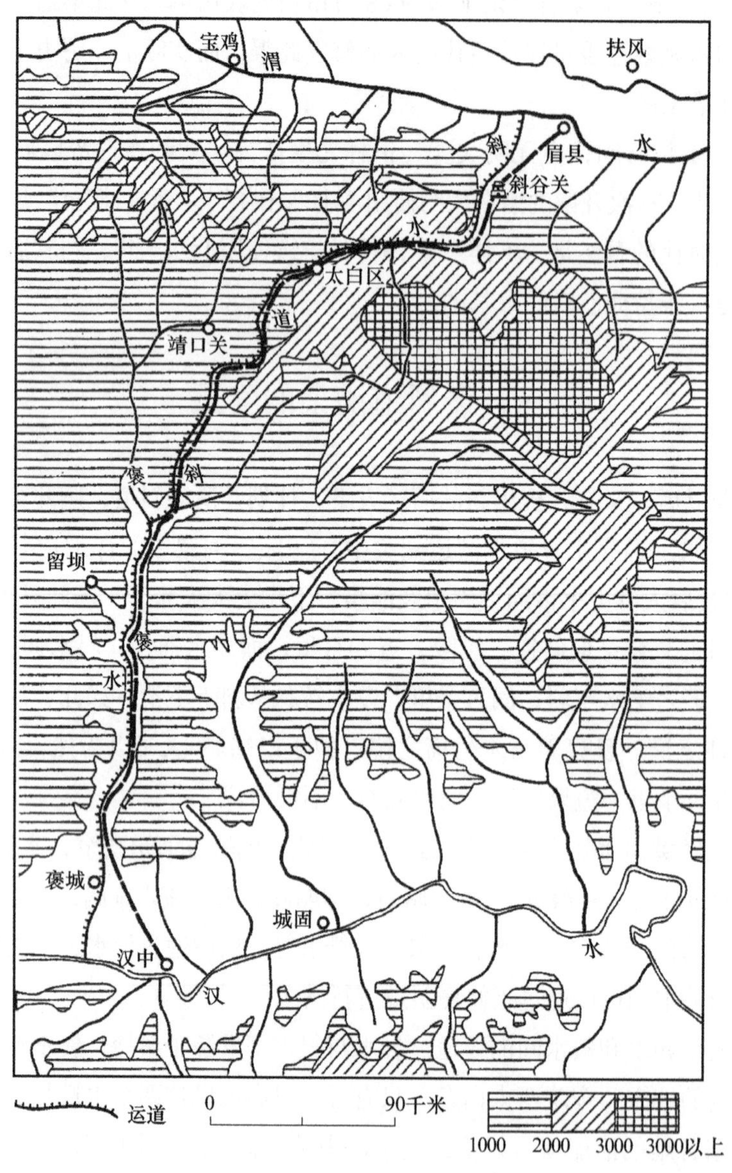

图一　西汉褒斜道图

四、洛渭之间的漕渠

1992 年，彭曦教授去蒲城县西头乡考察战国秦简公“堑洛”遗迹时，在西头村发现了西汉“澂邑漕仓”遗迹，而由此漕仓到京师长安必有一条漕运路线，上游可以利用洛河的自然河道，下游为人工开凿的沟通洛、渭两水的运河，然后可溯渭河通长安。现主要依据其考察报告复原西汉洛渭漕运的基本路线。

"澂邑漕仓"位于蒲城县东北28千米的西头乡西头村。此处为洛河西岸一平坦的台地，遗址范围广大，南北长约3千米，东西宽1.5～2千米。其中心区域的西头村东侧，暴露出长约150米，厚1～2米的灰层。灰层距今地表1.7～2米，部分地段呈上下间隔的两层分布状态。遗址南部钻探出东西长25米、南北宽10米，内有石础的夯土基址，发现了水井遗迹，遗址北部发现陶窑5座及大量绳纹板瓦瓦坯。采集有外绳纹、内麻点纹、云纹瓦当（许多当面涂朱）、"澂邑漕仓"文字瓦当以及陶罐、瓮、盆、壶、钵等残片。1998年8月，我至现场考察，村民拿出来写有"澂邑漕仓"的瓦当，同行的陕西省文物局文物鉴定组组长呼林贵研究员告知，此当直径16.5厘米，缘幅1厘米左右，当心饰乳钉，字为小篆体，为典型的西汉武帝时的瓦当。瓦当的出土为确定遗址的性质和时代提供了确切的文字实物资料，此处应是西汉武帝时代建设而成的澂邑漕仓。有人还进一步推测遗址可能就是秦汉澂邑故城遗址，其旁置有漕仓，设立漕运机构[①]。陕西省考古研究所的程学华先生曾进行过试掘，在60米×25米的范围内确认了四个仓库的遗迹[②]。当地村民领我们到洛河边的苹果园中，指证地下深约1米处发现过古代建筑用的大量青石板与石条，推测可能是漕仓之所在。在当地村民的带领下，向东南方580米左右的乡村工场后面的洛河西岸考察，据说此处过去曾发现像码头或引水渠首工程之类的遗存。只是我们在此处没有发现任何古代遗物和遗迹，仅观察到洛河在此有两个向东凸出的石质平台，洛河从其下南流，虽然地理形势非常有利于建设漕运码头，却没有任何实物证据[③]。

洛河漕运自西头乡顺河而下，至蒲城县钤铒乡北城南村的漕河引水口，总长度约60千米为利用洛河的河道。自引水口至渭南市孝义镇的单家崖，全长32千米，为人工开挖运河，自然河道加人工运河，全长实测96千米±3千米。

引洛入渭的运河入水口位于城南村东约450米的洛河西岸，至今人工开挖的痕迹清晰可辨，现存渠口底宽28米，上宽35～40米，底部高出洛水河床约7米。漕渠由此向西南开挖75米，折向南400余米，再折向西约500米，于南城南村再折向南，取直线沿蒲城、大荔两县界地进入渭南市，经焦家庄、太丰、南志道等二十多个村庄和官路、来化两个乡镇，至渭南县孝义镇的单家崖汇于洛河。全长约32千米，具体路线见图二。

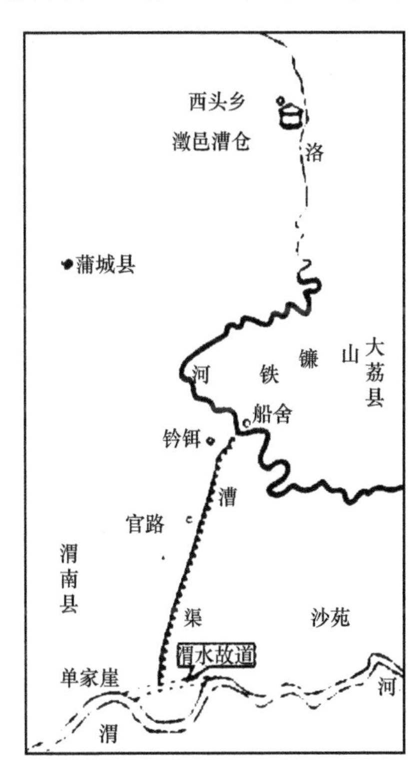

图二 洛渭漕渠路线示意图

漕渠沿古洛河泛滥流经的洼地开挖，沿线有二十多个古代湖泊洼地，运河利用其天然地势可以省力省工。运河人工开挖的宽度不一，最窄处25米，而最宽处70多米。原河底均为农田，两岸有明显的堆土，呈坡垅状。深约4米以上，今淤积层

① 彭曦：《陕西洛河汉代漕运的发现与考察》，《文博》1994年1期；《中国文物地图集·陕西分册（下册）》，西安地图出版社，1998年。

② 《アヅア游学》，（日本）勉城出版社，2000年，170页。

③ 李令福：《九八年至九九年关中平原历史地理考察记》，《中国历史地理论丛（增刊）》1999年12期。

厚约 1.5 米，河岸残高 1～2.5 米。沿线发现秦汉时期的灰坑及绳纹筒瓦、板瓦、绳纹或素面陶器残片。运河入水口的北侧和南侧，发现城址及大量遗址。

洛渭运河未见史籍记载，幸而有澂邑漕仓的发现，才从实际田野遗迹中考察出来，而且由出土器物等判断，其修筑时间不会迟于西汉武帝时期。

洛渭运河利用了洛河曾经泛滥的一条故道，但至今其遗迹路线仍清晰可见，其工程仍是相当庞大的。而且它自北向南近百千米的水道，包括天然的河道与人工运河，完全都是顺流行舟，这要比并渭漕渠的逆水行舟省时省力。

洛渭漕运虽然只是关中内部的运河工程，但其把关中东北部的农业区与京师长安连接起来，所起的历史意义不应该低估，彭曦先生认为："西汉这里可以说是京师至关重要的供食粮仓。"[①] 这一漕河的使用年限，也比渭漕的时间要久，东汉以后至隋唐期间，它的效用可能仍然存在。

总括上述，西汉尤其是汉武帝时代为关中水运交通大发展的重要时期。一方面是自然河流的航运，这有几条路线：渭河长安以东段的航运从先秦以来就通航不断，沟通了长安城与京师仓的联系，是最重要的航线；渭河长安以西段与汧河的水路联运似乎在西汉早期就建立起来，它沟通了长安城与雍城百万石仓的联系，是文献上没有记载的航线；泾河是否用于航行现在还很难确定。另一方面为三条人工运河的开辟：最重要的是傍渭漕渠，沟通了长安城与京师仓的联系，效益巨大；其次是洛渭之间的漕渠，沟通了都城长安与关中东北部澂邑漕仓的联系，也很有意义；最后是褒斜道漕渠的尝试，计划沟通秦岭南北，水运航行没有实现，但却开辟了陆路交通。可以说，汉代是关中水运交通最繁荣的时期。

（原载《唐都学刊》2012 年 2 期，5～14 页）

① 彭曦：《陕西洛河汉代漕运的发现与考察》，《文博》1994 年 1 期；《中国文物地图集·陕西分册》（下册）西安地图出版社，1998 年。

浅谈秦汉时期陕西的水利建设

张维慎

春秋战国时期，铁农具已在农业生产中使用，但并不广泛。秦汉时期，由于冶铁技术的进步，铁器在全国范围内迅速推广，为兴修水利工程提供了锋利耐用的工具；同时，统一的中央集权的国家体制，为广泛调动人力、物力而兴建大型水利工程提供了保障①。这样，中国历史上第二次兴修水利的高潮就自然而然地落到秦汉时期。

秦王嬴政之所以能扫灭群雄而统一全国，固然与商鞅变法的成功有关，同时也与他不杀韩国水工郑国并支持郑国在关中完成大型水利工程郑国渠的修建有关，正如史籍所载：

> 韩闻秦好兴事，欲罢之，毋令东伐，乃使水工郑国间说秦，令凿泾水自中山西邸瓠口为渠，并北山东注洛三百余里，欲以溉田。……渠就，用注填阏之水，溉泽卤之地四万余顷，收皆亩一锺②。

据此可知，始皇元年（前246年）由韩国水工郑国主持修建的郑国渠，大体从仲山西麓瓠口（今泾阳西北50里）引泾水向东开渠与北山（泾阳西北的仲山，泾阳北的嵯峨山，耀县的将军山，蒲城的尧山、金粟山等）并行，注洛水，全长300余里。用了十多年的时间才完工。其定线颇为巧妙：在渠首段是循430米等高线向下流，至入洛大约为365米（推算当时渠口高程约为445米），平均比降为0.64‰；渠线位于北山南麓，恰好位于渭北平原二级阶地的最高线上，这是最理想的流线。其灌溉工程技术也相当发达，主要由拦河坝、引水渠、总干渠、支渠、退水尾闾和“横绝”工程等组成③。它的流经地域，“大体包括今泾阳、三原、临潼、富平、蒲城、渭南、白水等县”，涉及范围相当广阔。此地干旱少雨，地下水埋藏又浅，农田因缺乏浇灌而盐碱化，严重影响了农业生产。凿渠引水，便是化恶土为良田的一项重要措施④。泾水泥沙含量大，用它灌溉，“既供给作物所

---

① 林甘泉主编：《中国经济通史·秦汉（上）》，经济日报出版社，2007年，111页。

② 《史记》卷29《河渠书》，中华书局，1982年，1408页。

③ 李健超：《秦国的农战政策与郑国渠的修凿》，《西北大学学报》1975年1期；又收入氏著《汉唐两京及丝绸之路历史地理论集》，三秦出版社，2007年。

④ 郭松义：《水利史话》，社会科学文献出版社，2011年，16、17页。

需水分，淤泥又可供给作物所需肥分，可以改良盐碱地”[①]。史念海先生指出：郑国渠“所经过的地区本是一片盐碱地，是不适宜于种植农作物的。由于郑国渠的开凿成功，盐碱土地得到渠水的冲洗，过去荒芜的原野变成稼禾茂盛的沃土”[②]。李令福博士也进一步指出：“郑国渠不是浇灌农田，而主要在于引浑改良低洼盐碱，扩大耕地面积，使关中东部低洼平原得到基本开发。”[③]朱伯康、施正康先生认为：“泾水从陇东高原带下含有大量有机质的泥沙，淤灌农田，既可改变盐碱地，又提高了土壤肥力。这大概就是郑国渠使关中变沃野的奥秘。”[④]当时号称溉田四万顷，折合今亩约200万亩，亦偏多；亩产高达“一锺”，约合今亩产250斤[⑤]。由于大量的“泽卤之地”被改造成了可以灌溉而高产的良田，于是关中平原成为“沃野”而无“凶年”，“秦以富强，卒并诸侯”[⑥]。

自高祖至文景70多年间与民休息，至武帝时西汉王朝已积累了大量社会财富，为政府大规模地兴修水利工程奠定了坚实的物质基础。雄才大略的汉武帝，对水利与农业生产的关系有着充分的认识，他在诏令中说：“农，天下之本也。泉流灌寖，所以育五谷也。左、右内史地，名山川原甚众，细民未知其利，故为通沟渎，畜陂泽，所以备旱也。……令吏民勉农，尽地利，平徭行水，勿使失时。”[⑦]因而，西汉时期大规模的水利兴修主要发生在汉武帝朝，中心地点在京师所在地关中。

西汉时，关中大型水利工程的修建，肇始于漕渠，正如史籍所载：

> 是时郑当时为大农，言曰：“异时关东漕粟从渭中上，度六月而罢，而漕水道九百余里，时有难处。引渭穿渠起长安，并南山下，至河三百余里，径，易漕，度可令三月罢；而渠下民田万余顷，又可得以溉田：此损漕省卒，而益肥关中之地，得谷。”天子以为然，令齐人水工徐伯表，悉发卒数万人穿漕渠，三岁而通。通，以漕，大便利。其后漕稍多，而渠下之民颇得以溉田矣[⑧]。

据此可知，由于当时关东漕运自黄河西至长安要经渭水，但渭水多沙且河流弯曲浅狭，而且航道长900余里，不便航行。元光六年（前129年），大司农郑当时建议修建漕渠，从长安城的西北开凿一条与渭水并行的航运渠道，向东通到黄河，路程仅300余里，可节省一半运输时间。武帝采纳了他的建议，令齐人水工徐伯负责技术勘测，征发数万士卒挖漕渠，历时三年建成。修建漕渠的目的固然是漕运，但“渠下之民颇得以溉矣”，灌溉的农田达万余顷，“比白渠多一倍以上，约与当

① 姚汉源：《中国水利发展史》，上海人民出版社，2005年，52页。

② 史念海：《古代的关中》，《河山集》，生活·读书·新知三联书店，1963年，52～54页。

③ 李令福：《论淤灌是中国农田水利发展史上的第一个重要阶段》，《中国农史》2006年2期。

④ 朱伯康、施正康：《中国经济史（上卷）》，复旦大学出版社，2005年，192页。

⑤ 姚汉源：《中国水利发展史》，上海人民出版社，2005年，52页。

⑥ 《史记》卷29《河渠书》，中华书局，1982年，1408页。

⑦ 《汉书》卷29《沟洫志》，中华书局，1962年，1685页。

⑧ 《史记》卷29《河渠书》，中华书局，1982年，1409、1410页。

时的成国渠相当”[①]。

龙首渠是以洛水为水源的。元朔至元狩年间（前128～前117年），庄熊罴上书说：“临晋民愿穿洛以溉重泉以东万余顷故卤地。诚得水，可令亩十石。”[②]临晋，在今陕西大荔县东；重泉，在今陕西蒲城县。汉武帝接受了庄熊罴的建议，于是“为发卒万余人穿渠，自徵引洛水至商颜山下。岸善崩，乃凿井，深者四十余丈。往往为井，井下相通行水。水颓以绝商颜，东至山岭十余里间。井渠之生自此始。穿渠得龙骨，故名曰龙首渠。作之十余岁，渠颇通，犹未得其饶”[③]。徵，在今陕西澄城县；商颜山，即今陕西大荔县之铁镰山。由于在穿渠过程中发现了“龙骨”，便将此渠命名为“龙首渠”。经过十余年，渠是挖通了，但因溉田效果不理想，“未得其饶”。龙首渠“未得其饶”的原因，李令福博士认为是：“洛河以东是关中平原的最低洼之区，地当古三门湖之最深处，积聚的盐碱最多，故称‘故卤地’，至今仍有‘卤泊滩’与‘盐池洼’的存在。此种土地非经多年淤灌很难改造成良田，这也许就是龙首渠‘未得其饶’的最大原因。”[④]龙首渠虽然未能达到预期的灌溉效果，但由于在穿渠过程中率先使用了俗称“坎儿井”的井渠法[⑤]，在水利工程史上具有重大意义，对后世影响深远，如新疆的“坎儿井”技术，就是从内地传到西北边疆的，并在水利灌溉事业中长期沿用。

姚汉源先生指出：“白渠和六辅渠是郑国渠灌区向南北的扩展。”[⑥]六辅渠是在元鼎六年（前111年）由左内史兒宽主持修建的。唐颜师古注《汉书·兒宽传》云：六辅渠“则于郑国渠上流南岸更开六道小渠以辅助溉灌耳。今雍州云阳、三原两县界此渠尚存，乡人名曰六渠，亦曰辅渠，故《河渠书》云‘关内则辅渠、灵轵’是也”。其注《汉书·沟洫志》又云：六辅渠“在郑国渠之里，今尚谓之辅渠，亦曰六渠也”。李吉甫《元和郡县图志》载：“后兒宽又穿六辅渠，今此县（指云阳县）与三原界六道小渠，犹有存者。”[⑦]李令福博士由此认为，六辅渠应该是以郑国渠为水源，在郑国渠南岸修建的六条支渠以辅助郑渠溉田[⑧]。六辅渠虽是郑国渠的六条支渠，但它“上承郑国渠，

① 朱学西：《中国古代著名水利工程》，商务印书馆，1997年，19页。

② 《史记》卷29《河渠书》，中华书局，1982年，1412页。

③ 《史记》卷29《河渠书》，中华书局，1982年，1412页。

④ 李令福：《论淤灌是中国农田水利发展史上的第一个重要阶段》，《中国农史》2006年2期。

⑤ 刘兴林在《论井渠技术的起源》（《华夏考古》2007年1期）一文中指出“龙首渠井渠遗迹是目前发现的能与文献记载相印证的最早的井渠实例，《史记·河渠书》说‘井渠之生自此始’。秦始皇陵园内发现的排水井渠遗迹，要比龙首渠井渠早得多，我们由此可以改正司马迁的说法。而在春秋战国时期，类似的井渠法就已是常见常用的技术，被广泛用于开矿、引水、取水、攻城等工程或战事中，最为典型的事例就是湖北大冶铜绿山矿井遗迹，不同高度的竖井与地下发达的巷道相连，这种开矿的技术完全可以照搬作为井渠的开发技术。可以肯定，我国井渠技术的出现不晚于春秋时期，这一考论更加有力地支持了中国井渠技术本土起源说。”

⑥ 姚汉源：《中国水利发展史》，上海人民出版社，2005年，73页。

⑦ 李吉甫：《元和郡县图志》卷1《关内道·云阳县》，中华书局，1983年，11页。

⑧ 李令福在《论淤灌是中国农田水利发展史上的第一个重要阶段》一文中指出：“后人多以变化了的郑渠水系特征判定六辅渠在郑渠北岸，引清浊诸水，而且得到现代许多学者的赞同，实际上不与《汉书·沟洫志》吻合，也解释不了颜师古与李吉甫所记的唐代六辅渠遗存。”

下启白渠，具有由淤灌向浇灌水利工程转变的承上启下作用，在中国水利发展史上应该占据重要的一席之地”[①]。六辅渠建成后，兒宽又“定水令以广溉田”[②]。这里的“水令”，是这个灌区的灌溉用水制度，是“最早见于记载的专门性灌溉法规”[③]。有了合理的用水制度，扩大灌溉面积就可以落到实处了。

白渠是赵中大夫白公于太始二年（前95年）建议修建的。与郑国渠一样，白渠从郑国渠渠口南侧之谷口（即瓠口）引泾水，向东南斜行，流经今泾阳、三原、高陵，至栎阳（今陕西临潼东北）入渭水，渠长200里，溉田4500余顷[④]。由于坡降较大，白渠不像郑国渠容易淤塞，渠下农田深得其利[⑤]。为了纪念赵中大夫白公，遂把此渠命名为“白渠”或“白公渠”。因白渠与郑国渠比邻又地位仅次于后者，因而后人常常把它们合称为“郑白渠”，是“关中农业区的命脉”[⑥]，当地百姓还作歌歌颂两渠道：“田于河所？池阳谷口。郑国在前，白渠起后。举臿为云，决渠为雨。泾水一石，其泥数斗。且溉且粪，长我禾黍。衣食京师，亿万之口。”[⑦]东汉史学家班固也在《两都赋》中盛赞道：“郑白之沃，衣食之源，堤封五万，疆场绮分。沟塍（chéng）刻镂，原隰龙鳞。决渠降雨，荷臿成云。五谷垂颖，桑麻敷棻。”[⑧]可见，郑国渠与白渠所带泾河的肥沃泥沙，已成为当地百姓的衣食之源。姚汉源先生指出：“西汉灌溉事业，关中地区最为发达。……西汉引北方多泥沙河流灌溉时水沙并用：引水浸润，引泥沙肥田，所谓‘且溉且粪’已为民间所熟悉。有的地区引山洪淤灌，更着重利用泥沙。”[⑨]可见，用泥沙肥田是郑白渠的共同特点。无独有偶，在白渠的施工过程中也采用了井渠法。考古发现白渠渠首300余米是采用井渠的方法修建的，7个砺石大坑东西一字排列，坑距30～40米或70～80米不等。第一坑西是泾河岸，岸下有暗渠露头，进水口下距今泾河水面3米；第七坑以东12米接明渠。白渠采用井渠法并抬高渠口将水引向高仰之田，在当时来说是比较先进的技术[⑩]。

元封二年（前109年），西汉政府在关中又先后修建了成国渠、灵轵渠、漳渠，引渭水灌溉。成国渠从郿县起引渭水经扶风、武功、兴平、咸阳复入渭，全长121千米[⑪]。史念海先生指出：“当时农田灌溉收效最好的应是引渭水和泾水所开凿的诸渠。引渭水开凿的渠道有成国渠、蒙笼渠和灵轵渠。成国渠是由郿县（今陕西眉县）引渭水东流，至盩厔县（今陕西周至县）北面入蒙笼渠。灵

① 李令福：《论淤灌是中国农田水利发展史上的第一个重要阶段》，《中国农史》2006年2期。

② 《汉书》卷58《兒宽传》，中华书局，1962年，2630页。

③ 饶明奇：《中国水利法制史研究》，法律出版社，2013年，10页。

④ 《汉书》卷29《沟洫志》，中华书局，1962年，1685页。

⑤ 林甘泉主编：《中国经济通史·秦汉（上）》，经济日报出版社，2007年，113页。

⑥ 朱伯康、施正康：《中国经济史（上卷）》，复旦大学出版社，2005年，192页。

⑦ 《汉书》卷29《沟洫志》，中华书局，1962年，1685页。

⑧ 《后汉书》卷40上《班彪列传附班固》，中华书局，1965年，1338页。

⑨ 姚汉源：《中国水利发展史》，上海人民出版社，2005年，72页。

⑩ 《秦郑国渠渠首遗址调查记》，《文物》1974年7期。

⑪ 李健超：《成国渠及沿线历史地理》，《西北大学学报》1977年1期；又收入氏著《汉唐两京及丝绸之路历史地理论集》，三秦出版社，2007年。

轵渠也在盩厔，但未见水源所在，当是和蒙茏渠一样，也是成国渠的别名，非另有一条渠道（所言虽系三渠，实际上当为一渠而分段显名，和现在的渭惠渠约略仿佛）。”①

有学者认为：“漳渠起自周至县西南韦谷的漳水，西北向流入渭水。”② 这种说法值得商榷。著名历史地理学家史念海先生认为：“当时还有一条漳渠。漳水本为渭水的支流，漳渠当是引漳水开凿的渠道（按：漳水在渭水北，即雍水下游。所谓漳渠，当是引漳水作渠，非由南山的韦谷。韦谷水即令可以灌溉，然范围狭小，不足以和成国、灵轵相比拟）。”③ 可见，漳渠应是引漳水（渭水支流）开凿的渠道，而非引南山的韦谷水。

西汉时期，中央政府有专门负责水利的部门，它往各地派遣主管官员。政府尤其重视京师所在地的关中水利，曾设专职官员管理，如哀帝曾任命息夫躬“持节领护三辅都水”④，权任很大。然而，到东汉光武帝时则将水利官员改为郡一级管辖⑤。这一管辖权的变更，也许表明水利兴修已经无须官府的强制推动，它已为数众多，成了普遍的实践，从而有必要将主动权交给地方官员⑥。

关中平原干旱少雨，年降水量一般只有 600 毫米左右，雨季多集中在 6～9 四个月，降水分布很不均匀，容易造成春旱夏涝；同时，关中平原地势较低，地下水埋藏深度较浅，大量可溶性盐分借助土壤毛细作用而上升到地表，造成土壤盐碱化，严重危害农业生产。而利用关中的水资源优势建造水利工程，因灌溉之利既可解决旱涝灾害，又可洗去土壤的盐分，还可以通过河水挟带的泥沙增强土地的肥力。因而，“西汉时期关中地区的繁荣与关中发达的农田水利工程设施分不开”⑦，而“关中发达的农田水利工程设施”又是由于政府的高度重视而集众力建成的。

东汉建立之初，杜笃曾专门撰《论都赋》，陈述雍州土地的肥沃和灌溉之利⑧，劝光武帝定都关中。光武帝虽未采纳杜笃的建议，但东汉初年关中的水利事业仍大致保持在西汉的水平上，则不成太大问题。

阅读东汉皇帝的本纪，得知东汉政府对关中的水利事业还是关注的，如元初二年（115 年）二月，“辛酉，诏三辅、河内、河东、上党、赵国、太原各修理旧渠，通利水道，以溉公私田畴”⑨。元初为安帝年号。可见，在安帝元初二年二月，政府对三辅（今关中）的旧渠进行了修缮，目的是灌溉公私田畴。东汉政府不仅注意修缮旧渠，而且兴修新渠，如东汉灵帝光和五年（182 年），由京兆尹樊陵主持，在泾河下游阳陵县（今咸阳市东北）兴建樊惠渠。渠堰为堆石结构，打有基桩，堰

---

① 史念海：《中国的运河》，陕西人民出版社，1988 年，76、77 页。

② 林甘泉主编：《中国经济通史·秦汉（上）》，经济日报出版社，2007 年，113 页。

③ 史念海：《中国的运河》，77 页。

④《汉书》卷 45《息夫躬传》，中华书局，1962 年，2182 页。

⑤〔日〕木村正雄：《中国古代帝国の形成——特にその成立の基础条件》，不昧堂，1965 年，212、213 页。

⑥〔美〕许倬云著，程农、张鸣译：《汉代农业：早期中国农业经济的形成》，江苏人民出版社，2012 年，105 页。

⑦ 林甘泉主编：《中国经济通史·秦汉（上）》，经济日报出版社，2007 年，114 页。

⑧《后汉书》卷 80 上《文苑列传·杜笃》，中华书局，1965 年，2603 页。

⑨《后汉书》卷 5《孝安帝纪》，中华书局，1965 年，222 页。

上培土，护之以埽，引水渠道有沉沙池、引水口门、分水涵洞和相应的田间工程，具有灌水和淤漫作用[①]。樊惠渠建成后，“曩之卤田，化为甘壤，粳黍稼穑之所入，不可胜算”[②]。取得了较好的效益。

高祖刘邦之所以在楚汉相争中取胜，与蜀（成都平原）、汉（汉中）强有力的经济支持分不开，正如史籍所载：“汉祖自汉中出三秦伐楚，萧何发蜀、汉米万船，而给助军粮。”[③]难怪司马迁有“汉之兴自蜀汉”[④]之赞！西汉王朝建立后，汉中的水利事业也提上了议事日程。位于褒成县东城外的山河大堰，截褒河水灌溉田地，因褒河又称山河水，人称山河堰；相传为萧何所筑，曹参落成，又称“萧曹堰”[⑤]。有石刻记其建筑法“巨石为主，锁石为辅，横以大木，植以长桩”[⑥]，这是陕南最大的水利工程[⑦]。另外，利用陂池、水塘灌溉，也是汉中地区的一个特色。1964～1965年，在汉中等地的王莽至东汉的两座砖室墓中出土了陂池模型、陂池稻田模型，两者组合为一体，中间用堤坝横隔，一边为陂池，一边为稻田。堤坝中部设有闸门、闸槽和出水口。堤外式闸门，对降启闭可以控制水量。其间的“十”字形田埂分为四块。陂池水出闸门后可分流于田间[⑧]。1978年1月与12月，先后发掘汉中勉县老道寺东汉晚期的4号和3号墓中也出土了水田池塘模型[⑨]。汉中地区出土的陂池与稻田组合而成的陂池稻田模型及水田池塘模型，反映了秦汉时期陕南水利灌溉事业的发展，为水稻的种植提供了充足的水分。

［原载《秦汉研究（第10辑）》，陕西人民出版社，2016年，72～78页］

① 陕西省地方志委员会编：《陕西省志》第13卷《水利志》，陕西人民出版社，1999年，23页。

② 蔡邕：《京兆樊惠渠颂》，《全上古三代秦汉三国六朝文》，中华书局，1958年。

③ （晋）常璩撰，刘琳校注：《华阳国志校注》卷3《蜀志》，巴蜀书社，1984年，214页。

④ 《史记》卷15《六国年表》，中华书局，1982年，686页。

⑤ 陕西省地方志委员会编：《陕西省志》第13卷《水利志》，陕西人民出版社，1999年，22页。

⑥ （清）光朝魁纂修《褒城县志》（中国方志丛书·华北地方·第262号，道光十一年抄本），成文出版社有限公司，1969年，50页。

⑦ 田培栋：《陕西社会经济史》，三秦出版社，2007年，76页。

⑧ 秦中行：《记汉中出土的汉代陂池模型》，《文物》1976年3期。

⑨ 郭清华：《陕西勉县老道寺汉墓》，《考古》1985年5期。

西汉漕运工程决策中的数据诱惑

王　健

数据，往往是崇高目标的具体、生动的体现，具有很强的说服力。光鲜的数据会让人眼前一亮，吸引眼球，甚至具有无法抵御的诱惑力。然而，漂亮的统计数据里，可能掺杂着虚假和水分，其背后，甚至带有提供者的某种私利，盲目相信，说不定会造成人们对目标的客观判断，由此影响决策的正确性。这种数据的诱惑而影响决策的事例，在古代文献中也普遍存在，官员们抬高数据而向上夸大政绩，朝廷因迷信数据而导致决策错误、劳民伤财的事例屡见不鲜。西汉为解决漕运难题曾经实施过几项工程，在这些工程从提出到决策的过程中可以看到，因数据诱惑而造成的问题，轻者可能因夸大数据而放大了政绩，多支出钱财；重者则导致工程失败，造成巨大损失。数据准确与否，直接关乎领导决策的成败，古今同理，尘封的历史对现实仍有借鉴意义。

一、夸大政绩的漕渠数据

秦汉时期，都城在西部的关中，秦都咸阳、汉都长安，分别位于黄河最大的支流渭水的北岸和南岸。西汉定都长安以后，国家强干弱枝，迁徙豪强至关中，官员军队云集，关中人口不断增加，到汉武帝时期，粮食已经不能自给，需要从外地调运。调粮主要从关东地区水运至长安，故称“漕运”。汉武帝时的函谷关从河南灵宝东移到新安境内，黄河、渭河是主要的东西水运通道，漕船溯黄河转渭河而西，有两个艰难的河段影响运输：一是关中渭河段河道长而不畅，二是黄河三门峡底柱段天险。

渭水东流至今潼关一带而入黄河，长安至入黄口大约300里，初期京城漕运可以通过渭水而至长安，到汉武帝时，因泥沙淤积河道曲折而水流不畅，影响漕运。郑当时任分管农业的大农，他建议汉武帝开凿与渭水并行的漕渠专司漕运，同时，渠水还可以解决农田灌溉问题，一举两得。《史记·河渠书》记载：

> 异时关东漕粟从渭中上，度六月而罢，而漕水道九百余里，时有难处。引渭穿渠起长安，并南山下，至河三百余里，径，易漕，度可令三月罢；而渠下民田万余顷，又可得以溉田：此损漕省卒，而益肥关中之地，得谷。

经济效益如此之大，汉武帝很快批准了他的方案：

天子以为然，令齐人水工徐伯表，悉发卒数万人穿漕渠，三岁而通。通，以漕，大便利。其后漕稍多，而渠下之民颇得以溉田矣。

这样，西汉通过开凿关中漕渠，解决了第一个难点。此段材料透露的信息有三：第一，开一条三百里的新渠，花费人工数万，工期三年，以此可考察对比其他工程所花时间。最易让人想到的是后来的隋朝，隋炀帝开凿的大运河，包括通济渠、永济渠、邗沟及江南河等，都是在发诏书后短短数月完成的，虽然时隔千余年，但在开挖工程机械没有本质变化的古代，如何能够以这样快的速度完成？显然，隋炀帝开凿大运河其实只是疏通现成河道，并非都是平地开河。也许会有少数河段平地开河，起沟通作用。长期以来大运河始于隋朝已成定论，从数据中或可重新认识。第二，关中漕渠径流三百里，而渭河自然流程九百里，相差3倍，在号称八百里秦川的关中平原上，开挖一条河源与入黄口基本一致的平行河流，弯道拉直缩短的长度不太可能相差这么大。经过今人实勘的漕渠河道遗址也证明其基本上与渭河平行。这个数据太离谱，可能是夸大了新漕渠的成就，其目的或许在于夸大政绩，以获得奖赏。"九""三"数字，在古代往往是吉利的约数，不一定当作实数。第三，九百里航程漕船要走六个月，180天，每天仅走五里，如此之慢，几乎不可能。三百里航行3个月，与九百里航行6个月，数据也相差不少，都不太可信。当然，这些数据还只是夸大政绩，并未造成重大财产损失。

二、遭受巨大损失的河东引渠

漕运的第二个难点是砥柱天险。砥柱位于陕县以东、渑池以西的黄河之中，自古就是黄河最危险的河段。历代想了很多办法，但都没有解决航行至此船翻人亡、漕粮倾覆的问题。最安全的做法是停船卸货，转陆路数十里，绕开这一险段，但费时费力，十分不便。因而就有人建议，在山陕界黄河龙门、禹门之间的东岸，今山西运城的河津、万荣、永济一带开凿河渠，引河、汾之水灌溉农田，保证粮食丰产，由河东地区供应京城粮食，这样不用从关东漕运粮食。河东守番系立即向中央报告这个方案。《史记·河渠书》引其言曰：

漕从山东西，岁百余万石，更砥柱之限，败亡甚多，而亦烦费。穿渠引汾溉皮氏、汾阴下，引河溉汾阴、蒲坂下，度可得五千顷。五千顷故尽河壖弃地，民茭牧其中耳，今溉田之，度可得谷二百万石以上。谷从渭上，与关中无异，而砥柱之东可无复漕。

番系的方案是在他主政的河东郡（今运城、临汾辖地）引汾河水灌溉皮氏（今河津）、汾阴（今万荣），引黄河水灌溉汾阴、蒲坂（今永济）地区河岸边土地，由此建立5000顷粮食生产基地，就近供应关中，替代关东漕运。这个计划看上去挺不错，如果实现，一举多得，既可化解三门峡河段天险，又能大大缩短关东漕运线路，节省大量运输开支，还能因地制宜，开垦河东河边弃地。河壖弃地，裴骃《集解》引韦昭曰："谓缘河边地也。"《汉书·沟洫志》作"河堧"。颜师古注："谓河岸以下，缘河边地素不耕垦者也。"这些弃地原本为放牧及种植草料的非农耕地，这些地方属河、汾漫滩之地，水一上涨便会泛滥，河道干涸或改道就无法灌溉，收成根本不能保证，在人多地少的地方，即使耕种也是要减免租税的。而这个方案竟然将关系首都粮食安全的"天庾之供"寄托在这种类似行洪区的河段地带，显然是非常冒险甚至愚蠢的举措。

> 天子以为然，发卒数万人作渠田。数岁，河移徙，渠不利，则田者不能偿种。久之，河东渠田废，予越人，令少府以为稍入。

汉武帝应当是被漂亮的数据和充分的理由所打动，马上批准实施。汉朝动员了数万劳役开凿河东引渠，这个开垦计划一度顺利实施，但几年后，由于汾河河道变迁，新开的河渠无法引水灌溉，农田不能耕种，连种子都收不回来，计划完全失败了。最后只能将这些废地交给迁徙来的南方越人耕种，因为他们懂水利，租税多少就不计较了。这可能是古代一个典型的地方官盲目贪图政绩，皇帝拍脑袋决策，使国家人力物力遭受巨大损失的典型。我们不知道汉武帝在做这样一个重大决策前有没有组织大臣讨论或找专家论证，明显是听信了番系所描绘的方案，被其数据所诱惑。

再说另一个问题，即番系提供的粮食产量数据的可靠性。5000顷土地能否有200万石产量？这可是个大数目。明清时期从各省调运北京的漕粮量年平均也就在300万石，这河东废地50万亩就能产明清漕粮的三分之二，怎么可能呢？即便能够顺利引汾水灌溉，长期保持稳定，能否达到这么巨大的产量目标呢？我们看到战国末期韩国派水工郑国到秦国，游说开渠三百余里的记载："渠就，用注填阏之水，溉泽卤之地四万余顷，收皆亩一锺。于是关中为沃野，无凶年，秦以富强，卒并诸侯，因命曰郑国渠。"郑国渠灌溉亩数4万顷，是其河东地的8倍，关中土地肯定不会比河东河边弃地差，仅产1锺（六斛四斗，250斤），如果产4石（1石按120斤计），总产量高达1600万石，19.2亿斤，满足关中绰绰有余。

汉代的粮食生产水平，5000顷是不可能达到200万石产量的！一顷按100亩计，共计50万亩，亩产4石。按汉代的粮食产量，每亩无论如何也生产不了4石粮食。学者研究汉代的亩产量，认为这是最高产量，很难成立，因为这只是预测数据，并非实际结果。这样大面积新河边地达到汉代粮食最高水平的概率很小，简直可说是天文数字，为了达到工程上马的目的，古人也会“放卫星”。昭帝以前（前87年）是小亩（100平方步），之后为大亩（240平方步）。而王曾瑜说汉武帝时为大亩，约折合0.6916市亩计，50万亩就合今亩34.58万亩，相当于今亩产量5.78石，两汉粮食以粟麦为主，这么高的产量，在当时是根本不可能的。他列举了当时的粮食产量，战国秦汉时期，文献中提供的一般亩产量数字有：①魏李悝说，平年“岁收亩一石半”。战国时，亩制混乱，据临沂出土银雀山《孙子兵法·吴问》，“韩、魏制田”，以“二百步为亩”。可见魏亩为当时东亩的两倍，约合0.5764市亩，从而推知当时每市亩约产粟5斗，约合67.5市斤。李悝说上熟亩产为4倍，则为270市斤。②秦修郑国渠，“收皆亩一锺”。一锺是六斛四斗。秦行大亩，每亩约合0.6916市亩，可推算每市亩产粟18.5市斗，约合250市斤。③汉文帝时，晁错说：“百亩之收不过百石。”汉初行小亩，每亩约合0.2882市亩，可推算每市亩产粟6.9市斗，约合93市斤。④《管子·治国》：“嵩山之东，河、汝之间……中年亩二石，一夫为粟二百石。”可推知每市亩约186市斤。⑤《淮南子》卷9《主术训》记载：“一人跖耒而耕，不过十亩，中岁之获，卒岁之收，不过亩四石。”汉武帝时行大亩，每亩约合0.6916市亩，约合每市亩产粟157市斤，这在当时应算是水浇高产田。⑥东汉仲长统说“今通肥饶之率，计稼穑之入，令亩收三斛”，约合每市亩117市斤。总的说来，按大亩计，战国、秦汉时期一般亩产应在100市斤上下，只有水浇地才能达到150市斤乃至200市斤。

根据学者研究，即使到了农业经济十分发达的北宋，“北方多种小麦、杂粮，江南水田，粗略地说，北方每亩收获约一石（一斛）。范仲淹说：‘中田一亩，取粟不过一斛’；张方平说‘大率中田亩收一石’。肥沃的土地，产量可超过一石；瘠饶的土地，不足一石。南方稻田或稻麦间作的地方，年产量每亩达二三石。范仲淹曾提到苏州一带‘中稔之利，每亩得米二石至三石’。朱熹说南宋浙东‘六县为田度二万亩，每亩出米二石’；周弼诗：‘长田一亩三石收。’王炎说湖北鄂州一带‘膏腴之田，一亩收谷三斛，下等之田，一亩二斛’。根据这些记载，我们可以粗略地说：北方亩一斗、江南亩三斗的秋苗税率，大致约为当时农田产量的十分之一。”[①] 换言之，孙毓棠估计北方平均亩产1石，江南平均亩产3石。

清人顾炎武论及江南一带农业情况时说：

> 吴中之民，有田者十一，为人佃作者十九。其亩甚窄，而凡沟渠道路皆并税于田之中。岁仅秋禾一熟，一亩之收不能至三石，少者不过一石有余；而私租之重者至一石二三斗，少亦七八斗。佃人竭一岁之力，粪壅工作，一亩之费可一缗，而收成之日所得不过数斗。……至有今日完租而明日乞贷者。(《日知录）卷十》)

清朝农业条件最好的江南尚且产量只有3石，甚至1石，西汉岂能达到清代的水平，甚至比清

① 孙毓棠：《关于北宋赋役制度的几个问题》，《孙毓棠学术论文集》，中华书局，1995年。原载《历史研究》1964年2期。

代更高呢？况且粟、麦的产量本身就比较低，与稻谷产量不可比。

这样，按当时平均产量计，汾水边5000顷新造灌溉农田的产量应在75万石左右，而河东守则以最高产量数据来预测未来粮食产量，用一幅美好的蓝图诱惑汉武帝，为自己主政之地争取了国家大工程，其谋取地方利益的意图十分明确。汉武帝不明就里，轻信决定，导致重大失误。汉武帝是一个想做事、能做事的皇帝，但好大喜功，往往为臣下所利用，也算是好心办错事吧！

三、劳民伤财的褒斜水道

砥柱之险正面解决不行，迂回包抄如何？于是又有人提出从南阳通过沔水往汉水上游的水路到汉中，打通褒斜道的褒水，入斜水，再接渭水，打通到关中的水路。《史记·河渠书》记述了这件史事：

> 其后人有上书，欲通褒斜道及漕事，下御史大夫张汤。汤问其事，因言“抵蜀从故道，故道多阪，回远。今穿褒斜道，少阪，近四百里；而褒水通沔，斜水通渭，皆可以行船漕。漕从南阳上沔入褒，褒之绝水至斜，间百余里，以车转，从斜下下渭。如此，汉中之谷可致，而山东从沔无限，便于砥柱之漕。且褒斜材木竹箭之饶，拟于巴蜀。”天子以为然，拜汤子卬为汉中守，发数万人作褒斜道五百余里。道果便近，而水湍石，不可漕。

河流水水相通，可以航行，说起来容易做起来难。虽然可以节省400余里线路，但在崇山峻岭之中，陆路蜀道都相当难行，更何谈水运穿越，况且其中还有百余里无法通航，只能车转。今天看来，这仍然是一个异想天开的方案。然而，数据同样诱人，这次汉武帝没有直接决策，他请教了张汤这位御史大夫，但张汤似乎并没有派人实地勘探地形，深入了解情况，而仅从节省线路和运输巴蜀物产的远景着眼，支持了这个方案。我们不知道汉武帝为什么要征询这个与漕运水利无关的监察大臣的意见，是否是因为要任命他的儿子为汉中太守的缘故，清廉如张汤这样的酷吏，是否也有利益关系，总之他稀里糊涂地答复了汉武帝的咨询。后来，汉武帝任命张汤之子为汉中守，征发数万人开辟褒斜水道 500 里，结果因河水湍急，乱石中梗，无法漕运而作罢。这又是一次因数据迷惑而干的劳民伤财工程，司马迁的笔墨不多，似乎轻描淡写，但其历史背后蕴藏着多少民夫的血和泪，多少财富就这样白白浪费掉了。明朝末年地理学家王士性在《五岳游草·蜀游·入蜀记》中记录实地探查时发出了这样的疑问：

> 辛酉，发留坝，饭武关，则悉随黑龙江南矣。水深处约二丈余，然皆巨石激湍，汉张汤欲从此通漕于渭，不知当时水石何似？特有小鸬鹚，千百为群，飞水际，立磐石上，为注目久之。

显然，河道中的这些磐石是不会在张汤以后才形成的，当年的构想，只能是没有任何科学根据的"奇思妙想"。

上面讨论了西汉朝廷为解决关中漕运难题而实施的三项国家工程，第一项工程是正确的，但大臣在数据上有夸大政绩之嫌。之后的两项，都因数据诱惑而做出了错误决策，河东引水工程，因对河流的改道估计不足，绕道汉水的航道工程，没有实地勘探，根本不了解褒斜河道中巨石嶙峋的复杂情况，结果都以失败告终，一个几年报废，一个半途而废，损失惨重。当然，也没有始作俑者因此受处罚的记载，不了了之，只能算是交了学费。由此可见，重大工程的提出，计划要周密，必须经过科学的论证，前期的精心准备非常重要，特别是最高决策者不能被崇高的目标和光鲜的数据所迷惑，需要格外谨慎，因为其中可能隐藏着各种利益关系。

（原载《唯实》2016 年 11 期，76～79 页）

汉漕渠水源自渭河

昌　森

据《史记·河渠书》与《汉书·武帝纪》，汉武帝元光六年（前129年），大司农郑当时建议开漕渠运粮，“引渭穿渠起长安，并南山下，至河三百余里”，武帝从之，“令齐水工徐伯表，悉发卒数万人穿漕渠，三岁而通。通，以漕，大便利。其后漕稍多，而渠下之民颇得以溉田矣”。漕渠的开凿很成功，不仅漕粮运输规模很大，解决了渭河水运迴远淤浅的困难，而且渠水有余还可灌溉下流农田。这些事实充分说明了漕渠水量巨大，应该是按郑当时规划的那样引渭水作为水源。

不过，由于郦道元著《水经·渭水注》时，没有提到漕渠的引渭地点，仅记载从昆明池向东北流去的一支昆明故渠，亦曰漕渠，故一些人认为汉漕渠水源仅来自昆明池。持这种观点的学者虽然不少，但我认为这种观点是不全面的，虽然，漕渠曾引用过昆明池水以补其水量之不足，但绝不是以昆明池为唯一水源。理由如下：

据《汉书·武帝纪》，昆明池开凿于武帝元狩三年（前120年），而漕渠凿成于其前六年的元光九年（前126年），不应水源的开凿反在漕渠通航之后。此其一。其二，昆明池是人工所造的水库，水源多来自交水与丰水，下分三渠，除大量供应汉朝首都长安城市用水以外，所余之水已不足以单独保证漕渠的大规模运输及灌溉用水。其三，《旧唐书·李石传》记载，唐中期韩辽复开漕渠时，曾说：“旧漕在咸阳西十八里，……自秦汉以来疏凿，其后堙废。”而据《新唐书·食货志》：“秦汉时，故漕兴成堰，东达永丰仓，咸阳令韩辽请疏之，自咸阳抵潼关三百里。”实际上，秦时未闻开漕渠事，推及秦汉乃是说汉时旧迹也。而据《长安志》，隋开皇四年（584年），开永通渠，起咸阳西渭水兴成堰，故《新唐书·韦坚传》谓：“汉有运渠，起关门西抵长安，引山东租赋，讫隋常治之。坚为使，乃占咸阳，壅渭为堰。”是隋唐多次重开漕渠，皆同汉时一样，乃堰引渭水为源，同时渠首位置也大致没有改变。文献记载确凿，今人不能仅以《水经注》而否定汉漕渠水源主要来自渭河。

（原载《中国历史地理论丛》1997年4期，96页）

西汉“直渠”考辨

祝昊天

《史记》卷29《河渠书》载：“引渭穿渠起长安，并南山下，至河三百余里，径，易漕，度可令三月罢……天子以为然，令齐人水工徐伯表，悉发卒数万人穿漕渠，三岁而通。”① 然《史记》卷30《平准书》载：“郑当时为渭漕渠回远，凿直渠自长安至华阴，作者数万人。”② 又《汉书》卷24《食货志》载：“郑当时为渭漕回远，凿漕直渠自长安至华阴。”③

按：《史记》分称“漕渠”“直渠”，其异似非抄漏。历代“漕渠”多泛指简称，而“直渠”应是特指郑当时奏请所开之渠，与《河渠书》“引渭穿渠起长安，并南山下，至河三百余里，径，易漕”描述相应；其后昆明池开凿，又开有故渠、支渠若干，形成关中漕运水渠网路，并称之为“漕渠”，如秦代“直道”之于“驰道”，故《汉书》标注“漕直渠”加以区别，可见“漕渠”与“直渠”所指不同。故“直渠”是为构成西汉关中“漕渠”之躯干，以“径”而名，属漕运主航渠道。

（原载《中国历史地理论丛》2016年1期，82页）

① 《史记》卷29《河渠书》，中华书局，1959年，1409、1410页。

② 《史记》卷30《平准书》，中华书局，1959年，1420页。

③ 《汉书》卷24《食货志》，中华书局，1962年，1161页。

西汉关中漕渠运输系统的构建

——以《西汉关中漕渠复原图》绘制为据

祝昊天

汉初都关中以扼天下，遂有“河、渭漕挽天下，西给京师”[①]。随着中央集权的不断强化，开支剧增，对关东之粮的供应愈发倚重，汉武帝时为改善运输，始开凿关中漕渠，几经营造，逐渐构建成一套完整的关中漕渠运输系统（以下皆简称为“漕运系统”），其后为长安方面源源不断地输入所急需的粮赋物资，有力地支撑着关中的繁荣发展。

回顾前人研究，于关中漕渠已有关注，尤在线路考证上成果最多[②]，但于漕渠之上漕运实际的复原其实有限。故在此基础上，进一步整理、绘制成更为详细的漕运地图，深入解析漕运系统的构建，可知漕渠并不只是一条人工水渠，而是与运输、仓庾构建而成的一套运输系统，遂以《西汉关中漕渠复原图》的绘制为据，探讨漕运实际，重新审视漕运系统在历史交通地理上的特殊意义。如有不正之处，还请指正。

一、漕 渠 渠 道

汉初以渭河行漕，“孝惠、高后时……漕转关东粟，以给中都官，岁不过数十万石”，后文景节俭，时“都鄙廪庾尽满，而府库余财”，供需皆有限，并无必须；但自武帝继位以来“外事四夷，内兴功利，役费并兴”[③]，致“府库益虚”[④]，急需征调关东之粮以补国用。但“渭河是一条靠雨水补给的多沙性河流”[⑤]，下游曲折蜿蜒，水浅沙深，“异时关东漕粟从渭中上，度六月而罢，而漕水道九百余里，时有难处”[⑥]，着实效率有限，只能另辟航道。元光六年（前129年），大司农郑当时谏：“引

---

① 《史记》卷55《留侯世家》，中华书局，1959年，2044页。

② 参见黄盛璋：《历史上的渭河水运》，《西北大学学报（哲学社会科学版）》1958年2期，马正林：《渭河水运和关中漕渠》，《陕西师大学报（哲学社会科学版）》1983年4期；史念海：《环绕长安的河流及有关的渠道》，《中国历史地理论丛》1996年1期；李令福：《论西汉关中平原的水运交通》，《唐都学刊》2012年2期；等等。

③ 《汉书》卷24上《食货志》，中华书局，1962年，1137、1165页。

④ 《史记》卷30《平准书》，1418、1420、1422页。

⑤ 中国科学院地理研究所渭河研究组：《渭河下游河流地貌》，科学出版社，1983年，5页。

⑥ 《史记》卷29《河渠书》，1409页。

渭穿渠起长安，并南山下，至河三百余里，径，易漕，度可令三月罢。”汉武帝遂“令齐人水工徐伯表，悉发卒数万人穿漕渠，三岁而通”，结果“通，以漕，大便利”[①] 是为关中漕渠，而《水经注》另载有“支渠”“故渠”若干，现将诸渠系逐段考证如下。

（一）长安诸渠

漕渠“引渭穿渠起长安”，为保证水源，古人在工程设计上巧妙地与城市供排水系统结合，在汉长安城外连接成了复杂的渠系网络（图一）。

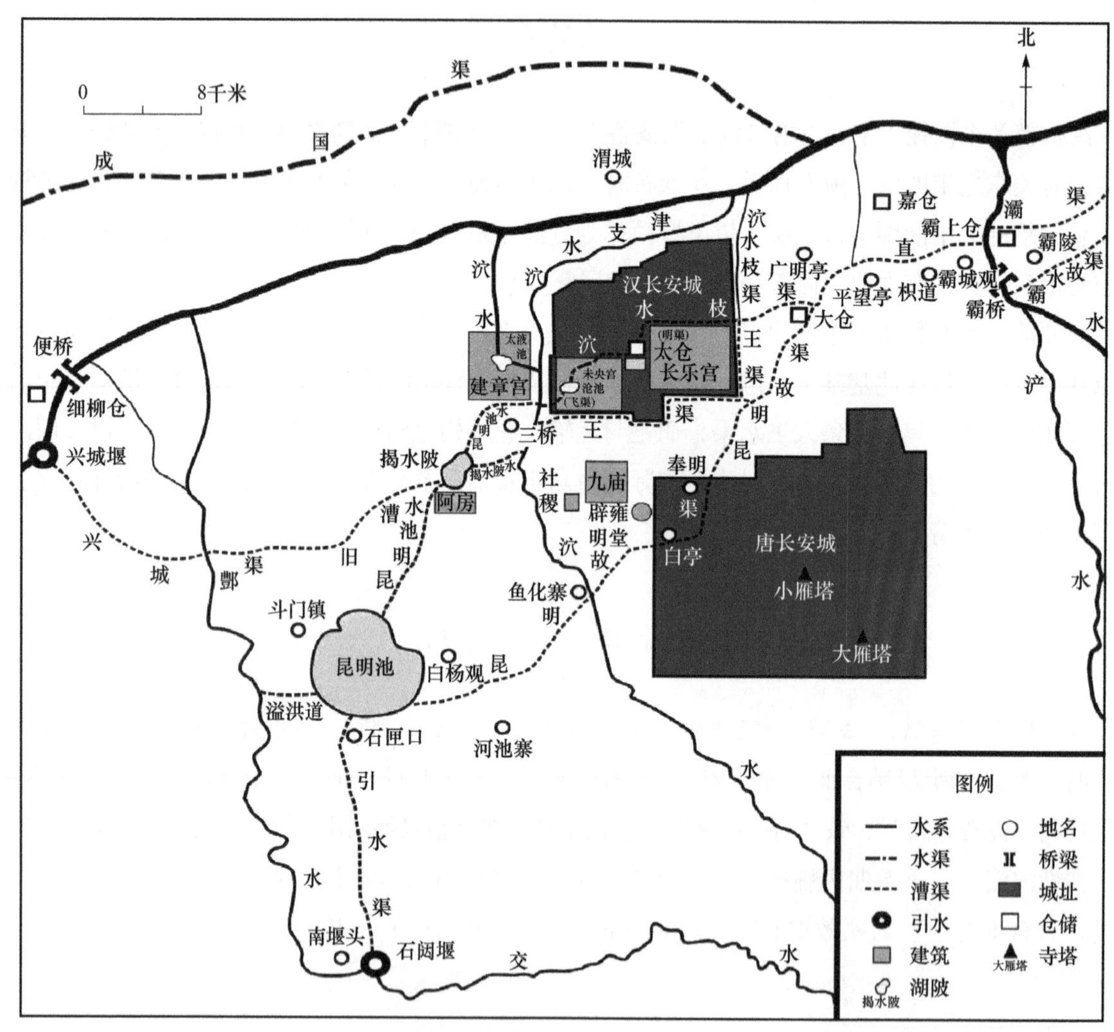

图一　漕渠长安段诸渠图[②]

① 《史记》卷 29《河渠书》，1409、1410 页。

② 本文所绘制的“漕渠长安段诸渠图”改绘底图引自马正林、张慎亮所绘的《汉长安城附近地势与城市引水工程示意图》，附录于马正林：《汉长安城总体布局的地理特征》，《陕西师范大学学报（哲学社会科学版）》1994 年 4 期。

1. 兴成渠"旧漕"

漕渠引水广泛，"引渭穿渠"为正源，而《水经注》却误"其渠自昆明池"[①]，已有纠正，[②]但具体引水处仍不甚详细；仅《旧唐书》有载："咸阳令韩辽请开兴成渠。旧漕在咸阳县西十八里……自秦、汉已来疏凿，其后堙废。"[③]另据郭声波考证："沣河下游西岸有古渠经阎家村（今名仍旧）、席家村（今东西席坊）、张家庄（今东西张村）、马家村（今马家寨）入渭，恰至隋唐兴城堰口，因此可以认为这条不知名的古渠就是隋唐漕渠的渠首段。"[④]以此推论，可知"旧漕"应于今咸阳钓台镇马家寨村以西引渭，循《长安县志》所载"古渠"行径渡沣[⑤]；其后，"漕渠东行经滈池北、磁石门南，又在汉长安城西南角外由三桥下穿过唐开远门至咸阳间大道（汉时则当通过堨水陂），缘汉长安城南垣东行"[⑥]。此"旧漕"行迹当为漕渠之始。

2. 昆明池诸渠

"旧漕"引渭水东行汉长安城南，先于揭水陂纳昆明池水蓄清，再经泬水、昆明故渠依次补入清水。据《三辅黄图》载："汉昆明池，武帝元狩三年穿，在长安西南，周回四十里。"[⑦]本为操练水军，后逐渐变为"汉长安城主要的调节水库"[⑧]。而"昆明池共有四个口……北口和东口宣泄水量，供应汉城内外"[⑨]，北出昆明池水，"池水北迳鄗京东、秦阿房宫西……其水又屈而迳其北，东北流注堨水陂"，而后"陂水北出，迳汉武帝建章宫东，于凤阙南，东注泬水"，供水长安；东支出昆明故渠，"东迳河池陂北……又东合泬水，亦曰漕渠"，"又东迳长安县南，东迳明堂南"，于城东南"故渠又东而北屈，迳青门外，与泬水枝渠会"[⑩]，以"水质较清，其引入漕渠不仅可以较稳定地补充漕渠水量之不足，而且还能减少渠道的淤积，甚至冲刷渠道，为漕渠的持续通航带来了重要保证"[⑪]，是漕渠水源的重要补充。

---

① 陈桥驿：《水经注校证》卷19《渭水》，中华书局，2007年，458页。

② 昌森：《汉漕渠水源自渭河》，《中国历史地理论丛》1997年4期。

③ 《旧唐书》卷172《李石传》，中华书局，1975年，4485页。

④ 郭声波：《隋唐长安的水利》，《唐史论丛（第4辑）》，三秦出版社，1988年，271～289页。

⑤ （清）张聪贤：《长安县志》卷14《山川志》，成文出版社，1960年，413、414页。

⑥ 辛德勇：《汉唐期间长安附近的水陆交通——汉唐长安交通地理研究之三》，《中国历史地理论丛》1989年1期。

⑦ 何清谷：《三辅黄图校释》卷4《池沼》，中华书局，2005年，249页。

⑧ 李令福：《论西汉长安城都市水利》，《中国古都研究（第19辑）》，四川大学出版社，2002年，213～230页。

⑨ 黄盛璋：《西安城市发展中的给水问题以及今后水源的利用与开发》，《地理学报》1958年4期。

⑩ 《水经注校证》卷19《渭水》，450～454页。

⑪ 李令福：《论西汉关中平原的水运交通》，《唐都学刊》2012年2期。

3. 泬水诸渠

潏水属长安“八水”之一，汉时称“泬水”，北流经汉长安城西[①]，分为枝渠与支津。城市供水由枝渠引流，“渠上承泬水于章门西”，架“飞渠引水入城，东为仓池，池在未央宫西”，然后“迳北通于桂宫，故渠出二宫之间，谓之明渠也”，从武库、长乐宫北东流；而后“故渠又东出城分为二渠，即《汉书》所谓王渠者也。苏林曰：王渠，官渠也，犹今御沟矣。晋灼曰：渠名也，在城东覆盎门外”。王渠兼护城、输水功用，“一水迳杨桥下，即青门桥也，侧城北迳邓艾祠西，而北注渭，今无水。其一水右入昆明故渠，东迳奉明县广城乡之廉明苑南”[②]，经城东南大仓后，汇为漕渠主流。可见古人在工程设计上是有意地引渭交泬于城南，以长安城为中心，通连诸渠，巧妙地将漕渠与城市供排水系统相结合，还一并节省了城南护城河的施工，可谓智慧。

（二）霸上渠道

长安诸渠向东汇流为漕渠，“故渠又北，分为二渠：一水东迳虎圈南，而东入霸，一水北合渭，今无水”，“东入霸”者为漕渠。霸上处，渭河“又东过霸陵县北，霸水从县西北流注之”，于霸桥下游“左纳漕渠，绝霸右出焉”，而后漕渠“东迳霸城北，又东迳子楚陵北……又东迳新丰县，右会故渠”。此“故渠”者，据《水经注》载：“渠上承灞水，东北迳霸城县故城南……又东北迳新丰县，右合漕渠。”[③]史念海先生即指出，“为了漕运的畅通，漕渠完全利用灞水的流量”，于霸桥之南灞水上游处另开一渠引水，“这就是所谓的灞水故渠”[④]；而李令福则“认为这是西汉时人工兴修的运河支线，除引灞水以补充漕渠流量外，还可通行漕船”，沿故渠西出灞水上游，便于东来漕船顺流过灞入漕[⑤]。可以说，灞水“故渠”这条支线亦有多重的功能设计。

（三）渭中渠道

据《河渠书》载“异时关东漕粟从渭中上”，又《沟洫志》载“赵中大夫白公复奏穿渠，引泾水，首起谷口，尾入栎阳，注渭中”[⑥]，似以“渭中”泛指一域。考虑此处东有漕运自渭讷上，北接洛渭漕渠通澂邑，南行漕渠经过，当是漕渭运输交汇之所在。故推以为，论汉时“渭中”所指应大致在下邽、郑县与沈阳诸县之间，白渠入渭附近。

漕渠滨渭而行，依次迳郑县、武城北、沈阳南，径直东流。鉴于“渭河河道经常南北摆动，变化无常，总的趋势是河道愈来愈宽，水流越来越浅，沙洲不断涌现，曲流急剧发展”，结合文献考

① 徐卫民：《汉长安城对周边水环境的改造与利用》，《河南科技大学学报（社会科学版）》2007年6期。

② 《水经注校证》卷19《渭水》，454～456页。

③ 《水经注校证》卷19《渭水》，455～458页。

④ 史念海：《环绕长安的河流及渠道》，《中国历史地理论丛》1996年1期。

⑤ 李令福：《论西汉关中平原的水运交通》，《唐都学刊》2012年2期。

⑥ 《汉书》卷29《沟洫志》，中华书局，1962年，1685页。

证，马正林先生认为历史上的渭河曾于渭南附近“侵占了汉唐漕渠的故道”[①]，遂形成今日的河道，这点在实地考察中亦有见证[②]。值得注意的是，此段渭河支流水量有限，难以有效地补充漕渠，水浅流缓，加剧了渠道的淤堵。

（四）渭汭渠道

《禹贡》有云：“(河)浮于积石，至于龙门、西河，会于渭汭。”[③]渭河“又东过华阴县北”，河道迂曲，于船司空北“东入于河”[④]，漕渠径行其南，经“二华夹槽”过京师仓。由于历史时期河渭摆动频繁，故于漕渠东口入流多有讨论：马正林先生依据地形推论“西汉漕渠东口在华阴市东北三河口以西，尾入渭水”[⑤]；但史念海先生以为，漕渠还是应尾入黄河，“其入河处，当在今陕西潼关老城西吊桥附近”[⑥]；而李令福综合地形考察与文献考证，研究认为“漕渠应该越过三河口，在其东不远的潼关县西境注入黄河”[⑦]，应与实际最符。

所设船司空、京师仓者，分列漕渠两侧。船司空是专营造船的县级政区，据《汉书·地理志》载：“船司空，莽曰船利。”师古注：“本主船之官，遂以为县。”[⑧]又《百官公卿表》载：宗正“属官有都司空令丞”，如淳注：“律，司空主水及罪人。贾谊曰：‘输之司空，编之徒官。’”[⑨]《汉书补注》引何焯注：“船既司空所主，兼有罚作船之徒役皆在此县也。”[⑩]于此漕渭汇合之处，正是为修造漕船所用；而京师仓正当水陆交通要道，存储规模在百万石左右，主要起中转关东敖仓粟谷西运京师的作用[⑪]，以此为中转枢纽，将漕渠与河渭之间的运输连接，遂有东西之间漕船相继往来。

总之，关中漕渠的开凿属于当时最重要的国家工程之一，与同期工程“各历二三期，功未就，费亦各巨万十数”[⑫]，而漕渠渠道横贯关中腹地，构建成了漕运系统的交通基础。

---

① 马正林：《渭河水运和关中漕渠》，《陕西师范大学学报（哲学社会科学版）》1983年4期。

② 参照前人研究，笔者曾于2016年3月28日赴西安临潼区船王村进行实地考察，此段渭河河道径直，与下游弯曲的自然河道截然不同，有较明显的人工开凿痕迹。

③ 《尚书》，中华书局，2009年，65页。

④ 《水经注校证》卷19《渭水》，467页。

⑤ 马正林：《渭河水运和关中漕渠》，《陕西师范大学学报（哲学社会科学版）》1983年4期。

⑥ 史念海：《中国的运河》，陕西人民出版社，1988年，80页。

⑦ 李令福：《论西汉关中平原的水运交通》，《唐都学刊》2012年2期。

⑧ 《汉书》卷28《地理志》，1543页。

⑨ 《汉书·百官公卿表》，730～731页。

⑩ 王先谦：《汉书补注》，中华书局，1983年，301页。

⑪ 陕西省考古研究所：《西汉京师仓》，文物出版社，1990年，60、63页。

⑫ 《史记》卷30《平准书》，1424页。

二、运 输 方 式

一般认为，“交通事业在秦汉时期得到了空前的发展”[①]，交通工具的普及大大丰富了运输选择，既可“舆轮相乘，流运罔极”[②]，亦有“舟楫之利，譬犹舆马”[③]。在此基础上，正是凭借统一国家的调度，将运输有效地组织起来，才能充分发挥漕运系统的运输潜力。

（一）船漕车转

在古代社会，交通工具在很大程度上决定着运输选择，于漕渠之上运输的复原是解析漕运系统运作的关键，故有必要探讨。

交通工具的使用可谓历史悠久，先秦时便已有泛舟河渭之上，据《左传》载：僖公十三年（前647年），晋国灾荒，“秦于是乎输粟于晋，自雍及绛相继，命之曰‘泛舟之役’”[④]。其后，从“刳木为舟，剡木为楫”[⑤]，到“可载万人，上起宫室”[⑥]，随着生产发展，“秦汉时期船舶制造业达到前所未有的生产水平”[⑦]，船舶被广泛应用[⑧]。特别地，“秦汉时期，为加强船舶的稳性，曾普遍使用称作‘舫’、‘航’、‘舫’或‘方舟’的连体船”[⑨]，这种“方船”最是便于运载纤挽，如《战国策》所载：“秦西有巴蜀，方船积粟，起于汶山，循江而下，至郢三千余里。舫船载卒，一舫载五十人，与三月之粮，下水而浮，一日行三百余里，里数虽多，不费马汗之劳，不至十日而距扞关。”[⑩]故王子今认为，“这种浮性与稳性均较优越的船型，曾经成为主要水上运载工具”[⑪]，应是漕运主力。且以“造舟于渭，北斻泾流”[⑫]，漕渠同当“方船而下”[⑬]。但漕渠与天然水道毕竟行径有限，漕运于搁浅遇险之处只能另寻办法，故转载陆运也就成为运输方式上的重要补充。结合文献论证，如《史记》描述

① 王子今：《秦汉交通史稿》，中共中央党校出版社，1994年，6页。

② 《后汉书》志29《舆服上》，中华书局，1965年，3641页。

③ （唐）欧阳询：《艺文类聚》卷71《舟车部》，上海古籍出版社，1982年，1235页。

④ 李梦生：《左传译注》卷5《僖公十三年》，上海古籍出版社，1998年，230页。

⑤ 邬国义、胡果文、李晓路：《国语译注》，上海古籍出版社，1994年，202页。

⑥ 何清谷：《三辅黄图校释》卷4《池沼》，252页。

⑦ 王子今：《秦汉时期的船舶制造业》，《上海社会科学院学术季刊》1993年1期。

⑧ 参见上海交通大学“造船史话”组：《秦汉时期的船舶》，《文物》1977年4期；余华青：《略述秦汉时期的舟车制造业》，《青海社会科学》1985年1期；王子今：《秦汉时期的船舶制造业》，《上海社会科学院学术季刊》1993年1期；等等。

⑨ 《史记》卷97《郦生陆贾列传》，2695页。

⑩ （西汉）刘向：《战国策》卷14《楚策》，上海古籍出版社，1985年，506页。

⑪ 王子今：《秦汉时期的船舶制造业》，《上海社会科学院学术季刊》1993年1期。

⑫ 《后汉书》卷80《文苑列传》，2595页。

⑬ 《史记》卷97《郦生陆贾列传》，2695页。

“泛舟之役”是“以船漕车转，自雍相望至绛”[①]；又楚汉之际，“萧何转漕关中，给食不乏”[②]；再以杜笃《论都赋》云“鸿渭之流冲大河，大船万艘，转漕相过”[③]，皆“以船漕车转”描述运输，最能反映实际。究其“转漕”者，《说文》解“漕，水转谷也”，古语陆运称“转”，水运称“漕”，并称为联运之义。所以，“以船漕车转”当是古人基于实践的自觉选择，通过水陆交通之间的连接形成互补，遂有“转粟西向，陆行不绝，水行满河”[④]。

（二）节级转运

既“以船漕车转”，就必然会涉及组织运输，限于史料，虽已不甚清楚当时情况，但结合考古发现和后代漕运实际，可尝试着进行复原。

事实上，隋唐漕运在很大程度上继承自汉，尤其在生产力并未有根本突破的前提下，以唐推汉有着重要的参考意义。开元二十一年（733年），以“从都至陕，河路艰险，既用陆运，无由广致”故，裴耀卿奏请恢复渭河漕运，谏“于河口置一仓，纳江东租米，便放船归，从河口即分入河、洛，官自雇船载运；三门之东，置一仓，三门既水险，即于河岸开山，车运十数里；三门之西，又置一仓，每运至仓，即般下贮纳”。如此“水通即运，水细便止，自太原仓溯河，更无停留，所省钜万”。且有言及“前汉都关中，年月稍久，及隋亦在京师，缘河皆有旧仓，所以国用常赡”[⑤]。据此而论，唐代的节级转运并非首创，甚至有沿用前代“旧仓”，以此为线索重寻河渭沿线，却能发现不少汉代仓储遗址（下文另有讨论）。如吕思勉先生即认为，秦汉仓储已兼具“转漕”和“籴粜”功能，于“仓储漕运籴粜”最是可行[⑥]，这与唐代的转运设置颇为类似，考虑到历代漕运之间的继承性，不难想见汉代的类似情况。

所以，尝试据此复原：在漕运系统的平面结构上，漕渠是运输的主线，在此基础上，以仓布点，沿水陆交通线延伸，最终形成“点一线”结构的运输网络。故此，西汉一代于漕渠之上有效地组织运输，亦如唐代般节级转运，逐段集散，大大提高了运输效率，充分发挥了整个漕运系统的运输潜能，从而保证漕运源源不断地输入长安。

三、转 运 仓 庾

秦汉素来注重仓储建设，以“夫积贮者，天下之大命也”[⑦]，鉴于仓制已有考证[⑧]，不再赘述。基

① 《史记》卷5《秦本纪》，188页。

② 《史记》卷53《萧相国世家》，2016页。

③ 《后汉书》卷80《文苑列传》，2595页。

④ 《汉书》卷51《贾邹枚路传》，2363页。

⑤ 《旧唐书》卷49《食货志》，2115页。

⑥ 吕思勉：《秦汉史》，上海古籍出版社，2005年，575页。

⑦ 《汉书》卷24《食货志》，1130页。

⑧ 邵鸿：《西汉仓制考》，《中国史研究》1998年3期。

于对前文的补证，现将材料整理，试以复原汉代仓庾在关中的地理分布，并进一步做分类说明。

（一）“内围”仓储集群

汉长安城作为京师，周边仓储集聚，以太仓为中心，包括霸上、大仓、嘉仓、细柳仓等在内，皆有转运设置，在关中腹地上形成了一个“内围”仓储集群。

1. 太仓

据考证太仓在汉长安城内[①]，具体位置不详，只在城南发掘有类似瓦当[②]；又《高祖本纪》载：“萧丞相营作未央宫，立东阙、北阙，前殿、武库、太仓。”[③]受纳漕运，其时“太仓之粟陈陈相因，充溢露积于外，至腐败不可食”[④]，作为京畿供应之所在，“在整个粮仓体系中具有头号重要的地位”[⑤]。

2. 霸上

所处位置说者不一，已有讨论[⑥]。据考“霸上是指霸城以西的灞水东岸处”，本就是交通要道[⑦]。《高祖本纪》载：“沛公兵遂先诸侯至霸上……秦人大喜，争持牛羊酒食献飨军士。沛公又让不受，曰：‘仓粟多，非乏，不欲费人’。”[⑧]疑有存储。

3. 大仓

据《三辅黄图》载：“太仓，萧何造，在长安城外东南。”[⑨]拙作前有考辨，此“太仓”者其实漕庾，属大仓之类，为漕运转载入城所用，后以“大”“太”互通而混淆[⑩]，应与京师仓并为漕渠两端的转运枢纽。

---

① 王社教：《西汉太仓应在长安城内》，《中国历史地理论丛》1998年4期。

② 杜葆仁：《我国粮仓的起源和发展》，《农业考古》1984年2期。

③ 《史记》卷8《高祖本纪》，385页。

④ 《史记》卷30《平准书》，1420页。

⑤ 邵鸿：《西汉仓制考》，《中国史研究》1998年3期。

⑥ 参见辛德勇：《论霸上的位置及其交通地位》，《陕西师大学报（哲学社会科学版）》1985年1期；马正林：《也论霸上的位置》，《陕西师大学报（哲学社会科学版）》1985年3期；辛德勇：《再论霸上的位置》，《陕西师大学报（哲学社会科学版）》1986年3期；马正林：《〈水经注〉所记霸上辨析》，《陕西师大学报（哲学社会科学版）》1988年4期；辛德勇：《三论霸上的位置》，《中国历史地理论丛》1989年1期；等等。

⑦ 辛德勇：《西汉至北周时期长安附近的陆路交通——汉唐长安交通地理研究之一》，《中国历史地理论丛》1988年3期。

⑧ 《史记》卷8《高祖本纪》，362页。

⑨ 何清谷：《三辅黄图校释》卷6《仓》，346页。

⑩ 祝昊天：《汉太仓方位考辨》，《中国历史地理论丛》2016年1期。

4. 嘉仓

嘉仓又称嘉禾仓，据《三辅黄图》载："城东有嘉仓。"[①]具体位置不详，有推论"嘉仓应在太仓北面距渭河岸边不远的地方"，渭河漕运经此转载入城[②]，亦与大仓类似，是渭河漕运的转运终端。

5. 细柳仓

细柳仓遗址位于咸阳秦都区渭滨乡两寺渡村西，渭河北岸，有发掘"百万石仓"瓦当[③]。《史记》载："河内守周亚夫为将军，居细柳……以备胡。"[④]又《三辅黄图》载："在长安西、渭水北。石徼西有细柳仓。"[⑤]控制着便桥这一南北要道，故"细柳仓设在这里，应是出于防守西北边疆的需要"，屯粮于此"非常便于西北边防调用军粮"[⑥]。此外，"尚有一些规模较小、不见于史籍的粮仓存在"[⑦]，包括相当数量的官署、私人存储，不能详列。另《宣帝纪》载：本始四年（前70年），汉宣帝诏"丞相以下至都官令、丞上书入谷，输长安仓，助贷贫民"[⑧]，可见其时已有"长安仓"之统称[⑨]，足以说明这些仓储的重要性。

（二）"外围"仓庾集群

关中边缘邻近匈奴势力，为巩固边境，汉代亦有于"外围"设置仓庾集群，平时转运，战时为塞，构成了关中防御的主要支撑[⑩]。

1. 京师仓

京师仓又称华仓，遗址位于华阴硙峪乡西泉店村南瓦碴梁，漕渠入河口南岸[⑪]。师古曰："京师

---

① 何清谷：《三辅黄图校释》卷6《仓》，347页。

② 辛德勇：《西汉时期陕西航运之地理研究》，《历史地理（第21辑）》，上海人民出版社，2006年，234～248页。

③ 曹发展：《汉"百万石仓"与"细柳"地望考》，《陕西历史博物馆馆刊（第15辑）》，三秦出版社，2008年，86～91页。

④ 《史记》卷10《文帝本纪》，432页。

⑤ 何清谷：《三辅黄图校释》卷6《仓》，347页。

⑥ 辛德勇：《西汉时期陕西航运之地理研究》，《历史地理（第21辑）》，上海人民出版社，2006年，234～248页。

⑦ 邵正坤：《汉代国有粮仓建置考略》，《首都师范大学学报（社会科学版）》2005年1期。

⑧ 《汉书》卷8《宣帝纪》，245页。

⑨ 杜葆仁：《我国粮仓的起源和发展》，《农业考古》1984年2期。

⑩ 张晓东：《秦汉漕运的军事功能研究——以秦汉时期的漕仓为中心》，《社会科学》2009年9期。

⑪ 参见陕西省考古研究所华仓考古队：《汉华仓遗址勘查记》，《考古与文物》1981年3期，62～70页；陕西省考古研究所华仓考古队：《汉华仓遗址发掘简报》，《考古与文物》1982年6期，20～28页；等等。

仓在华阴灌北渭口也。”[①] 与漕渠同期而作，依塬筑仓城，规模巨大[②]，亦当交通要道[③]，“是由关东敖仓等处漕运来的粮食由黄河转入渭河的中继码头”。彼时“由京师仓继续向西转运的粮食，大部分应是航运到长安城东的嘉仓，供应京城所需”，或转运澂邑漕仓供应北边[④]。

2. 澂邑漕仓

澂邑漕仓遗址位于蒲城县西头乡西头村，洛水西岸。无文献记载，考“澂”“徵”互通，故以仓近徵邑名，但沿革阙疑[⑤]。考古研究认为，“此处应为晋国‘河西’的重要城邑，即《春秋》文公十年（前617年）夏秦‘取晋北澂’的遗址。秦据此后为县，汉因之，并于此设立漕运机构，建有漕仓”，是“京师至关重要的供食粮仓”[⑥]。也有推测是“朝廷向西北转运粮食的基地”[⑦]。

3. 甘泉仓

甘泉仓遗址位于咸阳淳化县北铁王乡凉武帝村，甘泉宫遗址附近。《平准书》载：“山东漕益岁六百万石，一岁之中，太仓、甘泉仓满。”[⑧] 以甘泉宫“此地交通便利，兼采陆路和水路之长，陆路为著名直道之起点，水路就泾水之便，远方粮谷多于此地转运”[⑨]，故设仓“首供国用，兼及西北边军军需”[⑩]，其时“甘泉仓积粟可以通过直道，及时输送北边以补充军需”[⑪]。

4. 汧河码头仓储

汧河码头仓储遗址位于凤翔县长青镇孙家南头村西，汧河入渭口东岸，蕲年宫遗址附近。仓址“东南约700米处是曾被称作古代关中西部陆路交通必经之地的‘马道口’”，据发掘瓦当比对，“推断该仓储建筑可能就是当时的‘百万石仓’”“在当时某些特定的环境中，它具有仓储转运、存储和军需守备多重作用”[⑫]。相较而言，这些仓庾大多仓城高筑，据河而守，既发挥着交通枢纽的作用，又具有重要的战略价值。

从整体布局来看，仓庾在关中地区呈明显的集群分布，漕运系统循水系延伸，与之相连，从而

---

① 《汉书》卷99《王莽传》，4189页。

② 呼林贵：《西汉京师仓储粮技术浅探》，《农业考古》1984年2期。

③ 邵正坤：《汉代国有粮仓建置考略》，《首都师范大学学报（社会科学版）》2005年1期。

④ 辛德勇：《论细柳仓与澂邑仓》，《陕西师范大学学报（哲学社会科学版）》2010年2期。

⑤ 辛德勇：《论细柳仓与澂邑仓》，《陕西师范大学学报（哲学社会科学版）》2010年2期。

⑥ 彭曦：《陕西洛河汉代漕运的发现与考察》，《文博》1994年1期。

⑦ 辛德勇：《论细柳仓与澂邑仓》，《陕西师范大学学报（哲学社会科学版）》2010年2期。

⑧ 《史记》卷30《平准书》，1425页。

⑨ 邵正坤：《汉代国有粮仓建置考略》，《首都师范大学学报（社会科学版）》2005年1期。

⑩ 张晓东：《秦汉漕运的军事功能研究——以秦汉时期的漕仓为中心》，《社会科学》2009年9期。

⑪ 王子今：《秦汉交通史稿》，中共中央党校出版社，1994年，328页。

⑫ 陕西省考古研究所、宝鸡市考古工作队、凤翔县博物馆：《陕西凤翔县长青西汉汧河码头仓储建筑遗址》，《考古》2005年7期。

形成了内外相连、层层相围的布局结构。此外，在函谷关以东也有敖仓、盐仓等仓庾设置①，为关东的漕粮集散、转运入关发挥着重要作用。

四、历史语境下的漕渠运输与实际

基于前文所述，通过对漕渠渠道、运输方式、转运仓庾等构成要素所进行的复原工作，已初步整理出漕运系统之梗概。但对漕渠运输的复原并不止于此，具体到漕渠运输与实际的讨论，必然要回归到历史语境下进行。

事实上，漕渠与河渭水系相连，是一条不同于传统航道的"运输专线"：关东漕粮自敖仓起程，经盐仓转运以避砥柱之险，再从京师仓转入漕渠，西行直达长安城下大仓。比之传统的渭河线路，漕渠运程更短，效率更高，但有赖于工程建设，远不及天然河流运力便宜，故有漕渭互补，为东西之间往来运输，助力西汉一代的繁荣发展。

客观而言，作为国家经济的重要动脉，漕运系统始终为统治所服务，故往往与实际需求相联系。相较而言，从汉初的"诸侯皆赋"，"国所出有皆入于王也"②，到武帝以后"岁漕关东谷四百万斛以给京师"之"故事"③，其间差别并不仅是需求上的增长，还有不断强化的集权统治所使，只不过在历史背景下皆以漕渠运输形成表象，从而掩饰了与实际之间的关联。

故此，出于对"需求—效益—成本"这三者之间的平衡，漕渠运输必须时时比量，寻求最现实的选择。往者有论，漕运本身就是一石几锺，其时"千里负担馈粮，率十余锺致一石"④，消耗靡费，以此为虑，显然难以持久。如河东太守番系所言："漕从山东西，岁百余万石，更砥柱之限，败亡甚多，而亦烦费"，故有"穿渠引汾溉皮氏、汾阴下，引河溉汾阴、蒲坂下"，以田代漕，只是不久便因"河移徙"而作罢⑤；又大司农中丞耿寿昌建议，"宜籴三辅、弘农、河东、上党、太原郡谷足供京师，可以省关东漕卒过半"，以"近籴漕关内之谷，筑仓治船"，使"漕事果便"⑥，皆是为缓解压力所做的尝试。只是在特殊的三角框架下，随着长期需求萎缩，效益被不断拉低，使成本凸显，形成沉重负担，这就导致漕渠运输不可避免地陷入经营困境。

此外，漕渠的水源问题有待进一步讨论。黄盛璋先生即认为，在关中地区的历史气候环境下，"水量不够，是渭河航运困难的根本原因"⑦，而漕渠运输亦当面对同样的问题：一方面，引流渭水并

① 关于敖仓、盐仓的研究，可参见王子今：《秦汉交通史稿》，319～324页；朱亮、史家珍：《黄河小浪底盐东村汉函谷关仓库建筑遗址发掘简报》，《文物》2000年10期；张新斌：《敖仓史迹研究》，《中国历史地理论丛》2003年第1期；等等。

② 《史记》卷59《五宗世家》，2104页。

③ 《汉书》卷24《食货志》，1141页。

④ 《史记》卷30《平准书》，1421页。

⑤ 《史记》卷29《河渠书》，1410页。

⑥ 《汉书》卷24《食货志》，1141页。

⑦ 黄盛璋：《历史上的渭河水运》，《西北大学学报（哲学社会科学版）》1958年2期。

未从根本上解决水源问题，反倒留下了日后渠道淤积的潜在隐患；另一方面，农业用水大量争夺水源，形成了难以调和的矛盾。其实，早在漕渠最初的设计中，即有考虑“渠下民田万余顷，又可得以溉田”，兼作灌溉水渠使用，故“其后漕稍多，而漕下之民颇得以溉田矣”①。但自西汉中后期以来，“用事者争言水利，朔方、西河、河西、酒泉皆引河及川谷以溉田”，“而关中辅渠、灵轵引堵水……皆穿渠为溉田，各万余顷”，以致“佗小渠披山通道者，不可胜言”②，如此密集的水利建设必然要争夺有限水源，至王莽修河时，大司马史张戎就已指出“今西方诸郡，以至京师东行，民皆引河、渭山川水溉田”，结果“春夏干燥，少水时也，故使河流迟，贮淤而稍浅”，一旦“雨多水暴至，则溢决”③，漕渠更是首当其冲。如此，大大加剧了渠道的淤堵，使漕渠运输难以为继，最终只能湮灭于历史之中。

虽然汉代漕渠通行时间有限，但不可否认，作为当时工程设计的集大成者，漕运系统应时代所需而建，正是这个时代发展水平的真实写照。所以，本着“有用于世”的眼光来看，关中漕渠在工程设计与运输调度上所体现出来的经验智慧仍有较大的实践意义，较之今天的交通运输发展仍有不少借鉴意义。

五、结　论

综上所述，可大致重建出漕运系统的框架，参照前人既有研究进行整理，绘制《西汉关中漕渠复原图》(图二，以下皆简称“复原图”)。

据图而论，漕运系统是以关中漕渠为核心，由渠道、仓庾、运输等诸多要素组成的整体，经西汉各时期的不断建设，逐步构建成一套完整的运输系统：首先，先秦以来的渭水“泛舟”提供了必要的实践积累，随着汉长安城的兴建，以太仓为中心的“长安仓”初成规模，与敖仓一起，大致连接起河渭水运的线路；其次，为统治所需，汉武帝时于河渭之侧开凿漕渠，两端配套修筑京师仓、大仓转运，相当于另辟“运输专线”，在短期内有效地改善了漕运，亦完成了后来漕运系统的主体工程建设；再次，渠道的开凿注重与地形实际相结合，在工程设计上充分发挥，遂能将漕渠与天然水系、城市供排、农业灌溉和陆路交通相连接，形成复杂的运输网络，延展至整个关中腹地；最后，按照西汉中期以来在漕渠沿线持续的“筑仓治船”，关中诸仓基本建设完毕，形成内外层层相围的分布特征，遂能以大规模的“船漕车转”行径漕渠之上，逐段集散、节级转运，将漕运系统的运输效率发挥至极。

客观而言，在彼时相对有限的生产条件下，漕运系统并不单单只是一项为改善漕运的综合性水利工程，也是秦汉以来中央集权统治不断强化的产物，正是凭借关中与关东之间区域交通的发展，使源源不断的漕粮输入长安，汉代才能建立起巩固统一与开拓边疆的物质基础。所以说，漕运系统在很大程度上助力了西汉一代的繁荣稳定。

① 《史记》卷29《河渠书》，1410页。

② 《史记》卷29《河渠书》，1414页。

③ 《汉书》卷29《沟洫志》，1696～1698页。

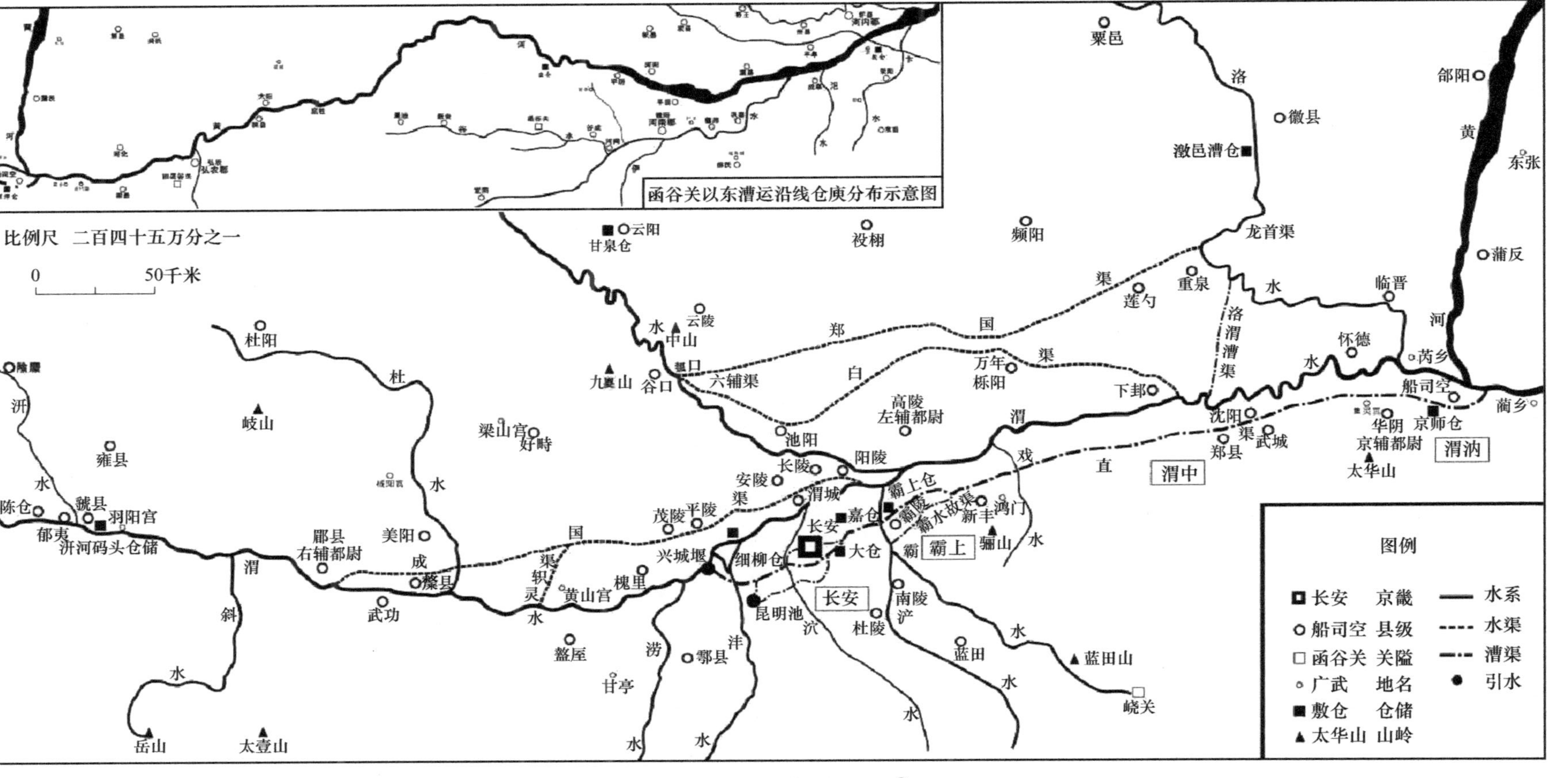

图二　西汉关中漕渠复原图①

① 本文所绘制的“西汉关中漕渠复原图”依据底图引自谭其骧：《中国历史地图集》第 2 册《西汉司隶部》，中国地图出版社，1982 年，15、16 页。

其后，随着汉代丝绸之路的开辟，以汉长安城作为东西方之间的交通枢纽，载“方船而下”漕渠通关东，往来两京之间集散物资，遂有丝绸之路在东向上的不断延伸，使东西之间的交流得以在更为广阔的范围内产生互动。

［原载《中国古都研究（第 31 辑）》，陕西师范大学出版社，2016 年，77～89 页］

西汉“漕水道”及相关问题辨析

祝昊天 潘 威

漕运既是中国历代大一统王朝必须面对和解决的难题，也是国家大政，对维持国家经济平稳、政治运行有着重要意义。汉初之际，就明确以“河渭漕挽天下，西给京师”[①]作为西汉建都立国、巩固统治的基本方略。此举更是将漕运问题上升到一个前所未有的高度，并被后来的统治者继承和发展。

漕运问题的研究历来为学界所重视。史念海先生很早就在《中国的运河》一书中系统梳理秦汉漕运交通网络，并深入分析漕运之于政治、经济、军事的多方面影响[②]。白寿彝、王毓瑚、劳干诸先生也有参与探讨秦汉水运交通与人工渠道建设[③]。进入新时期以来又有一大批优秀论著产出[④]，以黄盛璋、马正林、辛德勇、王子今和李令福等的研究成果最具代表性[⑤]，向我们揭示了秦汉时期河、渭一线漕运的基本概况。

当然，我们也应该注意到，早先研究大多偏重宏观论述，至今仍有许多细节不甚清楚。因此，拙文试以“漕水道”考证作为切入点，针对西汉时期漕运的水道线路和时节选择提出一些新见解，

---

① 《史记》卷55《留侯世家》，中华书局，1959年，2043、2044页。

② 史念海：《中国的运河》，重庆史学书局，1944年。

③ 相关研究参见白寿彝：《中国交通史》，商务印书馆，1937年；王毓瑚：《秦汉帝国之经济及交通地理》，《文史杂志》1943年9期；劳干：《论汉代之水运与陆运》，《中研院历史语言研究所集刊》1948年16期。

④ 朱偰：《中国运河史料选辑》，中华书局，1962年；武汉水利电力学院水利水电科学研究所：《中国水利史稿》，水利电力出版社，1979年；冀朝鼎著，朱诗鳌译：《中国历史上的基本经济区与水利事业的发展》，中国社会科学出版社，1981年；郑肇经：《中国水利史》，上海书店出版社，1984年；曹尔琴：《中国古都与漕运》，《唐都学刊》1987年2期；马端俊：《黄河河性与我国古代漕运》，《河南大学学报》1989年3期；王子今：《秦汉时期的内河航运》，《历史研究》1990年2期；彭曦：《陕西洛河汉代漕运的发现与考察》，《文博》1994年1期；李治亭：《中国漕运史》，文津出版社，1997年；吴琦：《漕运与中国社会》，华中师范大学出版社，1999年；陈锋：《漕运与古代社会》，陕西人民教育出版社，2000年；张晓东：《秦汉江汉漕运的演进及其历史价值》，《重庆社会科学》2008年1期；张晓东：《秦汉漕运的军事功能研究——以秦汉时期的漕仓为中心》，《社会科学》2009年9期；李令福：《论西汉关中平原的水运交通》，《唐都学刊》2012年2期。

⑤ 黄盛璋：《历史上的渭河水运》，《西北大学学报（哲学社会科学版）》1958年2期；马正林：《渭河水运和关中漕渠》，《陕西师范大学学报（哲学社会科学版）》1983年4期；辛德勇：《汉唐期间长安附近的水路交通——汉唐长安交通地理研究之三》，《中国历史地理论丛》1989年1期；王子今：《秦汉交通史稿》，中央党校出版社，1994年；李令福：《关中水利开发与环境》，人民出版社，2004年，74～155页。

还祈请方家指正。

一、“漕水道”的问题提出

利用河、渭一线天然水道运输不乏先例，从春秋时期的“泛舟之役”到秦时“使天下飞刍挽粟”①，再到“萧何转漕关中，给食不乏”②，比比皆是。但汉初漕运规模并不大，如“孝惠、高后时……漕转山东粟，以给中都官，岁不过数十万石”③。及至景帝时期才有“转粟西乡（向），陆行不绝，水行满河”④。武帝亲政以后，因“外事四夷，内兴功利”“役费并兴”⑤，导致“府库益虚”⑥，不得不从关东征调更多钱粮，遂专门兴修一条关中漕渠改善运输。

《史记·河渠书》记载：

> 是时郑当时为大农，言曰：“异时关东漕粟从渭中上，度六月而罢，而漕水道九百余里，时有难处。引渭穿渠起长安，并南山下，至河三百余里，径，易漕，度可令三月罢；而渠下民田万余顷，又可得以溉田：此损漕省卒，而益肥关中之地，得谷。”天子以为然，令齐人水工徐伯表，悉发卒数万人穿漕渠，三岁而通。通，以漕，大便利⑦。

明确交代了修渠之前河、渭一线漕运的行程里数和时间节点。然而，《汉书·沟洫志》的记载却有不同：“异时关东漕粟从渭上，度六月罢，而渭水道九百余里，时有难处。”⑧不仅省去“渭中”的“中”字，还把“漕水道”换作“渭水道”。据此修改过的文本理解，后世大多认为“漕水道”就是“渭水道”的误笔，指称自长安以下的渭河水道。而在这样一段弯曲的水道上运输，漕船行径必然绕远，会大大增加运程、耗时，所以才兴修关中漕渠，另外开辟一条径直通达的运输专线。由此人工渠道行径，漕船直抵长安城下，自然也就将原本6个月的漕运用时缩短到3个月，故有“度可令三月罢”之言。

但问题是，自长安以下的渭河水道长度远不足“九百余里”，故不免引发一系列质疑，如《史记志疑》《汉书补注》就引用宋人刘奉世“今渭汭至长安，仅三百里，固无九百里”⑨之说，怀疑《史记》《汉书》所载汉武帝兴修漕渠一事的真实性。对此，清人沈钦韩试解说：“此谓关东漕粟，

---

① 《史记》卷5《秦本纪》，188页；《汉书》卷64《主父偃传》，中华书局，1962年，2811页。

② 《史记》卷53《萧相国世家》，2016页。

③ 《史记》卷30《平准书》，1418页。

④ 《汉书》卷51《枚乘传》，2363页。

⑤ 《汉书》卷24《食货志》，1137、1165页。

⑥ 《史记》卷30《平准书》，1418、1420、1422页。

⑦ 《史记》卷29《河渠书》，1409、1410页。

⑧ 《汉书》卷29《沟洫志》，1679页。

⑨ 梁玉绳著，贺次君校：《史记志疑》，中华书局，1981年，823页；王先谦：《汉书补注》，上海古籍出版社，2012年，2870页。

由河入渭之路耳。《唐（书）·食货志》：‘北运自陕州太原仓浮于渭，以实关中。’计汉时当由陕起程也。”[①]今人黄盛璋先生也在《历史上的渭河水运》一文中认为“此句诚有可疑”，并推测“九百余里”很“可能是就渭河全部航程言，即包括长安以西中上游一段”[②]。王子今先生则以《汉简考述》提供的邮程里数作为参照，按325米折合一汉里计算[③]，则今咸阳至河口一段总长212千米的渭河水道“相当于625汉里”，同时还强调渭河下游在历史上“许多区段河道折回弯曲往往有甚于现今河道的情形”，故河道、运距也应该在此基础上延长，最终得出“汉代渭河航线总长达到八九百汉里是完全可能的”论断[④]。以上观点基本代表了当今学界的主流看法。

事实上，沈、黄、王三家的注解恐怕很难成立。沈氏说以唐代线路倒推汉代情形，“计汉时当由陕起程也”，却忽略了“北运”原是唐人在黄河北岸新开辟的一条运输线路，并非西汉漕运旧迹[⑤]。黄氏说则与文献记载不符，因为在介绍“漕水道九百余里，时有难处”之前，郑当时已明确提及“异时关东漕粟从渭中上”，既是谈“关东漕粟”的运输，也就不可能涉及“长安以西中上游一段”的河道。而王氏在这里改用325米折合一汉里计算，明显是为缩小实地距离与文献记载里数之间的差距[⑥]。但即便如此，渭河下游与“漕水道”仍相差300汉里，并不是完全都能简单解释为“河道弯曲”的缘故[⑦]。若是以相同比例换算“至河三百余里”的漕渠，则总长也才不过100千米，反倒

---

① 〔日〕泷川资言考证，杨海峥整理：《史记会注考证》，上海古籍出版社，2015年，1656页。

② 黄盛璋：《历史上的渭河水运》，《西北大学学报（哲学社会科学版）》1958年2期。

③ 陈梦家：《汉简考述》，《考古学报》1963年1期。

④ 王子今：《秦汉时期的内河航运》，《历史研究》1990年2期。

⑤ 据载，唐代“北运”线路的开辟起因为宣州刺史裴耀卿上便宜事条，提出“节级取便”的转运方案，及“至（开元）二十二年八月，置河阴县及河阴仓、河西柏崖仓、三门东集津仓、三门西盐仓。开三门山十八里，以避湍险。自江淮而溯鸿沟，悉纳河阴仓。自河阴送纳含嘉仓，又送纳太原仓，谓之北运”（引自《旧唐书》卷49《食货志》，中华书局，1975年，2114～2116页）。故有说漕运“自太原仓浮于渭，以实关中”，此太原仓正处陕州（今河南省三门峡市）以北，当为沈氏立论的依据。但从建仓设储以及“开三门山十八里，以避湍险”等记载来看，这条“北运”线路明显是后来新建的，并没有更多材料可以证明其与汉代漕运相关。

⑥ 针对汉代里程换算的问题，石泉先生已指出“中国过去的里数一般是古里小于今里，民间里小于官里，计里标准又往往因地而异，大小不一，甚至同一地区又有大里、小里之别，因此，历史上的里数记载，只能就一定时限下、一定地区内的不同城邑之间相对距离，做一些比较，借以作为考释地望时的旁证”（引自《荆楚历史地理新探》，武汉大学出版社，2004年，464、465页）。在这里，陈梦家先生早年曾经在《汉简考述》中得出“325米折合一汉里”的结论当属于个例情况，计作“小里”数值；而以越来越多的出土文献提供证据，“秦一里为三百步，一步为六尺，一尺为23.1厘米，故秦一里等于415.8米”（引自晏昌贵：《秦简牍地理研究》，武汉大学出版社，2017年，241页），按汉承秦制，仍应该沿用415. 8米折合一汉里，计作“大里”数值。王氏以325米折合一汉里，应是取“小里”的数值进行换算，使之结果更接近于212千米的渭河长度。这也证明，今人研究已经意识到渭河与“漕水道”之间存在的差距。

⑦ 根据渭河下游河流地貌研究，历史时期的渭河并不稳定，时有南北摆动，多河湾发育。但这些河湾只是在一定范围内围绕着中心轴线来回摆动，摆动幅度还是相对有限的（参见中国科学院地理研究所渭河研究组：《渭河下游河流地貌》，科学出版社，1983年，153～178页）。按照王氏说，把今天从咸阳至河口一段总长212千米的渭河道换算“相当于625汉里”，却与“漕水道九百余里”仍相差近300汉里数；即便或有河道弯曲、运程延长的情况真实存在，也很难让该段河道变相增加一半以上的长度。

比渠道起止两端实测的直线距离还短[①]，结果无异于自相矛盾。

综上所述，《史记·河渠书》作为当时人记载的第一手材料，并不应该出现把“渭水道”写作“漕水道”这种错误，而以《汉书·沟洫志》提及的改写作“渭水道九百余里”完全脱离实际，这才造成一系列误读和质疑。今将“漕水道”作为长安以下的渭河水道理解，后世诸家虽然有百般注解，却始终不得要领，更是证明了问题所在。所以清人王先谦才会在《汉书补注》中强调“《河渠书》‘渭’作‘漕’，较合”[②]。这点充分说明了西汉“漕水道”另有他指。

二、“九百余里”运距重算

“关东漕粟”始自荥阳敖仓向西运输，必须先经过黄河水道才能进入渭河[③]。《汉书·食货志》有武帝时期“诸官益杂置多，徒奴婢众，而下河漕度四百万石，及官自籴乃足”[④]的记载，可见当时是以黄河作为主航道，渭河一段漕运则更像是“河漕”的延续。仅以渭河下游计算“九百余里”运距，明显会与实际不符，还需要加入黄河水道才能合理解释。

因此，我们有必要重新核算“九百余里”运距。今测潼关至荥阳一段的黄河水道总长就将近350千米[⑤]，若仍然是以“大里”计数，按415.8米折合一汉里换算[⑥]，则约等于840汉里。这段水道正当黄河漕运的主航道，又正好穿行在晋豫峡谷之间，堪称历代东漕西运的唯一线路选择，可与《史记·河渠书》记载的行程里数基本吻合。

至于剩下的数十汉里差距，还需要分作黄河、渭河两段行程解释。

在黄河段，西汉“河曲”（即今黄河小北干流）的流路远较今址偏西，故使黄河一段的“漕水道”行程又有延长。参照《尚书·禹贡》所载，黄河自龙门以下，“南至于华阴，东至于底柱”[⑦]，途

---

① 漕渠行径西起长安，但就归流入口所在，仍有一些争议。今从李令福的观点，认为“漕渠应该越过三河口，在其东不远的潼关县西境注入黄河”（引自《论西汉关中平原的水运交通》，《唐都学刊》2012年2期）。据此测算，今从汉长安城址到三河口一线仅直线距离就不少于125千米，如果按325米折合一汉（小）里，则“三百余里”的渠道总长才不过100千米左右，虽说漕渠行径较直，却也不可能比首尾两端的直线距离还短上20多千米，更何况，将这段125千米的直线距离换算为汉代里数，已经超过380之数，而漕渠的实际行径只会更长，反倒与“至河三百余里”的描述不符。

② 王先谦：《汉书补注》，2870页。

③ 关于西汉时期“河渭漕挽”的线路考证，可参见祝昊天：《西汉关中漕渠运输系统的构建——以“西汉关中漕渠复原图”绘制为据》，《中国古都研究（第31辑）》，陕西师范大学出版总社有限公司，2016年，77～89页。

④ 《汉书》卷24《食货志》，1636、1637页。

⑤ 以上数据源于谷歌地图（地球）测算。

⑥ 陈梦家：《亩制与田制》，《考古》1966年1期；梁方仲：《中国历代户口、田地、天赋统计》，上海人民出版社，1980年，540～547页；丘光明：《中国历代度量衡考》，科学出版社，1992年，8～11页；朱汉民、陈松长：《岳麓书院藏秦简［贰］》，上海辞书出版社，2011年，66页。

⑦ 慕平译注：《尚书》，中华书局，2009年，69页。

经“华阴”折转，在地图上形成了一条“乚”字形“河曲”[①]；而渭河自西向东注入，自然与“河曲”交汇于“华阴”转折处。“华阴”者，因有“太华山在南”而得名[②]，这说明先秦“河曲”其实绕行华山北麓，流路远较今址偏西。《中国历史地图集》(以下简称《图集》)亦有专门绘图反映(见图一)。与之相联系的是，《史记·河渠书》中开篇即引《夏书》曰：“故道河自积石历龙门，南到华阴，东下砥柱。”[③]这一写法颇值得讨论。考虑到司马迁本是龙门人，又曾“北自龙门至于朔方”[④]，必然亲眼见证过当时的河道流路，从他照引《禹贡》旧说的行为所见，西汉“河曲”理应像先前一样整体偏西。今测潼关至华阴一段还有20多千米长的水道，换算结果不少于50汉里。与前者相加，“漕水道”在黄河行径的总长恰接近900汉里整数。

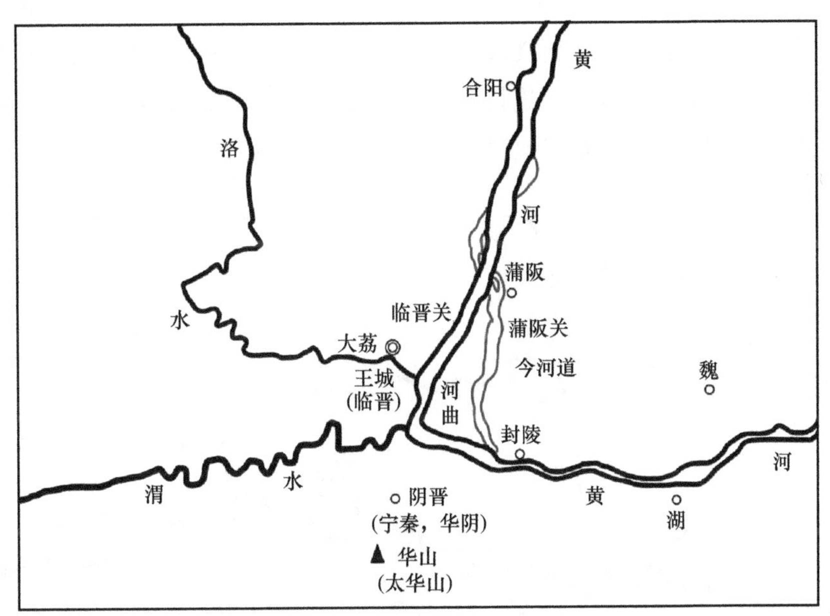

图一 战国时期的“河曲”故道

(本图绘制底图引自谭其骧：《中国历史地图集》第1册《战国·韩魏》，中国地图出版社，1982年，第35、36页)

另以“关东漕粟从渭中上”所述，“漕水道”向西应该还包括渭汭一段的运程，止于下邽以南的物定仓。漕运由河入渭，最终是要在“渭中”上岸，才能转接陆运输送长安。同《汉书·沟洫志》记载“赵中大夫白公复奏穿渠，引泾水，首起谷口，尾入栎阳，注渭中，袤二百里，溉田四千五百余顷，因名曰白渠”[⑤]，可见“渭中”并不能简单理解作“渭水中”，而像是一地名泛称。所以，我们怀疑“中”字或为“内”字转抄的误写，只因篆书字形相近，古语又习惯将“内”“汭”两字混用，最终造成了以“渭中”之名假指“渭汭”。“渭汭”之名古书习见，如《尚书·禹贡》记

① 汲郡《竹书纪年》曰：“晋惠公十五年，秦穆公率师送公子重耳，涉自河曲。”(引自陈桥驿校：《水经注校证》卷4《河水》，中华书局，2007年，107页。)

② 《汉书》卷28《地理志》，1543、1544页。

③ 《史记》卷29《河渠书》，1405页。

④ 《史记》卷29《河渠书》，1415页。

⑤ 《汉书》卷29《沟洫志》，1685页。

载“弱水既西，泾属渭汭，漆沮既从，沣水攸同”[①]。主要有三种解释：一指渭水北岸，如《毛诗传》云：“汭，水涯也。”郑玄注：“汭之言内也。盖以人皆南面望水，则北为汭也。且泾水南入渭，而名为渭，汭知水北曰汭，言治泾水使之入渭，亦是从故道也。”二指渭水河道行径弯曲处，《左传·闵公二年》载：“虢公败犬戎于渭汭。”杜预曰：“水之隈曲曰汭。”三指河、渭交汇处，从《说文解字》语：“汭，水相入也。[②]”综上所述，我们认为《史记·河渠书》行文当是以“渭中”之名概称渭河尾闾一段弯曲的河道[③]。这也就说明了漕运自黄河向西，终止于渭河尾闾一段某处装卸上岸。根据嘉靖十八年（1539年）《渭南志》，可知白渠入渭处其实还有一座未见正史收录的“物定仓”存在，旧址“在下邽南渭河岸上”。《西京杂记》也说：“物定仓收贮五谷，各定其性分，不浥坏，故曰‘物定’。秦、汉、隋、唐皆于此置仓，后废。俗讹为‘武底’。”[④]今人编修《渭南县志》，亦认为“在渭水北岸下邽县治南（今仓渡村旁）建物定仓”[⑤]，提供了仓址的地望参考。联系到前文所述，这样一座转运仓储设置于此，西连长安，东近黄河，北接洛渭漕渠，正好处在整个关中东部地区漕运中转的枢纽位置上，可以很好地解释漕船运粮如何“从渭中上”（图二）。

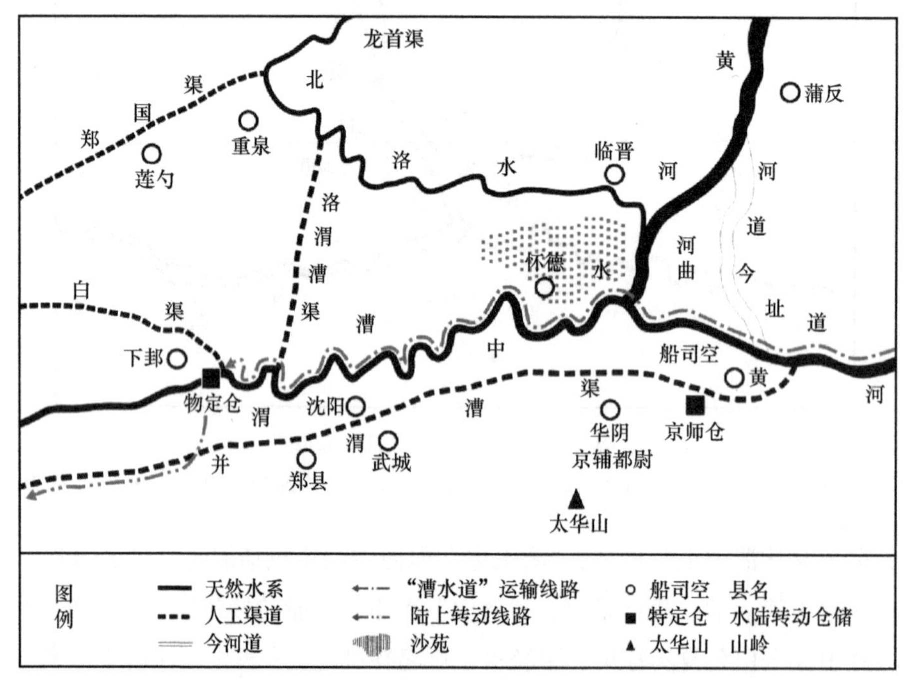

图二　“漕水道”运输线路示意

（本图绘制底图引自谭其骧：《中国历史地图集》第2册《西汉·司隶部》，中国地图出版社，1982年，第15、16页）

---

① 慕平译注，《尚书》，65页。

② 胡渭：《禹贡锥指》，上海古籍出版社，2006年，304页。

③ 在地理学上，这一情况其实很好解释：由于黄河干流水量较大、水位较高，作为支流的渭河相对水位较低，无法直接汇入黄河干流，因而只能于河渭交汇处形成壅水；在顶托作用的影响下，渭河尾闾自然会因为下游排水不畅产生弯曲，随着曲流发育，进一步形成蜿蜒曲折的河道。

④ 顾炎武：《天下郡国利病书》，上海古籍出版社，2012年，2010页。

⑤ 《渭南县志》编纂委员会：《渭南县志》，三秦出版社，1987年，4页。

三、特殊的时间节点选择

在以往研究中，狭义的"漕运"往往认为漕运活动只能是借水行运，单纯地走水路运输。但在实际操作中，天然水道并不等同于人造交通线路，水路行径亦多有不至之处，中间必须借助陆路转运才能有效衔接。所以，秦汉漕运更多采用的是水陆联运。正如《史记·秦本纪》对"泛舟之役"的记载，彼时运粮基本都是"以船漕车转"，兼具水陆两种运输方式。

其实，"关东漕粟"之所以一定要从"渭中"上岸转换陆运，当与河道通行条件的制约紧密相关。对此，黄盛璋先生早指出"水量不够，是渭河水运困难的根本原因"①，其沙深水浅的特性更是严重限制了运力提升。相比汉初漕运每"岁不过数十万石"，武帝时已经迅速扩大到"漕从山东西，岁百余万石"②。随着漕船载重增多、吃水加深，行漕运输对航道水位的要求也在不断提高。但渭河又偏偏是一条依赖季节性降水补给的河流，自身径流变化巨大，并不稳定③。正如《汉书·沟洫志》记载"春夏干燥，少水时也，故使河流迟，贮淤而稍浅"，秋季又"雨多水暴至，则溢决"④，载重行船稍有不慎就会遭遇搁浅、洪流。针对这些问题，秦汉漕运普遍采用"方船积粟"运输⑤。所谓"方船"实际上是一种连体运输船，利用双船拼接设计加宽船身、增大受力面积⑥，从而有效分摊载重压力，减少船舶吃水深度。只是船体受外力影响也会加大，运输行径更是要完全依赖人力牵引，对航道内的径流稳定自然有着较高要求。如是，综合水文、气候等客观因素影响，航道内的径流总是实时变化。因此，要组织起成批量的漕船运输，就必须选在具备通行条件的特定河段、特定时段，这样才能确保畅通。

前文所述"漕水道"已经标示了河、渭一线的主航道，亦即可供通行的特定河段，而围绕着这段河道的径流变化以及降水规律做选择，也应该存在一个与之相匹配的通行时段。

今从多年水文监测数据所见，渭河径流一般会在每年4~5月、7~9月形成两个明显的波峰

① 黄盛璋:《历史上的渭河水运》,《西北大学学报（哲学社会科学版）》1958年2期。

② 《史记》卷29《河渠书》，1410页。

③ 中国科学院地理研究所渭河研究组:《渭河下游河流地貌》，科学出版社，1983年，5页。

④ 《汉书》卷29《沟洫志》，1697页。

⑤ 《史记》卷97《郦生陆贾列传》，2695页。

⑥ 参见上海交通大学"造船史话"组:《秦汉时期的船舶》,《文物》1977年4期；余华青:《略述秦汉时期的舟车制造业》,《青海社会科学》1985年1期；王子今:《秦汉时期的船舶制造业》,《上海社会科学院学术季刊》1993年1期；等等。

（图三），其径流深也会在同一时间内达到高值[①]。对照《史记·河渠书》中记载的“异时关东漕粟从渭中上，度六月而罢”，“引渭穿渠起长安……度可令三月罢”，我们更倾向认为“三月”“六月”所指是农历月份，而不是漕运用时的月数。上述水文特征和监测数据已经说明：渭河在冬季并无通漕条件，每年初虽有因冰雪融水补给增多带来水位上涨，但黄河小北干流一段同时存在凌汛，漕船根本无法由河入渭；所以，大规模漕运要等到凌汛结束（每年公历 3 月之后）才能开始，而渭河水系也会在农历“三月”前后达到一个径流量较高值，如能汇集水源、提高航道水位，其实也可以保证行船所需的最低吃水深度，故有郑当时所说“度可令三月罢”。转至夏秋季节，随着降水增多、水位暴涨，渭河水极容易形成洪流泛滥，不利于大批量的漕船纤挽操作。故此，只得错开水位暴涨的时段，选在径流相对稳定的农历“六月”（亦即每年公历 7 月前后）进行运输。

据此而论，汉武修渠之前只能赶在渭河水量较充沛且稳定的“六月”漕运，而“关东漕粟”之所以止于“渭中”上岸，很可能是因为自“渭中”以上的航道水量不足，根本无法承载重船运输，所以才在白渠入渭处添设一座“物定仓”，转接“漕水道”的运粮上岸。在此背景下，郑当时提议新修一条“并南山下”的人工漕渠，应是充分考虑到南山支流在春季提供的水源补给[②]，可以提高漕渠渠道内的水位，进而确保行船畅通。这样一来，漕运时段也就从“六月”提前到“三月”。

从时段上的变化所见，修渠之后一改夏季漕运为春季漕运，并不只是为了扩充运力，其背后或有更深层次的政治意图。如稍加统计就会发现，两汉与匈奴之间的冲突往往存在季节性规律[③]。每年秋、冬苦寒之际，匈奴都主动南下劫掠，袭扰边境，只因“汉马不能冬”[④]，汉人不得不被动防守[⑤]；但进入来年春、夏，随着气候转暖，攻守之势随即互换，反倒成了汉军铁骑出击的有利时机。王明珂先生亦指出，也就是从元光六年（前 129 年）开始，汉军针对匈奴的军事出击大都选择在春季进行，这其实是一种“几近恶毒的战略”，因为对任何游牧人群来说，初春都是最艰苦而无法长距离

---

① 参见刘燕、李小龙、胡安焱：《河川径流对降水变化的响应研究———以渭河为例》，《干旱区地理》2007 年 1 期；魏红义、李靖、王江、田鹏：《渭河流域径流变化趋势及其影响因素分析》，《水土保持通报》2008 年 1 期；侯钦磊、白红英、任园园、贺映娜、马新萍：《50 年来渭河干流径流变化及其驱动力分析》，《资源科学》2011 年 8 期；左德鹏、徐宗学：《基于 SWAT 模型和 SUFI-2 算法的渭河流域月径流分布式模拟》，《北京师范大学学报（自然科学版）》2012 年 5 期；肖洁、罗军刚、解建仓、陈晨：《渭河干流径流年际及年内变化趋势分析》，《人民黄河》2012 年 11 期；左德鹏、徐宗学、隋彩虹、武玮、赵芳芳：《气候变化和人类活动对渭河流域径流的影响》，《北京师范大学学报（自然科学版）》2013 年 Z1 期；张荣华《渭河流域蒸散发特征及水量变化分析》，北京师范大学博士学位论文，2013 年，69～77 页。

② 厉治平、穆航、樊晶晶：《渭河支流汇入对干流径流变异的影响分析》，《海河水利》2019 年 6 期。

③ 刘鸣：《两汉与匈奴冲突中的季节问题》，《秦汉研究（第 13 辑）》，西北大学出版社，2019 年，206～236 页。

④ 《汉书》卷 69《赵充国传》，2977 页。

⑤ 王子今：《西汉时期匈奴南下的季节性进退》，《秦汉史论丛（第 10 辑）》，内蒙古大学出版社，2009 年，16～27 页。

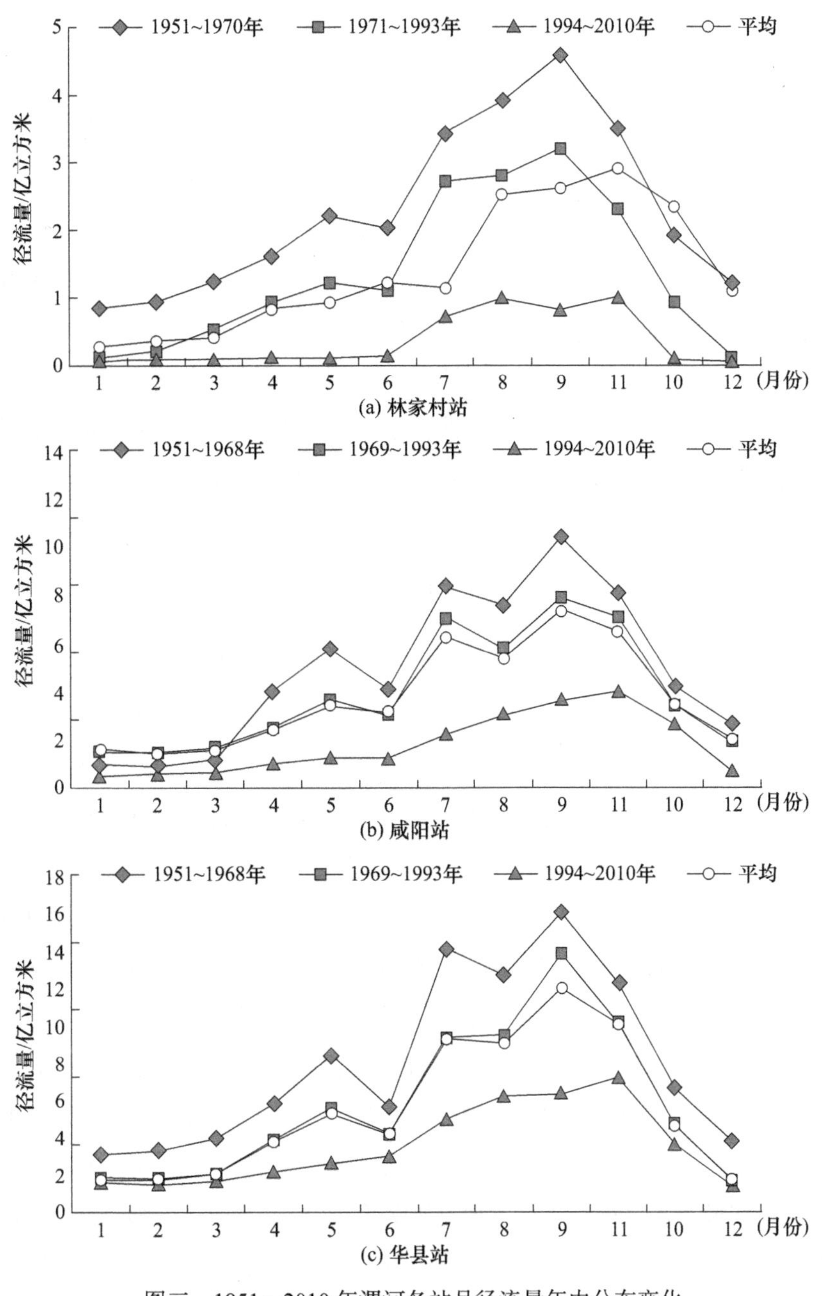

图三 1951～2010年渭河各站月径流量年内分布变化

迁徙的季节[①]。联系到前文所述修渠起因和漕运时段选择，我们完全有理由认定这些都是在为战争后勤服务，因为郑当时提议的根本着眼点就是要解决春季用兵的军粮供给，即“得谷”。所以，在关中漕渠修成之后的元狩五年（前118年）春，正是凭借漕渠运粮可以在春季提供源源不断的后勤补给，才会有“大将军卫青将六将军兵十余万人出朔方、高阙”，重创匈奴。

① 参见王明珂:《游牧者的抉择：面对汉帝国的北亚游牧部族》，广西师范大学出版社，2008年，135～137、150、177～179、210～211页；〔日〕内田吟风著，童岭译，余太山审校:《古代游牧民族侵入农耕国家的原因——以匈奴史为例的考察》,《西域研究》2016年4期。

综上所述，我们对《史记·河渠书》的记载也有了全新理解。按郑当时语，早先的“关东漕粟”西行，始自荥阳敖仓起程，一路沿“漕水道”逆流而上，由河入渭，止于“渭中”的物定仓装卸上岸，改换陆运输送长安。起初，漕运总是选在水量较充沛的“六月”前后进行，因为此时雨水较多，“漕水道九百余里”自然免不了会“时有难处”，必须赶在秋汛到来之前结束。及至武帝时期，对匈作战每每选在春夏，春耕之后正值青黄不接，仅凭关中一隅显然无法解决大军远征的粮草供给，所以才有郑当时提议新修漕渠，“引渭穿渠起长安”开辟专线运输，同时利用南山支流的春汛补充渠道水量，确保漕运通行，使漕运时段整体提前到“三月”，一改夏季漕运为春季漕运。另外，兼用新修漕渠的水量沿途灌溉，以缓解春旱，进一步发掘关中东部渭河南岸土地的农业生产潜力。在这里，“漕水道”并非指长安以下的“渭水道”，而是以荥阳至华阴段的黄河水道为主，包括华阴至下邽的一段“渭中”，两者共同构成了所谓“九百余里”的运距。

四、余　论

今从西汉“漕水道”及相关问题的考证所见，自班固以后的传统史家对于《史记·河渠书》记载的这段文字解读不但存在很大问题，而且完全脱离了实际。按照现行中华书局本的句读，传统史家通常断作“引渭穿渠起长安，并南山下，至河三百余里，径，易漕，度可令三月罢”；然而，在这里单独以一个“径”字成句，原本就显得十分突兀，亦无出处可查。考其“径”字字义，正如《说文》解“径，步道也”，《字林》语“径，小道也”，古语大多是指道路、直径，作名词解释，而很少有见到形容事物径直的案例[①]。对照《史记》行文用语，亦是如此：“径”字在《史记》全书中总共出现了28次（表一），其中大多表达“道路”、“捷径”或“直径长度”的含义；若要形容道路、线路笔直，如秦“直道”例，也都是直接以“直”相称，并没有以“径”相称。而现行句读单以一个“径”字形容渠道线路笔直实属孤例，亦无出处可循，反倒更像是后人依据《汉书·沟洫志》的文本理解自行附会、强行地拆词造句。所以，我们认为现行版本的句读有必要改作“引渭穿渠起长安，并南山下，至河三百余里，径易漕，度可令三月罢”，“径”字仍作“道路”理解，“径易漕”的本义是指（漕运）由陆路转换为水路运输。这主要是因为先前漕运只能行“漕水道”运抵“渭中”，剩下的运程还要走陆路运输，其间装卸、转运的操作十分复杂，耽误时间。而修通漕渠以后，“引渭穿渠起长安，并南山下，至河三百余里”，可以使漕船直达长安城下，全程走水路运输，自然便捷许多。如此一来，不仅切合了漕运往来的实际情况，也真正梳理清楚了《史记》的原始文本逻辑。

表一　“径”字在《史记》中的使用情况统计

编号	出版	原文
1	卷5《秦本纪》、	径数国千里而袭人，希有得利者
2	卷8《高祖本纪》	高祖被酒，夜径泽中
3		前有大蛇当径，原还
4	卷8《高祖本纪》	蛇遂分为两，径开

① 参见汉典“径”字条。

续表

编号	出版	原文
5	卷29《河渠书》	至河三百余里，径，易漕，度可令三月罢
6	卷36《陈杞世家》	鄙语有之，牵牛径人田，田主夺之牛
7		径则有罪矣，夺之牛，不亦甚乎？
8	卷40《楚世家》	鄙语曰，牵牛径人田，田主取其牛
9		径者则不直矣，取之牛不亦甚乎？
10		王朝张弓而射魏之大梁之南，加其右臂而径属之于韩，则中国之路绝而上蔡之郡坏矣
11	卷46《连敬仲完世家》	夫复而不乱者，所以治昌也；连而径者，所以存亡也：故曰琴音调而天下治
12		梁王曰：“若寡人国小也，尚有径寸之珠照车前后各十二乘者十枚，奈何以万乘之国而无宝乎？”
13	卷61《伯夷列传》	或择地而蹈之，时然后出言，行不由径，非公正不发愤，而遇祸灾者，不可胜数也
14	卷63《老子韩非列传》	径省其辞，则不知而屈之
15		然其喉下有逆鳞径尺，人有婴之，则必杀人
16	卷67《仲尼弟子列传》	既已受业，退而修行，行不由径，非公事不见卿大夫
17	卷69《苏秦列传》	倍韩、魏之地，过卫阳晋之道，径乎亢父之险，车不得方轨，骑不得比行，百人守险，千人不敢过也
18	卷81《廉颇蔺相如列传》	相如度秦王虽斋，决负约不偿城，乃使其从者衣褐，怀其璧，从径道亡，归璧于赵
19	卷97《郦生陆贾列传》	足下起纠合之众，收散乱之兵，不满万人，欲以径入强秦，此所谓探虎口者也
20	卷99《刘敬叔孙通列传》	今陛下起丰沛，收卒三千人，以之径往而卷蜀汉，定三秦
21	卷117《司马相如列传》	左苍梧，右西极，丹水更其南，紫渊径其北
22		东西南北，驰骛往来，出乎椒丘之阙，行乎洲淤之浦，径乎桂林之中，过乎泱莽之野
23		径人雷室之砰磷郁律兮，洞出鬼谷之嵋礨嵬𩨰
24		西望昆仑之轧沕洸忽兮，直径驰乎三危
25	卷123《大宛列传》	今使大夏，从羌中，险，羌人恶之；少北，则为匈奴所得；从蜀宜径，又无寇
26	卷126《滑稽列传》	赐酒大王之前，执法在傍，御史在后，髡恐惧俯伏而饮，不过一斗径醉矣
27		若亲有严客，髡韝鞠𪖙，待酒于前，时赐馀沥，奉觞上寿，数起，饮不过二斗径醉矣
28		若朋友交游，久不相见，卒然相睹，欢然道故，私情相语，饮可五六斗径醉矣

［原载《运河学研究（第7辑）》，社会科学文献出版社，2021年，84~98页》］

隋漕渠小议

——兼论唐长安西市与渭水相通的渠道

陈晓捷　龚阔英

一、隋代漕渠的开凿

隋代漕渠的开凿，与大兴城的人口增长有关。隋朝建都长安后，最初因负担尚不太重，基本上没有从关东向关中运输粮食。开皇三年（583年），随着新都大兴城建成，都城人口骤增，为防止水旱灾害发生出现粮食供应困难，开始考虑从关东及河东向大兴城漕运粮食作为贮备。但与前代一样，面临黄河三门峡砥柱之险，漕舟上下极为艰难。且渭河水道曲折，蜿蜒近八百里，又多泥沙，深浅不一，致使漕舟往来十分不易[①]。正如隋文帝在开皇四年（584年）的诏书所说："渭川水力大小无常，流浅沙深，即成阻阂。计其途路，数百而已，动移气序，不能往复，操舟之役，人亦劳止。"[②]

为解决运粮难题，隋文帝听取郭衍的建议，决定开凿漕渠[③]。好在汉代漕渠虽然早已废弃不用，但经过勘察，发现渠道遗迹尚存，只需对汉代旧渠加以整治，即可使用。由于仅是整治旧渠，工程量不是很大，所以汉武帝当年用三年时间开凿的长三百余里的漕渠，隋文帝从开皇四年六月动土，至九月间，前后只用了三个多月就大功告成[④]。

这条由大兴城（即唐长安城）至潼关间的漕渠初名广通渠，渠成后，因其既能运粮解决京师粮食的运输问题，又使得渠旁人民得到灌溉的实惠，故又称为"富民渠"[⑤]。仁寿四年（604年），隋炀帝杨广登基，为避御讳，改广通渠为永通渠。"永通"二字寓有漕渠永久通畅之意。但由于永通渠与汉代的漕渠同样是以渭水为主要水源，也就同样难以解决泥沙淤塞及从南山（秦岭）流下的一系

---

① 《隋书》卷24《食货》："开皇三年，朝廷以京师仓廪尚虚，议为水旱之备。诏于蒲、陕、虢、熊、伊、洛、郑、怀、邵、卫、汴、许、汝等水次十三州，置募运米丁。又于卫州置黎阳仓，洛州置河阳仓，陕州置常平仓，华州置广通仓，转相灌注，漕关东及汾、晋之粟以给京师。又遣仓部侍郎韦瓒向蒲、陕以东，募民能于洛阳运米四十石，经砥柱之险达于常平者，免其征戍。其后以渭水多沙，流有深浅，漕者苦之。"

② 房玄龄、令狐德棻:《隋书》，中华书局，1973年，683页。

③ 房玄龄、令狐德棻:《隋书》，中华书局，1973年，1464页。

④ 《隋书》卷1《高祖上》：开皇四年六月"壬子，开渠自渭达河，以通运漕"，九月"乙丑，幸霸水观漕渠。赐督役者帛各有差"。

⑤ 《隋书》卷61《郭衍传》："征为开漕渠大监，部率水工，凿渠引渭水，经大兴城北，东至于潼关。漕运四百余里，关内赖之，名之曰富民渠。"

列河流对其冲淤的问题，故永通渠注定不会永久畅通。尤其是隋炀帝营建东都洛阳后，不重视对永通渠的养护，因而至隋朝末年，永通渠已淤塞不行。

隋代漕渠的渠首、渠尾所在地，据《隋书·食货志》，为“引渭水，自大兴城，东至潼关三百余里”。《隋书·郭衍传》为“凿渠引渭水，经大兴城北，东至潼关，漕运四百余里”。二者一说三百余里，一说四百余里，都是约数，仅此不同。至于渠的走向，则说法一致，即永通渠是由大兴城向东直达潼关的。至于从何处“引渭水”，《长安志》卷12《长安县》“永通渠”条载：“起县西北渭水兴城堰。”史念海先生云：兴城堰是“汉代漕渠的起点。其地在唐咸阳县西十八里。唐咸阳县故城在今咸阳市东，兴城堰当为今咸阳市的钓鱼台。”①其说是。

二、隋代漕渠开凿的主管官员

开凿漕渠，是隋代初年的一项大型国家工程，因此隋文帝曾经任命了一批官员实施此事。

《隋书·宇文恺传》载，新都大兴城建成后，隋文帝决定“决渭水，达河（黄河），以通漕运，诏恺总督其事”②。由此可知，奉命主持开凿漕渠的是大兴城的总设计师、隋代著名建筑家、时任太子左庶子的宇文恺。宇文恺既“总督其事”，说明宇文恺是开凿漕渠的总指挥。而副总指挥有于仲文和元寿两人。于仲文，不仅是开漕渠的动议的发起人，也“总其事”③。元寿也曾“参督漕渠之役”④。

同时与宇文恺、于仲文、元寿一道奉命负责开凿漕渠的大臣还有郭衍。据《隋书·郭衍传》载，开皇元年（581年），“以衍为行军总管，领兵屯于平凉。数岁，虏（指突厥）不入，征为开漕渠大监”⑤。隋代兴大工程均设“大监”。营新都大兴城的“大监”是尚书左仆射兼纳言（首相）高颎，营东都洛阳的“大监”是尚书令（首相）杨素。以此推之，开凿漕渠的“大监”郭衍，当是与宇文恺一道总领大纲的最高领导者。

除宇文恺、于仲文和郭衍等外，奉命领导开凿漕渠的还有时任兵部尚书的苏孝慈。《隋书·苏孝慈传》载，开皇三年，“上于陕州置常平仓，转输京下，以渭水多沙，流乍深乍浅，漕运者苦之。于是决渭水为渠，以属河，令孝慈督其役”⑥。而《苏孝慈墓志》亦记载“诏知漕渠总副监”⑦。据《隋书》记载，参与管理漕渠工程的还有元晖，“转兵部尚书，监漕渠之役”⑧，有和洪“为漕渠总管

① 史念海：《中国的运河》，陕西人民出版社，1988年，149页。

② 房玄龄、令狐德棻：《隋书》，中华书局，1973年，1587页。

③ 房玄龄、令狐德棻：《隋书》，中华书局，1973年，1454页。

④ 房玄龄、令狐德棻：《隋书》，中华书局，1973年，1497页。

⑤ 房玄龄、令狐德棻：《隋书》，中华书局，1973年，1469页。

⑥ 房玄龄、令狐德棻：《隋书》，中华书局，1973年，1259页。

⑦ 武树善：《陕西金石志》卷七，民国二十三年，9～12页。

⑧ 房玄龄、令狐德棻：《隋书》，中华书局，1973年，1256页。

监”①，这说明苏孝慈、元晖、和洪亦是开凿漕渠的主要领导者。

西安大唐西市博物馆收藏有《隋郭均墓志》，其中记载了郭均于开皇四年曾“领开漕渠总监”，是近年来发现的研究隋代漕渠的重要资料。有人据此认为隋代漕渠是在郭均的领导下开凿的，但事实果真如此吗？我们从郭均墓志文知道，郭均于开皇二年（582年）先后任隋文帝从弟河间王杨弘府的长史、司马，并于同年授左武卫骠骑大将军之职，属高级将领。但由于宇文恺是奉诏命“总督其事”，于仲文“总其事”，元寿“参督漕渠”，郭衍为“开漕渠大监”，而苏孝慈是以兵部尚书、总副监身份“督其役”，这几人在开凿漕渠时，其地位无疑都在郭均之上［按：据郭均墓志，开皇七年（587年），郭均才转兵部尚书］。由此推之，郭均虽然“领开漕渠总监”，但可能只是上述数人之下一位督率修渠工程的高级官员或监修某段工程的总监，不能说漕渠就是在郭均领导下开凿的。

三、唐长安西市与渭水相通的渠道

关于广通渠的走向和位置，上引《隋书·郭衍传》已说得很明白，即“引渭水，经大兴城北，东至于潼关”。说明其走向为自西向东，在渭河以南，与渭河平行，经过大兴城北面，向东到达潼关，与黄河相通。既然如此，可以明确知道，广通渠并未经过大兴城即长安城，而是绕城北而过（图一），也就证实唐长安西市（即隋利人市）未曾因广通渠的开凿而通漕运，还说明郭均虽曾参与开凿广通渠，但其人与大唐西市毫无关系。

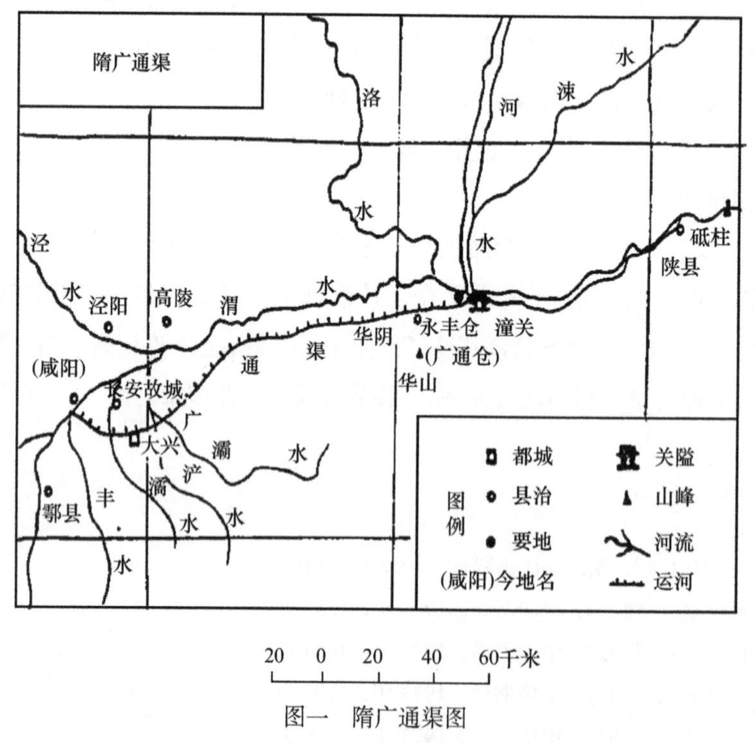

图一　隋广通渠图

（采自史念海：《中国的运河》，陕西人民出版社，1988年，151页）

① 房玄龄、令狐德棻：《隋书》，中华书局，1973年，1380页。

虽然广通渠没有进入唐长安西市，但西市另有三条与渭水相通的渠道：一是隋开皇三年营建大兴城时开凿的经利人市（即西市）之东由南向北穿越北苑流入渭水的永安渠；二是唐天宝元年（742年）京兆尹韩朝宗所开由金光门入城达于西市西街的漕渠；三是唐永泰二年（765年）京兆尹黎幹由南山引潏水入城自光德坊向东复向北经皇城及内苑流入渭水的清明渠。清明渠虽不经过西市，但其在光德坊向西与永安渠连接，故亦可视为一条由西市通达渭水的渠道。据文献看，这三条渠的功能都很明确。先说永安渠，永安渠开凿于隋开皇三年，无疑是兴建新都大兴城时总体规划的一部分，主要功能是城内供排水需要，属于“市政工程”，不关漕运。再说韩朝宗所开由金光门进入西市的漕渠。开这条渠的目的，《新唐书·地理志》说是“置潭于西市，以贮材木”①，同书《韩朝宗传》亦说是“汇为潭，以通西市材木”②。此所谓“材木”，即指用于建筑和制作器物的木料，显然主要是为了满足西市贸易的需要。关于这条渠的源头，《旧唐书·玄宗纪》说是“分渭水”③，但徐松《唐两京城坊考》卷4《漕渠》则说是“分潏水”，并注曰：“《旧书》（按：指《旧唐书》）作‘分渭水’，非是。”④王开、辛德勇主编的《陕西航运史》亦不取《旧唐书》之说，而谓“京兆尹韩朝宗利用长安城南的潏水，修筑水潭，漕贮木材”⑤。这一观点已逐渐被学术界所接受，如近年出版的“古都西安丛书”之一《隋唐长安城》亦认为韩朝宗为运输南山材木而由金光门引入西市的水是从韦曲西南引来的潏水⑥（图二）。笔者认为，这种说法很有道理。因为开凿此渠的目的既是“贮材木”，而所贮的材木又大多是由南山顺着潏水（放排或漂流）而来，故从潏水引水当是顺理成章的事。若是“引渭水”，城内地势显然较渭河要高出许多，渠口必须开在广通渠口以上，其工程远比开广通渠要大得多，以京兆尹之力，这可能吗？由此看来，韩朝宗引潏水入金光门至西市，也主要是为了方便向西市输送由南山运来的材木。而黎幹所开的清明渠，据《新唐书·地理志》说，其动机就是为了“漕炭薪”⑦，即指冬天用于烤火取暖的木炭，同样是为了方便贸易。从唐代文献看，唐长安城内诸渠，其基本功能首先都是为了城内供排水，而漕渠连接西市，则兼有贮木料、运木炭的目的，尚未见到利用漕渠从事城内航运的。

唐代长安城中，除举行陵庙巡幸、王公册命等大礼仪外，“在于他事，无复乘车，贵贱所行，通用鞍马而已”⑧。就是说，官员一般是不乘车的。当时百官入朝，多朝服乘马，贵族、文士间或有乘“犊车”的，没有见到说在城内乘船的。有人借唐代大诗人杜甫名篇《饮中八仙歌》中“李白一斗诗百篇，长安市上酒家眠。天子呼来不上船，自称臣是酒中仙”⑨，说李白正在长安西市酒

① 欧阳修、宋祁：《新唐书》，中华书局，1975年，962页。
② 欧阳修、宋祁：《新唐书》，中华书局，1975年，4273页。
③ 刘昫：《旧唐书》，中华书局，1975年，216页。
④ 徐松：《唐两京城坊考》，中华书局，1985年，129页。
⑤ 王开、辛德勇：《陕西航运史》，人民交通出版社，1997年，109页。
⑥ 萧爱玲：《古都西安·隋唐长安城》，西安出版社，2008年，228页。
⑦ 欧阳修、宋祁：《新唐书》，中华书局，1975年，962页。
⑧ 刘昫：《旧唐书》，中华书局，1975年，3172页。
⑨ 曹寅、彭定求：《全唐诗（增订本）》，中华书局，1999年，226页。

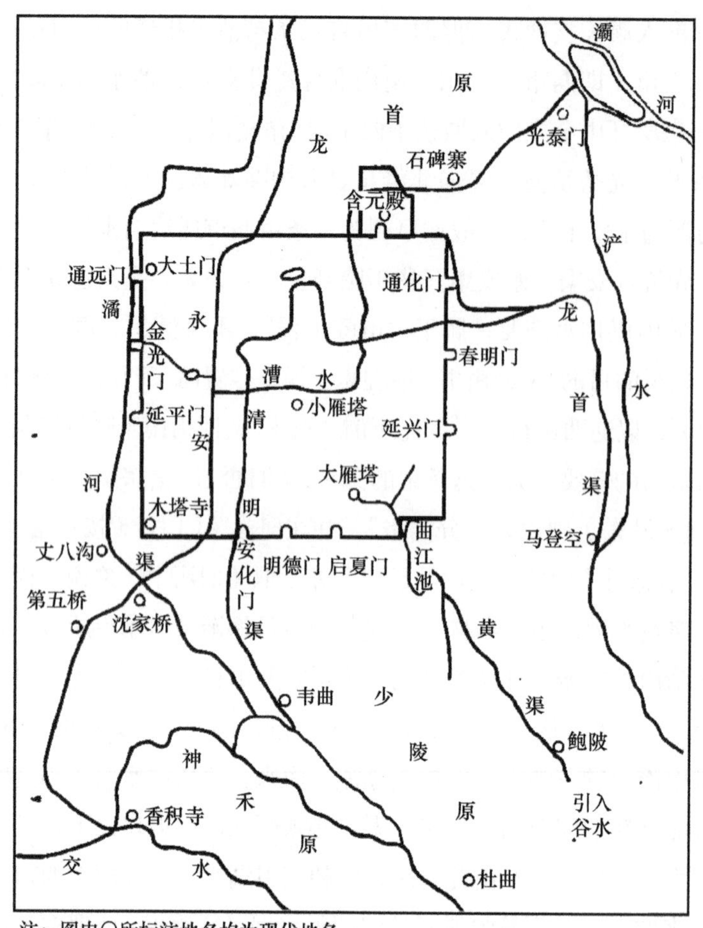

注：图内○所标注地名均为现代地名

图二　隋唐长安城供水图

（采自马正林《中国城市历史地理》，山东教育出版社，1998 年，325 页）

家饮酒，天子呼他，派船来接，他因沉醉而拒不上船，以此证明西市漕渠有通航的船，这种解释是对诗意的曲解。李白在长安是天宝初年的事，前后不过三年。当时唐玄宗基本居住在兴庆宫（即所谓“南内”）。兴庆宫内有引龙首渠水汇注而成的龙池，是长安城中仅次于曲江池的水泊。池中菱荷藻芡弥望，岸边有细柳垂杨，周围青草丛生，景色十分宜人。唐玄宗常在此结彩为楼，泛舟为戏。杜甫此诗背景，有可能是玄宗在龙池中乘船游赏，一时兴起，想见李白，命人去召，而李白因在酒肆饮酒，酒醉而眠，未能成行，故被传为“天子呼来不上船”。这种解释并非笔者创见，文献中早已有之。清人仇兆鳌《杜少陵集详注》卷 2《饮中八仙歌》注引吴论云：“当时沉香亭之召，正眠酒家。白莲池之召，扶以登舟。”又引范传正《李白新墓碑》云：“玄宗泛白莲池，公不在宴。皇欢既洽，召公作序。时公已被酒翰苑中，命高将军扶以登舟。”[①] 这时李白大醉，朦胧中出现不奉召的举措也是可以理解的。若不惜曲解诗意，为西市漕渠可通航运来作论据，则不可取。

（原载《咸阳师范学院学报》2014 年 5 期，77～80 页）

① 仇兆鳌：《杜少陵集详注》卷 2，文学古籍刊行社，1955 年，48 页。

隋唐漕渠在灞河以西的走向

舒 峤

隋唐漕渠是关东漕粮运往京师长安的重要运输线，基本上是在汉代漕渠的基础上加以疏浚开挖而修成的。其流经路线在灞水以东与汉漕渠路线大同小异，灞水以西的流路，诸书除了记载其起点在咸阳县西 18 里的兴成堰以外，均略而不谈，只有李吉甫在《元和郡县图志》卷 2 中说过一句“因古渠自华阴入渭”。后代学者也很少有详细的考证，嘉庆《长安县志》卷 2《山川图》绘其自兴城堰引渭水，东截沣水，经镐池，至鱼化镇，然后循汉漕渠故道北流，再东折经龙首原北麓向东截霸浐而过。这一说法尚需进一步推敲。既然诸书俱云隋唐二代的漕渠是引渭水东至潼关，则渠水是由西往东流这一点毋庸置疑。然从实际地形来看，兴城堰一带海拔约为 387 米，镐池一带（今南丰镐村和北丰镐村附近）海拔约为 394 米，鱼化镇（今鱼化寨）一带海拔为 396 米，比兴城堰高出 7～10 米。显然，在当时的技术状况下，自兴城堰不可能将渭水引至鱼化镇。那么李吉甫说的“因古渠”是指哪一条渠道呢？窃以为在汉长安城以东指的是汉代的漕渠（根据卫星照片分析，今董家村、刚家寨、白花村至浮沱寨一线当是它的所在），汉长安城附近的一段应是指汉代的泬水支渠。据黄盛璋先生《西安城市发展中的给水问题以及今后水源的利用与开发》（载《地理学报》1958 年 4 期）一文，泬水枝渠自汉章门西入城，东流经未央宫、桂宫和长乐宫，从青门出而东与漕渠合。此渠沿途地区海拔均在 387 米左右，从地势上来讲，隋唐漕渠利用它是比较合理的。汉长安城以西，当也沿着 387 米这一高程而行。具体地说，它经过今天的马家寨、严家渠、南田村、杨旗寨、三桥一线，其中沣河以西部分，据嘉庆《长安县志》卷 13 记载，清代还有古渠遗迹存在。

（原载《中国历史地理论丛》1992 年 1 期，152 页）

韩辽是否疏凿了漕渠？

郭声波

《新唐书》卷 53《食货志》说，太和初，咸阳令韩辽请疏凿西起兴城堰（今咸阳西）、东达永丰仓（今潼关）的废漕渠，“宰相李固言以为非时”，文宗曰“‘苟利于人，阴阳拘忌，非朕所顾也。’议遂决。堰成，罢挽车之牛，以供农耕，关中赖其利”。后之学者，如宋敏求等，皆据以为定论。

其实，《新唐书》这段记载只不过是对《旧唐书》卷 172《李石传》一段对话的曲解。首先是把文宗与李石、李固言的对话时间搞错了，原文讲是在开成元年（836 年），史念海先生已有明辨；其次，加点一句原文是：“此漕若成，自咸阳抵潼关三百里内，无车挽之勤，则辕下牛尽得归耕，永利秦中矣。”“若成”并非“已成”，这很清楚。除《旧唐书》这段对话及其转述外，再无其他史料提及此事。因此不能肯定渠已凿成。

相反，可以肯定自文宗大和末至宣宗大中五年间（835～851 年），长安漕运仍取渭水而非漕渠。《唐会要》卷 87 叙述裴休大中五年接任盐铁转运使时说：“始者（《新唐书》《通鉴》俱作‘大和后’），漕米岁四十万斛，其能至渭仓者，十不三四。”渭仓即东渭桥仓，是渭水漕运的终止码头；若经行漕渠，则只能而且应当驶入离皇宫更近的广运潭码头。熟悉唐代长安地理的人都知道这一点。

那么，韩辽为何未能疏凿漕渠呢？所谓的“阴阳拘忌”固为心理原因，而结合唐后期两税法施行后很难大规模征调力役和地方财政拮据的情况来看，李固言所说的“但恐征役今非其时”，也许更有道理。

（原载《中国历史地理论丛》1998 年 2 期，158 页）

隋唐长安水利设施的地理复原研究

郭声波

长安的水利由来已久，西周时就有了“滮池北流，浸彼稻田”的歌咏[①]，但长安水利的大规模开发，还是从西汉开始的。八水荡荡，周绕长安，东有浐、灞，北有渭，西有镐、沣、涝。南有洨（滈）、泬（潏），历史上的长安水利便仰给于此。据《水经注》载，汉长安辟有泬水支渠入城，又引洨注泬，以补充水量。武帝元光时，又自长安西引渭为漕渠，东至河，更发谪吏穿昆明池，以扩大水源，自石闼堰引洨为源，下游流入揭水陂、漕渠，长安水利网初步形成[②]。新莽灭亡后，长安沦废，水利设施大多湮灭，唯昆明池系统得以幸存，漕渠渠迹也基本保留下来。这些水利遗存，为后来恢复长安水利提供了一定的方便。

隋朝结束了三百多年的分崩乱离，长安不仅重新成为全国政治、经济和文化中心，也成为当时世界上第一流的城市。巩固和发展这样一个城市，使得沉寂了五百多年的长安水利重获生机；全国的统一，中央集权的加强，也为兴修这样的水利提供了可能。隋代的力役制度沿袭北朝，役丁及匠轮番承役，唐前期发展为“有身则有庸”[③]，这是兴建大中型水利工程可靠而充足的人力来源，开皇、天宝年间中央财政收入的增长，也是长安水利得以兴修的重要原因。德宗后两税法的施行，给直接地、大规模地征调力役带来一定困难，个别陂渠的维修实际上转而依靠神策军士[④]，因此唐后期再也没能大规模兴修长安水利。

如前所述，隋唐长安水利设施主要兴建于隋代和唐前期，可考者有渠道、陂池、堤堰、井泉等，今分为八个系统探讨其沿革兴废及大致分布，并以地图形式进行复原，与史念海先生主编的《西安历史地图集》[⑤]互参。

一、龙首渠系统

龙首渠（图一）在隋唐长安城东，以浐水为源，宋敏求：《长安志》云凿于隋开皇三年（583

---

① 《诗·小雅·白华》。

② 参详黄盛璋《西安城市发展中的给水问题以及今后水源的利用与开发》,《历史地理论集》（人民出版社，1982年）载。以下引黄盛璋先生观点皆出此文，不另注。

③ 《隋书》卷24《食货志》；陆贽《均节赋税恤百姓》,《陆宣公集》卷22载。

④ 《旧唐书》卷13《德宗纪》、卷17《文宗纪》;《唐会要》卷89《疏凿利人》。

⑤ 西安地图出版社，1996年。

年）。本名浐水渠，俗名龙首渠①。朱泚乱时，龙首渠遭到破坏，但随即修复。龙首渠在长安诸渠中寿命最长，五代后方涸②。

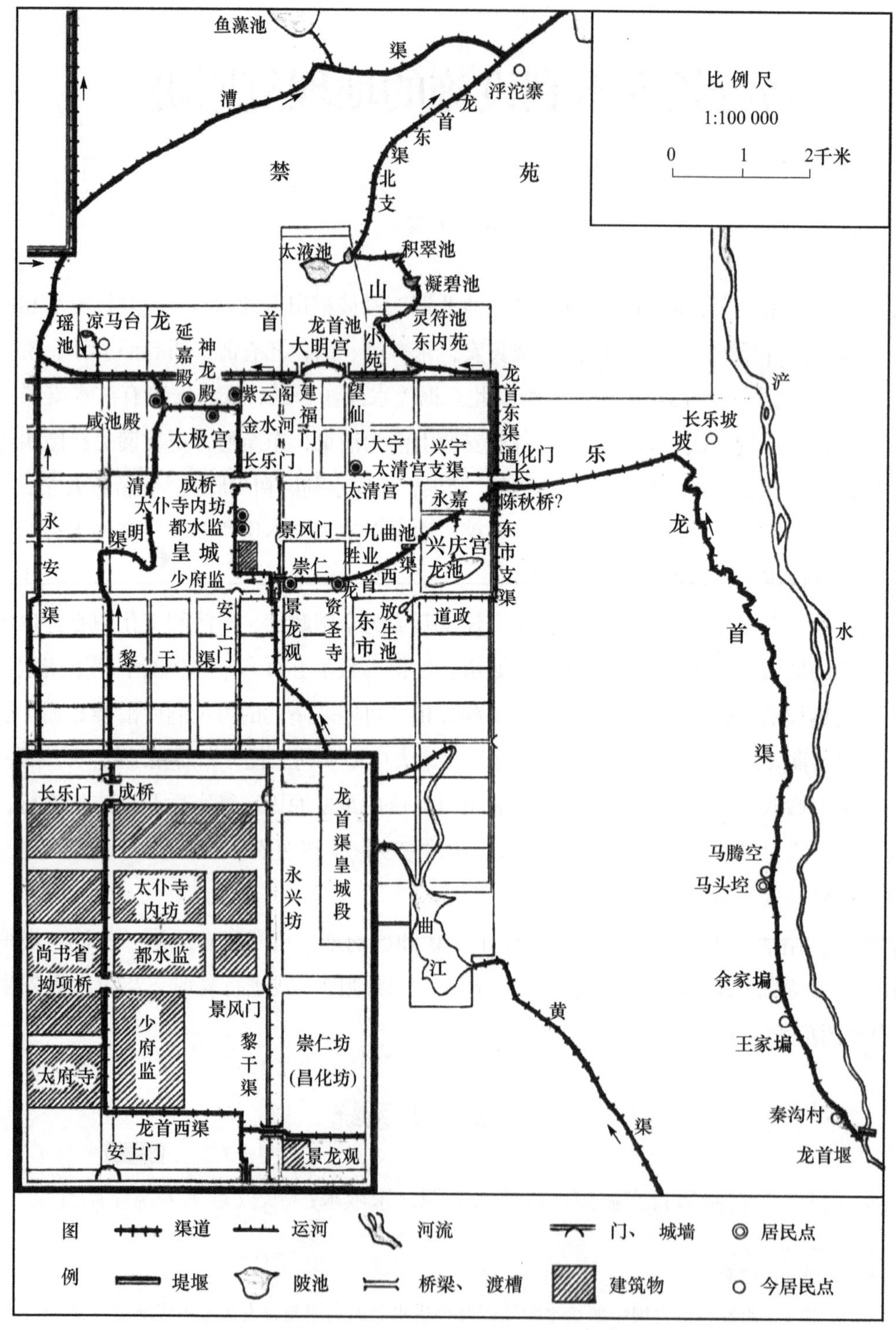

图一　龙首渠

① 《雍录》卷6引《两京道里记》。

② 骆天骧：《类编长安志》卷5《寺观》、卷6《泉渠》。

龙首堰,《长安志》说在城东南的马头埪（今马腾空），黄盛璋先生曾在马腾空村北发现了隋唐龙首遗迹，似可证实这一点，故《西安历史地图集》沿用此说。马腾空的古渠遗迹今尚可见，高出浐水水面8米，史念海先生认为是隋唐以后浐水下切所致[①]。但笔者在该村南4里的余家塬也找到了该渠遗迹，而且有向南延伸的迹象，据地形分析，龙首渠引水口应在马腾空南八里的秦沟村[②]。龙首渠傍浐河西岸北流，至长乐坡西北，分为东、西二渠[③]。黄盛璋先生及《西安历史地图集》复原的龙首东、西二渠分水处，在通化门东六里的长乐坡中部，与宋人所载略有出入，不详其故。李令福先生认为在长乐坡中部分水利工程也不经济[④]，此说有理。

龙首西渠从长乐坡西北屈而西南流，从通化门南入永嘉坊，海拔420米。经兴庆宫入胜业坊东北隅宁王九曲池[⑤]，又经崇仁坊东南隅资圣寺[⑥]、西南隅景龙观入皇城，然后历少府监南屈而北流，经都水监、太仆寺内坊之西，又北，流入成桥下。吕大防《长安图》复原的此段渠路与《长安志》所载基本相同，但不沿安上门街东而沿街西北流。考尚书省东南隅有“拗项桥”[⑦]，即此渠穿景风门街处，故当以吕《长安图》为是。成桥北为长乐门，据吕《长安图》，渠经长乐门东，紧贴太极宫西垣北流，至紫云阁折而西，径神龙殿、延嘉殿至咸池殿合清明渠。《长安志》说，此段渠又名“金水河”。《西安历史地图集》除《唐长安县万年县乡里分布图》将其下游画成自紫云阁折而东，至兴安门合龙首东渠南支外，其余各图皆画成西流至凝阴阁东海池而止，自身似有矛盾之处，未敢遽从。

龙首西渠的附属设施有东市支渠。《长安志》说东市支渠自城外分水南流至道政坊东入城，经坊北入东市东北隅放生池（亦曰海池），考古发掘证实东市放生池的水源来自道政坊西北隅[⑧]。但考古工作者及《西安历史地图集》皆以为水源直接来自兴庆坊的龙池,《西安历史地图集》还将平康坊东南李林甫宅渠画成是从东市放生池向西南延伸的支渠，未详所据。

龙首东渠傍东城墙入禁苑，海拔407米，入苑后又分为南、北两支渠。

南支渠紧靠北城墙经东内苑入大明宫，穿望仙、建福两下马桥（即东、西下马桥）西去[⑨]。据清人王森文考察的结果，此支渠傍龙首山一直西流至太极宫西北与清明渠相会[⑩]。龙首山在龙首原最高处，东起辛家庙，西至讲武殿，长约16千米，高约20米，是横亘在隋唐长安城北的一道

---

① 史念海:《汉唐长安城与生态环境》,《中国历史地理论丛》1998年1期。

② 郭声波:《隋唐长安龙首渠流路新探》,《人文杂志》1985年3期。

③ 宋敏求:《长安志》卷9《唐京城》。

④ 李令福:《关中水利开发与环境》，人民出版社，2004年，205页。

⑤ 宋敏求:《长安志》卷8《唐京城》；骆天骧:《类编长安志》卷3《苑囿池台》；吕大防:《长安图》绘池在坊东南隅，误。

⑥ 王维:《资圣寺送甘二》,《王右丞集》卷5载。

⑦ 赵璘:《因话录》卷5。

⑧ 中国科学院考古所:《唐代长安城考古纪略》,《考古》1963年11期。

⑨ 宋敏求:《长安志》卷6《宫室》。

⑩ 王森文:《汉唐都城图》，陕西省博物馆藏。

地理屏障[①]，只有开挖汉长安城的东城濠时曾凿断山脉，渠水得以沿濠北流，其余地段未闻有过开凿。但《西安历史地图集》却将龙首东渠的南支渠画成在兴安门北折而往北，穿过龙首山中部流入大明宫北部的太液池。须知兴安门海拔 396 米，龙首山中部海拔 410 米（含元殿更高达 416 米），不知唐人有没有必要为此支渠开挖一条深十多米的沟壑，笔者没有见到记载，不敢相信。

北支渠自东内苑分水，西北流注龙首池，由于龙首池北阻高原，考古工作者误以为龙首渠至此不再入太液池，太液池水当来自苑中漕渠或鱼藻池[②]。其实苑中漕渠海拔（387 米）低于太液池（398 米），鱼藻池更在漕渠北，绝不可能流往高处。龙首山虽横亘于龙首池与太液池之间，但不是不可以绕过的。龙首池东北不远处有灵符池[③]，灵符池水西北流入太液池，这就意味着龙首池、灵符池、凝碧池和太液池之间应当有一水相通，元人说得很明白：

> 隋开皇三年，自府城东南三十里马头埪堰浐水，……北流经长乐坡西北，灌凝碧、积翠，西北入大明宫后，灌太液池[④]。

这就是说，龙首东渠北支缘此绕过龙首山之首。唐人陈羽《小苑春望宫池柳色》云："夹堤连太液，还似映天津。"[⑤]小苑在大明宫，宫池即龙首池，也证实龙首池确实与太液池相通。太液池的下游是从东小池向东再偏北流[⑥]，前面有一条往东北通向浐、灞之汇的冲沟，龙首东渠当入此沟，至今浮沱寨合漕渠。从给水对象是太液池来看，龙首东渠的这条支渠当凿于大明宫建成后。有资料表明，大明宫中的渠道是用石料甃砌的[⑦]。

龙首东渠的附属设施有贞元十三年（797 年）开凿的太清宫支渠[⑧]。如《唐两京城坊考》所述，是自通化门北入兴宁坊，西流入大宁坊太清宫。马正林先生以此渠为龙首西渠的支渠[⑨]，恐非。

二、黄渠系统

黄渠（图二）在城东南，是曲江的进水渠。曲江早在汉武帝时即已存在，当时的水源只是少原

① 李吉甫：《元和郡县图志》卷 1《关内道》长安县谓："龙首山，在县北一十里。长六十里，头入渭水，尾达樊川。"是包括少陵、鸿固、凤栖、乐游、龙首诸原在内，两者概念不同。

② 中国科学院考古所：《唐长安大明宫（四）》，科学出版社，1959 年。

③ 宋敏求：《长安志》卷 6《宫室》："灵符应圣院在龙首池东。"骆天骧：《类编长安志》卷 3《苑囿池台》："灵符池在龙首池（西）〔东〕北。"

④ 骆天骧：《类编长安志》卷 6《泉渠》。

⑤ 此诗载于《全唐诗》卷 348；《文苑英华》卷 188 亦载此诗，名《御沟新柳》。

⑥ 中国科学院考古所：《唐长安大明宫（四）》，科学出版社，1959 年。

⑦ 常衮《晚秋集贤院即事》（《文苑英华》卷 191）："金铺深内殿，石甃净寒渠。"

⑧ 《旧唐书》卷 13《德宗纪》。

⑨ 马正林：《中国城市历史地理》，山东教育出版社，1998 年，322 页。

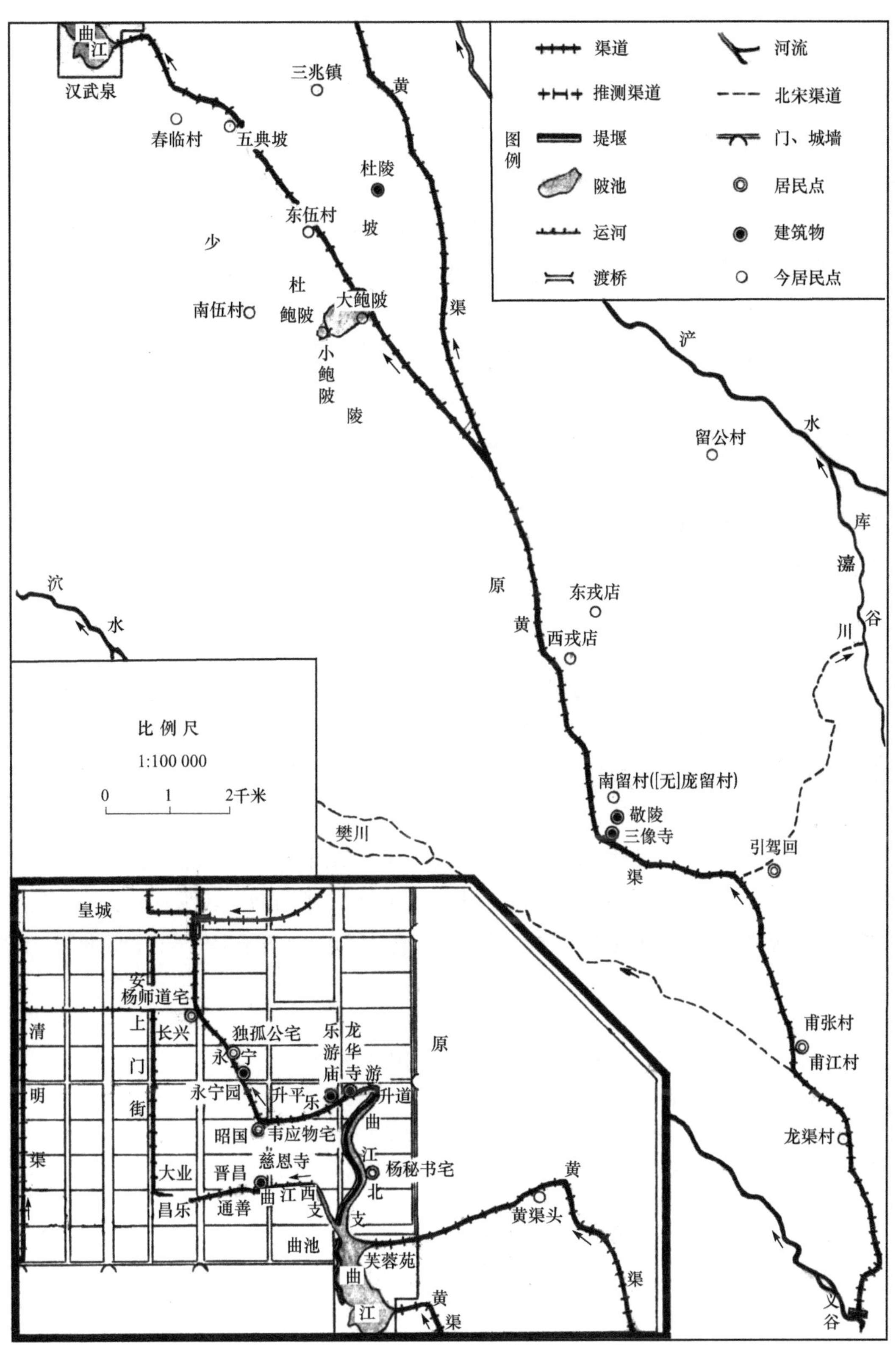
渠道
河流
推测渠道
北宋渠道
图例
堤堰
门、城墙
陂池
居民点
运河
建筑物
渡桥
今居民点
比例尺
1:100 000
0 1 2千米
曲江
汉武泉
三兆镇
春临村
五典坡
杜陵
东伍村
少
坡
杜
南伍村
鲍陂
大鲍陂
小鲍陂
陵
黄
渠
原
浐
水
留公村
库
灞谷
川
东戎店
西戎店
沉
水
南留村([无]庞留村)
敬陵
三像寺
樊川
引驾回
渠
甫张村
甫江村
龙渠村
义谷
皇城
安
杨师道宅
上
长兴
独孤公宅
乐游庙
龙华寺
门
永宁
街
永宁园
升平
升道
昭国
韦应物宅
曲江
大业
晋昌
慈恩寺
杨秘书宅
昌乐
通善
曲江西支
北支
清明渠
曲池
芙蓉苑
黄渠头
黄渠
图二 黄渠

下的泉水，后世称为“汉武泉”[①]。唐武德六年（623年），宁民县令颜昶引南山水入京城[②]，此水道当是黄渠的前身。开元中，对曲江进行了一次大规模疏凿，正式开辟黄渠，以扩大曲江水源[③]。《资治通鉴》卷198胡注引《长安志》说，黄渠、芙蓉池俱为隋宇文恺所凿，然查今本宋敏求：《长安志》无此语，当依张礼《游城南记》改正。文宗之前，黄渠又曾失修，所以大和九年（835年），更淘曲江、重修黄渠，至唐末不废[④]。

黄渠源于义谷（今大峪），谷口有堰截水[⑤]，北流至龙渠村。《西安历史地图集》将今大峪乡至王莽乡一段义谷水画成唐代的人工河道，不详何据。据张礼《游城南记》，黄渠自龙渠村又西北至甫张村（今甫江村）、三像寺，上少陵原。寺在玄宗武皇后敬陵前，即庞留村南侧[⑥]。又北，过戎店村，分为东、西二渠。

黄渠东渠，经鲍陂东北、三兆镇东，至黄渠头，折西南入曲江。张礼《游城南记》云“鲍陂之东北，今有亭子头，故巡渠亭子也”可证。亭子头在今西安市雁塔区曲江乡常家圪塔附近。

黄渠西渠，笔者曾据嘉庆《咸宁县志》卷3的记载，复原为西北流注鲍陂（今小鲍陂村西），又经南伍村、五典坡、春临村，入于曲江。但曹尔琴先生根据该县志卷2《历代疆域水道城郭名胜图》的记载，认为这段渠迹是自清大兆村、东曹村抵鲍陂，则鲍陂当在今大鲍陂村一带。黄渠从鲍陂流出后，又经伍府井、东伍村、五典坡、春临村入曲江。此段渠迹曹先生曾亲临考察，据云五典坡至春临村一带的黄渠遗迹“仍清晰可辨，当地老者尚能历历指出”[⑦]。所以，笔者今次根据其说做了修正。

不过，在嘉庆《咸宁县志》的记载中，还有两条与黄渠有关的支渠。一条是从东支渠的黄渠头分出，继续北流，但黄盛璋先生认为这条支渠未见于其他记载，以地望度之，恐非黄渠故道，笔者同意这样的判断。另一条是自留公村有一渠引浐水西至亭子头，曹尔琴先生认为它与黄渠东支渠相合，继续西流入曲江，成为曲江的又一水源[⑧]。

曲江位于少陵原西北的漫坡地带，地形较为复杂。曲池坊内有丘，迤南低处及迤北江西岸应当有人工堤，人云“长堤十里”[⑨]，盖是之谓。曾有考古工作者认为曲江仅芙蓉苑一隅之地，“池为南北长、东西短的不规则形状，面积约为700000平方米（按：即0.7平方千米）”[⑩]，稍显狭隘。诚如夏

① 司马相如：《哀秦二世赋》，《史记》卷117载；康骈：《剧谈录》卷下。

② 《新唐书》卷37《地理志》。

③ 康骈：《剧谈录》卷下；张礼：《游城南记》，《宝颜堂秘笈》本。

④ 王驾：《乱后曲江》，《唐百家诗选》卷19载；黄滔：《省试奉诏涨曲江池》，《黄御史公集》卷4载。

⑤ 骆天骧：《类编长安志》卷6《泉渠》。

⑥ 骆天骧：《类编长安志》卷9《胜游》、卷10《石刻》。

⑦ 曹尔琴：《长安黄渠考》，《中国历史地理论丛》1990年1期。

⑧ 曹尔琴：《长安黄渠考》，《中国历史地理论丛》1990年1期；《张礼和〈游城南记〉》，《中国历史地理论丛》1990年3期。

⑨ 赵璜：《曲江上巳》，《万首唐人绝句》卷54载。

⑩ 陕西省文管会：《唐长安城地基初步探测》，《考古学报》1958年3期。

承焘先生指出，升道坊及其以南的水体也叫曲江，所以唐人才能在乐游原上吟赏曲江烟霞[①]。估其面积，应有1平方千米。近年李令福先生则提出，曲江分为南、北两池，南池叫芙蓉池，为皇帝专用；北池在今北池头村南侧，官民共用，是开放的曲江池[②]。

曲江的下游流向，很少有人探讨，但并不意味着偌大一个陂池就是死水一潭。笔者以为，曲江往北流至升道坊西北隅龙华寺南的“屈曲”[③]，并非尽头，而是受阻于乐游原转向西流的暗示。曹尔琴先生进一步认为：“以流水屈曲相称，显系指渠道而言，并非可以载舟的曲江，当是指黄渠而言。”[④]汉时乐游庙遗址至唐犹存，在升平坊东北隅，据说也是“南临曲江”[⑤]。曹尔琴先生指出：“乐游原下的流水，除由升道坊引黄渠西流外，别无他水足以当之。”[⑥]笔者同意这样的判断，因为唐诗亦云升平坊有“乱水藏幽径”[⑦]，据《西安历史地图集》还有元宗简宅渠。由此可见，曲江下游确是傍乐游原西南流。然后，至昭国坊韦应物宅[⑧]，屈而北流，绕过乐游原头，经永宁坊南门东之永宁园[⑨]，北过独孤公宅[⑩]，又西北至长兴坊东北隅安德公杨师道山池[⑪]，再往前，流向不明，但贾岛《杨秘书新居》(《长江集》卷10)诗有云：“城角新居邻静寺，时从新阁上经楼。南山泉入宫中去，先向诗人门外流。”按南山泉自城角入长安者，唯有黄渠。因此，判断黄渠是沿长兴坊东街(启夏门街)北流，至皇城东南角与龙首西渠相合，最终流入宫城。这几段被称为“清渠”的水道，从地形上看，基本同处于海拔450米的等高线上，完全可以直接相连，可以认为它就是曲江的下流。从皇家园林芙蓉苑流向宫城，所以又唤作“御沟”[⑫]，它不应当是私人凿取的涓涓细流。

曲江的西支，经晋昌坊慈恩寺南、若耶女子渠宅，西流经通善坊北[⑬]。此后流路未有记载，然大业、昌乐二坊间有一东西向凹地，即所谓“六冈”之间的隙地，可能为此支渠所经。笔者曾据此怀疑其下游流至安乐坊合清明渠[⑭]，然据曹尔琴先生所说：“这条残渠遗迹后改为排水渠道。排水渠道西流经过八里村北红专街，再折北经小寨而与防洪渠相合。”[⑮]今小寨防洪渠是往北流向草场坡，渠

① 夏承焘:《据〈白氏长庆集〉考唐代长安曲江池》,《中华文史论丛(第4辑)》，中华书局，1963年。

② 李令福:《关中水利开发与环境》，人民出版社，2004年，210页。

③ 宋敏求:《长安志》卷9《唐京城》。

④ 曹尔琴:《长安黄渠考》,《中国历史地理论丛》1990年1期。

⑤ 乐史:《太平寰宇记》卷25《关西道》；宋敏求:《长安志》卷5引《关中记》。

⑥ 曹尔琴:《长安黄渠考》,《中国历史地理论丛》1990年1期。

⑦ 许棠:《题张乔升平里居》,《全唐诗》卷603载。

⑧ 韦应物:《寄冯著》(《韦江州集》卷2):“披衣出茅屋，盥漱临清渠。”应物宅在昭国坊，见同书卷6《过昭国里故地》。

⑨ 羊士谔:《永宁小园即事》(《石仓历代诗选》卷67):“阴苔生白石，时菊覆清渠。”

⑩ 徐松:《唐两京城坊考》卷3引《独孤公燕郡夫人李氏墓志》:“先人之旧庐也，有通渠、转池。”

⑪ 褚遂良:《安德山池宴集》(《文苑英华》卷165):“行云泛层阜，蔽月下清渠。”

⑫ 杨续:《安德山池宴集》(《文苑英华》卷165):“簪绂启宾馆，轩盖临御沟。”

⑬ 宋敏求:《长安志》卷8《唐京城》。若耶女子宅渠见《西安历史地图集·唐长安城园林池沼井泉分布图》。

⑭ 郭声波:《隋唐长安的水利》,《唐史论丛(第4辑)》，三秦出版社，1988年。

⑮ 曹尔琴:《长安黄渠考》,《中国历史地理论丛》1990年1期。

路相当于唐长安城安上门街。马正林先生则怀疑此支渠是自慈恩寺往北一直流到永宁坊，与永崇、永宁坊池相通[①]。比较三说而言，可能曹说更有理，今即依之修正。

据张礼《游城南记》，北宋时，黄渠在少陵原上被人为截断，于是曲江渐趋干涸。

三、清明渠系统

清明渠（图三）在城南，凿于隋开皇初[②]，唐末仍有人提到清明渠的存在[③]，城外段至北宋时尚存，见于张礼《游城南记》。

清明渠的水源是泬（潏）水，张礼云分水处在朱坡东南（今长安县杜曲镇西北）。徐松《唐两京城坊考》以为是从丈八沟分引泬水，史念海先生已辨其非[④]，不赘论。其后，清明渠傍少陵原西侧西北流，经杜牧九曲池、皇子陂至渠北村，转东北流[⑤]，至今北三门口村东，经安化门紧西入城[⑥]。渠北村既为清明渠转向处，当在今雁塔区丈八沟乡杜城村（即古下杜城）附近。杜城村东至安化门遗址间今尚有一笔直的东北北向古水道遗迹，清晰可辨，应是清明渠故道[⑦]。故道所经之双桥头村，今无河渠，然既称“桥头”，表明以前曾有河渠。

清明渠自安化门入城后的流路，据宋敏求：《长安志》的记载是：经大安坊南街（按：当是东南街），“又屈而东流，至安乐坊之西南隅，屈而北流，经安乐、昌明、丰安、宣义、怀真、崇德、兴化、通义、太平九坊之西”。这段流路，已被考古工作者证实其在上述诸坊西坊墙内，而《西安历史地图集》画在坊墙外的安化门大街中，是不符合实际情况的[⑧]。

清明渠“又北，流经布政坊之东，右金吾卫之东南，屈而东南流入皇城，经大社北，又东至含光门后，又屈而北，后经尚食局东，又北流经将作监、内侍省东，又北，流入宫城”。这段流路，在宋吕大防《长安图》残石中尚可见其片段。右金吾卫在布政坊东北，靠近顺义门，即今西安城西门，据报道，1984年曾在西门以南城墙内发现清明渠渠道砌体的遗存[⑨]，而《西安历史地图集》所画清明渠在布政坊东南即已向东折入皇城，距顺义门尚远，恐有偏差。

---

① 马正林：《中国城市历史地理》，山东教育出版社，1998年，322页。

② 乐史：《太平寰宇记》卷25《关西道》。

③ 郑谷：《街西晚归》（《云台编》卷下）：“御沟春水绕闲坊，信马归来傍短墙。”郑谷宅在宣义坊，见《云台编》卷中《宣义里舍冬暮自贻》。

④ 史念海：《龙首原和隋唐长安城》，《中国历史地理论丛》1999年4期。

⑤ 张礼：《游城南记》云：清明渠“至渠北村，西北流，入京城”。与《长安志》不合，“西北”当是“东北”之误。

⑥ 陕西省文管会：《唐长安城地基初步探测资料》，《人文杂志》1958年1期；陕西省文管会：《唐长安城地基初步探测》，《考古学报》1958年3期。

⑦ 吕卓民：《西安城南交潏二水的历史变迁》（《中国历史地理论丛》1990年2期）也认为“不当排除有清明渠的蚀切和塑造”。

⑧ 李健超：《隋唐长安城清明渠》，《中国历史地理论丛》2004年2期。

⑨ 《唐皇城遗址探察记》，《西安日报》1984年7月4日。

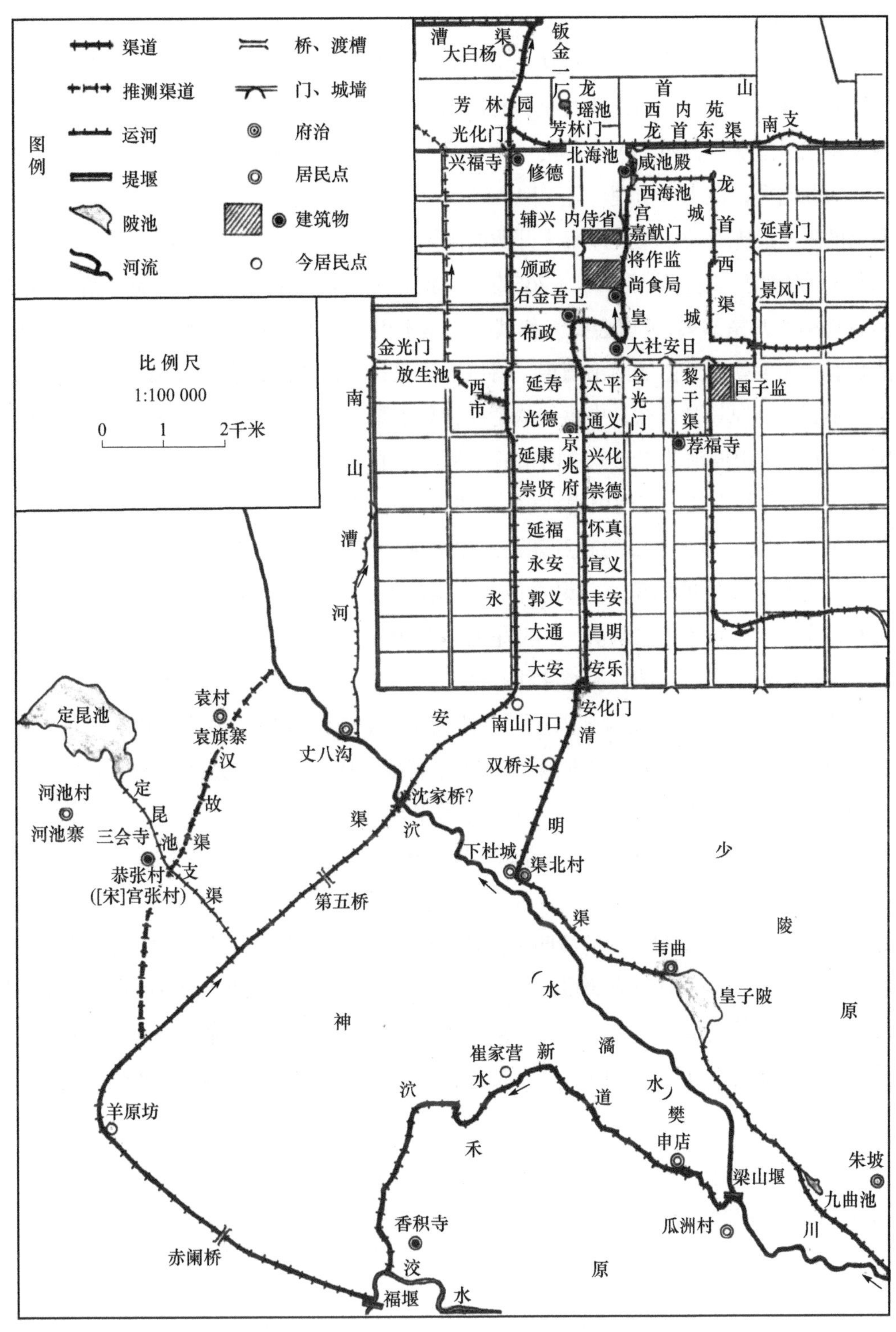

图三 清明渠、永安渠沉水两道

流入宫城的路径，徐松《唐两京城坊考》云是承天门西广运门，史念海先生已驳其非，认为更在广运门西的永安门[①]，今从之。

入宫后的去向，据吕大防《长安图》，可知是经嘉猷门东至咸池殿西海池，与龙首西渠合。再往后，吕《图》上就杳无踪迹了。不过从地形上看，清明渠应该是径北海池入苑，与龙首东渠南支合流，因受阻于龙首山，改向西北流，至芳林园入永安渠。王森文经过实地考察，也认为清明渠北出宫城与龙首东渠南支合，西流入永安渠[②]。《西安历史地图集》未采纳此说，将清明渠只画到西海池为止，成为断尾渠，似未合情理。

清明渠的附属设施有黎干渠，即黎干开凿的漕渠。

《旧唐书·代宗纪》载，永泰二年（765年），京兆尹黎干为解决“京城薪炭不给”的问题，奏请从南山谷口引水开凿漕渠，《唐会要》称其为“运木渠”（“木”原误“水”）。从地形上看，他的原意可能是要利用韩朝宗开凿的南山漕渠，将城内段延长至宫苑内，也有可能是通过清明渠引南山水开漕渠。不管他的原意是什么，史籍很清楚地记载了黎干渠凿成后的实际起点是光德坊东南隅的京兆府廨[③]，而非南山漕河的终点——西市放生池。黄盛璋先生等及《西安历史地图集》皆据《新唐书·地理志》以为黎干渠已与南山漕河衔接，但都没有解释从京兆府廨至西市放生池约2千米的距离如何沟通，未能证明黎干渠的起点就是南山漕河的终点。如果从西市放生池引南山漕河至荐福寺，必须横越永安、清明两渠，三渠水位有一定高差，从西市放生池到清明渠属于逆行，既要通流，又要行舟，工程技术很难解决。因此笔者认为黄先生等所论是因袭《新唐书·地理志》疏误之故[④]。《旧唐书·代宗纪》记载其流经路线是经荐福寺东街，北抵景风、延喜门入苑。黎干渠的开凿历时仅两个月，只挖通了京兆府廨以东的一段便草草收工，显然不可能修建横越永安、清明二渠的工程，只能引取清明渠为源。清明渠水量毕竟有限，所以黎干渠宽仅八尺（折今2.4米），不便行舟，故《通鉴》称其“功竟不成”，并不是说渠没有开通。渠成之日，代宗“幸安福门以观之”[⑤]（按：荐福寺在开化坊东南，荐福寺东街即安上门街，安福门即顺义门在皇城西，景风、延喜二门在皇城东，皇城东西相距十二里，在安福门上是不可能观看到黎干渠的）。史念海先生认为“可能是黎干故弄玄虚，以安福门内的清明渠代替漕渠，以取信于唐代宗”[⑥]。但是黎干渠、清明渠皆近在帝居，无人不晓，黎干有没有胆量、有没有可能、有没有必要做出偷梁换柱的勾当糊弄代宗，实属可疑。笔者认为真实情况可能是：由于长安城内地形是西低东高，黎干渠在施工过程中发现南山漕渠不可能按先前的设计引入苑内，只好改引清明渠，或者是该渠原本就是想通过清明渠引南山

---

① 史念海：《龙首原和隋唐长安城》，《中国历史地理论丛》1999年4期。

② 见王森文《汉唐都城图》和据说是王氏主绘的《长安志水道图》（嘉庆《咸宁县志》卷2）。

③ 王溥：《唐会要》卷87《漕运》：“永泰二年七月，凿运木渠，自京兆府直东至荐福寺东街。”

④ 《新唐书》卷37《地理志》于长安县条连述天宝二年韩朝宗开南山漕河（文中误将“引漕水”记为“引渭水”）及大历元年黎干“自南山开漕渠”二事。按黎干“自南山开漕渠”据《旧唐书·代宗纪》只是奏议中文，施工中当有改动，或者奏议原意是欲引南山水（即清明渠水）开漕渠。《新唐志》不察，记事有误。

⑤ 《旧唐书》卷12《代宗纪》。

⑥ 史念海：《龙首原和隋唐长安城》，《中国历史地理论丛》1999年4期。

水。总之渠成之日，代宗亲临安上门观礼，而《旧唐书》误将安上门记为安福门。安上门在皇城东南，面朝荐福寺东街，应是观览黎干渠极佳的处所。

四、永安渠系统

永安渠（图三）在城西南，凿于隋开皇二年[①]，以引水处在香积寺南洨（交）水上，又名洨（交）渠、香积渠[②]。德宗朝朱泚乱时，引水堰坏，一度绝流，宪宗元和八年（813年）发神策军士修复[③]。昭宗时尚存，见于士人诗咏[④]。

关于永安渠的水源，今所见最早记载是《长安志》卷12长安县："永安渠，隋文帝开皇三年开，在县南，引交水西北入城，经西市而入苑。沈水自南入焉，有福堰，下分为二水，流一里，一水合交水，一水西流，又东流为渎，越沈水上过流，名永安渠。"永安渠究竟引自洨水还是引自泬水（即"沈水"），这里含糊不清。笔者认为引泬说是不准确的，因为洨水又名福水[⑤]，福堰则必在洨水上。据《类编长安志》卷5，香积寺西南旧有香积堰，堰水入城中。福堰当即此堰。吕卓民先生曾对福堰有过考察，已能证实这一点[⑥]。从地形上看，如永安渠直接引泬，大可不必自香积寺而应从今崔家营附近引水。因此可以说《长安志》的这段记载有传抄错误，加点句原文应该是："泬水自南入焉，流一里，有福堰，下分为二水，一水合洨水，一水西流。"这里之所以提到泬水，是因为泬水通过泬水新道流入洨水，间接地成为永安渠的水源。

永安渠在香积寺福堰引水后，西北流经赤阑桥至羊原坊[⑦]。此段渠道据水文地质部门钻探考察，原是一条古河道，杨思植先生等认为是交河的遗弃河谷，吕卓民先生则认为是滈水故道，本来是往西北一直通向昆明池，汉代以后才改道向西南流，入沣水[⑧]。其实两说是比较接近的，因为滈水是早先的名称，洨水是后来的名称。

永安渠在羊原坊离开滈（洨）水故道，绕过神禾原头转东北流，经第五桥，至沈家桥越南山漕河[⑨]，又东北，至南山门口村北，以30°角入大安坊西南隅[⑩]。入城处高程为海拔416米。然后经大安、大通、敦义、永安、延福、崇贤、延康诸坊西，又经西市东，傍布政、颁政、辅兴、修德四坊

---

① 二年：宋敏求：《长安志》卷12作"三年"，今依《太平寰宇记》卷25《雍州》。

② 王溥：《唐会要》卷89《疏凿利人》；骆天骧：《类编长安志》卷6《泉渠》。

③ 王溥：《唐会要》卷89《疏凿利人》。

④ 郑谷：《访题进士孙秦延福南街居》，《云台编》卷上载；李洞：《赠曹郎中崇贤所居》，《石仓历代诗选》卷90载。

⑤ 乐史：《太平寰宇记》卷25《关西道》。

⑥ 吕卓民：《隋唐永安渠渠首的福堰遗址》，《汉唐长安与黄土高原》（《中国历史地理论丛》1998年增刊）载。

⑦ 温庭筠：《杨柳枝》，《温飞卿集》卷9载；骆天骧：《类编长安志》卷6《泉渠》。

⑧ 吕卓民：《西安城南交潏二水的历史变迁》，《中国历史地理论丛》1990年2期。

⑨ 张礼：《游城南记》；骆天骧：《类编长安志》卷6《泉渠》。

⑩ 陕西省文管会《唐长安城地基初步探测》（《考古学报》1958年3期）云："永安渠从南山门口村东南角以30度斜度流入城内。"按若经村东南则与清明渠相接，不确，当经村北。

西，入内苑芳林园[①]。永安渠入苑的地点，宋敏求说是修德坊西北隅的兴福寺西，即穿光化门（《西安历史地图集》作景耀门）而入，可是吕大防《长安图》中却是将永安渠从兴福寺东引至芳林门入苑，黄盛璋先生亦因仍其说。孰是孰非，当以地形为据。今大白杨村东有一宽约1里的南北向凹地，中有古渠遗迹，正对光化门，应当是永安渠故道。凹地两侧都是高3～5米的原阜，永安渠若踅而往东，何以能穿越龙首山？可见此处《长安志》的记载当比吕《图》准确。

永安渠经光化门入芳林园后，与来自太极宫的清明渠相汇，往北注入汉长安城东南的漕渠，再沿汉城东城濠直北注渭。吕《图》将漕渠与永安渠析为二途，以为两渠并行入渭，乃是考察不周的结果。

永安渠的附属设施有定昆池支渠和西市支渠。

定昆池乃唐中宗时安乐公主所凿，黄盛璋先生认为，池在今长安县祝村乡河池寨北，“河池”即“涸池”“鹤池”之讹。其东地名有东滩村，西有湖村，西北有黄沙岭，北有西滩，结合地形，即可复原池形（如图三）。《旧唐书·武延秀传》云：“定昆池延袤数里。”《长安志》卷12引《景龙文馆记》则作“延袤十数里”。按今河池寨北洼地以唐尺计，周长不及十里，前者当是。《长安志》卷12又载：定昆池在县西南十五里。按长安县治在延寿坊，以宋制度之，距复原的定昆池直线距离基本上就是十五里。定昆池南二里有三会寺[②]，清人记述三会寺村（今恭张村）南有汉故渠，径村东合唐永安渠[③]。其实永安渠渠干只从恭张村东南四里经过，流向是西南—东北，绝不会流经三会寺东，所以清人在三会寺村东见到的“唐永安渠”，应是通往定昆池的永安渠支渠，可见定昆池水源来自永安渠，唐宋人关于定昆池水源系“引水”“引流”的记载[④]，盖即此而言。定昆渠支渠既在恭张村东与汉故渠相交，则当接近西南—东北走向，而《西安历史地图集》却将此支渠画成东西走向，即自第五桥北分引永安渠水，经恭张村北入定昆池，与清人所见有所不同，不详其据。关于定昆池的下游，张礼《游城南记》云有水道与昆明池相通，按定昆池地形高于昆明池，则此水道应是定昆池的泄水道。

西市支渠是武后长安中沙门法成为灌注西市西北隅的放生池所凿[⑤]。渠自市东引永安渠水西北流，宽3～4米，深6米[⑥]。西市放生池的泄水道流路不详，但可以肯定黎干渠不是它的泄水道，因为黎干渠晚凿半个多世纪，且未与西市放生池接通（详见上文“清明渠系统”）。

五、沉 水 两 道

沉水两道指沉水新道和南山漕河（如图四）。

① 宋敏求：《长安志》卷10《唐京城》。

② 宋敏求：《长安志》卷12《长安县》：“三会寺在宫张村。”宫张村即今长安县祝村乡恭张村。

③ 嘉庆《长安县志》卷14《山川志》。

④ 宋敏求：《长安志》卷12引《景龙文馆记》；张鷟：《朝野佥载》卷3。

⑤ 《永安渠石铭》，《全唐诗》卷875载。

⑥ 中国科学院考古所：《唐长安城西市遗址发掘》，《考古》1961年5期。原作“宽34米”，按永安渠口的洨河河床宽度尚不及此数，疑此数字有印刷错误，中脱一“～”号。

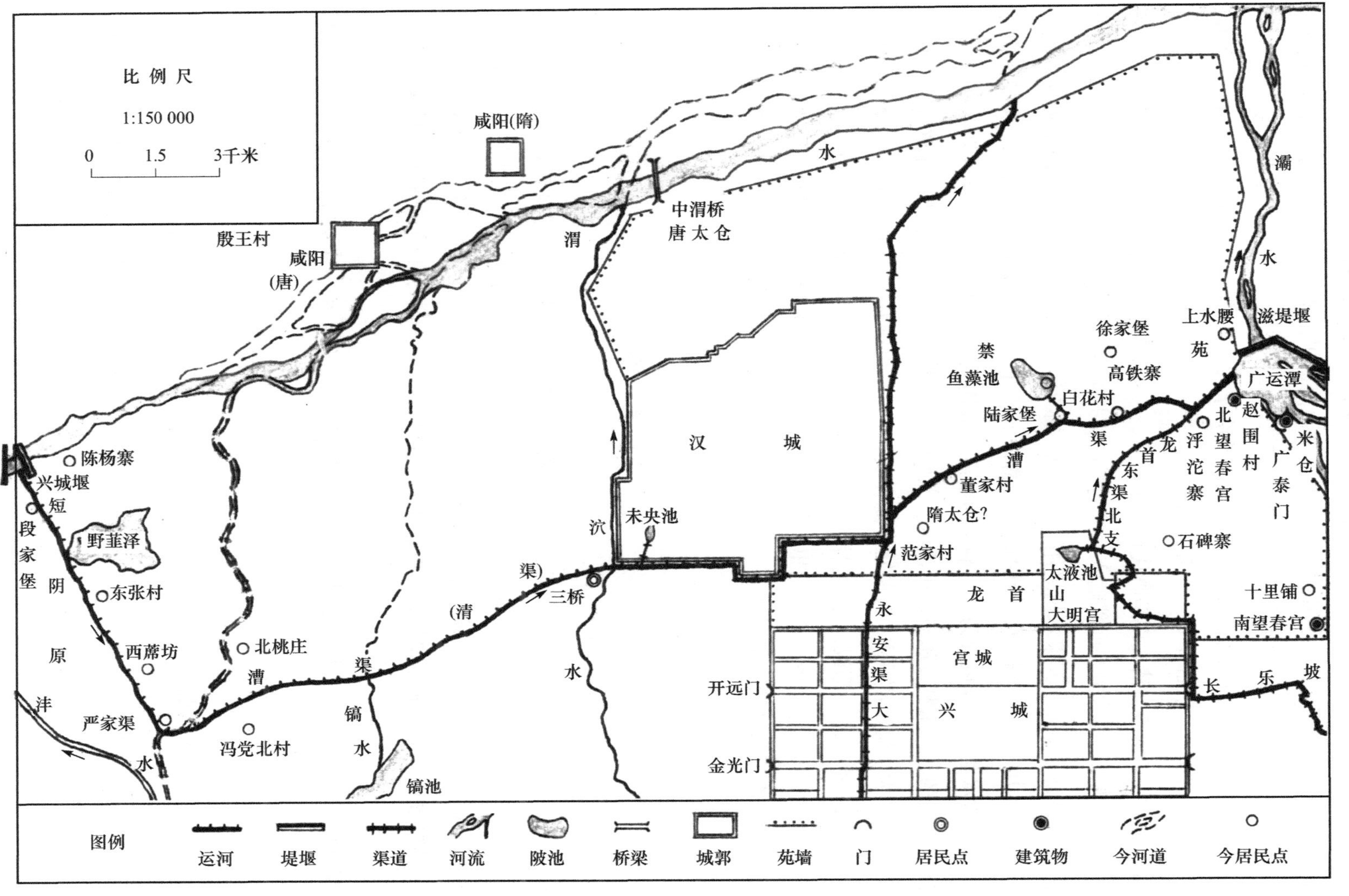
比例尺
1:150 000
0 1.5 3千米
咸阳(隋)
殷王村
咸阳(唐)
渭水
中渭桥
唐太仓
灞水
滋堤堰
上水腰
苑
徐家堡
禁
鱼藻池
高铁寨
广运潭
白花村
陆家堡
赵围村
米仓
北望春宫
浮沱寨
广泰门
龙首东渠
北支
漕渠
董家村
隋太仓?
石碑寨
范家村
汉城
未央池
泬水
太液池
山
大明宫
龙首
十里铺
南望春宫
永安渠
宫城
大兴城
开远门
金光门
长乐坡
陈杨寨
兴城堰
短阴原
段家堡
野韭泽
东张村
西蓆坊
北桃庄
(清渠)
三桥
漕渠
冯党北村
镐水
镐池
沣水
严家渠
图例
运河
堤堰
渠道
河流
陂池
桥梁
城郭
苑墙
门
居民点
建筑物
今河道
今居民点

图四 漕渠

泬水，又曰潏水，“泬”“潏”皆音 jué，在唐长安城西。北魏以前的流路，《水经注》云是出樊川，北流傍汉城西入渭。北周保定二年（562 年），庾信下南山之材，放至汉城[①]，开漕木之先河。自后泬水遂有“漕渠”“漕水”之名：隋开皇中，城西南四里的袁村（今袁旗寨）就曾被漕渠的洪波吞噬[②]；唐人亦称“漕水即沈水”[③]。自后滥觞，“沉”“坹”“坑”“坈”之类读音与“泬”“潏”迥异的错别字亦相继出现。唐以后，自梁山堰以下的泬水故道，多称“漕水”，又讹作“皂水”。按《广韵》：漕，昨劳切；皂，昨早切，可见唐宋时“皂”与“漕”同音。

泬水新道是人工水道，清人说是唐代杜正伦所开，今人有同意其说者[④]，吕卓民先生认为可能是在汉代[⑤]。笔者则认为是隋开皇间伴随永安渠的开凿而开凿的，稍晚于永安渠，因为新道不仅有排泄泬水夏洪之功，也有增加永安渠水量之用（见上文“永安渠系统”）。泬水新道改道处在瓜洲村，起梁山堰，堰水至申店，上神禾原，斩原而济，凿深五六十尺（折今 15～18 米），西至香积寺注洨水，今尚存。泬水新道至今被视为泬（潏）河主流，故连同上游俱被称为“潏河”。

与泬水有关的另一水利设施有南山漕河。天宝初，京兆尹韩朝宗引漕水入金光门，至西市，以漕南山之材，是为“南山漕河”，引水处可能在丈八沟。“引漕水”，《唐会要》卷 87《疏凿利人》、《新唐书》卷 37《地理志》都误记为“引渭水”。按西市海拔 403 米，若引渭，则只能从今周至县终南镇以西分水，沿途跨河十余，长百余里，偌大工程竟毫无记载，可见引渭水入金光门的漕河并不存在。黄盛璋先生提出“渭”字系“潏”字之误，其意亦同，但从字形上看，不如解释为“漕”字之误更好。

六、漕渠系统

漕渠（图四）在大兴城北，始凿于隋开皇四年六月，其年九月告竣[⑥]。施工时曰民富渠[⑦]，竣工后更名广通，正如《隋书·食货志》所载：“命宇文恺率水工凿渠引渭水，自大兴城东至潼关三百余里，名曰广通渠。”炀帝继位，乃避讳改广为永[⑧]。隋漕渠长三百余里，只用三个月凿成，尽管利用了部分汉漕渠故道，也不能不说是仓促的，工程质量可能有些问题，再加上战乱，隋漕渠至隋末便无形废弃。

长安漕渠的重新修凿，《唐会要》说是在唐天宝元年（742 年）至天宝二载间，《元和郡县图

① 庾信：《终南山义谷铭》，《初学记》卷 5 载。

② 《隋书》卷 23《五行志》。

③ 《长安志》卷 11 引《十道志》。

④ 嘉庆《长安县志》卷 13《山川志》；杨思植等：《西安地区河流及水系的历史变迁》，《陕西师大学报》1985 年 3 期。

⑤ 吕卓民：《西安城南交潏二水的历史变迁》，《中国历史地理论丛》1990 年 2 期。

⑥ 《隋书》卷 1《高祖纪》。

⑦ 《隋书》卷 61《郭衍传》。宋敏求：《长安志》卷 12 作“富渠”，当是因唐人记载避太宗讳略“民”字而来。

⑧ 宋敏求：《长安志》卷 12《长安县》曰：“永通渠，初名富渠，仁寿四年改。”中脱改广通渠一事。

志》则说渠成于天宝三载。唐漕渠基本上是隋漕渠的恢复，渠路没有明显改动，只是增辟了广运潭，作为停泊漕船的新码头。又缘渠首兴城堰，亦称兴城渠[①]。大历后，漕渠病夏水，渐不通舟[②]。宝历二年（826年），广运潭转赐司农寺[③]，表明漕渠正式废弃。

大和后，岁旱河涸，渭水漕运颇为艰苦。开成元年（836年），在咸阳县令韩辽提议下，宰相李石面奏文宗请复开漕渠，但遭到右相李固言反对[④]。黄盛璋、马正林先生等都以为渠已凿成[⑤]，实由《新唐书·食货志》一段曲解《旧唐书·李石传》原意的转述所致[⑥]。据《唐会要》卷87、《新唐书》卷183、《资治通鉴》卷249，大和后至大中五年，长安漕运仍由渭水，舟止东渭桥仓，丝毫未见漕渠已经恢复的痕迹。

漕渠引水堰名兴城，在唐咸阳县西南十八里渭水上[⑦]，地名短阴原。按唐咸阳即古之杜邮，在今咸阳市东北渭城镇，揆之地理，兴城堰当在今咸阳市西南渭滨镇两寺渡与钓台镇文王嘴之间[⑧]，海拔今为387米。考虑到1400年的河床侵蚀和当时的堰高，估计隋唐漕渠的起点高程不低于海拔391米。《水经注·渭水》云丰水注渭处有“石磩”，所引《地说》作“石激”，《长安志》引作“石徼”，李之勤先生认为石磩、石激、石徼当为一事，有可能就是汉唐漕渠渠首兴城堰的所在地[⑨]，其说可从。《西安历史地图集》漕渠引水处在今咸阳市沣东镇沣河下游，大概是根据元末李好文《长安图志·咸阳古迹图》画的，但与《隋书·郭衍传》漕渠引渭水之记载不符。

由于汉长安城南漕渠海拔为388米，兴城堰至汉城间的渠路应大致沿390～389米等高线延伸。据清人记述，今沣河下游西岸有古渠经阎家村（即今严家渠村）、席家村（今东西席坊）、张家庄（今东西张村）、马家村（今马家寨）入渭[⑩]，恰至隋唐兴城堰口。卫星照片也显示出这条古渠的痕迹。虽然古渠西北近兴城堰处（今文王嘴，海拔387米）较东南近今沣河处（今严家渠村，海拔389米）低2米，但应考虑到由于漕渠久废，渠身被沣河夏洪冲刷降低的因素。因此，不妨认为这条不知名的古渠就是隋唐漕渠的渠首段。

1986年，在咸阳市南9千米处的钓台乡资村、西屯和长安县高桥乡靠子屯之间的沙河故道中，发现了“古桥”遗址两处，考古工作者认为应是汉唐西渭桥遗址[⑪]，李之勤先生撰文质疑，认为有

---

① 《旧唐书》卷172《李石传》。

② 杜佑：《通典》卷10《食货典》；李吉甫：《元和郡县图志》卷2《关内道》华州。

③ 《旧唐书》卷17《敬宗纪》。

④ 《旧唐书》卷172《李石传》。

⑤ 黄盛璋：《西安城市发展中的给水问题以及今后水源的利用与开发》，《历史地理论集》，人民出版社，1982年；马正林：《渭河水运和关中漕渠》，《陕西师范大学学报》1983年4期。

⑥ 考详郭声波：《韩辽是否疏凿了漕渠》，《中国历史地理论丛》1988年2期。

⑦ 《旧唐书》卷172《李石传》：“兴成渠旧漕，在咸阳县西十八里。”

⑧ 辛德勇：《论西渭桥的位置与新发现的沙河古桥》，《古代交通与地理文献研究》，中华书局，1996年。

⑨ 李之勤：《“沙河古桥”为汉唐西渭桥说质疑》，《中国历史地理论丛》1991年3期。

⑩ 嘉庆《长安县志》卷13《山川志》。“入渭”原作“入沣”，误。

⑪ 段清波等：《西渭桥地望考》，《考古与文物》1990年6期。

可能是西汉、隋唐漕渠上的桥梁或与漕渠有关的水利设施[①]，辛德勇先生则认为沙河古桥是古代沣河桥，其中的2号桥建于隋唐时期[②]。笔者以为，以渭河、沣河河道摆动关系看，“西渭桥说”固不足信，而以“沣河桥说”较为可信，但2号桥恐非建于隋唐，因为依辛德勇先生的研究，隋唐时长安城的西北（开远门路）、西南两路（金光门路）也不经过沙河古道，在沙河上修建桥梁已无必要。至于“漕渠桥说”，由于两座沙河桥的位置处在兴城堰正南，似乎不是漕渠所经，加以不当隋唐交通路线，故亦未敢遽从。

漕渠引渭后，经大兴城北东流[③]，当沿389米等高线自今严家渠村东流，穿三桥而入汉城南古渠。“三桥”一名始见于唐德宗时[④]，其时该地除泬水外，还有漕渠经过，又当京西大道，所以桥多。贞观中，长安城西有漕店[⑤]；玄奘归国，以开远门外闻者凑观，欲进不得，因宿于漕上[⑥]。此漕店、漕上，距开远门不远，应当在三桥一带。

从兴城堰到汉长安城之间的这段漕渠，又叫“清渠”。宋敏求：《长安志》卷12《长安县》云：“清渠在县西五十里，自鄠县界来，经县界十里注渭。”兴城堰距长安县治延寿坊四十余里，漕渠首段在鄠县境，渡沣即入长安县界，又东十八里，刚好至汉城西南角合泬水入渭，与“清渠”的记载大致吻合。肃宗至德二载四月，“贼帅安守忠、李归仁领八万兵屯于昆明池西，五月三日，陈于清渠之侧”[⑦]。时唐将郭子仪在凤翔，经咸阳薄长安，燕军既以清渠为防线，则见清渠确是在唐长安城的西北，为西南—东北走向，也与漕渠走向相合。唐军既阻于清渠，乃改从武功渡渭，拊其背而攻之，燕军败绩，此是后话。

嘉庆《长安县志》卷2《山川图》绘唐漕渠过沣水后，是经镐池、鱼化镇，然后循汉漕渠北流，再东折经龙首原向东。舒峤先生认为：“从实际地形来看，兴城堰一带海拔高程约为387米，镐池一带海拔高程约为394米，鱼化镇一带海拔高程为396米，比兴城堰高出7～10米，显然，在当时的技术情况下，自兴城堰不可能将渭水引至鱼化镇。”[⑧]舒先生没有考虑到1400年的河床侵蚀和当时的堰高，对隋唐时期兴城堰的高程估计偏低，不过，他根据镐池和鱼化寨的地形否定嘉庆《长安县志》的画法，认为这段渠路是从马家寨、严家渠、南田村、杨旗寨、三桥一线，却是值得肯定的。

三桥以东、汉长安城南古渠（即南城濠）今犹存，海拔388米，禁苑东广运潭海拔385米，所以苑中漕渠理应沿387米等高线设计。舒峤先生也认为苑中漕渠应按387米高程而行，可是他认为渠路是横穿汉长安城而过，即“自汉章门西入城，东流经未央宫、桂宫和长乐宫，从青门出而东与

---

① 李之勤：《“沙河古桥”为汉唐西渭桥说质疑》，《中国历史地理论丛》1991年3期。

② 辛德勇：《论西渭桥的位置与新近发现的沙河古桥》，《古代交通与地理文献研究》，中华书局，1996年。

③ 《隋书》卷61《郭衍传》：“征为开漕渠大监，部率水工，凿渠引渭水，经大兴城北，东至于潼关。”黄盛璋先生以为唐漕渠穿长安城而过，误。

④ 《旧唐书》卷133《李晟传》。

⑤ 《太平广记》卷328引《异闻录》。

⑥ 慧立：《大慈恩寺三藏法师传》卷5。

⑦ 司马光：《资治通鉴考异》卷15引《汾阳家传》。

⑧ 舒峤：《隋唐漕渠在灞河以西的走向》，《中国历史地理论丛》1992年1期。

漕渠合”。然而按之地形，沿这条等高线往东至今高铁寨、上水腰，是在广运潭北二里合灞，与广运潭的设计不协，而且自徐家堡以东一直是高 7～8 米的陡壁，无法修渠。据卫星照片分析，387 米等高线附近并无古渠痕迹，但自汉长安城南古城濠东南角经范家村、董家村、陆家堡至白花村，倒是有一条隐约可见的渠迹，揆之古史，当非隋唐漕渠莫属。虽然沿线今地面高程在 390～392 米，但当时渠深 3～4 米不是不可能的。也就是说，隋唐时此段渠底高度也可能是在 387 米左右。《隋书·郭衍传》说，当时的漕渠是经大兴城北东流，《新唐书·地理志》华州也说，漕渠是“因古渠会灞、浐”，那么渠路不应当离龙首山太远，取汉城南之古渠比穿汉城而过当更符合史载。

漕渠又东，至浮沱寨合龙首东渠北支。此段乃是据地形推测。漕渠又东北流，入广运潭，缘滋堤渡灞东去。

此后漕渠的流路，据卫星照片判断，应从今上桥子口西酾出，东北流入经今贺韶村、漕渠村、西泉村入临潼县境，沿 370 米等高线向东流。

隋漕渠西端的终止码头是太仓，具体地点不详。唐太仓移至禁苑之西、中渭桥南[①]，乃是唐初利用渭水漕运的见证。

隋唐漕渠渠路设计有利有弊。利在引用了涝、沣、渭、泬、浐、灞诸水，水流浩浩，从而保证了漕船的通济。弊在渭水多沙，沣、泬、浐、灞又是山区性河道，一旦夏雨泛涨，漕渠易被冲刷、淤毁，不能维持长期稳定的漕运[②]。

隋唐漕渠的附属设施是滋堤和广运潭。

隋唐漕渠是怎样渡过浐、灞两河的？马正林先生曾据《新唐书·地理志》“漕渠自苑西引渭水，因石渠会灞、浐”一语，认为漕渠是因灞水石堤而过[③]。其实《新唐书·地理志》的“会灞浐”与“过灞浐”是不同的，“石渠”也是“古渠”（当指汉城南古渠）的传抄错误[④]，所以仅仅根据《新唐书·地理志》这句话是不能解决问题的。

不少记载证明，隋唐漕渠在通过浐、灞二水时，接纳了两河之水[⑤]，很明显它不是通过渡漕过去的。接纳河水必须有堰，翻检许多文献及地形资料，没有发现浐水堰的踪迹，倒是发现了关于灞水堰的记述，《新唐书·百官志》有云：“兴城、五门、六门、龙首、泾堰、滋堤，凡六堰，皆有丞一人，从九品下。”此六堰，显然是长安周围比较重要的堤堰。滋堤因滋水为名，隋开皇中，一度改灞水曰滋水[⑥]，故可断定滋堤始筑于开皇中。无独有偶，隋漕渠也是开凿于此时，显然滋堤就是漕渠渡灞之堰。史书又云漕渠“截灞、浐水”“灞、浐二水会于漕渠”，一堰可纳二水，则说明滋堤建筑于浐、灞之会下方，其作用是截留浐、灞二水供应漕渠。

广运潭是唐漕渠的终止码头，具体位置向有歧说。因其作用比较重要，故不得不费些笔墨详为

① 宋敏求：《长安志》卷 6《宫室》。

② 马正林：《渭河水运和关中漕渠》，《陕西师大学报》1983 年 4 期。

③ 马正林：《渭河水运和关中漕渠》，《陕西师大学报》1983 年 4 期。

④ 参详中华书局本《新唐书》卷 37《地理志》校勘记。

⑤ 见《通典》卷 10《食货典》、《元和郡县图志》卷 2《关内道》、《旧唐书》卷 105《韦坚传》。

⑥《隋书》卷 1《高祖记》。

辩论。

据黄盛璋先生的复原，潭在今西安城东北大明宫乡石碑寨附近，理由是石碑寨有望春宫遗址。但据笔者所查，并未见到关于望春宫遗址的资料出处，倒是发现了几个问题：其一，石碑寨位处唐大明宫东三里的禁苑中，而据《旧唐书·韦坚传》，广运潭竣工时，京城百姓多往观之，这如何解释唐代的宫禁制度？其二，据《旧唐书·李晟传》，德宗兴元元年（784 年），李晟领军自东渭桥移驻禁苑"光泰门外米仓村"，以攻击驻在苑中的朱泚叛军。如果漕渠终止码头在禁苑内，为什么米仓却设在禁苑外？其三，漕渠在禁苑东部的海拔为 387 米，而石碑寨海拔为 400 米，如广运潭在石碑寨，漕船如何能驶入潭中？其四，广运潭是可以容纳二三百只漕船数里连樯的巨潭[①]，方圆当在十里以上，若在石碑寨掘地为潭，因地形较高，不能直接引用漕渠水和浐河水，只能以龙首东渠的北支渠为水源，而该支渠乃一泓浅水，何以能胜巨潭之需？

马正林先生认为广运潭在长乐坡东南[②]，则是出自《旧唐书·韦坚传》的记载："于长安城东九里长乐坡下、浐水之上架苑墙。东面有望春楼，楼下穿广运潭，以通舟楫。"《西安历史地图集》即是这样的画法，将广运潭画在西安城东长乐坡下十里铺附近的浐水上，望春楼画在广运潭东的浐水东岸。设若果真如此，笔者也有几个疑问：其一，望春楼《新唐书·地理志》又作望春宫，有南、北两处，"南望春宫，临浐水；西岸有北望春宫，宫东有广运潭"。明明潭在楼东，如何能画成楼在潭东？其二，广运潭既在北望春宫东，《西安历史地图集》将广运潭画在今十里铺一带，则南望春宫更在十里铺之南，两宫必为长安城东的离宫。而据《旧唐书·僖宗纪》："杨复光上章告捷行在曰：'今月八日，随李克用自光泰门先入京师，……自卯至申，凶徒大败，自望春宫鏖杀至升阳殿下。'"这所望春宫既在禁苑光泰门内，则说明望春宫不是离宫，南、北两处望春宫都应在禁苑之内。《西安历史地图集》如何解释这条史料？其三，《西安历史地图集》所画广运潭面积不足 1 平方千米，如何解释《旧唐书·韦坚传》关于广运潭可容数里连樯的记载？其四，众所周知，唐代浐水作为灞水的支流，本来流量就不够丰富，何况还有一条龙首渠引走了部分水流，而广运潭系方圆十里以上的巨潭，水源如何解决？如果广运潭系在浐水上修建滚水堰拦截水流而成，十里铺距漕渠横绝浐灞之处至少在十里以远，这段漕路完全依靠滚水堰下泄的余水能否解决问题？漕船又如何通过滚水堰？其四，如果广运潭作为漕渠终止码头开凿在今十里铺，何以将米仓设在远离十里铺十里之遥的光泰门外？如果广运潭不是终止码头，又缘何开凿？其五，长乐坡当京东要道，附近若有巨潭，而且舟楫往来不绝，何以在数以百千计的唐人诗文中无一道及？

笔者认为，设若广运潭在光泰门外的浐灞之会，一切问题就迎刃而解了，兹提出几点理由如下。

其一，对《旧唐书·韦坚传》关于"于长安城东九里长乐坡下、浐水之上架苑墙。东面有望春楼，楼下穿广运潭"记载的理解，应与《新唐书·地理志》关于"（万年县）有南望春宫，临浐水；西岸有北望春宫，宫东有广运潭"的记载结合考虑。即前者"架苑墙"后面应是句号（中华书局本

---

① 《旧唐书》卷 105《韦坚传》云："坚预于东京、汴、宋取小斛底船三二百只置于潭侧，……至（望春）楼下，连樯弥亘数里，观者山积。"

② 马正林：《渭河水运和关中漕渠》，《陕西师大学报》1983 年 4 期。

作逗号),"东面有望春楼"是承"苑"或"苑墙"而言,不是承"长乐坡下"而言,也就是说,它讲的是在禁苑东部(或苑墙东侧)建有望春楼。东苑墙从长乐坡迤北傍浐水—灞水修筑,直达渭滨,长达二三十里,南、北望春楼可能均建在东苑墙上。据元人和清人记载,南望春宫确实建在长乐坡北二里高地上[①]。因此也可以这样理解:长乐坡苑墙上建有南望春楼,下临浐水,光泰门附近苑墙上建有北望春楼,楼东即广运潭,《韦坚传》误把两处望春楼混为一谈,故有张冠李戴之嫌。

《韦坚传》又载,广运潭竣工时,水陆转运使韦坚搞了一个竣工典礼,京城百姓因不识船樯,观者山积,玄宗亦亲临望春楼观礼,更说明潭址在禁苑东墙外不远,禁苑内外均可瞻望。并且,韦坚曾当场将各船所载的"诸郡轻货"跪进玄宗,只有北望春楼旁边的光泰门可以作为他由潭入苑的通道。当然,光泰门也是日后从米仓转搬粮斛入内的唯一路径。

其二,关于广运潭的水源,《唐会要》和《旧唐书》就有"引灞、浐二水""引浐水"的歧说。但北望春宫既在浐水西岸,而光泰门一带的浐水岸地宽不及400米,实不足以容纳方圆数里的巨潭。当然,广运潭也不可能远在光泰门外四里的灞河东岸,否则距离望春楼太远,玄宗何能观礼?由此看来,广运潭应当在浐、灞之间,确切地说,光泰门外就是浐、灞之汇,也就是可容纳数里连樯的巨潭所在。实际上,只要稍稍加高滋堤,凿展浐、灞河床,就可成为一汪碧潭,所谓"引灞、浐二水",应当就是广运潭水源比较合理的记述。

其三,广运潭是漕渠终止码头,当有临时粮仓,记载中唯一可见的苑外"米仓",正在光泰门外!为什么米仓不设在墙内?大概是因为米仓必须靠近地势较低的码头,以便搬卸,而苑墙出于安全考虑,只能建在高处,两者不能兼顾的缘故。

七、昆明池系统

昆明池始凿于汉武时代,历东汉、魏、晋不衰,至后秦弘始十六年(414年)方竭[②]。北魏太武帝时重行疏浚[③],自后,周、隋、唐三代俱为京城胜景。唐贞元十三年和大和九年又加整治[④],至咸通七年(866年)仍为皇帝游赏之所[⑤]。程大昌认为宋敏求:《长安志》卷12的"昆明池今为民田"一语引自唐《图经》,说明昆明池的废弃不晚于唐末[⑥]。若程氏所云不谬,昆明池的干涸当在僖、昭之间。

关于昆明池的范围,清人王森文在今长安县斗门镇北曾见古碑云:"北极丰镐村,南极石匣,东极园柳坡,西极斗门。"[⑦]《类编长安志》未录,此碑当是元以后物,不过所记应是唐昆明池遗迹。

① 骆天骧:《类编长安志》卷4《堂宅亭园》。又,嘉庆《咸宁县志》卷3《历代疆域水道城郭宫室名胜图》将望春宫遗址画在长乐坡北十里铺,亦在唐禁苑内,东临浐河。

② 《魏书》卷48《高允传》。

③ 《魏书》卷4《世祖纪》。

④ 《旧唐书》卷13《德宗纪》、卷17《文宗纪》。

⑤ 《资治通鉴》卷256《唐纪》。

⑥ 程大昌:《雍录》卷6《昆明池》。

⑦ 王森文:《汉唐都城图》后记,陕西省博物馆藏。

汉时昆明池周围四十里[①]，面积如《三辅故事》云："昆明池盖三百二十顷。"[②]折合今制约14.7平方千米，按之地形及唐人诗咏，与唐昆明池范围大小相同[③]，亦在今斗门镇东、万村西。此外，汉昆明池还"周以金堤，树以柳杞"[④]，至唐代犹然，人称"四面金堤，仍同树杞"[⑤]，这样的堤坝，应是人工堤坝。然而昆明池位处细柳原北一洼地中，东、南、西三面地势较高，似乎不需筑堤，唯北面地势较低，才需筑堤。所谓"四面金堤"，盖指作为游览区的昆明池北部而言。《西安历史地图集》将"金堤"作为昆明池北镐水水道名，恐乖其实。

位置、周长、面积既定，结合现代地形图，则不难复原隋唐昆明池的形状（图五）。

隋唐昆明池水源主要是洨、沣二水，《玉海》卷171引《括地志》云："丰、镐二水皆已堰入昆明池，无复流派。""镐水"又作"滈水"，即洨水（交河）上游。《括地志》的语气好像是将洨、沣二水全部引入昆明池后，其下游已经绝流。其实是夸大其词，隋唐时只是通过两条渠道分引洨、沣二水入昆明池，并非全部截流。

洨水渠起自石炭堰，即汉曰石闼堰。据黄盛璋先生研究，汉石闼堰在今长安县滦镇南堰头村，截洨水，经今枣龙寨、西乾河、楼子村、孙家湾、姜仁村、西渠村、普贤寺至石匣口入昆明池，自石匣口又分一排洪渠西北流经堰下张村、马家营入沣河。

沣水渠又名贺兰渠[⑥]，起自贺兰堰，二渠合流于石匣口入池。贺兰堰的位置未见记载，从地形上看，今户县秦渡镇附近河床较窄，地势较高，便于引水，今沣惠渠正是从秦渡镇对岸引沣水，东北流至普贤寺会洨水渠故道，可能与隋唐贺兰渠流路相近。另外，定昆池的下泄水道通往昆明池，也可以补充昆明池水量（详见上文"永安渠系统"）。

洨、沣两渠大概安史之乱后淤涸，德宗时重加疏浚，即如宋敏求：《长安志》卷6所说："昆明池，唐德宗贞元十三年，命京兆尹韩皋充使浚之，追寻汉制，引交河、沣水合流入池。"

昆明池下游出口有二：一在池北，因为据考古调查，昆明池北有一西向泄水口[⑦]，入沣水；另一出口在池东北，入镐池。

镐池初见于秦[⑧]，紧邻昆明池北，即今长安县镐京乡丰镐村西北洼地[⑨]，池周一十二里[⑩]，承昆明

---

① 《汉书·孝武帝纪》注引臣瓒语。

② 此据《长安志》卷4所引。同书引《庙记》作"二百二十顷"，《玉海》卷171引《三辅旧事》作"三百三十二顷"。

③ 苏颋：《恩制尚书省僚宴昆明池》（《文苑英华》卷176）："昆明四十里，空水极晴朝。"

④ 张衡：《西京赋》，《文选》卷2载。

⑤ 宋之问：《上巳泛舟昆明池宴宗主簿席序》，《文苑英华》卷709载。

⑥ 宋敏求：《长安志》卷12引《括地志》。

⑦ 中国科学院考古所：《1961—1962年陕西长安沣东试掘简报》，《考古》1963年8期。

⑧ 《史记》卷6《秦始皇本纪》。

⑨ 《中国古代地理名著选读（第1辑）》，科学出版社，1957年。

⑩ 《太平寰宇记》卷25引《庙记》。原作"二十二里"，度池址最大周长仅十二里，疑本作"一十二里"，误书为"二十二里"字，今为订正。

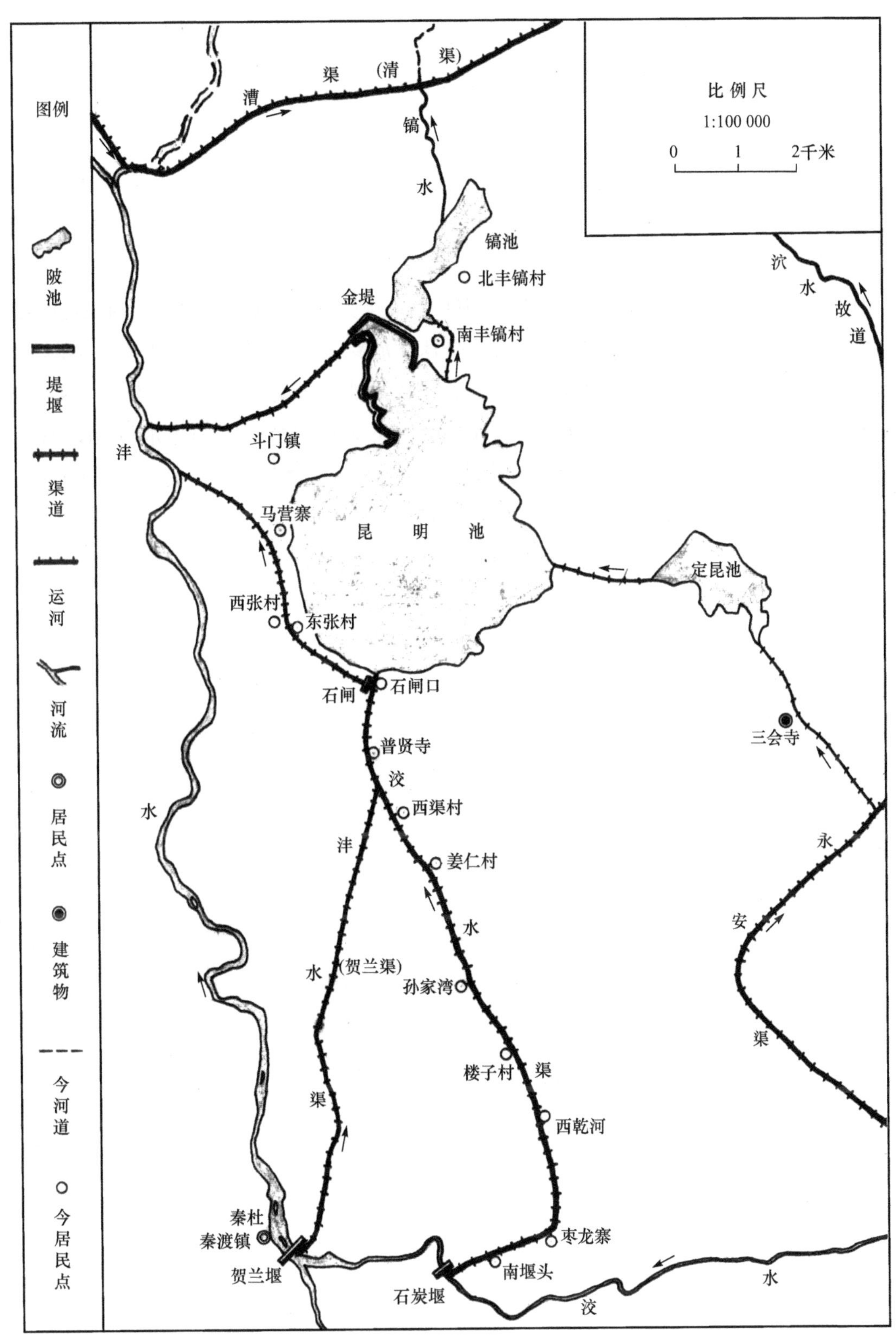
图例
陂池
堤堰
渠道
运河
河流
居民点
建筑物
今河道
今居民点
比例尺
1:100 000
0 1 2千米
漕 渠 (清 渠)
镐 水
镐池
北丰镐村
金堤
南丰镐村
沣
水
斗门镇
马营寨
昆 明 池
西张村
东张村
石闸
石闸口
普贤寺
洨
西渠村
沣
姜仁村
水
水 (贺兰渠)
孙家湾
渠
楼子村
渠
西乾河
秦杜
秦渡镇
贺兰堰
枣龙寨
南堰头
石炭堰
洨
水
定昆池
三会寺
沉 水 故 道
永
安
渠

图五 昆明池

池下游[①]，北流入渭，《水经注》仍称镐（滈）水。隋开皇间，镐水为广通渠所截，镐池至贞观间尚存[②]，何时枯竭不详。

八、井泉等地下水系统

隋唐长安位于南山之阴，又有渭、沣、涝、泬、浐、灞诸水周流其间，地下水比较丰富，宫廷、官贵、僧道大都凿有井泉。平民则使用公井，如常乐坊某井就是“数家同汲”[③]，贞元末还有五坊小儿利用公井勒索居民的事（图六）[④]。

城中（包括苑中）井泉可考者有50多处，其中约有半数分布在城东南部，应与地近原麓有关。城东南少陵、神禾、白鹿诸原皆有泉，而樊川一带林泉尤多，几乎遍布各庄，如表一所示。

隋唐长安，是中国古代城市中最璀璨的一颗明珠，这颗明珠之所以能够在三百多年间熠熠生辉，从本文揭示的大量水利设施不难看出，除了社会原因及地理位置外，城市水利建设应该起了重要作用。不过，本文对水利设施的复原，只是隋唐长安水利研究的第一步，关于这些水利设施的功能与用途，还将另文论述。

① 《类编长安志》卷3引《庙记》。
② 宋敏求：《长安志》卷12引《括地志》。
③ 姚合：《街西居》，《姚少监诗集》卷5载。
④ 《唐会要》卷78《五坊宫苑使》。

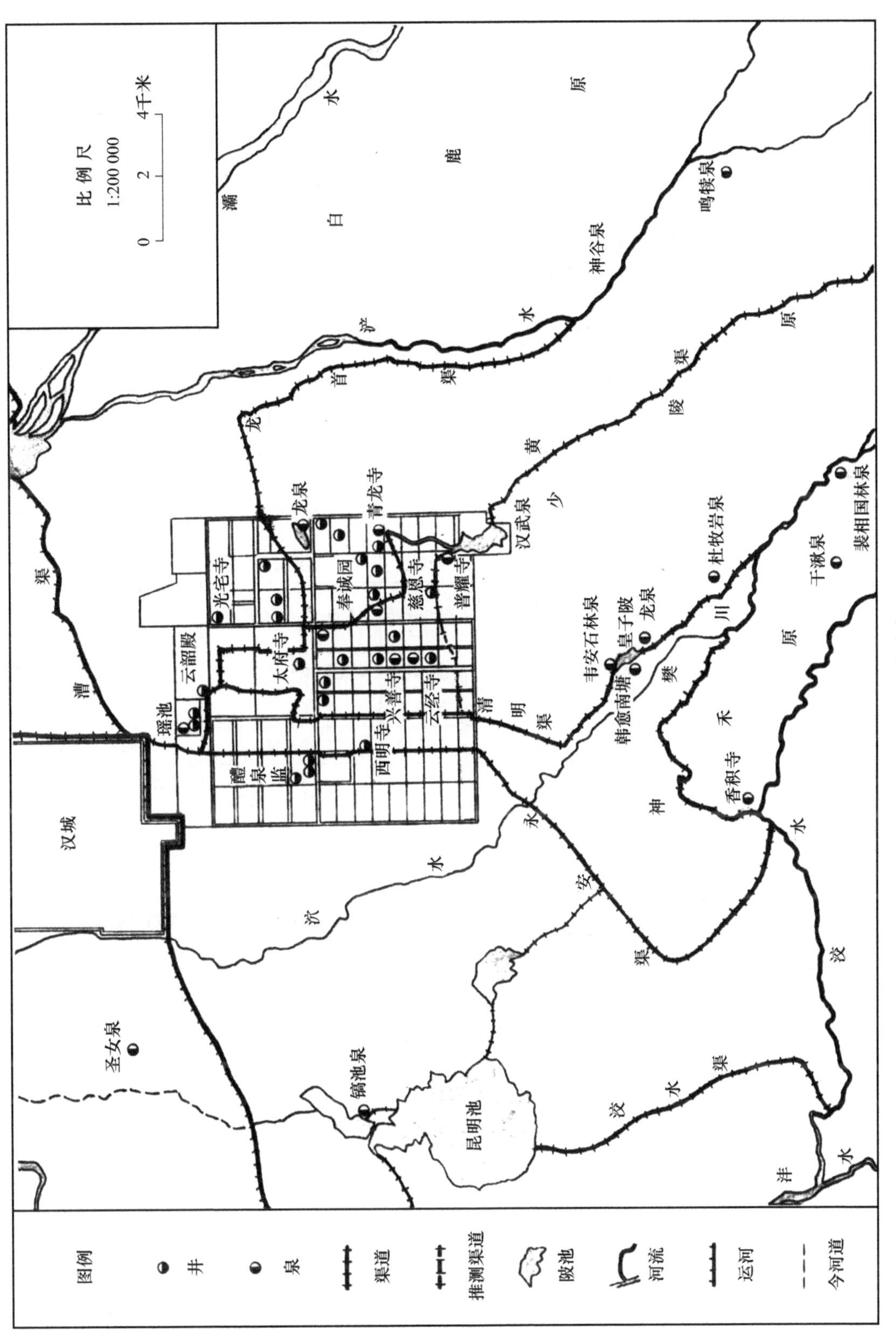
比例尺
1:200 000
0 2 4千米
灞
水
白
鹿
原
鸣犊泉
神谷泉
浐
水
龙
首
渠
黄
渠
陵
原
少
汉武泉
龙泉
青龙寺
光宅寺
奉诚园
慈恩寺
普耀寺
云韶殿
太府寺
瑶池
醴
泉
监
西明寺
兴善寺
云经寺
清
明
渠
韦安石林泉
皇子陂
龙泉
韩愈南塘
杜牧岩泉
樊
川
原
千濑泉
裴相国林泉
香积寺
神
禾
原
水
潏
永
安
渠
泬
水
汉城
漕
渠
圣女泉
镐池泉
昆明池
洨
水
渠
沣
水
图例
井
泉
渠道
推测渠道
陂池
河流
运河
今河道

图六 井泉分布图

表一　隋唐长安井泉分布

宫坊名	井泉名	出处	宫坊名	井泉名	出处
大明宫	麟德殿井、集贤院泉	《唐长安大明宫》、《古俪府》卷11	永兴坊	王乙宅井	《酉阳杂俎》前集卷15
兴庆宫	龙泉	《旧唐书》卷30	平康坊	某井四所	《西安历史地图集》
大安宫	某井三所	《大安宫图》	亲仁坊	某井	
西内苑	云韶殿井	《唐会要》卷29	永宁坊	杨凭宅泉、王涯宅井、殷保晦宅井	《旧唐书》卷166、《太平广记》卷237、《说郛》卷32
皇城	太府寺井	《唐两京城坊考》卷1	晋昌坊	慈恩寺井	《李端诗集》卷中
醴泉坊	醴泉监七泿井、太平公主宅井、万回宅井	《两京新记》卷3、《新唐书》卷36、《太平广记》卷92	安兴（广化）坊	同昌公主宅井	《杜阳杂编》卷下
怀远坊	云经寺井	《杜公部集》卷1	安邑坊	奉诚园井	《全唐诗》卷287
布政坊	王纯宅井	《西安历史地图集》	宣平坊	来俊臣宅井、某宅井	《西安历史地图集》、《文苑英华》卷326
光德坊	京兆府廨井	《西安历史地图集》	青龙坊	普耀寺泉	《石仓历代诗选》卷24
延康坊	西明寺井	《两京新记》卷3	隆庆（兴庆）坊	王纯宅井	《资治通鉴》卷209
太平坊	王鉷宅井	《唐语林》卷5	道政坊	刘某园井	《文苑英华》卷317
善和坊	御井	《唐国史补》卷下	常乐坊	八角井、姚合寓井	《西安历史地图集》、《姚少监诗集》卷10
开化坊	寿春公主宅井	《韦江州集》卷6	新昌坊	青龙寺泉、姚合宅井	《姚少监诗集》卷9、卷10
光福坊	权德舆宅井	《权载之文集》卷1	芙蓉苑	汉武泉	《才调集》卷10
靖善坊	兴善寺井泉	《酉阳杂俎》续集卷5	少陵原	鸣犊泉	《长安志》卷10
兰陵坊	宣上人泉	《李尚书诗集》	樊川	裴相国林泉、韦安石林泉、韩愈南塘、杜牧岩泉、皇子陂龙泉	《游城南记》、《类编长安志》卷9、《长江集》卷9,《樊川文集》卷2、《类编长安志》卷9
保宁坊	昊天观井	《唐语林》卷7	神禾原	千湫泉、香积寺泉	《韩昌黎集》卷3、《王右丞集》卷4
务本坊	先天观井泉	《唐会要》卷28	城西	圣女泉、镐池泉	《太平寰宇记》卷25
靖安坊	张籍宅井	《张司业集》卷4	白鹿原	神谷泉	《类编长安志》卷9
光宅坊	光宅寺井	《酉阳杂俎》续集卷6			

［原载《暨南史学（第3辑）》，暨南大学出版社，2004年，11～31页）

隋唐长安城的河渠体系

张超男

杜甫诗云："秦中自古帝王居。"据统计，在西安建都的共计有六个统一的王朝和十一个政权，前后达一千九百九十一年。尤其到了隋唐时期，长安城是当时世界上规模最大的城市之一，其面积达八十四平方千米，人口最多时超过百万。一个城市何以有如此巨大的承载力，历经沧桑而长盛不衰，这和其丰富的水资源分不开。水是生命之源，对于"市井"一词，唐代张守节在《史记正义》中这样解释："古未有市及井，若朝聚井，汲水，便将货物于井边货卖，故言市井。"城市与水的关系由此可见一斑。故古代先民在选址建城特别是营建都城时，都毫不例外地把水源的因素作为考虑的首要条件。《管子·乘马》中也说："凡立国都，非于大山之下，必于广川之上。"长安城附近河流众多，素有"八水绕长安"之称，八水分别为泾、渭、灞、浐、潏、交、沣、涝八条自然河流，而其中又以浐、潏、交、渭四河与隋唐长安城的关系最为密切。与长安城关系密切的四条河和在此基础上修建的四条引水渠、两条用于运输的漕渠（即龙首渠、清明渠、永安渠、黄渠四条引水渠和漕渠、漕河）不仅能基本满足长安城内生活用水，同时也解决了长安城的运输问题。

一、隋唐长安城的自然河流格局

八水绕长安，其中浐、潏、交、渭四水与隋唐长安城的关系最为密切。浐水在东，潏、交二水在南，城西有潏水的一支流漕河，渭水则横亘其北，而长安城的建设者正是利用了这些自然河流，对长安城市的水源利用做了合理的部署。

浐水，出南山大谷、汤谷、库谷，北合荆谷水，西北至光泰门，合于灞。[①] 浐水流至长安城附近，在城东十里而北流，至禁苑东光泰门附近入灞水，是长安城能便捷利用的重要水源之一。但是浐水的水位较长安城低，唐长安城的一般海拔高度为425米，而浐水至长乐坡处水位仅410米，若要在长乐坡附近位置直接引水则非常困难，所以引浐水的龙首渠要将引水处向浐水上游延伸[②]。

潏水是长安城的重要水源。唐时期的潏水有两支：一支和汉代潏水相同的漕河，一支穿神禾原与镐水相交的交水。因此可将交水和漕河都视为潏水河流体系的一部分。

潏水出南山大义谷、小义谷，在樊川以下为潏水，《水经注》记载"水上承皇子陂于樊川"，而

① （元）骆天骧，黄永年点校：《类编长安志》，三秦出版社，2006年，164页。

② 贾俊霞、阚耀平：《隋唐长安城的水利布局》，《唐都学刊》1994年4期。

宋张礼在《游城南记》中却说“今潏水不至皇子陂，由瓜洲村附神禾原堑，上穿申店，而原愈高，凿原而通，深至八九十尺，俗谓之坑河是也”[①]。在唐时期潏水新道即穿神禾原至香积寺的河道已经开凿，即张礼所言的坑河，并且推断出大概是在清明、永安二渠开通之后不久[②]。潏水在隋唐时期实际上是经过皇子陂的，只是名称不同，过皇子陂的其实是潏水一支，即后来皂河的前身——漕河。对漕渠的记载，见于《新唐书》卷145《黎干传》：“……俄迁京兆尹，颇以治称。京师苦樵薪乏，干度开漕渠，兴南山谷口，尾入于苑，以便运载。帝为御安福门观之。干密具同船作倡优水嬉，冀以媚帝。久之，渠不就。”实际上漕河并没有修成功，漕河的主体也就是潏水河道，但是其名称却被保存下来，后世称潏水就为漕河了，而潏水的名称则被转到其支流上，即延续到了潏镐相交的香积寺附近，此时的潏水已非汉代的潏水了。唐初李泰修《括地志》，其中认为今镐河的源头石壁谷水为潏水的源头，可见唐人对潏水的理解已经并非以大峪水为其正源的潏水。

漕河上承潏水于樊川，沿唐长安城西垣经汉长安城东入渭水，是隋唐长安用水最方便的河流，因此在皇子陂处开凿清明渠入城。潏水在神禾原处折向西南而去，至香积寺处合镐水，称为交水，交水向西流，注入沣水。交水因吸纳了御宿川、樊川诸水，水量丰富，且距离隋唐长安城较近，因此也成为隋唐长安城的重要水源，在香积寺处开凿了永安渠，北流入长安城。另外，在潏水上游的大峪河东支上开凿了黄渠来作为长安城的水源。可见潏水在隋唐时期是长安城最重要的供水来源。

渭水也是长安城用水的考虑对象，但是由于隋唐长安城处于渭河的二级阶地上，位置较高，不便利用。所以仅仅在渭水上开凿了一条人工河流，将渭水作为漕渠的水源来使用。另外还利用灞水来补充漕渠的水量，沣水则被利用作为昆明池这个水库的补充。

二、隋唐长安城的人工渠道格局

隋唐长安城外有着众多的人工渠道，根据其主要引水目的的不同，大致可分为两类：一是为了满足城市生活以及皇家宫苑美化的需要，另一类则是为了满足交通运输的需要。

（一）城市及宫廷用水

“龙首渠，一名浐水渠，隋开皇三年开自东南龙首堰下支”，龙首渠在渠首筑堰，名龙首堰，是唐代置监守卫的著名堰坝之一。关于龙首渠的引水处，宋敏求认为在城东南的马头空（今名马腾空）[③]，黄盛璋在村北发现了隋唐龙首渠遗址[④]，而郭声波认为在马头空南八里的秦沟村[⑤]。根据最新的考古发现，笔者同意郭声波的观点。

龙首渠北流至长乐坡西北部后分为东、西二渠。东渠北流，经长乐坡附近西北流，灌凝碧、

① （宋）张礼撰，史念海、曹尔琴点校：《游城南记点校》，三秦出版社，2006年，123页。

② 郭声波：《隋唐长安的水利》，《唐史论丛（第4辑）》，三秦出版社，1988年。

③ （宋）宋敏求：《长安志》卷9，学林出版社，1992年。

④ 黄盛璋：《西安城市发展中的给水问题以及今后水源的利用与开发》，《地理学报》1958年4期。

⑤ 郭声波：《隋唐长安龙首渠流路新探》，《人文杂志》1985年3期。

积翠二池，西北入大明宫后，灌太液池。这种说法是有道理的，骆天骧在《类编长安志》中也做了相同的记载。此外唐人的诗咏中，也能找到龙首池与太液池相通的句子，如陈羽的《小苑春望宫池柳色》就有“夹堤连太液，还似映天津”的句子[①]，此“小苑”即大明宫东之小苑，“宫池”即龙首池。此后龙首渠又向东绕了一个弯子，避开龙首山，最终注入龙首池。南宋程大昌也说，“大明宫之东有东苑，即在龙首山尽处，地既低下，故东苑中龙首池，言其资龙首渠水实池也”[②]。东渠还从东内苑中分出另一支水渠，向西经大明宫望仙、建福两门下马桥西，然后沿龙首山与北城墙之间的凹地西流至太极宫西北与龙首西渠合。西渠从长乐坡附近曲而西南流，经通化门南，西流入城，经永嘉坊南，又西南入兴庆宫垣，注龙池，又出而西流，经胜业坊、崇仁坊景龙观北分支，一支沿漕渠经永兴坊、永昌坊、东宫北流，至太极宫西北接纳了东渠。另一支又西入皇城，经少府监南，屈而北流，又经都水监、东宫仆寺、内坊之西，又北流入宫城长乐门，又北注为山水池，又北注为东海。

从龙首渠在城内的流向布局来看，其供水范围主要是唐长安城东北隅的各个里坊，以及皇城和宫城等宫廷禁苑的用水需求。故南宋程大昌《雍录》云：“凡邑里、宫禁、苑囿，多以此水为用。”邑里指的是唐长安城东北隅的各坊，主要有最东面的永嘉、兴宁、入苑三坊，胜业、安兴、大宁、长乐四坊在中，崇仁、永兴、永昌、诩善四坊在西，城墙外的小儿坊及东市的西北隅及兴庆坊中的兴庆宫及龙池，其水源都来自龙首渠。宫禁指的是唐长安城的皇城、宫城和大明宫中的宫殿用水。苑囿指的是长安城东北的东内苑、西内苑、禁苑，还有大明宫中的太液池。

清明渠在城南，以潏水为水源，开凿于开皇初年。清明渠的导水处应在潏水神禾原河道处，吕大防叙唐城水源时说：“……清明渠，导坑水，自大安坊东街入城……”[③]。“坑水”即张礼在《游城南记》中所云之“坑河”，而潏水神禾原河道因河道切原而过，方有坑河之称。张礼对清明渠也有较明确的记述，“己酉，遏龙堂，循清明渠而西，至皇子坡，徘徊久之”，经史念海先生考证，清明渠的引水处在今韦曲镇朱坡村[④]，渠经下杜城折向东北，由安化门入城，入城后由最南的安乐坊的西南隅屈而北流，再北依次经昌明、丰安、宣义、怀贞、崇德、通义、太平七坊之西，又北经布政坊之东，进入皇城，曲折流去，至直皇城南面最西的含光门之北，转而北流，北入宫城南面最西的广运门，更北流依次注入宫城内的南海、西海和北海[⑤]。从供水范围来看，其主要是供应外郭西城及皇城、宫城部分用水。

永安渠在城西南，以交水为水源，开凿于开皇二年（582年）。永安渠的引水处在今香积寺附近，称为福堰，又名香积堰，而永安渠也有香积渠的称呼。吕卓民说在香积寺以下经今赤栏桥、南雷村、堰渡村、东西干河、三角村至石匣口村有一条镐水的古河道，今地表上仍有排水渠一条，地

---

① 《全唐诗》卷348，中华书局，1960年。
② （宋）程大昌：《雍录》，中华书局，2002年，118页。
③ （宋）赵彦卫：《云梦漫钞》卷8，中华书局，1996年。
④ （宋）张礼撰、史念海、曹尔琴点校：《游城南记点校》，三秦出版社，2006年，107页。
⑤ 史念海：《环绕长安的河流及有关的渠道》，《中国历史地理论丛》1996年1期。

势低洼，认为这是交河的河床，永安渠的开凿正是利用了这条古河道[①]。其实交河和镐河只是在不同河段上名称的区别，有共同的源头，即南山石鳖谷水。永安渠至赤栏桥处东北流，经第五桥、沈家桥处，穿过漕河于安化门西入城。其入城后最先流到大安坊，再往北流，依次经大通、敦义、永安、延福、崇贤、延康六坊，再经西市之东，又依次经布政、颁政、辅兴、修德四坊，北出外郭城，流入芳林园，又北入苑，再北注入渭水。

永安渠的供水地区与清明渠有相似之处，为外郭西城及禁苑。永安渠的供水范围还包括定昆池，唐中宗时期，安乐公主请将昆明池归为园囿，不许，遂开定昆池[②]，经郭声波考证，清人所云“唐永安渠”实际上是永安渠通到定昆池中的一支渠。

上述三条河渠的兴修时间都和大兴城同时，主要都是解决城内生活用水的。而黄渠的修建则主要是为风景区提供水源。

黄渠在城东南，以滈水上游一源头义谷河为源头。唐武德六年（623 年），“宁民令颜昶引南山水入京城”，应该是黄渠的前身。开元中对曲江进行了一次大规模疏凿，目的就是开辟黄渠以扩大曲江池的水源，宋张礼《游城南记》记载黄渠路线是最早的也是最明确的：“黄渠水出义谷（引滈水），北上少陵原，西北流经三像寺。鲍陂之东北，今有亭子头，故巡渠亭子也。北流入鲍陂。鲍陂，隋改曰杜陂，以其近杜陵也。自鲍陂西北流，穿蓬莱山，注曲江。由西北岸直流，经慈恩寺而西。”据曹尔琴《长安黄渠考》，义谷即大义谷，在西安市东南六十里，是黄渠引大峪水之源头。少陵原是浐、滈二水之间的台原，因汉许后陵墓少陵在此故称。三像寺在少陵原南坡，《长安志》曰：“三像寺在（万年）县东南五十里，开元中建。”

黄渠水从长安城东南角入城，流经敦化坊，注入修政坊中的曲江池的北端，唐长安城东南隅的曲江，为当时都城人士游赏胜地。《长安志》有“有流水屈曲，谓之曲江，其深处不见底”，今天学者已经考证，曲江水源应来自黄渠。流入晋昌坊，坊内有慈恩寺，就是大雁塔所在的寺院。据说寺南临黄渠，水竹森邃，为京都之最。然后继续向西南流，依次经过通善、昌乐、保宁、安义、光行、延祚、昌明和安乐各坊，在安乐坊的西部汇入清明渠，这是黄渠主渠在长安城内的流径。黄渠在注入曲江后，有一支支渠从曲江的东北隅流出，即在新昌坊的西南隅流出，然后折而向西南方向流，从升平坊的东南隅流过，在升平坊与永崇坊的南端折而向西北方向流，穿过永宁坊的中部、亲仁坊的西南隅、长兴坊的东北隅、到达崇义坊的东南隅，然后一直向北流，穿过务本坊与龙首西渠汇合[③]。

此外，在长安城内东南一些坊中，还有黄渠分出的引水小渠。这些引水小渠是未曾有过文献记载的，可是当时一些坊中的人家都有林泉之胜。例如，永宁坊中有永宁园，唐玄宗曾以之赐安禄山为邸，又赐永穆公主池观为游燕处。坊中有杨凭宅，此宅后为白居易所得，宅中竹木池馆，有林泉之致。又有汝阳公独孤公宅，宅中有通渠转池，而为形胜游衍之处者十四五[④]，这些林泉池馆中的水

① 吕卓民：《隋唐永安渠渠首的福堰遗址》，《汉唐长安与黄土高原（中日历史地理合作研究论文集第一辑）》，陕西师范大学中国历史地理研究所出版，1998 年。

② 《新唐书》卷 96《诸帝公主》。

③ 曹尔琴：《长安黄渠考》，《中国历史地理论丛》1990 年 1 辑。

④ （清）徐松：《唐两京城坊考》卷 3，中华书局，1985 年。

源应是就近从黄渠中引来的。对于黄渠的供水范围，黄盛璋认为仅仅是供曲江池使用，而郭声波则通过对曲江池以下的黄渠的复原，认为黄渠在长安城东南有延伸，因此其供水范围应扩大为长安城东南较高地区。

（二）运输工程

漕渠在城北，汉时曾开凿过一次，但引水口不可考，尚存较大争议。隋唐时期三次疏凿漕渠。一是开皇四年（584 年），名广通渠，炀帝改名为永通渠，隋末废弃。二是唐天宝元年（742 年）到二年之间[①]，黄盛璋则认为是在天宝三年韦坚修凿，名广运渠，并凿有广运潭。三是大和元年（827 年）开兴成堰，从唐咸阳西十八里兴成堰引渭水，名兴成渠。唐漕渠基本上是隋时的旧渠加以疏通而成，只是增辟了广运潭，作为停船的码头。到宝历二年广运潭被赐予司农寺，漕渠就完全废弃。漕渠源于兴成堰，渡沣后经大兴城北，与龙首东渠一支合流后东北入广运潭，再过灞水东去。漕渠的作用是解决贡赋的运输问题，包括钱粮和奢侈品。

漕河是在潏水干流西去后利用潏水故道进行疏浚而形成的。唐天宝初，京兆尹韩朝宗引潏水入金光门至西市，以运南山之木，称为“南山漕河”。永泰二年（766 年），京兆尹黎干为解决“京师苦樵薪乏”开凿了运木渠[②]，郭声波认为黎干只是将渠修到了京兆府廨，认为其水源是清明渠。黄盛璋则认为此漕河为今洨河的一部分。实际上黎干这条河并没有修成，因此笔者认为漕河只是名称上的改变，其为当时潏水的一支流。漕河的作用是解决长安城的燃料和建筑用料，因为在唐时期潏水故道渐渐废弃，而漕河的修凿其实是对潏水故道的疏浚，并延伸到长安城里，以解决从潏水上游太一谷（又名炭谷）运输柴薪和建筑材料。

另外，还有昆明池作为长安城的水库，调节长安城的供水。昆明池在唐时期共修浚两次，一是贞元十三年（797 年）引沣水和交水入昆明池，一是大和九年（835 年）修浚昆明池和曲江池。入昆明池的水在唐时期有两支，一是自石炭堰（汉名石闼堰）的交水渠，一是自贺兰堰的沣水渠，二渠至石匣口汇合入昆明池。

三、结　　论

（一）对城内需水问题的基本解决

隋唐长安城规模很大，人口众多。众多渠道的开凿基本满足了城市的需要。在封建时代皇权至上，所以解决城市供水问题的首要问题就是满足皇族和权贵的需要，然后才是平民百姓的日常用水问题，从渠道的流经地可清楚看到。

---

① （宋）王溥：《唐会要》卷 87，上海古籍出版社，2007 年。

② 《新唐书》卷 145，中华书局，1975 年。

（二）城外引水渠道的合理布局

隋唐长安城外地形复杂，分布着白鹿原、少陵原、神禾原、细柳原等大的塬面，但是其间还分布着乐游原、凤栖原、鸿固原等小塬。要想较为合理地利用附近河流的水，就需要科学地开凿引水渠道。几条人工渠道的引水方式，多为采用堰水上高地然后再凿渠入城。如龙首渠在较高的位置堰水，再选择相对坡度较缓凿渠入城，永安渠有福堰、漕渠有兴成堰等。还要尽量利用原有的河道加以疏凿而成，如漕河利用了一段潏水故道，永安渠利用了一段镐水故道，而漕渠的几次开凿更是在前漕渠的基础上略加疏凿而成。

（三）长安城外河渠体系的不足

流入长安城的渠道共有六条，即龙首渠、黄渠、清明渠、永安渠、漕河、漕渠，入城水量可谓丰富；但是出城的渠道仅有永安渠和漕渠两条，永安渠经过外郭城直流入苑，再注入渭水，而永安渠渠道窄，流路长，非常容易雍水而泛。

隋唐长安城的排水设施，史书记载虽然不多，但考古发掘却提供了大量的资料，据考古探测得知，长安城的排水系统还是比较完善的，为了排水，路面的中间较高，两边稍低，仅靠路面的两侧或一侧修有水沟，称之为御沟、梯沟或者兰沟等。例如，朱雀大街一西侧的水沟形制是沟上口宽 3.3 米，底宽 2.34 米，沟东壁深 2.1 米，深 1.7 米，断面呈上宽下窄的梯形，沟两壁均呈 76°的坡度，沟壁修制尤整，未加木板或砖砌①。隋唐长安城内的排水渠道也有一定的设施。例如，清明渠、永安渠、龙首渠三渠入城后，经过城内各坊、里、湖泊后均顺利北上，注入渭河和浐河，它们除了承担供水任务以外，在某种程度上也起排水作用。在城内，一般各人工湖泊都有出入口，以保证湖泊水体的畅通清鲜。如考古工作者在东内苑的东墙内 50 米处，发现太液东池的东北方向有一渠道，估计可能是太液池的排水道，注入浐灞之间的大冲沟。西内的东、西、南、北四海池连为一体，有利于水体运动，使排水更为方便。但是这些防洪措施未能得到统治者的重视，而未能充分发挥其排泄的功能，以至于每逢暴雨就街衢成壑②。此外，由于长安城地位于东部季风区，降水特点是夏季多且容易出现暴雨，城外的河流一旦发生泛滥，城中亦难免。

（原载《宜宾学院学报》2009 年 11 期，17～20 页）

① 中国科学院考古所西安唐城发掘队：《唐长安城考古纪略》，《考古》1963 年 11 期。

② （宋）李昉等：《太平广记》421 卷，上海古籍出版社，2008 年。

唐长安城的水资源及其利用

冯晓多

隋开皇二年（582年）六月，时任太子左庶子的宇文恺正式设计大兴城，由此隋朝定都长安。隋没唐兴，高祖定都长安，利用旧有之大兴城，故隋唐长安实为一城。目前关于隋唐长安城的研究多集中于城址选择、规划设计、文化、人口、景观园林、池陂水系及周边环境变迁等方面[①]，而唐长安城水资源利用方面的研究主要涉及水权、水利布局、水旱灾害等[②]。再有刘兴云从生活用水角度来考察唐人社会关系的文章，角度较独特，但缺乏对唐长安城水资源利用整体的关照[③]。故本文依托文献对唐长安城的水资源利用展开梳理与讨论。

一、唐长安城的水资源

对于"资源"概念有多种不同定义。《辞海》对资源的解释是："资财的来源，一般指天然的财源。"联合国环境规划署对资源的定义是："所谓资源，特别是自然资源是指在一定时期、地点条件下能够产生经济价值，以提高人类当前和将来福利的自然因素和条件。"水资源作为一种自然资源，可以定义为是人类直接从自然界获取并加以利用，能对人类生产生活产生积极影响的一种物质，简单说就是在目前技术条件下能够利用的淡水资源。唐长安城的水资源按其存在的类型可以分为雨

---

① 代表性学者有史念海、黄盛璋、马正林、朱士光、曹尔琴、妹尾达彦、李健超、辛德勇、郭声波、吕卓民、李令福、王社教、耿占军、任云英等。另，为行文方便，后文涉及诸位学者一概省去尊称。

② 黄盛璋：《西安城市发展的供水问题以及今后水源的利用与开发》，《历史地理论集》，人民出版社，1982年，6～41页；郭声波：《隋唐长安的水利》，《唐史论丛（第4辑）》，三秦出版社，1988年；贾俊霞、阚耀平：《隋唐长安城的水利布局》，《唐都学刊》1994年4期；赵强《略述隋唐长安城发现的井》，《考古与文物》1994年6期；郭声波：《隋唐长安水利设施的地理复原研究》，《暨南史学（第3辑）》，暨南大学出版社，2004年；郭华：《唐代关中碾硙与农业用水矛盾及其解决途径》，《唐都学刊》2008年1期；潘明娟：《唐代关中水灾及其影响》，《陕西师范大学学报（哲学社会科学版）》2014年6期。还有部分学位论文，如王慰卿：《唐代关中地区的水、旱灾害与水资源问题》，首都师范大学，2001年；李杰：《唐代水资源产权制度分析》，浙江大学，2007年；陈慧：《唐代水利立法及相关社会状况研究》，华东政法大学，2008年；王意乐：《隋唐长安城的城市水利系统初探》，西北大学，2008年。日本学者泽田红子在其《水与古代城市》一文中对隋唐长安水的利用有简略论述，该文刊发于《建筑学报》1991年6期。

③ 刘兴云：《生活用水反映的唐人社会关系》，《农业考古》2015年6期。该文指出唐人生活用水包括温汤沐浴、日常洒扫、生活饮水、食物用冰等方面，而水源来自矿泉、山泉、江河、雨水及冰雪等。

水、河水、湖陂、泉水及地下水。

长安地处关中平原，位于半湿润季风气候区，年平均降水量不足 800 毫米，且降水的时空差异明显：时间上集中于夏秋季节，空间上则南部秦岭山区大于北部平原，北部平原西部多于东部[①]。具体到西安市区，因“雨岛效应”，城区降水略多于周边郊区。长安号称“八水环绕”，分别为北临泾渭，东接浐灞，西有沣涝，南依滈潏（泬）。此外对唐长安城起到重要作用的池陂亦有昆明池、芙蓉池、曲江池、广运潭、太液池、龙池、鱼藻池与兴庆池等[②]，以上皆因长安地处秦岭北侧断层断线位置，故湖泊、池陂与泉水较多。此外，泉水主要集中于临潼的华清宫温泉与眉县汤峪等处，两处虽距唐长安城较远，但与唐代帝王的巡幸，唐帝国命运纠缠在一起，尤其是前者，故对其稍有附带之论述。由于长安地处渭河谷地，河湖众多，河湖水与地下水互相补给，而地下水埋藏深度较浅，这就为利用地下水亦提供了条件。

二、唐长安城的水资源利用

（一）水源与城址选择

隋唐长安城选址于龙首原而放弃汉长安城之旧地[③]，大区位没有发生变化，相较于汉长安城，其位置发生了小范围的移动。移动原因很重要的一点与水有关，可以说是水影响到了其区位的局部调整与优化，表现在三个方面：其一，渭河影响汉城之城市规模与城市建设。汉长安城号称“斗城”，南墙近南斗，北墙近北斗。尤其是北墙，曲折沿渭河南岸走势，受渭河河道影响较为严重。汉时渭河河道相较于唐时更靠南，所以不断冲蚀汉长安城之北墙。其二，汉城宫殿卑湿，排水不便且地下水埋藏浅，水质较差。汉长安城紧靠渭河，地势低平，地下水埋藏深度浅，导致宫殿时常卑湿，不利居住且排水不便，时常形成内涝之势。加之地下水易受影响，水质碱卤较差。其三，龙首原的水环境优势。龙首原离渭河有一定的距离，不易受洪水威胁，且地势高亢便于排水，同时又可引用秦岭流出的诸多水系之优质水源，从而解决水质碱卤的问题。所以隋初宇文恺选择在龙首原上建设大兴城，也是受到故地水源的“推力”与新地水源的“拉力”之共同影响。

（二）农业用水——灌溉和水产养殖业

农业从广义上来讲分为农、林、牧、副、渔。涉及唐长安城水资源在农业方面的利用主要是种

① 据《西安市志·自然地理志·自然环境·气候·降水》，（西安）市区年平均降水量 584.9 毫米，该书由西安市地方志编纂委员会编，西安出版社，1996 年，286 页。

② 据耿占军考述唐长安城及苑囿内可考的池陂有 57 个，参见其《唐都长安池潭考述》一文，载于《中国历史地理论丛》1994 年 2 期。

③ 相较于汉长安城，隋唐长安城的位置发生移动，其原因据文献记载和前人研究可以总结为故城狭小、宫殿倒塌陈旧、宫内妖异、水质碱卤等，参见侯甬坚：《周秦汉隋唐之间：都城的选建与超越》，《唐都学刊》2007 年 2 期；李令福：《西安古都的四大城址及其变迁的地理基础》，《建筑与文化》2007 年 6 期。此处仅从水的角度去分析。

植业和水产业。种植业可以是粮食作物和经济作物，粮食作物一般需要大面积的土地，经济作物可以分布在零星的地块上。唐长安城作为中世纪世界最大的城市，空地与闲荒地的存在，加之引水渠道的供水为开展农业提供良好的条件。这里需要说明的是经济作物单位面积的需水量大于粮食作物，而粮食作物多以旱地作物麦粟为主，故多依靠雨水来供给，但不乏用水灌溉的情况。如据《唐六典·将作都水监》卷23所言：玄宗时，“凡京畿诸水，禁人因灌溉而有费者，及引水不利而穿凿者；其应入内诸水，有余则任王公、公主、百官家节而用之”①。这是玄宗时的规定，那么玄宗朝前后是什么情况？或者玄宗朝时有无王公私自用水溉田者，尚待考查。所以，隋唐长安的农业灌溉之存在不容置疑，但应不会是马文军等所讲的唐长安城是一座农业性质的城市②。同时对于其农业灌溉的问题还应视具体地点、具体时间和具体水源情况而定③。

农业用地有小面积的零星分布的以种植经济作物为主的农业用地，如果园、菜园、药园等④。据《唐两京城坊考》卷3记：通善坊有杏园⑤，昇平坊“西北隅有东宫药园”⑥。《太平广记》卷第42“裴老”条载：城内兰陵坊有“西大菜园”⑦，卷第81“赵逸”条记：“崇义里有杜子休宅……园中果菜丰蔚然。林木扶疎”⑧。也有相连面积较大的农耕地，作物有可能以粮食作物为主了。如《唐两京城坊考》卷2：“次南开明坊。自兴善寺以南四坊，东西尽郭，率无第宅。虽时有居者，烟火不接，耕垦种植，阡陌相连。”⑨从中可看出，土地为四坊之地，但作物没有言说。根据其面积结合旁证，

① 李林甫著，陈仲夫点校：《唐六典》，中华书局，1992年，599页。

② 本文研究的是唐长安城的水资源利用形式，据现代城市地理学的思路，城市分为不同的功能分区，功能分区可以决定水的利用形式。当然唐长安城城中并非没有农业用地，比如各坊市内的瓜果菜园均为农业用地。关于唐长安城内的农业用地，马文军等在《唐长安城的农耕性质及其启示》一文中认为：唐长安城自然条件适宜、空间布局宽松，具备进行农耕活动的条件，同时通过文献记载来证明。该文的结论认为：唐长安城不仅是一座政治和工商性质的城市，也是一座农耕性质的城市。该文载于《晋阳学刊》2004年5期。对于最后的结论笔者不太赞同，其一，城市一般为非农产业聚集之所，故产业应为非农业活动为主，农耕为主的封建王朝都城也应如此。其二，不能因为在坊市内有农业用地，就夸大其存在之程度，这里有一个过度解读的问题。故笔者认为唐长安城内的确有农业农地，故而一部分水资源作为农业灌溉用途，但唐长安城的性质还是由主要用地所决定。

③ 郭声波在其《隋唐长安的水利》[《唐史论丛（第4辑）》，三秦出版社，1988年]一文中对隋唐长安城的农业水利进行了论述，其在复原隋唐长安的耕地时对所谓的“耕垦种植，阡陌相连”持怀疑态度，他认为专用于灌溉的渠道没有，并且政府严格限制对现有水利的灌溉利用，认为长安城的农业灌溉是不发达的。其论点基本符合事实，他也承认了渠道对菜地的供水功能，以及在水在富余时对农业灌溉的适当照顾。亦可参考黄盛璋：《关中农田水利的历史发展及其成就》，《历史地理论集》，人民出版社，1982年，111～146页。

④ 据马波研究，唐长安城瓜果蔬菜的消费量巨大，而其生产基地分为皇家苑囿、游览胜地、郊外庄园及其他。其他指的是城内部分地区和城外郊区，参见马波：《唐代长安瓜果蔬菜的消费与生产初探》，《古今农业》1992年2期。

⑤ 徐松著，张穆校补，方严点校：《唐两京城坊考》，中华书局，1985年，69页。

⑥ 徐松著，张穆校补，方严点校：《唐两京城坊考》，中华书局，1985年，79页。

⑦ 李昉：《太平广记》，中华书局，1961年，266页。

⑧ 李昉：《太平广记》，中华书局，1961年，517页。

⑨ 徐松著，张穆校补，方严点校：《唐两京城坊考》，中华书局，1985年，39页。

如韦庄《秦妇吟》云："长安寂寂今何有？废市荒街麦苗秀。"可以肯定应为粮食作物小麦。除此之外，长安城中有大量的佛道寺观[①]，多数寺观有寺田及寺产，此可解决僧侣的口粮问题。而唐长安城周边河流和众多渠道为农业生产的开展提供了充足的水源条件。

除常规的引水灌溉外，在地热温泉处，利用温泉可反季节栽培生产作物。如在京兆府蓝田县石门汤、岐州郿县凤泉汤及华清宫温泉等，据《唐六典·司农寺》卷第19"温泉汤监"记："凡近汤之地，润泽所及，瓜果之属先时而育者，必为之园畦，而课其树艺；成熟，则苞匭而进之，以荐陵庙。"[②]

此外，利用水资源可发展水产养殖业。如昆明池、定昆池、曲江池与芙蓉池等，其中一个很重要的作用就是提供鱼鳖生产[③]。据《唐两京城坊考》卷1"西京·三苑"记："敬宗幸凝碧池，令军士取鱼长大者送新骏池。"[④]小池如此，大池更不在话下。另有人们亦可利用池陂之水资源获得菱芡、莲藕、药草及水鸭等物产。如唐王建有诗云："鱼藻宫中锁翠娥，先皇行处不曾过。如今池底休铺锦，菱角鸡头积渐多。"[⑤]元宋褧诗注云："兴庆池广袤五七余里，荷菱藻芡弥望，岸傍古垂杨甚多。"[⑥]此外《开元天宝遗事》卷上"天宝"上"醒醉草"条云："兴庆池南岸，有草数丛，叶紫而心殷。有一人醉过于草傍，不觉失于酒态。后有醉者摘草嗅之，立然醒悟，故目为醒醉草。"[⑦]王建亦诗云："鱼藻池边射鸭，芙蓉园里看花。"[⑧]

可见对水资源在农业方面的利用，即灌溉和水产养殖等均为利用水资源来生产出农产品（图一）。

（三）生活用水——吃水、洒扫与沐浴

宇文恺设计大兴城时，设计了诸多水渠以引河湖水入城解决生活用水问题，如永安渠、清明渠、龙首渠、黄渠分别引潏（泬）水、浐水、义谷水等沟通城郊、外郭城、皇城、宫城与苑囿[⑨]。同时还有凿井利用地下水的方式，据《太平广记》记："景公寺前街中，旧有巨井，俗称为八角井。唐元和初，有公主夏中过，见百姓方汲，令从婢以银莾碗，就井承水，误坠井，经月余，碗出于渭

① 曹尔琴曾统计唐长安城内的寺观有159座，参见曹尔琴：《唐长安的寺观及有关的文化》，《唐都学刊》1985年1期。

② 李林甫著，陈仲夫点校：《唐六典》，中华书局，1992年，529页。

③ 张桦、亿里：《唐代昆明池的建设及其功能》，《中国古都研究（第28辑）》，2015年。

④ 徐松著，张穆校补，方严点校：《唐两京城坊考》，中华书局，1985年，30页。

⑤ 参见葛兆光：《唐诗选注》，浙江文艺出版社，1999年，293页。葛氏讲：鱼藻池不必铺锦绣，因为池中菱芡丛生，已经铺成锦绣的模样。

⑥《唐两京城坊考》卷1"西京·兴庆宫"亦记述宋诗，参见徐松，张穆校补，方严点校：《唐两京城坊考》，中华书局，1985年，26页；参见宋褧《燕石集》，钦定四库全书，集部五。

⑦ 王仁裕著，丁如明辑校：《开元天宝遗事十种》，上海古籍出版社，1985年，76页。

⑧ 骆天骧著，黄永年点校：《类编长安志》卷3《苑囿池台》，三秦出版社，2006年，85页。

⑨ 关于引河水入城的渠水之线路问题，可参考史念海：《汉唐长安城与生态环境》，《中国历史地理论丛》1998年1期；史念海：《龙首原和隋唐长安城》，《中国历史地理论丛》1999年4期；马正林：《隋唐长安城》，《城市规划》1978年1期等文章。

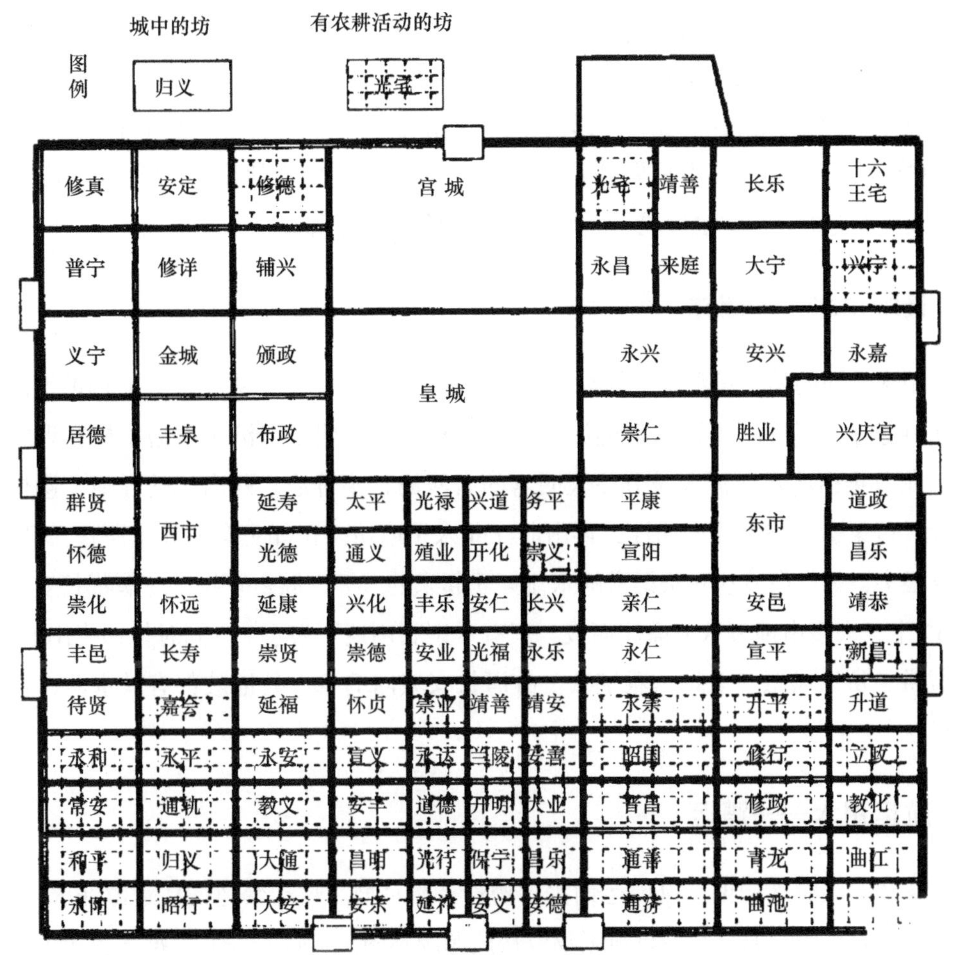

图一 隋唐长安城农业活动分布

（图片来源：马文军、曹艳英：《唐长安城的农耕性质及其启示》，《晋阳学刊》2004年5期）

河[①]”。井水相较于渠水而言，深埋地下，不易被污染，水质较好，故一般大户贵族在自家院落均有凿井，皇族甚至还征用井水。如《太平广记》记有：“善和坊，旧御井，故老云：非可饮之井，地卑水柔，宜用濯。开元中，以骆驼数十，驼入大内，以给六宫。”[②]。可见此井供洗濯之用并供给六宫，则长安城内当亦有“可饮之井”专供吃水[③]。据郭声波先生考证，唐长安城中（包括苑囿）井泉可考者有40余处，约有半数分布在城东南部，原因与地近山麓及对水的需求量有关[④]。

唐长安城地处暖温带季风气候区，冬冷夏热，皇帝很早就意识到此问题。贞观八年（634年）十月，太宗就为高祖清暑而建大明宫。有唐一代，皇家行宫数量多，且多分布于长安城四周的关中

① 李昉：《太平广记》，中华书局，1961年，3207页。

② 李昉：《太平广记》，中华书局，1961年，3207页。

③ 李令福在黄盛璋和郭声波等研究的基础上，提出唐长安城居民饮用水主要利用地下井泉，而洗濯用水多采自引流而来之渠水。参见李令福：《关中水利开发与环境》，人民出版社，2004年，199～201页。

④ 郭声波：《隋唐长安的水利》，《唐史论丛（第4辑）》，三秦出版社，1988年。

平原[①]，介永强先生将其按照功能分为四类：避暑宫、温泉宫、边防宫及两京道行宫[②]。与水有关的是位于临潼的华清温泉宫，皇帝每年往返于长安和华清宫。玄宗更是情有独钟，在其继位的第二年即先天二年（713 年）就曾赴骊山洗浴并阅兵讲武[③]。据统计，唐玄宗在位的 44 年中游幸华清宫的次数达到了 49 次[④]。唐玄宗每年十月临幸华清宫，至翌年三月返回京师长安，可以说华清宫在唐朝历史扮演了重要的角色[⑤]，由此也形成了一种影响至深的沐浴文化[⑥]。

（四）景观用水——园林

与生活用水相同的是，景观用水的水源同样来自渠道引河水[⑦]。渠水注入城内的池陂，依托于池陂形成园林景观，满足了不同人群的游赏观景需求。如清明渠引泬水直通太极宫形成南海、北海和西海。龙首渠引浐水西流入城分注大明宫的太液池、龙首池，西内苑的瑶池、樱桃园，兴庆宫的龙池等。黄渠引义谷水注入曲江，再由曲江北入于诸坊。正如史念海先生所言："唐长安城外郭城内园林很多，都是借着这几条渠道的水流兴建起来的。"[⑧] 据耿占军统计，唐都长安城及苑内可考池潭有 57 个，大多由地表水流灌注而成，仅有个别利用地下泉水[⑨]。同时他还指出 50 余池大多为游乐和观赏，所以风景一般均秀雅别致。故唐长安城内的每一处池陂都有其水源，自然对应一处园林景观。

（五）航运用水——漕运

唐代重新疏浚汉时之漕渠，以便运输关东物资补给京城。位于禁苑的广运潭在天宝三年（744 年）凿成，作为码头停泊船只，关东地区物资从此源源不断地运进长安城。据《新唐书》记载：万年"有南望春宫，临浐水，西岸有北望春宫，宫东有广运潭"[⑩]。广运潭的具体位置依据文献有不同

---

① 介永强：《关中唐代行宫考》，《中国历史地理论丛》2000 年 3 期。

② 介永强：《唐代行宫三题》，《唐都学刊》，2001 年 4 期。

③ 刘昫：《旧唐书·玄宗本纪》，中华书局，1997 年。

④ 武亨伟：《骊山华清池文化初探》，《中国古都研究（第 26 辑）》，三秦出版社，2013 年。

⑤ "华清宫"可以说是一座温泉宫或"冬宫"，皇帝每年十月临幸，次年三月返回京师。不同于九成宫等夏季的避暑性质的离宫。关于唐时既有"离宫"又有"行宫"，所起的作用均有不同，但相同的一点是都为皇室专用。关于唐代的行宫制度，可参考吴宏岐、介永强、马正林等人的研究。

⑥ 徐小亮：《临潼华清池帝王沐浴文化初探》，《唐都学刊》2008 年 1 期。

⑦ 李令福曾较为系统地梳理了唐长安城主要园池的给水渠系及水源。参见其《关中水利开发与环境》，人民出版社，2004 年，204～213 页。

⑧ 史念海：《汉唐长安城与生态环境》，《中国历史地理论丛》1998 年 1 期。

⑨ 赵天改在其硕士论文中指出隋唐长安城池陂耿占军先生总结为 57 个，史念海先生文中可补耿文 53 个，赵氏补辑 3 个，故唐长安城内有湖沼 113 个。参见耿占军：《唐都长安池潭考述》，《中国历史地理论丛》1994 年 2 期；史念海：《唐代长安城的池沼与林园》，《中国历史地理论丛》1999 年增刊；赵天改：《关中地区湖沼的历史变迁》，陕西师范大学，2001 年。

⑩ 欧阳修、宋祁：《新唐书》，中华书局，1975 年，962 页。

的理解，目前还有待文物考古进一步确定[①]，但大致应在浐、灞之汇合处无疑。此处河道宽阔水深，可停泊大型船只，可尽览天下之万物，天子赐名“广运潭”。但凡广陵的锦、镜、铜器和海味，抑或丹阳的鸧衫缎，会稽的铜器、罗、纱绫，还是南海的玳瑁、珍珠、象牙、沉香，豫章的名瓷、酒器、茶具，抑或是宣城的空青石、纸笔、黄连，还是始安的蕉葛、翡翠、蚺蚳赡，吴郡的大米等均可直通长安。难怪《旧唐书·韦坚传》中陕县尉崔成甫使人唱之曰：“得宝弘农野，弘农得宝耶！潭里船车闹，扬州铜器多。三郎当殿坐，看唱得宝歌。”[②]除此之外，据史念海先生的研究，唐都长安使用的木炭来自秦岭也多借助于南郊的几条河流运输到城中[③]，可见当时河流水量之大以及航运之发达。

（六）文化用水

据葛剑雄先生定义：“水文化就是以水为基础产生的文化现象，指人以水为基础而进行的活动，在此活动中人与水的关系，以及在水的影响下人与人的关系，水文化包括物质、精神和制度层面。”[④]故前述水资源在农业、生活用水、航运与景观用水诸多方面均应属水文化的表现，可以说大到唐长安整个城市的选址，具体到每一地点、每一人在用水方面的行为均为水文化之体现。这里再对用水过程中的诸多个人行为方式举例说明。据五代王仁裕《开元天宝遗事》卷下“天宝”下“冰箸”条：“冬至日大雪，至午雪霁，有晴色，因寒，所结檐溜，皆为冰条。妃子使侍儿敲下二条看玩。帝自晚朝视政回，问妃子曰：‘所玩何物耶？’妃子笑而答曰：‘妾所玩者，冰箸也。’帝谓左

---

① 关于广运潭的位置，黄盛璋认为在大明宫以东三里的禁苑中，马正林认定在望春宫东浐河西岸，郭声波认为应在光泰门外的浐灞交汇处，李令福则赞同郭说，李健超认为在今光大门西北的滹沱村一带。故其具体位置还有待考古发掘的进一步证实。参考黄盛璋：《西安城市发展中的给水问题以及今后水源的利用和开发》，《历史地理论集》，人民出版社，1982年，111～146页；马正林：《渭河水运和关中漕渠》，《陕西师大学报（哲学社会科学版）》1983年4期，92～102页；郭声波：《隋唐长安的水利》，《唐史论丛（第4辑）》，三秦出版社，1988年，268～286页；李令福：《关中水利开发与环境》，人民出版社，2004年，218、219页；李健超：《增订唐两京城坊考》，三秦出版社，2006年，38页。

② 《旧唐书·玄宗本纪》，中华书局，1997年。

③ 史念海：《汉唐长安城与生态环境》，《中国历史地理论丛》1998年1期。

④ 关于“水文化”的定义，有水利学者、文化学者和地理学者从不同角度不下几十种的定义。如李宗新先生认为“水文化是人类在与水打交道的社会实践活动中所获得的物质财富、精神财富、生产能力的总和，水文化是民族文化的重要组成部分，水文化的主体是水利文化。”参见李宗新：《再论水文化的深刻内涵》，《水利发展研究》2009年7期。如赵爱国言：“水文化，主要是指作为群体的人的水事活动方式（这种方式通常以制度规范和人们的水事行为表现出来的），以及为人类的水事活动所创造出来的精神产品。”参见赵爱国：《水文化涵义及体系结构探析》，《中国三峡建设》2008年4期。如卢庆文云“广义的水文化，是指人类创造的与水有关的科学、人文等方面的精神与物质文化成果的总和。”“狭义的水文化，是指人们对水事活动的一种理性思考或者说人们在水事活动中形成的一种社会意识。包括艺术作品、名著典籍、精神思想、水利文化、水景观文化、水运文化等。”参见卢庆文：《基于中国传统文化浅谈城市水文化建设》，《中国水运》2016年11期。此处对“水文化”的定义参考历史地理学者的定义，参见葛剑雄：《水文化与河流文明》，《社会科学战线》2008年1期。

右曰：‘妃子聪慧，比象可爱也’。”[①]。又《开元天宝遗事》卷下“天宝”下“锦雁”条：“奉御汤中以文瑶密石，中央有玉莲，汤泉涌以成池，又缝锦绣为凫雁于水中，帝与贵妃施钑镂小舟，戏玩于其间。”[②] 又《开元天宝遗事》卷下“天宝”下“冰兽赠王公”条：“杨国忠子弟，以奸媚结识朝士，每至伏日，取坚冰令工人镂为凤兽之形，或饰以金环彩带，置之雕盘中，送与王公大臣，惟张九龄不受此惠。”[③] 甚至杨氏子弟娇贵而以冰山避暑，据记：“杨氏子弟，每至伏中，取大冰使匠琢为山，周围于宴席间。座客虽酒酣而各有寒色，亦有挟纩者。其娇贵如此也。”[④] 以上冰箸、凫雁、冰雕及冰山避暑等说明人们在利用水资源的过程中，对其开发性的利用已经赋予了水以新的含义。冰雕已经成为拉拢结识朝士的器物，冰箸成为把玩的物品，很多与水有关的事物被赋予了新的文化意义，发挥了重要作用[⑤]。

三、结　语

唐长安城地处暖温带半湿润地区的渭河地堑，周边“八水环绕”，河湖众多，地下水埋藏浅，水资源条件优越。而可利用的水资源按其存在形式与分布可分为雨水、河湖水、泉水及地下水。利用的途径和方式表现在以下方面：水源与城址选择，农业灌溉及水产养殖，生活方面的吃水、洒扫与沐浴，景观园林的需求，交通方面的漕运以及文化娱乐用水等方面。总之，水作为资源在唐长安城的发展进程中发挥了无法替代的作用，这对于现今我们在利用水资源并提高水资源利用效率等方面具有重要的参考价值。

（原载《唐都学刊》2020 年 4 期，27～33 页）

① 王仁裕著，丁如明辑校：《开元天宝遗事十种》，上海古籍出版社，1985 年，90 页。

② 王仁裕著，丁如明辑校：《开元天宝遗事十种》，上海古籍出版社，1985 年，101 页。

③ 王仁裕著，丁如明辑校：《开元天宝遗事十种》，上海古籍出版社，1985 年，104 页。

④ 王仁裕著，丁如明辑校：《开元天宝遗事十种》，上海古籍出版社，1985 年，82 页。

⑤ 冰雕涉及古代藏冰与用冰制度，据研究“至迟在西周就已形成了一套完整的制度”。参见杜文玉：《唐代冰井使考略》，《唐史论丛（第 25 辑）》，三秦出版社，2017 年。而关于唐代藏冰用冰，可参考杨梅：《从天圣令看唐宋藏冰制度的变迁》，《中国社会科学院报》2008 年 9 月 4 日 3 版；贾鸿源：《唐代藏冰礼仪空间浅议》，《陕西历史博物馆馆刊（第 21 辑）》，三秦出版社，2014 年，121～135 页。

唐长安广运潭考

陈云霞

近年来，西安市提出了《西安市浐灞生态区总体规划》建设浐灞生态区。其中心是以浐灞半岛、广运潭生态景区为核心的区域。西安市拟将广运潭生态风景区规划为西安市广运潭湿地公园，但是历史上的广运潭是一个什么样的状况呢？当时它肯定不是一个生态设施，那么其功用又是什么呢？长安作为中国封建王朝中为都时间最长的城市，其漕运系统相当发达，设施颇为完备。《汉书·沟洫志》载。至孝武元光中，“时郑当时为大司农，言‘异时关东漕粟从渭上，度六月罢，而渭水道九百余里，时有难处。引渭穿渠起长安，旁南山下，至河三百余里，径，易遭，度可令三月罢，而渠下民田万余顷又可得以溉”。隋代大抵沿袭了汉代此次所凿的漕渠，其重新修凿是在唐天宝元年（742 年）至二年间。唐漕渠基本上是隋漕渠的恢复，渠路没有明显改动，只是增辟了广运潭。本文仅对广运潭的地理位置和历史功用做一分析。

一、地 理 位 置

广运潭在唐代漕运过程中起过重要的作用，但是至今历史地理学界对其具体地理位置尚无定论。因为唐代开元以后的史料均记载广运潭和望春楼相近，多数学者在研究时都是将二者并提，来确定具体位置。史念海先生主编的《西安历史地图集》将广运潭标在浐河之上，而望春楼则在浐、灞之间①。马正林先生在《渭河水运和关中漕渠》中指出，广运潭位于望春宫东浐水西岸（今长乐坡东南望春宫遗址的东边），是韦坚为漕渠开辟的新码头②。他所依据的史料是《旧唐书·韦坚传》。郭声波在《隋唐长安的水利》一文中则认为因为要考虑到宫禁制度、水源及仓储等问题，广运潭应该建在光泰门外浐灞交汇处最为合理③。黄盛璋先生认为广运潭在大明宫东三里的禁苑中④。

综合以上诸家观点，广运潭的位置仍是一个谜，对于相同文献记载的理解也各异。《旧唐书·韦坚传》载：“天宝元年三月……于长安城东九里长乐坡下，浐水之上架苑墙。东面有望春楼，楼下穿广运潭。”这段材料并未说明潭址所在，但是可以知道与望春楼相近。《类编长安志》中引

① 史念海 . 西安历史地图集［M］. 西安：西安地图出版社，1996.

② 马正林 . 渭河水运和关中漕渠［J］. 陕西师大学报 .1983（4）.

③ 郭声波 . 隋唐长安的水利［C］// 唐史论丛（4）. 西安：三秦出版社，1988.

④ 黄盛璋 . 历史地理论集［M］. 北京：人民出版社，1982.

《长安志》:“望春宫，去京城东北一十二里，在唐禁苑内高原之上，东临浐水西岸。”又引《道里记》:“隋文帝初置望春亭，改为望春宫。”① 望春亭最初建于隋文帝时，后改为望春宫，广运潭是依宫而建，临浐水西岸。《雍录》记载：“南望春亭、北望春亭，在禁苑东南高原之上。旧记多云望春宫，其东正临浐水也。”② 由此可知，望春宫必定位于唐禁苑内东南高原之上，而且它的位置确定关系到广运潭位置。但《新唐书·地理志》在万年县下载：“有南望春宫，临浐水，西岸有北望春宫，宫东有广运潭。”③ 同样，《历代宅京记》载：“万年县有南望春宫，临浐水，西岸有北望春宫，宫东有广运潭。”④ 通过这些史料可以看出，南、北两宫并不位于一处，即南望春宫濒临浐水，而北望春宫则位于禁苑东南高原上。因《新唐书》成书较早，当以此为据，可知广运潭位于北望春宫之东是肯定的。

望春宫在禁苑内，广运潭是在苑内还是苑外呢？《长安志》记载：“禁苑在宫城之北……东接灞水……苑内有南望春亭，北望春亭……广运潭。”⑤ 此处意为广运潭在禁苑之内，这是不可能的。理由是广运潭作为一个漕运的码头，没有理由将它设在皇家禁苑之内。《新唐书·韦坚传》载：“初，浐水衔苑左。有望春楼，坚于下凿为潭以通漕……坚始凿潭，多坏民冢墓。”禁苑属于皇家园林，一般民众是没有资格进入的，更何况多有民冢墓呢？所以韦坚在开凿广运潭时所坏民冢墓必定在禁苑之外。又《旧唐书·韦坚传》在记述广运潭开凿之后的情形时：“馀船洽进，至楼下，连樯弥亘数里，观者山积。京城百姓多不识驿马船樯竿，人人骇视。”潭凿成之后京城百姓多争相观看，这种情况是不可能发生在禁苑之内的。又潭在北望春楼下，且北望春楼抵禁苑东墙，这里却记载广运潭里连樯弥更数里，所以广运潭是不可能在禁苑之内的。

那么广运潭的位置还有三种可能性，就是潭要么凿在禁苑东墙与浐河之间，要么建在浐灞之间，或者位于浐灞汇合处。我们来看第一种情况，首先得分析禁苑与浐灞之间的位置关系。《旧唐书·地理志》云：“禁苑，在皇城之北。苑城东西二十七里，南北三十里，东至灞水。”《长安志》卷 6 也有同样记载。也就是说，禁苑东面是抵着浐灞的，根本没有空地来开凿一个广运潭。同时，当时与广运潭所在一线的漕渠是从汉长安城附近引渭水东行，如果广运潭建于浐河西岸引浐水西行，就和漕渠流向相对了，这显然是不合理的。再看第二种情况，也是不可能的。广运潭既为泊船之所，其水面应该较为宽阔而且相对平稳。浐、灞两河之间面积狭小，而且历史时期灞河一直由于骊山隆起带的影响而向西侧蚀，河道发生西移，所以如果在浐灞之间凿潭则水面是不稳定的，也不够宽阔。同时笔者在当地考察时发现两河之间的地势较高，不可能开辟潭体。第三种情况即郭声波在《隋唐长安的水利》一文中提出的，认为潭凿在浐灞汇合处。我认为是合理的。他在论述其理由时罗列了三点：其一玄宗和百姓同时于广运潭观礼，潭址肯定在苑墙外不远；其二浐灞汇合处只要稍加高滋堤，凿两河河床，就可为潭；其三是广运潭是漕运终止码头，当有临时粮仓，记载中唯一

① （元）骆天骧 . 类编长安志：卷 2［M］. 西安：三秦出版社，2006.

② （宋）程大昌 . 雍录：卷 9［M］. 北京：中华书局，2002.

③ （清）顾炎武 . 历代宅京记：卷 6［M］. 北京：中华书局，1984.

④ （宋）宋敏求 . 长安志［M］. 粤雅堂丛书重刻本 .

⑤ （清）徐松 . 河南志［M］. 北京：中华书局，1994.

可见的苑外“米仓”正在光泰门外。其实第三种情况成立的关键是浐灞交汇处水面宽阔，所引水量非常充足。

广运潭的情况在其开凿之前就已有先例。《新唐书·地理志》记载武周大足元年（701年），武则天下令在洛阳北市西北引漕渠，开新潭，以供诸州租船停泊。漕渠“东北流至立德坊之南，西溢为潭。长安中司农卿宗晋卿开，以通诸州租船”①。新潭就是引漕渠水，在立德坊西南建成的一个大型舟船停泊区。建成之后，“天下之舟船所集，常万余艘，填满河路，商旅贸易，车马填满”。并且随着新潭的开凿，在洛阳北市以南，洛河以北，包括漕渠、新潭附近的几个里形成了一片繁华区。该事件在《唐大诏令集》和《唐会要》中均有记载。如此看来，唐长安广运潭的开凿与之前东都新潭的开凿情况极为相似。新潭是引漕渠水，溢漕为潭，目的是提高水位。广运潭是漕渠的一个特殊水利设施，绝浐灞，也是提高水位为潭。新潭是提供一个泊船之所，广运潭也具有同样功效。所以，结合洛阳新潭的开凿可知广运潭也必定在一个水位较高、水量充足的位置。到此为止，广运潭的位置基本可以确定位于唐代浐、灞两河的交汇处。

二、功用及意义

唐代沿袭隋代漕渠，从山东转运物资、粮食供给京畿地区，由此而增设转运使、度支转运使、水陆运盐铁租庸使等官职。《旧唐书·食货》记载开元十八年（730年），宣州刺史裴耀卿上便宜事条曰：“江南户口稍广，仓库所资，惟出租庸，更无征防。缘水陆遥远，转运艰辛，功力虽劳，仓储不益。窃见每州所送租及庸调等，本州正二月上道，至扬州入斗门，即逢水浅，已有阻碍，须留一月以上。至四月以后，始渡淮入汴，多属汴河干浅，又般运停留，至六七月始至河口，即逢黄河水涨，不得入河。又须停一两月，待河水小，始得上河。……伏见国家旧法，往代成规，择制便宜，以垂长久。河口置武牢仓，江南船不入黄河，即于舱内便贮。……爰及河阳仓、柏崖仓、太原仓、永丰仓、渭南仓，节级取便，例皆如此。水道通则随近转运，不通则纳在仓，不滞远船，不忧久耗，比于旷年长运，利便一倍有余。”从这里可以看出，裴耀卿提出的转运法是针对水运的弊端而实行的，尤其是黄河砥柱之险。也就是说各地转运使和粮仓的设置均是为了缩短水运里程，节节运输，减少损耗。如此方式在有唐一代得以沿袭，并取得很好的效果。但是，仅仅设置粮仓来转运是不够的，因为在两段水路之间进行转运必须要有一个稳定的泊船之所，以便于装卸、转运，于是同卷记载便有了广运潭的开凿，“天宝三载，韦坚代萧炅，以浐水作广运潭于望春楼之东，而藏舟焉”。《新唐书·食货志》载：“坚治汉隋运渠……乃绝霸浐，并渭东行，至永丰仓与渭合。又于长乐坡濒苑墙凿潭于望春楼下，以聚漕舟。”《唐会要》载：“天宝三载，韦坚代萧炅，以浐水作广运潭于望春之东，而藏舟焉。”②由此可见，广运潭是顺应转运法的需要而出现的，其主要功用在于供从关东地区输送物资、粮食的船只停泊、转换。唐代漕渠从汉长安城起东行至浐灞处经广运潭继续

① （宋）王溥．唐会要［M］．北京：中华书局，1955.

② （宋）程大昌．雍录［M］．北京：中华书局，2002.

东行至永丰仓，“永丰仓下，在渭水入黄河处，汉之船司空也”①。也就是说，广运潭是唐代关中地区漕渠的终点所在。东可以接纳漕粮船只，西可以转送都城供给。

同时，因为潭址处在浐、灞两河处而又具有特殊的意义。灞桥自古一直是关中地区的交通要冲，无论是东出函谷道还是东北出蒲关道都要经过灞河，所以广运潭设置于此也具有重要的军事意义。唐代大将杨復光《收复京城奏捷露布》载：“随李克用自光泰门（唐禁苑东面临浐河一门）先入京师。……杨守宗等齐驱直入，合势夹攻。……自望春宫前鏖杀。”②史籍所载望春宫与广运潭的相对位置多有差异，但均是近在咫尺。所以杨復光文中所载这一战争路线实际上是过渭河后沿漕渠西渡灞河。本来过灞河是可以通过灞桥的，但是该处是“自光泰门先入京师”，而光泰门外即是广运潭，也就是说沿漕渠过广运潭至光泰门入禁苑。虽然广运潭的开凿目的不是满足军事上的需要，但实际上确实起到了一定的军事作用。

除了上述两种功用之外，广运潭的开凿不能排除韦坚个人的邀功之嫌。开元年间，御史宇文融策搜括逃户，增加赋税。后又有杨崇礼为太府卿，“清严善勾剥，分寸锱铢，躬亲不厌。转输纳欠，折估渍损，必令徵送。……其弟慎名又专知京仓，皆以苛刻害人。……又有韦坚，规宇文融杨慎矜之迹，乃请于江淮转运租米，取州县义仓粟，转市轻货，差富户押船，若迟留损坏，皆徵船户。关中漕渠，凿广运潭以挽山东之粟，岁四百万石。帝以为能，又至贵盛”③。《旧唐书》将韦坚和宇文融以及杨慎矜混为一谈，即韦坚开凿广运潭的目的并不单纯，便于漕运之外不乏豪取献媚之意。《旧唐书·韦坚传》中记载韦坚将广运潭开凿完毕以后的一番举措：“坚预于东京、汴、宋取小斛底船三二百只置于潭侧，其船皆署牌表之。若广陵郡船，即于栿背上堆积广陵所出锦、镜、铜器、海味；丹阳郡船，即京口绫衫段；晋阳郡船，即折造官端绫绣；会稽郡船，即铜器、罗、吴绫、绛纱；南郡海船，即玳瑁、真珠、象牙、沉香；豫章郡船，即名瓷、酒器、茶釜，茶铛、茶碗……凡数十郡……坚跪上诸郡轻货，又上百牙盘食，府县进奏，教坊出乐迭奏。”之后玄宗欢跃，下诏赐名。从这里可以看出韦坚开广运潭的另一个目的就是将全国各地的贡品集中于此，便于向玄宗展示。

无论韦坚凿广运潭是出于利己还是其他，但实际上广运潭确实对唐代的漕运起了很大的促进作用。唐初，漕运每年不过20万石；到了开元初，李杰主漕运，每年80万石；开元末，裴耀卿改进漕运方法，三年运700万石；天宝初，韦坚改进运道，于是“岁漕山东粟四百万石”。漕粮数字的增加说明了韦坚所改进的运道是相当有效的，也证实了广运潭在漕运过程中的作用。

三、小　　结

经上文论述可知，广运潭是在天宝二年（743年）由韦坚开凿而成，是唐代关中漕渠体系中重要的一部分。从开凿者本人来说，带有邀功、献媚之意，将关东货物通过广运潭展现给统治者。但是事实上，作为一个泊船之所，《通典》记载天宝初，韦坚改进运道，于是“岁漕山东粟四百万

① 全唐文·卷998·收复京城奏捷露布［M］，北京：中华书局影印本，1982.

② （后晋）刘昫．旧唐书［M］．北京：中华书局，1975.

③ （唐）杜佑．通典［M］．北京：中华书局，1984.

石”。由此看来，广运潭大大提高了关中漕渠的效益。另外，通过对唐代大将杨復光《收复京城奏捷露布》的分析得知，广运潭在军事上也产生过影响。

基于广运潭作为泊船之所对水位的要求，以及与洛阳新潭的相似性，其选址应该是在水量较为丰富的地方。由于浐、灞两河附近地势的限制和唐禁苑的范围，广运潭的选址只能在两河的交汇处。

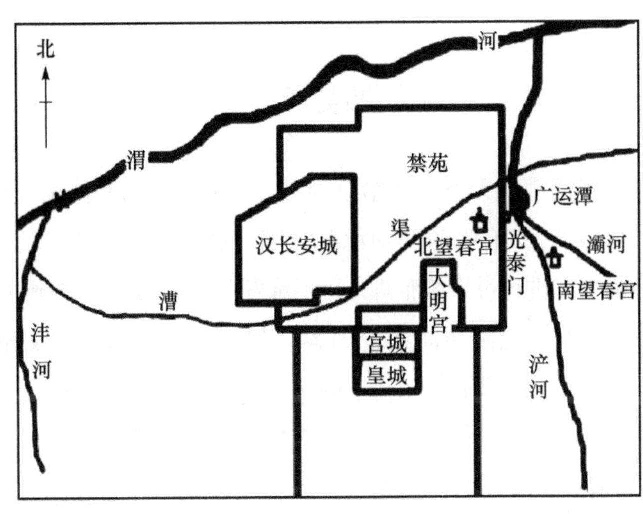

唐广运潭示意图

唐代广运潭地理位置和功用的考实，一方面弄清了其在唐代关中漕运中历史功用和地位，另一方面也为当前西安市所提《西安市浐灞生态区总体规划》建设浐灞生态区提供些依据，以期对其发展、实施有所裨益。

（原载《三门峡职业技术学院学报》2009 年 4 期，38～41 页）

隋唐时期关中漕渠新考

祝昊天

汉初“都关中”，应“河渭漕挽天下，西给京师”之需求[①]，始有修凿关中漕渠，作为一条连接东西往来的运输通道；继其后，又有隋唐两朝承袭沿用，恰与前代的情形较相似。对此，学界已经有不少的研究论述[②]，而前作亦进行过系统整理[③]，不难发现：前人工作多侧重于汉代漕渠（以下简称“汉渠”）线路的考证，虽略有涉及隋唐时期的内容，却一直未能形成专文论著，这大抵是隋唐两朝一直都在沿用汉渠旧迹的缘故。其实，相较于既有考证的汉渠行径，隋唐漕渠并不是没有任何变化，而围绕着漕渠、漕运的相关研究深入，仍有诸多的细节问题值得讨论；更何况，受限于史料的不足和绘制条件，有关渠道线路的绘图也亟须完善。正因如此，在充分整合前人“碎片式”研究的基础之上，本文拟引用一些新方法，辅以漕渠线路图的绘制作为理论依据，尝试着对前人观点予以补证、论述，且作为抛砖引玉之论。

一、隋唐关中漕渠的沿革

伴随着大一统王朝的盛衰，关中漕运时兴时废，故经常需要重疏漕渠。基于对史料的梳理，可

① 《史记》卷55《留侯世家》，中华书局，1959年，2044页。

② 参见郑肇经：《中国水利史》，商务印书馆，1939年，191～205页；黄盛璋：《历史上的渭河水运》，《西北大学学报（哲学社会科学版）》1958年2期，97～114页；戴应新：《关中水利史话》，陕西人民出版社，1977年，26～33、49～55页；马正林：《渭河水运和关中漕渠》，《陕西师范大学学报（哲学社会科学版）》1983年4期，92～102页；潘镛：《隋唐时期的运河和漕运》，三秦出版社，1987年，15～108页；史念海：《中国的运河》，陕西人民出版社，1988年，75～81、148～151页；郭声波：《隋唐长安的水利》，《唐史论丛（第4辑）》，三秦出版社，1988年，271～289页；辛德勇：《汉唐期间长安附近的水路交通——汉唐长安交通地理研究之三》，《中国历史地理论丛》1989年1期，33～44页；王子今：《秦汉时期的内河航运》，《历史研究》1990年2期，26～41页；史念海：《环绕长安的河流及有关的渠道》，《中国历史地理论丛》1996年1期，1～21页；李令福：《关中水利开发与环境》，人民出版社，2004年，111～126、198～227页；辛德勇：《西汉时期陕西航运之地理研究》，《历史地理（第21辑）》，2006年，234～248页；辛德勇：《隋唐时期陕西航运之地理研究》，《陕西师范大学学报（哲学社会科学版）》2008年6期，77～88页；李令福：《论西汉关中平原的水运交通》，《唐都学刊》2012年2期，5～14页；张晓东：《隋朝的漕运系统与政治经济地理格局》，《中国社会经济史研究》2012年3期，1～9页；等等。

③ 祝昊天：《西汉关中漕渠运输系统的构建——以“西汉关中漕渠复原图”绘制为据》，《中国古都研究（第31辑）》，陕西师范大学出版社，2016年，77～89页。

知隋唐时期前后有三次重疏漕渠的提议，现考证如下。

1. 开皇四年重疏汉渠

隋朝建立以后，恰与汉代的情形较相似，同样是为解决运力不足的问题，亟须在汉渠的旧址上重新疏通漕渠。

事实上，这与开皇三年（583年）的局势有着直接联系：一方面，边境的战事不断，“是时突厥犯塞，吐谷浑寇边”，使“军旅数起，转输劳敝”①，亟须供给军粮；另一方面，同年三月，隋文帝以“常服入新都”，因其城市营建与人口迁入之规模，更是造成了巨额的粮食缺口。在此背景下，恰逢关内又遭遇了严重的夏旱，以致“上亲祈雨于国城之西南”，诚可见灾荒已相当严重。

有鉴于此，“开皇三年，朝廷以京师仓廪尚虚，议为水旱之备……漕关东及汾、晋之粟，以给京师”，无非是为调入粮食以解燃眉之急；但问题是，受限于沙深水浅这一实际条件，经行于渭河的漕运其实并不畅通。为此，“上每忧转运不给，（于）仲文请决渭水，开漕渠”，得到了隋文帝的批准，“于是命宇文恺率水工凿渠，引渭水，自大兴城东至潼关，三百余里，名曰‘广通渠’”②，遂在汉渠旧址上重新疏通了漕渠渠道（以下简称“隋渠”）。

值得注意的是，从开皇四年（584年）六月壬子“开渠”，到九月乙丑隋文帝“幸霸水，观漕渠”，工程历时仅三月，相较于汉代“悉发卒数万人穿漕渠，三岁而通”的投入③，似是过于简单。一般认为，这是因为隋渠大体沿用了汉渠旧迹的缘故，才节省了不少时间，却也只是一种推测。另见同年九月甲戌条记载“驾幸洛阳，关内饥也”④，如是说，则在视察结束仅仅九天过后，连皇帝本人都已赴东都就食，恰是说明了灾荒的严重程度；据此而论，此次工程很可能就是因为灾荒的缘故才不得已草草收工。

随后，施工应该还继续进行，只是未见其详，但运输状况确实得到了明显改善：如开皇六年（586年）例，因“关中连年大旱”，朝廷“发广通（仓）之粟三百余万石，以拯关中”⑤，较之于过去，已截然不同。由此可见，隋代确实有疏通漕渠，而且还发挥了极为重要的作用，故有“关内赖之，名之曰‘富民渠’”一说⑥。按照时间的计算，“这次重开的漕渠一直维持到隋末，大约使用了三十多年”⑦。

---

① 《隋书》卷24《食货志》，中华书局，1973年，681页。

② 参见《隋书》卷1《高祖纪》，中华书局，1973年，19页；《隋书》卷24《食货志》，中华书局，1973年，683、684页；《隋书》卷60《于仲文传》，中华书局，1973年，1454页。

③ 《史记》卷29《河渠书》，中华书局，1959年，1409、1410页。

④ 《隋书》卷1《高祖纪》，中华书局，1973年，21、22页。

⑤ 《隋书》卷24《食货志》，中华书局，1973年，684页。

⑥ 《隋书》卷61《郭衍传》，中华书局，1973年，1469页。

⑦ 马正林：《渭河水运和关中漕渠》，《陕西师范大学学报（哲学社会科学版）》1983年4期，96页。

2. 天宝元年开凿广运潭

隋渠废弃时间不详，仅《隋书·五行志》有载：大业七年（611 年），“砥柱山崩，壅河，逆流数十里”①。鉴于黄河航道已经遭到严重破坏，则输入关内的漕运也应基本断绝。

唐继隋后，漕运不通，只得改行陆路转运。按唐初“每岁转运，不过二十万石便足”，一定规模的漕粮运输尚可维持；但随着消费需求的不断增长，供给却越显吃力。如咸亨三年（672 年）例，为缓解关内饥荒，“监察御史王师顺奏请运晋、绛仓粟以赡之”，尝试着以“河、渭之间，舟楫相继，会于渭南”②。可是，这种就近调运的办法并不能满足日益增长的需求；因此，统治者仍不免要往返于东都就食，以致使唐中宗怒曰：“岂有逐粮天子邪！”③却也无可奈何。

如是，为绕开砥柱段河道运粮，唐朝“自景云中，陆运北路分八递，雇民车牛以载”，通过分设递场来逐段转运，从而极大地提高了效率；及至“开元初，河南尹李杰为水陆运使，运米岁二百五十万石，而八递用车千八百乘”，取得了较好的效果；但这样一来，漕运对畜力的损耗却显得过于严重，以“八递伤牛”故，运输代价显得太过高昂，难以长期维持④。待到开元二十一年（733 年），经雨灾过后，关内粮价再度上涨，京兆尹裴耀卿又适时重提“节级便取”运输法⑤，终于引起唐玄宗的重视，开始着手恢复部分河段的水运，结果“凡三岁，漕七百万石，省陆运佣钱三十万缗”，算是暂时缓解了粮食紧缺的状况。

其后，“自裴耀卿言漕事，进用者常兼转运之职”，为取悦于上，又有长安令韦坚继任运职。天宝元年（742 年）十一月，韦氏“治汉、隋运渠，起关门，抵长安，通山东租赋”（以下简称“唐渠”）。按《新唐书·食货志》载：唐渠“乃绝灞、浐，并渭而东，至永丰仓与渭合”，为方便装卸，“又于长乐坡濒苑墙凿潭于望春楼下，以聚漕舟”，得玄宗赐名“广运潭”，作为漕渠运输的集散之地。相较于汉渠、隋渠，唐渠在线路上并未有太大改动，却也用时近两年，诚可见用工之投入。迤至天宝三载（744 年）时，漕渠全线贯通，“是岁，漕山东粟四百万石”⑥，随即创下了隋唐漕运史上的最高纪录。

自此十余年间，漕渠通行极大地提高了运输效率，使唐朝囤积在东部地区的钱粮、物资得以源源不断地输入长安；而玄宗也终于结束了“逐粮天子”的奔波生活，开始安心定居。“及安禄山反于范阳，两京仓库盈溢而不可名”⑦，关内再未出现过粮食供应紧缺的情况。

---

① 《隋书》卷 23《五行志下》，中华书局，1973 年，665 页。

② 《旧唐书》卷 49《食货志下》，中华书局，1973 年，2113～2115 页。

③ 司马光：《资治通鉴》卷 209，景龙三年是岁条，中华书局，1956 年，6639 页。

④ 《新唐书》卷 53《食货志》，1367 页。

⑤ 何汝泉：《唐代转运使初探》，西南师范大学出版社，1987 年，10 页。

⑥ 《新唐书》卷 53《食货志》，1366、1367 页。

⑦ 《旧唐书》卷 49《食货志下》，2087 页。

3. 开成元年重修兴城堰

经安史之乱破坏，漕运再度中断，按宝历二年（826年）将“太仓广运潭复赐司农寺”的记载[①]，可知漕渠废用许久。此时，若还有漕运往来，漕船也只能改行渭河运输。及至“太和初，岁旱河涸，掊沙而进，米多耗，抵死甚众”，唐朝已无力再维持渭河运输，才考虑到“秦、汉时故漕兴成堰，东达永丰仓”，遂有“咸阳县令韩辽请疏之”，是为第三次重疏漕渠的提议。

在朝议过程中，确有进一步说明这次重疏漕渠的政治意图：彼时，右相李固言“以为非时”，本不予赞同；可文宗却坦言：“苟利于人，阴阳拘忌，非朕所顾也。”[②]执意想要落实。究其原因，当如中书侍郎李石所述：“此漕若成，自咸阳抵潼关，三百里内无车挽之勤，则辕下牛尽得归耕，永利秦中矣。”[③]据此推断：在漕运不通的情况下，仅凭陆运车转，势必会占用大量的畜力资源，以至于严重影响到正常的农耕生产。显然，对于成本计算的考量，才是统治者之所以要固执己见的真实动机。

除此之外，针对韩辽是否有过疏凿漕渠一事，郭声波已质疑，并认为《旧唐书》和《新唐书》在转述过程中存在曲解，如大中五年（851年）裴休接盐铁转运使，有载：“始者，漕米岁四十万斛，其能至渭仓者，十不三四。”若将“始者”改作“太和后”[④]，似是当时漕运仍经渭河运输入东渭桥仓，却未有提及漕渠，着实不免令人怀疑。更何况，按“昨辽计度，用功不多”一语，李石所指原本应该只是重修兴城堰的工程，如果“结合唐后期两税法施行后很难大规模征调力役和地方财政拮据的情况”[⑤]，已经很难再承担起重疏渠道的开支；倘若又只是简单地引水入漕，却未疏通渠道，怕也无济于事。所以说，即便韩辽确有疏凿漕渠的行为，却也很可能是不了了之，再没有下文。

相较而言，历代在疏凿漕渠的动机上存在明显不同：考虑到隋初与汉代情形较相似，自然都是以解决运力不足作为首要目标。但是，唐代所要面临的情况却更为复杂，尤其是运输的多元化选择，必须得仔细考量成本的计算。而在唐代后期国势衰落的背景之下，重疏漕渠的提议已经明显脱离了实际，反倒更像是统治者一厢情愿的想法。

二、漕渠线路考证

一般认为，隋、唐漕渠沿袭自汉，除去首尾段略有变化以外，整体行径大体相似。如是说，在既有工作的基础上，完全能够将隋唐漕渠的渠道进一步划分为“长安诸渠”与“直渠”两部分[⑥]，借以逐段考证其线路行径。

---

① 《旧唐书》卷17《敬宗本纪》，520页。

② 《新唐书》卷53《食货志》，1371页。

③ 《旧唐书》卷172《李石传》，4485页。

④ 参见《旧唐书》卷49《食货志下》2119、2120、2122页；《新唐书》卷182《裴休传》，1975年，5371、5372页；《唐会要》卷87《转运盐铁总叙》，1594页；等等。

⑤ 郭声波：《韩辽是否疏凿了漕渠？》，《中国历史地理论丛》1988年2期，158页。

⑥ 关于汉渠线路的分段、考证的问题，可参见拙作《西汉关中漕渠运输系统的构建——以“西汉关中漕渠复原图”绘制为据》，77～89页。

1. 长安诸渠

据《史记·河渠书》载，漕渠本就“引渭穿渠起长安”，由于被纳入城市供排水系统之中，渠系更是复杂。基于对汉渠线路的考证，在这里，仅选取隋唐漕渠主线作描述，并对前人观点加以整理。

按“引渭穿渠”一语，漕渠应该引水自汉长安城（以下简称“汉城”）以西的渭水河畔。于此处，汉代旧址已不甚详细，仅《旧唐书》《新唐书》有载：天宝元年，以“（韦）坚为使，乃占咸阳，壅渭为堰”，名“兴城堰”。类似于今天滚水坝的设计，堰体可以阻拦一部分渭水，导流入漕渠。后来，在“咸阳令韩辽请开兴成渠”时，又称“旧漕在咸阳县西十八里……自秦、汉以来疏凿，其后堙废”[①]，亦是所指。另据郭声波考证：“沣河下游西岸有古渠经阎家村（今名仍旧）、席家村（今东西席坊）、张家庄（今东西张村）、马家村（今马家寨）入渭，恰至隋唐兴城堰口，因此可以认为这条不知名的古渠就是隋唐漕渠的渠首段。”[②]如是说，则“旧漕”应该是从今咸阳钓台镇马家寨村以西引渭水流，循《长安县志》所载的“古渠”行径渡过沣河[③]。

继其后，辛德勇认为“漕渠东行经滈池北、磁石门南，又在汉长安城西南角外由三桥下穿过唐开远门至咸阳大道（汉时则当通过揭水陂），缘汉长安城南垣东行”[④]，流入隋唐长安城北禁苑。按宋敏求所撰《长安志》记载，禁苑“东接灞水，西临长安故城，南连京城，北枕渭水”[⑤]，范围广阔；沿汉城湖址，漕渠的这条主线不仅被纳入汉城市供排水系统之中，还被兼作护城河使用，又与泬水枝渠、昆明池水和昆明故渠等支线连接，从而形成较为复杂的渠系；至隋唐时期，汉城的城市供排水渠系多已废弃，原支线的水量明显减少，遂只保留主线渠道继续引水。参照《西安历史地图集》所绘[⑥]，可大致确定这一段漕渠线路。除此以外，沿汉城东侧的护城河北出，还有一条专门为城内引排水所设计的明渠支线，今址仍有漕运明渠还在继续沿用。

至灞河以西段，王社教按海拔推算，认为隋唐漕渠仍是沿泬水支渠一线行经[⑦]；而郭声波则依据卫星照片分析指出，隋唐漕渠“当由汉长安城南古渠经今董家村、陆家堡、白花村至浮寨合龙首东渠北支，又东北流，入广运潭，缘滋堤渡灞东去”[⑧]。如是说，不同于汉渠“绝灞右出”之主流，隋唐漕渠的线路应该有向灞河上游推移，至浐灞交汇处；否则，既有的漕渠线路将无法与广运潭的定位产生直接联系。

综上所述，在汉渠线路的基础上，可将隋唐时期长安附近的漕渠行径绘制成图（图一）。

---

① 参见《旧唐书》卷105《韦坚传》，3222页；《新唐书》卷134《韦坚传》，1975年，4560页；《旧唐书》卷172《李石传》，4485页。

② 郭声波：《隋唐长安的水利》，268～286页。

③ （清）张聪贤：《长安县志》卷14《山川志》，成文出版社，1960年，413、414页。

④ 辛德勇：《汉唐期间长安附近的水陆交通——汉唐长安交通地理研究之三》，33～44页。

⑤ （宋）宋敏求撰，（清）毕沅校正：《长安志》，成文出版社，1970年，133页。

⑥ 史念海主编：《西安历史地图集》，西安地图出版社，1996年，73、77页。

⑦ 转引舒峤：《隋唐漕渠在灞河以西的走向》，《中国历史地理论丛》1992年1期，152页。

⑧ 郭声波：《隋唐长安的水利》，271页。

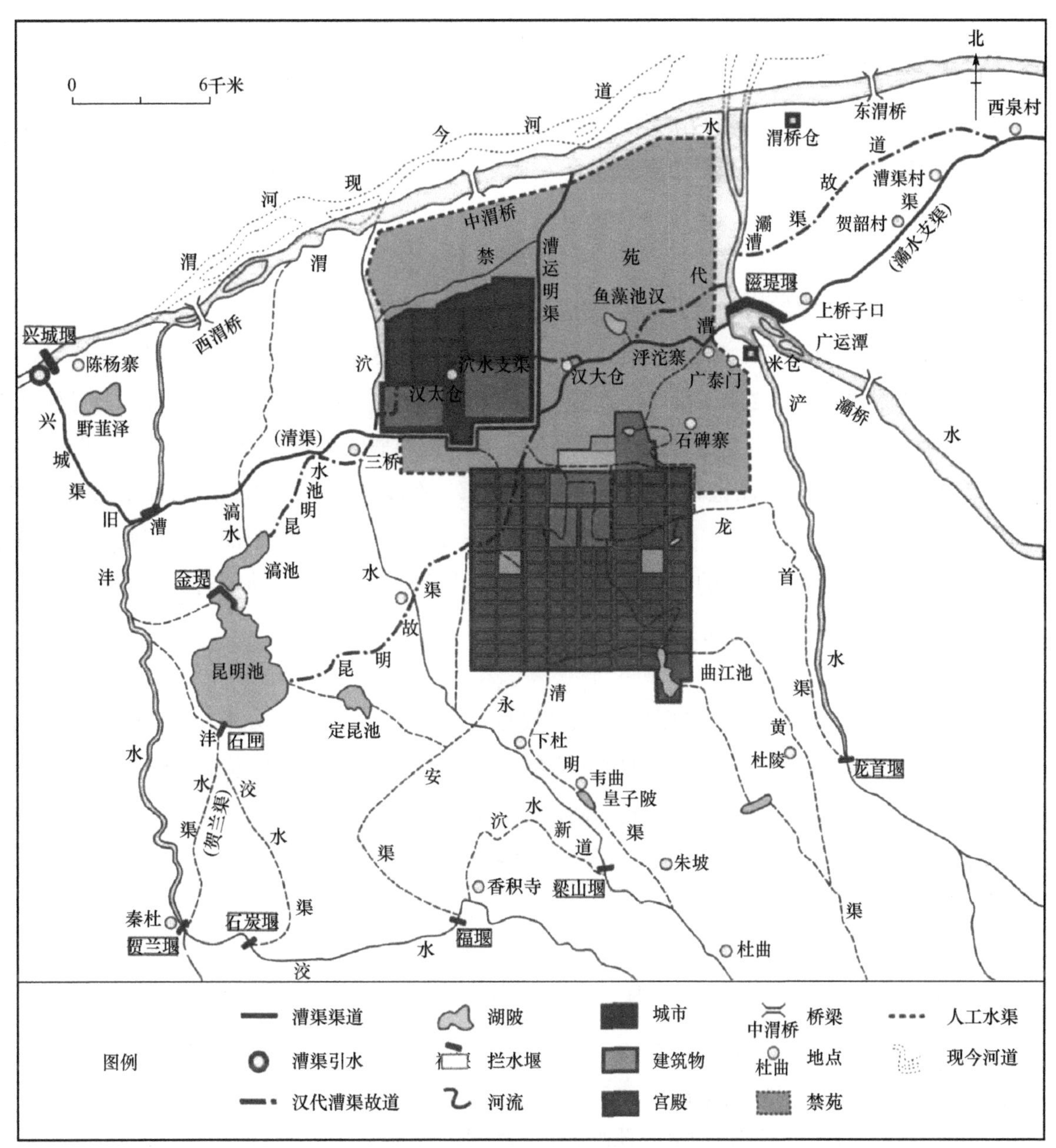

图一　隋唐长安附近的漕渠行径示意图

（据李令福：《关中水利开发与环境》，人民出版社，2004 年，208 页《隋唐长安城水利工程布局示意图》改绘）

据图而论，按“引渭”主线行径，隋唐漕渠基本沿用了汉渠故道，但在补水支线上却存有明显差异。两相比较，汉代修昆明池蓄水，所引自沣、泬（潏）、滈诸水，多侧重于长安西侧的水流，故还设计有昆明池水、昆明故渠这两条支线渠道连接漕渠渠道；而唐代则修凿广运潭，在浐、灞交汇之处截流，明显侧重于长安东侧的水流，遂使灞河以西的漕渠主线整体向上游推移，从而改变了漕渠行径。所以说，围绕着引流的水源选择，不同时期的渠道线路确实有所变化。

2. 直渠

引《史记·平准书》载：“郑当时为渭漕渠回远，凿直渠自长安至华阴。”所谓“直渠”者，按其“并南山下，至河三百余里，径，易漕”所述[①]，应当与秦“直道”类似，以其“径（直）”而名。根据《中国文物地图集》提供的考古信息，在今天西安市灞桥区的新合村、陶家村之间，仍能找到一段“并渭漕渠”的遗迹[②]，经过数次考察，又在其东西沿线各有发现漕渠庙、深渡村等遗存[③]。循此痕迹，自灞河以东算起，从广运潭迤至永丰仓（广通仓）一线，应该仍是在沿用汉代直渠的旧址，亦即漕渠运输的主要航程。

（1）广运潭

继前文所述，广运潭始修凿于天宝初。究其位置所处，已有不少学者进行过讨论[④]，参照郭声波、李令福的观点，“认为广运潭在广泰门外的浐灞之会”。在这里，隋初将灞水改名曰滋，另行修筑一道滋堤堰来拦截浐、灞之水，借以作为漕渠水源的补充；而在此基础之上，唐代又通过加高堰体、凿展河床等方法扩大蓄水，遂有在光泰门外“形成数里连樯的水面”，可供漕船的装卸、停泊。因而，“绝灞右出”的渠道线路也必须要整体向上游推移：在灞河以东，“由今上桥梓子西灞河东岸引出，东北流今贺韶村、漕渠村、西泉村，沿370米等高线折东，与汉漕渠合”[⑤]。按此描述，倒是与《水经注》原载“霸水故渠”的行径基本吻合，因而推测这段很可能是将原有的旧渠支线改作新渠主线，借以使漕渠引流能够顺势经过浐灞之会。

（2）米仓

据《旧唐书·李晟传》所载：泾原兵变时，“晟自东渭桥移军于光泰门外米仓村，以薄京城”[⑥]。郭声波认为，在广运潭附近应该还有一处临时粮仓，而“记载中唯一可见的苑外‘米仓’，正在光泰门外”[⑦]。更何况，“米仓”之名恰已印证是为储存漕运而来的米粮。据此推断，“米仓”当是一处专门设置在光泰门外的中转仓储，以便停泊在广运潭上的漕船装卸、储存米粮所用。

（3）东渭桥仓、渭南仓

据《史记》所载：“五年三月，做阳陵、渭桥。”另以《索引》注解，“今渭桥有三所……一所在东北高陵道，曰东渭桥”[⑧]。而《唐六典》亦有记载：“木柱之梁三，皆渭川也。便桥、中渭桥、东

---

① 《史记》卷30《平准书》，1420页。

② 国家文物局主编：《中国文物地图集·陕西分册》，西安地图出版社，1998年，144页。

③ 2016年5月，因西安港务区兴建动工，深渡村（地铁3号线保税区站附近）即将被拆迁，笔者曾专程前往进行考察，在实地走访的过程中，了解到当地有关唐代漕运的传说故事。据称，这里曾经是唐代漕运的装卸码头，故得以“深渡”之名，其与现今渭河的间距也不过7～8千米。同年11月，笔者亦有幸跟随水利史专家李令福老师考察新合村210国道附近的“并渭漕渠”遗址，但就实地所见，因村镇建设，原有的渠道遗址已经被道路完全覆盖，另发现附近的一座漕渠庙、一块无名碑石。据当地村民介绍，这座村庙原本就建在漕渠边上；至今，每年春节仍有定期举办的祭祀活动。

④ 参见黄盛璋：《历史上的渭河水运》，110页；马正林：《渭河水运和关中漕渠》，96页；郭声波：《隋唐长安的水利》，271～273页；等等。

⑤ 李令福：《关中水利开发与环境》，216、218、219页。

⑥ 《旧唐书》卷133《李晟传》，3668页。

⑦ 郭声波：《隋唐长安的水利》，272页。

⑧ 参见《史记》卷11《孝景本纪》，443页；卷102《张释之传》，2755页。

渭桥，此举京都之冲要也。”[①]按考古发掘所见，始自于开元九年（721年）刘绾初建，唐代先后有三次营建东渭桥，今址位于高陵耿镇白家嘴村渭河南岸2.6千米处[②]。关于东渭桥边置仓的时间，似有疑误。按《唐会要》所述，是以监察御史王师顺“运晋绛之粟，于河渭之间，增置（东）渭桥仓”[③]，但咸亨三年（672年）要明显早于初次建桥的时间。对照《旧唐书·食货志》相关记载：“河渭之间舟楫相继，会于渭南，自师顺始之也。”疑似《唐会要》将渭南仓误作“渭桥仓”。此渭南仓者，亦被宣州刺史裴耀卿在开元十八年（730年）上便宜事条中所提及[④]，与永丰仓相提并论，更说明彼时在东渭桥附近尚未有仓储设置；所以，要“于泾水汇入渭水处附近置东渭桥仓”，时间只可能更晚[⑤]。应该说，在唐代中后期的发展过程中，正是由于漕渠废用、漕船改行渭河运输，才使东渭桥仓逐步取代了广运潭，变成新的漕运集散地。

（4）永丰仓（广通仓）

据《元和郡县图志》记载：“永丰仓，在（华阴）县东北三十五里渭河口，隋置。”[⑥]其设置应与西汉京师仓较类似。大业时，又因避讳改名“永丰仓”，亦为唐朝所沿袭。经艾冲考证，“永丰仓故址应在今潼关县北境吊桥村与潼关故城间的古驿道之侧，略当今西厫村和废五里铺村一带”[⑦]。李令福也认为，“隋修复漕渠即永通渠东口即在此，较汉代略向东移，这可能与此时黄河河道东徙而导致黄渭交汇处随之东移有关”[⑧]。事实上，正是由于黄河河道摆动所带来的影响，才使漕渠归流的入口不时发生变化，转而造成文字记载上的差异。故此，仅就隋唐时期所见，“永丰仓位于潼关西、渭河口南的驿道之侧”[⑨]，所处位置正是漕渠线路与驿路之间的交汇点，完全可以充作一处水陆枢纽。

至此，已将漕运航程所涉及的仓庾、码头逐一定点，借以作为沿途必经的交通枢纽，还原到地理坐标上，可以依次连接形成一条东西向的运输线路，即为直渠渠道之走向。

三、有关“渭水夺漕”的补证

其实，类似的工作已绘制成图（图二），但仍有不足。受限于直渠沿线的材料较少，只能另寻思路：在这里，考虑到渭河以南的地势走向，拟选取同样与渭河并行的唐代驿路作为一条参考线路，借以说明漕渠与渭河这两者之间的特殊关系。

---

① （唐）李林甫撰，陈仲夫点校：《唐六典》卷7《尚书工部》，中华书局，1992年，226页。

② 陈冰：《唐代东渭桥建毁存废考——以东渭桥的三次营建为中心》，《唐史论丛（第17辑）》，陕西师范大学出版总社，2014年，144～157页。

③ 《唐会要》卷87《转运盐铁总叙》，1587页。

④ 《旧唐书》卷49《食货志下》，2113、2114页。

⑤ 杨朝霞：《渭河沿流港口码头津渡的兴衰》，《陕西师范大学学报（哲学社会科学版）》1997年4期，97页。

⑥ （唐）李吉甫撰，贺次君点校：《元和郡县图志》卷2《关内道二》，中华书局，1983年，35页。

⑦ 艾冲：《隋唐永丰仓考论》，《陕西师范大学学报（哲学社会科学版）》1997年2期，140页。

⑧ 李令福：《关中水利开发与环境》，217页。

⑨ 艾冲：《隋唐永丰仓考论》，142页。

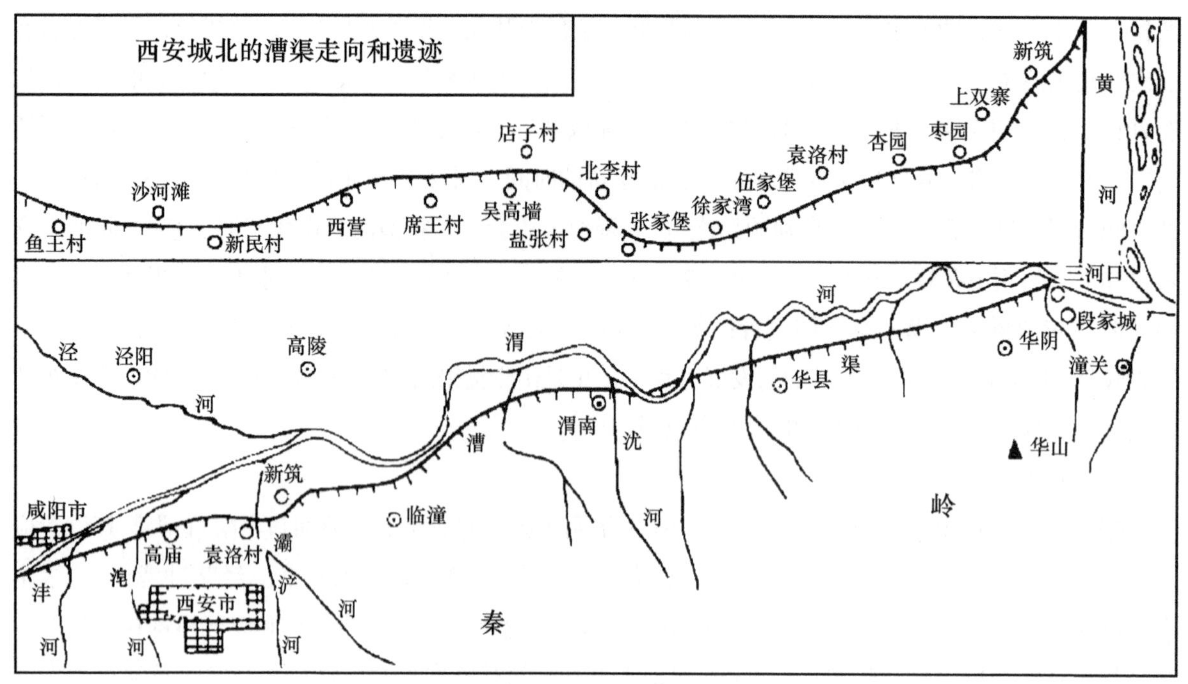

图二　关中漕渠图

（引自马正林：《渭河水运和关中漕渠》,《陕西师范大学学报（哲学社会科学版）》1983 年 4 期，93 页）

据此而论，理由有四：其一，修汉渠时有“令齐人水工徐伯表”,《索引》注解：“旧说，徐伯表水工姓名也。小颜以为表者，巡行穿渠之处而表记之，若今竖标，表不是名也。”① 如是说，汉渠修凿确经过一番详细的勘测选址，恰是说明了漕渠线路完全依循地势高低；同时，又以秦岭、渭河之间的地形限制，迫使驿路与漕渠、渭河三线并排而行东西走向，从而提供了相互参照的可能。其二，渭河以南的唐代驿路是一条基本固定的陆上交通线路，并且沿袭至今，如“惟论唐人之两京行旅，其陕州以西之路线固与今陇海铁路线略相同”，这一点可以为今天的绘图、定位提供更直接的地理依据。其三，就工程选址来讲，驿路通常要建造在地势高兀处以躲避洪涝，而渠道则恰好相反，必须要深挖于地势低洼处导流；按此地势并行，两相之间高低自分，完全能够将漕渠行经的范围再进一步缩小到驿路与渭河之间，降低绘图难度。其四，鉴于严耕望先生已在《唐代交通图考》中详细讨论过“长安陕州间驿程”（图三）②，在此基础上，本文拟逐一提取直渠沿线的各处驿站加以整理，势必会大幅提高工作的精度。

如图三所示，经严耕望先生整理，“乃知长安至陕东峪坂间置驿二十二三，驿名无考者仅三四而已”③。按直渠行径，从灞河以东的滋水驿直至渭汭处潼关驿，共计有驿馆设置 14 处，现摘录如表一所示。

在此基础上，拟将驿馆位置逐一定点，转化成具体的地理坐标，继而做连点接线的工作，以先

① 《史记》卷 29《河渠书》，1409、1410 页。

② 参见严耕望：《唐代交通图考》卷 1《京都关内区》，上海古籍出版社，2007 年，19、22～51、90 页。

③ 严耕望：《唐代交通图考》卷 1《京都关内区》，17 页。

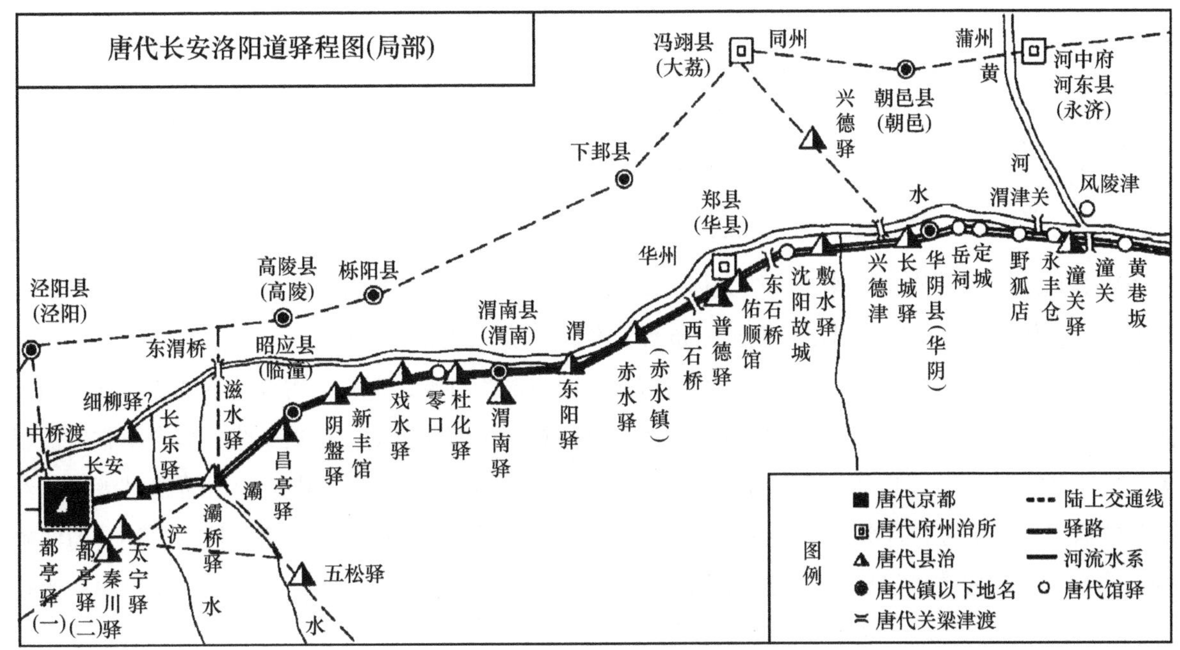

图三 唐代长安至潼关驿程图

（据严耕望：《唐代交通图考》卷 1《京都关内区》，上海古籍出版社，2007 年，90 页，《唐代长安洛阳道驿程图》改绘）

表一 直渠沿线驿馆一览表

驿馆	里距 / 里	相关记载	文献出处	位置
滋水驿		灞桥镇在县东二十里，滋水驿疑在此	《长安志》卷 11《万年县》	灞桥镇
昌亭驿	30	昌亭驿在（临潼）县西南五十步，东至华州渭南县八十里，西至本府秦州（川）驿五十里	《长安志》卷 15《临潼县》	临潼县
阴盘驿	14	阴盘城在（临潼）县东北一十四里，汉溪……故城，汉高祖与太上皇所置新丰邑……往来大路必由经此城	《长安志》卷 15《临潼县》	临潼县以东
新丰馆	3			?
戏水驿	12	大业六年置，在戏水店	《两京道里记》	戏水河西岸
杜化驿	27	杜化驿在县西一十三里	《长安志》卷 17《渭南县》	杜化川
渭南驿	13	渭南驿在县郭内，东至华州佑顺馆三十四里，西至临潼县驿六十二里	《长安志》卷 17《渭南县》	渭南县
东阳驿	13	东阳驿在县东一十三里	《长安志》卷 17《渭南县》	东阳水谷侧
赤水驿	12	到渭南县……县宰留饮……乃命童仆辎重悉令先行于赤水店俟宿，聊踟蹰焉。东出县郭门……路出东阳驿南，寻赤水谷口道	《东阳夜怪录》	赤水镇
普德驿	25	华之普德，虢之阌乡，自昔为邮亭之甲，今兹白马，可以抗衡	《全唐文》卷 409《滑亭新驿碑阴记》	郑县（今华县）
佑顺馆	3	郑县治在州城西三里，官道南	《郡国县道记》	华州治
敷水驿	30	宿敷水驿，内官刘士元后至，争厅。士元……棰击稹伤面	《旧唐书》卷 166《元稹传》	敷水河西岸（今敷水镇）

续表

驿馆	里距 / 里	相关记载	文献出处	位置
长城驿	28	行至华州长城驿，赐死	《旧唐书》卷 190《文苑吴通玄传》	华阴县西南
潼关驿	39	（边）令诚至潼关，引常清于驿南西街，宣敕示之	《旧唐书》卷 104《封常清传》	潼关

行还原驿道线路（与连霍高速公路线大体一致）；再据此驿道线路与古今河道作为参考，结合实地勘察所见，依循地势走向，可以绘制出一条较为准确的漕渠线路（图四）。

据图四而论，漕渭沿线尤以临潼、渭南这两段渠道最为特殊，似有因古今河道的摆动使渭河与漕渠在线路上交错重合。事实上，像清人胡渭就已注意到了渭河以南“津渠交络，离合不常”的现象，并提出了“自长安以东，古渭水之经流，当行今渭水之北，不知何代渐堙，而遂以漕渠为经流”的假设[①]，此为“渭水夺漕”一说。但是，马正林并不完全赞同这一说法，按其论述，渭河确有在渭南附近“侵占了汉唐漕渠的故道”，但也只是部分侵夺了漕渠线路，尚未完全要以漕渠为径流[②]。如是，临潼段亦存在类似的情况[③]。

同时，从事渭河下游河流地貌研究的地理工作者亦认为，“根据史料分析，渭河下游在人类历史时期就是一条迂回曲折、流浅沙深的河流”，受北半球地转偏向力影响，渭河极易向南摆动，从而对南岸阶地构成持续的侧蚀作用[④]。相应的，在明清以来的方志文献中亦有印证：如高陵段，“渭河在县南十里……北受沣汭，南受沣、涝、浐、灞诸水，至高陵而益大，每遇泛涨，弥漫十余里，然皆南徙，不崩北岸，虽且崩，数年不过一二丈”[⑤]；又如渭南段，“渭河东西亘境百里余，率二三年一徙，或南或北相距十里余，两岸民田，无论没于河者，空输上税，即淤而出者尽为沙皋，不堪耕种矣”[⑥]。结合这些材料再考察，可见明清时期渭河下游河道的泛滥决徙要远甚于前代[⑦]。受此影响，河床不断淤高，常有“泛溢塌岸，淤积冲刷，使两岸河道展宽，阶地和台塬逐渐向后退缩”[⑧]，促成河曲发育；而在临潼、渭南两段，正是由于渭河两岸在断裂构造上所存在的差异，才会引导水流沿着断裂构造线的边缘顺势行径，终于造成“船北河弯向南拐”“渭南河道又向南拐”[⑨]，并部分侵夺了邻近的直渠故道。

① （清）胡渭撰，邹逸麟整理：《禹贡锥指》，上海古籍出版社，2006 年，629、631 页。

② 马正林：《渭河水运和关中漕渠》，93 页。

③ 马正林先生在文中亦曾提及此处。为此，笔者曾于 2016 年 3 月专门赴实地进行过考察，从船北河弯（位于今临潼区船北村以北）以下，沿河边堤顶路步行，直至新丰渭河大桥。就实地勘察所见，这一段渭河河道的行径极为笔直，几乎没有天然河道的特征，似是仍留有人工开凿的直渠渠道的痕迹，考虑到这里与传统交通线路之间的距离颇为相近，当与渭南段“渭水夺漕”的情况较相似。

④ 中国科学院地理研究所渭河研究组：《渭河下游河流地貌》，科学出版社，1983 年，155 页。

⑤ （明）吕柟：《高陵县志》卷 1《地理志》，明嘉靖二十年刊本。

⑥ （清）严书麟：《新续渭南县志》卷 2《水利》，清光绪十八年刊本。

⑦ 王元林：《明清渭河下游河道的变迁》，《中国历史地理论丛》1998 年 2 期，77 页。

⑧ 王元林：《关中东部河道变迁对自然环境的影响》，《中国历史地理论丛》2002 年 1 期，41 页。

⑨ 中国科学院地理研究所渭河研究组：《渭河下游河流地貌》，科学出版社，1983 年，166 页。

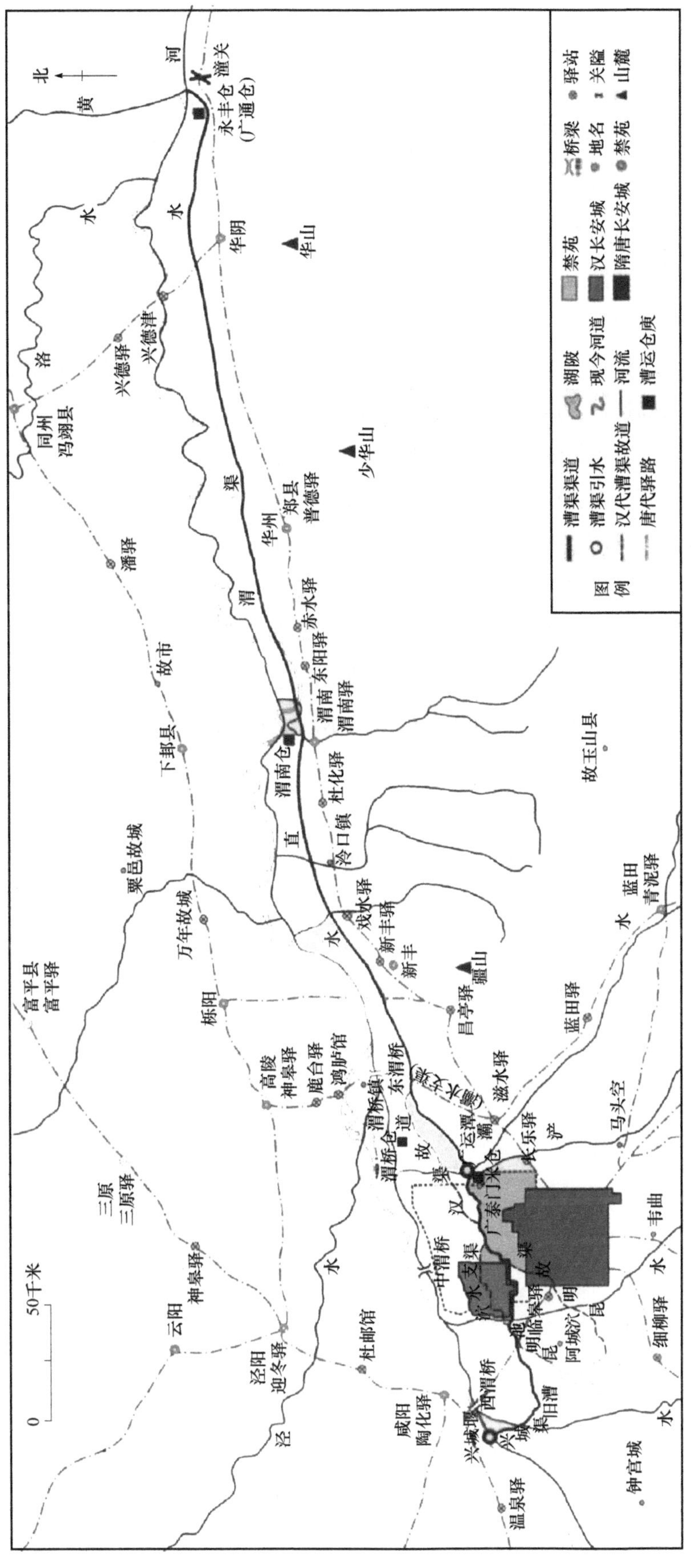

图四　隋唐关中漕渠行径与渭河河道摆动示意图

[据史念海主编：《西安历史地图集》，西安地图出版社，1996年，77页，《唐时期图·唐玄宗开元二十一年（733年）》改绘]

四、结　论

综上所述，基于对前人研究的整理，现已将隋唐时期关中漕渠的历史沿革、渠道渠系和沿途的交通枢纽一并考证如上。在此基础上，拟引入唐代的驿道线路作漕渠行经范围的参照，再将沿途的中转枢纽逐个连接成一条完整的水陆运输线路，借以呈现出隋唐关中漕运之基本面貌。据图而论，相较于汉渠旧迹，隋渠在线路上并无太多变动，唯有唐渠是以广运潭截流浐、灞之水补济水量，才会将原来的“霸水故渠”改造成一条新的主线。值得注意的是，隋唐两朝在重疏漕渠的动机上存有明显不同：隋初仍与西汉情形较相似，均以解决运力不足作为主要目标；但唐代所要面临的情况却更为复杂，必须兼顾水陆运输和成本计算，尤其是在后期国势日渐衰落的背景下，重疏漕渠的提议已经变得不切实际，反倒更像是统治者一厢情愿的主观想法。

同时，基于上述论证，在完成隋唐漕渠线路绘图的基础之上，亦对清人胡渭所提出的“渭水夺漕”一说予以充分补证，进而说明：自唐宋以后，因下游河道的频繁摆动，故渭河确有在临潼、渭南这两段部分侵夺了原来的漕渠故道。据此而论，若是充分考虑到唐代驿路与漕渠、渭河这三者之间的并行距离，则“渭水夺漕”的现象更是说明了河道摆动所带来的影响，长此以往，势必会对传统交通线的路基造成侵蚀、破坏；而在唐代以后，漕渠旧迹虽已完全丧失运输功能，却依然能够疏导分流，俨如一条护路沟渠，在很大程度上延缓了渭水南侵的势头，从而有效保护了渭河南岸的传统交通线路。

（原载《唐史论丛（第 28 辑）》，三秦出版社，2019 年，107～122 页）

略述秦汉时期的舟车制造业

余华青

舟车是人类重要的运载工具。在我国，舟车的制造与利用有着悠久的历史。根据有关史籍中的一些零星记载，我国舟车的发明年代可以追溯到远古传说中的黄帝时期。从考古发掘的材料以及甲骨文中舟车二字的字形来看，至迟在商代时，我国已经可以制造结构比较复杂的舟车了。其后，舟车制造业不断发展。至秦汉时期，舟车制造业已成为当时的一个重要的手工业生产部门，舟车的生产规模和制造技术比前代均有显著的发展。本文即对秦汉时期舟车制造业的发展状况略作考察。

一

秦汉时期，在不断增长的社会需求的刺激下，舟车制造业的生产规模明显扩大，产品数量迅速增多[①]。

舟船产品数量的增多，首先突出地表现在大量漕船的出现。秦汉大统一的封建帝国建立后，为了维持庞大的国家机器，需要在全国范围内调运粮食。据有关记载，秦汉中央政府每年须从关东等地调运粮食数十万石乃至数百万石。所谓“转粟西向，陆行不绝，水行满河”[②]的记载，说明当时的粮食运输采用陆运和水运两种方式。由于两者相较，水运更为方便和经济，无疑会是最主要的运输方式，所以粮食运输往往被统称为“漕运”。史籍中对此有不少例证，如“蜀汉之粟，方船而下”[③]，“关东漕粟从渭上”[④]，等等。我国古代经常性的大规模的漕运，是从秦汉时期才开始的。当时除了每年固定由关东向关中漕运外，其他临时性的漕运（如调粮赈济受灾地区、支援军事行动等）亦时有进行。为了适应漕运的需要，就必须制造大量的漕船。西汉中期，汉宣帝根据耿寿昌的建议，“近籴漕关内之谷”，以省关东漕运，一次用于“筑仓治船”的费用，即有“二万万余”钱[⑤]。所治漕船的数量之多，是可想而知的。汉成帝时，河决馆陶，为了“徙民避水居丘陵”，一次便调发了“河

① 《家庭、私有制和国家的起源》,《马克思恩格斯选集》第四卷，19页。

② 《汉书·枚乘传》

③ 《史记·郦生陆贾列传》。

④ 《汉书·沟洫志》。

⑤ 《汉书·食货志》。

南以东漕船五百艘”[①]，可见当地官府拥有大量的常备漕船。在当时的一些主要漕运航道上，当有千帆万艘樯顺溯往返。《后汉书·杜笃传》中说：“鸿、渭之流，径入于河，大船万艘，转漕相过。”即形象地描述了这种盛况。

用于军事目的的战船的数量，也有了突出的发展。秦汉时期，水军的规模不断扩大，各类战船的数量迅速增多，秦始皇统一六国后。派遣“楼船之士南攻百越，使监禄凿渠运粮”[②]。汉武帝时期，在征伐南越、东越等地的战争中，率军主将分别被冠之以“伏波”“楼船”“戈船”“下濑”“横海”等名号，可见其率领的部队主要是水军。上述战争中所使用的战船数量，虽然史籍中没有明确的记载，但从水军士卒的众多人数来看，战船的数量想必非常可观。例如，元鼎年间，汉武帝为征伐南越，即出动了“江淮以南楼船十万人”[③]，或云“因南方楼船卒二十余万人”[④]。如以每船百人计，战船的数量则达千艘至数千艘之多。在有关东汉时期水战的记载中，每战出动的战船往往数以千计。例如，岑彭攻取公孙述时，“装直进楼船、冒突露桡数千艘”[⑤]；马援进击交趾时，“将楼船大小二千余艘”[⑥]。东汉末年，曹操征伐张鲁，侍中王粲尝作《从军诗》，诗云“连舫逾万艘，带甲千万人”[⑦]，极言曹军战船之众多强盛。这些材料表明，战船制造业在东汉时期得到了发展。

除漕船和战船之外，有关其他各类民用船只（如商船、渔船、渡船等）的记载史不乏书，反映出它们的生产数量亦有程度不同的增长。

造车业的产品数量，也有非常明显的增长。秦汉时期，各类军用车辆的数量大量增长，每次重大的军事活动所出动的军车，常常达到数万辆之多。例如，汉武帝时期，匈奴浑邪王归附，“汉发车三万两迎之”[⑧]。再如东汉永元年间，窦宪率军北征匈奴，所部军用车辆“万有三千余乘”[⑨]。又如东汉末年黄巾起义时，仅张梁部下的辎重车辆即在“三万余辆”[⑩]以上。这种一战即出动军车数万辆的现象，同战国时期各诸侯国倾国兵车不过千乘左右的状况相比，显然表明，秦汉时期军车制造业的生产规模比前代有了迅速的扩大。

当时的统治阶级日常代步乘行的车辆，数量亦十分可观。有关记载史籍中比比皆是，不胜枚举。例如，“宾客随之者千余乘”[⑪]“门庭车骑以千数”[⑫]“客送丧车千余乘”[⑬]“士大夫迎之者数千

① 《汉书·沟洫志》。
② 《史记·主父偃列传》。
③ 《汉书·武帝纪》。
④ 《史记·平准书》。
⑤ 《后汉书·岑彭传》。
⑥ 《后汉书·马援传》。
⑦ 见《文选》卷27。
⑧ 《汉书·食货志》。
⑨ 《后汉书·窦宪传》。
⑩ 《后汉书·皇甫嵩传》。
⑪ 《汉书·卢绾传》。
⑫ 《史记·李斯列传》。
⑬ 《汉书·袁盎传》。

辆”[①]，等等。

秦汉时期，交通运输业发达，商品贸易发展很快，各种供商品运输的车辆大量增加。不少富商大贾拥有“转毂百数”[②]。《后汉书·乌桓传》记载：“阳嘉四年冬，乌桓寇云中，遮截道上商贾车牛千余两。”可见在商路上经常有大量商车运行。西汉时，封建官府为了扩充财源，曾对商贾所有的车船课以重税。这固然主要是出自抑商的意图，但也说明当时的商车和商船数量很多，对其课税可以使封建国家得到一笔可观的财政收入。

在农业生产、土木工程以及其他物资运输中，也需要使用大量的车辆。《汉书·田延年传》记载：在办理汉昭帝的丧事时，“大司农取民牛车三万两为僦，载沙便桥下，送致方上”。《九章算术》有一道例题，其中提到四县输赋当用车一万乘。这些记载表明，此类车辆在民间是大量存在的。

二

秦汉时人对于舟车的重要作用给予了高度的评价，如云：“舆轮相乘，流运罔极，任重致远，天下获其利”[③]；“舟楫之利，譬犹舆马，载重历远，以济天下”[④]。正因为舟车与社会生产和社会生活的各个方面均有着极为密切的关系，当时的官府和私工商对于发展舟车制造业都是十分重视的。

封建国家所需要的大量漕船、战船和各种车辆，主要是由官府自行生产的。1974年底，广州发现了一处秦汉造船工场遗址。考古工作者和有关专家认为：这个官营造船工场始建于秦代统一岭南时期，直至西汉初期文景之际废弃不用；遗址表明，当时所造的船只已经规格化，可以成批生产。这处遗址的发现，说明秦汉时期已经出现了大规模的官营造船工场。值得提出的是，这处遗址只是反映了秦至西汉前期官营造船业的状况。西汉中期以后，随着汉王朝国力的强盛和水运事业的发展，官营造船工场当会规模更大、数量更多。

根据目前可知的文献资料，秦汉官营造船业的主管官职有造司空、楼船官、楫濯令丞，等等。皇室乘舆车辆由少府属下尚方令主管，封建国家所需车辆的制造，则由工官负责，费用来自大司农。此外，地方官府亦须承担一部分车辆的制造任务。官营舟车制造业的费用是巨大的。例如，前文所引《汉书·食货志》的记载，汉宣帝为“筑仓治船”，一次即用钱“二万万余”。有的学者认为，“乘舆及马匹的费用，似乎是（汉代）帝室财政支出中数额最多的款项之一”[⑤]。这个看法不是没有道理的。

民间经营的舟车制造业，规模亦是相当可观。司马迁在《史记·货殖列传》中说，“船长千丈”“轺车百乘”“牛车千两”“此亦比千乘之家”，可见当时已活跃着许多专门从事轺车制造业的大

① 《后汉书·党锢列传》。

② 《史记·平准书》

③ 《后汉书·舆服志》。

④ 《艺文类聚》卷71引东汉李尤《舟楫铭》。

⑤ 〔日〕加藤繁：《汉代国家财政和帝室财政的区别以及帝室财政的一斑》，《中国经济史考证》第一卷，商务印书馆，1959年，81页。

工商。官僚地主的家中，往往自行制造舟车，如东汉彭城相袁贺家中，即有专门的“造车匠”。此类情况，在当时应是非常普遍的。西汉王褒《僮约》中说，奴仆要为主家“持斧入山，断椠裁辕”，“舍后有树，当裁作船”，此即其例证之一。一些地方官吏也鼓励民间制造舟车。例如，颜裴任京兆太守期间，“课民以闲月取车材，使转相教匠作车。……一二年间，家家有丁车、大牛”[①]。边疆地区少数民族的造车业，也有较大的发展。赵充国征伐先零羌时，一次战斗即掠获了“车四千余两”[②]。说明西羌的造车业具有较大的规模。

秦汉时期，舟船的产区分布逐渐广泛。根据史籍中的零星记载和考古发现的造船工场遗址，可知当时主要的造船基地有如下几处。

第一，长江上游地区。巴蜀地区是当时重要的造船基地之一。早在战国时期，巴蜀的造船业就很发达。《华阳国志·蜀志》记载，公元前308年，秦国派遣“司马错率巴蜀众十万，大舶船万艘，米六百万斛，浮江伐楚”。这些战船无疑就是在巴蜀制造的。同时，民用小型船只的制造在巴蜀也很盛行，当时有“越舲蜀艇”[③]之称。

第二，长江中下游地区。长江中下游沿线是秦汉时期造船工业最集中的地区。从夷陵（今湖北宜昌）经过江陵、洞庭湖、豫章、庐江等地，直至东南沿海的会稽郡，都有造船的记载。在这一地区，汉代的木船模型也屡有出土。前文已提及，东汉初期岑彭讨伐公孙述时，曾临时“装直进楼船、冒突露桡数千艘”，在短时间内即可就近建造各类战船数千艘，这反映出战斗发生的附近地区（即夷陵地区）有着相当强的造船生产能力。《汉书·地理志》记载，庐江郡设有楼船官，说明当地定有官营造船业的生产基地。东南沿海的会稽郡，是春秋时期的吴越故地，具有从事舟船制造的生产传统。至秦汉时，会稽地区的造船业更为发达。当时的多次大规模的水战，汉王朝的船队都是以会稽郡为出发地点，这显然同当地发达的造船业不无关系。例如，《汉书·朱买臣传》记载，汉武帝诏令朱买臣到会稽郡，“治楼船，备粮食、水战具，须诏书到，军与俱进”；《汉书·严助传》记载，汉武帝“遣（严）助以节发兵会稽……发兵浮海救东瓯”。

第三，南海地区。南海郡的番禺（今广州市）和合浦郡的徐闻县（今广东省徐闻县西）是西汉王朝与南洋诸国海路交通的重要都会和港口，为了适应海外贸易的要求，附近当亦会设有较大规模的造船工场。除了海洋航行的大型船只外，广东地区出土的汉代农用船、渔船、小艇等的陶制或木制的模型很多，说明这一地区民用小型船只的制造业也很发达。

第四，关中地区。渭河是当时主要的漕运航道之一，漕船的制造应在航道沿线。《汉书·地理志》记载，京兆尹有“船司空”县。据颜师古注：船司空“本主船之官，遂以为县”。就是说，此县设有大规模的官营造船工场，并由此而得县名。东汉时，有“造舟于渭，北斻泾流”[④]的说法，说明渭河沿岸的造船业是具有一定规模的。

第五，北部沿海地区。秦汉时期，中国大陆与朝鲜半岛之间的海路联系已经沟通。元封年间，

① 《三国志·魏书·仓慈传》裴松之注引《魏略》。

② 《汉书·赵充国传》。

③ 《淮南子·俶真训》。

④ 《后汉书·文苑杜笃传》。

汉武帝派遣“楼船将军杨仆从齐浮渤海”，率水军五万征伐朝鲜。这些战船的制造地点，当不会距出发地点过远，可见今山东半岛地区在当时也具有较为发达的造船业。三国时期，魏明帝诏令“青、兖、幽、冀四州大作海船”[①]，说明上述地区一定具有“大作海船”的生产基础。

与造船业相比，造车业对生产条件的要求较为简单，因而其产区分布更为广泛和普遍，对之本文不做备述。

三

秦汉时期，舟车的制造技术获得了很大的发展。舟车产品的主要生产原料是木材。经过长期的生产实践，秦汉时期的制舟车工匠已经在木材的鉴别与选择方面积累了丰富的经验，能够根据不同的需要合理选材。在有关文献中，有不少这方面的记载，如“树檀以五月生叶，后彼春荣之木，其材强劲，车以为轴”[②]；“柔桑作车，又以榆为毂，牢强朗彻”[③]；榗木“可以为大车轴”；枋木“可作车”；槭木“可作大车輮”[④]；等等。从考古出土的秦汉舟车残存部件的木料来看，造船使用格木、樟木、蕈树、杉木等木材，造车使用着榆木、青檀、朴树、梓树等木材，这些都是制造舟车的理想材料。

在当时的舟车制造业中，已经广泛使用着铁制工具。工具的种类逐渐增加，加工性能不断改进。《管子·轻重乙篇》说：“一车必有一斤、一锯、一釭、一钻、一凿、一銶、一轲，然后成为车。”这段记载即反映了当时造车工匠所使用的生产工具的基本情况。广州秦汉造船工场遗址中，出土的一批当时造船使用的工具，反映了秦汉时造船业的加工质量及其工具的加工性能都很好。

在舟船的生产设备方面，秦汉时期已达到了相当高的水平。从广州秦汉造船工场遗址来看，当时已经利用船台造船、利用滑道下水。船台的生产设备比较完善配套，既有用以扩大受压面积、避免造成船台局部下沉的枕木，又有用以支撑船体、便于船底作业的木墩和供船只下水使用的滑道。

舟车产品的生产工艺比较复杂，需要经过许多工种配合协作。先秦至秦汉时期的史籍中，屡有“一器而工聚焉者车为多”[⑤]“一器而群工致巧者车最多”[⑥]之类的记载，说明造车业内部的生产分工非常细密。由于车舟产品需要使用大量的金属部件，所以造车业同冶金业有着密切的关系。随着秦汉时期金属冶炼和铸造技术的发展，质量更高、数量更多的金属部件在造车业中得到了广泛使用。例如，在河南省温县发现的一处汉代遗址中，曾出土了500多套叠铸陶范。从范腔可以看出，所铸以车马器为主，约有36种器形。同类型的铸范叠垒起来，共用一个总浇口，一次即可铸造几个或

① 《三国志·魏书·明帝纪》。

② 《论衡·状留篇》。

③ 《北堂书钞》卷141引《风俗通义》。

④ 《说文解字·木部》。

⑤ 《考工记》。

⑥ 《后汉书·舆服志》。

几十个铸件[①]。这种叠铸技术的采用，不仅降低了成本、提高了产品质量，而且可以进行批量生产，大大提高了生产效率。

秦汉舟车制造技术的高度发展，还表现为舟车的运载效率大大提高。有关学者根据广州秦汉造船工场遗址船台的规模推算，当时可造宽达 8 米的大船，常用船只的长度为 20 米左右，载重约五百斛至六百斛（25～30 吨），少数船只可能要更大一些。在有关文献中，也有不少反映当时舟船规模的零星记载，如“楼船高十余丈”[②]“装大船……载坐直之士三千人”[③]“作豫章大船，可载万人”[④]，等等。尽管这些记载可能有些夸张，但也反映了当时的船体之大、载重量之巨。秦汉时期，船舶的推进设备和其他设备日臻齐全，无疑大大提高了航速。根据文献资料和考古材料，当时已出现了以桨架为支点、可以用全身之力划动的长桨，较大型的船上往往使用数十支长桨。具有更高效率的推进工具——橹，在汉代时也已出现。至迟在汉代时，船舶上已经使用了风帆和舵[⑤]。此外，从出土的汉代船舶模型的外形上可以看出，当时的船体设计中，已经考虑到了如何减少流水的阻力问题。所有这些，都为提高航速创造了条件。

舟车类型的增多，是秦汉舟车制造技术进步的又一个表现。为了适应各种不同的需要，秦汉时期的舟车具有多种不同的类型。例如，车有四轮车、双轮车、独车轮等，船有战船、货船、渔船、渡船、游艇等。有关当时舟车种类的名称，繁多复杂，难以遍举。名称的众多，正是当时舟车类型迅速增多的一种反映。

（原载《青海社会科学》1985 年 1 期，92～97 页）

① 见《河南省温县汉代烘范窑发掘简报》，《文物》1976 年 9 期。

② 《史记·平准书》。

③ 《水经·江水注》。

④ 《三辅黄图》卷 4。

⑤ 参见《先进的我国古代造船技术》，《文物》1978 年 1 期。

从秦汉时期造船业看水军战船及后勤漕运保障

上官绪智　温乐平

关于秦汉时期船的制造问题，熊铁基和黄今言先生从军制的角度做了一些考证[①]；洪舸、汶江和王子今等先生分别从汉武帝法家路线斗争需要和促进秦汉航海技术进步及交通运输发展等不同角度也做了一些论述[②]。但我感觉有必要从造船业对秦汉时期水军战船和后勤漕运保障做进一步的探讨。

早在春秋战国时期，《左传·襄公二十四年》记载："夏，楚子为舟师以伐吴。"《国语·吴语》记载：越国水师"溯江以击吴"。说明楚、越、吴等国皆建有"舟师"即水军，将船装备于水军用于水上作战。《越绝书》记载："舟室者，勾践船宫也"，"以其大船军所置也"。说明当时南方就出现了专门造船的工场——"船宫"。《越绝书》记有"以船为车，以楫为马"的水战情况，反映出水战中各类战船数量增多，这些船只因大小和用途不同可区分为不同的名称和种类。至秦汉时期，造船业有较大的发展，造船场地分布较为广泛和合理，造船技术得以快速提高，为军事后勤漕运和水军战船的保障起到重要的历史作用。

一

秦汉时期，设置专门的造船机构和造船场地，有一定的合理性和战略性；造船技术的发展，为秦汉军事后勤物资漕运和水军战船提供强有力的保障。

关于造船机构，有中央和地方两级之分，但皆受中央王权控制。

王朝中的大臣之一中尉（汉武帝时更名执金吾）属官有"都船"令丞[③]，是掌管包括水上军用船只在内的官船事务的。如淳解释："都船狱令，治水官也。"王子今先生在《秦汉交通史稿》中说："都船狱，或许意味着以监禁作工的形式保证船舶质量。"可见都船是中央王朝中管船的一个官。水

① 熊铁基：《秦汉军事制度史》，广西人民出版社，1990年；黄今言：《秦汉军制史论》，江西人民出版社，1993年。

② 洪舸：《汉武帝的法家路线与造船技术的发展》，《力学学报》1975年1期；汶江：《浅谈秦汉时代的造船业和航海技术》，《海洋战线》1978年3期；王子今：《秦汉交通史稿》，中共中央党校出版社，1994年；等等。

③ 班固：《汉书》卷19《百官公卿表（上）》，中华书局，1962年。

衡都尉属下有九令丞，其中“辑濯”令丞为船官[①]。如淳说：“辑濯，船官也。”颜师古解释说，辑与濯“皆所以行船也”，“辑濯士，主用辑及濯行船者也。短曰辑，长曰濯”。说明辑濯也是中央王朝中管船的一个官。

在地方郡、县上，京兆尹下设有“船司空”主造船事。据《汉书·百官公卿表》说宗正“属官有都司空令丞”。颜师古注引如淳曰：“《律》：司空主水及罪人。”《汉书补注》引何倬曰：“船既司空所主，兼有罚作船之徒役皆在此县也。”又《汉书·地理志上》云：京兆尹有“船司空”县，王莽时改称“船利”。颜师古注曰：“本主船之官，遂以为县。”《水经注·渭水下》曰：“《春秋》之渭汭也。”“吕忱云：汭者，水相入也，水会，即船司空所在矣。《地理志》曰：渭水东至船司空入河。服虔曰：县名，都官《三辅黄图》有船库官，后改为县。王莽之船利者也。”船司空县是因造船基地所置，可以说这样的造船县，其船的制造质量和规模肯定达到了相当高的水平。南方的庐江郡设“有楼船官”，据《汉书·地理志》记载：“庐江郡，故淮南……属扬州……有楼船官。”说明汉政权在庐江郡这个地方也置有造船机构。

秦汉时期造船机构，尤其是地方所置造船机构是否就是上述“船司空”县和庐江郡这两个，因文献材料限制，无从考证。但根据史籍中的零星记载和考古发现可以断定，全国各地造船场地的分布比较广泛。

首先是关中地区。因它有“船司空”县，此县既然是因造船而得县名。设有大规模的官营造船工场应该没有任何问题。再说该地区渭河是当时主要的漕运航道之一，船的制造场地设在航道沿线应该是明智的选择。东汉时有“造舟于渭，北航泾流”[②]的说法，说明关中地区渭河沿岸的“船司空”县的造船业是有一定规模的，该县应该是包括保障军事用船在内的重要造船场地之一。

其次是长江沿线。长江上游的巴蜀一带地区，早在战国时期，造船业就很发达。据《战国策·楚策一》记载，巴蜀以可“舫船载卒，下水而浮”形成对楚地的威胁。《华阳国志·蜀志》记载，秦国派遣“司马错率巴蜀众十万，大舶船万艘，米六百万斛，浮江伐楚”。另据《后汉书·公孙述传》记载，公孙述割据益州，曾“造十层赤楼帛兰船”，这些记载皆说明长江上游巴蜀地区兵船的制造能力很强。

长江中下游地区是秦汉时期造船业最集中的地区，汉代的木船模型在这里屡有出土。因这一地区庐江郡设有楼船官，加之这一地区均有丰富的水资源，故以官营造船地庐江为中心，船的制造影响至附近地区的豫章、武昌、江陵、夷陵（今湖北宜昌）以及东南沿海的会稽等地，便是顺理成章之事。关于庐江造船。因为庐江郡设有楼船官，造船能力很强，所以，淮南王刘安等谋反，有为“南收衡山以击庐江，有寻阳之船”之议[③]；《汉书·严助传》也有闽越王“入燔寻阳楼船”的记载。显然，夹江而治的庐江郡是生产能力较强的兵船制造场地。关于豫章造船。《三辅黄图》卷4引《庙记》记载：“（昆明）池中后作豫章大船，可载万人。”汉武帝时以“豫章”命名大型船舶，有可

① 班固：《汉书》卷19上《百官公卿表（上）》，中华书局，1962年。

② 范晔：《后汉书》卷80上《文苑列传·杜笃传》，中华书局，1962年。

③ 司马迁：《史记》卷118《淮南衡山列传》，中华书局，1962年。

能采用了豫章地区的船舶形式，或者是由豫章工匠采用豫章名木和造船技术制作，豫章造船影响至京都，可见其造船水平之高。

关于江陵造船。江陵一带秦汉墓葬中多出土船舶模型，说明当地造船业之普及。据《史记·淮南衡山列传》记载，汉初吴王刘濞以其强大的经济实力与中央政府抗衡，曾“上取江陵木以为船，一船之载当中国数十两车”。《三国志·魏书·三少帝纪》注引习凿齿《汉晋春秋》云：江陵地区因造船条件便利，形成了所谓“以江汉为池，舟楫为用，利则陆钞，不利则入水”的军事优势。

关于武昌造船。《三国志·吴书·吴主传》注引《江表传》曰：“(孙）权于武昌新装大船，名为‘长安’，试泛之钓台圻。”《太平御览》卷770引《武昌记》曰：“孙权尝装一舡，名‘大舡’”；同书引《魏文与孙权书》曰：“知已选择见舡最大樟材者六艘受五百里石，从沔水送付樊口。”说明武昌（今湖北鄂城）一带曾经是重要的兵船制造场地。

关于夷陵造船。前文已提及，东汉初期岑彭讨伐公孙述时，曾临时“装直进楼船、冒突露桡数千艘”，在短时间内即可就近建造“冒突露桡”战船数千艘，这反映出战斗发生的附近地区（夷陵）有着相当的战船制造能力。

关于东南沿海的会稽郡造船。该地是春秋时期的吴越故地，具有从事舟船制造的传统。至秦汉时，会稽地区的造船业更为发达。当时许多大规模水战船队都以会稽郡为出发地点。例如，《汉书·朱买臣传》记载，汉武帝诏令朱买臣到会稽郡，“治楼船，备粮食、水战具，须诏书到，军与俱进”；《汉书·严助传》记载，汉武帝“遣（严）助以节发兵会稽……发兵浮海救东瓯”。可见，会稽的造船业为秦汉水军对闽越、南越、东粤的海上攻势提供了源源不断的舰船保障。

其三是南海地区。南海郡的番禺（今广州市）和合浦郡的徐闻县（今广东省徐闻县西）是秦汉王朝与南洋诸国海路交通的重要都会和港口，更是秦汉王朝水军征战百越的军事要地，设有较大规模的造船工场，广东汉墓出土的各种船舶模型以及广州秦汉造船工场遗址的发现，为此提供了有力的例证。如广州造船工场遗址有三座船台，平行排列，均由枕木、滑板和木墩组成。枕木，用以扩大受力面积，避免船台局部下沉；木墩，约1米高，支架船体，以便于在船底进行钻孔、打钉、捻缝等作业；滑板构成倾斜的滑道，船只建好后可平稳地沿滑道下水。且滑道的宽距还可以根据不同的需要进行调节，使得各个船台既可分别制造大小不同的船只，也可制造同一规格的船只。充分反映了秦汉时期较高的造船技术水平①。说明这一地区船只的制造业很发达，且规模很大，应该是全国技术水平较高和生产能力较强的造船场地之一。

其四是燕齐沿海地区。《史记·平准书》记载，汉武帝经营朝鲜，“燕齐之间靡然发动”。前面所说“楼船将军杨仆从齐浮渤海”，率水军五万征伐朝鲜。汉王朝水军战船能够从齐浮渤海攻朝鲜，说明了当时战船的质量和造船技术水平相当高。同时表明了这些战船的制造地点，当然不会距出发地过远，可见该地区在当时也具有较为发达的兵船制造业。据《三国志·魏书·明帝纪》记载：三国时期，魏明帝诏令“青、兖、幽、冀四州大作海船”。这也说明上述地区有一定的“大作海船”的生产场地。

① 广州市文物管理处等：《广州秦汉造船工场遗址试掘》，《文物》1977年4期。

其五是河南洛水一带地区。史书上曾有汉武帝“乘常安舟游洛水”以及杜畿在孟津一带的陶河“试船”的记载：“（杜畿）受诏作御楼船，于陶河试船，遇风没。帝为之流涕。诏曰：‘昔冥勤其官而水死，稷勤百谷而山死。故尚书仆射杜畿，于孟津试船，遂至覆没，忠之至也。朕甚愍焉。追赠太仆，谥曰戴侯。’”[①] 说明汉代洛阳附近可能也有较为集中的造船场地。《三国志·魏书·袁绍传》注引《献帝传》说，沮授、田丰曾建议袁绍“进屯黎阳，渐营河南，益作舟船，缮治器械”，再次说明洛阳地区附近黎阳即黄河白马津一带有发展战船制造业的基础。

从上述战船制造场地情况看，均位于江河湖之畔或海滨，有利于军事后勤漕运和军队水上作战等各种用船的及时保障。但令人惊奇的是居延汉简中还可以看到少水的西北边地战船制造的内容。例如：

□□□为□□五百石治舩	109.3
□□处益储茭谷万岁豫缮治舩毋令	E.P.T59：658
肩水候官地节　四年计余兵谷　财物簿毋余舱毋余茭	14.1A
右第一舩四人　五石具弩一　稾矢铜鍭一	37.19
肩水候官元康二年七月责卖舩钱出□	255.3
甲沟候官新始建国地上戊　年泰月尽九月舩出入簿	E.P.F25：1

候官专门为舩（船）设立簿记，说明其制造的船完全与军事有关，且制造的数量还不在少数。可能也与那一带有黄河有关，在西北作战，依靠黄河漕运或兵渡黄河都需要船。

从上述造船场地可以看出当时造船技术的快速发展。过去造船用木钉、竹钉连接，秦汉时已被铁钉连接取代，并开始使用油灰捻缝技术，这就极大地提高了船舶的结构强度。从长沙出土的西汉木船模型上我们可以明显地看到有钉孔存在。从广州造船工场的遗址发掘来看，船台设置，表明了船匠便于在船底进行钻孔、打钉、捻缝等作业，并且现场出土了一些铁钉、铁凿、铁锛等造船材料和工具[②]。可见，此遗址为这两项突破性技术在当时的运用提供了珍贵的实证资料。与国外相比，阿拉伯作家伊本·朱拜尔谈过船的制造方法：“用椰索缝制，即将椰子树皮捣烂成线，再搓成索，用以缝船。”马可·波罗曾描述这种船：“其船极劣，常见沉没，盖其固无铁钉，用线缝系所致。”实际上，此后很长一段时期（至15世纪）其他国家造船仍然使用皮条和绳索捆扎的落后连接工艺。可见，国外所造的船根本无法与中国坚固的战船相比。不仅如此，而且当时的战船上使用了舵、橹、帆、锚等先进设备，这亦是造船技术水平提高的主要标志。舵是用于控制船行方向的工具，长沙203号西汉墓中出土的木船模和广州近郊出土的东汉陶制船模，船尾都有舵。《释名·释船》曰：“其尾曰柂，柂拖也，在后见拖曳也，且言弼正船使顺流不使他戾也。”也就是说能纠正船行方向，使其不偏离航线。说明秦汉时对舵的认识已经有相当的深度。橹是一种高效率的推进工具，是

① 陈寿：《三国志》卷16《魏书·杜畿传》，中华书局，1982年。

② 广州市文物管理处等：《广州秦汉造船工场遗址试掘》，《文物》1977年4期。

汉代船舶推进工具中一件带有突破性的发明。它也可起到舵的作用。《释名·释船》记载："在旁曰橹，橹膂也，用膂力然后舟行也。"就是说用臂力摇动橹就能使船前进。用桨则要"划"，划桨时桨叶入水作功一次后，则要离开水面移动到原来位置再第二次作功，所以是间歇作功产生推力，而橹摇动时能连续不断地产生推力，因而，橹的效率比桨高。此外橹还可以用来调整船的航向。这是船只推进工具的一次重大创新。帆是船利用风力行驶的一种工具。《释名·释船》曰："帆泛也，随风张幔曰帆，使舟疾泛泛然也。"《后汉书·马融传》云："方馀皇，连舼舟，张云帆。"说明汉代使用帆的船舶已很普遍了。更令人惊叹的是，当时还出现了各国没有的密杆硬纵帆。宋《太平御览》卷771引三国东吴太守万震所著《南州异物志》的话说："随舟大小，或作四帆，前后沓载之。有卢头木，叶如牖形，长丈余，织以为帆。其四帆不正向前，皆使邪移相聚。以取风吹，风后者激而相射，亦并得风力，若急则随宜增减之。邪张相取风气，而无高危之虑，故行不避迅风激波，所以能疾。"说明汉代大船已开始采用多桅多帆和用卢头木织成的硬帆，并能利用侧向风行驶了，这是帆的又一大进步。锚是船只停泊时起固定作用的工具。从广州出土的陶船可清楚地看到汉代锚的构造。在石两旁加以木钩构成两个猫爪，还有一根横杆与两个猫爪所构成的平面相垂直。它与近代的海军锚非常相似。海军锚的优点是用较小的锚获得较大的抓力，同时锚以任意角度入水，都能有一个抓入泥底而产生大的抓力。确如林剑鸣先生等在《秦汉社会文明》第三节中所认为的，汉代的锚抓力大，已脱离了锚的初级阶段，接近近代锚的水平。可见，秦汉时期造船技术有较大的提高。

总之，从中央至地方完备的造船机构设置和广泛合理的造船场地布局，为造船经验的积累和技术水平的提高提供了基础，为秦汉军事后勤漕运和水军战船起到了重要的保障作用。

二

早在《越绝书》记载："阖闾见于胥敢问船运之备何知？对曰：船名大翼、小翼、突冒、楼舡、桥舡，今舡军之教比陵军之法乃可用之。大翼者当陵军之重车，小翼者当陵军之轻车，突冒者当陵军冲车，楼舡者当陵军之行楼车也，桥舡者当陵军之轻足骠骑也。"子胥将水战中的各种战船比作陆战之各种战车，为当时战船做了浅显明了的分类。

秦汉时期，为保障军队作战需要，造船业在前代的基础上有了较大的发展，生产了相当多种类型的战船，主要有如下几种：

一是保障作战的小型快速攻击战船，如冒突、艨冲、走舸、先登、赤马等。

冒突：从上述可知，春秋时已有，称为突冒。汉代此船得到发展。《后汉书·岑彭传》说"冒突露桡数千艘"，说的就是这种船。按照李贤的解释："冒突，取其触冒而唐突也。"主要用于袭击敌船。岑彭攻伐公孙述的水战中，用的主要船型之一就是冒突。

艨冲：东汉刘熙所著《释名·释船》曰："外狭而长曰艨冲，以冲突敌船也。"杜佑《通典·兵法》和唐代李筌著《太白阴经》皆云："艨艟从犀牛皮蒙覆船背，两相开掣棹孔。前后左右开弩窗矛穴，敌不得近，矢石不能败，此不用大船，务于速进，以乘人之不备。"由此可知，艨冲轻便快速，是水师中的小型战船，可在水战中做开路先锋，冲杀敌阵。

走舸：《太白阴经》曰："走舸亦如战船，船舷上安重墙。棹夫多，战卒少，皆选勇士精锐者充。往返如飞，乘人之不及。兼备非常救急之用。"又《三国志·吴书·周瑜传》曰："又预备走舸，各系大船后。"说明走舸是配属于主力舰船后，作突击或备急之用的一种小型突击战船。

先登：《释名·释船》曰："军行在前曰先登，登之向敌陈也。"明确告知先登是一种小型快速冲锋战船，水战中冲在最前列。

赤马：《释名·释船》曰："轻疾者曰赤马舟，其体正赤，疾如马也。"王先谦《释名疏证补》曰："吴校删'舟'字"，即"赤马舟"为"赤马"，如马之在陆地上奔驰，行速很快。可见赤马是水师中一种快艇，全身漆成红色，行驶如快马，也是小型快速攻击战船。

二是保障作战的大中型战船，如楼船、戈船、舰等。

楼船：上述子胥对阖闾讲的"楼舡"就是楼船。秦汉之时继续大量生产，且规模较前更大。该种船的结构一般为三层，如《释名·释船》称："楼船的一层曰庐，二层曰飞庐，三层曰雀室。"《通典·兵十三·水战具》中也说："楼船，船上建楼三重，列女墙、战格，树幡帜，开弩窗矛穴，置抛车、垒石、铁汁，外覆毡革。"在《太白阴经》书中，对楼船结构及其武器装备做了大致相同的描述："楼船上建楼三重，列女墙战格，树幡帜，开弩窗矛穴，置抛车、垒石、铁汁，状如城垒。"由此可知，楼船的甲板上建楼有三层，每层四周设有1米左右高的女墙，与城墙相似，还设有战格，并有弩窗矛穴。主要武器是抛石机、弩、矛，作战时可居高临下向敌船投撒熔化的铁水。有些楼船还达十余层，高十余丈。如《资治通鉴·汉光武帝建武四年》记载："又造十层楼船。"《史记·平准书》和《汉书·食货志》上均记载："楼船高十余丈，旗帜加其上，甚壮。"总之，楼船是一种非常高大、壮观的战船，为秦汉时期水军作战的主要装备。故当时有"楼船将军""楼船士"之称。

戈船：《三辅黄图·池沼》引《三辅旧事》曰：昆明池"中有戈船各数十……船上建戈矛，四角悉垂幡旄葆麾盖照烛涯涘"。《史记·南越列传》曰；"元鼎五年秋……故归义越侯二人为戈船、下历将军。"说明汉代设有"戈船将军"，且戈船至少在汉武帝时还是保障水军作战的主要战船之一。

舰：《释名·释船》曰："上下重床（版）曰槛（舰）。四方施板以御矢石，其内如牢槛也。"《玉篇》释舰为"版屋舟"，《广韵》释舰为，"御敌船"。《太白阴经》记载："斗舰船舷上设女墙可蔽身高三尺，墙下开掣棹孔。舷内五尺又建棚与女墙齐。棚上又建女墙，重列战格，人无覆背。前后左右树牙旗幡帜金鼓，战船也。"《通典·兵法》亦载："船上设女墙，可高三尺，墙下开掣棹孔，船内五尺，又建棚与女墙齐，棚上又建女墙，重列战敌，上无覆背，前后左右树牙旗、幡帜、金鼓，此战船也。"可见，舰是水师中防护装置很强的较大型的作战船。

三是保障作战的侦察船，如斥候。

斥候：《释名·释船》曰："五百斛以上还（环）有小屋曰斥候，以视敌进退也。"所谓"斥，度也"，"候，即候望"，可见斥候是水师中一种侦察战船，船上有视探军情用的小屋。

四是载重运输船，如舫船。

舫船：也称斻、航、方舟。"舫"本身就是"方舟"二字的合体。《说文·舟部》"斻，方舟也。"段玉裁注："并两船曰方舟。"司马贞《索隐》云："方船谓并舟也。"《淮南子·氾论》云：

“为窬木方版，以为舟航。”高诱注：“方，并也。舟相连为航也。”《太平御览》卷770引《说文》曰：“舫，并舡。”张仪说楚王，曾宣传秦国水运优势：“秦西有巴蜀，方船积粟，起于汶山，循江而下，至郢三千余里。舫船载卒，一舫载五十人，与三月之粮，下水而浮，一日行三百余里，里数虽多，不费马汗之劳，不至十日而至扞关。”[①]《史记·郦生陆贾列传》亦曰“蜀汉之粟舫船而下”，军运优势十分明显。由此可得出结论，舫船就是一种多舟相并、体积较大、浮性与稳性均较好的船，是水上载重较大的运载工具。

秦汉时期造船业的发展及其造船技术的迅速提高，为军事后勤提供了大量的漕运船。据《史记》载，秦始皇发五十万“楼船之士南攻百越”，靠的是“使监禄凿灵渠运粮”[②]给予后勤保障；“汉祖自汉中出三秦伐楚”，靠的是“萧何发蜀汉米万船以给助军粮”[③]；汉武帝大举攻匈奴、征西域，依赖的是类似如“漕从山东西，岁百余万石”[④]的从全国各地粮草大征调。汉宣帝为“省关东漕运”，根据耿寿昌的建议，“近籴漕关内之谷，筑仓治船，费值二万万余”[⑤]，使关内的漕运船也大大发展。秦汉时期从全国各地征收运粮草，主要是保障军队作战，运输的方式一是陆地车运，二是水上船运，即漕运，陆地车运对于水网密布的江南地区来说几乎寸步难行，漕运则可四通八达；更为重要的是漕运具有运输量大、节省劳力和运输成本低廉的特点[⑥]。只要有可能秦汉王朝就会想尽办法进行漕运，故也就有了《汉书·枚乘传》中所述的“转粟西乡，陆行不绝，水行满河”，即满河都是漕运船的场面；有了《汉书·武帝纪》记之为“舳舻千里”和杜笃所上《论都赋》云：“鸿、渭之流，径入于河；大船万艘，转漕相过”的水中船只一艘接一艘、连绵不断的壮观景象。

上述那些有较高技术与质量的战船，为秦汉王朝建立一支强大的水军提供了装备保障。据《华阳国志·蜀志》记载，司马错率秦军顺江而下攻楚，有“大舶船万艘”[⑦]。秦始皇发“楼船之士南攻百越”[⑧]，据《淮南子·人间训》记载是50万人，可以推想南攻百越时楼船的规模和数量之大。汉武帝元鼎五年（前112年），“因南方楼船率二十余万人击南越”[⑨]。元封二年秋（前109年），“天

① 诸祖耿：《战国策集注汇考》卷14《楚策一》，江苏古籍出版社，1985年。

② 司马迁：《史记》卷112《平津侯主父列传》，中华书局，1962年。

③ 常璩：《华阳国志校注》卷3《蜀志》，巴蜀书社，1984年。

④ 司马迁：《史记》卷29《河渠书》，中华书局，1962年。

⑤ 班固：《汉书》卷24上《食货志》，中华书局，1962年。

⑥ 《魏书·刁雍传》记载，北魏的刁雍上疏皇帝时说：他所镇守的薄骨律（今宁夏灵武县西南）奉诏与其他几镇共“出车五千乘，运屯谷五十万斛，付沃野镇（今内蒙古五原东北），以供军粮。”从薄骨律至沃野镇，有800里远。如以陆路运输，“设令载谷，不过二十石。……计车五千乘，运十万斛，百余日乃得一返，大废生民耕垦之业。车牛艰阻，难可全至，一岁不过二运，五十万斛乃经三年。”但是如果造200艘船走水路，就可以“一运二十万斛。方舟顺流……六十日得一返”。刁雍的结论是，漕运50万斛军粮所用的人力物力，“轻于车运十倍有余”。显然，漕运是一种具有明显军事、经济效益的运输方式。

⑦ 《太平御览》卷769引《蜀王本纪》也有“秦为舶舡万艘欲攻楚”的记载。

⑧ 司马迁：《史记》卷112《平津侯主父列传》，中华书局，1962年。

⑨ 司马迁：《史记》卷30《平准书》，中华书局，1962年。

子募罪人击朝鲜"，"遣楼船将军杨仆从齐浮勃海，兵五万人"①。这两次用楼船数量也应该很大，击朝鲜虽然只用5万人，但是浮勃海攻击，除进攻战船外，物资保障船也应该有相当大的数量，并且船的质量也应该相当的好。东汉时期水战出动的战船，也动辄数千艘之多。例如，汉光武帝建武九年（33年），岑彭军与公孙述军于荆门对峙，"装直进楼船、冒突露桡数千艘"；马援伐交趾，"将楼船大小二千余艘"②；东汉末年，"刘表治水军蒙冲、斗舰乃以千数"③；建安三年（198年），孙策攻皖城刘勋，"收得勋兵二千余人，船千艘"④，又讨黄祖，得"船六千余艘"⑤；建安十三年（208年），曹操"得其水军，船步兵数十万"，威迫孙刘，"悉浮以沿江"⑥；建安十四年（209年），曹操"军至谯，作轻舟，治水军"，"自涡入淮，出肥水，军合肥"⑦；紧接着又于同年，"王师自谯东征，大兴水军，沉舟万艘"。其辞曰："浮飞舟之万艘兮，建干将之铦戈。"显示出水军船队之浩大。

总之，秦汉时期造船业的发展，造船机构的设置及其场地的合理分布，造船经验的积累及其技术的较大提高，都为秦汉军事后勤漕运和水军战船保障提供了强有力的支持。

［原载《南都学坛（人文社会科学学报）》2004年2期，6～10页］

① 司马迁：《史记》卷115《朝鲜列传》，中华书局，1962年。

② 范晔：《后汉书》卷24《马援列传》，中华书局，1962年。

③ 陈寿：《三国志》卷54《吴书·周瑜传》，中华书局，1982年。

④ 《三国志》卷46《吴书·孙破虏讨逆传》注引《江表传》。

⑤ 《三国志》卷46《吴书·孙破虏讨逆传》注引《吴录》载策表。

⑥ 陈寿：《三国志》卷54《吴书·周瑜传》，中华书局，1982年。

⑦ 陈寿：《三国志》卷1《魏书·武帝纪》，中华书局，1982年。

西汉水利工程与“基本经济区”

庄辉明

西汉一代，特别是汉武帝在位期间，兴建了一系列较大规模的水利工程，如漕渠、六辅渠、龙首渠、白渠等。这些水利工程的兴建，对农业经济的发展无疑是起了促进作用的。但若进一步考察这些水利工程所处的位置，就可以发现它们几乎都在当时的关中地区。对此做一番探讨，有助于我们加深对中国古代区域经济发展问题的认识。

一

中国疆域广袤，各地自然与地理环境存在着不少差异，从而可将全国划分为若干各具特色的区域。成书于战国时期的《尚书·禹贡》将全国分为冀、兖、青、徐、扬、荆、豫、梁、雍九州，虽然托名为夏禹时的九个行政区划单位，实际上则是各具特色的九个地理区域。《史记》也分别叙述了关中、三河（河东、河内、河南）、燕代、齐鲁、楚越等地区的风俗及经济状况。傅筑夫先生认为：“司马迁根据当时山川气候的自然形势，各地区的物产分布和各地的经济特征，把全国划分为四个大的经济区，即山西、山东、江南、龙门碣石以北。”[①] 这四个经济区，显然都是指的既与行政区划存在着一定的联系，又绝不等同于行政区域的地理区域。

由于历史和现实的种种原因，各具特色的不同区域经济发展水平不一，与封建中央政权间联系的紧密程度不同，因而与中央政权的利害关系也存在着差别，这就决定了中央政权对这些不同区域的重视程度也是不同的。由此就引出了“基本经济区”的概念。

“基本经济区”这一重要概念，是冀朝鼎先生在其写成于1934年4月的《中国历史上的基本经济区与水利事业的发展》一书中首先提出的[②]。按照冀先生的解释，“基本经济区”“这一概念着重强调中国经济的局部性和地区性”。在漫长的历史时期中，中国的经济结构，最初是由千百万个不同程度上能自给自足的村落所组成，这些村落一般都是为了行政管理与军事行动上的需要而编制的一种组织形式。相当于现今“省”一级的较大的行政管辖单位，从汉朝就出现了。而这些省一级的单

① 傅筑夫：《中国封建社会经济史》第2卷，人民出版社，1982年，15页。

② 该书是冀朝鼎先生的遗著，早在20世纪30年代就用英文写成，1936年于英国出版，1939年由佐渡爱三译成日文。但直到1979年8月，才由朱诗鳌根据伦敦乔治·艾伦和昂温有限公司1936年第1版译成中文，于1981年6月由中国社会科学出版社出版。

位，根据地形与经济因素，又组成了一些地理区划。这种地理区划的轮廓，在动乱与分裂时期显得特别重要。而对企图征服全国或维系其对全国统治的统治者来说，不同地区的重要性是不同的，因此，“中国历史上的每一个时期，有一些地区总是比其他地区受到更多的重视。这种受到特殊重视的地区，是在牺牲其他地区利益的条件下发展起来的，这种地区就是统治者想要建立和维护的所谓‘基本经济区’”[①]。

“基本经济区”这一重要概念的提出，对研究中国历史特别是中国经济史有着十分重要的意义。当年冀朝鼎先生就曾非常自信地指出：“如果基本经济区的概念，证明有助于解决中国历史中基本问题之一的话，那它就不会不对中国历史发展过程的理解与阐释产生影响。”“一种概念就像一盏灯——一经点燃，就不会只照亮房间的一角，基本经济区的概念也必然会将其光辉投射到中国历史的每一个基本问题上。”[②]应该说，“基本经济区”的概念对于深入了解中国古代地区社会经济发展的不平衡性和多样性是很有帮助的。从冀朝鼎先生关于“基本经济区”的精辟论述中，我们至少可以得出如下几点启示：其一，在中国古代交通运输和通信设备尚不发达的自然经济时代，存在着若干个各具特色的经济区域（其实，即使是社会经济已有相当发展的现代，在中国这样幅员辽阔的国家，依然存在着若干各具特色的经济区域）；其二，中国历史上的每一个时期，有一些地区总是比其他地区受到更多的重视，这就是所谓的“基本经济区”；其三，“基本经济区”是在牺牲其他地区利益的条件下发展起来的；其四，“基本经济区”不是一成不变的，它会随着经济形势和政治力量对比格局的变化而发生转移。正因为此，运用“基本经济区”的概念对中国古代区域社会经济发展的曲折历程进行考察和分析，显然是颇有助益的。两汉时期的中央政府所进行的水利建设，就与“基本经济区”密切相关。

二

秦及西汉王朝，都是在关中地区崛起并进而确立对全国统治的。

关中地区的开发有着悠久的历史。早在夏、商时期，周人就居住在今陕西渭水中游以北地区，至公刘时迁居于豳（今陕西旬邑），社会经济有较快的发展。公刘之后又九世，传到古公亶父，为躲避戎、狄的侵扰，又率族人迁徙到岐山下的周原（今陕西岐山县）。由于“周原朊朊，堇荼如饴”，“古公乃贬戎狄之俗，而营筑城郭室屋，而邑别居之”[③]，改营农耕生活，并在此定居下来。周人最初开辟的区域并不广大，其生产和活动范围不出泾渭中下游的陕中平原，但由于注意协调和发展经济，结果在一个不长的时期里，就以一个“居岐之阳”的落后“小邦”而“实始翦商”，取代商朝而实行了对全国的统治。

秦是继周之后，以关中经济区为基础而强大起来的。秦国原是活动在陕西西部的一个小国。西周灭亡，秦襄公护送平王至雒邑有功，被封为诸侯，以岐为中心，势力逐渐发展。秦穆公在位时

① 冀朝鼎著，朱诗鳌译：《中国历史上的基本经济区与水利事业的发展》，中国社会科学出版社，1981年，8页。

② 冀朝鼎著，朱诗鳌译：《中国历史上的基本经济区与水利事业的发展》，中国社会科学出版社，1981年，6页。

③《史记》卷4《周本纪》。

（前659～前621年），整顿内政，奖励生产，国家逐渐强盛，疆土向东扩展，与晋国相接。秦孝公继位后，又任用商鞅进行变法，并再次迁都咸阳（今陕西咸阳市东北），实行奖励耕战，国势更快地强盛起来。秦国通过向西北、西南两个方向的扩张，疆域不断拓展，成为以关中为中心而横跨西北到西南的疆域辽阔的大国。秦国雄厚的经济基础，使其在群雄对峙中居于主动地位，并最终成就了“秦以富强，卒并诸侯”[①]的大业。秦始皇一统天下以后，其地“东至海暨朝鲜，西至临洮、羌中，南至北向户，北据河为塞，并阴山至辽东”[②]，但其统治中心依然是在关中。《史记正义》引《三辅旧事》云：“始皇表河以为秦东门，表汧以为秦西门，表中外殿观百四十五，后宫列女万余人，气上冲于天。”从其“徙天下豪富于咸阳十二万户”[③]的行动中，也可清楚地看到这一点。

刘邦建立的西汉，是又一个以关中为中心的封建王朝。刘邦本沛县人，但“常役咸阳”，对关中的富庶已有一定了解。秦末，刘邦在沛县起兵，于秦二世三年（前207年）十月，军至霸上（今陕西西安市东），秦王子婴出降，秦亡。按照楚怀王与刘邦、项羽的约定，谁先入关灭秦，谁即为“关中王”。此时，势力强盛的项羽也正在赶着入关。有人劝说刘邦：“秦富十倍天下，地形强。今闻章邯降项羽，羽号曰雍王，王关中。即来，沛公恐不得有此。可急使守函谷关，毋内诸侯军，稍征关中兵以自益，距之。”[④]刘邦深以为然，从其计。但刘邦与项羽的兵力对比悬殊，根本无法阻挡项羽入关。同年十二月，项羽入函谷关，屠咸阳城，杀秦王子婴，烧秦宫室，自立为西楚霸王，并背弃原先的誓约，将刘邦封为汉王。可见关中地区在刘邦、项羽等当时人心目中的重要地位。在随后进行的长达四年的楚汉战争中，刘邦之所以由弱转强，最终战胜项羽，靠的也是有关中地区这个稳定的后方。

刘邦取得楚汉战争的胜利后，曾为定都何处引发一场争论。娄敬认为应该“都关中”，但刘邦犹豫不决，加上其左右大臣皆山东人，多劝其定都洛阳。经过一番争论，刘邦最终还是定都关中，以长安（今陕西西安市）为都城，继续以关中地区作为其统治中心。

及至王莽统治时期，由各种不同原因所造成的天灾、人祸、内忧、外患一齐袭来，导致了一次长达数十年的大动荡、大破坏，一直延续到东汉初年。史载：光武帝建武二年（26年），“关中饥，民相食”[⑤]；“三辅大饥，人相食，城郭皆空，白骨蔽野”[⑥]。秦和西汉时期“沃野千里”“民人众”的关中，此时已是“城郭皆空，白骨蔽野”的一片荒凉萧条景象。所以当光武帝刘秀重建汉王朝时，鉴于关中已被破坏成一片废墟，人民死徙流亡，几已空无人烟，遂不得不放弃关中，改以洛阳为都。《续汉书》指出：“往者王莽篡逆，变乱无常。更始赤眉之时，焚烧长安，残害百姓，民人流亡，百无一在。光武受命，更都洛邑。此其宜也。”[⑦]当然，刘秀之所以定都洛阳，除了关中遭受严

① 《史记》卷29《河渠书》。

② 《史记》卷6《秦始皇本纪》。

③ 《史记》卷6《秦始皇本纪》。

④ 《汉书》卷1《高帝纪上》。

⑤ 《后汉书》卷1上《光武帝纪上》。

⑥ 《后汉书》卷11《刘盆子传》。

⑦ 《三国志》卷6《魏书·董卓传》注。

重破坏的因素之外，也与他本人及掌握东汉政权的南阳集团的根基在河南地区相关。

一般地说，封建中央政权所在的京师地区，便是冀朝鼎先生所说的“基本经济区”。因为封建王朝的京师地区，即全国的政治中心，多数情况下也往往是全国的经济中心，不仅是封建政权赖以安身立命的根本，同时也是对其他地区进行政治控制时成为支撑点的基地。历代统治者从巩固和维护其封建统治秩序的需要出发，特别重视京师及其附近地区，是可以理解的，也是无可指责的。这种政策上的倾斜，自然使京师及其附近地区的社会经济发展获得了特别优惠的条件。问题在于，所谓“基本经济区”的发展，在许多时候是以忽视和牺牲其他地区的利益为前提的。封建时代的这种人为因素，亦即国家权力对不同地区经济发展所产生的方向不同的作用力，大大加剧了各地区间社会经济发展的不平衡。

三

秦及西汉王朝，都是在关中地区崛起并由此确立对全国统治的，因而理所当然地把关中地区视为其政权的政治与经济基地，给予这一地区的经济发展以特殊的关注。及至刘秀在洛阳建立东汉以后，又把主要的注意力转向河内地区。这都是不言而喻的。

有统计资料表明，在两汉时期的公元前206年至公元220年的四百多年间，农业社会经济中占有重要地位的水利工程，主要集中在当时的关中与河内两地区（主要是今之陕西与河南两省）。冀朝鼎先生《中国历史上的基本经济区与水利事业的发展》一书，根据地方志，编制了“中国治水活动的历史发展与地理分布的统计表”，比较了陕西、河南、山西、直隶（河北）、甘肃、四川、江苏、安徽、浙江、江西、福建、广东、湖北、湖南、云南等15个省区在春秋战国至明清的各个朝代的治水活动，其中春秋至南北朝时期的统计如表一所示。

表一　春秋至南北朝时期治水活动

朝代／省区	春秋（前722～前481）	战国（前481～前255）	秦（前255～前206）	汉（前206～220）	三国（220～265）	晋（265～420）	南北朝（420～589）	各省合计
陕西	…	…	1	18	2	…	…	21
河南	1	3	…	19	10	4	…	37
山西	1	…	…	4	1	1	1	8
直隶（河北）	…	…	…	5	1	2	3	11
甘肃	…	…	…	1	1	…	…	2
四川	…	1	…	…	1	…	…	2
江苏	3	2	…	1	3	2	8	19
安徽	1	…	…	1	3	…	4	9
浙江	…	2	…	4	2	3	2	13
江西	…	…	…	1	…	1	1	3
福建	…	…	…	…	…	2	…	2
广东	…	…	…	…	…	…	…	…

续表

省区＼朝代	春秋（前722～前481）	战国（前481～前255）	秦（前255～前206）	汉（前206～220）	三国（220～265）	晋（265～420）	南北朝（420～589）	各省合计
湖北	…	…	…	…	…	1	…	1
湖南	…	…	…	1	…	…	…	1
云南	…	…	…	1	…	…	1	2
各朝代合计	6	8	1	56	24	16	20	131

表一中关于朝代的断限与目前学术界通行的看法有所不同，如以公元前481年为春秋与战国的界限，显然是以孔子修订的《春秋》记载至此年为依据的；而以公元前255年定为秦的开端，则似乎是以公元前256年秦灭西周为标志。历史上的断代问题，向来是仁者见仁，智者见智，好在这方面的差异并不会严重地影响到我们所要讨论问题的主要方向。这里还有必要就表一中所列各省区在不同时期水利工程的数值的可靠性做一点讨论。据冀先生自述，表中的数值来自各省地方志，是全面考察了当时中国本土的18个省的地方志以后得出的统计结果［除表中所列15省外，还有广西、贵州、山东3省（自治区）］。按照惯例，各省地方志是由被指定的官员，根据所属各县、州和府的地方志材料编成的。地方志所引材料的主要来源，有各个朝代的正史、政府档案、碑文、名人著作，甚至还有在民间流传的真实历史的传说。而更多的地方资料，特别是碑文，地方人士的传记，以及地理、经济与社会生活中的其他资料，往往是由地方志首先发表，因而，地方志就成了寻找这些材料的十分重要的来源。尽管由于时间和资料的限制，我们难以对冀先生当年查访过的所有地方志资料逐一加以查核，但以下两点事实证明这并不会影响到这些数值的可靠性：其一，李约瑟先生在其所著《中国科学与文明》（*Science and Civilisation in China*）一书中，运用该统计表中的数值，算出了各个朝代工程数的年平均值，绘出了历代工程数的阶梯图，表明他对这些数值的可靠性是确信无疑的；其二，笔者对《史记·河渠书》《汉书·沟洫志》等正史所记载的水利工程兴修情况进行过仔细分析，发现两汉时期水利工程绝大部分都集中在关中和河内地区，与统计表结论完全吻合。

上述统计表中最值得我们注意的是汉代治水活动的数字。在两汉时期（前206~220年）这一栏中，最大的数字出现在今陕西和河南两者，前者有18项，后者有19项。两者相加为37项，占了其时全国总计56项水利工程的66.07%。这显然绝不是偶然的巧合，而表明了这两个当时分别被称为关中和河内的地区对于汉代中央政权的重要性，以及汉代政权对这些地区社会经济发展的特殊重视。

西汉时期较大的水利工程，有漕渠、六辅渠、龙首渠、白渠、成国渠、六门陂等。值得注意的是，在这些水利工程中，除了六门陂（亦称“六门堨”）由汉元帝时的南阳太守召信臣兴建于南阳之外，其余较大的水利工程均修凿于汉武帝时期，而且均在关中地区。

漕渠，始凿于汉武帝元光六年（前129年）。“时郑当时为大司农，言‘异时关东漕粟从渭上，度六月罢，而渭水道九百余里，时有难处。引渭穿渠起长安，旁南山下，至河三百余里，径，易漕，度可令三月罢；而渠下民田万余顷又可得以溉。此损漕省卒，而益肥关中之地，得谷。’上以为然，令齐人水工徐伯表，发卒数万人穿漕，渠三岁而通。以漕，大便利。其后漕稍多，而渠下之民颇得以溉矣。”[①] 根据郑当时的建议开凿的漕渠，有着运输与灌溉的双重作用：一方面，可以缩短三分之二的漕运距离，漕运时间也可减少一半；另一方面，“渠下民田万余顷又可得以溉”，“益肥关中之地，得谷”，其结果是“渠下之民颇得以溉”。

六辅渠，开凿于汉武帝元鼎六年（前 111 年）。“自郑国渠起，至元鼎六年，百三十六岁，而兒宽为左内史，奏请穿凿六辅渠，以益溉郑国傍高卬之田。”[②] 郑国渠开凿于公元前 246 年。尽管这一工程的兴建最初是韩国用以牵制秦国、损耗其国力的一种计谋，但这一灌溉工程一旦建成，就对关中地区的农业生产发挥了积极的作用，司马迁把郑国渠的兴建与秦国的富强和最终统一六国直接联系在一起，可见其重大意义。兒宽建议为郑国渠开凿六条辅助渠道，则是为了更好地发挥郑国渠的灌溉功能，无疑是有利于关中地区农业经济的发展的。

龙首渠，开凿于汉武帝时。“严熊言‘临晋民愿穿洛以溉重泉以东万余顷故恶地。诚即得水，可令亩十石。’于是为发卒万人穿渠，自征引洛水至商颜下。岸善崩，乃凿井，深者四十余丈。往往为井，井下相通行水。水隤以绝商颜，东至山领十余里间。井渠之生自此始。穿渠得龙骨，故名曰龙首渠。作之十余岁，渠颇通，犹未得其饶。”[③] 龙首渠是汉武帝时为灌溉今陕西北洛河下游东岩咸卤之地而开，始自今澄城西南，引洛水东南流，穿越商颜山（今名铁镰山）下，至大荔西仍入洛。因商颜山土松易塌，不宜挖明渠，遂凿竖井，在井下开渠通水。是役发动兵卒十余万，历时十余年，“渠颇通”，然未取得预期效益。

白渠，开凿于汉武帝太始二年（前 95 年）。“太始二年，赵中大夫白公复奏穿渠。引泾水，首起谷口，尾入栎阳，注渭中，袤二百里，溉田四千五百余顷，因名曰白渠。”[④] 白渠由白公建议开凿，自谷口（今陕西礼泉西北）郑国渠南引泾水东南流，经今高陵及临潼东北栎阳镇附近，至渭南北下邽镇南注入渭水。渠长二百里，溉田四千五百余顷。“民得其饶，歌之曰：‘田于何所？池阳、谷口。郑国在前，白渠起后。举臿为云，决渠为雨。泾水一石，其泥数斗。且溉且粪，长我禾黍。衣食京师，亿万之口。’言此两渠饶也。”[⑤] 由此民间歌谣，可知白渠建成后对于关中地区农业生产所发挥的作用。

汉武帝在位期间，关中地区兴建了一系列较大规模的水利工程，其中漕渠、六辅渠、龙首渠、白渠都是他采纳臣下建议而下令开凿的，由此可见汉武帝确实是历史上一位颇有作为的帝王，他对水利建设关乎农业生产的重要性有着明确的认识。元鼎六年（前 111 年）汉武帝曾发布诏令说：“农，天下之本也。泉流灌寖，所以育五谷也。左、右内史地，名山川原甚众，细民未知其利，故为通沟渎，畜陂泽，所以备旱也。今内史稻田租挈重，不与郡同，其议减。令吏民勉农，尽地利，

① 《汉书》卷 29《沟洫志》。

② 《汉书》卷 29《沟洫志》。

③ 《汉书》卷 29《沟洫志》。

④ 《汉书》卷 29《沟洫志》。

⑤ 《汉书》卷 29《沟洫志》。

平繇行水，勿使失时。”[①] 从这一诏令可以看到汉武帝对于农业、水利的重视。但是，如果我们深入地探究这一诏令发布的背景，就可以发现汉武帝首先关注的（或者说是最为关注的）问题，还是关中地区的水利建设。据《汉书·沟洫志》记载，汉武帝之所以发布这一诏令，是因为接受了左内史兒宽关于开凿六辅渠的奏疏。如上所述，六辅渠以及关中地区的其他水利工程，一是工程量浩大，动辄使用人力数万乃至十余万，耗时数年乃至十余年；二是收效明显，受灌溉之益的田地从数千顷到万余顷不等。这一系列水利工程的建设，无疑有力地促进了关中地区的经济发展。问题在于，汉武帝对全国各地区的水利建设，并非一视同仁，在轻重缓急的处置上，表现了牺牲其他地区利益以确保基本经济区的倾向。最典型、最足以说明这一点的，就是汉武帝下令开凿漕渠、六辅渠的时候，黄河在今河南及山东境内的决口和泛滥已持续了不短的时间了。

四

黄河含沙量之大，在世界各大河中首屈一指。黄河流域皆属黄土地带，沿途又乏森林，土质疏松，易被水流冲刷；同时黄土之颗粒细小，冲刷之量尤甚于其他土质，是以黄河含沙特多，俗有“一石水而六斗泥”之谚。黄河既有此巨量泥沙之沉淀，而其下游之坡度又极大，故日积月累，河床渐高，一遇水势泛滥，自必决溢而肇滔天之祸。据邓云特先生统计，自周定王五年（前602年）至清光绪三十年（1904年）的2500年间，黄河决口竟达139次[②]之多，其中就包括了汉武帝时期持续二十多年的一次大泛滥。

还在汉文帝前元十二年（前168年）十二月，黄河决口于酸枣（今河南延津西南），东溃金堤（东郡到平原郡一带黄河两岸的石堤）、东郡（治濮阳，今河南濮阳西南），于是“东郡大兴卒塞之”[③]。三十六年之后，即汉武帝元光三年（前132年）春，黄河决于顿丘（今河南清丰西南）。同年夏，黄河又决于濮阳瓠子（即濮阳以北的瓠子河堤，在今河南濮阳西南），东南注巨野（今山东巨野东北，汉时巨野北有大泽，名巨野泽），通淮、泗，泛滥十六郡。面对如此严重的黄河泛滥，汉武帝最初也并非全然不顾，曾命汲黯、郑当时负责救治，“发卒十万救决河”[④]，但塞之又坏。黄河溃决，泛滥十六郡，一时堵塞不了，本应继续治理。可是当时的丞相武安侯田蚡的食邑在鄃（今河北临漳西）[⑤]，“鄃居河北，河决而南则鄃无水灾，邑收多”。田蚡竟然因此而向汉武帝提出：“江河之决皆天事，未易以人力为彊塞，塞之未必应天。”而当时的“望气用数者亦以为然。于是天子久之不事复塞也”[⑥]。也就是说，救治黄河泛滥这样的大事，因为田蚡之流出于个人私利而编造出的一番胡

① 《汉书》卷29《沟洫志》。

② 冀朝鼎：《中国历史上的基本经济区与水利事业的发展》，75页。

③ 《汉书》卷29《沟洫志》。

④ 《汉书》卷6《武帝纪》。

⑤ 颜师古注指“鄃”即《地理志》清河郡鄃县，故治在今山东平原西南。而钱穆《史记地名考》疑“鄃”即“汗”，故汗城在故邺县（今河北临漳西）西。此从钱说。

⑥ 《史记》卷29《河渠书》。

言乱语，竟然被束之高阁，“不事复塞”了。

三年后的元光六年（前129年），黄河溃决依旧，汉武帝却采纳大司农郑当时的建议，由水工徐伯主持，开凿漕渠，由长安沿终南山到黄河，发卒数万，历时三年，才完成了这项规模不小的水利工程。

元鼎六年（前111年），汉武帝又接受左内史兒宽的奏请，在关中开凿六辅渠。而此时黄河在瓠子决口已经持续了21年。

“自河决瓠子后二十余岁，岁因以数不登，而梁楚之地尤甚。”① 一直到元封二年（前109年），汉武帝才派汲仁、郭昌“发卒数万人塞瓠子决”。并且在前往山东祭拜万里沙（《史记·孝武本纪》裴骃《集解》引应卲曰：“万里沙，神祠也，在东莱英城〔今山东莱州东北〕。”）、过祠泰山的归途中，亲临瓠子河决现场，“沈白马玉璧于河，令群臣从官自将军已下皆负薪寘决河。是时东郡烧草，以故薪柴少，而下淇园之竹以为楗”②。汉武帝“既临河决，悼功之不成，乃作歌曰：‘瓠子决兮将奈何？浩浩洋洋，虑殚为河。殚为河兮地不得宁，功无已时兮吾山平。吾山平兮钜野溢，鱼弗郁兮柏冬日。正道弛兮离常流，蛟龙骋兮放远游。归旧川兮神哉沛，不封禅兮安知外！皇谓河公兮何不仁，泛滥不止兮愁吾人！啮桑浮兮淮、泗满，久不反兮水维缓’”③。从歌词中可知，汉武帝对于黄河溃决也并非无动于衷，“虑殚为河”“泛滥不止兮愁吾人”等词句，多少反映出他对河决的担忧。

但汉武帝把河决二十余年而未能及时治理的原因，归结为不知情，“不封禅兮安知外”（《汉书·沟洫志》颜师古注曰：“言不因巡狩封禅而出，则不知关外有此水。”），则显然是一种推卸责任的托词。也许朝廷或地方的官员没有向汉武帝如实禀报黄河在瓠子溃决的严重灾情（这在封建社会中是完全可能的，也是司空见惯的），田蚡之类身居高位的重臣甚至为了一己私利而以“江河之决皆天事”“强塞之未必应天”的鬼话来阻挠救灾，但从汉武帝曾“使汲黯、郑当时兴人徒塞之”的记载看，瓠子河决刚发生，汉武帝即已知情，根本无须借“封禅”而“知外”。一边是黄河在今河南及山东境内的泛滥，危及人民生命财产安全的瓠子决口亟待救治；一边是关中地区为改善灌溉、水运条件而修凿漕渠、六辅渠，孰急孰缓、孰重孰轻、孰先孰后，应该是不言自明的。以汉武帝之雄才大略，当不至于连如此浅显的事理都看不清楚。然而汉武帝恰恰对黄河中下游的溃决漠然视之，而把漕渠、六辅渠的开凿放在了优先处理的位置。汉武帝不把主要精力集中在显然更为重要的黄河堵口任务上，而准许优先开凿关中地区水利工程的事实，激怒了清朝的一位历史评论家康基田，他严厉指斥汉武帝不顾黄河堤岸失修，也不顾黄河中下游十余郡人民生命财产的安危，却热衷于搞“一隅之利”的事业④。从人道主义的理由以及全国范围来说，康基田的批评是很有道理的。但从另一个角度来看，康基田对于基本经济区的重要性又是缺乏认识的。关中地区的漕渠、六辅渠等水利工程虽然只是“一隅之利”，但却是十分重要的一隅，重要到足以能看成是基本经济区。遭受黄河溃决的洪水破坏的黄河中下游十余郡，有大片的耕地被水淹，“岁因以数

① 《史记》卷29《河渠书》。

② 《史记》卷29《河渠书》。

③ 《汉书》卷29《沟洫志》。

④ 康基田：《河渠纪闻》卷3，8页。转引自《中国历史上的基本经济区与水利事业的发展》，71页。

不登”；也有许多人民的生命财产遭受严重损害，但这些地区与京城相距毕竟太远。相对于深受洪水之害的黄河中下游地区而言，关中这“一隅”与西汉中央政府有着更为直接的利害关系。汉武帝对几乎发生在同时的关中和黄河中下游这两个不同地区的水利工程的不同处置，是经过了反复权衡的。深得司马迁和班固赞美的关中地区经济的发展，所谓“关中之地，于天下三分之一，而人众不过什三，然量其富，什居其六”，固然有其开发较早的历史原因，但也不能不看到这一地区所受到的特殊重视。冀朝鼎先生关于“中国历史上的每一个时期，有些地区总是比其他地区受到更多的重视。这种受到特殊重视的地区，是在牺牲其他地区利益的条件下发展起来的”精辟论述，于此也得到了印证。

就其实质而言，所谓“基本经济区”虽然与经济因素密不可分，但更是一种政治概念，是统治者从其政治需要出发，为巩固其统治而实行的一项措施。纵观中国古代历史，历朝历代都有自己的“基本经济区”，而且基本上都是其统治中心所在的京师及其周边地区；奉行“强干弱枝”政策的封建统治者总是给予“基本经济区”以特殊的关注和政策上的倾斜，甚至不惜牺牲其他地区社会经济的发展来适应其政治上的需要，致使其他地区与“基本经济区”之间存在明显的鸿沟，无法享有同等的发展条件和机会。中国历史上不同区域间经济发展极不平衡的状况，固然与地理环境、气候条件、开发程度等因素相关，但政权政策的影响恐怕也不容忽视。

［原载《华东师范大学学报（哲学社会科学版）》2002年3期，24～30页转48页］

周、秦、汉、唐时期关中地区自然灾害与粮食安全问题研究

吴　宾

关中地区是中华民族文明发祥地之一，也是古代农业经济最为发达的地区之一。作为历史上多个王朝的政治、经济、文化中心和人口稠密之地，在古中国的历史演进中具有举足轻重的作用，有“得关中者得天下”之谓。在约2000a的历史时期，关中地区一度成为整个中华民族乃至世界的政治、经济、文化中心。而关中粮食问题往往成为得失天下的关键所在，甚至有学者认为“关中粮食的紧缺是唐朝灭亡的催化剂”。

当前，学界普遍关注周、秦、汉、唐时期关中地区的粮食问题，这一研究与历史时期关中地区的政治、经济地位相一致[①]。但是，当前学者大多关注关中地区的粮食生产、漕运等问题，并认为汉代关中粮食不能自给，有赖于关东农业区的补充。葛剑雄先生指出“三辅粮食不能自给，主要从关东输入，汉初每年为数十万石，以后逐年增加，最高达600万石，常年也有400万石”，提出西汉中期移民是导致粮食紧缺的主因[②]。余蔚认为唐中叶关中的粮食自给率相当高，对漕粮依赖并不强，认为关中衰弱的原因是安史之乱造成农业凋敝、粮食紧缺所引发的[③]。

除了上述原因外，是否还存在影响关中地区粮食安全的其他因素，是一个值得研究的课题。文中拟从关中地区自然环境变迁和自然灾害方面，对周、秦、汉、唐时期关中地区的粮食安全问题进行探讨。

一、周、秦、汉、唐时期关中地区粮食安全状况

关中地区由渭河冲积而成，地势平坦，土地肥沃，更有渭、泾、洛、沮、漆等河流，水利灌溉便利，加之气候温和，自周王朝兴起后，关中地区跃然成为政治、经济、文化中心。公元前338年，苏秦曾对秦惠王说，秦国“西有巴蜀、汉中之利，北有胡貉、代马之用，……田肥美，民殷富，战车万乘，奋击百万，沃野千里，蓄积饶多，地势形便，此所谓天府，天下之雄国也”[④]。司马迁则

---

① 朱磊、卜风贤：《〈诗经〉中粮食安全问题研究》，《气象与减灾研究》2006年3期，39～43页。

② 葛剑雄：《西汉人口地理》，人民出版社，1986年，162页。

③ 余蔚：《唐代关中农业生产率辨析》，《中国农史》2000年，2、3页。

④ 刘向：《战国策·秦策二》，上海古籍出版社，1978年。

认为“关中自汧、雍以东至河华，膏壤沃野千里，自虞夏之贡以为上田，……故其民犹有先王之遗风，好稼穑，殖五谷”，“关中之地，于天下三分之一，而人众不过什三，然量其富，什居其六”[①]。从中不难看出关中地区农业生产和经济的发达程度。

关中地区是古代农业开发最早的地区之一。关中农业区的形成，是从周人对关中西部周原的开发开始的。以善于农耕而著称的周人，对关中进行了一定程度的农业开发。周平王东迁后，渭水下游崛起的秦人发展到关中后，使原来势力弱小的诸侯国——秦国，成为强大并一举统一中国的第一个统一的多民族封建国家。而对关中极力经营并取得较大成就的是西汉王朝。西汉时期，关中地区大兴水利，以及冬小麦的引入，赵过创代田法、改良田具，氾胜之发明的区田法等农业生产技术的改进，为关中地区农业发展带来了活力，但是这时的粮食并不能保障京师供应。两汉之际，社会动荡，战火四起，关中成兵家必争之地，农业生产遭到严重破坏，关中地区经常出现粮食紧缺的局面。公元27年闰正月便出现过“三辅大饥”[②]。东汉以后至隋唐，关中经济始终处于发展和破坏的循环之中，史载“太元十年春，正月，秦王坚朝飨群臣，时长安饥，人相食，诸将归，吐肉以饲妻子”[③]。西魏大统二年，关中地区依然是“大饥，人相食，死者十七八”[④]。隋、唐时期，关中经济开始得到恢复，但其经济中心地位已经丧失，粮食问题非常紧张。隋代史载“京辅及三河，地少而人众，衣食不给”[⑤]。为解决京都长安的供粮问题，文帝命令沿河、洛等水系的蒲、陕诸州置募运米丁，又在卫、陕、华等地州设仓，以潜运关东之粟。开皇四年开凿的广通渠，引渭水自大兴城至潼关，目的也是从关东向关中运送粮食。即使如此，关中粮食供应仍十分紧张，一旦天灾发生，就会出现百姓挨饿的情况。隋末战乱，“关中病疫，炎旱伤稼”。至唐初，关中“郡县饥荒，百姓流亡，十不存一”[⑥]。当时的中央政府不得不明令各饥民到巴蜀求生。武德元年十一月，“京师谷贵”，“二年闰二月，太府少卿李袭誉运剑南之米以实京师”[⑦]，“高宗咸亨元年十一月乙卯，运剑南义仓米百万石救饥人”[⑧]。这些说明了巴蜀经济在唐初曾替代关中经济，成为维护都城长安及关中政权的基础之一。从以上史实可以发现，自西周以来，关中地区的粮食供需是逐渐趋于紧张的。

二、周、秦、汉、唐时期关中地区自然灾害对粮食安全的影响

据竺可桢先生研究，中国东部地区过去5000a中，气候变化主要分为4个寒冷期和4个温暖期。第1个温暖期为3000～1000B.C，相当于仰韶文化时期及殷墟文化时期；第1个寒冷期

① 《史记·货殖列序》，中华书局，1959年。

② 《后汉书·刘盆子传》，中华书局，1965年。

③ 司马光：《资治通鉴》，中华书局，1997年。

④ 司马光：《资治通鉴》，中华书局，1997年。

⑤ 《隋书·食货志》，中华书局，1976年。

⑥ 王钦若：《册府元龟》，中华书局，1960年。

⑦ 王钦若：《册府元龟》，中华书局，1960年。

⑧ 王钦若：《册府元龟》，中华书局，1960年。

为 1100～770B.C，相当于西周时期。第 2 个温暖期为 770～0B.C，相当于东周（春秋战国）时期和秦、西汉时期；第 2 个寒冷期为 0～600A.D，相当于东汉、三国、晋和南北朝时期。第 3 个温暖期为 600～1000A.D，相当于隋、唐和五代时期；第 3 个寒冷期为 1000～1200A.D，相当于北宋和南宋时期。第 4 个温暖期为 1200～1300A.D，相当于南宋后期或元代早期；第 4 个寒冷期为 1300～1900A.D，主要为元末和明、清时期。这 4 个温暖期与寒冷期交替出现，组成了中国历史时期的气候变化序列[①]。据分析，关中地区气候变化与中国东部地区气候变化趋势一致，大致经历了以下过程：

在仰韶文化时期、东汉时期、隋唐时期，关中地区平均气温均高于现在 1～2℃，相当于亚热带气候。在西周时期、魏晋南北朝时期、宋金元时期以及明清时期，平均气温均低于现在 1～2℃，属寒冷期[②]。据史料记载，关中地区历史时期自然灾害主要有旱灾、洪涝、瘟疫、地震等，尤以旱灾最为频繁。据统计，自前 2 世纪至 1949 年，关中地区共发生特大旱灾 326 次，占全国旱灾总数的 39%[③]。

西周末年，关中发生了罕见的大旱灾。这场旱灾涉及厉、宣、幽、平王统治时期。特别是宣王继位初年，竟然出现了罕见的连年无雨天气。皇甫谧《帝王世纪》记载“宣王元年天下大旱，二年不雨，至六年乃雨”。刘恕《通鉴外纪》卷 3 也记载“（共和十四年）大旱”，宣王元年，“天下大旱”，至六年条下有，“自二年不雨至于是岁”。当时泾、渭、洛水皆因山崩而干涸，森林草木亦干枯而死。持续的干旱，给关中农业发展带来了严重挑战，发生了空前的饥馑[④]。《诗经·大雅·云汉》记载“饥馑荐臻”“周余黎民，靡有孑遗”。正是西周末年的大旱，促使部分周人东迁。西汉以后，旱灾趋于频繁。《汉书·宣帝纪》记载当年五月“大旱。郡国伤旱甚者，民毋出租赋。三辅民就贱者，且毋收事，尽四年”。政府鼓励关中百姓就贱而食，东汉《后汉书·周举传》记载阳嘉三年“是岁河南、三辅大旱，五谷灾伤”。《后汉书·献帝纪》记载兴平元年“（七月）三辅大旱，自四月至于是月”。这次旱灾造成关中粮食大规模歉收，粮价空前腾贵，“是时谷一斛五十万，豆麦一斛二十万，人相食啖，白骨委积”[⑤]。隋开皇六年八月，“关内七州旱”，开皇十四年（594 年）五月“关内诸州旱，人饥”，八月“关中大旱”，文帝只好率百官东食洛阳，首开了“天子逐粮”的记录。说明关中比较容易出现干旱。而且自唐建都以来（618～907 年），关中地区冬季无雪年份达 16 个。据统计，唐代共有 114a 发生过程度不同的旱灾，在关中就有 28a 发生过旱灾，其中有 16 次因旱灾而引起饥荒[⑥]。

除了旱灾外，对关中地区粮食生产影响较大的还有水灾。据两唐书、《唐会要》等史籍所载

---

① 竺可桢：《中国近五千年来气候变迁的初步研究》，《考古学报》1972 年 1 期，475～498 页。

② 周晓红、赵景波：《历史时期关中地区气候变化与灾害关系的分析》，《干旱区资源与环境》2006 年 3 期，75、76 页。

③ 周晓红、赵景波：《历史时期关中地区气候变化与灾害关系的分析》，《干旱区资源与环境》2006 年 3 期，75、76 页。

④ 王勇：《东周秦汉关中农业变迁研究》，岳麓书社，2004 年，18～232 页。

⑤ 《新唐书·五行二》，中华书局，1975 年。

⑥ 《新唐书·五行二》，中华书局，1975 年。

统计，唐计289a中，约有240a有灾害发生。其中水灾有138a，占总年数的48%，占灾害年数的57.5%①。另据《新唐书》“五行三水不润下”所载，唐代关中地区有25a发生过洪水灾害。这就是说，关中地区发生水灾的次数，约占全国总水灾次数的18.2%。另据《新唐书》“五行一常雨”载：“武德大年秋，关中久雨。永徽六年八月，京城大雨。开元二年五月，壬子，久雨，禁京城门。十六年九月，关中久雨，害稼。天宝十三载秋，大霖雨，害稼，六旬不止。九月，一坏京城垣屋殆尽，人亦乏食。贞元二年正月乙未，大雨雪，至于庚子……五月乙巳，雨，至于丙申，时大饥。”“开元八年六月，穀、洛溢，京师兴道坊一夕陷为池，居民五百余家皆没不见。”“元和八年六月，长安大风雨，渭水暴涨，毁三渭桥，南北绝济者一月。”“永淳元年六月，关中大霖雨，麦苗涝损，一束止得一二升，民大饥，……京师人相食。”②可见关中水害之深、之大。

三、周、秦、汉、唐时期关中地区应对灾害、保障粮食供应的措施

正是出于对关中地区粮食重要性的考虑，历代统治者都非常重视关中的农业开发问题。他们通过扩大农业垦殖面积、兴修水利网络和提高农业生产技术等手段，来解决灾害影响下出现的粮食紧张局面，并辅之以漕运，甚至出现天子率百官出外就食的记录。

扩大粮食种植面积、拓荒垦殖，是古代解决粮食问题的最有效方法。西汉时期，随着关中人口的快速增长，统治者便采取了上述措施。《汉书·文帝纪》载“朕亲率天下农，十年于今，而野不加辟”，“岁劝民种树”。《汉书·景帝纪》载“民欲徙宽大地者，听之”。但是，西汉中后期关中地区土地开发弹性越来越小，人口增长却在无限膨胀，因此关中农业发展便从之前以追求扩大耕地面积为主，逐渐转向以提高单位面积产量为主，出现了农业精耕细作的集约经营方式。武帝以赵过为搜粟都尉，在关中推广代田法。代田法具有“用力少而得谷多”的优点。而推广宿麦则完全出于增加粮食亩产的需要。西汉末年，氾胜之“教田三辅”，推广区田法。区田法具有保墒防旱的作用，可“亩收百斛”。东汉后期大豆的种植，则更多是为了抗旱救荒的需要。《氾胜之书》记载“宜古之所以备凶年也”③。西汉时期，关中兴修水利网络，从而为发展农业、解决粮食问题创造了良好的条件④。

漕运是解决京师之地粮食问题的直接手段。汉初每年从关东向关中漕运粮食数十万石，武帝时曾一度达到600万石，西汉后期则基本维持在400万石左右。吴存浩先生认为“自秦至汉，从山东地区漕运粮食入关以解决关中缺粮问题代代不绝”⑤。到了隋唐后，关中更是依赖关东的漕运粮食。《新唐书·食货志》记载“唐都长安，而关中号称沃野，然其土地狭，所出不足以给京师，备水旱，故常转漕东南之粟”。《旧唐书·食货志》记载“关中漕渠，凿广运潭以挽山东之粟，岁四百万石”。

① 据两唐书诸帝纪、五行志及《唐会要》卷43、44统计。

② 据两唐书诸帝纪、五行志及《唐会要》卷43、44统计。

③ 万国鼎：《氾胜之书辑释》，农业出版社，1980年，129页。

④ 张纶、张波：《历代农业科技发展述要》，西北大学出版社，2000年，56页。

⑤ 吴存浩：《中国农业史》，警官教育出版社，1996年，376、377页。

四百万唐石等于一千一百七十六万汉石，可见漕粮数量已经约相当于汉代年漕运最大额的2倍，这对于解决因人口、灾害带来的粮食危机来说，的确是一个有效办法。另外，由于不能及时解决京师粮食紧缺，加之粮食漕运的困难性，一遇灾害，天子便率百官就食东都。陈寅恪先生指出“故自隋唐以后，关中之地若值天灾，农产品不足以供给长安帝王宫卫及百官俸食之需时，则帝王往往移幸洛阳。待关中农产丰收，然后复还长安”①。唐高宗咸亨元年幸东都便是因为关中发生旱灾，禾稼不收。而高宗永淳元年东幸更为窘迫，“上以关中饥馑，米斗三百，将幸东都”②。唐玄宗也先后5次逐粮东都。这些都说明了在灾害发生后，关中严峻的粮食供需状况。

四、结　　语

关中地区号称“衣食京师亿万之口”，但地域之狭窄有限，人口之滋生繁衍，自然灾害之日趋频繁，都造成了关中地区在西汉以后粮食安全状况岌岌可危。尤其是水旱灾害发生频次随着生态环境的变迁和人类垦殖活动的日益加剧而不断增加，更加剧了关中地区的粮食紧张局面。灾害一旦发生，民无可食，或坐以待毙，或转徙他乡，或揭竿而起，引发更大的社会危机。因此，在研究周、秦、汉、唐时期关中地区的粮食问题时，自然灾害因素不容忽视。

总的来看，周、秦、汉、唐时期，关中的粮食供需变化呈波浪式演进，即秦以前基本自给，两汉魏晋以后依赖关东趋于明显，隋唐时期关中粮食所需则自产自给和漕运并重。而这一演变过程，则与关中自然灾害发生的状况有着紧密联系。

（原载《气象与减灾研究》2006年4期，36～39页）

---

① 陈寅恪：《隋唐制度渊源略论稿》，中华书局，1963年，146页。

② 司马光：《资治通鉴》，中华书局，1997年。

汉唐长安粮食供应与关中天地人关系

王培华

秦汉时兴修的郑白渠，是关中泾水流域著名的水利灌溉工程。自战国至明代，关中盆地一直享有“天府”及“天府之国”的美誉[①]。刘敬说关中是“美膏腴之地”。司马迁认为关中财富居天下十之六。《汉书·沟洫志》有郑白渠“衣食京师亿万之口”的歌谣，班固《两都赋》又有“郑白之沃衣食之源”的说法。张衡《西京赋》盛赞关中“地沃野丰，百物殷阜”。郑白渠“衣食京师亿万之口”的说法，在历史上流传了2000多年。多种史书、地理书、农书、类书、诗歌总集、经书，都征引这句话。元明清时五六十位江南籍官员，提出发展华北、西北水利以就近解决京师粮食供应的主张，其历史根据就是汉唐京师长安的粮食供应依赖关中，无须海运漕运东南粮食。古往今来，人们深信“泾水一石其泥数斗”和“衣食京师亿万之口”。郑白渠果真“衣食京师亿万之口”吗？如果不是，汉唐大一统王朝首都长安的粮食来自何方？关中为什么不能提供足够的粮食？这里的天地人关系发生了什么变化？这个问题给我们什么启示？这些都是值得思考的问题。

在中国历史上，汉唐京师长安的粮食供应是一个非常重要的问题，当时君臣曾致力于解决这个问题。在今天，仍然是一个比较重要的学术问题。20世纪以来，学者们从漕运仓储、官禄民食、生计生产、供需商贸等相关角度探讨了这个问题。30年来，更有学者专门研究汉唐长安的粮食供应问题，对于长安粮食的来源，学者们提出了三种意见：一种意见认为，长安粮食依赖东南漕运；另一种意见认为长安粮食依赖关中[②]；再一种意见认为长安粮食供应，因人口、时间等因素而异[③]。粮食问题，不仅是一个经济问题，而且是一个政治问题，还是一个与自然环境变化有关的问题[④]。因此，围绕汉唐京师长安的粮食问题，还要做大量深入细致的研究工作。本文将从关中天地人关系消长角度，来探讨汉唐京师长安的粮食供应问题。

一、汉唐京师长安的粮食供应

汉唐时京师长安的粮食供应，并不完全依赖关中，而是部分地依赖东南漕运。东南指函谷关

① 王双怀：《中国历史上的天府之国》，《陕西师范大学学报（哲学社会科学版）》2008年4期。

② 王永太：《西汉建都关中与粮食供应》，《浙江学刊》1986年6期。

③ 王朝中：《唐朝漕粮定量分析》，《中国史研究》1988年3期。

④ 蓝勇：《从天地人综合角度看中华文明东移南迁的原因》，《学术研究》1995年6期。

以东的山西、河南和江淮地区。汉初，“漕转山东粟，以给中都官，岁不过数十万石”[①]。汉武帝初期，“漕从山东西，岁百余万石”[②]。主要是漕运经砥柱之限，以及渭水水道曲折，加上封冻和水量不足，一年中只可通航6个月。元光六年（前129年）开始修漕直渠，漕运里程减少600里，漕运较为便利[③]。此后，“岁漕关东谷四百万斛以给京师”成为汉家制度。再后来，“山东漕益岁六百万石，一岁之中，太仓、甘泉仓满，边余谷”[④]。山东粟、关东谷，指河南、山西之粮食。漕粮使“京师……太仓之粟陈陈相因，充溢露积于外，至腐败不可食”[⑤]。司马迁关于京师富庶的描述，给人留下了多么美好的印象。但是有谁知道，汉朝京师的富庶，关东做出了巨大的贡献。

唐初，漕运规模不大。贞观、永徽之际，长安主要依赖关中，每年从山东（崤山以东）转运至关中者不过一二十万石。开元初，每年约运100万石。开元二十二年至二十五年，3年才运700万石。天宝中，每年约运250万石[⑥]，京师依赖江淮漕运。只要藩镇隔绝，“南北漕引皆绝，京师大恐”。德宗贞元初（785年）“太仓供天子六宫膳不及十日，禁中不能酿酒”，于是增江淮之运，从浙江东西道、江西、湖广、鄂岳、福建、岭南，共运米300万石，江西节度使韩滉、淮南节度使杜亚，运至东西渭桥仓。岁终宰相计课最[⑦]。贞元二年（786年）四月，关中仓廪皆竭，禁军激愤，险些酿成兵变，当韩滉运米300万石至陕时，德宗得知后“遽至东宫，谓太子曰：‘米已至陕，吾父子得生矣’”[⑧]。漕运粮解决了皇室和禁军卫士的粮食供应，缓解了可能发生的禁军事变。可见东南漕运对汉隋唐京师长安的重要性。

当时许多人都认识到东南漕粮对长安的重要性。萧颖士说：“兵食所资在东南。”[⑨]白居易说，都畿者，利称近蜀之饶，未能足其用；田有上腴之利，不得充其费。“国家岁漕东南之粟以给焉，时发中都之廪以赈焉。所以赡关中之人，均天下之食，而古今不易之制也。”[⑩]德宗时，刘晏说，江淮、潇湘、洞庭、衡阳、桂阳漕船，“西指长安，三秦之人，待此而饱；六军之众，待此而强”。不仅使“天子无侧席之忧，都人见泛舟之役；四方旅拒者可以破胆，三河流离者于兹请命”[⑪]。而且“舟车既通，百货杂集，航海梯山，可追贞观、永徽之盛”[⑫]。宪宗敕书：“军国费用，取资江淮。”[⑬]权德舆

① 司马迁：《史记》卷30《平准书》，中华书局，1973年。
② 司马迁：《史记》卷29《河渠书》，中华书局，1973年。
③ 班固：《汉书》卷24《食货志》，中华书局，1962年。
④ 司马迁：《史记》卷30《平准书》，中华书局，1973年。
⑤ 司马迁：《史记》卷30《平准书》，中华书局，1973年。
⑥ 王朝中：《唐代安史乱后漕粮年运量骤降原因试探》，《中国社会经济史研究》1984年3期。
⑦ 欧阳修、宋祁：《新唐书》卷53《食货志三·漕运》，中华书局，1975年。
⑧ 司马光：《资治通鉴》卷232《贞元二年四月》，中华书局，1956年。
⑨ 欧阳修、宋祁：《新唐书》卷202《萧颖士传》，中华书局，1975年。
⑩ 李昉：《文苑英华》卷501《策问二十五》，中华书局，1966年。
⑪ 刘昫：《旧唐书》卷123《刘晏传》，中华书局，1975年。
⑫ 刘昫：《旧唐书》卷123《刘晏传》，中华书局，1975年。
⑬ 徐松等：《全唐文》卷63上《上尊号敕》，中华书局，1959年。

说："赋取所资，漕挽所出，军国大计，仰于江淮。"[①]宣宗制书："禹贡九州，淮海为大，幅员八郡，井赋甚殷，……通彼漕运，京师赖之。"[②]这说明唐代君臣都认识到，江淮漕运对京师粮价稳定，以及政治经济的重要作用。晚唐皮日休《汴河怀古》云："尽道隋亡为此河，至今千里赖通波。若无水殿龙舟事，共禹论功不较多。""隋之疏淇汴，凿太行，在隋之民不胜其害也，在唐之民不胜其利也。今自九河外，复有淇汴，北通涿鹿之渔商，南运江都之转输，其为利也博哉！……天假暴隋，成我大利，……在隋则害，在唐则利。"[③]隋开运河为隋民之害、唐朝之利，宋张洎、明丘浚的评论，大要不出其范围。

二、长安纯消费型人口的增长

为什么汉唐需要漕运东南粮食接济长安？这完全取决于关中天地人关系的消长。传统观点认为户口多则国家强盛。但是，纯消费性人口的增长，即长安皇室、京官、禁军、士人等多种消费人口的增长，需要消耗大量粮食。他们是东南漕粮的直接受益者和消耗者。京师纯消费性人口的增加，而关中生产投入的不足、国有土地数量减少（水利灌溉面积减少）和劳动力数量不足，是造成汉唐京师长安粮食供应依赖东南漕运的重要因素。古人常说，地小人众、人胜于地、生之者少食之众，并非老生常谈，而是反映了人们对粮食问题的忧患意识。

1. 京师皇室及服务人口众多

汉武帝时，司马迁就感受到了长安人口对土地的压力。《史记》卷129《货殖列传》称长安"四方辐凑，并至而会，地小人众"，是当时三个地小人众的地区之一。《汉书·地理志》记汉平帝元始二年（2年）京兆人口就达到68万多，人口密度为95人/平方千米[④]。长安县的人口已达到8万余户,24万口。西晋时关中人口百余万[⑤]。唐长安人口约70万[⑥]，其中，唐皇室宗室人口至少在3万人，开元、天宝中，宦官5000～10000人，宫女约5万人，官奴婢有3万人，工匠乐户3万～4万人[⑦]。总之，皇室及其服务人口大约15万。

2. 京师官员人数增加

官员中，有京官（内官）和外官之分；胥吏中，有京师胥吏和外地胥吏之别。京官（内官），指京师帝王之官。内职掌，指为帝王及其家属服务的人员。职掌，指胥吏。京官和京吏之俸禄和粮

① 徐松等：《全唐文》卷486《率江淮水灾上疏》，中华书局，1959年。

② 徐松等：《全唐文》卷763《授杜琮淮南节度使制》，中华书局，1959年。

③ 李昉：《文苑英华》卷787《铭三·汴河铭》，中华书局，1966年。

④ 葛剑雄：《西汉人口地理》，人民出版社，1986年，96页。

⑤ 房玄龄等：《晋书》卷56《江统传》，人民出版社，1959年。

⑥ 王社教：《论唐都长安的人口数量》，《中国历史地理论丛》1999年增刊。

⑦ 薛平拴：《陕西历史人口地理》，人民出版社，2001年，102～119页。

料，由太仓支给。西汉哀帝（前6～前2年）全国官吏130285员[①]，唐开元二十五年（737年）全国官吏368668员[②]，700年间，唐比汉增加了近3倍。西汉京师官吏数，史书不载。东汉（25～220年）京官1055员、京吏14225员[③]；唐贞观六年（632年）京官640多员；而在开元二十五年京官有2620员、京吏有35107员[④]。500年间，唐比汉增加了2.46倍。100年间，开元比贞观增加了4倍。官员人数的增加，意味着禄米、职分田等的增加。唐京官有禄米、俸料、职分田、公廨田。京官，禄米自700石至52石不等，外官禄米减京官一等。京官禄米，以太仓之粟充之。京官禄米一年50余万石。京官俸料，包括月俸钱、食料、杂用、课钱四部分，分别指官员购买粮食以外的生活必需品补助、工作餐和个人生活补助、自备工作所需物品补助、护卫和庶仆代役使钱之补助[⑤]。上述四项，后合并为一种俸料供给。京官及外官，都有职分田和公廨田。京官及文武职事各职分田，自12顷至2顷不等，并去京城百里内给。京兆、河南府及京县官人职分田，京城百里外给。京官公廨田，自26顷至2顷不等。"自大历（766年）以来，关中匮竭，时物腾贵，内官不给。乃减外官职田三分之一，以给京官俸。每岁通计，文武正员、员外官及内侍省、闲厩、五坊、南北衙、宿卫并教坊内人家粮等，凡给米七十万石。"[⑥]

汉唐京官禄米取给太仓，是漕粮支出的大宗。汉官品级，以俸禄粮石数为名，如二千石、中二千石等。唐德宗建中年间（780～783年）杜佑上奏："当开元天宝之中，四方无虞，百姓全实。大凡编户九百余万，吏员虽众，经用虽繁，人有力余，帑藏丰溢，纵或枉费，不足为忧。今兵革未宁，黎庶凋瘵。数年前，天下籍帐到省百三十余万户。自圣上御极，分命使臣，按地收敛，土户与客户共计得三百余万，比天宝才三分之一，就中浮寄乃五分有二。出租赋者减耗若此，食租赋者岂非可仍旧如。"[⑦]官员数量的增加，而交纳租赋者减少，是当时主要的政治经济问题，影响到京师长安的粮食供应，引起经国大臣的忧虑。

3. 京师军队人数众多

武德年间，禁军约3万人。开元二十六年（738年）北门禁军约3万人。自开元至天宝，驻守京师的宿卫兵约10万人，其中北门禁军3万，长从宿卫66000人。加上驻守同州、华州、岐州等军队，约12万人[⑧]。唐前期府兵自办衣粮，而募兵则由国家供养。如按《汉书·食货志》"食，人月一石半"计，则12万军士，一年至少需要200万石军粮，而不包括马料在内。天宝中，度支岁计，粟则2500余万石，其中300万折绢布入两京库，300万石回充米斗供尚食及诸司官厨等料并入京

---

① 杜佑：《通典》卷36《职官典十八》，中华书局，1988年。

② 杜佑：《通典》卷40《职官典二十二》，中华书局，1988年。

③ 杜佑：《通典》卷36《职官典十八》，中华书局，1988年。

④ 杜佑：《通典》卷40《职官典二十二》，中华书局，1988年。

⑤ 黄惠贤、陈锋：《中国俸禄制度史》，武汉大学出版社，1996年，181～189页。

⑥ 杜佑：《通典》卷35《职官典十七》，中华书局，1988年。

⑦ 杜佑：《通典》卷40《职官典二十二》，中华书局，1988年。

⑧ 薛平拴：《陕西历史人口地理》，人民出版社，2001年，118、119页。

仓，400万石江淮回造米转入京，充京官禄米及诸司粮料，500万石留当州官禄及递粮，1000万石诸道节度使军粮及贮当州仓[①]。长安的皇宫尚食、京官禄米及折色占1000万石，各地节度使军粮约1000万石。建中二年，沈既济上疏："臣尝计天下财赋，耗斁之大者，惟二事焉，最多者兵资，次多者官俸，其余杂费，十不当二事之一，所以黎人重困，杼轴犹空。"[②]吕祖谦说："大抵这两事，常相为消长，兵与漕运常相关。所谓宗庙、社稷之类，十分不费一分；所费广者，全在用兵。所谓漕运常视兵多少。""唐太宗以前，府兵之制未坏，未尽仰给大农，所以唐高祖、太宗运粟于关中不过十万。后来明皇府兵之法渐坏，（募）兵渐多，所以漕粟自此多。……府兵之法坏，聚兵既多，所以漕运不得不详矣。"[③]汉唐长安漕运的增加，与禄米、军粮有直接关系。

4. 京师士人太多

读书人口增加，是使京师粮食消费增加、物价上涨的重要因素。隋官制，对唐乃至对中国后期王朝影响甚巨。在影响京师长安粮食供应问题上，有两点值得注意：第一，隋废除九品中正制，举行科举考试，读书人要到京师参加科举考试。第二，隋官员任命考核权归吏部，所有官员都要到京师等待铨选。这两种人聚集到京师，影响到京师的粮食供应和物价平稳。当时官员曾论及于此。开元三年（715年）张九龄上疏说："每岁选者动以万计，京师米物为之空虚。"[④]开元十七年（729年）国子祭酒杨悦说："每年应举常有千数，及第两监不过一二十人。臣恐三千学徒，虚费官廪；两监博士，滥糜天禄。"[⑤]玄宗开元后期，洋州刺史赵匡上奏论科举弊端，第九条"官司运江淮之储，计五费其四，乃达京邑，刍薪之贵，又十倍四方。而举选之人，每年攒会，计其人畜，盖将数万，无成而归，徒令关中烦耗，其弊九也"[⑥]。这些人消耗了长安来之不易的江淮漕运米。德宗时，礼部员外郎沈既济上奏论科举弊端，提出"当今天下凋敝之本实为士人太多"的观点，他说："自隋罢外选，招天下之人，聚于京师。春还秋往，乌聚云合，穷关中地力之产，奉四方游食之资，是以筋力尽于漕运，薪粒方于桂玉，由是斯人，索我京邑。""当今天下凋敝之本，实为士人太多。何者？凡士人之家，皆不耕而食，不织而衣，使下奉其上不足故也。大率一家有养百口者，有养十口者，多少通计，一家不减二十人，万家约有二十万口。"他主张，如果10000人在当地参加科举考试，则"我减浮食之口二十万，彼加浮食之人二十万；则我弊益减，而彼人益困"[⑦]。减少浮食人口，可以稳定京师物价。洋州是天宝之乱后江淮漕运自汉水达洋州以输于扶风的必经之地，洋州刺史赵匡亲历督漕艰难；礼部官员职掌贡举之政令，礼部员外郎沈既济亲见京师贡举人数之多，亲历职事之繁。因此他们关于唐德宗时期京师物价昂贵、漕粮运输艰难、粮食消费繁重的认识，反映了实际情况。

① 杜佑：《通典》卷6《食货典六》，中华书局，1988年。
② 刘昫：《旧唐书》卷149《沈传师传附沈既济传》，中华书局，1975年。
③ 马端临：《文献通考》卷25《国用考三》，上海商务印书馆，1936年。
④ 杜佑：《通典》卷17《选举典五》，中华书局，1988年。
⑤ 杜佑：《通典》卷17《选举典五》，中华书局，1988年。
⑥ 杜佑：《通典》卷17《选举典五》，中华书局，1988年。
⑦ 杜佑：《通典》卷18《选举典六》，中华书局，1988年。

杜佑又探究了官制和科举弊端产生的根由，乃是唐代州郡县数量增多，选官途径增多，选官权悉归吏部。秦代列郡 40，两汉郡国百余，唐朝则有 350 郡。郡县增加，必然增加官员数量。“秦法，农与战始得入官。汉有孝悌、力田、贤良、方正之科；岁郡国率二十万口贡止一人，约计当时天下推荐，天下才过百数……开元、天宝之中，一岁贡举，凡有数千。而门资、武功、艺术、胥吏，名目众多……比于汉代，且增数十百倍。安得不重设吏职。”自隋文帝开始，“内外一命，悉归吏部……执政参吏部之职，吏部总州郡之权”，到京师参加铨选官员的数量必然增加。杜佑建议“俾士寡而农工商众，始可以省吏员，始可以安黎庶”[①]。

5. 京师佛道人口增多

唐长安佛寺众多，韦述在开元年间统计，长安有佛寺 64 所，尼寺 27 所，共计 91 所。徐松《唐两京城坊考》记载长安有佛寺 81 所，尼寺 28 所，共计 109 所。长安附近及秦岭山上还有许多佛寺，估计天宝时长安及其附近地区的佛寺至少在 130～150 所。如果按照每寺 200 人计，则长安及其地区的僧尼 26000～30000 人。长安城内共有道观 30 所，如果按照每所道观 50 人计，则有道士女冠 5000 人左右[②]。寺院道观占有大量土地及其地租收入。寺院道观占地，会减少关中纳粮地亩。杜佑指出关中粮食消费增多，是由于“仕宦之途猥多，道释之教渐起，浮华浸盛，末业日滋”等社会因素[③]。

总之，盛唐时，长安人口约 70 万，其中依赖国家供给粮食的人口约 32 万，包括皇室及服务人员 15 万、京官和京吏 37727，禁军和附近驻军 12 万，到京师参加选官和科举者最高 1 万等四种人口。如按每人年需 18 石计[④]，长安依赖国家供给的 30 余万人口，需粮食 580 万石左右[⑤]。

三、关中水利田和劳动人口投入的不足

关中郑白渠两岸农田，一年是否能提供 580 万石左右的粮食？土地，作为自然环境要素，指土壤、水系、动植物和气候等；作为生产要素，指耕地。关中生产投入不足，使其不能生产更多粮食。生产投入不足，指水利田面积的减少和劳动力人口的不足；人口减少，指关中向国家纳粮的农业劳动力（课户课口）的减少。在劳动人口素质、生产工具和技术水平不变时，耕地数量和劳动力数量投入的增加，是生产发展的关键因素。耕地和纳粮户口，才是统一皇朝发展的地理和物质基础。与消费人口的增加相反，关中土地生产能力不足、民田不足、水田减少，农业劳动力分散。

---

① 杜佑：《通典》卷 18《选举典六》，中华书局，1988 年。

② 薛平拴：《陕西历史人口地理》，人民出版社，2001 年，116～119 页。

③ 杜佑：《通典》卷 174《州郡典四》，中华书局，1988 年。

④ 班固：《汉书》卷 24 上《食货志上》，中华书局，1962 年。

⑤ 此处的估算是否保守，《晋书》卷 56《江统传》载其《徙戎论》说：“关中之人百余万口，率其少多，戎狄居半。”如发生水旱，倾关中之谷来救济，亦无济于事。不如徙戎，使其自相赡养，“秦地之人得其半谷”。半谷，指每人每年需 9 石。

（1）耕地总量变动不多，但是关中为国家纳粮的土地面积减少。当秦孝公（前361～前338年）用商鞅变法时，关中地多人少，三晋人多地少，关中是吸引三晋的宽乡。宽乡指土地充足农户受田多，狭乡指土地不足农户受田少。到北朝和隋唐时，1000年间，关中人地关系发生了根本性变化，由地广人稀，变成地少人众；由“宽乡”变成“狭乡”。为什么关中水利田面积会减少？大致有两方面因素：

1）王侯之家（食封之家）数量增加，使水利田面积和农户减少。分封，就是允许王侯之家直接占有大量耕地及其民户，自收租税。这必然减少国家的纳粮户和租税收入。汉初王侯百余人，王侯占地大者或五六郡，连城数十。王侯土地多在东南，朝廷只有三河、东郡、颍川、南阳，自江陵以西至蜀北，自云中至陇西与内史，共15郡，而公主列侯食邑还在其中[①]。因此，汉初每年从关东漕运以供给京师不过数十万石，原因是京师官员数量少、朝廷领有郡县少。汉武帝削弱诸侯王，名山陂海尽归朝廷，汉郡八九十；诸侯国大者不过十余城，小者不过数十里。汉武帝、宣帝时每年漕运东南400万～600万石粮食到京师。“武宣以后，诸侯王削弱，方尽输天下之粟。汉之东南漕运，至此始详。”[②] 唐封爵九等，虽无其土，加实封者受国家租庸。自武德至天宝，实封者百余家[③]。封家食邑，遍据天下膏腴美地。到中宗景龙（707～710年）时，“恩倖食邑者众，封户凡五十四州，皆据天下上腴，一封分食数州，随土所宜，牟取利入。至安乐、太平公主，率取高赀多丁家”[④]。于是韦嗣立上书论封户之费：“食封之家，其数甚众。昨问户部云用六十余万丁，一丁绢两匹，凡百二十余万匹。臣顷在太府，每岁庸绢多不过百万，少则六七十万匹，比之封家，所入殊少。……国初，功臣食封者，不过三二十家。今以恩泽食封者，乃逾百数。国家租赋，大半私门。私门有余，徒益奢侈，公家不足，坐致忧危。”[⑤] 自至德二年（757年）至大历三年（768年），食实封者215家[⑥]，则大历时比唐初150年间增加了七八倍。凡食44860户。自至德元年至大历三年，封异姓为王者，凡112人[⑦]。10来年，封家增加了2倍多。封家增加，向封家交纳租粮的农户增加，而国家的纳粮户减少，赋税收入减少。因此，监察御史宋务光建议，禁止封家自征租税，一切附租庸输送。韦嗣立建议纳粮户交纳租庸后，“封家诣左藏仰给，禁止自征，以息重困”[⑧]。直到开元时才规定：“凡诸王及公主以下所食封邑，皆以课户充，州县与国官、邑官共执文账，准其户数，收其租调，均为三分，其一入官，其二入国。公所食邑，则全给焉。二十年五月勅：诸食邑实封，并以三丁为限，不须一分入官。其物仍令封随庸调送入京。”[⑨] 封邑遍及全国，但关中封邑数量无疑会占很

① 司马迁：《史记》卷17《汉兴以来诸侯年表》，中华书局，1973年。

② 马端临：《文献通考》卷25《国用考三》，上海商务印书馆，1936年。

③ 杜佑：《通典》卷19《职官典一》，中华书局，1988年。

④ 欧阳修、宋祁：《新唐书》卷116《韦嗣立传》，中华书局，1975年。

⑤ 刘昫：《旧唐书》卷88《韦嗣立传》，中华书局，1975年。

⑥ 杜佑：《通典》卷19《职官典一》，中华书局，1988年。

⑦ 杜佑：《通典》卷31《职官典十三》，中华书局，1988年。

⑧ 欧阳修、宋祁：《新唐书》卷116《韦嗣立传》，中华书局，1975年。

⑨ 杜佑：《通典》卷31《职官典十三》，中华书局，1988年。

多，直接占有了国家的租庸调收入。

2）隋唐京官的职分田、公廨田、赐田，多在京城百里内外，减少了关中纳粮土地和农户，从而减少了关中的土地生产能力和国家收入。隋朝开皇初（589年），苏威认为京师“户口滋多，民田不赡。欲减功臣之地，以给民”。但王谊说，“正恐朝臣功德不建，何患人田有不足”[①]。功臣土地多，而民田不赡。关中及三河，民田不足尤甚。开皇十二年“时天下户口岁增，京辅及三河地少而人众，衣食不给。议者咸欲徙就宽乡。其年冬，帝命诸州考使议之，又令尚书以其事策问四方贡士，竟无长算。帝乃发使四出，均天下之田，其狭乡，每丁才至二十亩，老小又少焉”[②]。关中成为著名的狭乡，也是人口密度最高的地区之一[③]。另外，佛道寺院占地甚多。狄仁杰说：“膏腴美业，倍取其多，水碾庄园，数亦非少。”[④]以及长安皇宫、王府、官邸、旅舍、民用和商业建设的增加。以上诸多因素，都使关中耕地减少。

（2）权势之家占有耕地，势必占有水利资源，关中郑白渠灌溉面积减少。唐朝重视水利事业，盛唐时关内道水利工程9项，次于河北道和河南道[⑤]。关中水利工程，大半因汉魏之旧，但是工程数量、新辟水源和营建技术上都超过了前代。同州自龙门引黄河溉田6000余顷，朝邑、河西引洛水和黄河水灌田，水利工程向渭河南岸扩展[⑥]。但是郑白渠的灌溉面积减少了。秦汉时郑白渠灌溉面积达4万余顷。唐朝权势之家多在泾河渠道两岸设置水磨牟利，使水量减少，灌溉面积减少。高宗永徽六年（655年），雍州长史长孙祥奏说：“往日郑白渠溉田四万余顷，今为富僧大贾竞造碾硙，止溉一万许顷。”[⑦]在高宗、玄宗、代宗、宪宗时代，王公权要之家以水碾阻断水流妨碍民田的情况非常严重，京兆府的官员不止一次地依法撤去私碾，但是不久就恢复如旧。“至大历中（766～779年），水田才得六千二百余顷。”[⑧]自大历到宝历（825年）60年间，上游泾阳县权势之家阻断水流，影响了下游高陵县灌溉[⑨]。要之，围绕郑白渠水利所进行的水磨和灌溉之争，实际是豪强争夺国家的利益，郑白渠的灌溉能力大大缩减了。

（3）劳动力投入不足，关中社会总人口中，从事农业劳动的人口减少。唐朝京师各种消费性人口增长，而为国家纳税的农业生产力人口减少了，中唐以后情况尤甚。不少官员都指出，佛道人数增多，减少劳动力人口，从而减少了国家税收。狄仁杰说：“逃丁避罪，并集法门。无名之僧，凡有几万。”[⑩]李峤说：“道人私度者几数十万人，其中高户多丁……且国计军防，并仰丁口，今丁口

① 魏徵等：《隋书》卷40《王谊传》，中华书局，1975年。

② 魏徵等：《隋书》卷24《食货志》，中华书局，1975年。

③ 薛平拴：《陕西历史人口地理》，人民出版社，2001年，233页。

④ 刘昫：《旧唐书》卷89《狄仁杰传》，中华书局，1975年。

⑤ 王双怀：《历史地理论稿》，吉林文史出版社，2008年，109页。

⑥ 侯甬坚：《区域历史地理的空间发展过程》，陕西人民教育出版社，1995年，91～95页。

⑦ 李吉甫：《元和郡县志》卷1，中华书局，1983年。

⑧ 杜佑：《通典》卷2《食货典二》，中华书局，1988年。

⑨ 徐松等：《全唐文》卷609《高陵令刘君遗爱碑》，中华书局，1959年。

⑩ 刘昫：《旧唐书》卷89《狄仁杰传》，中华书局，1975年。

皆出家，兵悉入道，征行租赋，何以补之？”[①]姚崇说：“自神龙以来，公主及外戚皆奏请度人……富户强丁皆经营避役。”杨炎说：“凡富人多丁者，率为官为僧，以色役免，贫人无所入则丁存，故课免于上而赋增于下，是以天下残瘁，荡为浮人，乡居地著者百不四五，如是者殆三十年。”[②]佛道寺院占有土地、荫附避役农民，而为国家纳税的劳动人口大大减少了。德宗时，礼部员外郎沈既济指出，近代以来，入仕之门太多，贵胄之家太优，禄利之资太厚。入仕者多，则农工益少；农工益少，则物不足，物不足则国贫。九品之家，不纳赋税，子弟又得荫补恩奖，坐食百姓。得仕者如升仙，不仕者如沈泉。欢娱忧苦，若天地之相远，禄利之资太厚[③]。尽管缺少数量统计，但为国家纳粮农业劳动力减少，而仰食于太仓者增多，确是唐人比较普遍的看法。汉唐时关中不足以供长安。隋文帝开皇十四年（594年）关中大旱，隋文帝率百官、百姓到洛阳“就食”[④]。唐高宗、武则天和唐玄宗等，时常到东都洛阳“就食”。武则天前后居洛阳30年210天[⑤]。关中粮食不足，洛阳漕运便利，当是原因之一。唐高宗末年（683年）陈子昂上奏：“臣闻秦都咸阳之时，汉都长安之日，山河为固，天下服矣。然犹北取胡宛之利，南资巴蜀之饶，自渭入河，转关东之粟；逾沙绝漠，致山西之储。然后能削平天下，弹压诸侯……今则不然，燕代迫匈奴之侵，巴陇婴吐蕃之患，西蜀疲老，千里赢粮。北国丁男，十五乘塞，岁月奔命，其弊不堪。秦之首尾，今为阙矣！即所余者，独三辅之间尔。顷遭荒馑，人被荐饥。自河已西，莫非赤地；循陇已北，罕逢青草，莫不父兄转徙，妻子流离，委家丧业，膏原润莽，此朝廷之所备知也至于……流人未返，田野尚芜，白骨纵横，阡陌无主，至于蓄积，尤可哀伤……遂欲长驱大驾，按节秦京，千乘万骑，何方取给？”[⑥]他反对从东都运送唐高宗灵柩回长安，其理由是三辅遭遇旱灾，长安无法供应朝廷百官的基本生活需求。开元二十一年裴耀卿上奏：“国家帝业本在京师……但为秦中地狭，收粟不多。倘遇水旱，便即匮乏。”[⑦]关中地狭、粮食不足，成为朝廷最大的忧虑。

德宗贞元十七年（801年），杜佑《通典》指出，秦以关中而灭六国、唐以天下财赋供京师而国势不强的原因，在于关中水田和农业劳动力不足：“秦川是天下之上腴，关中为海内之雄地。”“按周制，步百为亩，亩百给一夫。商鞅佐秦，以一夫力余，地利不尽，于是改制二百四十步为亩，百亩给一夫矣。又以秦地旷而人寡，晋地狭而人稠，诱三晋人发秦地利，优其田宅，复及子孙。而使秦人应敌于外，非农与战，不得入官。大率百人则五十人为农，五十人习战。兵强国富，职此之由。其后仕宦之途猥多，道释之教渐起，浮华浸盛，末业日滋。今大率百人，方十人为农，十人习战，其余皆务他业。以古准今，损益可知。又秦开郑渠，溉田四万顷。汉开白渠，复溉田四千五百余顷。关中沃衍，实在于斯。盛唐永徽中，两渠所溉唯万许顷。自大历初，又减至

① 欧阳修、宋祁：《新唐书》卷123《李峤传》，中华书局，1975年。

② 刘昫：《旧唐书》卷118《杨炎传》，中华书局，1975年。

③ 杜佑：《通典》卷18《选举典六》，中华书局，1988年。

④ 杜佑：《通典》卷5《食货典五》，中华书局，1988。

⑤ 王双怀《历史地理论稿》，吉林文史出版社，2008年，225页。

⑥ 欧阳修、宋祁：《新唐书》卷190中《陈子昂传》，中华书局，1975年。

⑦ 杜佑：《通典》卷10《食货典十》，中华书局，1988年。

六千二百余顷。比于汉代，减三万八九千顷。每亩所减石余，即仅较四五百万石矣。地利损耗既如此，人力分散又如彼，欲求富强，其可得乎！……诚能复两渠之饶，究浮食之弊，恤农夫，诱其归，趣抚战士，励其勋伐，酌晁错之策，择险要之地，缮完城垒，用我所长，渐开屯田，更蓄财力，将冀收复河陇，岂唯自守而已哉！”[①]杜佑从农业劳动人数和水利角度，来评论秦汉关中的富裕和唐中期关中的衰败。秦汉，关中农业劳动力占全部人口的1/2，农田灌面积近5万顷；而唐朝，关中农业人口才1/10，而灌溉面积不足万顷。如能恢复关中农业发展，就仍可建都关中。但杜佑也意识到关中经济地位的下降。稍后，韩愈《原道》说："古之为民者四，今之为民者六。古之教者处其一，今之教者处其三。农之家一，而食粟之家六。工之家一，而用器家六。贾之家一，而资焉之家六：奈之何民不穷且盗也！”古代农、工、贾都是生产者，只有士人才是消费者；唐代从事生产的仍是农、工、贾，消费者则包括士、僧、道，即"农之家一而食粟之家六"。生产者少消耗者众是财富贫乏、人民流离失所的根本原因。韩愈的说法，反映了人们对粮食生产与消费比例失衡问题的普遍忧虑。

开元、天宝之时天下赋税收入尚能满足长安所需的580万石粮食。天宝中，度支岁计粟2500余万石，其中1000万石入两京库、京仓，充尚食、京官粮料，500万石留当为外官禄米，1000万石供诸道节度使军粮及贮当州仓。德宗时"每岁天下共敛……税米麦共千六百余万石，其二百余万石供京师，千四百万石给充外费”[②]。200余万石供京师，比开元天宝时减少1000万石。需求依旧，而赋税收入减少，六宫尚不能及时供应，京官禄米俸料不能全给。自至德后（756年）不给京官禄米。"自大历（766年）以来，关中匮竭，时物腾贵，内官不给。乃减外官职田三分之一，以给京官俸。每岁通计，文武正员、员外官及内侍省、闲厩、五坊、南北衙、宿卫并教坊内人家粮等，凡给米七十万石。”[③]德宗兴元元年（784年）十二月诏："京百官及畿内官料俸，准元数支给。自幸奉天后，运路阻绝，百官俸料，或至阙绝，至是全给。”[④]昭宗乾宁初，有官员建议"取中外九品以上官两月俸，助军兴”[⑤]。遭到朱朴的反对而作罢。

长安太仓所需的580万石粮食中，关中能生产多少粮食？关中能交纳多少粮食？史书中关于郑白渠灌溉效益的记载是有问题的[⑥]。唐大历初，郑白渠灌溉6200余顷，以亩产4石计，则仅收248万余石；旱田3000余顷，以亩产1～2石计，收30～60余万石。水旱田合计收获300余万石。唐前期课户课口交纳租米，建中以后按丁产户等交纳两税。关中农户能交入京仓的税粮，大约最多200万石。开元二十二年后裴耀卿为转运使，三年运700万石。二十五年，年成丰收，朝廷在关中收购数百万石余粮，下诏停止当年关东漕粮运输。天宝中每年漕运250万石，而德宗时"令江淮岁

① 杜佑：《通典》卷174《州郡典四》，中华书局，1988年。
② 杜佑：《通典》卷6《食货典六》，中华书局，1988年。
③ 杜佑：《通典》卷35《职官典十七》，中华书局，1988年。
④ 王溥：《唐会要》卷91《内外官俸料钱上》，中华书局，1955年。
⑤ 欧阳修、宋祁：《新唐书》卷183《朱朴传》，中华书局，1975年。
⑥ 中国水利史稿编写组：《中国水利史稿》，水利水电出版社，1979年，125页。

运米二百万石”[①]。要之，关中每年大约能提供200多万石，需要漕运关东二三百万或四百万石，才能满足汉唐京师长安的粮食需要。而这个数量正是汉武帝以后、唐德宗贞元以后，一般年份的漕运额。因此，从严格意义上说，郑白渠并没有“衣食京师，亿万之口”。

四、自然变化的因素

以上分析了汉唐京师长安粮食供应并不完全依赖关中，而东南漕运亦占半数以上的各种社会因素。这个问题，与自然因素有无关系？朱士光先生根据陕西省气象局与气象台的统计，认为自公元前2世纪至20世纪前半叶，关中水旱有增多趋势，并且与气候变化相关[②]。春秋、战国、秦与西汉前期（前770～前122年），关中气候温暖、湿润，年平均气温高于现代1～2℃，平均降水量多于现在。西汉后期至北朝（前121～581年），关中气候寒冷干旱。隋和唐前中期6～9（581～805年）世纪初，关中气候温暖湿润，年平均温度高于现代1℃左右，年降水量高于现代。唐代后期即德宗贞元年间（785～805年）至北宋（贞元年间之后的9～11世纪），气候凉干[③]。可以看出，长安的粮食供应与关中气候变化方面存在着一定的正相关性，即西汉前期和唐前中期，关中比较温暖湿润。这些时期，长安的粮食供应主要依赖关中。汉武帝以后，以及唐德宗贞元以后，关中气候以冷干为特征。长安的粮食供应，则主要来自东南漕运。这个变化，除了前述的各种社会因素外，温度和降水的变化，是造成关中粮食生产能力不足、依赖东南漕运的自然条件因素。温度的降低，降水的减少，主要通过影响农作物的生长期和土地的生产能力，来影响人类社会。而自然因素和社会因素，各占多少比例，则难以确定。

综上所述，可以得出如下结论：班固引用民歌“衣食京师，亿万之口”作为信而有征的史料，来证明郑白渠是京师衣食之源，并不十分确切。汉唐长安粮食供应，关中只能提供200万石左右，要依赖东南漕运三四百万石。而造成关中生产能力不足的社会因素和自然因素有多种：①长安纯消费人口的增加，皇室及服务人口、京官京吏、京师驻军、参加选官和科举考试人员、商业和佛道等多种人口的增加。②关中农业生产力的不足，如为国家纳粮的耕地减少、关中水利田面积减少（如食封之家的增加、京官职分田公廨田赐田多在京城百里内外、佛道寺院的占有土地，以及建设占地的增加等）、关中为国家纳粮的农户减少等。③自然因素，则是前2～6世纪（汉武帝以后至北周），9～11世纪（唐德宗贞元至北宋前期），关中气候向冷干的转变。所以，民歌所说郑白渠“衣食京师，亿万之口”的说法并不确切。

［原载《陕西师范大学学报（哲学社会科学版）》2009年3期，60～66页］

① 刘昫：《旧唐书》卷13《德宗本纪》，中华书局，1975年。

② 朱士光：《黄土高原地区环境变迁及其治理》，黄河水利出版社，1999年，36页。

③ 朱士光：《黄土高原地区环境变迁及其治理》，黄河水利出版社，1999年，157～168页。

2. 太仓与漕仓

西汉太仓应在长安城内

王社教

《三辅黄图》卷6云："太仓，萧何造，在长安城外东南。"[①] 后世学者对此皆深信不疑，认为西汉太仓在长安城东南，与漕渠邻近，而具体地址不可知。太仓是中央政府的粮仓，主要供应皇宫和长安的国家机关用粮，其地位与武库同等重要，从安全角度考虑，理应置于长安城内，而不应放在城外。从有明确记载的其他王朝太仓的设置情况来看，也都没有放在城外的事例。如东汉洛阳，太仓位于城内东北角；北魏洛阳，太仓亦位于城内东北角[②]；隋唐长安，太仓皆位于掖庭宫北部[③]，等等。

《史记》卷8《高祖本纪》载：高祖八年"萧丞相营作未央宫，立东阙、北阙、前殿、武库、太仓"。《汉书》卷1下《高帝纪下》同，只是将营作未央宫的时间置于七年二月，太仓作大仓。从《史记》和《汉书》的记载看，太仓是作为未央宫的一个组成部分来建筑的，即使不在未央宫内，也应同武库一样，距未央宫不远，绝对不会跑到长安城外。《汉书》卷45《息夫躬传》记载，哀帝时，"天子使躬持节领护三辅都水。躬立表，欲穿长安城，引漕注太仓下，以省转输。议不可成，乃止"。明确显示太仓位于长安城中，与漕渠并不相近。

那么，太仓应在长安城中哪一部分呢？从汉初长安城的建筑和当地的地形来判断，应该位于长安城南部，而不是在北部。长安城南部，东有长乐宫，西有未央宫，北有武库，太仓因而也就只能在这三者之间，最合理的位置是在未央宫东南，武库南，安门内大街以西，即今未央区东张村和西叶寨之间。

（原载《中国历史地理论丛》1998年4期，108页）

---

① 陈直校证：《三辅黄图》，陕西人民出版社，1980年。

② 王仲殊：《中国古代都城概说》，《考古》1982年5期。

③ 张永禄：《唐都长安》，西北大学出版社，1987年，65页。

汉太仓方位考辨

祝昊天

议者有论汉太仓方位，据《史记》卷8《高祖本纪》[①]载："萧丞相营作未央宫，立东阙、北阙，前殿、武库、太仓。"推论于长安城内，《汉书》[②]如是说；然《三辅黄图校释》卷6《仓》[③]载："太仓，萧何造，在汉长安城外东南。"直证于城外，莫衷一是。

按：考古以漕渠绕城东南推论仓设渠侧。但《汉书》卷45《息夫躬传》[④]载："天子使躬持节领护三辅都水。躬立表，欲穿长安城，引漕注太仓下以省转输。议不可成，乃止。"乃知城垣阻渠入城，纳仓必须转输，如杜笃《论都赋》[⑤]"鸿渭之流冲大河，大船万艘，转漕相过"所云，漕运先行渠至城外，再卸船装车入城内，故考为城内。又《史记》卷30《平准书》[⑥]载："孝惠、高后时……漕转山东粟，以给中都官，岁不过数十万石。"索隐注"中都官"语："中都尤都内也，皆天子之仓府，以给中都官者，即今太仓以畜官储是也。"可为直证。查《史记》卷10《孝文本纪》[⑦]载"发仓庾以振贫民"，有集解注"庾"语："应劭曰：'水漕仓曰庾。'胡公曰：'在邑曰仓，在野曰庾。'"故推论以为"在汉长安城外东南"者实转运漕庾（水漕仓），与"渭汭"京师仓并为渠线两端枢纽，属大仓之类；后以古字"太""大"通假，为成书较晚的《三辅黄图》混淆。亦证《史记》卷29《河渠书》[⑧]所载"引渭穿渠起长安"之说。

《水经注校正》卷19《渭水》[⑨]载："（昆明）故渠又东而北屈，径青门外，与沇水枝渠会。"可知渠汇于霸城门东，寻路线交点处即漕庾；而转运循"驰道"之侧至城中（直城门与安门大街交叉），路口通达，于武库附近，所谓太仓"以给中都官"者。

（原载《中国历史地理论丛》2016年1期，31页）

① 《史记》，中华书局，1959年，385页。
② 《汉书》，中华书局，1962年，64页。
③ 《三辅黄图校释》卷6《仓》，中华书局，2005年，347页。
④ 《汉书》卷45《息夫躬传》，中华书局，1962年，2182页。
⑤ 《后汉书》卷80《文苑列传》，中华书局，1965年，2595页。
⑥ 《史记》卷30《平准书》，中华书局，1959年，1418页。
⑦ 《史记》卷10《孝文本纪》，中华书局，1959年，432页。
⑧ 《史记》卷29《河渠书》，中华书局，1959年，1409页。
⑨ 《水经注校正》卷19《渭水》，中华书局，2007年，447页。

唐长安城太仓位置及相关问题

徐龙国

2012年8月，中国社会科学院考古研究所汉长安城工作队在西安市未央区梨园路中段北侧抢救发掘了一处粮仓遗址，该遗址位于唐长安城外西北部，遗址北部紧邻唐代梨园遗址，应在唐代禁苑之内（图一）。已发掘4座粮仓，还在周围探出6座粮仓①。粮仓底部和残存的炭化谷物中出土了手印砖和“开元通宝”钱，谷物和仓底防潮层内出土了布纹瓦。手印砖、布纹瓦与唐代含嘉仓遗址出土的同类器物②相同，粮仓的形状、建筑方法也与已经发掘的洛阳隋代回洛仓③、含嘉仓和浚县隋唐黎阳仓④相近。据此判断，粮仓的时代应为唐代。这是西安地区首次发现唐代粮仓遗址，对研究唐代太仓的位置、粮食储存技术、粮食供应保障、漕渠运输系统、禁苑功能以及都城布局等有重要价值。

一、唐代粮仓的性质

梨园路大白杨唐代粮仓虽然仅发掘4座、钻探发现6座，但根据粮仓的分布规律推算，至少应有3排24座，大部分被现代道路和建筑硬面占压而无法钻探。以往在修建大白杨小学、未央宫街道办事处办公楼及北二环路时都曾发现粮仓遗存，它们距离这次发掘地点不远，可以连成一片，据此推测这里曾有一座规模巨大的仓城。仓城位于当时的皇家禁苑之内，南距唐代太极宫墙直线距离约1460米，东南距玄武门约3000米，其性质应为国家大型粮库，笔者认为正是唐代太仓。

（一）有关太仓位置的主要观点

关于唐代太仓的位置，文献记载不清，后来的考证分歧较大，主要有以下三种观点。

---

① 中国社会科学院考古研究所汉长安城工作队、西安市文物保护考古研究院：《西安市未央区大白杨唐代粮仓的钻探与发掘》，《考古》2016年1期。

② a. 河南省博物馆、洛阳市博物馆：《洛阳隋唐含嘉仓的发掘》，《文物》1972年3期；b. 余扶危、贺官保：《隋唐东都含嘉仓》，文物出版社，1982年。

③ a. 谢虎军、张敏、赵振华：《隋东都洛阳回洛仓的考古勘察》，《中原文物》2005年4期；b. 洛阳市文物工作队：《河南洛阳市东北郊隋代仓窖遗址的发掘》，《考古》2007年12期。

④ 杜洁芳：《黎阳仓：千年粮仓重见天日》，《中国文物报》2013年3月28日3版。

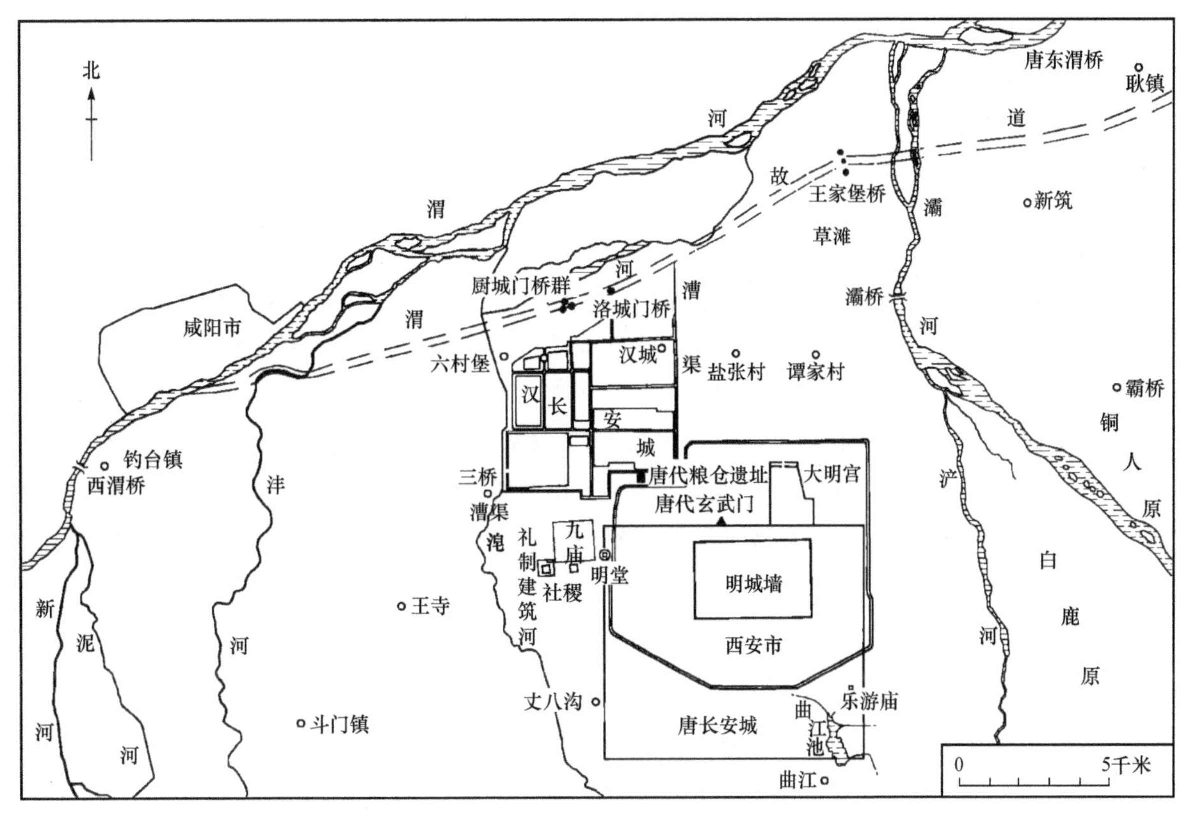

图一 唐代粮仓遗址位置图

一是太仓位于宫城之内。宋代吕大防石刻《长安城图》宫城及皇城的摹本把太仓刻在宫城之内，位于玄武门以西、芳林门以东、掖庭宫以北①。宿白先生也推测太仓在太极宫内西侧、掖庭宫北部，并认为掖庭宫和太仓皆宽702.5米②。张弓认为如果太仓设在宫城外面，则宫内用粮仍需到宫外提运，徒增烦费，应以设在宫城内为便③。

二是太仓位于禁苑西部。宋代宋敏求：《长安志》卷6载："唐禁苑在宫城之北。东西二十七里，南北三十三里。东接灞水，西接长安故城，南连京城，北枕渭水。苑西即太仓，北距中渭桥与长安故城相接。"④宋代程大昌《雍录》提到中渭桥位置时说："约其地望，即唐太极宫之西而太仓之北也。"⑤因中渭桥未定，所以太仓的位置也比较模糊。从所言太极宫与太仓的相对位置推测，亦属禁苑西部说。葛承雍先生对宫城之内的说法进行了批驳，推测太仓应在唐长安城外西北隅、禁苑内西部，并指出传太仓砖铭出土于今西安市北郊盐张村西侧一带⑥。

第三种观点见于清代张穆校《唐两京城坊考》，其把太仓置于皇城内、承天门街之东⑦。

---

① 杨鸿勋：《宫殿考古通论》，紫禁城出版社，2001年，366页。

② 宿白：《隋唐长安城和洛阳城》，《考古》1978年6期。

③ 张弓：《唐朝仓廪制度初探》，中华书局，1986年，58页。

④ （宋）宋敏求：《长安志》，成文出版社有限公司，1932年铅印本，133页。

⑤ （宋）程大昌撰，黄永年点校：《雍录》，中华书局，2002年，125～126页。

⑥ 葛承雍：《唐代太仓试探》，《人文杂志》1985年4期。

⑦ （清）徐松著，张穆校：《唐两京城坊考》，中华书局，1985年，11页。

张穆错将出土太仓砖铭中的“街东”当作承天门街东，这在含嘉仓砖铭中已经十分清楚，不足再论。其他两种观点最大的分歧是太仓在宫城之内还是禁苑之内。

（二）中渭桥的位置

宋敏求说禁苑西即太仓，并指出中渭桥在太仓以北。关于中渭桥的位置，现在还存在很大争议。战国时秦国或秦始皇曾在渭河上修造桥梁[①]。西汉景帝、武帝为修建陵墓也先后在渭水建桥。景帝五年（前152年）“三月，作阳陵、渭桥”[②]，武帝建元三年（前138年）修建便门桥[③]。因此，至迟到汉武帝时，渭河上已有了三座渭桥。《三秦记》记载：“汉之东渭桥，汉高帝造，以通栎阳道。”[④]《史记·张释之冯唐列传》亦载：“顷之，上（汉文帝）行出中渭桥，有一人从桥下走出，乘舆马惊”，集解：“张晏曰：‘在渭桥中路。’瓒曰：‘中渭桥两岸之中’”，索隐：“张晏、臣瓒之说皆非也。案：今渭桥有三所。一所在城西北咸阳路，曰西渭桥；一所在东北高陵路，曰东渭桥；其中渭桥在故城之北也。”[⑤]如果《三秦记》所载无误，汉文帝时已有三座渭桥，亦有中渭桥之称了。

唐代关于中渭桥的记载较多。《旧唐书·职官志》载：“木柱之梁三，皆渭川，便桥、中渭桥、东渭桥也。”《雍录》载：“秦汉唐架渭者凡三桥，在咸阳西十里者名便桥，汉武帝造；在咸阳东南二十二里者为中渭桥，秦始皇造；在万年县东四十里者为东渭桥，东渭桥也者，不知始于何世矣。”[⑥]司马贞认为：“中渭桥在古城（指汉长安城）之北也。”文献中多把横桥称为中渭桥[⑦]。有人认为厨城门桥和洛城门桥均称中渭桥[⑧]，也有人认为厨城门桥为中渭桥[⑨]。古代桥梁多为木构，极易毁坏，重建与再建时有发生，要确定各座渭桥的具体地址，还需要依据考古材料判定。

2012～2013年，汉长安城北渭河上发现三组7座古桥遗址。2012年4月，汉长安城北面厨城门外发现一组5座古桥，洛城门外发现1座。2012年10月，西安未央区草滩镇翠湖王家堡小学附近发现1座古桥遗址[⑩]。此外，1986年，咸阳钓台乡马家寨还发现2座古桥遗址。根据最新的渭桥遗址发掘资料及年代检测结果，厨城门一号桥年代为战国至西汉早期，补建的桥桩年代为东汉到魏晋时期。洛城门桥年代为西汉晚期至东汉早期，可能是汉代的东渭桥。厨城门四号桥年代偏早，可

---

① 《史记·刺客列传》，中华书局，1959年，2535页。

② 《史记·孝景本纪》，中华书局，1959年，443页。

③ 《汉书·武帝纪》，中华书局，1962年，158页。

④ 刘庆柱：《三秦记辑注》，三秦出版社，2006年，92页。

⑤ 《史记》，中华书局，1959年，2755页。

⑥ （宋）程大昌撰，黄永年点校：《雍录》，中华书局，2002年，124页。

⑦ 《元和郡县图志》卷1作“中渭桥……汉末为董卓烧之，魏文帝更造。”参见陈直：《三辅黄图校证》，陕西人民出版社，1980年，139页。

⑧ 梁云、游富祥、郭峰：《汉渭河三桥的新发现》，《中国国家博物馆馆刊》2013年4期。

⑨ 刘瑞、李毓芳、张翔宇、柴怡：《西安发现迄今最早最大木梁柱桥——秦汉“渭桥”》，《中国文物报》2012年5月25日8版。

⑩ 陕西省考古研究院、中国社会科学院考古研究所、西安市文物保护考古研究院渭桥考古队：《西安市汉长安城北渭桥遗址》，《考古》2014年7期。

至战国晚期。因此，厨城门一号桥可能为汉代的中渭桥[①]，而王家堡桥的检测结果尚未公布。1967年，高陵县耿镇白家嘴村挖沙时发现1件唐开元九年（721年）“东渭桥记”残碑，明确记载高陵耿镇白家嘴桥为唐之东渭桥[②]。厨城门三号桥年代大体相当于唐代，当为唐代的中渭桥。大白杨唐代粮仓遗址位于太极宫以西、中渭桥以南、唐代禁苑之内，与“（禁）苑西即太仓，北距中渭桥与长安故城相接”的记载亦相符。

（三）出土遗物的佐证

1978年，西安第二机床厂基建工地发现一通“唐重修内侍省碑”，碑文云：“内则内园、客省、尚食、飞龙、弓箭、染房、武德留后、大盈琼林、如京营幕等司，并命妇院，高品、内养两院；外则太仓、庄宅、左右三军、威远教坊、鸿胪、牛羊等司，并国计库、司天台。”该碑刻于唐昭宗光化二年（899年），是关于唐代太仓位置的最早记录[③]。碑文中所谓内、外，即指宫城（太极宫）内外，明确说明太仓在宫城外。碑文还提到“昔乾元元年，移永宁坊司天台于秘省南置，甚谐法度。应彼太微，今之再修，兼归旧地”。秘书省在皇城内，乾元元年把司天台迁回秘书省南，位在太极宫西南，同太仓一样在太极宫之外，所以碑文曰“外则太仓……司天台”。徐成还考证，碑文中所提到的教坊、鸿胪、牛羊司、庄宅、威远军监军使等机构行使职能的地点当均在宫禁之外[④]。宦官李升荣在会昌三年（843年）“又除总监使，署连禁苑”[⑤]。说明总监使（兼知太仓）之署在禁苑之内。大白杨遗址发掘区附近即为唐代梨园遗址[⑥]，该遗址因唐玄宗教乐工子弟而得名[⑦]。梨园在唐代禁苑之内[⑧]，现在的梨园路也得名于此。

葛承雍先生认为太仓不在宫城之内，而在禁苑之内，且在唐长安城外西北隅，这种判断非常正确，但他推测太仓在今盐张村西部则略有偏差。盐张村在凤城七路与文景路交会处附近，位于唐代粮仓发掘区东北，二者直线距离5440米，南北距离4760米，当时的粮仓规模恐怕不会如此之大，况且，盐张村已在龙首原之下，不符合粮仓选择高爽之地的一般要求。

清嘉庆二十二年（1817年），汤景于西安市内购得贞观十四年（640年）和贞观二十二年（648年）“和籴粟窖砖”各1块。两年后，又购得大中十年（856年）、大中十一年（857年）“和籴粟窖

① 陕西省考古研究院、中国社会科学院考古研究所、西安市文物保护考古研究院渭桥考古队：《西安市汉长安城北渭桥遗址》，《考古》2014年7期。

② 孙德润、李绥成、马建熙：《渭河三桥初探》，《陕西省考古学会第一届年会论文集》，《考古与文物》编辑部，1983年。

③ 保全：《唐重修内侍省碑出土记》，《考古与文物》1983年4期。

④ 徐成：《〈唐重修内侍省碑〉所见唐代宦官高品、内养制度考索》，《中华文史论丛》2014年4期。

⑤ 《李公（升荣）墓志铭》，见《全唐文补编》卷73，中华书局，2005年，907页。

⑥ 李尤白：《梨园考论》，《人文杂志》1988年5期。

⑦ 《旧唐书·音乐志》：“玄宗又于听政之暇，教太常乐工子弟三百人为丝竹之戏，音响齐发，有一声误，玄宗必觉而正之，号为皇帝弟子，又云梨园弟子，以置院近于禁苑之梨园。”中华书局，1975年，1051页。

⑧ （宋）程大昌撰，黄永年点校：《雍录》：“梨园在光化门北……则梨园在太极宫西禁苑之内矣。”中华书局，2002年，197页。

砖”和贞观八年（634 年）“敖仓粟砖”各 1 块。相传这些遗物均出于西安城西北隅[①]。结合梨园路大白杨唐代粮仓遗址的材料，推测它们应出土于遗址发掘区及其附近。《通典》载：“凡天下仓廪，和籴者为常平仓，正租为正仓，地子为义仓。”发掘区各粮仓出土的炭化谷物，经中国社会科学院考古研究所考古科技实验研究中心鉴定均为粟，不仅可与以往发现的砖铭印证，也说明官仓收纳的粮食，除政府的正租，还兼纳和籴粟米及义仓地税[②]。上述证据表明，梨园路大白杨唐代粮仓遗址应是唐代的太仓。

（四）关于北太仓与西渭桥仓

《旧唐书·职官志》载，唐代设三个太仓令，比隋代多出一个[③]。但另有文献记载唐长安城内只有两个太仓，即太仓和东渭桥仓[④]。东渭桥仓建于唐咸亨三年（672 年），根据监察御史王师顺的奏请而置，当时该仓长官为东渭桥给纳使，仓址在长安城东九里长乐坡下，主要吸纳广运渠运来的粮食、布匹等[⑤]。东渭桥仓有时也称“东渭桥太仓”[⑥]。

有学者认为，唐《水部式》残卷载禁苑内有“北太仓”，说明太仓有南、北两处。掖庭宫北侧的应是“南太仓”，规模较小，禁苑西北角的则是“北太仓”，规模较大。为了与宫城中的太仓相区别，禁苑内的太仓被称作“北太仓”，也就是中渭桥仓，其渭河运输的码头在中渭桥边。《新唐书·食货志》记载，贞元初，韩滉、杜亚运送江南粮米至“东、西渭桥仓”。西渭桥仓未见其他文献记载，所以这里的“西渭桥仓”很有可能就是“中渭桥仓”的错讹，指的就是北太仓。北太仓的地位和作用似乎远远不能与东渭桥仓相比，大多数漕船还是停泊在东渭桥仓下[⑦]。

《括地志》载：“（龙首山）山首在长安故城中，自汉筑长安城及营宫殿，咸以堙平，其余即今宫城之太仓以东是也。”[⑧]《雍录》云：“按《括地志》者，太宗子魏王泰所为也，作记之时，唐止有西内，未有东内，其谓余山之在太仓以东者，其后大明宫据以为基者也，说皆相应也。若太极宫在未央之东南，大明宫之东北，而遂卑湿不爽者，盖其基在南，舍山而就平地也。以方求之，太极宫进前而在大明西北角，则其低可想矣。”[⑨]这说明太仓在龙首原上，也说明宫城内确有一太仓。但这个太仓可能指太仓署，而非粮仓。真正的太仓位于禁苑西部，即梨园路大白杨唐代粮仓。东渭桥位

① 宿白：《隋唐长安城和洛阳城》，《考古》1978 年 6 期。

② 沧清：《略谈隋唐时期的官仓制度》，《考古》1984 年 4 期。

③ 《旧唐书》：“太仓署：令三人，从七品下。”中华书局，1975 年，1886 页。

④ 《旧唐书·顺宗本纪》：贞元二十一年“甲午，度支使杜佑奏：太仓见米八十万石，贮来十五年，东渭桥米四十五万石，支诸军皆不悦。”中华书局，1975 年，408 页。

⑤ 《旧唐书·韦坚传》：“于长安城东九里长乐坡下、浐水之上架苑墙，东面有望春楼，楼下穿广运潭以通舟楫，二年而成。”中华书局，1975 年，3222 页。

⑥ 《新唐书·食货志》：“输东渭桥太仓米至凡百三十万石，遂罢南路陆运。”中华书局，1975 年，1370 页。

⑦ 辛德勇：《隋唐时期陕西航运之地理研究》，见《历史地理（第 21 辑）》，上海人民出版社，2006 年。

⑧ （唐）李泰等著，贺次君辑校：《括地志辑校》，中华书局，1980 年，11 页。

⑨ （宋）程大昌撰，黄永年点校：《雍录》卷 3，中华书局，2002 年，57 页。

于今高陵县耿镇白家嘴村西南，距今渭河河床约2.5千米。太仓位于西南，东渭桥仓位于东北，因而东渭桥仓有时被称为北太仓[①]。张弓也持此观点，不过他认为东渭桥仓由输场和仓室两部分组成，输场受纳，仓室收贮，北仓专指东渭桥仓的仓室部分。太仓仅供给天子六宫之膳及充做百官俸禄等，北仓所贮供给百司诸卫、转输诸军以及备荒[②]。

唐玄宗天宝八年（749年），全国主要大型粮仓的储粮12656620石，含嘉仓就有5833400石，占了将近二分之一，在天下粮仓中规模最大[③]。它还是关东和关中之间的漕米转运站。隋时东南漕米都先集中在洛口仓，唐前期洛阳以东的租米先集中在含嘉仓，再由此陆运至陕州，循河、渭入长安。随着官僚机构扩大，长安“府库及仓，庶事实缺，皆籍洛京转输”，运输量增大，运输也因河渠淤塞及三门之险愈加困难，所以高宗及武则天时多数时间不得不就食洛阳[④]。因此，含嘉仓亦应属唐代太仓之一。根据上述记载，唐代三个太仓令可能分别为北仓令、太仓令及含嘉仓令[⑤]。

二、太仓的位置优势

唐代太仓遗址所处的龙首原横亘于今西安市北郊，龙首起光大门，尾抵三桥镇以南，其西北地势较低平，越向东南地势越高。根据1977年出版的地形图[⑥]，从西向东海拔高度依次为：正对汉长安城覆盎门遗址的大白杨村399～401米、马乎沱村398～406米、枣园南岭404～405米、龙首村404～411米，由此向东海拔高度又依次递减。龙首原东部南坡是隋唐长安城遗址，明西安城基本叠压在隋唐长安城皇城和宫城遗址上。龙首原西部北坡则是汉长安城遗址。龙首原地势高爽，能够及时排走雨水，保持周围干燥，十分利于粮食储存。地势与粮食储存时间密切相关，高爽之地“粟藏九年，米藏五年；下湿之地，粟藏五年，米藏三年”[⑦]。

隋唐时期龙首原大部分位于都城禁苑之内。《雍录》载：“（太极）宫之北有内苑，有禁苑，而宫居都城之北，内苑又居宫北，禁苑又居内苑之北也。禁苑广矣，西面全包汉之都城，东抵霸水，其西南两面揜出太极宫前，与承天门相齐。承天门之西排立三门，皆禁苑之门，曰光化，曰芳林，曰景耀，皆南向。此西内太极宫及宫北内苑、禁苑地望之详也。”[⑧]《读史方舆纪要》载：“又有苑城，本隋大兴苑也，唐曰禁苑，亦曰三苑，苑城东西二十七里，南北三十二里，周回一百二十里。东接霸水，西接长安故城，南连京城，北枕渭水。”[⑨]粮仓设在禁苑内，对保证粮仓安全具有重要作用。

① 葛承雍：《唐代太仓试探》，《人文杂志》1985年4期。

② 张弓：《唐朝仓廪制度初探》，中华书局，1986年，58页。

③ （元）马端临：《文献通考·市籴考二》，中华书局，1986年，205页。

④ 邹逸麟：《从含嘉仓的发掘谈隋唐时期的漕运和粮仓》，《文物》1974年2期。

⑤ （唐）李隆基撰，李林甫注，〔日〕广池千九郎校注，内田智雄补订：《大唐六典》卷19注：“皇朝署太仓令三人，东都则曰含嘉仓。”三秦出版社，1991年，374、375页。

⑥ 陕西省革命委员会测绘局，1974年，1976年6月校绘。

⑦ 《新唐书·食货志》，中华书局，1975年，1344页。

⑧ （宋）程大昌撰，黄永年点校：《雍录》，中华书局，2002年，49页。

⑨ （清）顾祖禹：《读史方舆纪要》卷53，中华书局，1955年，2307页。

太仓靠近漕渠，运输便利。唐朝汉长安城西有名为“漕河”或“漕水”的水道，在城西南从现在的洈河上分出，沿汉长安城南城墙和东城墙北流入渭河[①]。辛德勇认为，该渠主要通过堰流渭河水通漕。“唐韩辽复开漕渠时称‘旧漕在咸阳县西十八里……自秦汉以来疏凿，其后堙废’。可知汉、隋、唐漕渠渠首段基本一致，具体引水地点在咸阳西十八里，唐名兴城堰，当今咸阳钓鱼台附近。其地河道狭束，便于筑堰引水。漕渠东行经滈池北、磁石门南，又在汉长安城西南角外由三桥下穿过唐开远门至咸阳间大道（汉时则当通过揭水陂），沿汉长安城南城墙东行。”[②] 据今汉城南护城壕的考古钻探材料，汉代护城壕南确有一条唐代漕渠，由西南三桥方向而来，在城墙西南角与汉代护城壕并行向东，局部稍偏南改道，该漕渠疏浚汉代护城壕而成。今发掘的唐代太仓位于该漕渠南部，二者相距不足 600 米。如果今西安市北二环也存在粮仓的话，粮仓与漕渠几乎比邻。《类编长安志》记载：“永安渠，隋开皇三年（583 年）引交水西北流入城，经大通、信义、永安、延福、崇贤、延康六坊之西，又经西市之东，又北流经布政、颁政、辅兴、崇德四坊及兴福寺之西，又北入芳林园，又北入苑，注之于渭。”[③] 禁苑及西市附近漕渠相通，交通十分方便，西市内的深潭还曾经储存过木材。

太仓距太极宫、皇城、西市较近，方便宫城、皇城及其他政府人员的粮食供应。长安百司京官的俸禄都由太仓每月按班分批发给。三省六部、九寺五监、御史台、京兆府等上旬供给，王府、禁军、京都总监、内坊等中旬供给，公主府邑、太子东宫、京畿府官与无额准的余司皆下旬供给。凡给领公粮者，皆凭尚书省符为发证。从正一品到九品，领取粮食的数量都有严格界定。食太仓者到太仓领粮要查契符，凡置木契二十只，十只与太仓署合，十只与导官署合。司农寺置九雄一雌，司农主簿掌雄，太仓署管雌，勘验相合，允许出给[④]。

三、粮仓的建筑技术

关于隋唐时期全国的粮食运输，有学者曾做过详细研究[⑤]，兹不赘述。现结合发掘情况，就粮仓的建筑技术进行简单论述。我国古代的仓储建筑有仓、廪、囷、京及窖、窦等，仓、廪、囷、京为地上建筑，窖、窦为地下建筑[⑥]。《农书》记载，地下粮仓“既无风雨雀鼠之耗，又无水火盗贼之虑，虽箧笥之珍，府藏之富，未可埒也”，因此成为古代储存粮食的主要形式。“夫穴地为窖，小可数斛，大致数百斛，先投柴棘，烧令其土焦燥，然后周以糠，稳贮粟于内。五谷之中，唯粟耐陈，可

① （宋）宋敏求：《长安志》，1936 年，265 页。

② 辛德勇：《古代交通地理文献研究》，中华书局，1996 年，168 页。

③ （元）骆天骧纂，黄永年点校：《类编长安志》卷 6，三秦出版社，2006 年，181、182 页。

④ （唐）李隆基撰，〔日〕广池千九郎校注，内田智雄补订：《大唐六典 · 寺农司》卷 19，三秦出版社，1991 年，375 页。

⑤ 邹逸麟：《从含嘉仓的发掘谈隋唐时期的漕运和粮仓》，《文物》1974 年 2 期。

⑥ 沧清：《略谈隋唐时期的官仓制度》，《考古》1984 年 4 期。

历远年。”①

大白杨唐代粮仓即为地下窖藏建筑。解剖发掘发现此处唐代粮仓的建造过程与《农书》所记十分相似。虽然各仓稍有不同，但大体上都经过以下几道工序。首先挖坑造穴，夯打坑底，然后烘烤窖壁和窖底。在底部的烘烤面上铺垫草木灰、白灰、红烧土块等，在周壁铺设木板及席子，最后存放粮食。窖底的处理非常认真，至少经过三次防潮处理，每次处理都包含垫土夯打、抹泥烘烤、铺设木板等工序，有的还垫一层木炭灰或红烧土块，有的铺席或秸秆②。底部木板紧贴在粮仓周壁上，粮仓底部很可能还有“十”字形木架结构，以通风、散热、散潮。从粮仓周壁残留的木板灰及白色痕迹推测周壁曾铺设木板、席子及植物秸秆等物以隔绝粮食接触窖壁。这也见于洛阳地区的隋唐粮仓。

四、结　论

根据目前的考古材料推知，梨园路大白杨唐代粮仓分布集中，面积较大，仓窖周围应存在仓城围墙。我们曾在遗址东南部钻探到两块南北向的夯土，南北长约19、东西宽约5米，尚不能判明是否为仓城城墙。因现代建筑占压，无法探得仓城四至、粮仓数量和布局。但根据考古发现和文献及前人研究成果，可确认大白杨粮仓遗址即是唐代太仓所在地。唐代太仓占据了龙首原高地，处在唐代禁苑内，又靠近漕渠，不但有利于粮食储存，交通便利，也有安全保障。唐长安城内及其附近共有两座太仓，另一座位于东渭桥的太仓，有时也称北太仓，而太极宫内的所谓太仓应为太仓官署。

附记：感谢葛承雍先生对本文的指导。本文为2016年中国社会科学院考古研究所汉长安城工作队成立60周年纪念文章之二。

（原载《考古》2016年6期，111～117页）

①（元）王祯：《农书》卷16，中华书局，1956年，311页。

② 含嘉仓报告认为，多次防潮处理是多次使用的结果，即上层窖底是在下层窖底废弃后填土筑成的。见河南省博物馆、洛阳市博物馆：《洛阳隋唐含嘉仓的发掘》，《文物》1972年3期。

秦汉漕运的军事功能研究

——以秦汉时期的漕仓为中心

张晓东

中国古代漕运的发展和大一统国家体制的形成和发展是紧密联系的，漕运的历史价值是不容低估的。以往对作为制度开创阶段的秦汉漕运的研究相对薄弱，而对漕运军事功能的认识也远远不及对其经济功能认识的深刻。多年的秦汉漕运研究中，最受重视的是从经济史角度进行的研究，近年从荒政角度的研究有所推动，但从军事史角度对秦汉漕仓的研究仍主要限于对敖仓的研究，有一些优秀论文，总体仍比较薄弱。如马彪认为项羽在楚汉战争中不能夺取和坚守敖仓，依赖漫长的补给线，是他在军事上失败的重要原因[①]。宋杰则讨论了敖仓在整个秦汉时期战略地位的变化，认为在秦代和西汉敖仓都具有重大的战略意义，在从秦末农民战争到七国之乱等战争中发挥了巨大战略作用，东汉政治中心东迁，敖仓因此逐渐衰落[②]。王子今把敖仓看成秦汉国家仓储系统最高典范，论述了它在楚汉战争、黥布叛乱、七国之乱等战争中的战略作用，并对京师诸仓的建造、储存、作用做了考证，认为积谷多来自关东漕运，基本用于支应京师消费和西北军备，极少可能向东回流[③]。郭秀琦、宋建华认为彭越在楚汉战争中以昌邑为依托，干扰楚军后方，打击楚军粮草运输线，有效地牵制了项羽，对汉军重夺荥阳等军事重镇和敖仓起到了关键作用[④]。现有的几种漕运史专著对秦汉漕仓的研究也有所不足。具体来讲，漕仓是漕运活动开展的重要依托，漕仓的设计规划和制度运作体现着古代国家结合漕运进行的战略规划，非常值得研究。但对秦汉漕仓军事作用的研究仅仅局限于敖仓一个仓储是不够的，故撰文予以系统考察。

一、漕仓的起源及其在漕运系统结构中的地位

漕仓，顾名思义，是主要依托漕运的方式建立的仓储。漕运系统由仓储、运河等组成，是一个运输和储备系统。如果把一个相对完整的漕运系统看成一个联结区域间的网络，则一条条漕运线则是构成网络的线条，而漕仓则正好处在各线联结的点上，从点到线，由线成网。因此，漕仓是漕运

---

① 马彪：《敖仓与楚汉战争》，《北京师范学院学报》1987 年 1 期。

② 宋杰：《敖仓在秦汉时代的兴衰》，《北京师范学院学报》1989 年 3 期。

③ 王子今：《秦汉交通史稿》10 章《秦汉仓制与主要粮路》，中共中央党校出版社，1994 年。

④ 郭秀琦、宋建华：《论彭越在楚汉战争中的作用》，《阴山学刊》1999 年 1 期。

系统中非常重要的组成元素。漕仓不仅有经济功能，也可以为军事活动服务。有学者认为在唐朝以前没有出现专门的“军仓”名称，直至隋朝不过出现了“屯仓”称呼[①]。可是古代国家管理者发展漕运是为了满足“军需”和“国用”，即军事经济需要和国家的财政需要，其内涵和区别有些类似于今天的“军用”和“社会需要”，当然两者不能等同。但在建构漕运系统的时候，统治者并没有也没必要把两个服务目的不同的部分区分开，漕仓少有专门明确只为军事服务的，大部分漕仓都是被综合利用，这样对古代国家更有利。

漕仓在先秦已经出现，起源可以追溯到殷商。《史记》记载商纣王在巨桥仓积粟，周武王伐纣，“发巨桥之粟”，“而盈巨桥之粟”条下注文认为是仓储漕粟，“《集解》服虔曰：‘巨桥，仓名。’许慎曰：‘巨鹿水之大桥也，有漕粟也。’《索隐》邹诞生云：‘巨，大；桥，器名也。纣厚赋税，故因器而大其名’”[②]。史念海在《春秋以前的交通道路》一文中根据这一说法，做出该仓“漕粟”可能是由黄河漕运所得的推测[③]。则漕运活动或漕运系统、漕仓可能于商末已经开始出现。到春秋战国时期很多诸侯国都注重仓储的建设。春秋时期，吴国开凿邗沟运兵运粮，在邗沟边修筑邗城，为古扬州城的开始，当时即已可能借助水运建立军粮储备基地以助北上。在战国时期借助水运，建立仓储，积累粮食以备军国之用的行为已经比较普遍。魏惠王凿通鸿沟，组建本国的运河网，规划霸业，《战国策》记载魏国有“粟粮漕庾，不下十万”。鲍彪注文解释说：“漕，水运。庾，水漕仓。”[④]我认为至迟在战国时期已经出现依靠水运建立仓储系统的表现，因此漕运活动、漕运系统、漕仓在先秦都已经出现。

秦汉时期的仓储大部分和漕运有联系，吕思勉就认为秦汉仓储兼有转漕和粜粜的功能[⑤]。根据我个人的研究，秦汉时期江汉流域内漕仓和漕运线就具有极其密切的关系[⑥]。从交通网建构的角度看，漕运系统中漕仓属于交通站点和储备点的设置，而漕运线则被作为交通线的设置，共同构成漕运网的骨架结构。从资源储备和物流的角度看，漕运系统中漕仓是物资储备中心，而漕运线是连接粮食资源产地和漕仓以及漕粮调配目的地的运输线和供应线。秦汉利用漕仓进行战略储备，既为调拨漕粮做出了准备，也为稳定地方统治预作了伏笔。秦汉时四川盆地里的漕仓和北方漕运线上的京师仓、敖仓一样是军事化的仓城，可以为区域军事活动服务，也可在彼此之间由漕运线联结成网络。仅仅单独观察秦汉江汉漕运，就可发现它承担着为财政经济活动、军事政治活动、社会救济活动提供多种支持的作用。

经过检索与考证，已知秦汉漕仓包括咸阳仓、栎阳仓、（长安）太仓、甘泉仓、敖仓、北河仓、京师仓、灞上仓、细柳仓、成都仓、琅邪仓、黄仓、腄仓、羊肠仓、海陵仓、广陵仓、五仓、郫仓、临邛仓、江州仓、平曲仓、牛渚仓，共22仓。判定这些仓储是漕仓的标准是这些仓储和漕运

① 张弓：《唐朝仓廪制度初探》，中华书局，1985年，80页。

② 《史记》卷4，中华书局，1959年，126页。

③ 史念海：《河山集（三集）》，人民出版社，1988年。

④ （西汉）刘向：《战国策》卷22，上海古籍出版社，1985年，792页。

⑤ 吕思勉：《秦汉史》，上海古籍出版社，2005年，517～519页。

⑥ 参见拙作《秦汉江汉漕运的演进及其历史价值》，《重庆社会科学》2008年1期。

的密切关系，也参考了马非百对秦代仓储的统计[①]，如果按照其在仓廪制度中的地位分类来看，可以分成太仓、军仓、转运仓和郡国仓（郡县仓和诸侯王国仓）等地位不同的四组，但其具有主要依靠漕运建立积储，是全国和地方漕运系统的组成部分，并为漕运活动服务的共性。此外，秦汉时期郡县普遍设有仓储，很多与漕运或军事密切相关，但大多没有在文献中出现，或者难以找到史料证明其和漕运的直接联系，故对这类仓储不予讨论。

本文将秦汉漕仓的军事功能按照以下两个方面进行讨论。

二、秦汉漕仓设施与储备的军事作用

秦汉国家在建设漕运系统的时候对全国战略格局做过通盘的考虑，在局部的建设上，主要漕仓的建设也都可以体现这种规划。秦汉漕仓多为仓城，都有高大坚固的城墙卫护，选点在水路要冲，如敖仓、京师仓、甘泉仓都设在山上或高地上，易守难攻。在重要的仓储筑城守卫的传统从文献来看可以上溯到先秦，甚至春秋战国和秦汉某些城市的兴起，最初也仅仅是在扩展疆土或是在加强地方控制的需要的基础上建立的仓城，这种仓城以城墙围护的仓储为主要建筑，来辅助和容纳新的郡县军政设置，既是政治设施又是军事设施。秦汉时期已知的这种仓城都是大一统国家在其广大疆土内的军政据点，且都是依赖漕运建立和维持的。秦汉重要的漕仓都储备了大量粮食，可备军事用途，这具备了在战时做军事要塞使用的另一个基本条件。

从现有文献来看，秦人高度重视战略粮食储备，睡虎地秦简《仓律》有26条律文对粮食的收藏、管理、发放、口粮标准等做了明确严格的规定。从秦简可知，到了战国时期，秦人在都城和国内各县普遍设有粮仓。秦朝在都城咸阳三百里内主要有三个大漕仓，即咸阳仓、栎阳仓、霸上仓。三仓都在渭河流域，内史郡境内。在都城设置的粮仓，《仓律》称为“大（太）仓”，“栎阳二万石一积，咸阳十万石一积”[②]，即二万石一积的栎阳仓和十万石一积的咸阳仓，都是太仓。

咸阳仓是秦国和秦朝的太仓，功能综合性强，其储粮应是天下最多的，可供应各种军国之需。秦二世胡亥继位之初即曾在京师组建了一支五万人的精锐机动部队，“尽征其材士五万人为屯軉咸阳，令教射狗马禽兽。当食者多，度不足，下调郡县转输菽粟刍稿，皆令自赍粮食，咸阳三百里内不得食其谷”[③]。不仅河套地区和长城沿线的边防军，保卫统治核心区关中的军队也要依靠外来漕粮的供应，所以要在关中建立大型粮仓，作为国家一级战略储备，并预防战乱，为沿渭河东运平叛做准备。项羽入关中后为了发泄对秦的仇恨，对咸阳城的宫室、陵寝、衙门等国家建筑物进行了大肆破坏，咸阳仓应该也损失巨大，从此在记载中消失。

栎阳是秦国旧都，栎阳仓就是过去的秦国太仓，秦朝建立后继续用来储粮，供应都畿，或为转运河套服务。项羽分封诸侯，把司马欣封为塞王，都于栎阳。刘邦夺取关中之后，也把栎阳作为后方的汉国都城，这可能就是因为咸阳遭到项羽的破坏，而栎阳由于接近秦的都城和边塞而储备了大

① 马非百：《秦集史（下册）》，中华书局，1982年，94页。

② 《睡虎地秦墓竹简》，文物出版社，1990年，38页。

③ 《史记》卷6，中华书局，1959年，269页。

量的粮食，又邻近渭河便于漕运，可以利用。

秦朝霸上仓在霸水与渭河汇合处，可以依傍渭河漕运，其中的粮储也很多："汉元年十月，沛公兵遂先诸侯至霸上。……乃封秦重宝财物府库，还军霸上。……秦人大喜，争持牛羊酒食献飨军士。沛公又让不受，曰：'仓粟多，非乏，不欲费人。'"①

刘邦封藏了咸阳仓库，回军霸上，所用军粮只能来自霸上仓。霸上仓是仓城，很有可能秦朝时已经可以驻军，此地粮储除转运咸阳外，本身就具有军事预置性。

秦在统一六国过程中还建立了秦汉第一名仓——敖仓，成为全国性的漕运枢纽，设在黄河与鸿沟汇合处，特意建在山上，修筑城池，易守难攻。"敖山本在荥阳县西北，山上有城，秦置仓其中，曰敖仓城。此城本在荥阳县西北十五里，今县治移。"②

平时敖仓负责把山东的漕粮转运关中，充实咸阳仓和边境地区的北河仓。由于战略需要，敖仓是常满仓，《淮南子·说林》载，"近敖仓者不为之多饭"，高诱注曰："敖仓，古常满仓，在荥阳北。"③敖仓常年保证丰富的粮储以备战事与灾荒，其储粮可能比京师咸阳还要丰富。西汉建立之初即大修敖仓，汉初分封制与郡县制并行，山东广大地区为诸侯王国领地，向中央缴纳的财赋有限，汉初"岁漕不过数十万石"，然而军事形势一旦紧张，西汉朝廷就要派遣大军进驻敖仓、荥阳、洛阳，不在敖仓事先囤积大量漕粮是不可能的。

秦汉时期江汉流域的漕仓的选址也具有战略和交通的全盘考虑。成都仓开创于秦国平定巴蜀地区后不久，是秦的区域性大仓储。这种漕仓是依靠集中区域内漕粮建立起来的，既代表了地区性的粮食储备，又可以为国家调拨地方资源服务。张仪、张若在成都、郫、临邛三地"造作下仓，上皆有屋。而置观楼射兰"④。任乃强认为观楼是城门上的城楼，射兰应为射阑，是屏蔽敌箭的设施⑤，秦时县治并不是都有城墙的，仓有墙保护，故曰"仓城"，"此谓自成都、郫、临邛三县有城者，故皆有仓在城内；其它县邑无城者，亦皆先有仓城"。即成都等三县有县城，仓城在县城内，没有县城的县有仓，则先有仓城后有县城。也有学者认为射兰是射箭场，即军事训练的设施⑥。我认为有"观楼射兰"的仓墙不是普通围墙，确定是城墙，即使"射兰"是射箭场也说明仓城有军事设施的内容，看来仓城的起源和早期城池的发展关系密切。这些蜀地漕仓就是最早的有军事设施的仓城，张

① 《史记》卷8，中华书局，1959年，362页。

② （清）王鸣盛：《十七史商榷》，"诸仓"，上海书店出版社，2005年，746页。

③ （西汉）刘安著，刘文典集解：《淮南鸿烈集解》卷17《说林训》，中华书局，1989年，561页。

④ （晋）常璩著，任乃强校注：《华阳国志校补图注》卷3，上海古籍出版社，1987年，128页。

⑤ （晋）常璩著，任乃强校注：《华阳国志校补图注》卷3，上海古籍出版社，1987年，131页。

⑥ （晋）常璩著，刘琳校注：《华阳国志校注》卷3，巴蜀书社，1984年，197页。

仪修筑的成都大、少二城和成都仓仓城的关系也很值得研究①。在秦灭楚国的作战中，蜀地的粮储发挥了很大作用。

秦朝首创了全国漕运系统和全国性的漕仓群，西汉则主要继承秦的漕运系统，局部又有细柳仓、甘泉仓、万安仓、京师仓的出现，充实了漕运系统。

西汉非常重视农业发展，也重视漕运和仓储建设。经过文景之治，仓储积蓄丰富，“都鄙廪庾尽满，而府库余财。京师之钱累百巨万，贯朽而不可校。太仓之粟陈陈相因，充溢露积于外，腐败不可食”②。当时京城长安的太仓和城外的甘泉宫甘泉仓，都属都畿正仓，依靠全国范围的漕运供应建立。汉武帝北击匈奴，开支扩大很快，用各种财政手段在两仓集中大量漕粮：“令民入粟甘泉各有差，以复终身，不复告缗。它郡各输急处。而诸农各致粟，山东漕益岁六百万石。一岁之中，太仓、甘泉仓满。边余谷，诸均输帛五百万匹。民不益赋而天下用饶。”③

两仓仓粮首供国用，兼及西北边军军需，据王子今考证，“云阳甘泉又以直道交通之便，使得行幸此地的帝王，可以直接控制北边军事局势”，“甘泉仓积粟可以通过直道，及时输送北边以补充军需”④。

西汉长安周边除了秦朝以来的霸上仓外，又出现了细柳仓。西汉霸上仓在发生动乱时被作为军事预备营地使用，成为保卫长安的“城门”。英布谋反之后，汉高祖打算亲征，先至霸上，后听从张良的计策令太子刘盈率军留守关中，驻军霸上：“于是上自将兵而东，群臣居守，皆送至霸上。……因说上令太子为将军，监关中兵。……发上郡、北地、陇西车骑、巴蜀材官及中尉卒三万人为皇太子卫，军霸上。”⑤

汉文帝六年，匈奴入寇，逼近关中，文帝派三位大将驻扎长安周边要害，三处驻军地两处是漕仓，其中渭北棘门是长安重要的城门，细柳和霸上则是军事化仓城：“乃以宗正刘礼为将军，军霸

① 中国古代的城市在唐宋之际江南市镇出现以前，首先主要是以军事政治中心的面貌出现，而不是以一个经济和社会生活的中心的面目出现，因此不论同时出现城中有城，还是漕仓城先于成都县大小城出现，抑或小城最初是漕仓城，仓城的形成必是巴蜀军政中心——成都城形成过程中极其重要的部分。因为设官则必驻军，驻军则必筹粮，同时粮食也需要军队看守，而新领土的经济发展程度往往有限，秦汉在少数民族聚居的地方还要“因俗而治”，不收赋税，需要组织专门的粮食征集或粮食运输。因此我认为，为行使国家主权而维持中央派驻军队的经济与安全需要导致了仓城的产生，仓城出现的初期，本地不一定能提供足够的粮食，也需要国家组织的粮食运输，包括漕运，这样讲应该是合理的。先秦到秦汉，不断涌现出新的城市，在城市发展历程中，漕运和仓储城的发展必然也曾是一部分推动力和后果。其实，从先秦到魏晋南北朝一直有从仓城发展为正常城市的例子，也有长期以军事仓储和堡垒为主要功能的城市，仓城也是一部分城市的军政要害部分。比如，扬州本是吴王夫差修筑的转运仓城，后来才出现了大量非军事人口；秦汉的敖仓在东汉灭亡前似乎始终是仓城，没有非军事人口出现的迹象；两汉京师仓当地也有船司空县建制，也算是县城；西汉的五县由五仓仓城发展而来；东汉汾阳县城即由羊肠仓发展而来；魏晋南北朝的巴丘邸阁，本是东吴的军事驻地和仓储，后来发展成为南朝时期巴陵郡的治所，即现在的岳阳市；等等。

② 《汉书》卷 24 上，中华书局，1962 年，1135 页。

③ 《汉书》卷 24 下，中华书局，1962 年，1175 页。

④ 王子今：《秦汉交通史稿（下册）》，中共中央党校出版社，1994 年，328 页。

⑤ 《资治通鉴》卷 12，中华书局，1956 年，401 页。

上；祝兹侯徐厉为将军，军棘门；以河内守亚夫为将军，军细柳：以备胡。”①

《史记正义》引《括地志》云：“细柳仓在雍州咸阳县西南二十里也。”

屯兵于仓是为了军人就食方便，也避免敌军夺粮，也借仓城为营地。景帝时七国作乱，周亚夫奉诏东征，“亚夫既发，至霸上”②，也是同样的部署方式。根据《水经注》的记载，霸上仓有城，也就是霸城：“自新丰故城西，至霸城五十里，霸城西十里，则霸水，西二十里则长安城。应劭曰：霸水上地名，在长安东三十里，即霸城是也。高祖旧停军处。”③

两汉京师仓，又叫华仓、华阴仓，利用秦的宁秦县城故址修筑，宁秦城在西汉船司空县南④，位于黄河和渭河交汇处，主要起中转关东敖仓粟谷西运京师的作用，东汉初年开始废弃，也是叱咤风云的一座名仓名城。1980 年陕西省考古研究所对京师仓遗址的正式发掘表明，京师仓位于今天陕西省华阴县硙峪乡段家城村北、西泉店村南的瓦渣梁上，一面依山，三面临崖，地势高敞，确实是形势险要。在长 1000 米、宽 700 米的仓城之中，发现 6 座粮仓，其中一号仓的储粮量约为 1 万立方米，京师仓的总储粮量当在百万石左右，确实拥有较大的储粮量⑤。“京师仓的建筑，无论从建筑结构还是布局，处处考虑到储粮技术和安全，比起先秦时有一个很大的变化，发展到了一个新的水平。”⑥东往函谷关的大路也自仓前经过。京师仓和史料中记载的重要的机构“船司空”所在地应当是同一处⑦。“《地理志》曰：渭水东至船司空入河。服虔曰；县名，都官。《三辅黄图》有船库官，后改为县。王莽之船利者也。”⑧京师仓的设立是结合了船司空县的设立，船司空县本是船库官，是特殊的行政建制，名为县级行政机构，实为管理华阴仓和造船部门、航运部门设立的管理机构。京师仓有着坚固的城垒。23 年，山东起义军打进函谷关，王莽发北军精兵数万人至华阴与起义军交战失利，残部退保京师仓⑨。由于京师仓粮多城坚，李松等汉将攻不下城池，便不敢绕过去进军都城长安，说明京师仓集军事要塞、转运仓储、交通枢纽于一身，既便于守卫，又势在必夺：“邓晔开武关迎汉，丞相司直李松将二千余人至湖，与晔等共攻京师仓，未下。……时李松、邓晔以为，京师小小仓尚未可下，何况长安城！当须更始帝大兵到。即引军至华阴，治攻具。”⑩

① 《史记》卷 57，中华书局，1959 年，2074 页。

② 《汉书》卷 40，中华书局，1962 年，2059 页。

③ （北魏）郦道元著，陈桥驿校注：《水经注校证》卷 19《渭水注》，中华书局，2007 年，462 页。

④ 《汉华仓遗址发掘简报》，《考古与文物》1982 年 6 期。

⑤ 陕西省考古研究所：《西汉京师仓》，文物出版社，1990 年，60、63 页。

⑥ 陕西省考古研究所：《西汉京师仓》，文物出版社，1990 年，60、63 页。

⑦ 陕西省考古研究所：《西汉京师仓》，文物出版社，1990 年，2 页；另见该书插图一、图二，并可与《中国历史地图集》相对照。

⑧ （北魏）郦道元著，陈桥驿校注：《水经注校证》卷 19《渭水注》，中华书局，2007 年，467 页。

⑨ 《后汉书》卷 99 下，中华书局，1965 年，4188、4189 页。

⑩ 《后汉书》卷 99 下，中华书局，1965 年，4188、4189 页。

三、秦汉漕仓的交通条件与军事地理意义

秦汉漕仓的经济地理与交通地理特征使漕仓具备了军事地理局势中的特殊地位，需要借助交通运输地理学上的“腹地”概念进行分析。“所谓吸引范围（道路运输）或腹地（水运），即交通线或站、港的服务地区，或称为以站、港为中心的经济区。交通点、线、网的地域结构，又有腹地这种面的地域结构予以充填，使得交通运输地理的研究更为全面化和地域化。”[①]这一概念可以用来分析漕仓的粮食产地来源和转运范围，一般太仓的腹地包括全国出漕粮的地区，如敖仓这样的全国性转运仓，吸引范围可达关东各地，甚至也可包括全国各地，地方性的大仓如成都仓吸引范围也包括整个蜀郡区域，甚至更大。

秦朝的统治核心区关中有咸阳仓、栎阳仓、霸上仓。三仓地理特点相似，都是在渭河漕运线沿岸，处于西北核心区和军事重心。秦国在历史上曾有随军事重心东迁的特点。秦先后有九都，随着秦军向东不断夺取新领土而逐步东迁[②]。秦献公为了向魏国用兵定都栎阳，商鞅变法后，又迁都咸阳。秦迁都咸阳，有利用渭河的想法[③]，包括漕运和军事交通上的利用。

刘邦暗度陈仓占领关中，鉴于咸阳已毁，栎阳仓成为关中最重要的仓储。由于接近秦的都城和边塞，栎阳仓储备了大量的粮食，又邻近渭河便于水运关东战场，可供使用，在楚汉战争中发挥了相当大的作用：“汉王与诸侯击楚，何守关中，侍太子，治栎阳。为法令约束，立宗庙社稷宫室县邑，辄奏上，可，许以从事；即不及奏上，辄以便宜施行，上来以闻。关中事计户口转漕给军，汉王数失军遁去，何常兴关中卒，辄补缺。”[④]

因此，在楚汉战争中栎阳是汉后方的军政中心，栎阳仓应是转漕中心。腹地几乎包括整个渭河流域。

除了核心区的渭河漕运诸仓，秦朝北方漕运主干线沿线还有敖仓和黄腄仓、琅邪仓也都具有良好的漕运交通条件，便于向西北边疆转运军粮。秦始皇自山东半岛起运东方粮食，组织海运入河，沿河至敖仓，汇合鸿沟流域漕运，继续向西过三门峡，转入渭河抵达关中，这形成了北方的漕运主干线：“又使天下飞刍挽粟，起于黄、腄、琅邪负海之郡，转输北河，率三十锺而致一石。”主干线沿途大转运仓有山东半岛的黄腄仓、黄河鸿沟汇合处的敖仓。按马非百的考证，黄腄仓是秦的转运仓，但他把黄腄仓看成一个仓[⑤]，可黄县和腄县是秦朝山东半岛上的两个县，所以我认为黄腄仓是两个仓，黄仓和腄仓。史书讲粮食是由海路转运入黄河的，漕运史研究和水运史研究著作也都公认这一点。秦朝时黄河不像今天自山东半岛入海，而从今天的河北地区入海。琅邪是自春秋以来重要的

---

① 杨吾扬、章国伍等：《交通运输地理学》，商务印书馆，1986年，156页。腹地一词在经济学、交通运输学、交通地理学的不同研究论述中有着不同的定义，但在此处，以交通运输地理学概念最适合漕仓研究需要。

② 徐卫民：《秦都城研究琐议》，《秦汉历史地理研究》，三秦出版社，2005年。

③ 徐卫民：《秦都咸阳的几个问题》，《秦汉历史地理研究》，三秦出版社，2005年。

④ 《史记》卷53，中华书局，1959年，2014页。

⑤ 马非百：《秦集史（下册）》，中华书局，1982年，94页。

海港，航线下可接会稽的东冶，在春秋末期吴越国家都曾利用过自山东半岛到钱塘江流域的沿海海运，越国还曾迁都于琅邪，故当地有衔接内陆运输和海上运输的转运仓。我估计是淮河以北到山东半岛的沿海诸郡将粮食用陆运和海运的形式集中到黄腄二仓然后再由渤海转运入河，而淮南有邗沟连接江南和中原的鸿沟，漕运不必经山东半岛，也就是说黄、腄二仓的腹地是山东半岛直到淮北的地区。围绕黄腄二仓转运活动的一个重要目的是“转输北河”，即沿黄河漕运供应西北河套地区的边军仓储，这甚至是设计黄腄仓的初衷。

敖仓位于北方漕运主干线的中间位置，扼守着关中和山东之间漕运大动脉的咽喉，且通过鸿沟下接通往远至东南会稽的运河水路[①]，其历史地位在仓储中是空前的。敖仓位于黄河鸿沟交汇处，向东沿黄河可一直到渤海，或向东南沿鸿沟入淮河，再出邗沟入长江，两条运河大线就像从敖仓向东伸出的两条巨臂，抱住江淮和华北。敖仓的腹地面积也是空前的，几乎包括了整个关东地区。此外，黄河漕运经过敖仓，过三门峡，进入渭河可以运达西北的关中和河套，而自敖仓沿陆路向西南可以与江汉水运线联结，刘邦与项羽争夺天下时即利用黄河渭河运出关中粮食，利用江汉漕运运出蜀汉漕粮，全都运到敖仓做军事用途，这又像是自敖仓向西部地区伸出的两条巨臂。因此，敖仓位于一个联结东北、东南、西南、西北的漕运十字路口上，把黄河、渭河、江汉、江淮间漕运都联结了起来。秦、西汉重视敖仓，不仅是因为它的经济功能，更看重其潜在的军事功能，当关东地区发生动乱的时候，从敖仓延伸出去的运河线本身也可以转为军事交通运输线，特别是拿来运输敖仓乃至关中的漕粮以向东方供应军需。其在秦汉历次战争中的具体表现在本文开篇的学术回顾中已做介绍，在这里不再讨论。不论在秦朝和关东义军的斗争中，还是楚汉之争、七国之乱和西汉末大起义等军事活动中，敖仓都发挥出重大战略作用。东汉时期敖仓仍具有重要价值，虞诩迁为朝歌长，“时朝歌多盗贼连年不解”，亲旧替他担忧，他却说：“贼去敖仓不过百里，不知取以为粮，青冀流人前后连属，不知略以为众，诚出入河山，守阨塞，此为断天下之右臂，今则不然，此无大计之效也。”[②]

秦国建成都仓是配合成都的城市建设进行的，成都在四川盆地中处于交通要冲，滨岷江，可溯流上汶山，或沿流入长江，然后顺江而下进入楚地，经过秦的郡守李冰建设水利，穿二江入城，优化了成都航运条件。张仪曾威吓楚王说“秦西有巴蜀，大船积粟，起于汶山，浮江以下，至楚三千余里。舫船载卒，一舫载五十人与三月之食，下水而浮，一日行三百余里。里数虽多，然而不费牛马之力，不至十日而距扞关”[③]。张仪所说有动员蜀地区域资源以对楚作战的意思，要秦军沿岷江入长江东下。“起于汶山”，是指成都以北的岷江上游漕运活动，平时大概秦蜀郡就利用岷江长江漕运为成都仓等仓储积粮，待作战需要则载粮运兵沿流而下。秦昭襄王二十七年（前280年），“使司马错发陇西，因蜀攻楚黔中，拔之”。“司马错率巴、蜀众十万，大舶船万艘，米六百万斛，浮江伐

① 秦朝江南运河的开辟情况可参见张承宗、李家钊的《秦始皇东巡会稽与江南运河的开凿》(《浙江学刊》1999年6期)。

② （东晋）袁宏：《后汉纪》卷16《孝安皇帝纪》，中华书局，2006年，313、314页。

③ 《史记》卷70，中华书局，1959年，2290页。

楚”[①]，夺取了楚的黔中郡地区。蜀地的仓储必在秦逐步灭楚的战争中充当后方的转运中心，其转运腹地恐囊括蜀地。

成都仓至少一直使用到西汉末东汉初。两汉之际，公孙述割据巴蜀自立，也依靠了巴蜀内部的水运网和秦朝遗留下的仓来建立自己的交通、军事和经济基础，为割据及对外用兵服务。“成都郭外有秦时旧仓，述改名白帝仓。”[②]公孙述自以为德应白帝，命名成都仓为白帝仓，说明是把这个仓储作为蜀政权的“太仓”使用，其腹地为整个四川盆地。另，李熊游说公孙述，劝说他利用蜀地的资源和漕运、地理形势建立霸业：“蜀地沃野千里，土壤膏腴，果实所生，无谷而饱。女工之业，覆衣天下。名材竹干，器构之饶，不可胜用，又有鱼、盐、铜、银之利，浮水转漕之便。北据汉中，杜褒、斜之险；东守巴郡，拒扞关之口；地方数千里，战士不下百万。见利则出兵而略地，无利则坚守而力农。东下汉水以窥秦地，南顺江流以震荆、杨。所谓用天因地，成功之资。”[③]

又如荆邯献计[④]，主张从汉中和荆州两路出兵夹击中原，所论“据江陵”和接下来的“临江南之会，倚巫山之固”必然都要依靠跨越三峡的江汉漕运。此战略与战国时秦攻楚的战略略同，事前也必依靠诸仓集粮以备水运，此计也是后来诸葛亮“隆中对”战略的滥觞。

公孙述政权在三峡峡口以内还设有江州仓和平曲仓，以助扼守和外攻，后被东汉军夺去。江州城建于秦，是汉代巴郡治所。“汉世，郡治江州巴水北。”[⑤]建武十一年“冬，岑彭以江州城固而粮多，留冯俊守之”[⑥]，“自引兵乘利直指垫江，攻破平曲，收其米数十万石”[⑦]。公孙蜀政权的存在时间短、史料少，其漕运活动很难研究。从地理条件来看，江州是古巴国的都城，是当时川东地区的中心城市，今天的重庆的前身，是当时越过三峡入蜀后第一个要地，扼长江交通，在这里储粮以备接应出三峡的军队和抵御打进来的敌人，都有军事上的必然性。

西汉蜀地还曾出现一个县级漕仓叫作万安仓，最初是军用仓储，后来发展成为新的县城。汉武帝时随着西南拓边和当地经济发展，在巴蜀地区增设郡县，借助漕运发展了不少新的郡县和仓储，有的新漕仓也成为新的县城建设的起点。新建广汉郡的新都县境内沱江汇合绵水、雒水再奔流入江，“水通于巴”，交通便利，故在当地有“汉时五仓，名万安仓”[⑧]。同郡五城县即是由五仓发展而来，“在郡东南。有水通于巴。汉时置五仓，发五县民，尉部主之。后因以为县”。

据任乃强考证：“汉征五县民营造五仓时，仓地多在中江水侧，以广汉部尉督之。遂因部尉所驻立县，称五城县。”[⑨]

① （晋）常璩著，任乃强校注：《华阳国志校补图注》卷3，上海古籍出版社，1987年，128页。

② 《后汉书》卷13，中华书局，1965年，541、535、539、540页。

③ 《后汉书》卷13，中华书局，1965年，541、535、539、540页。

④ 《后汉书》卷13，中华书局，1965年，541、535、539、540页。

⑤ （晋）常璩著，任乃强校注：《华阳国志校补图注》卷1，上海古籍出版社，1987年，27页。

⑥ （东晋）袁宏：《后汉纪》卷6《光武皇帝纪》，中华书局，2006年，110页。

⑦ 《后汉书》卷17，中华书局，1965年，662页。

⑧ （晋）常璩著，任乃强校注：《华阳国志校补图注》卷3，上海古籍出版社，1987年，166页。

⑨ （晋）常璩著，任乃强校注：《华阳国志校补图注》卷3，上海古籍出版社，1987年，169页。

五城县即后来的中江县，当地中江水水势平缓，便于航运，在“五城水口”处入涪江，船只可由涪转巴，这是古代一条经常被利用的水路。五县的五仓选址多在中江水侧，以利漕运，也可以借水上交通运输的帮助平定流域内地方，主事的行政长官是广汉部尉，以其所驻立县，称五城县。修筑五仓动用了周边郪县、绵竹县、雒县、涪县、新都县五个县的力量。从谭其骧《中国历史地图集》和地方志所能提供的资料来看，秦汉巴蜀地区的郡县治所大多设在水运要冲，选址符合交通网合理布点的原则。最初的漕运仓城，是原有五个县的经济交通中心，这在城市史上也是很重要的特例。万安仓在水运上的腹地显然是包括周边这五个县。西汉巴蜀地区为开边而进行的转运活动规模很大，如唐蒙通夜郎“发巴蜀吏卒千人，郡又多为发转漕万余人”①。万安仓等漕仓储粮支援开拓西南夷的军事活动，其作用在于把各地漕粮集中起来供漕转和军食。《华阳国志》说“尉部主之”，是指在设立五城县之前，当地在行政区划上是县尉辖区，而正常郡县的尉仅仅是地方军事长官，地位略低于行政长官郡守、县令，因此“尉部”是一个处于军政阶段的筹备县，其建树的军事性很强。五仓，也就是万安仓，一开始应该就是仓城。

东汉初年曾有羊肠仓为北方漕运服务过较短的时期，该仓情况较特殊。汉明帝时期尝试把虖沱河和汾水的上游连接起来，在汾水上游的汾阳县设羊肠仓作为漕运系统的重要衔接点。从腹地条件看，该仓与其相连接的漕路，使漕粮可以由黄河进入河东，再进入河北滹沱河，支持河北边防，或是反向运输，将河北地区的漕粮运到黄河上中游甚至运抵京师洛阳，一旦漕路畅通，就在黄河下游北面架起一道大致呈平行的漕运线，沟通东西，使河北地区和关中地区之间可绕开三门峡运粮：“永平中，理虖沱、石臼河，从都虑至羊肠仓，欲令通漕。太原吏人苦役，连年无成，转运所经三百八十九隘，前后没溺死者不可胜算。建初三年，（邓）拜训谒者，使监领其事。训考量隐括，知大功难立，具以上言。肃宗从之，遂罢其役。”②

正史文献对羊肠仓的面貌描述非常有限。《水经注》对羊肠仓的地理也做过描述：“汾水又南径汾阳县故城东，川土宽平，峘山夷水。地理志曰：汾水出汾阳县北山，西南流者也。汉高帝十一年，封靳强为侯国，后立屯农，积粟在斯，谓之羊肠仓。……汉永平中，治呼沱、石臼河。按司马彪后汉郡国志，常山南行唐县有石臼谷，盖资承呼沱之水，转山东之漕，自都虑至羊肠仓，将凭汾水以漕太原，用实秦晋，苦役连年，转运所经，凡三百八十九隘，死者无算。”③

可惜这条漕路过于艰难，时间不长就被放弃。东汉章帝建初三年因为运输成本过高的关系“罢常山呼沲石臼河漕”④。说明在此之前，常山郡境内一直利用呼沱石臼河漕运。

《后汉书》注文的记载于上述史料又有补充，提供了羊肠仓也具备仓城设施的重要信息：“郦元《水经注》云‘汾阳故城，积粟所在。谓之羊肠仓，在晋阳西北，石隥萦委，若羊肠焉，故以为名’。”

按照《水经注》的记载，羊肠仓当地原来是西汉军屯田地，储存屯田产粮，没有直说羊肠仓和

① 《史记》卷117，中华书局，1959年，3044页。

② 《后汉书》卷16，中华书局，1965年，608页。

③ （北魏）郦道元著，陈桥驿校证：《水经注校证》卷6《汾水注》，中华书局，2007年，157页。

④ 《后汉书》卷3，中华书局，1965年，136页。

"汾阳故城"具有明确关系，《后汉书》注文却说根据《水经注》讲羊肠仓是"汾阳故城"，看似注文引证失误，可我认为这是注者作了"义解"和考证，两段文字并无矛盾。估计羊肠仓和西汉太原郡汾阳县汾阳城的关系就是像成都仓和成都城的关系，仓在城内，又或是像五仓和五城县的关系，仓在城先，总之是相互依托。则羊肠仓也是仓城无疑。在西汉羊肠仓是屯田粮仓，而到了东汉成为漕仓。

《水经注》载，羊肠仓粮"用实秦晋"，说明是把漕粮自河北地区转运至河东和关中，"山东之漕"的形容说明当时羊肠仓的腹地相当大，至少包括河北地区的漕粮都要运过来，可当时东汉都城已不在关中，而是迁到了河南的洛阳，开展这样的漕运活动目的是什么呢?

很显然，东汉的西北平羌军需是建立该仓的重要原因。

最后，还有一个牛渚仓是在东汉末年的战乱中出现在扬州丹杨郡。兴平二年，孙策攻击扬州刺史刘繇，渡江第一战即夺取牛渚邸阁，"尽得邸阁粮谷、战具"[①]。"按牛渚滨江为险，自横江渡者必经此以趋建业。"[②] 孙策挫败了樊能、于麋"复合众袭夺牛渚屯"的企图，在进攻笮融的战争中受伤，"因自牛渚"[③]，回到这里休整。看来他是把这里当作了征战江东的大本营。孙策"以（周）瑜恩信着于庐江，出备牛渚，后领春谷长"。孙策定丹杨郡后，有众数万，对周瑜说，"吾以此众取吴会平山越已足。卿还镇丹杨"，周瑜"发众及船粮以济大事"[④]。这个邸阁何时出现，为何而建，史书中没有记载。我估计是在扬州不同势力间激烈争夺的形势下，刘繇一方建立的"囤粮之所"，为征战而立，自有营垒设施防御堪为一用。后孙氏大将孙瑜"迁奋威将军，领郡如故，自溧阳徙屯牛渚"[⑤]。全琮也将山越精兵万人出屯此地，"因开募召，得精兵万余人，出屯牛渚，稍迁偏将军"[⑥] 鉴于该仓在秦汉史上影响不大，不予过多分析。

四、结　　论

综上所述，秦汉时期的漕仓不仅储备大量粮食，还多有高大的城堡设施卫护。漕仓的经营活动如选址、筑城、聚粮、驻军等，既要考虑国家经济需要，也为了满足战略需求，甚至有根本为军事服务而建具有军仓城堡性质者。在和平情况下，漕运系统的运作主要是满足财政需要和建立战略储备，漕运线的军事交通作用是隐性的，漕仓储备主要为财政和防灾服务，虽然储粮很大一部分也供军队食用，仓城的军事设施平时也只是防止盗窃、抢劫。但是，一旦发生战争，漕运系统即可转入战时使用状态，漕运线转化为军事交通运输线使用，漕仓储备功能的军事意义也立刻凸显出来，可以为调运军粮服务，漕仓仓城可以迅速转作军用堡垒，用来防御和驻扎军队。战时，漕运活动还会

① 《三国志》卷46，中华书局，1959年，1103页，注文引《江表传》。
② 胡阿祥：《六朝疆域与政区研究》，学苑出版社，2005年，75页。
③ 《三国志》卷46，中华书局，1959年，1103页，注文引《江表传》。
④ 《三国志》卷54，中华书局，1959年，1260页。
⑤ 《三国志》卷51，中华书局，1959年，1206页。
⑥ 《三国志》卷60，中华书局，1959年，1381页。

改变原有的运输路线，不向军事政治中心运送，而是向战场转运，有时甚至是反向运输。漕仓的这种战略价值，不仅是由仓储粮和仓城设施决定的，也和选址布局时的战略设计有关，而设计的根据主要是交通地理。在战时，交通地理条件和军事交通地理特性的一致性体现出来，漕仓甚至可转化为军事要塞，成为各方军事力量争夺的目标。因此即使在稳定时期，分布在各地的仓城，在水陆漕运交通线的连接下形成网络，配合国家战略部署，为国家财政和军事活动提供多种服务，形成了国家权力在各地的坚实支撑。这体现了早期漕运与军事政治的密切联系。

（原载《社会科学》2009年9期，136～144页）

出土资料所见的汉代地方仓官考

郭俊然

先秦两汉仓、库有别，仓用于储藏粮草，库用于储藏车马兵甲等军用武器。一个关系到国家的军事防御，一个关系到吏民的粮食安全，皆是生死存亡的大事。所以，汉代朝廷从中央到地方、从内地到边郡都设有管理粮仓事务的仓官。仓官的数量很多，《汉官仪》载太仓员吏便有99人。这些仓官的具体设置，文献所载不详，笔者仅见仓令、仓长、仓丞。幸好，笔者在梳理汉代出土资料中有关职官的内容时，在汉简、金文、印章中发现大量文献所遗的汉代仓官。现逐一考论如下。

（1）仓督，边郡防御系统与内郡地方机构中皆有设置。汉简载："成、隆、长妻自言，府不当十月食。仓督官为行出，还其食。与长妻、张令史/取。卿食二石，及张令史为与长妻一石，凡三石。长食□□有馀穀，自廪（居延新简65·24B简）。"[①] 仓督当是仓官系统中的督察官。印章具体载有"邸阁督"，如东汉印章"薛邸阁督"[②]"新平邸阁督印"[③]"渭阳邸阁督印"[④]"临菑邸阁督印"[⑤]。邸阁是古代官府所设储存粮食等物资的仓库。文献所载邸阁仅见一处，《后汉纪·献帝纪》载："是时以年不丰，民食不足，诏卖厩马百余匹，御府大司农出杂缯二万匹，与马值，赐公卿巳下及贫民不能自存者。李傕曰：'我邸阁储跱少。'乃不承诏，悉载置其营。"[⑥]

（2）仓监，大量见于汉简："小石十五石，始元三年四月乙丑朔丙寅，第二亭畏舒受斥胡仓监建、都丞延寿（居延273·8简）。"[⑦]"入縻小石十五石，始元三年六月甲子朔甲子，第二亭长舒受代田仓监建、都丞临（居延273·14简）。"[⑧]"入縻小石十，始元三年七月甲午朔甲午，第二亭长舒受代田仓监，都丞临（居延534·3）。"[⑨] 等等。简牍所载仓监多属边郡仓官，或与内郡有异。"仓监"当是主粮仓之长，负责口粮的发放。

---

① 中国简牍集成编辑委员会：《中国简牍集成（第十一册）》，甘肃敦煌文艺出版社，2001年，233页。

② 罗福颐：《秦汉南北朝官印征存》，文物出版社，1987年，145页。

③ 罗福颐：《汉印文字征》，文物出版社，1978年。

④ （清）袁日省、谢景卿、孟昭鸿：《汉印分韵合编》，上海书店出版社，1979年，229页。

⑤ 罗福颐：《汉印文字征》，文物出版社，1978年。

⑥ （南朝·宋）范晔：《后汉书》卷28，中华书局，1965年。

⑦ 中国简牍集成编辑委员会：《中国简牍集成（第七册）》，甘肃敦煌文艺出版社，2001年，169页。

⑧ 中国简牍集成编辑委员会：《中国简牍集成（第七册）》，甘肃敦煌文艺出版社，2001年，170页。

⑨ 中国简牍集成编辑委员会：《中国简牍集成（第八册）》，甘肃敦煌文艺出版社，2001年，197页。

（3）仓掾，见于汉简："肩水士吏胡充受 / 居延仓掾护（居延 1470 简即合 62.47 简）。"[①] 仓掾乃仓长之掾。

（4）都丞，见于汉简："入糜小石十四石五斗，始元二年十一月戊戌朔戊戌，第二亭舒受代田仓监建、都丞延寿临（居延 273·24 简）。"[②] 从简文内容知，都丞乃管理代田仓的专设之官。

（5）仓丞，见于汉简："居延仓丞。/ 十月戊午，卒同以来。/ 尉史崇发，行事□□（居延新简 4·48B）。"[③] "建平三年闰月辛亥朔丙寅，禄福仓丞敞移肩水金关。居延坞长王戎所乘用马各如牒。书到，出，如律令（居延 15·18 简）。"[④] "始建国二年十月癸巳朔乙卯，城仓丞□移甲沟侯官令史，鄣卒周仁等。卌一人，省作府，以府 / 记廪城仓，用粟百卅六石。令史□□曰：卒冯喜等十四人廪五月尽八月，皆遣，不当（居延新简 4·48A）。"[⑤] 仓丞乃仓长副贰。

（6）主仓，见于汉简："二亭长舒受斥胡，主仓故吏建、都丞延寿（居延 148·4 简）。"[⑥] 主仓当是粮仓之主管。

（7）仓啬夫，乃粮仓之主管，见于敦煌悬泉汉简："□□□□□□领库以私印行事，仓啬夫广汉行丞事，告尉谓督送隧史禹、亭长宝等写移书到，……（A）（V 1309-4：40）。"[⑦]

（8）城仓令史，见于汉简："九十九石，卅三卷。建平二年十月癸未，甲渠令史宗，受城仓令史谭（居延 84·27 简）。"[⑧] 城仓令史乃城仓之文书官。

（9）仓佐，见于汉简："十月戊寅仓佐敦煌龙勒万年里索良（斯坦因第二 2108）。"[⑨] "甲沟守尉良，受城仓佐阳，□（居延新简 59·565）。"[⑩] 又见于铜器铭文："元年十月甲午，平都戌、丞纠、仓亥、佐葵。犁斛。容三升少半升，重二斤十五两（外腹，篆书）。"[⑪]（《平都犁斛》[⑫] 铭文）仓佐乃仓官系统之佐职吏。

（10）仓内作，实物有印章"仓内作"[⑬]。"内作"本指宫内作坊。实物资料又见"食内作"[⑭]。此

---

① 谢桂华、李均明、朱国炤：《居延汉简释文合校》，文物出版社，1987 年。

② 中国简牍集成编辑委员会：《中国简牍集成（第七册）》，甘肃敦煌文艺出版社，2001 年，171 页。

③ 中国简牍集成编辑委员会：《中国简牍集成（第九册）》，甘肃敦煌文艺出版社，2001 年，33 页。

④ 中国简牍集成编辑委员会：《中国简牍集成（第五册）》，甘肃敦煌文艺出版社，2001 年，43 页。

⑤ 中国简牍集成编辑委员会：《中国简牍集成（第九册）》，甘肃敦煌文艺出版社，2001 年，33 页。

⑥ 中国简牍集成编辑委员会：《中国简牍集成（第六册）》，甘肃敦煌文艺出版社，2001 年，112 页。

⑦ 胡平生、张德芳：《敦煌悬泉汉简释粹》，上海古籍出版社，2001 年，55 页。

⑧ 中国简牍集成编辑委员会：《中国简牍集成（第五册）》，甘肃敦煌文艺出版社，2001 年，245 页。

⑨ 中国简牍集成编辑委员会：《中国简牍集成（第三册）》，甘肃敦煌文艺出版社，2001 年，289 页。

⑩ 中国简牍集成编辑委员会：《中国简牍集成（第十一册）》，甘肃敦煌文艺出版社，2001 年，185 页。

⑪ 王镛、李淼：《秦汉金文陶文》，荣宝斋，1992 年，185 页。

⑫ 《平都犁斛》作于西汉中期，出土地不详。"平都"，县名，故城在陕西子长县境内。平都县令名戌，县丞名纠，仓吏名亥，仓佐名葵，是经管督造量器的各级官吏。"三升少半升"粮正好与戍卒的每顿口粮相吻合，据此可知，此犁斛是称量戍卒口粮的专用器皿，传世稀有，是研究汉代量制的宝贵资料。此器是文物工作者从天津冶炼厂废旧杂铜中拣选。

⑬ 戴山青：《古玺汉印集萃》，广西美术出版社，2001 年，317 页。

⑭ 罗福颐：《秦汉南北朝官印征存》，文物出版社，1987 年，450 页。

“仓内作”当是主管仓粮食加工之吏。

（11）仓曹令史，见于敦煌悬泉汉简：“悬泉地势多风，塗立干燥，毋□其湿也。度得辕六枚，今遣效谷仓曹令史张博（Ⅱ 0211-2：26）。”[①] 仓曹主仓谷事，仓曹令史即负责仓曹的文书事务。

（12）仓曹史，见于汉简：“出吞远士吏平四月奉，四月庚戌，令史博付仓曹史孙卿，偿具丽卒陈□（居延 279 · 17）。”[②]“元始二年四月壬午，仓曹史宗，付御吏赵宏，足三月传马、侯马食，毕（马圈湾 551）。”[③] 笔者没有查到陈直所言之仓史，此仓曹史或是其所言之仓史。

（13）漕运系统仓官，即汉简所见之庾侯、庾丞。《汉书 · 文帝纪》载：“（后元六年）夏四月，大旱，蝗。令诸侯无入贡。弛山泽。减诸服御。损郎吏员。发仓庾以振民。民得卖爵。”应劭注言：“水漕仓曰庾。胡公曰‘在邑曰仓，在野曰庾’。”[④] 可知，庾乃指水曹仓或在野之仓。庾侯，见于汉简：“张掖郡肩水庾侯官本始三年狱计。坐徒军假工官 / 田卒淮阳郡莱商里高奉亲已移家在所（居延 293 · 7 简）。”[⑤]“校庾侯官始元年 / 四石（居延 90 · 50）。”[⑥]“风六年正月乙亥朔庚辰，捕虏隧长豹受庾侯令（居延 14 · 21）。”[⑦] 陈直认为西安城遗址，曾出有“京师庾当”[⑧] 瓦；庾侯与仓长职位相似[⑨]。其言甚是。庾丞，见于汉简：“肩水庾侯守丞（居延 516 · 37）。”[⑩] 庾丞乃庾侯之副贰。

综上所述，出土资料所见而文献所遗的汉代仓官，分属于三个系统：一是边郡防御系统，有仓督、仓监、仓掾、仓丞、仓都丞、仓佐、仓令史和主仓；二是地方行政机构中的仓官系统，有仓督、仓监、仓啬夫、仓佐、仓内作、仓曹令史和仓曹史；三是地方漕运系统，有庾侯、庾丞。这些内容可补汉代官制之阙，具有重要的学术价值。

［原载《江西教育学院学报（社会科学）》2013 年 5 期，169～171 页］

① 胡平生、张德芳：《敦煌悬泉汉简释粹》，上海古籍出版社，2001 年，65 页。

② 中国简牍集成编辑委员会：《中国简牍集成（第七册）》，甘肃敦煌文艺出版社，2001 年，185 页。

③ 中国简牍集成编辑委员会：《中国简牍集成（第三册）》，甘肃敦煌文艺出版社，2001 年，70 页。

④ 《汉书》卷 4，中华书局，1962 年。

⑤ 中国简牍集成编辑委员会：《中国简牍集成（第七册）》，甘肃敦煌文艺出版社，2001 年，218 页。

⑥ 中国简牍集成编辑委员会：《中国简牍集成（第五册）》，甘肃敦煌文艺出版社，2001 年，262 页。

⑦ 中国简牍集成编辑委员会：《中国简牍集成（第五册）》，甘肃敦煌文艺出版社，2001 年，40 页。

⑧ 王世昌：《陕西古代砖瓦图典》，三秦出版社，2004 年，324 页；陕西省博物馆编印的《秦汉瓦当》（西安市文管会：《秦汉瓦当 · 汉代瓦当》，陕西人民美术出版社，1985 年，此为汉代京都粮仓建筑所用之瓦）一书，以为“汉朝招待宾客住所建筑所用之瓦”，非是。按《说文解字》：庾，水漕仓也。《史记》集解引胡广曰：“在邑曰仓，在野曰庾。”

⑨ 陈直：《居延简所见官名通考》，《居延汉简研究》，天津古籍出版社，1986 年，116 页。

⑩ 中国简牍集成编辑委员会：《中国简牍集成（第八册）》，甘肃敦煌文艺出版社，2001 年，170 页。

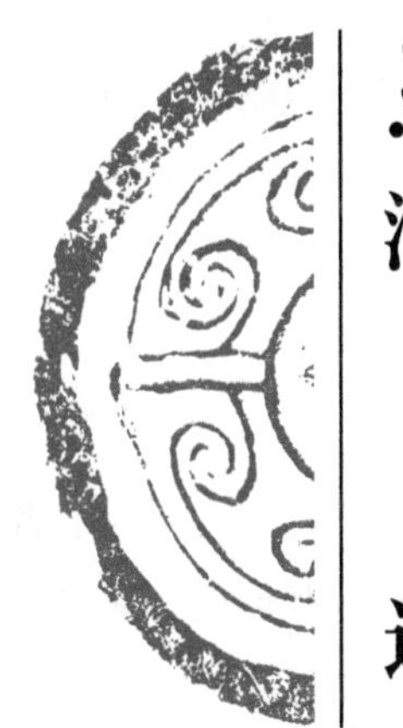

3. 漕运

先秦秦汉漕运史研究概观

张晓东

漕运是古代中国的“国之大政”，也备受古今学人的关注。时至今日，漕运史已取得丰硕的研究成果，出现了李治亭的《中国漕运史》、吴琦的《漕运与中国社会》、陈峰的《漕运与古代社会》等专门研究著作。许多漕运史研究专家都认为漕运或漕运制度开创于秦汉，也有学者将漕运的起源追溯到更早或略晚。由于先秦秦汉时期在中国漕运史中的特殊地位，故对这一时期漕运史研究的学术史做一回顾，以助研究的继续深入。

一、漕运的开创

现有研究中，不少学者都把漕运等同于漕运制度或漕运活动，并由此判断漕运开创时间，因此出现了春秋开创说、秦汉开创说、西汉开创说等不同观点。此外，针对漕运的出现原因，学者对此也有不同的看法。

李治亭对漕运的定义是：“漕运是中国古代的水上运输，它由国家经营，处于中央政权的直接控制之下，通过漕运，把征收的税粮及上供物资。或输往京师，或实储，或运抵边疆军镇，以足需要，并借此维护对全国的统治。”①

吴琦指出，漕运的产生与秦汉封建集权政治的产生和发展有着密切的关系。他认为秦汉虽然形成了统一，但由于市场的不发达，封建王朝只能依赖对农民的赋税征收，为了征集全国的粮食而发展了漕运事业②。

陈峰把“漕运”定义为“一种由封建中央政府组织的、大规模水路物资征运制度”，认为先秦经济发展水平限制了漕运的产生。秦朝统一以后，由于控制和利用全国财赋收入，削弱地方实力，享用四方出产物资等经济需要，漕运诞生③。

彭云鹤将漕运开创时间上溯至秦汉以前。“从春秋战国、秦、汉，直至魏晋南北朝，乃是我国漕运制度的创始和初步发展时期。”④他对漕运和漕运制度做了严格区分，把漕运定义为“故而凡由

① 李治亭：《中国漕运史》台湾文津出版社，1997 年，1 页。

② 吴琦：《漕运与中国社会》华中师范大学出版社，1999 年，4、8 页。

③ 陈峰：《漕运与古代社会》陕西人民教育出版社，2000 年，2、6、7 页。

④ 彭云鹤：《明清漕运史》，首都师范大学出版社，1995 年，9、4、15 页。

水道运送粮食（主要指公粮）和其他公用物资的专业运输，均可称为‘漕运’，而把漕运制度定义为‘围绕这一活动所制定的各种制度’”。

史念海认为秦统一后，为了联系政治中心咸阳和经济中心定陶，秦朝发展起以鸿沟为主干的漕运事业①。

安作璋认为，西汉时期，“‘漕运’，作为一种新的运输手段登上历史的舞台”②。这是对漕运的开创时间界定较晚的一种观点。

由上可以看出，学者对漕运的定义虽有不同，但他们都把漕运看成一种满足古代国家经济需要的制度，以运输粮食为主要内容，为政治服务的意义很强烈。关于漕运制度的开创时间，主流观点认为是在秦汉大一统建立后。在漕运制度产生的原因上，学者将其归结为在中国这样一个面积广阔而区域经济发展不平衡的大国里建立大一统政治制度的需要。但在某些问题上学者仍存在分歧，如漕运和漕运制度是否是同义，仍有讨论的必要。

二、漕运与经济

由于漕运活动与经济的关系最为直接密切，以往的漕运史研究亦多从经济史角度进行，因此，这方面的研究成果最为丰富。漕运与经济大致可以分为漕运与财政、漕运与社会经济、漕运与都市、漕运与运河交通、漕运与粮仓等方面的课题。

第一，漕运与财政。已有的研究成果都非常强调漕运对大一统的经济支持，即古代国家利用漕运解决自己的财政问题，并利用漕运连接首都地区和经济中心。

李治亭认为，秦汉大一统在经济上的需求导致了漕运的发展，秦汉漕运对中央政府和边防亦有经济支持作用③。冀朝鼎认为，古代中央集权的顺利实现依赖于对基本经济区的控制，漕运的作用即在于此，并且这一论断“实际上对于秦以后的每一个朝代都是适用的”④。

史念海认为，统治阶层的奢侈浪费是漕粮需求的主因⑤。黄盛璋指出，由于黄渭运道和江淮运道的地理局限性，建都于北方的王朝开辟漕运渠道来解决物资转运⑥。潘京京认为，秦代为了解决政治中心咸阳和经济中心定陶难以联系的矛盾，才在全国范围发展起漕运⑦。

第二，漕运与社会经济。漕运对社会经济的影响主要指漕运的副作用，而非古代统治者实行漕运制度的初衷。吴琦分别从漕运与商业经济、漕运与农业经济等角度进行论述，其观点精到，但可惜对古代早期的漕运论证相对简略。安作璋对运河区域农业、手工业、商业等产业和运河区域主要

① 史念海：《中国的运河》，重庆史学书局，1944年。

② 安作璋：《中国运河文化史》，山东教育出版社，2001年，2页。

③ 李治亭：《中国漕运史》，台湾文津出版社，1997年，47～52页。

④ 冀朝鼎：《中国历史上的基本经济区与水利事业的发展》，中国社会科学出版社，1981年，10页。

⑤ 史念海：《三门峡与古代漕运》，《人文杂志》1960年4期。

⑥ 黄盛璋：《历史地理论集》，人民出版社，1982年。

⑦ 潘京京：《略论秦汉时代的运河和漕运》，《云南师范大学学报》1993年2期。

城市的发展与运河的关系做了探究[①]。1984年唐史学会组织运河考察队编写的《运河访古》[②]是专业领域中的优秀论文集，其中蒋福亚的《三吴地区经济的发展和江南河的开凿》考论了秦始皇疏通江南河北端故道来加强统治。石凌虚[③]讨论了秦汉时期山西的粮食基地和利用黄河、汾河连接粮食基地和统治中心的水运问题，以及三门峡对山西向东水运的不利影响。

第三，漕运与交通、都市。漕运本身是交通发展到一定程度的产物，而漕运线路的沿革引起交通的变迁，而交通的变迁又导致都市的兴衰，三者关系非常重要。

陈峰指出，"正是由于漕运、运河的长期存在，才造就了举世罕见的都城繁荣，形成了工商业城市密布运河的格局"[④]。白寿彝认为，灵渠的兴建为中原地区与岭南的经济文化交流提供了有利条件[⑤]。

史念海考证了吴国开凿的运河及其区域交通意义，对战国初期开凿的鸿沟系统及流域内的几座都市的兴起及对文化的沟通作用，对统一的促进作用等问题都有论述[⑥]。邹逸麟的《论定陶的兴衰与古代中原水运交通的变迁》研究了古代都市定陶的盛衰与古代河道变迁造成的水运交通变迁的关系[⑦]。张承宗和李家钊在《秦始皇东巡会稽与江南运河的开凿》[⑧]一文中考证了秦始皇在江南开凿运河的起始和所经，提出秦始皇企图凿坏地脉来压制东南王气，结果把春秋运河加以延长。之后运河以苏州为中心，北通丹阳，南达嘉兴，初步形成了江南运河网，促进太湖平原水上交通，加强了江南和中原的交通经济联系。

第四，漕运与仓库。吕思勉在《秦汉史》中指出"仓储、漕运，在当时均为要政"[⑨]。王子今《秦汉交通史稿》把敖仓看成秦汉国家仓储系统最高典范，认为京师诸仓积谷多来自关东漕运，"基本用于支应京师消费和西北军备，极少可能向东回流"[⑩]。关于漕仓的研究还有一些从军事角度进行的，将在下文进行讨论。

总的来看，从经济史角度对漕运进行研究的成果比较丰富，尤其是在漕运与国家经济生活，漕运与交通、在政治中心与经济中心连接中漕运的作用问题等方面。研究相对薄弱的课题是漕运与都市、漕运与粮仓。在这些课题方面，先秦秦汉的研究已经相对落后于唐宋以后特别是明清的漕运研究。先秦史的关于漕运与都市的研究主要集中在几个大都市，秦汉史的同类研究也不平衡，对漕仓的研究只集中于秦汉的敖仓等大仓库，专门的粮仓研究也是如此。这里的主要原因恐怕是秦汉资料

---

① 安作璋：《中国运河文化史》，山东教育出版社，2001年。

② 唐宋运河考察队：《运河访古》，上海人民出版社，1986年。

③ 石凌虚：《秦汉时期山西水运试探》，《晋阳学刊》1984年5期。

④ 陈峰：《漕运与古代社会》，陕西人民教育出版社，2000年。

⑤ 白寿彝：《中国通史（第四册）》，上海人民出版社，2004年，729、757页。

⑥ 史念海：《中国的运河》，重庆史学书局，1944年。

⑦ 邹逸麟：《椿庐史地论稿》，天津古籍出版社，2005年。

⑧ 张承宗、李家钊：《秦始皇东巡会稽与江南运河的开凿》，《浙江学刊》1999年6期。

⑨ 吕思勉：《秦汉史》，上海古籍出版社，2005年，517～519页。

⑩ 王子今：《秦汉交通史稿》，中共中央党校出版社，1994年，178、329页。

的相对缺乏所致。

三、漕运与政治军事

漕运在历史上所发挥的政治军事作用并不小于经济作用，漕运的政治军事功能也值得深入研究。此外，利用漕运为社会制衡的目的服务看上去是经济政策，实质是政治措施。

李治亭对秦汉供应首都和边防需要的主要漕运活动进行了考证①。吴琦认为漕运的产生与封建集权政治的产生和发展有密切关系，秦汉漕运的阶段性特点是漕粮多为军事需用，属临时性的粮食运输②。陈峰亦持此观点，并以此对秦代以后漕运的盛衰做了概述分析，指出在统一时期，由于存在着强大的中央集权，漕运始终存在并不断发展，而在分裂割据时期，大一统的集权政治暂时退出了历史舞台，漕运便陷于萎缩、窒息③。彭云鹤指出秦汉开发整理运河网络对于政权的空前强盛和长治久安，起到了相当重要的保证作用④。

安作璋认为开凿早期运河的原因是战争和向京城运输的需要。战乱时前者是主因，安定时后者是主因⑤。王子今⑥认为秦汉时期开通的人工河，是维护专制帝国生存并保证其行政效能的重要条件。上官绪智及温乐平⑦指出秦汉造船业设有中央与地方两级专门机构，造船场分布合理，范围较广，技术得到快速发展，这些都为水军装备先进的战船及军事后勤漕运船的保障提供了强有力支持。

值得注意的是，秦汉时期重要的转运仓库敖仓一直是从军事史角度进行研究的重点。王子今把敖仓看成秦汉国家仓储系统最高典范⑧。马彪认为项羽在楚汉战争中不能夺取和坚守敖仓，依赖漫长的补给线，是他在军事上失败的重要原因⑨。宋杰讨论了敖仓在整个秦汉时期战略地位的变化，他认为敖仓在从秦末农民战争到七国之乱等战争中发挥了巨大战略作用，东汉政治中心东迁，敖仓因此逐渐衰落⑩。

在漕运的社会制衡方面，吴琦在《漕运与中国社会》中把漕运的社会制衡功能总结为“赈济灾荒”“平粜市价”“漕粮蠲免”三方面，指出秦汉时期漕运多用于赈济，少用于平粜，这主要因为粮食市场不发达，南方相对落后；平粜多用来抑商扶农；在汉宣帝建立常平仓前，主要靠漕运平粜。

漕运与政治的关系研究也较深入，很多学者认同漕运与集权政治的密切关系。军事活动是政治的延伸，因此想要深入研究漕运与政治的互动，不仅要从漕运与大一统的关系和统治者漕运经济政

① 李治亭：《中国漕运史》，台湾文津出版社，1997年，12、20、47页。

② 吴琦：《漕运与中国社会》，华中师范大学出版社，1999年。

③ 陈峰：《漕运与古代社会》，陕西人民教育出版社，2000年，6～7、17页。

④ 彭云鹤：《明清漕运史》，首都师范大学出版社，1995年，9页。

⑤ 安作璋：《中国运河文化史》，山东教育出版社，2001年，2页。

⑥ 王子今：《秦汉时期的内河航运》，《历史研究》1990年2期。

⑦ 上官绪智、温乐平：《从秦汉时期造船业看水军战船及后勤漕运保障》，《南都学坛》2004年2期。

⑧ 王子今：《秦汉交通史稿》，中共中央党校出版社，2005年。

⑨ 马彪：《敖仓与楚汉战争》，《北京师范学院学报》1987年1期。

⑩ 宋杰：《敖仓在秦汉时代的兴衰》，《北京师范学院学报》1989年3期。

策角度做理论探讨，也必须对漕运与军事的密切关系做深入探讨，比如漕运网络与军事地理战略安排。漕运交通要地与军事争夺等问题也还有拓展的必要。

四、漕运与社会文化

漕河沿线社会生活与文化事业也随着漕运而发展，这虽非统治者发展漕运的初衷，但在客观上却成为丰富多彩的历史现象。“运河文化”也是近年出现的新课题，从目前主要研究成果看，运河文化史的研究主要是从广义文化史的角度进行的，其内涵极为广泛，涉及文化传播、社会生活等多个方面。从这个角度出发，漕运与社会经济的关系甚至漕运与政治的关系研究也和运河文化密切相关。这一方面的研究体现在运河史著作中。

吴琦的《漕运与中国社会》和陈峰的《漕运与古代社会》都从广义社会史的角度研究漕运。前者对漕运与社会文化关系进行论述，惜其对中国古代早期的历史论证简略。后者第五章“漕运、运河与古代的都市及社会生活”也讨论了漕运运河与社会生活的一般关系[①]。

相较于其他时期的同类课题，秦汉漕运与社会文化的互动的研究是相对比较薄弱的领域。这不仅与资料的相对缺乏有关，也与从社会史和文化史角度对漕运和运河研究起步晚相关，所以这个研究领域尚待拓展。

五、漕运工程研究

漕运的前提是有运河的存在。无论人工运河还是自然河道改造的运河都需要巨大的工程力量来维持，笔者将这些工程通称为漕运工程。不仅漕运工程与运河体系沿革、漕运发展的互动需要深入探讨，而且中国古代最早的运河工程的产生时间也值得研究。

漕运工程的研究专著目前只有欧阳洪的《京杭运河工程史考》[②]。此书列出历代大运河工程大事年表，引证资料翔实可靠，工程史线索一目了然；并考证了邗沟、鸿沟与汴渠等工程及治理活动和运行状况，这对研究者来说是重要的学术参考。其他学者的研究成果主要存在于论文和专著中的相关专题。李治亭认为吴国“首开邗沟，初创漕运”，并对战国时魏国鸿沟的开辟和秦汉主要漕运工程进行了考证[③]。史念海除了考证先秦的运河开凿史外，还简述了秦汉的灵渠、大白渠、蒲吾渠等渠道的开辟。安作璋先生考证了春秋战国和秦汉时期运河的开凿、流向、工程特点、交通网变化等问题。

先秦秦汉漕运工程研究成果的覆盖面最广，比较充分，运河沿革的线索揭示得比较明晰。最早的漕运工程所开凿的是哪一条运河，这一问题上存在着不同的说法，从已有的研究来看有的学者倾向相信正史文献，坚持邗沟工程为最早的论断，也有学者从地方志材料提供史料的角度，相信在邗

① 陈峰：《漕运与古代社会》，陕西人民教育出版社，2000年。

② 欧阳洪：《京杭运河工程史考》，江苏省航海学会出版发行，1988年。

③ 李治亭：《中国漕运史》，台湾文津出版社，1997年，13、47页。

沟开凿以前，吴国就已经开凿了胥浦等运河，还有学者提出了更早的论断，比如史念海认为楚灵王或孙叔敖开凿的运河，故此运河史的开端问题或许还会有新的争论。

六、结　　论

通过以上综述，我们可以看出先秦秦汉漕运史研究成果已经相当丰富。很多重点问题都已经研究得相当透彻，如漕运与经济的关系研究在理论上是最深入的一个领域，但某些专题尚待深入研究，如漕运与军事关系、漕运与社会文化关系等专题。漕运工程沿革研究的成果虽已比较清晰，但是早期运河史仍然存在争议。漕运开创专题已经有扎实的研究成果，但某些重要概念还需进一步探讨。同时，学者还需努力探索新的研究角度。例如，从历史地理和环境史的角度对运河、漕运与环境的互动关系等课题考察，虽然邹逸麟等学者取得了一定成果，但此专题仍然有继续耕耘的需要。

总之，我们相信先秦秦汉漕运史研究在已取得的巨大学术成绩的基础上，在克服资料方面存在的困难，澄清早期漕运兴起与发展的理论难题后，会继续取得新的成果。

（原载《临沂师范学院学报》2007 年 2 期，119～122 页）

秦汉漕运的研究成果现状

申艳辉

漕运在古代帝制时期的中国，被视为一项重要的大政方针。它的畅通与否，直接关系统治阶级的生命维系，乃至国家的长治久安。因此，基于如此重要的地位，它引起了许多历史研究者的关注。近几十年来，关于漕运的研究，出现了具有通论性和断代性的专著，如于耀文的《漕运史话》、李治亭的《中国漕运史》、吴琦的《漕运与中国社会》、黄仁宇的《明代的漕运》等。除了专著，还出现许多从社会史、经济史、文化史等不同角度研究漕运的代表性论文。但是，其中大部分都将关注点集中在隋唐以后的漕运发展。近年来，随着漕运问题研究的深入，秦汉时期的漕运研究取得了一定的成就。本文将以往关于秦汉时期漕运的研究成果做一回顾，希望有助于以后研究的深入。

一、通史性专著

关于漕运史的研究，许多漕运史专家从政治、经济、文化等不同角度提出了自己的见解和看法，大部分都集中于单个朝代、单个问题或者具体的某个方面，出现了断代性漕运论著，如黄仁宇的《明代的漕运》、彭云鹤的《明清漕运史》，关于秦汉时期漕运的断代性专著几乎没有。经济的不断发展、网络信息技术的加速进步，促进了关于漕运研究的深入开展。近年来，关于以漕运为主题的通论性著作相继出现，比如李治亭的《中国漕运史》一书，以漕运为主线，将先秦到清代漕运的兴起、发展、繁荣、衰落乃至结束做了整体性的描述，涉及漕运组织的建设与管理、漕运工具、运河的开凿以及与漕运的关系等许多方面[①]。吴琦的《漕运与中国社会》，是作者在其论文的基础上加以整合，从漕运与中国政治、军事、商业经济、农业经济和社会文化等多方面的相互关系，多角度地看待漕运问题的通史性著作[②]。《漕运与古代社会》是陈锋教授从社会史的角度，对漕运与中国古代社会各方面的关系做了论述。在此书的论述内容当中，有很多方面是漕运史学研究者很少涉及的，如漕运管理组织的演变，此书作者对于漕运对中国古代社会的消极影响进行了细致的分析[③]。于德源的《北京漕运和仓场》是一部区域性漕运专著，此书以北京地区的漕运为主题，对东汉至清末

① 李治亭：《中国漕运史》，文津出版社，1997年。

② 吴琦：《漕运与中国社会》，华中师范大学出版社，1999年。

③ 陈锋：《漕运与古代社会》，陕西人民教育出版社，2000年。

北京地区的运河和漕运以及仓场的管理进行了论述[①]。

当然，除了以漕运为主题的通论性著作外，还有许多涉及秦汉漕运史方面的通史类著作。比如，中国科学院考古研究所编著的《三门峡漕运遗迹》，详细记述了汉唐时三门峡地区的古栈道、粮仓以及一些摩崖石刻，为研究秦汉时期的漕运提供了宝贵的考古资料[②]。朱偰的《中国运河史料选辑》容纳了先秦到清末史籍资料所提到的人工运河，其中一些地方志关于秦汉时代一些人工河开凿的记载弥补了正史记载的空缺[③]。《河山集》是著名历史地理学家史念海先生的学术论文集。此书第一册收录了一些关于秦汉漕运方面的论文，论述了黄河地区的地理环境变化以及与秦汉漕运的关系。该书中《三门峡与古代漕运》一文和《西汉漕运图》有助于对秦汉漕运的研究[④]。《中国水利史稿》是武汉水利电力学院、水利水电科学研究所编著的一部水利史通史著作。此书按照时间顺序系统论述了各个时期水利事业的发展状况，描述了秦汉时期水利事业的发展和漕运兴起的相互促进的关系[⑤]。冀朝鼎先生在《中国历史上的基本经济区与水利事业的发展》一书中提出了“基本经济区”的概念。作者参考了大量的文献资料，系统地整理和分析了基本经济区与水利发展的关系，并论述漕运的作用不仅仅是为了满足国都的供给，还可作为消除社会不稳定因素的国家战略储备[⑥]。黄盛璋先生编写的《历史地理论集》集中了作者关于历史地理方面30年的研究论文集，其中《历史上的渭河水运》分析了渭河水运的历史发展和古代渭河运道的困难与解决的方法[⑦]。郑肇经的《中国水利史》是一部有关水利史的通史性著作，记录了黄河、淮河、海塘等自然河流和人工运河在不同朝代的发展状况，还有黄河的灌溉作用，第五章记述了秦汉时期的运道资料[⑧]。史念海先生的《中国的运河》是一部关于人工运河的通史类著作，它的内容涉及各朝代运河的开凿和整理。经过大量的实地考察，在掌握相当数量的第一手资料基础上，作者对秦汉时期漕运网的开凿及漕运的发展做了详细、系统的梳理[⑨]。王子今教授编写的《秦汉交通史稿》是一部关于秦汉时期交通史的断代性著作，其中涉及秦汉时期的航运状况、造船业的发展以及漕运与城市发展的关系等，同时，漕仓的发展也是其关注的重点[⑩]。2006年出版的《中国财政通史·春秋战国秦汉卷》从财政史的角度简单描述了秦汉财政管理的仓储制度和漕运制度[⑪]。

近年来，随着漕运史研究的深入，有的学者从城市发展史角度研究漕运问题。比如，赵冈的《中国城市发展史论集》是一部城市发展通史，以城市发展为主线，论述了先秦至秦汉时期城市的

① 于德源：《北京漕运和仓场》，同心出版社，2004年。

② 中国科学院考古研究所：《三门峡漕运遗迹》，科学出版社，1959年。

③ 朱偰：《中国运河史料选辑》，中华书局，1962年。

④ 史念海：《河山集》，生活·读书·新知三联书店，1963年，232～252页。

⑤ 武汉水利电力学院、水利水电科学研究所：《中国水利史稿》，水利电力出版社，1979年。

⑥ 冀朝鼎著，朱诗鳌译：《中国历史上的基本经济区与水利事业的发展》，中国社会科学出版社，1981年。

⑦ 黄盛璋：《历史地理论集》，人民出版社，1982年，147～173页。

⑧ 郑肇经：《中国水利史》，上海书店出版社，1984年。

⑨ 史念海：《中国的运河》，陕西人民出版社，1988年。

⑩ 王子今：《秦汉交通史稿》，中央党校出版社，1994年。

⑪ 项怀诚：《中国财政通史》，中国财政经济出版社，2006年。

发展、历代都城与漕运的关系，其中漕运量与漕运成本的关系是比较新颖的新观点和新视角[①]。

二、论文方面

近年来，关于秦汉时期的漕运史研究成果丰富，许多漕运史专家力求从新视角和新方法对漕运进行全新的认识。从近几年的研究论文方面看，从经济史角度研究漕运史是最直观的、最深入的。从水利工程角度研究漕运与运河水利的关系是近十几年发展起来的。还有从城市地理方面研究秦汉漕运的论文，但是比较少。现根据已掌握的资料信息，加以整理做一简述，希望对学术界的研究有所帮助。

（一）总论性论文

《漕运春秋》是嵇果煌先生于20世纪90年代末发表的关于历代漕运发展状况的文章，分上、中、下三篇，其中上篇对于秦汉时期的漕运发展的原因以及两朝对于漕运的重视程度做了简要概述，并且分析了漕运对于江南地区的开发和水利发展所产生的影响[②]。李文治先生的《历代水利之发展和漕运的关系》具体描述了各个朝代水利事业的发展状况，并在此基础上分析了农田水利的修建、农业经济的盛衰与漕运是相辅相成、同步发展的关系[③]。劳干先生的《论汉代之陆运与水运》对于汉代水陆交通做了略述，并通过大量的文献史料证明不同地区的水运和陆运着重点不同，该文主要谈论了临海之地海运的存在和发展状况[④]。曹尔琴写的《中国古都与漕运》一文论述了漕运与都城的关系、漕运的目的、漕运的作用以及漕运道的几个特点[⑤]。潘京京的《略论秦汉时代的运河与漕运》从秦朝对于运河的开凿与影响、汉代对于漕运网的整理两方面对秦汉时期的漕运做了概述，进而分析漕运对秦汉社会的作用[⑥]。沈颂金在《秦代漕运初探》提出漕运始于先秦时期，并通过先秦时期的漕运回顾总结出这一时期漕运的特点。他论述秦代漕运的目的、方法以及管理形式（漕仓），总结了秦代与历代漕运的异同点[⑦]。

（二）漕运与河道

顺畅的水路交通是漕运顺利发展的先决条件。水路运输依靠天然河流和人工运河两部分，秦汉时期对于天然河道的改善以及人工运河的开凿和修缮为漕粮顺利到达关中平原奠定了坚实的基础，因此，秦汉时期水利工程的发展受到了较高的关注。比如，马瑞俊的《黄河河性与我国古代

① 赵冈：《中国城市发展史论集》，新星出版社，2006年。

② 嵇果煌：《漕运春秋》，《交通与运输》1997年5期。

③ 李文治：《历代水利之发展和漕运的关系》，《学原》1948年8期。

④ 劳干：《论汉代之水运与陆运》，《中央研究院历史语言研究所集刊》1948年16期。

⑤ 曹尔琴：《中国古都与漕运》，《唐都学刊》1987年2期。

⑥ 潘京京：《略论秦汉时代的运河与漕运》，《云南师范大学学报》1993年2期。

⑦ 沈颂金：《秦代漕运初探》，《中国经济史研究》2000年4期。

漕运》从黄河的自然环境和地理条件分析了黄河特殊的气候条件和自然地理条件对于历代漕运的影响，文中特别提到了秦汉时期统治者为保证黄河漕道顺畅而付出的努力，并总结人类改造自然的活动要符合一定的自然规律[①]。赵炜的《黄河漕运述论》将漕运的发展演变按中心区域分成几个不同的时期，并对这几个时期黄河人工运河做了较详细的叙述，并详细分析了影响黄河漕运的因素，同时还总结了黄河漕运对流域经济社会发展的积极意义[②]。孙丽娟的《豫晋峡谷黄河漕运遗迹》详细论述了黄河沿岸八里胡同栈道、三门峡以及与漕运有关的遗迹、新安盐东关防、仓储建筑遗址等。通过实地考察和历史文献记载，提出黄河航运的历史最早可以上溯到春秋战国时期，历经两汉至北宋，黄河漕运一直发挥着维系中央集权统治的生命线的作用[③]。杨海青、史智民的《古代三门峡黄河漕运及历史地位》描述了三门峡的地形条件以及三门峡黄河漕运的兴起、发展与衰落的历程，并提出黄河三门峡漕运的畅通对于社会稳定和统治秩序有十分重要的意义[④]。彭曦在《陕西洛河汉代漕运的发现与考察》考古简报中对于洛河沿岸的汉代漕运遗迹进行了细致入微的、系统的剖析[⑤]。这些已经发现和搜集到的资料信息，对汉代漕运史的研究工作提供了很重要的信息和帮助。

（三）漕运与漕仓

漕粮的运输是一项十分复杂繁重的任务，由于运送路途远、地形复杂、黄河特殊的自然环境特征等原因，往往发生船毁人亡、漕粮供应不及的事情。因此，从秦代开始就建设漕仓。关于漕仓的研究日渐深入，研究成果逐渐丰富。比如马彪在《敖仓与楚汉战争》中提出敖仓在楚汉战争中对于汉胜楚败的结果起到了关键性作用[⑥]。宋杰先生在《敖仓在秦汉时代的兴衰》中认为秦汉时期敖仓的设置和利用是迫于当时特殊的政治形势，又可作为水陆运输中的转运码头。它既可以作为中央政权的安全屏障，又起到维系经济命脉的作用[⑦]。由陕西考古研究所华仓考古队编写的《汉华仓遗址发掘简报》详细论述了此次遗址发掘活动的经过，并通过细心的整理和分析，绘制出了华仓遗址图，发掘出了很多生活用具以及粮食仓储物与瓦当，所有这些都为秦汉漕运史的研究提供了更加丰富的资料和对文献资料的佐证[⑧]。《陕西凤翔县长青西汉汧码头仓储建筑遗址》又是一篇关于西汉仓储发掘的考古简报，内容涉及遗址的地理位置、内部建造结构以及相关的出土文物。

---

① 马瑞俊：《黄河河性与我国古代漕运》，《河南大学学报》1989年3期。

② 赵炜：《黄河漕运述论》，《黄河文明与可持续发展》2012年3辑。

③ 孙丽娟：《豫晋峡谷黄河漕运遗迹》，《文物建筑（第3辑）》，科学出版社，2009年。

④ 杨海青、史智民：《古代三门峡黄河漕运及历史地位》，《洛阳考古》2015年1期。

⑤ 彭曦：《陕西洛河汉代漕运的发现与考察》，《文博》1994年1期。

⑥ 马彪：《敖仓与楚汉战争》，《北京师范大学学报》1987年1期。

⑦ 宋杰：《敖仓在秦汉时代的兴衰》，《北京师范学院学报》1989年3期。

⑧ 陕西考古研究所华仓考古队：《汉华仓遗址发掘简报》，《考古与文物》1982年6期。

大量的实物证明该处遗址在某些特殊情况下起到了仓储转运、存储和军需守备多重作用[①]。张晓东在《秦汉漕运的军事功能研究——以秦汉时期的漕仓为中心》中系统分析了漕仓的起源及其在漕运系统结构中的地位、秦汉漕仓设施与储备的军事作用、秦汉漕仓的交通条件与军事地理意义。从军事角度来讲，秦汉时期的漕仓有战时储备和物资转运的功能，并且适应了国家战略部署和国家经济需求[②]。

（四）漕运与交通

水运是漕运的交通表现形式，关于它的研究成果比较丰富。比如，王子今先生的《秦汉时期的内河航运》通过考古资料与文献资料相结合，对黄河、长江和珠江水系的航运进行了系统的分析和论述[③]。石凌虚先生的《秦汉时期山西水运试探》分析了秦汉时期的水运情况，包括黄河水运、汾河水运等地段，得出这一时期山西水运有以漕运为主，水运由南逐步向中、北方向发展，运河经黄河和海河联系起来等三大特点[④]。马正林的《渭河水运和关中漕渠》分为渭河航运的演变、漕渠的开凿与废弃、关中漕渠的历史成就与未来展望等三部分，其中第一部分提到西汉时期渭河的航运是相当发达的，过往粮船风帆上下、络绎不绝[⑤]。马晓峰的《先秦汉魏时期内河航运建设的特点》详述了先秦至汉魏时期的内河航运发展历程，其中以两汉为主要内容，总结出这个阶段内河航运主要以军队的辎重和地方的租赋运输为主的特点[⑥]。李令福在《论西汉关中平原的水运交通》中将该地区的水运交通分为自然河流的航运和人工运河的航运，并做了系统的论述和相应的实地考证，对于一些史料上没有的记载进行了补充[⑦]。

（五）漕运与漕船、其他

漕运的交通运输工具是漕船。关于漕船的研究焦点主要集中在秦汉时期的造船业。除了王子今教授在其《秦汉交通史稿》中关于秦汉舟车制造业的发展状况论述外，论文方面的研究成果虽然数量偏少但是出现了比较高质量的研究成果。比如，余华青老师的《略述秦汉时期的舟车制造业》以大量的文献资料记载分析和推测汉代造船业的制造工艺、制造设备和制造类型，并通过关于船只出土的不同地域推敲造船厂的分布地区和布局。其中比较引人注意的是关于南海地区海运的论述[⑧]。上官绪智、温乐平写的《从秦汉时期造船业看水军战船及后勤漕运保障》描述了秦汉时期造船机构的

① 陕西省考古研究所、宝鸡市考古工作队、凤翔县博物馆：《陕西凤翔县长青西汉汧河码头仓储建筑遗址》，《考古》2005年7期。

② 张晓东：《秦汉漕运的军事功能研究——以秦汉时期的漕仓为中心》，《社会科学》2009年9期。

③ 王子今：《秦汉时期的内河航运》，《历史研究》1990年2期。

④ 石凌虚：《秦汉时期山西水运试探》，《晋阳学刊》1984年5期。

⑤ 马正林：《渭河水运与关中漕渠》，《陕西师范大学学报》1983年4期。

⑥ 马晓峰：《先秦汉魏时期内河航运建设的特点》，《开发研究》2009年4期。

⑦ 李令福：《论西汉关中平原的水运交通》，《唐都学刊》2012年2期。

⑧ 余华青：《略述秦汉时期的舟车制造业》，《青海社会科学》1985年1期。

设置、区域分布和官员管理组织形式、船只的制造种类和性能等，证明造船业为这一时期的漕运提供了强有力的保障①。

除了以上论文，还有王培华的《汉唐长安粮食供应与关中天地人关系》对于影响汉唐长安关中漕运的因素做了详细的分析，其中包括纯消费性人口的增长、关中水利田和劳动人口投入的不足、自然变化的因素②。张晓东老师的《秦汉江汉漕运的演进及其历史价值》对于秦汉江汉漕运系统的形成、江汉漕运的军事社会作用和军事地理意义做了比较详细的分析，体现出江汉漕运在秦汉时期政治、经济、军事等方面扮演着重要的角色③。

关于秦汉漕运史的研究已经产生了一系列的研究成果，明确了漕运在秦汉时代的发展状况，了解了漕运对古代政治、经济、社会、文化等方面所产生的影响，并为以后漕运的深入研究提供了参考作用。改革开放以后，随着经济的日益繁荣和交通运输业的不断发展，许多漕运史专家注意到了秦汉漕运在整个漕运史中的特殊地位。从总体上看，这一时期的研究成果多以论文为主，断代性著作几乎没有。虽然多部以漕运为主题的通论性著作问世，但涉及秦汉漕运发展的部分偏少，隋唐之后的内容居多。究其原因，多与研究资料的相对匮乏有关。其中，研究比较集中的方面是漕运的定义，漕运的兴起时间及原因，漕运的管理组织形式，漕运与农业、商业经济、都市交通的关系等。

关于漕运的定义和产生时间及原因的讨论，许多学者提出不同观点，但总结归纳其共同点，可以认为：漕运兴起于秦汉时期，在国家统一的大背景下，以运输粮食为主要内容，为满足京师消费和军需储备的制度。漕务的管理组织形式和职责问题很少有人涉及，陈峰老师的《漕运与古代社会》注意到了这种形式的演变，但是关于护漕都尉的问题并没有深入探讨。吴琦教授在《漕运与中国社会》中提到了漕运与商业经济、农业经济的关系，见解独到，但是对于秦汉方面的论述相对简略。漕运与城市、交通的关系问题，陈峰和吴琦两位老师分别在各自的著作中谈到了。前者认为“正是由于漕运、运河的长期存在，才造就了举世罕见的都城繁荣，形成了工商业城市密布运河的格局”④。后者认为秦汉时期的城镇绝大多数集中在黄河流域，“这一方面是因为黄河流域是当时最富庶的地区；另一方面，与当时黄河流域频繁的漕运等交通运输活动密不可分”⑤。他们的论述焦点大多在隋唐特别是唐代之后，秦汉时期的城市发展描述比较简单。论文方面，漕运与漕仓是不可避免的谈论对象，敖仓更是主要集中点。马彪和宋杰两位老师论述了敖仓的军事作用以及兴衰演变。据资料记载秦汉时期设置了很多仓储，因此除了敖仓还应该有更多的仓储需要我们去研究探讨，如京师仓、太仓等。除了单个仓储的研究，对于整个仓储系统的形成、性质、作用以及与漕运的关系研究有助于我们更深入地了解秦汉漕运的社会意义，有继续深入研究的必要。在这里需要提到的是几篇关于汉代仓储遗址发掘简报为我们提供了实地资料，与文献资料相互佐证提高了研究成果的准确

① 上官绪智、温乐平：《从秦汉时期造船业看水军战船及后勤漕运保障》，《南都学坛》2004年2期。

② 王培华：《汉唐长安粮食供应与关中天地人关系》，《陕西师范大学学报》2009年3期。

③ 张晓东：《秦汉江汉漕运的演进及其历史价值》，《重庆社会科学》2008年1期。

④ 陈锋：《漕运与古代社会》，陕西人民教育出版社，2000年，184页。

⑤ 吴琦：《漕运与中国社会》，华中师范大学出版社，1999年，177页。

度。河道是漕运发展的首要条件，因此，河道的开凿和修缮也是历年秦汉漕运史研究的重点。黄河流域漕运的发展和演变是重中之重。有的学者通过对黄河沿岸的实地考察，结合文献资料，对影响黄河流域漕运发展的不利因素（地理条件、气候条件、科技水平）进行了系统的分析和总结。《史记·河渠书》提到汉代为了漕运的畅通在三门峡和褒斜谷的失败经历，足可见三门峡恶劣地理环境是影响黄河漕运的不利因素。马瑞俊的《黄河河性与古代漕运》和史念海先生的《三门峡与古代漕运》都对黄河及其支流因季节性变化引起河水流量少、河道浅、黄河几次决口改道导致漕运不畅做了细致的分析，并从客观的角度探讨了三门峡对黄河漕运的意义。漕运与手工业（造船业）的关系还是一个比较新鲜的研究领域，还有继续深入研究的必要。

从横向来看，这一时期的研究成果大部分从经济史、水利史、交通史、社会史的角度出发。秦汉漕运与经济的关系研究是最直观的，研究成果也占了很大部分，包括商业经济、农业经济、商业都市等。水利、交通事业的发展与漕运的关系则是同步发展、相辅相成的关系，这方面的研究成果颇丰，都集中于黄河及其支流的水运。王子今教授的《秦汉时期的内河航运》对秦汉的水路交通做了详细的述说，从全局把握内河航运的发展及其相互之间的联系。同时，也为我们研究这一时期的航运发展提供了大量的文献资料和考古资料。秦汉漕运与政治军事的关系也是值得研究的，前面提到宋杰、马彪两位老师关于敖仓从军事角度进行了分析，张晓东关于漕仓的军事功能做了论述，但是都局限于微观或者细节，并没有从宏观层面来把握漕运的发展变迁，因此这方面还有拓展的余地。从社会文化史、环境史角度研究秦汉漕运的成果十分稀少。

从纵向来看，秦汉漕运史的研究相比隋唐时期的同方向研究成果，是明显落后的，而且研究的焦点也比较少。如果按照区域地理来划分，黄河漕运的研究成果丰富，淮河、长江乃至珠江流域的漕运文章显然不足，一方面是秦汉时期江南地区的区域开发不及北方，另一方面与资料的缺乏有关。在大一统的背景下，汉武帝时期经略西南、征伐岭南以及东南沿海，开疆拓土，数以万计的军队奋战在前线，必定需要大量的粮草辎重。再加上南方气候湿润多雨，河流湖泊遍布各地，更有吴越因战争运粮而开凿的邗沟为基础，水运运量大、运输成本低的优势，因此运输方式选择水运或者水陆分运的可能性很大，因此，秦汉时期江南地区的漕运抑或发展成一定规模，这就需要历史研究者有深厚的文化功底和更多精力的付出。

以上种种，与隋唐以后的研究成果相比较，秦汉方面的漕运史研究则显不足，这大概多是因为资料的缺乏所致。因此，对于上面的种种不足之处，有两种解决途径：第一，历史研究爱好者对于现有的文献资料进行深入的挖掘，对于新发现的考古资料要加快整理的步伐，以便达到第一时间看到最新发掘成果。第二，加强研究成果的交流，尤其是与国外学者的交流，解放思想，拓宽思路，对于现有资料进行多角度、多方面的分析和解释。

综上所述，漕运作为古代中国一项特殊的经济制度，在政治、经济、社会、文化等方面产生了深远的影响，它起到了维系政治统治和经济命脉的作用。我们可以看到秦汉漕运史方面研究成果已经十分丰富，而且日渐深入，但在某些方面研究还是比较薄弱的。比如，政治军事方面，秦汉漕运制度的形成、漕运布局与军事地理的关系；经济方面，尤其是仓储制度，仓储制度的形成和性质划分、仓储的地理布局与漕运网形成的关系；文化方面，运河文化区的形成以及运河沿岸人们的社会生活；漕运与环境变化的关系，秦汉时期海运的发展与内地的联系等。随着最新考古资料和文献资料的发现，我们相信秦汉漕运史方面的研究一定会取得更大的成就。

（原载《集宁师范学院学报》2016年6期，66～71页）

漕运的历史演进与阶段特征

吴　琦

漕运是中国封建社会的产物，以中央集权政治为母体，以封建自然经济为土壤，始于秦汉而终于晚清。是历代封建王朝的重要经济内容。漕运的发展轨迹与整个封建经济的动向密切相连。秦汉时期，由于社会政治、经济制度处于起步阶段，所以漕运体现出无常制、无常时、无常额的特征。漕粮多为军事费用，漕运方向由东至西。唐宋时期是漕运的大发展时期。由于运河的开通以及经济重心的南移。漕运方向由东西向转为东南西北向。漕运渐趋稳定，有相应的成法、固定的职官和额定的年漕量，漕运成为一个较完整的经济体系。元代由于种种原因。主要采用海运的形式运输漕粮。所以这是一个漕运发展中的特殊时期。明清时期，是漕运制度的完善时期。由于历代的积累和统治者的重视，此期漕运的组织、机构、政策都十分严密和健全；明清漕运涉及的范围很广。由于社会经济的变化，漕运不断发挥诸多的社会功能；此时，漕运重心已完全落在南方，漕运方向转变为南北向。

《说文解字》诠释："漕，水转谷也。"追溯本义。漕运即是通过水路转运谷物的一种形式。但是，封建社会中的漕运有其特定的历史含义。

很早以前，我国民间便已利用沟渠和自然水道转运百物。但是，都不称为漕运。漕运是一个历史的概念，专指历代封建政府将所征粮食运至京师或其他指定地点，是我国历史上一项重要的经济制度。

漕运贯穿于整个封建社会，乃至半殖民地半封建社会，始于秦汉而终于晚清，是以中央集权政治为母体。以封建自然经济为土壤的封建产儿。中央集权的封建国家的建立，使一个广大的地区开始以统一的新姿态出现，它拥有庞大的官僚机构和军事组织。这些消费集团不劳而食（相对生产而言）。然而，封建社会经济是自给自足的自然经济。生产者的劳动产品主要用于自己的消费，而不是用以交换和售卖。因此，全国性的商品尤其是粮食商品市场难以形成，封建王朝大量的粮食消费，无法通过市场，以交换和购买的方式得到满足。只有采取行政手段解决问题。在封建中央集权之下，以皇帝为首的中央政府，其权力是至高无上的。封建国家可以借助权势，在全国范围内征收粮赋，并加以转运。这些就是漕运产生的历史条件和前提。

本文拟对漕运在中国历史上发展的几个阶段及各阶段的特点做一分析，以期窥见其间所反映的社会经济演变的内容。

一

漕运始于秦汉。《古今图书集成》按道："前此未有漕运之名也，飞挽始于秦"[①]。秦汉时期，是我国封建社会的初期，各项政治、经济制度和措施都还处于起步和摸索的阶段，因此，漕运也只是雏形，无定制，缺乏统一的组织和计划，没有从其他部门中分离出来，形成独立的经济系统。

有关漕运的记载最早见于汉代的一些著作。秦时，"使天下飞刍挽粟，起于黄（今为山东黄县）、腄（今为山东文登县）、琅玡（今山东胶州一带）负海之郡，转输北河。率三十钟而致一石"[②]。其转运的粮食主要用于攻胡掠地。同时，秦南攻越地，在南方开凿运粮渠道，深入越地。汉代，漕运用于战争也颇为频繁。高祖二年，楚、汉两军会战荥阳，萧何转漕饷军，保证了汉军的胜利[③]。武帝时，通西南夷，攻朝鲜，击匈奴，皆"劳中国人，漕中国粟。""转漕甚远，自山东咸被其劳"[④]。宣帝元康年间，为了远击乌孙，通渠转谷[⑤]。……从这些文献记载中，我们不难看出，最初的漕运与军事行动紧密相关，而且属于临时性需求，无定时，无定量。其主要原因是：当时京师所在的关中地区尚属富裕之区，对于"凡事草创"、官僚机构还不十分烦冗的秦汉政府来说，其地所产的粮食尚能满足朝廷的需求；而秦汉两代的军事活动极为频繁，需要大量的粮食作为后盾，因此，封建王朝把漕粮大量用于军事，这是很自然的事。相对来说，漕粮运于京师，供帝王与百官之用则较少，汉初，运于"中都"之粮仅数十万石，"不啻足矣"。不过，随着经济的恢复、河渠的开凿及政府的重视，元狩四年，河漕达400万石[⑥]。元封元年，致粟山东一度高至600余万石。[⑦]这一方面说明汉代的漕运规模和发展程度，"一岁之中，太仓、甘泉仓满"，而"天下用饶"[⑧]；另一方面表明当时漕运的不稳定性。

秦汉两朝均定鼎西北长安，当时，全国的经济重心在北方，关中和山东最发达。漕粮多半取给于这两个地区，漕运则经由横贯中原的黄河和渭水。因而，漕运方向大致为东西向，即由东向西。这一时期，虽也屡凿河渠，但多利用自然水道。负担馈粮者颇多，加之造船技术低下，漕运经验不足，缺乏统一、严密的组织，因此，漕运费用、损耗极大。秦时，三十钟才得一石；汉时，至少也需十余钟乃至一石。

从以上分析，我们对秦汉漕运可以得出这样几点印象：①漕粮多为军事费用；②漕运随需而作，属临时性的粮食运输，无常制，无常时，无常额；③漕运方向为东西向。

① 《古今图书集成·食货典》卷173《漕运部总论一》，2页。
② 《古今图书集成·食货典》卷173《漕运部总论一》，2页。
③ 《古今图书集成·食货典》卷155《漕运部汇考一》，1页。
④ 《古今图书集成·食货典》卷173《漕运部总论一》，2页。
⑤ 《古今图书集成·食货典》卷155《漕运部汇考一》，10页。
⑥ 《史记·平准书》卷30，中华书局，1982年，1436页。
⑦ 《史记·平准书》卷30，中华书局，1982年，1441页。
⑧ 《史记·平准书》卷30，中华书局，1982年，1441页。

这一时期，由于南方尚未开发，因此，这一地区的漕运活动并不突出。但是，汉代漕运的地域范围已及江南。元鼎二年，汉政府将水潦移址江南，“方下巴蜀之粟，致之江陵”①。说明汉统治者已经注意并利用这一地区。《后汉书·张纯传》记载：东汉光武建武二年，朝廷委派大中大夫张纯领颍川突骑，安集于荆、徐、扬，“部督委输”。不过，秦汉统治者对这一地区还不是十分重视，事实上，秦汉两代无力也无须从这一地区转输大量粮食。

三国两晋南北朝时期，封建经济重心已出现南移的端倪。就漕运制度而言，这个时期发展甚微。但是，随着南方经济地位的提高，江南已引起了统治者的关注，并进而认识到这一地区的经济作用。西晋时，陈敏奏曰：“南方米谷皆积数十年，时将欲腐败，而不漕运以济中州，非所以救患周急也。”② 因此，一些统治者比较注重沟通南北的水路交通，漕运南方粮食。魏正始二年，开广漕渠，“又通漕运，每东南有事，大军泛舟而下，达于江淮”③。广漕渠的开发。沟通了北方与江淮地区的水路联系，江淮地区日受重视。北方政权在西湖一带漕粮的运输途径有二：一是通过江淮达汴（河）、黄（河）：一是经由“沔、汉达江陵”。溯汉水，运抵北方。晋时，杜预开杨口，起夏水，达巴陵，千余里水道，“内泻长江之险，外通零桂之漕”④。

南方各政权则就地取材，对本地的漕运工作极为重视。南齐时，萧衍令郑绍叔督江湘粮运。以“汉口路通荆雍，控引秦梁，粮运资储听此气息”⑤。说明江南地区的经济地位日益提高。

二

唐宋是漕运制度发展较大的时期。此前的隋朝，由于立国时间不长，漕运制度建设的成就不甚突出。但是，隋政府实施的两项措施，对以后各代的漕运发生了很大的影响和作用。

一是运河的开发。隋文帝四年，为通漕运，开广通渠，从渭河达于黄河。大业元年，开通济渠。引黄河通淮河，以利转输。邗沟的整治则使淮河与长江相接。隋代前后三次进行的大规模的运河开发，使洛水、黄河、汴河、泗水与淮河、长江连为一体，使北方都城与经济日趋兴盛的南方富源直接联系起来，从隋朝的东都可直达江都和两湖。隋代对运河的开导，姑且不论其最初的意图如何，但运河在此后成为各代北运漕粮的唯一河道，则是无可厚非的。

二是粮仓的设置。隋朝在开发河渠的同时，还在各重要河津设置仓廪，以利转漕。开皇三年，因京师“仓廪尚虚”，隋政府在十三水次募丁运米。同时，在卫州置黎阳仓，洛州置河阳仓，陕州置常平仓，华州置广通仓，以南方漕粮转相输于京师。这一方法对唐、明两代的漕运影响很大。唐代漕运采用递运法，在各河段分置漕仓，转相递运；明代则采用过支运法以分置漕仓为漕粮的转运点。这些都是从隋代脱胎而来。

---

① 《汉书·武帝纪》卷 6，中华书局，1983 年，182 页。

② 《晋书·陈敏传》卷 100。

③ 《三国志·魏书·邓艾传》卷 28。

④ 《晋书·杜预传》卷 34。

⑤ 《梁书·武帝本纪》卷 1。

唐代是漕运发展的重要时期，这时，漕运基本形成了它的一套制度，作为封建国家经济部门中的一支，其体系已渐趋形成。唐代定都长安，关中虽仍称沃野之地，但其产粮土地狭小。“所出不足以给京师，备水旱”[①]。有唐一代，以转漕东南之粟为主。

唐初，置水陆转运使，专督漕运事务。从严格意义上说，漕运至此始有专职。转运使下先后设置了各级负责漕运具体事务的职官，贞观六年，置舟楫令一人，掌舟楫运漕，以正八品官为之，下设漕正、府、吏、监漕、漕史、典事、掌固等职；肃宗上元二年，又置丞二人，以九品官为之，下掌运漕隐夫。以后唐政府又置江淮水运使、汴州水运使、淮颍水运使等，加强对漕运的管理。

唐初，江淮漕米皆输于东都洛阳，岁不过20万石，高宗以后才逐渐增多。民送租者，皆有水陆之值。高宗始，洛阳以东的水运改为直运，但是，沿线道路多梗，花费颇巨，漕船行驶日少，受阻之日反多。玄宗时，裴耀卿建议仿隋代漕运濒河置仓，于河口（黄河通汴河的入口）置虎牢仓，巩县置河口仓，使江南漕舟不入黄河，黄河漕舟不入洛河，节级转运，不受季节、水情的影响，河水通畅则运，水浅则“寓于仓以待”，这样，“则舟不停留，而物不耗失，此甚利也”[②]。唐廷采纳了这一建议，收效甚大，三年转运漕粮700万石。

唐中后期，安、史兴乱，淮运受阻，唐政府被迫另择运道。江淮漕运改由襄汉以达京师。江南漕粮集于湖北，“自江、汉抵梁、洋”[③]。“安史之乱”后，漕运重归原道。江淮漕粮集于扬州北运。转运使刘晏定纲运制，每船载米千斛，十船为一纲，每纲三百人。篙工五十，采用接运。“江船不入汴，汴船不入河，河船不入渭”，“江南之运积扬州，汴河之运积河阴，河船之运积渭口，渭船之运入太仓”[④]。岁漕东南110万石。

唐代，朝廷把漕运重点放在南方，漕运线路也由秦汉的东西向变为东南西北向。此时，江南地区的经济作用十分明显，漕运地位开始确立。岁供漕者，以浙西、浙东、宣歙、淮南、江西、鄂岳、福建、湖南八道为主[⑤]。

宋代多借唐代旧法和漕运手段。但比唐代有较大的发展。宋代建立了一个庞大的官僚机构和军事组织。北宋漕粮基本上都用于军事和朝官俸禄，而军队占用的比重更大。宋代刘敛在《漕舟》一诗中写道：“太仓无陈积，漕舟来无极；畿兵已十万，三垂戍更多；庙堂万济帅，将奈东南何？”[⑥]有官吏把当时的漕粮分为三分，“二分在军旅，一分在冗食”[⑦]。

北宋设都汴梁，以汴河、黄河、惠民、广济四河漕运。其中，以汴河所运漕粮最多。主要负责漕运江南、淮南、浙东、浙西、荆湖南、荆湖北六路的粮食，自淮入汴至京师。管理漕务的官员称发运使。宋自景德四年始定年漕额为600万石（大中祥符初年一度达700万石），其中，淮南130

① 《新唐书·食货志》卷53。

② 《新唐书·食货志》卷53。

③ 《漕运汇选》第四章《漕运史料》，20页。

④ 《新唐书·食货志》卷53。

⑤ 《新唐书·食货志》卷53。

⑥ 《古今图书集成·食货典》卷181《漕运部艺文五》，4页。

⑦ 《古今图书集成·食货典》卷157《漕运部汇考三》，14页。

万石，江东100万石，江西120万石，两浙150万石，湖南65万石，湖北35万石。年漕额的确定。说明漕运趋于稳定。各地漕粮先运至真、扬、楚、泗四仓，再分运京师。由于宋代国都南移，宋代漕运比唐代便利。

自仁宗朝起，宋代漕运改直运法，六路“上供斛斗”并东南杂运至京师。“虽湖南、北至远也直抵京师，号直达纲”[①]。大观年，又复转盘法，但漕运弊端已多，漕法渐坏，以至于“雇舟差夫不胜其弊。民间有自毁其舟，自废其田者”[②]。南宋时期，漕运制度发展甚微。由于京城南迁临安以及频繁的战争，江南地区的漕运地位十分突出。

纵观唐宋两代漕运，其特点有：①漕运制度有很大发展，已基本形成为一个完整的经济体系；②漕运渐趋稳定，表现为有相应的成法、固定的职官以及额定的年漕量；③随着经济重心的南移，漕运重点已移到南方，体现在漕运的方向已由原来的东西向转为东南西北向；④由于河道等因素的影响，漕运方法变动频繁。

三

元朝定都大都，京城用粮仍依赖江南（元以前皆指长江沿线及其以南地区）。由于大都在正北，其原来的东南西北向运道已不能适应元政府漕运的要求，于是，开会通河，北接御河，下达清泗，至徐州会黄河，南通江淮；又开贾鲁河以通颍、蔡、许、汝之漕；又开通会河，联结京（京城）、通（通州）。南北大运河格局正式形成。

但是，由于会通等河属新开河道，岸狭水浅，载重漕船难以运行，元代漕运只好另择蹊径。大都离海较近，元政府依附的江浙地区濒临大海，江湖地区可顺江而下直达海口，因此，元政府采用海运，且终元之世，皆以海运为主。

元代运输的粮食数量不多，漕额最多的天历二年，也只有352万石。较之唐宋约减一半。这并不是元代无力进行巨额漕粮的运输，而是由于元代朝廷的需求决定的。唐宋的政治组织机构庞大，官吏繁杂，为了便于统治，军队也多集于京师；同时，唐宋两代北方边境干扰甚大，尤其是宋代，必须配备重兵防守，增加了对漕粮的需求。元朝则不同，入主中原以后仍保持游牧民族的特点。制尚简朴，北方也无强大劲敌，可不用重兵防守。元代军队皆分布于内地，因此，无须北运更多的漕粮。

元代以万户府和漕运司统辖海运和河运。河运无常，海运则分为春、夏二运。湖广和江西的粮食运至真州，“泊入海船”。由于朝廷需粮不多，湖广、江西等地的粮食大量用于代漕（主要是代江浙之漕）和赈济。

元代属于漕运发展过程中的特殊时期，漕运体制不完备，发展不大，与前代相异之处就是实行较大规模的海运。元代在海运的同时，对河运也做过一些努力，曾多次设置河运职司，频繁地开凿、疏浚内河，只是效果不佳，旋浚旋淤。畅通时甚少，无岁不在“利便输将”。

---

① 《湖南通志》卷36《田赋·统部》。

② 《宋史·食货志》卷175。

四

明清两代，是漕运制度的完善时期。

明初，朱元璋建都南京。由于运河不通，北运漕粮多取海道，并多为军事所需。永乐继位以后，迁都北京，十三年浚会通河，罢海运，转河运。明代的漕运制度主要是围绕三次漕法的变化而建立起来的。《明史·食货志》记载：明代漕运“法凡三变，初支运、次兑运、支运相参、至支运悉改为长运而制定”。支运，也称“转搬法”，由粮户自备船只，运至淮（安）、徐（州）、（临）德、通（州）四仓，由卫所官军分段接力，运到京师，年凡四次。此法始于永乐十二年。但是，由于百姓运粮“往返几一年，误农桑”，宣德六年，明朝廷改行兑运法，即军民联运，粮户只将粮运抵水次，交由官军运抵京师，粮户只按道里远近，交纳给运军一定数量的耗米和轻赍银。此法沿用数十年，于成化七年被长运法取代。长运又名“改兑”，是直达法。由运军直接赴各地兑运，然后径赴京师，百姓不再负担长途运输，只是在原有的耗米之外，加米一斗。不久，各有漕省“悉变为改兑，而官军长运遂为定制”①。

明初，漕粮无定额，每年多寡不一。成化八年，始定年漕粮额为四百万石，这一数额为清初所沿袭。一年一度的漕运往返时间较长，为了不耽误次年漕运，明政府对漕运程限限制很严。宪宗时，规定各有漕省的漕船必在九月初一以前抵达京师。世宗时，进一步具体规定南方各省漕船的出发和过淮时间。

明代，以江苏、浙江、安徽、江西、湖南、湖北、山东、河南等为有漕地区，其漕运组织机构十分严密。景泰二年设漕运总督，总理漕政，下辖各类漕运官吏和漕司，领十二把总，由十二把总率卫所屯丁分运各有漕地区的漕粮。

明代漕运，朝廷规定可以附载其他货物，即所谓“土宜”，免征税钞，其意图是使屯丁能以此应付沿途的盘剥和折耗之费，并维持屯丁的生活。弘治中，每船限带10石，万历时增至60石。明以前，也有漕船携带私货的现象，但朝廷明令许可携带并沿途出售，却还是始于明代。这说明，社会经济的不断发展，对漕运行业产生了巨大影响，使统治者不得不相应改变其统治政策。漕运中的这一现象。有利于商业贸易的发展，并推动一些商业城镇的兴起。

清代，漕运达到其巅峰时期。如果说明代漕运制度还有一个渐趋完善的过程，那么，清代漕运制度则已臻完善。从漕运的组织层次和总体法规来看。基本上是清承明制。但是，清代漕运制度更全面、更具体、更完备，涉及的范围更广。

清代漕运已发展成为完整的经济系统，机构健全，组织严密。主管漕运的官员仍为漕运总督，常驻淮安，“直隶、山东、河南、江南、江西、浙江、湖广等文武官员经理漕务者，皆属管辖”②。同时，设巡漕御史，由明代的一员扩充为四员，分设于淮安、通州、济宁、天津四处，催趱漕运、稽

① 《明史·食货志》卷79。

② 《户部漕运全书》卷21《督运职掌》，嘉庆朝刻本，第1页。

查漕运官吏及各项漕务。此外，针对漕运的各环节，还设置了粮道、监兑官、押运官等。地方各级文武吏员皆负有一定程度的漕务职责。

具体从事漕粮运输工作的旗丁是由明代的卫所屯丁转变而来的。清世，归于州县，专事漕运。清代，裁明代把总，以千总领帮出运，并于地方选一武举“随帮效力”。各船帮在有漕州县兑漕水次上均有固定的分配。

清代，各有漕省根据生产水平的高低、道里的远近、运输的便利与否等因素，确定了具体的有漕府州县。漕额以江浙为最，山东、河南为末。漕粮起交除正、耗米外，还有诸多杂项钱粮。顺治九年，定漕运为官收官兑，州县负责催征。清代政府对漕运的时间要求十分严格，各船持“水程”，所过沿河州县及入境出境日期，均由各州县注明。

对于漕船的分配、修造和处理，清政府也有明文规定。清代漕船以载500石漕米为准。漕船使用时间以十年为限满，如若年限未到而致船坏者，视漕船出厂年份，按例追罚。限满漕船可在京师变卖，重新打造。

清代漕运具有广泛的社会作用。首先是用于战争，并维持一些地区八旗兵丁的生计；其次是平粜市价，维持市场的稳定；再次是赈济灾荒，保障社会的安定。这在南方几省尤其是湖广、江西表现得十分突出。

随着社会经济的发展，特别是商品经济的发展，漕运与商业经济发生了密切的联系。康熙二十二年，清廷额定每只漕船许附带土宜60万石，雍正七年，于60石之外，加增40石。八年，再次提高限量，共计126石。雍正帝说：“若就粮艘之便顺带货物至京贸易，以获利益，亦情理可行之事。”[①] 同时，清政府规定回空粮船也可捎带一定的北货。因此，清代漕运实际起到了促进商品流通的作用。这一作用，对于商人的发展和商业城市的兴盛，不无积极意义。

综观明清两代的漕运，我们可以看到如下突出特点：①漕运制度完备，其组织和机构较之以往任何一个时期都要严密和健全，漕运已成为一个较为完整的经济体系；②明清漕运涉及的范围很广，封建社会后期，由于社会经济的发展和变化，漕运不断发挥诸多的社会功能，尤其是对商业经济的促进作用，体现了社会经济发展的趋向；③从明清时期所规定的几个有漕省份看，漕运的重心已完全落在南方，这一事实表明，南方经济已确立了在全国经济中的领先地位。这一时期，漕运方向已转变为南北向。

通过对漕运各阶段的递嬗、发展及其特点的论述，不难发现，漕运的发展与社会经济的发展是相连并同步的，研究漕运的演变过程，有助于我们从一个侧面加深对封建经济的认识。清后期，由于封建经济日益崩溃以及新的经济因素的不断增长，漕运出现危机，并逐渐衰亡。

（原载《中国农史》1993年4期，21~26页）

① 《清世祖实录》卷81，第22页。

中国漕运产生的历史动因

吴　琦

漕运，是中国历史上一项特有的重要经济制度。

漕运制度贯穿于整个封建社会，并延续到半殖民地、半封建社会，始于秦汉而终于晚清。它是以封建集权政治为母体，以封建自然经济为土壤的封建产儿。本文着重探讨漕运产生的历史动因。

一

漕运以封建集权政治为母体。

漕运的产生与封建集权政治的产生与发展有着密切的联系。先秦时期，“王”是最高的统治者，所谓“溥天之下莫非王土，率土之滨莫非王臣”。然而，以“王”为中心的中央集权，实际上仅仅控制着数百里的王畿之地，其余广袤辽阔的地区，则是处于一种“分土而治”的状态之下，或是受封之国，或为臣服之邦。这些大大小小的邦国与中央的臣属关系是十分松弛的，在经济上，主要承担着一种“进贡”的义务，这种进贡虽然是必须的，但却经常是象征性的。因此，三代虽然形式上统一，但是没有实现真正意义上的中央集权统治，与秦汉时期开始的封建中央集权有着本质的不同，不可相提并论。及至春秋、战国的社会大变动时期，列国蜂起，天子独尊的地位动摇并逐渐沦丧，原来形式上的统一和进贡也随之消亡，不复存在。由此，我们不难得出这样的结论：先秦时期，由于一直没有出现秦汉及其以后的那种强有力的中央集权的统治王朝，故而，也就不存在中央对各地区经济的严密、有效控制和统一调配，不可能出现中央对各地财赋经常性、大规模的征运。所以，漕运未能在这个时期产生，当在情理之中。虽然春秋时期，秦国等也曾有过“泛舟之役”[①]，但那只是利用水利之便，随需而作、偶尔为之的现象，并非制度化的漕运。

漕运是封建社会的产物。

秦统一六国，开始建立起封建的一统王朝，在全国范围内实行中央集权的政治统治，对韩非子的“事在四方，要在中央，圣人执要，四方来效”[②]的中央集权理论进行大规模的社会实践。中央集权的封建国家的建立，使一个广袤的地区开始以统一的新姿态出现，统一的集权王朝需要巨量的物质（尤其是粮食）来维持其生存与发展，漕运也就应运而生了。在封建集权政治之下，影响漕运产

① 《左传》僖公十三年。

② 《韩非子》卷 2。

生的历史动因，具体而言，有下列三个因素。

第一，庞大的中央官僚机构（包括皇室）需要巨额粮食供养，以维持其正常运转，发挥政治效能。集权统治不同于其他政治，其最重要的就是建立了完全听命于皇权的庞大国家机器，尤其是在京师，拥有庞大的官僚机构和军事组织。秦汉时期，以三公九卿为中心的官僚组织和驻京军队云集京师，造成了京师物质供应的匮乏，这在秦以前是不可能有的现象。豢养如此众多的人员，除了提供足够数量的土地之外，还必须要有巨大的各项日常实物开支。此外，居住京城的百姓及其他人员也需要大量的日用物质，这些都关系到封建王朝统治中心的稳定及其政治效能的正常发挥。解决这一问题，漕运显然具有至关重要的意义，漕运实际上是封建王朝中枢机关正常运转的物质基础。无怪乎明季有人大叹："天下大命，实系于此！"[①]，与此同时，为了支撑王朝"内兴功作，外攘夷狄"的事业，对付各种内乱外患，完成和巩固统一大业，也必须具有坚强的物质后盾，以巩固自己的力量，维持中央集权统治和统一局面。综观秦汉以及其后的历朝历代，漕运与封建王朝的兴衰息息相关，尤其是秦汉以后，这一特征愈加突出。

第二，庞大的封建军队体系需要供养，频繁的军事行动需要充足的粮食作为后盾。在中国历史上，中原王朝的主要边患，大多是来自北方的游牧民族，所以，自先秦以来，中原王朝的统治者不断地修筑长城，驻守重兵，以防北方强劲势力的南犯，这在集权统治的统一王朝时期均较为典型。由此，便形成了中国古代军事防御重心长期处于北方的形势。为了适应、稳定这一形势，一方面统治者将政治统治中心设置在北方，形成了绝大部分一统王朝定都北方的格局；另一方面，封建王朝着力于物资供应，保障这一防御体系赖以生存的物质条件，为此，封建王朝除在沿边屯田外，很大程度上依赖漕运。

边军需要大量粮饷，各地驻军与大小战争同样需要大量粮饷，所以，军用粮草是维持军队生存和保证军事行动的重要因素。秦汉开始，军用粮草主要通过漕运等手段来转输。楚汉之争，萧何功居第一，其中粮草供应及时是最大的功劳，所谓"（萧）何转漕关中，给食不乏"[②]。《汉书·张良传》记载了张良对京师所在之关中的评论："夫关中，左殽函，右陇蜀，沃野千里，南有巴蜀之饶，北有胡苑之利，阻三面而固守，独以一面东制诸侯。诸侯安定，河、渭漕挽天下，西给京师；诸侯有变，顺流而下，足以委输。此所谓金城千里，天府之国。"此段言论，实则反映了漕运在当时的重要作用，"委输"即是指军粮之转运，粮草的运输，直接影响战争的时间、规模、进程，影响军队的战斗力，甚至直接影响战争的胜败。王莽时期，因对匈奴用兵而大"转兵谷"，致使朝野大哗，天下骚动。足见漕运确是朝廷的重大事件。

战争需要粮草，庞大的驻军需要粮草，漕运随着封建王朝军事行动的频繁和军队的扩充，日益提高其社会地位，不断发展。

第三，为了遏制社会不安定因素，赈济灾荒，封建王朝需要征集、储备和转输大量粮食。古代社会，灾荒对于地域广阔、人口众多、各地区间的联系又不甚紧密的农耕社会，往往成为严峻的考

① 顾祖禹：《读史方舆纪要》卷129《川渎六》。

② 《汉书·萧何传》。

验。封建社会初期，各地区都在中央集权的统辖范围之内，凡事都关系到统一政府的稳定与否，处理得好，国家兴旺发达，处理不好，则会成为破坏社会机体的重要因素。所以，救荒便成为封建王朝安定社会、实施社会管理的重要职能。

秦汉时期，由于自然和社会的原因，经常性地遇到水、旱、虫、严霜、冰雹、地震、瘟疫等自然灾害，对当时人们的生活和整个社会的发展都产生了极大的影响。为了巩固封建统治，减缓灾荒对社会机体的破坏，封建朝廷十分重视组织高效率的救荒运输。救荒运输有两个重要的环节，一是备荒，一是运输。备荒，封建社会初期的统治者，主要采取了仓储的形式，故而，粮食储运成为不可或缺的重要手段。以秦汉时期仓储系统的代表——敖仓为例。敖仓在秦王朝时，便进行了长时期的经营。楚汉相争期间，刘、项曾于敖仓激烈争夺，两汉之际和东汉末年的社会大变动中，“据敖仓”成为各个武装集团争夺中原、取得战略优势的重要条件和目标，由此可见敖仓的重要战略地位。而敖仓，原本就有“开仓”赈济“流亡”的社会意义。这里需要指出的是，敖仓粮食的进与出，主要是通过漕运完成的。如西汉时期，漕运路线是由敖仓西向，经由位于“渭纳”即河渭“水会”之处的漕运中转站京师仓，转入渭河或漕渠，以赈济各地。故此，漕运是封建王朝赈济灾荒、稳定社会的重要手段。

二

漕运属于经济的范畴，其产生除与集权政治紧密相连外，与封建自然经济体系也密不可分。

秦汉时期，统一的封建国家形成，一统的帝国有着共同的经济基础。但是，由于经济发展水平的制约，商品经济处于较低的发展层次，各个地区、各个民族的经济发展与联系尚未系统化与整体化，因而，国内区域性的地方市场尚不完善，全国性市场不具备出现的条件。

汉代以降，尽管富商大贾“周流天下”，甚为活跃，长安以及洛阳、临淄、邯郸、宛、成都等都是著名的大都市，但是，这些多为区域性的货物集散地和手工业基地，不足以成为全国性的市场。其中，缺乏具有代表性的粮食集散地，因而，更不存在全国性的粮食市场。京师长安虽然是全国的政治、经济、文化中心，但它并不是全国粮食的集散中心，全国范围内也无这样一个中心可以仰赖。在这种情况下，封建朝廷显然无法通过市场，购置足以维护朝廷正常运转的粮食及其他物质。当然，这与中国封建社会伊始，统治者便推行重农抑商的政策也有一定的关系，此不赘述。

既然封建王朝从市场上购置所需的粮食等物资完全没有可能，那么，只有立足小农经济，依靠对农民的赋税征收。

单家独户、男耕女织的小农业生产、生活方式是中国封建社会的重要标志。春秋战国以降，集体生产渐次向个体生产过渡，发展到秦汉，确立了“一夫挟五口，治田百亩”[①]的小家庭耕作制的主导地位。一个家庭内，“男子力耕”、“女子纺绩”，“一夫不耕，或受之饥，一女不织，或受之寒”[②]。

① 《汉书·食货志》。

② 《汉书·食货志》。

这种男耕女织，以织助耕的封闭自足机制的农户，成为构筑中国社会机体的一个个细胞；这一经济形态，构成古代中国生产方式的广阔基础。这种小农经济支撑着沉重的集权王朝，滋养着庞大的官僚群体。

小农的特质决定了他必然成为封建王朝攫取财富的主要对象。小农经济经营规模狭小，以满足自身消费为生产的基本目的，即实行以粮食生产为中心的经营，这种小农经济分散、孤立。生产要素的分散组合，使社会长期难以形成与封建王朝分庭抗礼的社会组织和集团。个体小农对强大的集权机构只能是屈从。然而，相对奴隶社会而言，封建社会的农民对土地及其主人的依附关系相对松弛，因此，对拥有独立经济的农民进行封建剥削，需要有超经济的强制手段，需要有政治统治权力做保证。封建中央集权政治正是这种权力的保证。

由此，我们不难看出，小农对于封建王朝具有这样几方面的有利因素：分散，难以形成强大的抗拒力量；以粮食生产为中心，可以提供源源不断的粮食；长期附着在土地上，可以随时征用。基于这些因素，集权政治统治是有效的，小农成为赋税与徭役的双重负担者，成为封建国家的生存基础。从这个意义上讲，中央集权封建国家的盛衰确实与小农经济的荣枯密切相关。

小农经济是封建国家的赋役之源，小农经济的特性为朝廷以漕运等方式征赋于民提供了条件。正由于如此，封建国家往往不乏扶助小农的政策，以保护其赋税之源和维持封建统治的稳定，如抑制兼并，均平赋役，以及生产上的种种措施。所以，集权政治与小农经济的结合是促成漕运出现的最根本的历史动因。

然而，小农个体经济分布在广大的统治区域内，到底以何种方式征集千万个小农手中的粮食，这恐怕是初期封建王朝颇费心机的一个问题。

古代社会，由于科学技术尚不发达，交通十分落后，对于物质的运送，主要是肩担畜驮或车船运输。然而，小量的物质运送或短距离运输，尚可通过人、畜等完成，但是，大量的、远距离的物质运输，便难以如此了，尤其是像粮食运输，既量大，而且每年必须征运。这就决定了封建王朝对各地粮食的征集运输形式，必定是漕运，即通过水路运用船只对粮食加以转输，漕运具有负载量大、利用水道、节省劳力等优点。

三

漕运必须依赖水道才能进行。良好的水道运输系统是漕运产生与发展的必要客观条件。

在我国历史上，水运是交通运输的主干，封建国家向民间征集的粮食和财物，都要通过水道加以转运和调配。所以，封建集权国家建立之后，河道的开凿和疏浚备受统治者的重视，成为封建王朝的一项基本国策，尤其是对漕粮的运输，被视为一项专业运输，它直接关系到封建王朝的盛衰兴亡。

封建王朝对水道的重视，首先是着眼于自然水道。

秦统一全国以后，出现了政治中心和经济中心难以直接联系的矛盾。我们知道，当时的政治中心在咸阳，经济中心却在定陶，如何将二者联系起来，在当时既经济又省力的便是水道运输。咸阳位于渭水岸上，定陶位于济水岸上，由渭水可以进入黄河，由黄河则可以通达济水。秦统治者首先在荥阳附近建立起前文述及的规模宏大的敖仓。敖仓地处古鸿沟与济水由黄河分流出来的水口上，可汇聚由鸿沟与济水运来的粮食，然后，由黄河、渭河转输至咸阳。秦王朝正是通过这种方式沟通其两大中心。

秦时赖以依存的农业发达区域是当时位居东部的临淄、济泗之间的地区、鸿沟流域以及江淮二水的下游地区。秦王朝从这些地区征集的粮食和其他物资，皆沿着鸿沟、邗沟、济水、黄河等水道，运往关中。这些便利的水道，为最初漕运的发展，提供了不可或缺的条件。

进入汉代，随着中央集权官僚机构的扩大，朝廷对粮食的需求量不断增加，迫使汉统治者改进漕运粮食的条件，即加强对水道网的开凿、整理和疏浚；与此同时，不断扩展的水道系统，又极大地促进了漕运的发展。

汉代，水道系统的发展成就主要有：

开凿漕渠。汉初，山东各地的漕粮转运至潼关附近。因渭水水道弯曲，水浅且多泥沙，遇到了很大的障碍。为了便利漕运，以满足京师长安的需要，汉武帝时，朝廷“发卒数万人穿漕渠，三岁而通”[①]。漕渠由长安引渭水入渠，并一直通到黄河。山东一带的粮食及物资皆可由此水道直接运输到长安，大大改善了长安以东的水道交通状况。

整理鸿沟。鸿沟是中国封建社会初期的重要漕运水道系统。战国和秦时，朝廷已广泛地加以利用。汉初，由于诸侯割据，影响了鸿沟系统的漕运功能。汉武帝年间，黄河在濮阳附近决口，使鸿沟的一部分遭到破坏。由于鸿沟的几条水道是人工开凿的，河床原本不深，故黄河水中的泥沙淤积于此，导致运道湮塞，整个水运系统几近瘫痪。东汉明帝时期，朝廷组织力量治理鸿沟故道，这一措施不仅使鸿沟系统的面貌得到改观，黄河水患也因此得到治理。这之后，鸿沟水系实则只剩汲水一支，被称为汴渠。汉王朝的这次水道整治工作，史称“河汴分流”，对于中国漕运之功极大。

护理汴渠。东汉都城建于洛阳，故而非常重视对汴渠的护理，其中，主要是防止黄河水冲入汴渠，维持汴渠的良性状态，保证漕运的正常进行。东汉顺帝年间，汉王朝从汴口以东一直到淮口，沿岸皆积石为堰，彻底加以防护，名曰“金堤”。

开凿阳渠。东汉，为了解决漕运问题，朝廷着手治理京师以南的洛水，并开凿新的人工运河，以便使漕粮的运输从汴渠入黄河，再由洛口溯洛水到洛阳。然而，洛水的水量十分有限，为了解决这个问题，建武二十四年，大司空张纯在洛阳城南开凿阳渠，史载：“上穿阳渠，引洛水为漕，百姓得其利。”[②]渠成，漕船由汴渠入黄河，由黄河溯阳渠，抵洛阳，漕粮输入常满仓。

修整邗沟。邗沟开凿于春秋末期的吴王夫差时期，一直是南北经济文化交流的大动脉。东汉顺帝年间，朝廷鉴于邗沟故道由江都入射阳湖后，湖宽风急，漕船常有淹没之患，于是派陈敏另开新道，由江都经樊良湖改道津湖，再由津湖直接由末口入淮水，避免了射阳湖的水患，给漕运带来了极大的便利。

---

① 《汉书·沟洫志》。

② 《后汉书·张纯传》。

维护灵渠。秦始皇时，秦王朝还在湘桂之间开凿灵渠，以通漕运。这一措施，沟通了湘、漓二水，联系了长江和珠江两大水系，成为中原和岭南之间唯一的水上交通的要道。

此外，秦汉时期，封建王朝还开展了其他的一些治水活动，如凿褒斜道、凿砥柱等。这些活动虽然成效不大，但是，我们不难看出，秦汉两代对于漕运水道的开凿和治理是不遗余力的。秦汉时期建立起来的水道运输系统，不仅为秦汉漕运带来了极大的便利，为封建社会初期漕运的生成与发展提供必不可少的条件，而且奠定了后世漕运的水道基础。所以，秦汉的水道系统为漕运在整个封建社会的延续与发展提供了必要条件，是漕运产生的又一重要历史动因。

［原载《华中师范大学学报（哲社版）》1995年3期，105～109页］

漕运与古代农业经济发展

吴　琦

漕运的发展与古代农业经济的演变格局，与区域农业生产水平，有着密切的内在联系。农业的发展状况决定漕运的动向，漕运的发展反映农业经济的变化情况。秦汉时期北方农业经济在全国遥遥领先，隋唐时期南方经济迅速发展，宋代“苏湖熟，天下足”谚语流行，明清时期“湖广熟，天下足”新谚流传——中国古代农业经济的这种发展轨迹与特点，在漕运中得到了全面的反映。通过剖析漕运与农业经济的关系，我们确能更深入地认识古代农业发展的特点与一些重要区域的农业经济地位。

漕运属于农业经济的范畴，漕运的发展与古代农业经济的演变格局、与区域农业生产水平，都有着密切的内在联系，考察漕运与农业经济发展的关系，有利于我们从更深刻的层面认识中国古代农业发展的特点，评价区域农业生产的历史地位。

一

春秋、战国时期，黄河中下游地区的经济发展在全国遥遥领先。农业中推行牛耕，土地基本上得到开发。成书于战国的《禹贡》记载各地土地的利用情况，把全国分为九等，其第一至第六等分别为雍、徐、青、豫、冀、兖六州，皆集中分布于这一地区，特别是关中地区和山东半岛一带，经济十分发达，所谓“关中之地，于天下三分之一，而人众不过什三，然量其富，什居其六”，而“齐带山海，膏壤千里，宜桑麻，人民多文彩布帛鱼盐”[①]。这一经济发展格局延续到秦汉时期。

秦汉时期，黄河中下游地区经济继续高涨，户口、垦田有了较大增长。如西汉元始二年，全国共有户 12233062，口 59594878，垦田数 8270536 顷，比战国时期增加了两倍以上。尤其是这一时期政府在黄河流域大力发展水利事业，有效地促进了农业生产的进步。

西汉大办水利事业始于武帝时期，主要集中在三辅、关中地区。为了缩短漕运路线，大司农郑当时建议“引渭穿渠”，开渭水渠。此举有两大好处，一是减少漕运时间，“损漕省卒”，二是可“益肥关中之地”。渠成，漕运大便，“而渠下之民颇得以溉田矣”[②]。

① 《史记》卷 129《货殖列传》。

② 《史记》卷 29《河渠书》。

关中地区，郑国渠与白渠对农业生产的发展起了相当大的作用。武帝太始二年，“赵中大夫白公复奏穿渠。引泾水，首起谷口，尾入栎阳，注渭中，袤二百里，溉田四千五百余顷，因名曰‘白渠’”[①]。

当地人民歌颂说：“田于何所？池阳、谷口。郑国在前，白渠起后。举臿为云、决渠为雨。泾水一石，其泥数斗。且溉且粪，长我禾黍。衣食京师，亿万之口。”[②]正如班固在《两都赋》中所说：“郑白之沃，衣食之源”。农业呈现一派繁荣景象。

在古人的经营管理观念中，多希望将漕运水利与农田灌溉结合起来，如贾让曾提出在黄河下游多穿渠道，使水分多路入海的方案，其中谈道，“多穿漕渠于冀州地，使民得以溉田，分杀水路”，并说明此法有三利：一是“若有渠溉，则盐卤下湿，填淤加肥”；二是“故种禾麦，更为粳稻，高田五倍，下田十倍”；三是“转漕舟船之便”[③]。汉代正是根据这样一种指导思想，兼顾漕运与农业灌溉，收到了较好的成效，黄河中下游地区的农业发展尤为突出。农业的发展使这一地区成为漕运的重心。《史记·平准书》记载，汉初，“漕转山东粟，以给中都官，岁不过数十万石”，汉武帝时，“诸官益杂置多，徒奴婢众，而下河漕度四百万石，及官自籴乃足”。同书记述，“汉兴七十余年之间，国家无事，非遇水旱之灾，民则人给家足，都鄙廪庾皆满，而府库余货财”，“太仓之粟陈陈相因，充溢露积于外，至腐败不可食”。农业的发展与漕运的发展互为观照。

这一时期，虽也见朝廷漕运江淮的举动，但由于江淮开发不充分，漕运效果并不理想，朝廷在这方面的意愿也不强烈。自魏晋以后，黄河中下游地区的经济逐渐显现衰退现象，江南地区日渐得到开发。

需要说明的是，江南农业经济在东汉尚未脱颖而出，但已进入较快的发展轨道。《后汉书·郡县志》桂阳郡郴县下的注引《荆州记》说：城南附近有数十亩田，“常十二月下种，明年三月新谷便登，一年三收”。这或许是我国一年三熟的最早记载。虽然温泉是导致这一农业生产现象的重要因素，但如果没有水田耕作技术的一定进步，再好的自然条件也难有一年三熟的成就。东汉时期，曾有北方郡国出现灾荒而调拨江南各郡租米赡给的事例。《后汉书·安帝纪》记载，永初元年，“调扬州五郡租米，赡给东郡、济阴、陈留、梁国、下邳、山阳”（注曰，“五郡渭九江、丹阳、庐江、吴郡、豫章也”）。又永初七年，“调零陵、桂阳、丹阳、豫章、会稽租米，赈给南阳、广陵、下邳、彭城、山阳、庐江、九江饥民，又调滨水县谷输敖仓”（注引《东观记》说，“滨水县彭城、广阳、庐江、九江谷九十万斛，送敖仓”）。由此可见，江南这些郡县的农业已有长足进步，漕运时有所及。

二

隋唐时期，统治者对江淮一带的开发极为重视。隋帝倾全力修筑运河，旨在开发东南。唐代，

① 《汉书》卷29《沟洫志》。

② 《汉书》卷29《沟洫志》。

③ 《汉书》卷29《沟洫志》。

尤其是中期以后，战乱对北方的经济环境造成了极大的破坏，统治者加紧了对东南资源的开发。据《新唐书·地理志》记载，安史之乱以后，唐王朝在江淮地区兴修的水利工程有40多处，居全国之首，其中，许多工程的漕溉面积都在千顷至万顷之上。同时，官府又招徕北方流民大兴垦田，耕地面积迅速扩大。据陆龟蒙《耒耜经》所载，这里的生产方式与生产工具有了很大改进，改变了过去“火耕水耨”的状况。

由于上述因素，中唐以后，南方的经济地位显著提高，史载：“江东诸州，业在田亩，每岁一熟，则旁资数道”[①]。当时的有识之士，已明确地认识到江淮地区在国家经济中的重要：“今国家内王畿、外诸夏，水陆绵地，四面而远，而输明该之大贵，根本实在于江淮矣。何者？陇右、黔中、山南已还，垅瘠啬薄，货殖所入，力不多也；岭南、闽蛮之中，风俗越异，珍好继至，无大赡也；河南、河北、河东已降，甲兵长积，农厚自任，又不及也”[②]。国家财政收入仰仗江南，所谓“当今赋出于天下，江南居十九”[③]。这种说法虽不免有夸大之嫌，但在一定程度上反映了江南当时的经济发展水平和在全国的经济地位。

南方农业经济的大发展，使得漕运重心逐渐转向这一地区。按照地理位置和分布方向，唐代漕运的几条主要通道多指向南方。①东南运河道。这是沟通黄河、淮河、长江和钱塘江四大水系的水运通道，这条通道在唐代的一个重要功能，便是朝廷用以漕运江淮诸道的粮食。其中，山阳渎和江南运河是唐代东南运河道最为重要的两段航路。这两段航路虽前已有之，但为了漕运的便利，唐王朝仍投入了较多的力量修凿、治理。②江淮江沔道。这条水道也早已有之，唐初进行了一定的治理。中唐以后，由于藩镇割据势力常常切断东南运河的运输，与中央对抗，削弱朝廷的势力。唐王朝为了转输江淮租赋，便不时起用江、淮、汉沔这条水陆相兼的漕运通道，向关中输送财物。这条水道在中唐多次得到治理，在安史之乱、李希烈反叛和唐僖宗逃亡蜀地等政治动乱中，唐王朝皆利用该水道转运巴蜀和江淮租赋。故而，这条水道对于维持濒于崩溃的唐中央政权起到了至关重要的作用。③大庾、灵渠道。这是唐王朝用以漕运岭南和安南等地租赋的两条漕运通道。前者从广州出发，溯浈江（今北江）而上，至韶州浈昌，卸舟载车，越大庾岭陆行一百一十里，又载舟沿赣江至洪州豫章，再北行至彭蠡湖，进入长江，沿江抵达瓜州，与山阳渎南端相接，然后由东南运河北运。这条通道以大庾岭最为险恶，唐王朝曾进行了多次治理，大大便利了漕运。灵渠是自古以来南接漓江、北接湘水，沟通长江和珠江两大水系的一条人工运河。唐代后期，朝廷认识到这一地区的重要性，加强控制，不畏其劳地远道漕运。④嘉陵故水道。这是连接关中和巴蜀地区的漕运通道。唐代晚期，由于藩镇各专租税，河南北、江淮无复上供，朝廷多仰赖这条运道。⑤黄河汾水道。

从以上几条漕运主干道的分布不难看出，唐代的漕运重心确在南方，不管是唐前期的太平盛世，还是唐中后期的大乱之世，南方漕运线始终是唐王朝的生命线。唐人杜牧便道出了“天下以江淮为国命”[④]的强烈感受。这与两汉时期的情形迥然不同。导致这种情况出现的原因是多方面的，但

① 《权载之文集》卷47《论江淮水灾上疏》。

② 《全唐文》卷525罗让《对才识兼茂明于体用策》。

③ 《全唐文》卷555韩愈《送陆歙州诗序》。

④ 《全唐文》卷753杜牧《上宰相求杭州启》。

是，最根本的原因是南方的开发和长江流域农业经济的发展。在这个问题，鲜明地体现了漕运的指向必是经济发展的重要地区的特征。

五代时期，江南诸国为了维护自己的统治，积极发展生产，大量的农田得到了开垦，到北宋时，“虽硗确之地，耕耨殆尽”①，世称，“今之沃壤，莫如吴越、闽蜀”②。农业的发展，促进了其他经济领域的相继腾起，而苏、杭、常、湖、宣、润、越、洪、江、吉、饶、福等名都大州，在唐代的基础上更加繁荣。尤其是苏杭一带，成为当时人所共瞩的经济发达之区，如《吴郡图经续记》记载：苏州“地沃而物夥”，为“食货之所萃聚”。故此，当时社会出现了“上有天堂，下有苏杭”和“苏湖熟、天下足”的谚语。这一谚语的出现与流行，标志着中国古代经济重心的最后定位。关于这一点，我们从宋代漕运的发展情况同样可以找到有力的印证。

北宋漕运重心在东南六路—淮南、两浙、江南东西和荆湖南北路。太平兴国六年，诸河漕运额为：汴河岁运江淮米三百万石，豆百万石；黄河粟五十万石，豆三十万石；惠民河（并蔡河）粟四十万石，豆二十万石；广济河粟十二万石。一共五百五十二万石③。江淮占总数的72.5%，黄河中下游地区仅占27.5%。宋真宗景德四年，北宋政府据此前东南漕粮的规模，确定了东南六路年漕运额，“上供六百万石，米纲立额始于此”④。实际上，南方每年的漕运数额常超出此限，而北方数河的漕运数量却不断减少，嘉祐四年，又废黄河漕粮。从漕粮内容来看，“广济河所运多是杂色粟豆，但充口食马料”，黄河所运类同，“惟汴河所运一色粳米，相兼小麦，此乃太仓蓄积之食”⑤。故此，时人皆认为朝廷内外皆“仰给江淮”⑥。

北宋漕粮多取东南，这与东南经济当时在全国所处地位有关。不过，北宋东南各路在漕额上尚有较大差距。这仍是由各路的农业生产水平所决定的。据《梦溪笔谈》记载，在六百万石的东南漕粮中，淮南所出为一百三十万石，两浙一百五十万石，江西一百二十万八千九百石，江东九十九万一千一百石，湖南六十五万石，湖北三十五万石。六路中，以江浙地区的漕额为最。这与“苏湖熟，天下足”所反映出来的农业状况是吻合的。庆历三年，范仲淹曾说：“臣知苏州日，点检簿书，一州之田系出税者三万四千顷。中稔之利，每亩得米二石至三石，计出米七百余万硕，东南每岁上供之数六百万石，乃一州所出。”⑦该州粮食总产比六路上供之总额尚多出一百万石。可见，岁输六百万石漕粮对东南六路来说，是胜任有余的。故而韦骧在《汴河》诗中叹道：“年年漕运无穷已，谁谓东南力不任！”

结合漕运与农业发展状况，我们可以推断，至迟在北宋时期，江南地区的经济发展全面超过黄河中下游地区，成为全国的经济重心所在。在这重心中，又以江浙最为突出。这一经济发展格局，

① （宋）方勺：《泊宅编》。

② 《玉海》卷17秦观语。

③ 转引自〔美〕班乃特：《傅兰雅译著考略》，哈佛大学东亚研究中心，英文版，23页。

④ 《文献通考》卷23《国用考一》。

⑤ 张方平：《乐全集》卷27《论汴河利害事》。

⑥ 《宋会要辑稿》，食货四一之19。

⑦ 《续资治通鉴长编》卷143庆历三年。

宋代以后得到延续。元代漕运指向仍是农业经济的发达之区——江南一带。《元海运志》称：元朝廷“百司庶府之繁，卫士编民之众，无不仰给于江南”。

三

明清时期，长江一线已毫无辩驳地成为全国经济最为发达的地区，长江中下游是朝廷漕运的主要地区，每年千万艘满载粮食的漕船重运北上便是这一地区农业生产水平的真实写照。

然而，明清时期南方农业经济格局出现了一些变化，“湖广熟，天下足”逐渐取代“苏湖熟，天下足”的谚语而在社会上流传。“湖广熟，天下足”的谚语具体缘起何时，学术界尚有歧见，但始于明代的观点大致为人们所认同。著名史学家翦伯赞先生在《中国史纲要》一书中认为：“湖广从明末以来就有，‘湖广熟，天下足’之谣。”[①]日本学者加藤繁在考察中国稻作的发展时谈道：“到了明代，又出现了’‘湖广熟，天下足’的说法。”[②]还有一种明前期说，或具体推断为明成化年间[③]。这些看法是依据材料时间的不同而定的，或依据《清圣祖实录》，或依据崇祯时编《地图综要·内卷·湖广之部》，或依据明代人何孟春著《余冬序录》。根据材料的时间去推断此谚形成的早晚，大致可行，因为至少当时该谚及其所反映的经济状况是客观存在的。我们再从明人的记载中寻找例证。明人吴应箕《楼山堂集》载：“江南地阻人稠，半仰食江、楚、庐、安之粟”；“夫徽（州）池（州）之间，人多田少，大半取给于江西、湖广之稻以足食者也”[④]。明人包汝楫《南中纪闻》载：“楚中谷米之利、散给海内几遍矣。”[⑤]从这两种文献记载的情形可以了解到，明代江南（主要指江浙一带）有很大一部分粮食要仰赖湖广的接济；湖广粮食不仅运往江南，而且还流向其他地区，如关陇秦豫及西南地区等。这是“湖广熟，天下足”一谚的最好说明。

“湖广”在明代的内涵已不同于元代。元代湖广行中书省包括今两湖、两广等地区，而明代湖广布政使司则主要是今湖北、湖南。清代，“湖广熟，天下足”成了人们对湖广的总体印象。自康熙三十八年谕旨谈到“湖广熟，天下足”一谚后，无论是朱批还是大臣奏折，只要提到湖广粮食生产，多是称颂之词。这无疑说明湖广地区的农业生产水平有了长足的进步。这种情况在漕运中得到了突出的反映。清代全国共八个有漕省份，湖南、湖北为其中的两个，并且湖广漕运在其中发挥了极为重要的社会作用[⑥]。

然而，有一个问题需要阐明：为什么在“湖广熟，天下足”的经济格局中，湖广漕额却远低于江浙？两个地区究竟处于一种什么样的经济发展水平？相互关系如何？

单纯地看清代湖广漕额，每年二十六万石确实不多，与江浙相比，还不及其一府的漕粮。但

---

① 《中国史纲要》第3册，人民出版社，1979年，271页。（原引《清圣祖实录》卷193，康熙十八年六月）

② （日）加藤繁：《中国经济史》，3卷，商务印书馆，1973年。

③ 《建国以前湖广地区农业经济发展水平——从“湖广熟，天下足”谈起》，《湖北社会科学》1986年5期。

④ 吴应箕：《楼山堂集》，卷10、卷12。

⑤ 包汝楫：《南中纪闻》，4页，四部丛刊本。

⑥ 参见拙文《清代湖广漕运的社会功能》，《中国经济史研究》1993年4期。

是，我们不能仅仅依据这种漕额比率来衡量、确定实际生产水平。湖广漕额少有其特殊的原因。

在有漕八省中，湖南、湖北属于最远的省份，道远而险，每年十月、十一月便忙于开仓交兑，第二年初开船，直到九月方交兑完毕，回空南下，往返“几一年”。同时，漕运年复一年，非特殊情况不能中断，为了保障每年漕粮的顺利北运，湖广地区的漕运规模不宜过大，漕运数量必须限制。这是朝廷必须考虑的重要因素。

从全局统筹考虑，为了使湖广漕粮发挥更大的作用，统治者有意识地减少湖广漕额。湖广地居长江中游，洞庭之滨，四通八达，交通便利，每当邻近各省或歉收乏食，或灾荒民饥，或米价上涨，或战事兴起，皆从湖广地区运粮，史称：“湖南以一省之财，分给数省，亦不得谓非事实焉。”①在这一广大地区，湖广起了极重要的调剂作用。正是从这一角度考虑，清政府没有对湖广地区额定更多的漕粮。

那么，怎样看待湖广漕运与生产水平的关系？首先，我们肯定湖广地区的粮食生产水平是居全国前列的。雍正九年，江西巡抚谢明奏道：“运漕各省，惟江西、湖广产米尤多。”②浙江巡抚李卫奏：“臣查各省米谷，惟四川所出最多，湖广、江西次之。”③这一时期湖南、湖北每年粮食的总产量无法得出确切数据，但可获得一些单产量数据。如乾隆年间城步县，上田亩收谷四石五斗六升④。宜章上田一亩“获谷五担”⑤。就连湘苗地区的上等之田，丰年收谷也达四石⑥。康、雍年间，衡州一地“亩收不过二石，上田倍之，下田不能一石”⑦。清代湖广地区粮食单产量的大概情形是：上田亩产四～五石，下田二～三石（或更低些），平均三石半上下。而清代全国的平均亩产量约为三石。有人则具体统计出清代前、中期的全国平均亩产量为二石八斗⑧，说明此期湖广地区的粮食平均亩产量高于全国的平均亩产量。而清代湖广一些单产量较高地区的产额，也远远超出生产水平较高的太湖地区的平均产量，如荆州“附郭膏田，每亩收获不下五、六石”⑨。太湖地区的平均亩产量为三石六、七斗，湖广地区的平均单产量接近此数。

由于粮食丰足，湖广广置仓厫，广储谷粮，或供本地之用，或急他省之需。雍正元年，湖北各州县分设于各乡所的社仓，多者一县至一百九十余处，积谷多者一县达一万四千余石。湖南社仓储谷也多达四十余万石，“不为不多”⑩。

明清时期湖广粮食大量外流，其中以东流江浙最为突出。江浙地区虽然是当时全国最富裕的地

---

① 《湖南财政款目说明书》总说，1页，宣统三年湖南清理财政局编印。

② 雍正《朱批谕旨》，江苏巡抚谢明：“酌陈停运漕粮议仰祈睿鉴事”，雍正九年正月二十四日。

③ 雍正《朱批谕旨》，浙江巡抚李卫：“遵旨覆奏事”，雍正五年十二月初五日。

④ 《湖南省例成案》卷6《户律》。

⑤ 嘉庆《宜章县志》。

⑥ 《湖南苗防屯政考》卷8。

⑦ 《古今图书集成》卷1249《职方典》。

⑧ 吴慧：《中国历代粮食亩产研究》（初稿）。

⑨ 乾隆《荆州府志》卷5《地理志·风俗》。

⑩ 杨锡绂：《四知堂文集》卷9《奏疏》。

区之一，但由于赋税繁重、农副业的发展以及人口增长迅速等原因，不得不依食于盛产粮食的湖广等省。湖广粮食的东流，每年多至数百万石，有政府的统一调拨，有官府采买，有官府委官购买，还有民间商品粮食的自然流通等。

总之，明清湖广的粮食“分给数省”，流向广而以东流为重，北运的粮漕只是其中极小的一部分。因此，仅从湖广地区漕额实难判断出这一地区的农业生产水平，尤其是在看待江浙与湖广漕额的差别时，不能将其完全作为衡量二者生产水平的依据。湖广漕额少，不是由于生产水平低；江浙漕额高，但其高漕额是建立在其他用粮（甚至包括部分漕粮）一定程度依赖外来的基础之上。我们没有否认漕运对于农业生产水平的反映，江浙地区的粮食生产水平仍属一流。湖广地区的漕额问题是一个特殊情况。

漕运始终是以农业的发展为基础，这已为历代漕运的发展所证明，考察中国漕运的发展道路以及区域漕运状况，有助于从一个侧面更深入地了解我国封建社会各时期、各区域的农业经济发展特点。

（原载《中国农史》1998 年 4 期，69～75 页）

漕运与古代农田水利

吴　琦

中国古代社会，漕运与农田水利皆受到重视，历代王朝在不影响漕运的前提下，总是尽量兼顾二者。然而，“保运”是朝廷的最高原则，每当漕运与农业生产在用水或排水问题上发生矛盾时，朝廷毫无所惜地以牺牲农田水利、农业生产为代价，给农业发展造成了巨大的破坏。

中国古代社会，始终保持着重农的传统，历代官府皆致力于发展农业生产。而农业生产发展的一个重要因素，在于对水利的充分利用，所以开发水利也就成为历代的一项重要政务。一般而言，水利工程最密集的地区，常是官府依赖的财赋之区。与此同时，历朝历代视为国之命脉的漕运同样以水利作为基本的条件，为了保证漕运的畅通，官府通常不遗余力地治理、控制水利。于是，长期以来，水利便成为漕运与农业生产的一个重要交涉点，在这个交涉点上，漕运与农业生产既相互促进，又相互制约。封建社会后期，漕运对农田水利具有较大的破坏性。

一

中国在进入农业社会伊始，就十分重视对水利的开发与治理。当统一的王朝出现之后，由于大规模漕运的需要，官府对于河道的开凿与治理尤为频繁。秦汉时期对于河道的开发是空前的，诸如开凿漕渠，整理鸿沟，护理汴渠，开凿阳渠，修整邗沟，维护灵渠等，这些河道有效地编织了秦汉时期的漕运网，该网络不仅每年向朝廷输送了大量的粮物，以养关中，而且也灌溉了大量的农田，滋养了广大区域的农业经济。以漕渠为例：汉武帝时，因渭水水道弯曲，且水浅多泥沙，从盛产粮食的山东漕运粮食至潼关阻力很大。为了维持该线路的畅通，加大漕运力度，主管经济的大司农郑当时建议武帝开凿漕渠，“引渭穿渠，起长安，并南山，下至河三百余里，径，易漕，度可令三月罢”。这一水道较之原先的渭水水道在距离上缩短了六百余里，时间上缩短了三个月，使漕运更为便利；同时，该水道对于农业生产也极有益处，“渠下民田万余顷又可得以溉。此损漕省卒，而益肥关中之地，得谷”。武帝采纳了这项建议，“令齐人水工徐伯表，悉发卒数万人穿漕渠，三岁而通。通，以漕，大便利。其后漕稍多，而渠下之民颇得以溉田矣”①。这条运道完成后，改变了长安以东的交通状况，班固在他的《西都赋》中称颂漕渠“泛舟山东，控引淮、湖，与海通波”。这一

① 以上材料皆引自《汉书》卷29《沟洫志》。

颂扬并不夸张，漕渠除了控引淮、湖，连通大海的漕运功能外，还灌溉了两岸的一万多顷农田。可见漕渠是一条运输兼灌溉的水利工程，客观上促进了该地区农业生产的发展。

魏晋南北朝时期虽然战乱较多，水利仍获得了发展，尤其是魏晋时期。正始二年，曹魏政权派遣邓艾视察江淮流域，以便广开屯田。邓艾认为这一地区“田良水少，不足以尽地利，宜开河渠，可以引水浇溉，大积军粮，又通运漕之道”[①]。于是，曹魏政权开凿广漕渠，引黄河水入汴水，实施“并水东下”的构想，“溉东南诸陂”[②]。为了解决灌溉所需水量，又进一步“修广淮阳、百尺二渠，上引河流，下通淮颍，大治诸陂，于颍南、颍北，穿渠三百余里，溉田二万顷”[③]。广漕、淮阳、百尺三渠将黄河水引入汴水、颍水，沟通了黄河与淮水两大水系，并将足量的水引入东南诸处陂塘之中，随时用于农田灌溉。除了灌溉外，这些渠道重要作用就是用于运渠，即黄河往南水系的沟通运渠。

隋唐两代对于水利十分重视，南北水利的开发可谓交相辉映，大运河的贯通则是史无前例，农业与漕运都在大兴水利的基础上，得到了极大的发展。隋朝在历史上空前富裕，在统治中心积累了无数物资，“有司上言：‘库藏皆满，无所容，积于廊庑’”，“更辟左藏院以受之”[④]。到文帝末年，“天下储积，可供五十年”[⑤]。这种繁荣局面的形成一方面是运河畅通、物资运输便利的结果，另一方面则是由于运河水系促进了各地农业经济的发展，对于东南等地粮食产量的增加具有重要意义。唐代，自太宗至玄宗的一百三十年，全国各地兴修的重要水利工程可考者有百余处。关中平原的水利，虽多是在前代水利的基础上整修，但渠道较前更密，受益范围有相当的扩展。如升源渠，在曹魏汧水渠的基础上重修修建，从虢界西北引汧至咸阳既可灌溉，又可漕运。南方水利的开发同样成绩显著，尤其是对于山阳渎、江南运河、江淮汉沔的治理等。如山阳渎，唐初，扬子以南已不能行舟，漕船不得不绕道瓜步，溯旧官河进入扬子斗门，这不仅“回远六十里”，而且“多风涛”之险。开元二十六年，润州刺史齐瀚于京口下直趋渡江，“开伊娄河二十五里，渡扬子，立埭”，结果，“岁利百亿，舟不漂溺”[⑥]。唐肃宗上元年间，伊娄河再次淤塞。刘晏主漕时大力疏通开凿，沟通了江北漕路。德宗贞元四年，淮南节度使杜亚“自江都西循蜀冈之右，引陂趋城隅以通漕”，并于渠口修“爱敬陂水门”，以节水势，改变了高邮湖附近“漕渠庳下，不能居水”的现象，“公私悦赖”[⑦]。这些漕运水道的开凿，对于沿线农田的灌溉多有益处。宪宗元和年间，节度使李吉甫在高邮湖附近加高渠岸，并修筑了富人、固本二塘，不仅保证了山阳渎水力的充足，而且增灌水田“且万顷”[⑧]。据《新唐书·地理志》所引人工通漕渠道36处，其中有10处兼有灌溉之利。

① 《三国志》卷28《魏书·邓艾传》。

② 《晋书》卷1《宣帝纪》。

③ 《晋书》卷26《食货志》。

④ 《资治通鉴》卷178《隋纪》，开皇十二年。

⑤ 《资治通鉴》卷192《唐纪》，贞观二年。

⑥ 《新唐书》卷41《地理志》。

⑦ 《旧唐书》卷146《杜亚传》。

⑧ 《新唐书》卷146《李栖筠附李吉甫传》。

唐代，有一个颇令人关注的问题——挣扎了半个世纪之久的唐后期政权，何以一直致力于江南水利的开发？唐后期，战乱破坏了原有的经济格局，朝廷对于许多地方的调控能力基本消失，唯有依赖鲜遭战乱破坏、经济发展形势尚好的江南一带。故此，江南漕运线成为唐王朝的生命线。而这一生命线的维系，除了依靠军事力量外，必须具备良好的水利条件和农业生产状况。为此，唐后期政权在水利建设方面可谓绞尽脑汁。

中唐以后，东南地区的水利建设出现了迅猛的发展势头，其中有不少著名的大型水利工程，如润州的练塘、升州的绛岩湖、湖州的西湖、明州的仲夏堰、宣州的大农陂、扬州的富人与固本二塘等，无论是工程数量还是工程规模，江淮地区的水利建设都明显居于全国之首，这些水利工程有很多都兼具漕运与灌溉的双重功能。唐后期被朝廷委以重任的节度使不仅在军事上与朝廷呼应，而且多致力于漕运与水利事业，如德宗贞元年间，淮西节度使吴少诚“开决司、洧等水”，这是一项用于“漕挽溉田”的大型水利工程[①]，虽然由于其他原因唐德宗两次遣使阻止，但从中不难看出当时这些官员为政的重心所在。有理由认为，水利是唐后期政治与经济之间不可缺少的重要环节，失去了这个环节，唐中央也就失去了漕粮的来源和农业的发展，唐后期政权也便难以找到生存的经济支柱。这说明，唐后期政权能在内困外交中不至于过早地分崩离析，确与水利建设的不断发展以及由此带来漕运的维持、农业的发展有着直接的关联。

宋代，漕运与农田灌溉的水利事业受到了极大的重视，南北各地的水利兴修此起彼伏。对于北方诸河道，除黄河外，宋代政府的浚治基本上是成功的，保持了这些河道的运输机能。在治理北方河道的同时，宋代政府十分注重漕运与灌溉的结合，淤田因此发展起来。淤田，即是将河水中挟带的肥沃淤泥，通过决水的方法，漫浸至田地中，使泻卤不毛之地成为沃壤。这种改良土壤的水利工程，充分利用了河水淤溉特性，改造了大片土地，有效地提高了土地的亩产量。沈括曾对熙宁年间的淤田评论道：河北等地“惟大河、滹沱、漳水所淤，方为美田；淤淀不至处，悉是斥卤，不可种艺”[②]。苏辙也谈道：黄河所淤“宿麦之利，比之他田，其收十倍”[③]。

至于南方，宋代政府则主要着力于建设排灌系统。太湖流域的苏、湖、常、秀等州是宋代农业最发达、水利事业最突出的地区。这个地区水源充足，而苏州是各处水流向东入海的汇集之地，因而这一带的水利建设重在排除积潦。宋太宗年间，转运使乔维岳为了漕运曾破坏了这个地区的水利系统，遇上大水，积潦问题十分严重。发运使张纶亲与郡守商议，“于昆山常熟各开众浦以导积水”；景祐年间范仲淹“亲至海浦，开浚五河”[④]，五河“疏沦积潦”，“为数州之利”[⑤]。总之，太湖流域排积涝的水利工程贯穿整个宋代，较好地调节了漕运用水与农田水利的相互关系，尤其重要的是这项工程在与水争田、改造低洼地方面具有突出的成效。

明清时期，在以前各朝代开发的基础上，水利系统日趋完善，水道分布格局与区域经济形势、

① 《旧唐书》，卷 140《卢群传》，卷 7《德宗纪》。

② 沈括：《梦溪笔谈》卷 13。

③ 苏辙：《栾城集》卷 40《论开孙河子》。

④ 范仲淹：《范文正公全集》卷 11《张纶神道碑铭》；卢镇：《至元琴川志》卷 1《营》。

⑤ 《宋会要辑稿》，食货 61 之 124。

国家经济重心以及朝廷赋税征收都密切关联。许多重要水道为了兼顾漕运与农田灌溉，朝廷不仅制定了一系列相关政策，而且修建了许多配套设施（如闸座等），在切流蓄水和分流溉田等方面发挥了重要作用。

一般说来，在不影响漕运的情况下，朝廷尚能以民田灌溉为重。明景泰年间，江阴县有民言："本处顺塘河长十里许，东接永利仓运河，西通夏港及扬子江，可通舟楫，灌溉田亩。近为沙土淤塞，乞敕巡抚侍郎李敏勘寮开通，以为民利。"① 有不少地方，在处理漕运与农田用水的关系上，一度较为得当。如巡抚直隶御史徐卿伯疏言：

> 运道所经，每各有湖贮水，以备旱涸，故民间呼为水柜。如汶上之南旺、蜀山、马踏，东平之安山，济宁之马场，沛县之昭阳诸湖是也。而丹阳有所谓练湖，周广四十里，纳长山诸水八十四流，为石闸者七，木函者十有六。国家东南财赋，浮运河而北，遇涸则启闸以济；近湖民田数百顷，遇旱则启函以资灌溉②。

明代，不仅在运河沿线及经济发达之区十分重视兼顾漕运与灌溉，而且在一些周边地区，这一关系有时也能得到较好处理。洪武年间，官府"修广西兴安县灵渠三十六陡"，水道修整之后，既"可溉田万顷"，又"可通漕运"③。

清代，水利建设受到朝野的普遍重视，尤其是河务，康熙等帝列之为朝廷的三大要政之一。当时靳辅受命治河，秉承康熙"通运道""足额赋"与拯"民生""保田土"的意旨，提出了综合治水的方案，并付诸实施。前期的治理一度使"黄、淮故道次第修复，而漕运大通"④；到后期，"清水畅流敌黄，海口大通，河底日深，黄水不虞倒灌"⑤。这不仅使水灾锐减，漕运畅通，而且水利勃兴，涸出了许多良田，对于农业生产的发展和社会秩序的稳定起了积极作用。此后，雍正和乾隆两朝对大运河进行了较有成效的疏浚治理，并兴建了一批水利设施，如闸坝、水柜等前代常用的水利设施，较好地控制了运河水量，调节了水位；同时利用运河沿线的湖、泉水开导水源，增加水量，提高了运河的航运价值。

在灌溉方面，清政府对引用运河水有严格的规定。康熙年间规定，每年"三四月间，卫河沿岸开闸灌田"，五月初一以后，即"关闭民田水闸"，以保证漕船顺利通行⑥。而对于洪水期流量过大的情况，清政府先后兴建了捷地减河、兴济减河和马厂减河⑦，控制、调节运河在洪水期的水量。这些措施对于沿岸地区的防洪、灌溉，多有益处。

---

① 《明英宗实录》卷333"景泰四年九月"。

② 《明熹宗实录》卷72"天启六年六月"。

③ 《明太祖实录》卷247"洪武二十九年九月"。

④ 《清圣祖实录》卷229"康熙四十六年五月"。

⑤ 《清史稿》卷126《河渠志·黄河》。

⑥ 《漕运则例纂》卷12《漕运河道》。

⑦ 李大镛：《河务所闻集》卷1。

综观以上所述，历代王朝在不影响漕运的情况下，还是尽可能地在水利建设中，兼顾漕运与农田水利两个方面，以期漕粮运输和农业生产两不误。

二

然而，通观漕运的发展历史，我们发现，在中国古代社会，朝廷为了保证漕运的正常进行，采取了一系列旨在“保运”的水利措施。这些措施的实行，使得漕道（特别是运河）流经地区的水利完全服从于漕运的需要，从而严重地影响了这些地区广大人民的生产和生活。这就是漕运对农田水利的消极影响。这种影响集中体现在两个方面。

（1）为了使运河拥有足够漕运的水量，历代王朝都采取广收水源、以济运河的措施，客观上掠夺了农田灌溉所需的宝贵水源，严重干扰了农业生产。

譬如唐代，由于旱季黄河水量锐减，不足以满足运河通航的需要，所以官府在运河沿线开掘了众多河渠将周围河、塘诸水引入运河，同时严禁民间在旱季引水灌田。春夏缺水时节，唐政府专门派出官员监临汴渠，管理汴渠的水源，“察盗灌溉者”①。广德二年，转运使刘晏疏凿因史朝义阻绝而致堙废的汴渠，同时，修治丹杨湖。干旱时引湖水灌注渠中，使漕船“免用牛牵”，霖雨时，“开渎泄水，通流入江”；又“分官吏主丹杨湖，禁引灌，自是河漕不涸”②。渠水的引灌与排泄完全根据漕运的需要。

宋代，除继续保持汴渠沿线的引水设施外，又在汴渠上修建了房家、黄家及孟家三座巨大陂塘，加上另外的36处陂塘，广蓄诸水，接济汴渠。这些蓄水设施的兴修，不仅侵占了大片农田，而且影响了农田灌溉。在两浙一带，漕运用水与灌溉用水之间的矛盾普遍存在。根据《吴中水利书》记载，太湖地区的人工渠道大部分是围绕农田防涝及保证运河水量而修建的。著名的如盘龙浦、白蚬江、白鹤江、新溪、荆溪、获塘河等，皆兼有漕运、灌溉、泄洪诸项功能，其中漕运与灌溉之间的矛盾长期存在，官府虽也力求妥善处理好二者的关系，但“保运”的主导思想使得官府在解决问题时，最终总是采取禁灌保运的措施。如北宋政府对于练湖严加控制，禁止农民引用湖水，对于私自引水灌溉农田者即处以死罪③。宣和时，淮南及两浙等地连年大旱，宋政府为了增加运河水位，不顾农田也急需用水的紧迫现实，竟多次下令征调民夫“车水济运”④，大大加剧了农田的旱情。可见，当漕运与农田用水出现矛盾时，官府总是以牺牲农田灌溉为代价。

明清时期，南北运河的水源几乎都靠人工提供，因而漕运也就在更大程度上影响了农业用水。明王朝曾公开规定：“舟楫、硙碾不得与灌田争利，灌田者不得与转漕争利。”⑤在水利服务的对象上，漕运重于一切。特别是山东境内，汶水、泗水及大小湖泉之水皆归属运河，官府对这些水源控制极

① 《新唐书》卷53《食货志》。

② 《新唐书》卷53《食货志》。

③ 《欧阳文忠公集》卷33《尚书工部郎中充天章阁待制许公墓志铭》，四部丛刊初编。

④ 《宋史》卷96《河渠志》。

⑤ 孙承译：《春明梦余录》卷46《工部一》。

严，甚至在诸泉设专官监管，农田用水受到了极大的限制。临清，其经济的发展是以会通河的开发和利用为基础，会通河的开发确使临清境内的农业生产有了很大发展。但是，会通河的水文条件较差，冬季不能正常通航，其他时间水量也不稳定。明政府一切以保漕为前提，当地官府旱季阻水入田，雨季排水入田，严重地破坏了农业的发展，时人感叹曰："国家大计在转输，转输资漕渠，漕渠资河堤。民之富藏于田，田之利藏于水，无水溉禾即民贫，转输焉给也。"[①]其他地区，农业用水具有同样的遭遇，如河南境内的卫河，因属于山东运河的上源，官府同样有引水灌溉之禁。

清代，官府继续加强对运河沿线诸水的控制和治理，以达到保漕的目的。钱泳在《履园丛话》中指出："国家修治黄河，费无所惜，修治运河，费无所惜者，为转漕故也"。山东河段是清代治河保漕的重点，《清圣祖实录》卷9记载康熙告诫臣下说"山东运河转漕入京师，关系紧要，不可忽略"。山东境内运河的水源，除汶水等几条河流外，主要靠拦蓄无数泉水汇积成湖，位于济宁南北的安山、南旺、微山诸湖就是这样形成的。泉水被人为地拦蓄，只补给运河，致使这些地区原已缺乏的农业灌溉用水更为紧张，只要漕运需水，官府完全不顾农民的死活，严禁农民用水。《清圣祖实录》卷292记载："山东运河全赖众泉灌注微山诸湖，以济漕运。今山东多开稻田，截湖水上流之泉以资灌溉。上流既截，湖中自然水浅……安能济运？"清廷下令"不许民间偷截泉水，则湖水易足；湖水既足自能济运矣"。魏源曾尖锐地抨击这种现象：

> 山东微山湖为济运水柜，例蓄水丈有一尺，后加至丈有四尺，河员唯恐误运，复例外蓄至丈有六七尺。于是环湖诸州县尽为泽国，而遇旱需水之年，则又尽括七十二泉源，涓滴不容灌溉。是以山东之水惟许害民，不许利民，旱则益旱，涝则益涝，人事实然，天则何咎！[②]

在漕运与农田用水的激烈矛盾中，百姓成为最大的受害者。每当旱季来临之时，官府便关闭运河泄水涵洞蓄水；当运河水位下降时，又将其他水源注入运河；甚至将民田自有之水也强行输入运河。

官府控水保运、夺水保运的种种举措，无疑破坏了运河两岸的农业生产。这种对农业水利资源的耗费方式，直接影响了粮食生长和农民活动。徐光启曾指出：自淮河以北，河泉诸水"涓滴皆为漕用"，造成东南产粮，西北运粮的局面；但北方耗费二分之水，方可漕运一分之谷，北方耗费的这些宝贵水资源本身就等于粮食，丧失了这些水利，北方的农业生产就不能不受影响[③]。可谓一语中的，切中其弊。

（2）洪水期运河时常溃溢，淹没大量农田；而官府放水保运的措施，常给沿岸地区造成重灾，冲毁农田，破坏农田水利设施。

① 《古今图书集成·食货典》，《漕渠七·议形胜》。

② 《魏源集》上册，中华书局，第408页。

③ 《徐光启集》卷1《漕河议》。

中国古代水利建设，在南北大运河贯通之前，基本属于开发期，官府多在自然水系的基础上，根据漕运与灌溉的实际需求，进行开凿与治理。大运河全线贯通之后，尤其是封建社会后期，水利建设处于维护期，官府面对频繁的灾患，疲于疏浚、修筑，常顾此失彼，捉襟见肘。

宋代以降，官府在处理黄、淮等河的河患与运河的关系时，都是本着保运为先的原则，使治河工程完全服从于漕运的需要，一定程度上加剧了河患的危害。黄河以善淤、善决、善徙著称，自古以来便存在着严重的水患，历代王朝虽有所治理，但因工费浩大，而多放任自流，只有当河患危及漕运安全时，朝廷才不惜代价，予以治理。

北宋前期，黄河屡屡泛滥。景祐时，黄河决口商胡，形成北流；嘉祐时，黄河又自魏州冲出支流，出现北流、东流并存的局面。对此北宋政府的治理没有考虑顺从黄河的自然走势，以减少水患，而是首先照顾运道的安全，抑黄东流，堵塞北流。这种做法给黄河的决口埋下了隐患。熙宁七年，文彦博说："河溢坏民田，多者六十村，户至万七千；少者九村，户至四千六百。"[①] 熙宁十年，黄河决口，"凡灌郡县四十五……坏田愈三十万顷"[②]。河水所经地区，淤积的浅层沙虽很肥沃，却只能耕种一年，当年霜降之后，"皆沙也"[③]。河水漫流的地区，良田成为碱滩，无法耕种。

明代，由于黄河泥沙大量沉积于淮河故道，严重阻碍了河流，故黄河向北决口，迁徙势所难免。但明政府为了保护山东运河，竭力人为地抑黄南流。在这种传统治黄方针的影响下，不仅治黄不彻底，而且带来了更大的危害。弘治至正德年间明政府在黄河以北接连修筑了数百里长堤，以阻挡黄河，但越阻越溃。结果，正德末年，黄河从徐州一带涌入运河，徐州至清河"一望皆水，耕种失业"[④]。

清代，朝廷继续抑黄保运。随着下游河床日渐淤淀，黄河决口泛滥愈烈，水灾祸及黄淮中下游广大地区，特别是两淮地区，成为著名的黄泛区。

这里，尤其需要指出的是历代王朝放水保运、以邻为壑的措施，完全是一种赤裸裸的、置农田水利、农业生产于不顾的行径。运河受纳了沿线诸水，这在雨涝季节形成很大的威胁，不仅影响漕船通行，而且可能冲毁河道。于是官府大多采用沿运河修筑泄洪渠、闸等办法，在运河涨水时排出洪水，以保运道安全。宋代以降，随着运河洪水之害日益严重，官府恣意排泄，而淮南地区受害最大，如明人所言：淮南"古称沃野"，但近世以来常受运河洪水之害，每当大堤不保，便"以高、宝、兴、泰四州县为壑，而泄水无路，民、灶罢于昏垫矣"[⑤]。正由于此，淮南经济失去了昔日的优越地位。据清人沈葆桢记载，洪水来临之时，官府为了保全运道安全，经常打开运河减水坝和泄洪涵洞，虽"妇孺横卧坝头，哀呼求援"，也毫无顾忌，"堤下民田立成巨浸矣"[⑥]。这种事件在运河沿线，尤其是淮南一带，年年有之，在在有之。

---

① 《宋史》卷 92《河渠志·黄河中》。

② 《宋史》卷 92《河渠志·黄河中》。

③ 《宋史》卷 91《河渠志·黄河上》。

④ 《明世宗实录》卷 71"嘉靖五年十二月"。

⑤ 《明世宗实录》卷 130"嘉靖十年"。

⑥ 沈葆桢：《漕项无从划拨海运难以议分疏》，《皇朝经世文统编》卷 67，近代中国史料丛刊续辑。

在这种恶劣的处境下，广大农民为了保护农田，保卫家园，不得不奋起自卫。于是，“决堤案”层出不穷。清代尤甚。如道光十二年夏秋之交，苏北连降暴雨，黄河与运河水相汇，水量大增，而调节运河水位的洪泽湖也迅速爆满，无力接收运河洪水。为了保全运道，官府竟启开洪泽湖所有闸坝，排泄洪水。尽管如此，运河水位依旧高居不下，为了防止官府进一步采取泄洪措施，桃源县乡民群起冲破官兵的阻拦，抢先挖开运河大堤①。另如丹阳湖附近的上下练湖，虽对运河有着重要的济水作用，但每当下湖蓄水至七八尺时，“则上湖田亦淹至二三尺”，因此，当地农民经常决闸放水，与官府不断发生冲突②。

漕运与农田在水利这个交涉点上的关系，原本是可以调适得当的。譬如秦汉、隋唐时期，漕运与农田水利基本上体现了相辅相成的关系。宋代以后，由于运河成为朝廷的血脉，是漕运最重要的干道，历代王朝不遗余力地加以维护。每当运河水情出现异常，朝廷总是顽固地执行保运政策，并毫无所惜地以牺牲农田水利、农业生产为代价。在这个问题上，充分暴露了封建体制的局限性和封建统治者的自私本性。

（原载《中国农史》1999 年 3 期，55～61 页）

① 《林则徐集·奏稿上》。

② 《魏源集》下册，《太子太保两江总督陶文毅公行状》。

论中国古代漕运体系发展的几个阶段

王明德

漕运是封建王朝通过水路（或附以陆路）向都城或其他指定地点大规模输送粮草的一种经济活动。围绕这种经济活动所形成的一整套制度、设施以及活动主体又共同构成一个庞大而复杂的漕运体系。漕运和漕运体系一起又构成封建王朝的生命支持与动力供应系统，共同维持着王朝的生命延续。从漕运目的看，有供都城消费的“京师之运”，供战争之需的“兵营之运”，供赈灾济荒的“赈济之运”。其中以“京师之运”最为普遍，为漕运之根本目的；漕运体系的发展与漕粮主要产地的转移和经济重心区的变化密切相关。从漕粮主要产地看，有一个逐渐变化的过程，即由“关东之漕”到“江淮之漕”的变化，由“江淮之漕”到“江南之漕”的转折。根据漕粮来源地的变化，我们将中国古代漕运体系的发展划分为四个阶段，即“关东之漕”阶段；由“关东之漕”向“江淮之漕”转变的阶段；“江淮之漕”阶段；“江南之漕”阶段。漕粮来源地的变化过程也是漕运体系的形成、发展与完善的过程，本文拟就漕运体系的发展过程及其几个阶段做以探讨。

一、以长安为中心、以“关东之漕”为内容的漕运体系发生阶段

漕运是在区域经济发展不平衡，封建政治中心需求大量食粮供应的条件下出现的，是适应封建王朝的大规模政治军事活动的需要而产生的。封建中央集权国家需要一个庞大的中央官僚机构和一支足够数量的常备军作为支撑，而要供养这个包括皇室成员在内的庞大人口群体，就需要有一个持续不断的粮食供应系统。在封建政权无法通过市场满足其粮食与其他物质需求的情况下，小农经济的特性正好为朝廷以漕运等方式征赋于民提供了条件。一方面，封建王朝通过漕运获得粮食供给以维持其生存与发展的需要；另一方面，高度中央集权的封建王朝又为大规模运河体系的建立和长距离挽运的组织创造了条件。因为只有中央集权的封建王朝才有大规模兴办漕运的力量。而漕运又以其载量大、经济便捷等优点，优于其他运输方式，而成为封建王朝征集各地粮食的主要运输形式。古代造船技术的不断改进和运河水系的逐渐发育以及境内众多河流的相互沟通都为漕运的发展创造了条件。

先秦时期，随着早期运河的开凿，便开始了漕运的历史。各诸侯国出于争霸战争的需要，开挖了历史上的第一批运河，以此载兵运粮。吴王阖闾为伐楚曾令伍子胥开凿了堰渎；吴王夫差为对付越国开凿了胥浦；为争霸中原又开凿了邗沟；魏国开凿了鸿沟；齐国开凿了淄济运河等。这些运河多是为战时运粮服务，漕运尚未形成定制。秦国曾有赈晋灾荒的“泛舟之役”，有大军伐楚时的长

江漕粮之举和渭水漕粮入河洛的活动。这些颇具规模的漕运活动亦属临时性质。不过随着运河的继续发育和第一个封建中央集权国家——秦王朝的建立，漕运便开始走上国家经济生活舞台的中心并在其中扮演特殊的角色。

封建中央官僚机构的巨大化、区域经济发展的不平衡和政治中心与经济重心的分离等是漕运发生和发展的前提条件。秦王朝的建立就提供了这种条件。秦朝建都咸阳，而咸阳所在的关中自古号称天府之国，但关中地狭人众，所产粮食与日益增长的中央官僚机构及军队需要之间的矛盾愈加突出。解决这一矛盾的唯一方法就是从其他产粮地区征调粮食输往关中或军事前线。以陶地为中心的关东经济区和成都平原就成了两个重要的粮食输出地。而渭水、黄河和济水以及鸿沟、菏水系统的东西连通则将政治中心的咸阳与经济重心的陶地紧密地联系在一起，从而为大规模的漕运活动提供了便利的水运条件。秦王朝利用这种水运条件向咸阳或边地大规模输送粮食的做法揭开了真正意义上的漕运发展史。为保证漕运的顺利实施，秦王朝建立了以仓储管理为中心的漕运制度，在水陆交通枢纽地区和都城咸阳设立大型粮仓以供转运或存储粮食之用，著名者如太仓、霸上、栎阳、敖仓、陈留、龙岩、成都诸仓，并实行严格有效的管理，以保证都城的粮食供应和战时之需。

西汉王朝继续建都关中，汉代的“关中之地，于天下三分之一，而人众不过什三，然量其富，什居其六”[①]。关中无疑是当时的经济重心区，在政事简略的汉初，关中所产即可基本满足中央官僚机构、皇室成员及军队的粮食需求，每年从关东漕运粮食不过数十万石，但随着皇室用度和官员、百姓数量的日益增加以及大规模军事活动的展开，所需关东粮食物资也渐趋浩繁，大规模的漕运势在必行，关东经济区成了主要的漕粮征集地，河、渭水道成为漕运通道。武帝时，每年从关东漕运粮食最高达600万石，一般每年份也在400万石[②]。漕运之盛可谓“大船万艘，转漕相过，东综沧海，西网流沙”。为保证这种大规模漕运活动的顺利进行，西汉政府在积极经营河、渭运道的同时，还开挖了300里关中漕渠，整治了鸿沟运河系统，并广建仓储。这些措施确保了都城长安皇室官民的粮食需求，也为长安国际大都市的建设和一代盛世的出现提供了足够的物力支持。

秦汉两代主要以长安为中心，以黄河、渭河和漕渠为运道，大规模从关东向关中漕运粮食物资，但这一时期的漕运制度和漕运体系还在形成时期，漕运数量、人员设施、管理水平等方面都还处于草创阶段。尽管如此，经由秦汉两代的长期经营，已经初步建立起全国范围的漕运体系，为后世漕运体系的发展奠定了基础。

二、以洛阳为中心、以“关东之漕”向“江淮之漕”的转折为内容的漕运体系蓬勃发展阶段

东汉建都洛阳，洛阳地处关东，避免了三门砥柱之险，而且地势平旷，水网纵横，接近产粮区，有利于大规模漕运活动的开展。东汉立国不久，就着手恢复前代漕运体系，开凿了从洛阳直通

① 司马迁：《史记·货殖列传》，上海古籍出版社、上海书店，1986年。

② 班固：《汉书·食货志》，上海古籍出版社、上海书店，1986年。

黄河的阳渠，整理了汴渠和邗沟等，形成了西起洛阳，经阳渠，连接黄河、汴渠的新的水运航线，把洛阳同中原和江淮等经济区更密切地联系起来。洛阳由此成为“东通河济，南引江淮，方贡委输，所由而至”的全国最大漕运中心。

魏晋南北朝是一个长期分裂的时代。在这一时期，全国性漕运体系被打破，区域性漕运体系仍不断发展。各割据政权都各以自己的都城为中心建立起区域性漕运体系。曹操经营邺城，出于运粮载兵之需，曾在河北平原上修凿了白沟、利漕渠、平虏渠、泉州渠、新河等一系列运河，建立起以邺城为中心的漕运体系，邺城一时成为“运漕四通”的水陆都会，南北漕船可直抵邺城门下。移都洛阳后，曹魏政权又先后在黄淮平原上开凿了淮阳渠、百尺渠、广漕渠、讨虏渠、千金渠等运河，加强了中原与江淮之间的水运联系，漕船可由洛阳直趋长江岸边的广陵（扬州），洛阳成了北方漕运中心。北魏迁都洛阳后，疏浚运河，开辟运道，于运道沿线广建仓储，置小平、石门、白马津、漳涯、黑水、济州、陈郡、大梁诸仓，重新建立起以洛阳为中心的漕运体系。

东吴、东晋和南朝相继建都建业（东晋南朝称建康，今南京），先是东吴开凿破岗渎，挖娄湖，凿横塘，辟航道，建立起以建业为中心的南方漕运体系。东晋、南朝时，建康继续保持了漕运中心的地位。东晋政权先后在建康建立了 10 座粮仓，并在沿江各州广置仓储，以时转运，都城粮赀所需皆漕自外地。晋安帝时，建康已是“贡使商旅，方舟万计，漂败流断，骸胔相望”的繁华都市，而且是第一个有文献记载的人口超过百万的南方政治经济文化中心。

魏晋南北朝时期，各割据政权的漕运多应战时之需，规模一般较小，临时性质者居多，不过这时的漕运已经有了专门的管理机构——度支府，建立起了区域性的漕运体系，这便为隋代全国漕运体系的重建和进一步发展奠定了基础。

隋朝大运河的开凿，开创了一个漕运蓬勃发展的时代。随着广通渠、通济渠、永济渠、邗沟和江南运河等河段的南北贯通，一个以洛阳为中心的全国运河网络和漕运体系也随之建立起来。在这一复杂而庞大的漕运体系中，仓储制度占有重要地位。为配合漕运，隋王朝在运河沿岸水流交汇处和京师长安及东都洛阳相继建造了太仓、黎阳仓、河阳仓、广通仓、太原仓、含嘉仓、子罗仓、回洛仓和洛口仓等仓库，以供转输或积储漕粮之用。各仓置监官，并派军队看守。隋文帝“末年，天下积储，约供五六十年”。从各仓储粮数量看，可知漕运规模之浩大。太仓藏粮数百万石；广通仓（永丰仓）藏粮 300 百万石以上，含嘉仓 600 万石左右。仅洛口一仓就有粮窖 3000 个，每窖储粮 8000 石，全仓储粮 2400 万石[①]。一仓之储就相当于隋朝全年租粟收入的总和。史载：“隋氏西京太仓，东京含嘉仓、洛口仓、华州永丰仓、陕州太原仓，储米粟多者至千万石，少者不减数百万石”[②]。如此规模的储量自然是由运河漕运而来，漕运发展之景象由此可见一斑。这些巨额漕粮除征自关东经济区外，江淮地区也日渐成为赋税重地。由于隋的短祚，由它花费巨额财力所建立起的庞大而严密的漕运体系完全为唐王朝所继承，唐之漕运在此基础上继续发展。

唐王朝建立后，继续建都长安，实行两京之制；并继承隋代的漕运体系，沿用隋代运河系统和仓储制度，每年由关东或江淮漕运粮食以供京师。秦汉以降，漕运唯称“关东”“山东”粟，漕粮

① 曹铁圈：《隋唐时期洛阳及其周围地区仓储初探》，《中州学刊》1996 年 5 期。

② 杜佑：《通典·食货》。

供应地主要是黄河中下游地区。至唐代，漕粮供应地由关东逐渐转向江淮，东南地区日渐成为朝廷的主要赋税来源，这是漕运史上的一个重大变革。需要说明的是，隋唐两代，洛阳虽为陪都，但因地近漕赋中心，又为南北东西水运枢纽，相对于长安而言，在漕运体系中的地位更为重要。

初唐时，“漕事简”，每年运至关中的漕粮不过20万石左右。《新唐书·食货志》说：“唐都长安，而关中号称沃野，然以其土地狭，所出不足以给京师，备水旱，故常转漕东南之粟，高祖、太宗之时，用物有节而易赡，水陆漕运，岁不过二十万石，故漕事简。”[①] 不过这一时期关中缺粮的问题一直困扰着唐政府，这种困扰随着中央官僚机构的不断膨胀和募兵制的推行而日渐严重，以至于出现朝廷率领百官到洛阳就食的窘境。开元年间，唐玄宗命宰相兼江淮河南转运都使裴耀卿主持漕运之事。裴对漕运进行改革，一改过去“直达运输法”为分段运输法，即水通则漕运，水浅则储仓以待，设粮仓于运河沿岸；规定江船不入河，河船不入洛，诸仓之间递相转运。自此，漕船既不停滞，漕粮也无损耗，极大地提高了漕运量，凡三年运米700万石。唐代漕运进入到一个繁荣发展期。开元、天宝年间，每年漕运额保持在200万～400万石左右。裴氏首创的漕运章法，在漕运史上具有开创意义。天宝年间，陕郡太守、水陆转运使韦坚又重开漕渠，“岁漕山东粟四百万石”[②]。但这种蓬勃发展的漕运事业不久便被“安史之乱”打破。

历时八年的“安史之乱”不仅重创了唐王朝的统治，而且严重破坏了它的漕运体系，昔日的漕运繁荣景象一去不返。作为朝廷经济生命线的大运河也时刻受到来自藩镇割据的威胁。为迅速恢复漕运，确保京师的粮食供应，唐代宗任命户部侍郎、京兆尹兼度支盐铁转运使刘晏主持漕运，对漕政实行一系列改革。刘晏改革，首先是确立漕运章法，在裴耀卿“分段运输法”基础上，创“转搬法”，即根据各河段的地形、水势等特点，采取江、汴、河、渭分段接运至京师的方法；改民运为官运，改散运为麻袋或蒲包盛装；其次是改进漕运组织，将十只漕船编为一组，称作一“纲”，每纲共计50人，由州县官充纲押运；再者是加强运道的整修和漕运设施方面的建设，在扬州建立十个大船场，制造适应不同河道的漕船；最后是创立漕运奖励制度，以盐利为漕佣，解决漕运经费问题。刘氏的漕政改革使秦汉以来的漕运制度第一次被系统化，使漕运成为有章法可依的活动，为后世漕运制度的发展提供了蓝本，在漕运史上占有重要地位。经过刘晏的改革，漕运体系得以重建，大运河又重现生机，年漕运量以至于恢复到百万石以上，数十年间江淮粮食又得以源源不断地运往洛阳和关中。

唐宪宗元和以后，由于藩镇割据，江淮运道渐趋阻隔，漕运事业走向衰落，年漕粮量下降到20万石甚至10余万石，及至运道完全阻隔，漕粮断绝，唐王朝也就走到生命的尽头。

三、以汴京为中心、以“江淮之漕”为内容的漕运体系繁荣发展阶段

北宋都汴京（又称大梁、今开封），南宋都临安（今杭州），二都分处运河南北的水陆交通中心和漕运枢纽位置。以汴京或临安为中心而建立起的漕运体系，形成一个严密而有效的供给系统，源

① 欧阳修、宋祁：《新唐书·食货志》，上海古籍出版社、上海书店，1986年。

② 刘昫：《旧唐书·韦坚传》，上海古籍出版社、上海书店，1986年。

源不断地将各地粮食物资输送到都城所在地，同时也将中国古代漕运发展推向巅峰时期。

历史上没有哪个朝代比北宋更依赖于漕运。宋有天下，“惩唐季五代藩镇之祸，蓄兵京师，以成强干弱支之势”[①]，由此形成一种“国依兵而立，兵以食为命，食以漕为本”的依存链条，漕运成为至急至重的事情。由于汴京地处天下水陆交通的要冲，在经济重心东移南迁的情况下更接近东南赋税重心区，这便为北宋发展漕运事业提供了良好条件，加上北宋政府的积极经营，使北宋一代的漕运发展进入又一繁荣期。

北宋立国不久，就建立起以汴京为中心、以漕运四河为干线、沟通全国的漕运体系。四河者，即汴河、黄河、惠民河、广济河。它们分别负责运送不同地区的物资，其中汴河起了主导作用。汴河“岁漕江、淮、湖、浙米数百万，及至东南之产，百物众宝，不可胜计。又下西山之薪炭，以输京师之粟，以振河北之急，内外仰给焉。故于诸水，莫此为重”[②]。“惟汴水横亘中国，首承大河，漕引江湖，利尽南海，半天下之财赋……悉由此路而进。”[③]汴河之重要，就在于它有效地将北方政治军事重心与东南赋税重心联系起来，从而满足了宋王朝依赖江南财富维持庞大军费开支和奢侈用度的需要。每年由汴河运往京师的粮食数量，据沈括按常年一般数量记载：“发运司岁供京师米，以六百万石为额。淮南一百三十万石，江南东路九十九万一千一百万石，江南西路一百二十八万八千九百万石，荆湖南路六十五万石，荆湖北路三十五万石，两浙路一百五十万石。通余羡岁入六百二十万石。”[④]

漕运的繁荣可由运河四路的年漕运量得以说明。据《宋史·食货志上三》载：“开宝五年（972年），率汴、蔡两河公私船，运江、淮米数十万石以给兵食。是时京师岁费有限，漕事尚简。至太平兴国初，两浙既献地，岁运米四百万石。”“太平兴国六年（981年），汴河岁运江、淮米三百万石，菽一百万石；黄河粟五十万石，菽三十万石；惠民河粟四十万石，菽二十万石；广济河粟十二万石：凡五百五十万石。非水旱蠲放民租，未尝不计其数。至道初（995年），汴河运米五百八十万石。大中祥符初（1008年），至七百万石。”“治平二年（1065年），漕粟至京师，汴河五百七十五万五千万石，惠民河二十六万七千万石，广济河七十四万石。”[⑤]

在宋初漕事尚简时，岁漕不过数十万石，以后逐年递增，多时增至700万石，多数时候维持在600万石左右。如此规模的漕运量不仅远迈前朝，即使元明清三朝也难望项背。这些巨额漕粮除一部分转运至河北、山东外，大部分供京师消费。漕运之物，除粮食外，另有金银、香药、犀象、百货、金帛租布等物。

发达的漕运必然需要严密的漕运制度和有效的漕运设施及手段作为保障。北宋在漕运体系、漕运制度和漕运设施建设等方面取得了突出成就，并在此基础上形成了严密而复杂的漕运体系。这主要表现在以下几个方面。

---

① 脱脱等：《宋史·食货上三》，上海古籍出版社、上海书店，1986年。

② 脱脱等：《宋史·河渠志三》，上海古籍出版社、上海书店，1986年。

③ 脱脱等：《宋史·河渠志三》，上海古籍出版社、上海书店，1986年。

④ 沈括：《梦溪笔谈·官政二》，齐鲁书社，2007年。

⑤ 脱脱等：《宋史·食货上三》，上海古籍出版社、上海书店，1986年。

第一，改革纲运制度。宋初沿用唐代的纲运制度。真宗大中祥符九年（1016年），实行改革，合三纲为一纲，即30只船编为一纲，由原来600纲精简为200纲，每纲置三名管押人员，由发运司掌管。此后，30船为一纲成为定制。

第二，改革转般法。规定“江不入汴，汴不入河”。由江淮发送的贡赋，不直达京师，而是转输至真、楚、淮、泗四州的转般仓，然后再调船入汴河以达京师。各路漕船从淮南载盐归本路，卖盐所得充本路经费。改革使各河段都由熟悉本段水性的船工掌船，漕船少了倾覆之忧，而且保证了漕粮的及时起发，解决了各段运河阻滞漕船的问题，节省了时间，加快了漕运运转的速度。

第三，建立严密的漕运管理机构。上至中央，下至地方，在漕粮调配、收缴、发送、押运、下卸、进仓和储备等各个环节上建立起一整套系统的管理机构。中央漕运主管部门为三司，内设使、副、判官和推官。地方漕运主管部门为转运司和发运司。转运司又称“漕司”，“掌经度一路财赋”，事实上，“一路之事无所不总”。发运司则专职漕运，主要针对江淮财赋而设，“掌经度山泽财货之源，漕淮、浙、江、湖六路储禀以输中都”。

第四，制定严格系统的漕运法令。法令内容之详几乎涉及漕运过程的每一个环节和各个方面。从起运、监督、停留、迟到、中途下卸转船，直到运至东京装进粮仓都有具体规定。对沿途可能遇到的各种问题，包括船工口粮供给、灯火管制、人员任用、漕粮干湿、停靠时间、奖赏格式、发运使每年进京奏报的次数，都颁布诏令，制定条款。其法令之多，规定之细，超过历代王朝①。

第五，整治运道，以时疏浚。主要是整治汴河入口，用人工方法控制汴口的宽窄以节制流量；定时疏浚汴河；实施导洛通汴工程，引洛水入汴河；设立水柜济运；坚筑堤防，种植榆柳。

严密而复杂的漕运体系是宋代漕运发达的表现，又反过来保证和推动了北宋漕运事业的发展。整体上看，北宋漕运体系完整、系统、严密、有效，适应了北宋漕运事业的发展，在漕运史上占有重要地位。

宋室南迁后，政治中心落入经济重心区域内，减轻了许多漕运的成本。南宋王朝凭借便利的水运条件，重新建立起以临安为中心的新的漕运系统，每年由各地输往临安的漕粮继续保持在600万石左右。各地财赋的转漕，保证了南宋政权对各类财赋的需求。南宋王朝能够维持150年之久的偏安局面，运河漕运起了重要作用。

四、以北京为中心、以“江南之漕”为内容的漕运体系高度发展与终结阶段

北宋以后，经济重心完全南移，江南地区成为经济与赋税重心。元朝定鼎大都（北京），使政治中心与江南经济重心彻底分离。大都“去江南极远，而百司庶府之繁，卫士编民之众，无不仰给于江南”②。京杭大运河的重新开通和海运航道的开辟，使江南经济重心与北方政治中心连接在一

① 周建明：《北宋漕运法规述略》，《学术论坛》2000年1期。

② 宋濂：《元史·食货志一》，上海古籍出版社、上海书店，1986年。

起，原来的“关东之漕”与“江淮之漕”转变为“江南之漕”，从而改变了延续千年之久的以中原地区为中心的漕运体系，并最终确立了以大都为中心的新的漕运体系，进而奠定了明清两朝的漕运格局。

元代漕运分为河运与海运两路。元初以河运为主，为此元政府专门设立了运粮船户，计8000余户，以地区为中心分为若干“纲”，合计900余艘漕船，30余纲。至元二十二年（1285年），漕船增至3000艘，民夫12000人，岁运粮食200万~300余万石。

大运河漕运量的不足，促使元政府另辟海上运输路线。至元十九年（1282年），首次开辟了从长江口的刘家港直航大沽的海运漕粮的海路。这是元代的一大创举。由于海运载量大，民无挽输之劳，节省运费，故成为南粮北运的另一条重要运道。终元之世，海运不罢。河运和海运的比重主要以大运河通航条件的变化而定。元初陆运、河运并举，以河运为主；大运河开通后河、海并举；元末以海运为主。海运其实为海、河联运，因为漕粮的进港与出港都需河运完成。一般而言，江西、湖广、江东之粟，有赖河运；浙西、浙东濒海一带，依赖海运。海漕运量高峰时达350万石以上。元代南粮北运数量每年300万～400万石，最高年份500万石以上[①]。

元代的漕运制度亦相当完备，纲运分为两组，即短运和长运。短运又分南段和北段。南段由昌城（今江苏丹阳境）驻军运至瓜洲，北段由汉军与新附军由瓜洲运至淮安。长运是招募民船由瓜洲起运，过淮安至运河北段，再由官船接运至大都。在漕政管理上，设江淮都漕司和京畿都漕司分段管理，江淮都漕司负责江南至瓜洲（今江苏六合）漕运事宜，京畿都漕司负责接收漕粮和中滦至大都的运道。二司于关键地段又设行司、分司，以求上下衔接。海运兴起后，又设都漕运万户府管理海运事务。

明、清两朝相继建都北京，继续沿用元代大运河作为连接江南经济重心的漕运通道。明代南粮北运，初行海运，岁运漕粮50万～60万石；永乐初年改以河、海兼运，年运量在百万石左右。大运河全线疏浚通航后，专营河运。大运河漕运由此进入又一繁荣期。当时运河上“舳舻蔽水”，“樯帆相望”。岁运漕粮在300万～400万石，宣德年间达600万石，最高年份达675万石，漕运能力远胜前代，一河之供既能满足京师之需。《明史·食货志三》载：“初，运粮京师，未有定额。成化八年始定四百万石，自后以为常。北粮七十五万五千六百万石，南粮三百二十四万四千四百万石，其内兑运者三百三十万石，由支运改兑者七十万石。”[②] 著名汉学家费正清评论说：“明政府必须把淮河流域和长江下游地区的粮食（西方人称之为‘贡粮’）运到北京。由山东一带的海上运输受到倭寇的阻隔，而且运输成本也太高了，于是永乐帝又扩建了忽必烈时代开凿的大运河副线，即山东西部的济宁段运河，并设置了15道河闸。运河上常年运行着3000余艘浅底的运粮船，至于海运粮道自1415年后就完全废置不用了，但是在运河粮道上运粮的沉重劳役负担还是落在了农民肩上，因此永乐帝的继任者就将运粮的任务分派给各地的驻军，这样驻军的人数也从12万人增到了16万人，从1430年起，每年通过运河北运的粮食达300万石以上（约20万吨），有时甚至高达500万

① 宋濂：《元史·食货志一》，上海古籍出版社、上海书店，1986年。

② 张廷玉等：《明史·食货志三》，上海古籍出版社、上海书店，1986年。

石。"[①] 明代中后期，由于漕政腐败，官吏层层盘剥，粮户的实际负担远远超过漕粮正额，一般为正漕的 2～4 倍，多者高达 5 倍。

明代漕运方法除海运外，又有支运、兑运、长运三种。《明史·食货三》载："自成祖迁燕，道里辽远，法凡三变。初支运，次兑运、支运相参，至支运悉变为长运而定制。"[②] 支运之法是由军民双方共同完成江、淮地区的漕粮运输任务。先是在沿运河各段设立粮仓，就所在或附近州县转粮至各仓。江淮湖广各地民运至淮安止，其后再由军丁分段运送北京。官军从各仓支运的漕粮，不一定是农民当年交纳的新粮，而当年所纳的粮食，也不一定立即供军卒支运，只要能保证几年中内库有常额存粮即可。

宣德六年（1431 年），行兑运法。由百姓就近输粮于有关卫所，再由军丁运至京、通二仓。军丁兑运民粮需加耗米，且远近有别。淮安水次者，每正粮一石，外加五斗；在瓜洲水次者，每正粮一石，加五斗五升。兑运之法，军民两便，农民免去了长途运输之苦。

成化七年（1471 年），又改行"改兑法"，即"长运法"，以军运完全代替民运，遂成为定制。

明代创立了严格的漕粮征交制度。漕粮征交包括征收、运输、交仓三个环节。其中长途运输是中心环节。漕运的起点是各省征漕州县，终点是北京。明初，曾在沿岸淮安、徐州、临清、德州、天津设立五个粮仓，作为漕粮转输点。其后五仓撤销，各省漕粮由运军从兑粮州县直接运往北京。

为保证江南赋税按期、按量运抵北京，明政府以驻守运河沿线卫所军队担当漕运。他们直属于中央漕司，分隶于 12 总，约 12 万人。每总率军卒万人，运粮 30 万石。12 总共有漕船 11770 艘，海运漕船 350 艘。这是漕运史上规模最为庞大的漕运船队。虽然漕粮实际运额和漕船数量会有变化，但在总体上始终保持一个庞大数量。

清朝全面继承了明代开创的漕运体系，并有新的发展。顺治、康熙两朝，着力整顿漕政，加强漕运官司管理、疏浚河道等，全面恢复了京杭大运河的漕运。雍正、乾隆两朝，又对大运河进行了较有成效的疏浚治理，保证了运河在相当长的一段时间内较为畅通，运河漕运也由此进入它的最后一个辉煌期。

漕粮作为一种田赋形式，征收地集中在山东、河南、江苏、浙江、安徽、江西、湖北、湖南八省；征收种类有正兑、改兑、改征、白粮、折色等，亦有正米、耗米的区别。每年额定征收漕粮正米 400 万石，耗米 235 万石，合计 635 万石，除去各种损耗，实际运往北京、通州各仓的漕粮约 300 多万石。正米是按田地科则征收的正项漕粮，各省合计 400 万石，运往北京粮仓的 330 万石为正兑米，运往通州仓的 70 万石为改兑米[③]，漕粮正米由各省分摊。漕粮为田赋征实，另有改征和折征。改征是临时改征杂粮，无定额，无常例；折征又分折银和折征灰、石、工料等，有以现银折纳的，叫"改折"；白粮征自江苏的苏、松、常三府，太仓一州，浙江的嘉、湖两府，共约 22 万石糯米，专供宫廷之用，另每石加耗三四斗。

① 费正清著，张沛译：《中国：传统与变迁》，世界知识出版社，2001 年。

② 张廷玉等：《明史·食货志三》，上海古籍出版社、上海书店，1986 年。

③ 赵尔巽等：《清史稿·食货三》，上海古籍出版社、上海书店，1986 年。

清代的漕运管理体系严密而复杂，上至漕运总督，下到旗丁运卒，组成一个职责分明、组织严密的庞大漕运系统。在中央有户部总其责，在地方设漕运总督衙门于淮安，由漕运总督总理漕政诸务；各省设粮道衙门，分掌各地漕政；各州县收漕亦有专设机构。从向税户征收起到京通交仓止，整个漕粮征运过程都有严格的监管，凡监督巡查、征收监兑、押运、领运、催趱、漕仓监收等各个环节相互衔接，职责明确，自成体系。

漕运之法是官收官运，由各省、府组成漕运船队，派领运千总一至二人督领管带。每船运丁10人，近万艘漕船有近10万人的运军，被有序地组织在各粮道的船帮之中。由各粮道船帮运军按规定期限到各州县水次兑粮，兑粮完毕后，各省船帮集结一起，依次北上，由江而淮，由淮而河，逶迤而行，至京、通交仓为止。

漕粮的长途运输，船只消耗，官吏侵吞，造成人力、物力的极大浪费。沿途关卡林立，人手纷杂，官吏层层贪污，军卒运丁额外搜刮。漕粮虽有定额，但实际上加耗、加脚费等名目繁多，层层加码，实际交纳的漕粮高于定额数倍。漕运成为一大弊政，又是一项苛政。漕运的沉重负担都直接或间接地转嫁到农民身上，这必然激起农民各种形式的反抗。在农民的反抗斗争下，加上自然条件的变化，河道的淤塞，清代漕运日趋衰落。道光中，运河漕船尚余三四千只，后减至2000只。最终漕运与清王朝一起，消失在史乘之中。

中国古代漕运体系发展阶段表

朝代	发展阶段	漕运中心	主要运道	漕运量/万石	
				平均量	最高年份
秦汉	关东之漕	长安、洛阳	渭河、漕渠、黄河、汴渠	400	600
魏晋隋唐	从关东之漕到江淮之漕	长安、洛阳	漕渠、黄河、汴河、江南运河	200～300	400
两宋	江淮之漕	开封、杭州	汴渠、江南运河	600	700
元明清	江南之漕	北京	京杭运河	300～400	675

［原载《聊城大学学报（社会科学版）》2008年3期，8～12页］

先秦时代的漕运

嵇果煌

笔者曾撰《漕运春秋》一文，从秦汉时代开始至清代末期漕运废止，简要地概述了中国漕运发展的全部历史。在本刊分期连载。但是，中国的漕运活动并非始于秦汉时期，而可上溯至春秋战国时期。为使该文所述中国漕运历史完整起见，笔者最近冒着高温酷暑，查阅大量古代有关史料，写成本文，作为《漕运春秋》的补篇。

所谓先秦时期，通常是指春秋战国时期。中国漕运的嚆矢，可上溯至春秋时代的前期。《左传》上记载的“泛舟之役”可以看作是我国漕运历史的肇始。事情发生在鲁僖公十三年（前647年），当时位于今山西、河北等省地区的晋国，因连年农业歉收而发生饥荒，于是向位于今陕西、甘肃等省地区的秦国求援大批粮食。由于晋国的君王对秦国极不友好，因此秦国君王秦穆公接到晋国的求援要求后，对于是否要给晋国援助没有了主意。他询问手下的两位大臣子桑和百里奚该怎么办？当时百里奚毫不犹豫地回答说：晋国的君王虽然对我们秦国很不友好，但是天灾饥荒无论哪个国家都有可能发生，不能坐视不救，何况我们两国又是邻居，救助邻国灾荒，避免晋国人民挨饿。这是一种最基本的人道行为，因此我认为应该毫不犹豫地满足他们的需求。秦穆公认为百里奚言之有理，当即下令向晋国运送数万斛粮食（数万斛即数万石，一石约为现在75千克——笔者注）。于是，满载着粮食的船队从秦国的都城雍（今陕西省凤翔区南）出发，一艘接一艘的运粮船沿着渭河浩浩荡荡地顺流而下，到达黄河风陵渡后，转向北上溯奔腾澎湃的黄河，再转向东上溯汾河与浍河，最终抵达晋国的都城绛（今山西省翼城县东南），水运全程约700里。这次在历史上有名的利用水道大规模运粮活动，被称为“泛舟之役”，这是迄今所知我国历史上最早的漕运记录。但需要指出的是，“泛舟之役”是利用自然河道完成漕运的，与后世历朝开凿人工运河从事漕运的做法在意义上还有所不同。

由人工开凿、用于水上运输的河道称为运河。我国最早开凿运河进行水上运输的当数春秋时代的楚国。楚国位于今湖北、安徽等省地区，其都城郢位于今长江北岸的江陵附近。楚国为了与北方的晋国争霸中原，需要从水路运输军队、粮食和其他战争物资至北部的襄樊一带。而当时郢都与汉水之间无水路直通，要北上襄樊必须沿长江东下至汉水出口（今武汉），再溯汉水而上，千里迢迢，路途遥远。因此从楚庄王到楚灵王，曾先后开挖运河以连通江汉，缩短运输路程。据《水经注》记载，楚灵王（前540～前529年在位）曾下令开挖荆汉运河，引长江水通至章华台，称这条运河为“灵王立台之日漕运所由也。其水北流，注于扬水”。由于扬水北流入汉水，因此这条荆汉运河就近将长江与汉水联系起来，由郢都北上襄樊的水路，再也不必千里绕道而行了。与此同时，楚国还在东部地区开挖过一条巢肥运河，以沟通长江与淮河的水路交通。在古代，发源于今合肥西北山区的肥水，分为两流，向北的一流称为东肥水，经芍陂流入淮河；向东南的一流称为南肥水（也称施水）注入巢湖，再经濡须口入长江。当时楚国开挖的巢肥运河沟通了东肥水与施水，也就沟通了淮河与长江的水路交通。对当时楚国的军事、经济方面发挥了重要的作用。这就是司马迁在《史记·河渠书》中所说的"于楚，西方则通渠汉水、云梦之野，东方则通沟江淮之间"的具体内容。但是，楚国开凿的这两条早期运河，在历史上并没有发挥多大的作用而不久湮没无闻。

真正最早利用人工运河进行漕运并获得成功的是春秋末期的吴国。据《国语》、《左传》以及《吴越春秋》等史书记载，公元前515年，吴王阖闾依赖由楚国逃至吴国进行政治避难的伍子胥（名员，是楚国大夫伍奢之次子，楚平王听信谗言，无故杀害其父其兄，并在国内张榜通缉他）。伍子胥是个文能治理国家、武能平定天下的奇才。他化妆逃出楚国，辗转流浪至吴国，得到吴王的重用。他为吴王整顿朝政，训练军队，发展生产，广积粮食，不多年吴国的国力大增。吴王为击败幅员辽阔、兵多将广的世敌楚国，采用伍子胥设计的战略战术，把吴军分为三部分，应用敌进我退、敌退我进、避实就虚、攻其不备等机动战术，在吴楚两国边境（今安徽省东部）对楚军开展游击战和拉锯战，使楚军疲惫不堪。因当时军事上的需要，吴王接受伍子胥建议并由伍子胥督率大批民夫开挖一条人工运河，东起都城姑苏（今苏州市），向西经木渎入太湖，再经宜兴、溧阳、高淳等县境，穿越固城湖、石臼湖，至今安徽当涂县附近与长江连通。这条运河长400多里，因由伍子胥监督开挖，后人遂称它为胥河（也称胥溪）。其实，胥河是利用当地向东流入太湖的荆溪和向西流入长江的水阳江支流以及一些湖泊连接而成，其中真正由人工开凿的河段仅为高淳县境内的一段10多里，这里属茅山丘陵地区，是东向流入太湖河道与西向流入长江河道的分水岭。因此确切地说，胥河应指穿越分水岭10多里长的这一段河道。开挖胥河的目的主要是军事运输的需要，据史书记载，在开通胥河后，吴国军队沿着运河向楚国进军。军粮和战争物资，通过胥河源源不断地运往前线，有效地保证了对楚战争的胜利。又据清光绪年间纂修的《高淳县志》记载，胥河开凿于春秋时吴楚之战，由于河道全程位于江南水网地区，又接通太湖、石臼湖等，因此水量非常丰富，航行便利，当时吴军在前线与楚军作战，全赖该河进行后方供应。至唐昭宗景福年间，当地政府在胥河上增筑5座堰埭，使载重200石的粮船通行无阻。由此可知，胥河在唐代时尚用于通航行舟。又据明末顾炎武所撰《天下郡国利病书》卷十四引明朝人韩邦宪《东坝考》说："春秋时，吴王阖闾伐楚，用伍子胥计，开河以运粮，今尚名胥溪河。"由此可知，至明代时胥河或胥溪之名尚存。这条人工水道，现在虽已找不到它的遗迹，但从历史资料记载，无疑是我国最早用于运输的一条运河。吴楚之战时利用这条运河运输粮食和军用物资等活动，则是我国最早真正意义上的漕运。

公元前496年，吴王阖闾在一次吴越战争中受伤身亡，其子夫差继位后，为父报仇，将越国军队击溃，并迫使越王勾践屈膝投降。于是吴国国力又一次大增，吴王夫差为欲北上中原争霸称雄，从苏州起始，朝西北走向开挖运河，经无锡、常州至奔牛后折向北行，在孟河附近入长江（因奔牛以西为山岗地区，开挖困难，故折向北入长江），长170多里，后为江南运河一段的前身。公元前486年，夫差又在长江北岸（今扬州附近）修建邗城，并自邗城起向北开挖运河，河道经武广、陆阳两湖泊之间，入樊梁湖后折向东北，穿越博芝、射阳两湖泊后再折向西北，至淮安以北的末口连通淮河，全长300里，史称邗沟。两千多年前的今苏北地区，湖泊星罗棋布，邗沟开挖时为减少土方工程量，有意识地串联诸多自然湖泊，故河道走向曲折多拐，但它沟通了原先互不相通的长江与淮河两大水系，交通作用和历史意义巨大。邗沟经后世历代的多次改线和扩建，成为现今京杭大运河重要的一段。邗沟挖成后，主要用于漕运，即运输军粮和军用物资。公元前484年，吴王夫差得到齐国出兵攻打鲁国的情报，认为这是联合鲁国打败齐国，为自己称霸中原扫清道路的机会，于是不听伍子胥的忠告，决定北上伐齐，亲自统率三军，庞大的船队（由战船和粮船组成）从苏州出发，浩浩荡荡沿着新开挖的运河入长江，由长江入邗沟，由邗沟入淮河，再溯淮河北岸支流泗水进入齐国境内，大败齐军于艾陵（今山东莱芜县东北）。

吴国在接连打败楚、越、齐等强国后，吴王夫差的头脑已经发热，行动举止也飘飘然了。为了欲与一向称霸中原的晋国争当霸主，公元前482年，吴王夫差再次率领大军北上，船队由太湖入长江，由长江入淮河，由淮河入泗水，打算由泗水入济水，与晋定公会盟于济水岸边的黄池（今河南封丘县南）。但当时泗水与济水之间并不相通，船队到泗水后无法前进。为此，夫差下令在泗、济两水之间开挖一条运河，从今山东定陶县东北的古菏泽引水向东，至今山东鱼台县北注入泗水，使泗、济两水沟通。因这条运河的水源引自菏泽，后世称它为荷水。这就是《国语·晋语》中所记载的“阙为深沟，通于商、鲁之间”的历史事实。

吴国船队利用荷水得以到达黄池，举行了历史上有名的“吴晋会盟”。吴王夫差想称霸中原的愿望虽然实现了，然而螳螂捕蝉，岂知黄雀在后。曾被吴王夫差打得大败而屈膝投降的越王勾践，经过十年生聚，十年教训，卧薪尝胆，刻苦图强后，国势重振，由弱转强。乘吴国大军远在北方和吴王夫差陶醉于中原霸主之机，派遣大军攻破吴都苏州。公元前473年，夫差忧愤自杀，在临死时十分后悔自己当年不听伍子胥切勿将勾践放虎归山，切勿北上伐齐争霸的忠谏，真是饮恨千古。对此后人有诗叹曰：“吴王恃霸弃雄才，贪向姑苏醉醁醅。不觉钱塘江上月，一宵西送越兵来。”（唐胡曾《咏史·姑苏台》）。这首诗的意思是说：吴王夫差杀害了具有雄才奇谋、一片忠心的伍子胥，陶醉于在外争霸称雄，在内寻欢作乐，而越国的军队在钱塘江上月光照耀下，不知不觉地一夜间就攻破了吴国的都城。

吴王阖闾和夫差父子两代在位共40年，由于军事、政治和经济上的需要，先后开凿了胥河、江南河、邗沟和荷水等四条运河，谱写了中国运河与漕运史上辉煌的篇章。特别是邗沟和荷水的开通，具有重大的历史意义，使我国早在2000多年前的春秋时代，就有一条连接黄河、淮河与长江三大水系的南北运河。

早期用于漕运的人工运河，除了上述吴国开挖的四条运河外，还有一条位于中原地区最著名的古运河——鸿沟。春秋末期，各诸侯国经过长达200多年的相互攻伐、分化、兼并后，原本强大的晋国分裂成魏、韩、赵三国，连同原有的秦、楚、齐、燕四国，形成七个国家，史称战国时代。其中的魏国地处黄河中下游，今河南省东部和山西省南部地区。雄心勃勃的魏惠王（前369～前319年在位50年），为了发展经济使国家富强和向外扩张称霸中原，先将都城从安邑（今山西省夏县西北禹王城）迁至大梁（今河南开封），接着于公元前361年动员众多军民开挖运河，取名鸿沟，意即鸿大的沟渠，用以改善都城周围的水运交通状况。鸿沟起自荥阳以北的黄河，其走向从西北至东南，经中牟县境至大梁后折向南流，止于颍水。其间与济水及淮河上游的许多支流如丹水、睢水、涡水、汝水等相交，形成四通八达的水道网络。这就是《史记·河渠书》所说的“荥阳下引河水东南为鸿沟，以通宋、郑、陈、蔡、曹、卫，与济、汝、淮、泗会”的含义。鸿沟是继邗沟之后的又一条重要的古运河，它沟通了黄河与淮河两大水系，成为公元前361年至秦汉时期将近600年间，中原地区最主要的水上交通干线，使黄淮平原上形成完善的水运交通网，对古代中原地区的社会经济发展起到了重要的作用。公元前312年，南方的越国向中原的魏国赠送300只船、500万支箭以及其他珍贵礼品，走的就是由淮河上溯支流，再经鸿沟抵达大梁的水道（见《水经注》引《竹书纪年》）。由于水道纵横，漕运畅通，促进了沿岸诸多城镇的兴起与繁荣，如位于济水与荷水交汇处的陶（今山东定陶）、位于睢水岸畔的睢阳（今河南商丘）、位于丹水与鸿沟交汇处的大梁（今开封）等都成为当时的大都市，这些都市的兴起显然是借助于水道交通的便利。鸿沟的开通，还有利于农业灌溉，使原本较为干燥贫瘠的黄淮平原变成千里沃野的农业区，农业和手工业生产得到空前发展。因此司马迁在《史记·河渠书》中以极其肯定的语气概括鸿沟所起重要作用时说：“可行舟，有余则用于溉浸，百姓飨其利。”正是有了鸿沟这条运河，才使魏国境内的水路运道四通八达，社会经济迅速得到发展，国势日益强盛，很快成为战国初期七雄中的佼佼者。公元前344年，魏惠王成功地在逢泽（今开封市南）会盟秦、韩、宋、卫等国，终于实现了称霸中原的夙愿。

鸿沟是中国历史上一条非常著名的古运河，它之所以著名，除了上述在古代交通运输和农业灌溉方面起到重要作用外，还与秦朝末年楚汉相争的故事有关，当时势不两立的项羽和刘邦，曾以鸿沟为界划分势力范围。这种战争形势后来又反映到民间流传的象棋娱乐方面，象棋棋盘上的“楚河汉界”指的就是这条鸿沟。另外，鸿沟一词还演变成一种常用的形容词，如“不可逾越的鸿沟”被常常用来形容界限分明、壁垒很深，相互不可逾越的对立双方。由此可见，作为一条古运河的鸿沟，对后世的影响是多么的巨大！

（原载《交通与运输》1998年5期，44～46页）

秦代漕运初探

沈颂金

漕运,《说文解字》云:“漕,水转谷也。”因此,从严格意义上说,漕运仅限于水路运输。本文所论及的漕运,取其广义范围而言,即包括水运和陆运两部分。与后代所说的漕运略有区别,这是首先需要说明的。漕运是中国历史上特有的一种现象,指封建王朝通过漕运向其统治中心的京城或边境地区大规模运输粮草的一种制度。漕运起源于先秦,消失于清末,贯穿了整个封建社会,历时2000余年。漕运在历代王朝的经济中占有相当重要的地位。《明史·食货志》言:“转输者,国之大计。”漕运的兴衰,反映了王朝的强弱。所以,漕运的研究对于探讨中国封建社会的政治、经济、军事等,无疑具有重要的意义。秦朝享国短祚,仅15年即亡,有关秦代漕运的资料,史书记载极少,故而对这一问题的研究尚不多见。本文试图对秦代的漕运及其相关问题做一综合考察,意在抛砖引玉,以期引起有关专家学者的重视。

一、先秦时期漕运的萌芽

夏商周三代虽然号称“溥天之下,莫非王土;率土之滨,莫非王臣”,其实,天子所控制的仅为方圆数百里的王畿,王畿之外则是所谓的“五服”,天子用以分封自己的亲戚、重臣,或者是对少数民族的羁縻。这些诸侯小国分土而治,称为臣服之邦或受封之国。它们与中央政府的关系相当松弛,仅保持名义上的进贡关系。进贡的货物从四面八方转输到中央。《诗经·大明》记载周文王“亲迎于渭,造舟为梁”。渭水中既有舟船,说明用于水运。周公营建洛邑为东都,是因为洛阳居天下之中,道里均等,四方贡赋集中洛阳,利用渭河水道,转运至镐京。《史记·货殖列传》中列举了全国各地的贡品。从某种意义上说,这种进贡和后代的漕运性质不同。进贡的物品主要是供统治者个人享乐,并且进贡也未形成一定的制度,并没有财政上的意义。当中央政府衰弱之际,进贡也就随之中止了。

春秋战国时期,诸侯争霸,天子的地位名存实亡,即孔子所说的“礼乐征伐自诸侯出”。各诸侯国形成了独立的经济圈,中央政府对各地的经济缺乏严密的控制,加之交通落后,人烟稀少,因此,没有出现中央对各地财赋的经常性、大规模的征运现象。虽然如此,各地间还是出现了相互调运粮食的事件,主要目的有二:一是恤灾;二是馈兵。关于第一点,最著名的例子是秦国向晋国输送粮食的“泛舟之役”。僖公十三年(前647年),晋国遇到饥荒,请求秦国援助,“秦于是输粟于晋，自雍及绛相继，命之曰‘泛舟之役’”①。孔颖达注：“秦都雍临渭，晋都绛临汾，繇（由）渭入河，又繇河以溯汾也”。这是典型的水路运输事例。秦国从都城雍（今陕西凤翔雍城）沿渭河行进，转入黄河，溯流而上，再折入汾河，运抵晋国都城绛（今山西曲沃侯马）。后来秦国发生饥荒，向晋国请求转运粮食，遭到晋国的拒绝，结果引发了两国间的矛盾。第二点馈兵尤为重要。春秋战国之际，小国林立，诸侯间为了争夺霸权，经常发动战争。因此，为了战争而运输粮食成了寻常之事。著名的军事家孙武说：“千里馈粮，士有饥色，食敌一锺，当吾二十锺。”② 政治家管仲也说：“粟行三百里，则国无一年之积；粟行四百里，则国无二年之积；粟行五百里，则众有饥色。”③ 周敬王十四年（前 506 年），吴王阖闾伐楚，令伍子胥开堰渎运粮，即凿通作为长江与太湖之间分水岭的东坝（今江苏高淳县东），沟通了注入长江的水阳江和注入太湖的荆溪，成为江南地区东通太湖、西入长江的第一条运河。周敬王二十五年（前 495 年），吴王夫差为了对付越国，开凿胥浦，西起太湖，历淀山湖、泖湖、东通大海。开凿这两条运河的主要目的是运输粮食，为战争服务。周敬王三十四年（前 486 年），吴国三破楚越，为了进一步北进伐齐，与中原诸国争霸，吴王夫差在今扬州市西北的蜀冈、间修建邗沟，并在城下开凿运河，沟通长江、淮河两大水系，以便于军粮运输。战国末年，秦在翦灭六国的过程中，伴随战争而运输粮食的规模更大了。秦国从巴蜀出兵十万进攻楚国，漕运的粮食高达六百万斛。“秦西有巴蜀，方船积粟，起于汶山，循江而下，至郢三千余里，舫船载卒，一舫载五十人，与三月之粮，下水而浮，一日行三百余里，里数虽多，不费马汗之劳。”④《史记·赵世家》亦载：“秦以牛田，水通粮。”正义云：“秦从渭水漕粮东入河洛，军击韩上党。”由此可见，最迟在战国，我国已有了漕运这一形式。不过，此时的漕运仍未形成定制，多属临时性质，主要是为兼并战争服务。

二、秦代的漕运

秦始皇统一中国后，建立了中央集权制国家，完成了韩非所说“事在四方，要在中央，圣人执要，四方来效”⑤ 的大一统构想。为了满足空前庞大的中央官僚机构的日常需要，支持秦始皇“内兴功作，外攘夷狄”的事业，就有必要征收各地的租赋收入，所谓“竭天下之财以奉其欲。”⑥ 同时，正像废除分封制、销毁兵器以打击地方贵族势力一样，政府也必须在经济上控制地方的收入，削弱其对抗中央的物质基础。因此，秦王朝对全国，特别是山东地区进行了大规模的财税粮食征调，主要采用水运的形式。这是由当时的交通状况所决定的。在古代陆路运输极端落后的情况下，从事大规模、长距离的运输，水运的优势是不言而喻的。而先秦时期运河的开凿和水运网的初步形成，为

① 《左传·僖公十三年》。

② 转引杜佑《通典》卷 10“食货”“漕运”。

③ 转引杜佑《通典》卷 10“食货”“漕运”。

④ 《战国策》卷 14“楚策”。

⑤ 《韩非子·扬权》。

⑥ 《汉书·食货志》。

秦代水运的发展奠定了坚实的基础。

(一)漕运的目的和方法

秦始皇消灭群雄，统一六国后，并没有偃武息戈，而是继续经略四方，北攻匈奴、南平百越。伴随大规模的征伐，粮食的运输必然被提到首要的议事日程上来。可惜，史书对秦代粮食运输的方式、数量、用途的记载甚少。我们只能从后人的零星记载中推测出其概貌。

秦的漕运与战争密不可分。关于秦的用兵情况，西北方面有：秦始皇三十二年(前215年)"使将军蒙恬发兵三十万人北击胡，略取河南地"[①]。次年，"西北斥逐匈奴，自榆中并河以东，属之阴山，以为三十四县，城河上为塞。又使蒙恬渡河取高阙、陶山、北假中，筑亭障以逐戎人"[②]。如此大规模的出兵，粮食的消费量之大是可想而知的。不仅如此，秦始皇为了巩固所攻占的地区，又大规模移民朔方、榆中。《水经注·河水》载："薛瓒曰：秦逐匈奴，收河南地，徙民以实之，谓之新秦地。"这些从东方迁来的移民，初次到达新移民区时，一切皆仰仗国家供应，包括农具、衣服、种子、粮食、房屋等，三十四县的移民数量肯定不会少，而供应移民的粮食和其他物资便成了漕运的主要目的。由于当时边郡地区水运不甚发达，如此庞大的运输量是靠陆路完成的。《史记·平津侯主父列传》载："又使天下蜚刍挽粟，起于东陲、琅邪负海之郡，转输北河，率三十钟而致一石。"《汉书·严安传》也载，秦"欲威海外，使蒙恬将兵以北攻强胡，辟地进境，戍于北河。飞刍挽粟以随其后"。从遥远的东部沿海地区把粮食运输到西北边郡，困难重重，浪费也十分惊人，"三十钟而致一石"，因此，国家的大批强壮劳动力均被征用来运输粮食，结果导致了"男子疾耕不足于粮饷，女子纺绩不足于帷幕。百姓靡敝，孤寡老弱不能相养，道路死者相望，盖天下始畔秦也"[③]。《汉书·晁错传》对此也有描述："秦之戍卒不能其水土，戍者死于边，输者偾于道。秦民见行，如往弃市，因之谪戍之，名曰'谪戍'。"埋下了秦王朝灭亡的祸患。

西南方面：秦始皇三十三年(前214年)"发诸尝逋亡人、赘婿、贾人略取陆梁地，为桂林、象郡、南海，以適遣戍"[④]。《淮南子·人间训》对这次用兵也有详细记载："使尉屠睢发卒五十万为五军；一军塞镡城之领(岭)，一军守九嶷之塞，一军处番禺之都，一军守南野之界，一军结余干之水。三军不解甲弛弩，使监禄无以转饷，又以卒凿渠开通粮道，以与越人战，杀西呕君译吁宋，而越人皆入丛薄中，与禽兽处，莫肯为秦虏，相置桀骏以为将，而夜攻秦人，大破之，杀尉屠睢，伏尸流血数十万，乃发适戍以备之。"为了保证军队的粮食供应，秦始皇又使监禄开凿灵渠，用以运输粮食。在进行征战的同时，又从内地迁徙大量的移民到三个新设立的郡——南海、桂林、象郡。《越绝书》载："三十七年，始皇至会稽，徙天下有罪適吏民，置海南故大越处，以备东海外越。"《史记·淮南衡山列传》亦载"又使尉佗逾五岭攻百越。尉佗知中国劳极，止王不来，使人上

① 《史记·秦始皇本纪》。

② 《史记·秦始皇本纪》。

③ 《史记·平津侯主父列传》。

④ 《史记·秦始皇本纪》。

书，求女无夫家者三万人，以为士卒衣补。秦皇帝可其万五千人”。这15000人到百越后，与当地驻军和土著越人融合。这在汉高祖刘邦十一年封尉陀为南越王的诏令中可以清楚地看出来：“前时秦徙中县之民南方三郡，使与百粤杂处。”[①]同西北边郡一样，西南地区的守兵加上迁徙去的内地居民，人数也相当多。那么，粮食的供应便成了首先考虑的问题，灵渠的开凿正是为了运送粮食。

如前所述，秦王朝在北部边境地区运输粮食的主要方式是陆路运输。因此，秦始皇非常重视道路的建设，在全国各地修建了纵横交错的交通网，且质量相当高。秦“为驰道于天下，东穷燕、齐，南极吴、楚，江湖之上，濒海之观毕至。道广五十步，三丈而树，厚筑其外，隐以金椎，树以青松。为驰道之丽至于此”[②]。主要道路有：

（1）长安至九原直道，秦始皇“三十五年，除道，道九原抵云阳，堑山堙谷，直通之”[③]。《史记·蒙恬列传》载：“始皇欲游天下，道九原，直抵甘泉。乃使蒙恬通道，自九原抵甘泉，堑山堙谷，千八百里，道未就。”这条道路穿山越岭、工程浩大，道路宽阔，可平行行驶三辆马车，是向西北转运粮食的主要通道。

（2）圣人道，在真宁县东四十里，“秦始皇筑长城，开通粮道。秦以天子为圣，故名”[④]。说明这条道路是为了运输粮食而修的。

（3）杨越新道，这是秦始皇平定南越后修建的驰道。南海尉任嚣对赵佗说：“……豪桀叛秦相立，南海辟远，恐盗兵侵此，吾欲兴兵绝新道，自备待诸侯变。”[⑤]颜师古注曰“秦所通越道”。

（4）五尺道，这是通向西南夷的一条通路。“秦时常頞略通五尺道，诸此国颇置吏焉。”[⑥]这条道路修筑在崇山峻岭之上，非常艰险，故宽度仅为五尺。

（5）石牛道，这条道通往巴蜀地区，秦惠王时开。“惠王欲伐蜀而不知道，作五石牛，以金置尾下，言能屎金。蜀王负力，令五丁引之成道。秦使张仪，司马错寻路灭蜀，因曰石牛道。”[⑦]这条道开凿时间较早。由于水利灌溉工程都江堰的修建，四川盆地成了“天府之国”。史载“巴蜀亦沃野，……栈道千里，无所不通”[⑧]。秦王朝从巴蜀地区调运出大量粮食，而所循之路线，就是石牛道。

（6）灵渠，秦始皇为运输粮食所凿，它沟通了湘江、漓江，把长江水系和珠江水系联结起来，使得长江上的船只经湘江，过灵渠，入漓江、桂江南下，取西江东行而抵番禺，或溯浔江西行而抵布山、临尘，使水道纵横交错的岭南无所不通。

此外，在水道较为发达的关东地区，秦充分利用先秦时期的水运网，通过黄河及其下游的济水、鸿沟等水道，将远至黄海之滨的山东各地的粮粟源源不断地运到咸阳和其他地区。特别是鸿沟

---

① 《汉书·高帝纪下》。

② 《汉书·贾山传》。

③ 《史记·秦始皇本纪》。

④ 《古今图书集成·职方典》，“庆阳府·古迹考”。

⑤ 《汉书·西南夷传》。

⑥ 《史记·西南夷列传》。

⑦ 《水经注·沔水》

⑧ 《史记·货殖列传》。

水系，“以通宋、郑、陈、蔡、曹、卫，与济、汝、淮、泗会；于楚，西方则通渠汉水、云梦之野，东方则通邗沟江淮之间；于吴，则通渠三江、五湖；于齐，则通淄、济之间”①。四通八达的交通网极大地便利了水路运输。而在关中地区，早在“泛舟之役”时，秦国就利用渭水、黄河、汾水运送粮食。水利工程的兴修又与漕运业的发展密切相关。这些水利设施一方面使沿途的土地得以灌溉，同时又可作为运输的水道，如郑国渠就兼具这两种功能。

（二）漕运的管理形式

仓库的设置是漕运设施的重要组成部分。我们试将秦代粮仓设置列表如下（表一）。

表一　秦代粮仓

仓名	文献依据
太仓	县上食籍及它费大（太）仓，与计偕②
敖仓	夫敖仓，天下转输久矣，臣闻其下乃有臧粟甚多……此乃天所以资汉③
陈留仓	夫陈留，天下之冲，四通五达之郊也，今其城中又多积粟④
霸上仓	沛公至霸上，……秦民大喜，争持牛、羊、酒食献享军士。沛公让不受，曰：“仓粟多，不欲费民。”⑤
栎阳仓咸阳仓	栎阳二万石一积，咸阳十万一积⑥
督道仓	宣曲任氏之先，为督道仓吏。秦之败也，豪杰皆争取金玉，而任氏独窖仓粟⑦。韦昭注曰：督道，秦时边县也
成都仓	成都郭外有秦时旧仓，述改名白帝仓⑧
龙岩仓	据《三门峡漕运遗址发掘报告》，从三门峡出发，沿黄河大约九公里以北的地方，有一三面环山，面临黄河的高地，这一地区散布大量的灰色绳纹瓦片。在其附近的龙岩村，相传是“秦代运粮城”⑨

秦始皇在全国各地设立的粮仓，主要目的是为军事征战服务。纵观秦粮仓所设之处，可以分作三组：第一组太仓、敖仓、陈留、栎阳、咸阳、龙岩诸仓，与漕运山东粮食以供应京城有关。因为陈留地处鸿沟，是江淮运输的必经之地，而龙岩、敖仓居荥阳附近，临近黄河，正是鸿沟转入黄河之处。霸上、栎阳则是从黄河，沿渭水运抵咸阳的终点站，太仓则是漕运的中心，为国家仓库总枢纽。第二组为督道等边郡诸仓，是专为北方军事征战而设的，是内地粮食运往边境的储藏地。第三组成都仓建置时间较早，也是与军事行动有关的。《华阳国志·蜀志》载：“秦武王三年，司马错率巴蜀众十万，大舶船万艘，米六百万斛，自巴涪水浮江伐楚，取商於地。”其后，白起攻楚，亦由长江东下，伐取巫、笮及江南为黔中郡。其所需粮食，必定皆出自成都仓。

秦代的粮仓管理十分严格，湖北云梦睡虎地出土的秦墓竹简《秦律十八种》中，专门设有“仓

① 《史记·平准书》。

② 《睡虎地秦墓竹简·秦律十八种》“仓律”，文物出版社，1978年。

③ 《汉书·郦食其传》。

④ 《汉书·郦食其传》。

⑤ 《汉书·高祖纪上》。

⑥ 《睡虎地秦墓竹简·秦律十八种》“仓律”，文物出版社，1978年。

⑦ 《史记·货殖列传》。

⑧ 《后汉书·公孙述传》。

⑨ 见中国社会科学院考古研究所：《黄河水库考古报告之一》，科学出版社，1959年。

律”，负责国家粮食的储存、保管和发放。还有“效律”，是检验官府物质财产的法律。一般来说，秦代设有三级粮仓：中央、县和乡。中央由治粟内史掌管，属官有太仓、内史等。“治粟内史、秦官，掌谷货，有两丞，……更名大司农，属官有太仓、均输、平准、都内、籍田五令丞。”[①]《宋书·百官志》载：“太仓令一人，丞一人，秦官也。”“太仓令一人，秩六百石，主受郡国转漕谷，丞一人。”[②]简文中也有“内史课县，大（太）仓课都官及受服者”。县仓由县丞或县啬夫管理负责“入禾仓，万石一积而比黎之为户。县啬夫若丞及仓。乡相杂以印之，而遗仓啬夫及离邑仓佐主禀者各一户以气（饩），自封印，皆辄出，馀之索而要为发户”。乡仓也有主管人员验收、检查。各粮仓还专门设有仓啬夫、仓佐、仓史等职，负责粮仓管理。粮食的出入品种、数量都要造册登记。“入禾稼，刍稾，辄为廥籍，上内史。”簿籍的格式也有一定的规范，“某籍之曰：‘其廥禾若干石、仓啬夫某、佐某、史某、禀人某’”。粮仓实行严格的奖惩措施，对于因粮仓漏雨而烂坏了粮食，和堆积粮食而腐败了，不能食用，主管人员都要视情节轻重分别处于相应的惩罚，对于粮草虽败坏，但尚可食用的，应加以估量，根据所损耗的石数判全赔偿[③]。

总之，秦朝对粮仓严格而有效的管理，对秦王朝四处征伐时保证粮食的供应极为重要。终秦一代，没有发生粮食危机。调往西南、西北的粮食也很顺利。相反，秦代的粮食储备相当富裕。楚汉战争期间，像陈留、宛、敖仓等处都储有大量的积粟，由此可略见一斑。

秦代的粮食调运，大多征发民众，秦简有“上节（即）发委输，百姓或之县就（僦）及移输者，以律论之”。[④]《商君书·垦令篇》亦载：“令送粮无取僦，无得及庸。”就是说，朝廷如征发运输的劳役，百姓有到县里雇车或转交给别人运送的，应依法论处。秦二世时，“当食者众，度不足，下调郡县转输菽粟刍稿，皆令自赍粮食。咸阳三百里内不得食其谷”[⑤]。这种无偿征调人民进行大规模长途运输，对民众来说，无疑是一项极为沉重的负担。特别是关东地区，国家征调的赋税主要来源于此，因而引发的矛盾更加尖锐、激化，有一触即发之势。右丞相冯去疾、左丞相李斯、将军冯劫曾进谏曰：“关东群盗并起，秦发兵诛击，所杀者甚众，然犹不止。盗多，皆以戍漕转作事苦，赋税大也”[⑥]，可见秦时运输已成为徭役的重要构成部分，我们说秦朝的徭役繁重，全国10%的人都被征调去服役，运输便是其中主要的一种。

敖仓在秦漕运系统中地位凸显，下面试以敖仓为个案研究对象，深化对秦漕运机构的认识。敖仓，始置于秦，战国时，黄河在荥阳县境内别出东流为济水，济水又别出为狼汤渠。济水和狼汤渠的下游又和当时经济最为发达的中原地区的重要水道颍、涡、获、荷、濮诸水相通连，东南达于淮、泗。敖仓正设在荥阳县治北、下临济水，西距黄河、济水分流处不过20里的敖山上，“济水又东径敖山北，……秦置仓于其中”[⑦]。地理位置相当优越，使其成为全国最重要的粮仓之一。中原漕

① 《汉书·百官公卿表·上》。

② 《续汉书·百官志》。

③ 上引均见《睡虎地秦墓竹简·秦律十八种》“仓律”“效律”，文物出版社，1978年。

④ 《睡虎地秦墓竹简》“效律”。

⑤ 均见《史记·秦始皇本纪》。

⑥ 均见《史记·秦始皇本纪》。

⑦ 《水经注·济水》。

粮无论是西输关中，还是北至边塞，都需要在这里积储、转输。秦始皇定都关中，由于官僚机构和军队的消耗量十分庞大，关中所产粮食不能满足需要，必须从关东调运粮食。运输方式采用水运，即沿济水、黄河溯流而上，转入渭河，抵达咸阳。秦始皇时，在敖山置仓积谷，“会天下粟，转输于此，故名敖仓”[①]。敖仓所储存粮食之多，《淮南子·精神训》对此有精彩的描绘：“今赣人敖仓，予人河水，饥而餐之，渴而饮之，其入腹者不过箪食瓢浆，则食饱而敖仓不为之减也，腹满而河水不为之竭也。”把敖仓比作黄河之水，取之不尽，用之不竭，虽有夸饰成分，但从侧面也说明敖仓积粟数量巨大。楚汉战争中，刘邦正因为占据了敖仓，有了充足的粮食供应，才能打败项羽。史载，彭城之败后，刘邦退守荥阳，“筑甬道属之河，以取敖仓粟”[②]。充分利用敖仓存粮，扼守荥阳，“楚军不得过荥阳而西”。后来，项羽截断了敖仓对荥阳的粮食供应，“项王数浸夺汉甬道，汉王乏食之，恐，请和，割荥阳以西为汉”[③]。敖仓之重要，从郦食其向刘邦所提的建议中也可以看出来。“夫敖仓，天下转输久矣，臣闻其下乃有藏粟甚多。楚人拔荥阳，不坚守敖仓，乃引而东，令適卒分守成皋，此乃天所以资汉也。……愿足下急复进兵、收取荥阳。据敖仓之粟，塞成皋之险，杜大行之道，拒蜚狐之口，守白马之津，以示诸侯效实形制之势，则天下知所归矣。”[④]敖仓之失与守，成了决定楚汉战争胜败的关键因素。

三、小　　结

秦代的漕运与后代历朝的漕运既有共同点，又有不同之处。共同点都是为中央集权专制政权服务，政府通过对漕运的严密控制与管理来达到其统治。不同之处在于：秦代的漕运体制建立不久，在运输的规模、数量、人员设施、管理水平等诸多方面都处于草创阶段。秦代漕运独特性大致有几点：①秦代的漕运主要以军事征战为目的，漕运的数量相当巨大。②秦代漕运的粮食主要来自关东地区和四川成都平原。关东粮食运输路线沿济水运抵敖仓，在此一部分陆路运送到边郡，一部分沿黄河而上，再通过渭水运抵咸阳。西南方面所需粮食，或从四川巴蜀地区沿长江而下，或从中原经汉水入长江。在洞庭湖沿湘水，过灵渠，进入漓江，再转运到岭南各郡。③秦代漕运管理以粮仓为中心，粮仓大多设在水陆交通中心，实行严格而有效的管理，保证了秦朝军事行动时粮草的供应。④秦代漕运的劳动力主要是征发民众，漫长而艰苦的运输成了人民的一大沉重负担，也是导致秦王朝覆亡的原因之一。⑤秦没有专门设立管理漕运的机构，九卿之一的治粟内史兼治漕运，属官有太仓等，负责中央粮仓的管理事宜。

（原载《中国经济史研究》2000 年 4 期，114～155 页）

① 申奇彩：《河阴县志·古迹》。

② 《史记·项羽本纪》。

③ 《史记·项羽本纪》。

④ 《史记·郦生陆贾列传》。

略论秦汉黄河流域漕运的形成

申艳辉

漕运作为中国古代社会一项重要的大政方针，是中央集权制度的产物。关于漕运，大部分学者都有不同的定义，但是“他们都把漕运看成一种满足古代国家经济需要的制度，以运输粮食为主要内容，为政治服务的意义很强烈”①。它关系一个国家的兴衰交替，所以受到历代统治者的重视。秦汉时期，漕运就已经出现。统治者将从各地征收的粮食和财物，运到国都，以保证庞大的官僚机构的正常运转，或者直接运到边地，确保各地驻军的物资储备，以保证对胡族防御措施和军事行动的成功。因此，漕运被朝廷看作一项重要的国策。

一、黄河流域的水路交通网

漕运的顺利，需要有便利的水路交通作为先决条件。水路交通既需要自然条件优越的天然河道，还要求有连接国都和军队驻地的人工运河。故在黄河流域，有很多水量大的支流，如渭水、泾水、湟水、汾水等。在汉代，由于漕运的重要性，历代统治者都重视人工渠的开凿、整理和疏浚。这时期曾经有人谈到通渠有“三好”，其中“若有渠溉，……转漕舟船之便：此三利也”②。此句实质上表明了沟渠的作用之一就是行船运输。

秦汉时期，黄河流域是全国主要经济区。秦统治者为了加强关中平原和关东地区的联系，付出了极大努力。有学者认为“秦统一全国后，出现了政治中心和经济中心难以联系的矛盾”③。政治中心为咸阳，经济中心为定陶。为解决这一矛盾，秦统治者选择了比较便利的水运，并且在荥阳附近建立起一个颇具规模的粮仓——敖仓。由于史书对于这个时期黄河流域运河的整治没有相关记载，无法直面说明当时运河开凿和整治对于漕运的影响。《史记·郦生陆贾列传》里说：“夫敖仓，天下转输久矣，臣闻其下乃有藏粟甚多，楚人拔荥阳，不坚守敖仓，乃引而东，令適卒分守成皋，此乃天所以资汉也。”④从郦食其对楚汉战争局面的分析中，可见敖仓的储粮是相当可观的，也从侧面说明敖仓已经具有存储和中转粮食功能，反映了秦代在黄河流域的漕运是比较发达的。山东地区的漕

① 张晓东：《先秦秦汉漕运史研究概观》，《临沂师范学院学报》2007年2期，119页。

② 《汉书》，中华书局，2013年，1695页。

③ 潘京京：《略论秦汉时代的运河和漕运》，《云南师范大学哲学社会科学学报》1993年2期，17页。

④ 《史记》，中华书局，2014年，3264页。

粮经过古鸿沟和济水，在敖仓会合，然后经黄河、渭水到达咸阳，因此，运河的畅通是漕运顺利的前提条件，可见秦统治者对于运河十分重视，灵渠的修建又是一个典型的例证。

秦亡汉兴，两汉政府继承秦代漕运为基本政策的方针。由于漕运量的不断增加，由每年不过几十万石[①]增加到四百万石[②]，最多时达到了六百万石[③]，这样庞大的数额，迫使汉统治者必须设法改进漕运粮食的功能，加快对漕运网的整治步伐。据史书记载，在黄河流域主要有：

（一）开凿漕渠

汉武帝时，由于来自山东地区的漕粮沿渭水到达长安，需要六个月时间，且河道弯曲时常有危险发生，这为漕运带来很大阻力。为了缩短运输时间，以满足京师需要，官任大司农的郑当时向汉武帝提建议，从渭水开漕渠至长安，从南山下至黄河三百里。武帝令徐伯带人修渠，耗时三年而成。漕渠的开凿，缩短了三个月运输时间，改善了山东漕粮的运输条件，使漕船直达长安。同时，两岸农田得到灌溉，实现了“其后漕稍多，而渠下之民颇得以溉矣”[④]的理想效果。

（二）“更砥柱之限”

砥柱位于黄河中游河段，是古代漕粮转输的必经要道。这里河流湍急，峡谷陡峭，严重影响东西漕运，为了“更砥柱之限”[⑤]，缩短运输路程，汉统治者采纳大臣的建议，进行了许多尝试。汉武帝采纳河东守番系的建议，在山西西南部开渠连接汾水和黄河，灌溉两岸农田，但是，由于黄河改道，渠田废弛而作罢，“谷从渭上，与关中无异，而底柱之东可毋复漕”[⑥]的目标没有实现。此后，又有人上书“欲通褒斜道及漕”，使山东粮食不经过砥柱地区，直接从南阳顺沔水到达褒水，再用车转到斜水，顺流而下，最后由渭水直通长安。武帝拜张汤之子张卬为汉中太守，令其率数万人凿褒斜道五百余里，但是，结果却是“道果便近，而水湍石，不可漕”[⑦]，这次尝试也没有成功。同样，汉成帝听从杨焉的建议，在砥柱地区凿石，拓宽河道，但是最后也没有成功，水流更加湍急，石块无法运走，反而又增加了漕运的难度。汉统治者为改善砥柱地区运输条件的几次尝试，虽然失败了，但侧面也反映砥柱在汉代是重要的漕运要道。

（三）开凿阳渠

光武帝建都洛阳，为了解决洛阳漕粮问题，曾下令两次在洛水与黄河之间开凿运河。光武五

---

① 《汉书》，中华书局，2013 年，1127 页。
② 《汉书》，中华书局，2013 年，1171 页。
③ 《史记》，中华书局，2014 年，1738 页。
④ 《汉书》，中华书局，2013 年，1679 页。
⑤ 《史记》，中华书局，2014 年，1700 页。
⑥ 《史记》，中华书局，2014 年，1701 页。
⑦ 《史记》，中华书局，2014 年，1702 页。

年，河南尹王梁穿渠引谷水注入洛阳城下，“东写巩川，及渠成而水不流”[①]。王梁的计划失败了。直到光武帝二十四年，大司空张纯提出一条新的穿渠计划，在洛水与黄河之间开渠通漕。据《后汉书·张曹郑列传》载：“明年，上穿阳渠，引洛水为漕，百姓得其利。”[②]阳渠的成功开凿，使漕船由黄河顺阳渠，经洛水直至洛阳城下。

秦汉两朝皇帝对于黄河流域支流的治理和人工运河的开凿，不但形成了一个便民利农的灌溉网，而且形成四通八达的漕运交通网。如果将黄河流域相对完整的漕运系统看成一个连接各地的区域网，黄河则是主干线，各条支流和人工河则是编织成网的线条，因此，漕道的开凿和疏通整治，是保证漕运系统正常运转的重要一环。便利的河渠网，为漕粮的运输提供了必要保证，因此，黄河流域的漕运功能也能得以充分发挥，大规模的漕粮运输也随之而来。由此可见，漕运范围集中在黄河流域也有这方面的原因。现根据《史记·河渠书》《汉书·沟洫志》等相关文献资料，将有关漕运的黄河流域的天然河道与人工运河总结如下表：

<table>
<tr><th>时代</th><th>河渠名称</th><th>开凿者</th><th>连接河湖</th><th>运输范围</th><th>作用</th></tr>
<tr><td rowspan="2">战国至秦</td><td>鸿沟</td><td>魏惠王</td><td>黄河、济水、汝水、泗水、淮水</td><td>黄淮之间河南郑州、开封至淮河</td><td>行舟</td></tr>
<tr><td>淄济运河</td><td>齐国</td><td>淄水、济水</td><td>山东临淄至济水</td><td>行舟</td></tr>
<tr><td rowspan="3">西汉</td><td rowspan="2">漕渠</td><td rowspan="2">徐伯</td><td>渭水</td><td>陕西西安至黄河</td><td>漕运</td></tr>
<tr><td>汾水</td><td>山西西南地区</td><td>漕运</td></tr>
<tr><td>褒斜道</td><td>张卬</td><td>褒水、斜水</td><td>关中平原至汉中</td><td>行舟</td></tr>
<tr><td>东汉</td><td>阳渠</td><td>光武帝刘秀</td><td>黄河、洛水</td><td>山东至河南洛阳</td><td>漕运</td></tr>
</table>

通过以上历代古人的努力，渭水、泾水、汾水、洛水等天然河道和一些人工渠相连接，形成了四通八达的漕运网络，为漕粮的顺利运输提供了保证。《后汉书·文苑列传》记载“鸿、渭之流，径入于河；大船万艘，转漕相过”[③]，可以想象当时行船数量已经具备了相当规模，而且漕运活动比较频繁。西汉时，由于瓠子口堵塞的成功，汉武帝为了纪念这一功绩建造了宣房宫，从那以后，许多人“用事者争言水利”[④]。

二、秦汉国家建设的需求

吕思勉先生曾言，“仓储、漕运，在当时均为要政”[⑤]，由于秦汉时期，全国各方面处在一个“草创”阶段，大规模的国家建设需要大量的财物支持，因此国家建设的需求推动了漕运的形成和发展。国家建设需求体现在以下三个方面。

① 《后汉书》，中华书局，2013年，775页。

② 《后汉书》，中华书局，2013年1195页。

③ 《后汉书》，中华书局，2013年，2603页。

④ 《史记》，中华书局，2014年，1705页。

⑤ 吕思勉：《秦汉史》，商务印书馆，2010年，600页。

（一）秦汉两朝国都所在地

公元前349年，秦孝公将国都迁到咸阳。经过几代继任者的励精图治，秦国最终统一六国。咸阳自然而然就成为一个多民族的大一统国家的政治中心。由于中央集权制度的建立，从皇帝到官员，从中央到地方，形成了一个庞大的官僚机构。为维持国家官僚机构的正常运转，维护政治统治，需要大量的粮食供应。秦始皇统一六国后，在咸阳大兴土木，筑甬道，建宫室。"秦每破诸侯，写放其宫室，作之咸阳北阪上，南临渭，自雍门以东至泾、渭，殿屋复道周阁相属。"①这些宫廷园囿的建设需要大量的人力和物力，尤其是充足的粮食供给，而"徙天下豪富于咸阳十二万户"②的政治决策和执行增加了咸阳的人口基数，使得人口对于粮食的需求更加迫切。右丞相去疾、左丞相斯、将军冯劫曾向秦二世进言，朝廷发兵镇压关东地区的盗贼，非但没有镇压下去，反而越杀越多，其主要原因是"盗多，皆以戍漕转作事苦，赋税大也"③。他们请求停止阿房宫之类的建设，削减或者减少关东地区四周的漕运活动和漕运数量。他们的上书内容直接说明了秦代漕运活动在关东地区比较频繁。秦亡汉兴，汉朝继承秦朝的中央官僚体制，国都长安成了国家的政治中心。同理，长安作为黄河流域漕运活动的中心，也是迫于庞大的统治机构对于物资尤其是粮食的需求。

长安作为漕运活动的中心，除了巨大的粮食需求考虑，还有其特殊的地理位置因素。西汉留侯张良劝刘邦定都关中，认为："……夫关中左殽函，右陇蜀，沃野千里，南有巴蜀之饶，北有胡苑之利，阻三面而守，独以一面东制诸侯。诸侯安定，河渭漕挽天下，西给京师；诸侯有变，顺流而下，足以委输。"④张良的"都关中"思想很明确，除了特有的地理优势外，关东漕粮可以顺着河、渭到达京师，又可以"顺路而下"，镇压叛乱，控制全国。

由于政治统治的需要，以运送物资为主要内容的漕运，集中在黄河流域，都城所在地是其原因之一。

（二）频繁的军事活动

秦汉时期，边境地区经常受到来自北方游牧民族不断的侵扰。"白登之围"后，汉庭被迫实行和亲政策，见证了北方游牧民族的强盛及其强大的兵威。所以，为了防止北方势力侵扰，秦始皇命蒙恬率军攻打匈奴，修长城，筑朔方城，以求建立牢固的防御体系。在《史记·平津侯主父偃列传》中，记载："偃盛言朔方地肥饶，外阻河，蒙恬城之以逐匈奴，内省转输戍漕，广中国，灭胡之本也。"⑤这直接说明秦代蒙恬"筑城防御"的军用物资大部分靠漕运来实现。西汉建立初期，萧何的功勋奏次界定引来一次争论。大部分官吏认为曹参居第一，但是刘邦却将萧何定为首功，原因是楚汉战争时期萧何在后勤保障方面做出的贡献。楚汉战争时期，萧何"关中事计户口转漕给军，

① 《史记》，中华书局，2014年，308页。

② 《史记》，中华书局，2014年，308页。

③ 《史记》，中华书局，2014年，343页。

④ 潘京京：《略论秦汉时代的运河和漕运》，《云南师范大学哲学社会科学学报》1993年2期，2482～2483页。

⑤ 《史记》，中华书局，2014年，3586页。

汉王数失军遁去，何常兴关中卒，辄补缺”[①]。同时，“夫汉与楚相守荥阳数年，军无见粮，萧何转漕关中，给食不乏”[②]，这两件事情可以证明萧何杰出的功绩在于及时的粮草供应，体现漕运的形成是为了军事行动的需求。

粮草是军队的物质基础，足够的粮食储备是保持军队战斗力的必要保障。秦汉两朝皇帝都在北部边郡驻军，以防止匈奴南犯。这种大规模驻军的防御性措施具有长期性，因此对于物资尤其是漕粮的需求是相当庞大的，必须有足够的粮食作为后盾。同时，对于匈奴大规模的军事行动也需要充足的粮食供应。《汉书·食货志》记载了有关大将军卫青对匈作战后的记录，“此后四年，卫青比岁十余万众击胡，斩捕首虏之士受赐黄金二十余万斤，而汉军士马死者十余万，兵甲转漕之费不与焉”[③]。此条记录，直面反映了规模庞大的对匈奴的军事行动，汉庭虽然取得了胜利，但是也付出了惨痛的代价。“转漕之费”说明在当时，漕运是军队粮食储备的主要途径。对匈战争的胜利，说明了漕运和军事行动是相互依赖的关系，甚至有时候漕运可以影响到军事行动的成败。

秦汉时期对匈奴的战争、各地边郡驻军以及各种防御设施的修建对于粮食有庞大的需求量。中央朝廷大规模实行屯田，但是仅靠屯田还不足以支持频繁的军事行动，因此才有“兵甲转漕”的临时措施。正如吴琦先生所说，“秦汉开始，军用粮食主要通过漕运等手段来转输”[④]。这也说明频繁的军事活动也是黄河流域漕运出现的因素。

（三）全国基本经济区

漕运的主要任务是运送粮食，漕粮的来源地就成了当时统治集团考虑的问题。秦朝在关中平原经营数百年，积累了一定的经济实力，商鞅变法之后，实现了国富兵强。司马迁在《史记·李斯列传》中曾言：“孝公用商鞅之法，移风易俗，民以殷盛，国以富彊，百姓乐用，诸侯亲服，获楚、魏之师，举地千里，至今治彊。”[⑤]这句话实质突出商鞅变法对促进关中平原农业发展的不朽功绩。郑国渠的开凿，虽然是基于削弱秦国财力、物力的政治阴谋，但反过来又促进关中地区农业取得了长足进步。这种“如虎添翼”政策的继续实施，为秦统一奠定了坚实的经济基础。汉初，张良“夫关中左殽函，右陇蜀，沃野千里……”的建都思想以及萧何漕转关中粟“给食不乏”，这些都反映了关中地区在秦汉时期就是重要的粮食生产基地，是漕粮的主要来源地之一。

汉初70年间，由于采取黄老无为而治的统治政策，社会经济得到了恢复和发展，民殷国富。武帝继位，在政治和经济方面进行了一系列大刀阔斧的改革，社会经济继续发展，西汉国力达到鼎盛，但是随着军事政策由被动防御向主动进攻的转变，战争次数增多，规模逐渐加大，造成兵员激增，关中地区的漕粮明显不足。再加上其后期为了满足私欲，大兴土木、大规模巡游等原因，对商品货物的需求越来越大，于是，统治者将关注点转向关东地区。《汉书·食货志》和《史记·平

① 《史记》，中华书局，2014年，2447页。

② 《史记》，中华书局，2014年，2448页。

③ 《汉书》，中华书局，2013年，1159页。

④ 吴琦：《中国漕运产生的历史动因》，《华中师范大学学报》1995年3期，106页。

⑤ 《史记》，中华书局，2014年，3086页。

准书》记载了从高帝到汉宣帝，“漕转关东粟以给中都官，岁不过数十万石”[①]增加到“而下河漕度四百万石”[②]甚至“山东漕益岁六百万石”[③]，可见当时汉廷对漕粮的需求之大，逐年增加。虽然汉廷对于漕粮的供给量没有固定的数额，但是表明当时漕运已具有相当规模。

关中平原和关东地区都是漕粮的主要来源区。在汉代初期，关中平原由于优越的经济地理优势，成为汉庭定都长安的首选之地，而关东地区由于是东方六国的主要势力范围，有良好的生产条件，在其基础上，无为而治的统治政策又为农业经济的恢复和发展提供了良好、稳定的和平政治环境。正如冀朝鼎先生言：“第一个统一与和平时期，包括秦汉两代。这一时期，以泾水、渭水、汾水、黄河下游流域为基本经济区。”[④]黄河流域经济区成为漕粮的主要来源区，为促进黄河流域漕运的形成和发展做出了巨大贡献。

三、秦汉漕运的临时功用与“非制度化”

光武帝七年，“二月辛巳，罢护漕都尉官”[⑤]，说明漕运在当时社会条件下，并没有形成固定的制度。这种“非制度化”的出现，有其自身的原因和外在的原因。

经过汉初70年的休养生息，关中地区尤其是长安地区，“京师之钱累巨万，贯朽而不可校。太仓之粟陈陈相因，充溢露积于外，至腐败不可食”[⑥]。可见当时西汉农业经济得到了恢复和发展，而关中地区的粮食足以支撑京师的大部分粮食消耗，对于粮食的需求比较小，不需要从外地大批征调粮食，因此汉初漕运的规模很小，“岁不过几十万石”。

汉武帝时，西汉社会经济继续发展，国力持续上升。为了解除北边匈奴的威胁，汉武帝派卫青、霍去病对匈奴展开规模大、时间长的军事行动。从汉武帝至汉宣帝，汉匈之间战争的次数、规模和消耗，加大了对人力和物力的需求。为了保障军事行动的胜利，汉统治者从全国征调粮食，通过水运，将粮食运往边地。因此，关东地区漕粮大部分用于军事供给，但大部分军事行动都是临时布置，故漕粮的运输具有临时性。同时，物资的数量取决于战争的规模，战争规模无法确定，所以漕粮并没有固定的数额。汉武帝时漕粮从四百万石增加到六百万石，甚至宣帝时曾保持在四百万石，这进一步说明漕运的不稳定性。到东汉初期，边地比较安定，军事行动较少，关东地区漕粮供给减少，因此黄河流域西段漕运逐渐衰落。

耗费国力、劳民伤财也是秦汉漕运“非制度化”的原因之一。汉武帝移民实边十余万人，筑朔方城，“转漕甚辽远，自山东咸被其劳，费数十百巨万，府库并虚”[⑦]，这就是劳民伤财的典型例子。

① 《汉书》，中华书局，2013年，1127页。
② 《汉书》，中华书局，2013年，1171页。
③ 《史记》，中华书局，2014年，1738页。
④ 冀朝鼎，朱诗鳌译：《中国历史上的基本经济区与水利事业的发展》中国社会科学出版社，1981年，13页。
⑤ 《后汉书》，中华书局，2013年，51页。
⑥ 《史记》，中华书局，2014年，1714页。
⑦ 《史记》，中华书局，2014年，1716页。

为了漕运的顺利，秦汉统治者组织大量的运输队伍，同时黄河的治理以及人工河的开凿，都需要大量的人员。维持这些人员的日常开支，对于当时府库空虚的汉政府，无疑是雪上加霜。由于当时漕运的消极影响，越来越多的朝廷官员反对漕运。昭帝时的盐铁会议，贤良文学人士反对商鞅时期的漕运政策，言："昔商鞅之任秦也，刑人若刈菅茅，用师若弹丸；从军者暴骨长城，戍漕者辇车相望，生而往，死而旋，彼独非人子耶？"[①]他们认为商鞅计法严酷，负担漕运粮食的运输人员无法掌握自己的生死，有去无回，是"不仁"的行为，残酷程度令人无法忍受。这实质上表明了当时一部分官员对漕运政策的不满态度。由于贤良文学以当时权力人物霍光为首，形成了一股重要能够影响朝廷决策的势力。他们对于漕运政策的反对态度，影响了秦汉漕运的"非制度化"。

黄河流域的漕运网以黄河为主，是东西漕运的主干道，而三门峡砥柱是其必经之地。该地区由于常年水流湍急，暗石偏多，经常发生漕船沉没事故，而且由于当时落后的开凿技术，多次改善计划都以失败告终。黄河由于水量大、河道宽便于漕运，但其水流量不稳定，季节相差大，冬季容易结冰。夏季水流量充足但不稳定，经常决口改道，冬季有凌汛，河面结冰等不利条件，决定了漕运无定额、无定时的临时性特征。

军事行动的突发性和随机性，因劳民伤财而引起朝廷官员的反对，黄河水流量的季节不稳定性，这些不利因素都决定漕运在秦汉时期不可能成为一种定额、定时的固定制度。所以，虽然漕运在秦汉时期被视为一项基本国策，但是并没有形成一种漕运制度，只是一项临时性的措施。它没有固定的数额，没有固定的时间。同时在漕运过程中，"以公为私"的贪污腐败行为也影响着漕运的"非制度化"。

总之，秦汉时期，漕运就已出现，而且主要集中在黄河流域。其作用体现在：军事上，"晋豫间黄河河段，继秦以后，又在一个相当长的时期成为统治集团粮运和兵运的生命线"[②]。政治上，"秦汉王朝居关中而役天下，黄河水系的漕运成为当时中央专制政权赖以维持生存的主动脉"[③]。这一时期的漕运虽然已经出现，但是并没有形成一种制度，只是一种临时性措施。

（原载《四川职业技术学院学报》2016 年 5 期，103～106、122 页）

---

① 王利器：《盐铁论校注》，中华书局，1992 年，462 页。

② 石凌虚：《秦汉时期山西水运试探》，《晋阳学刊》1984 年 5 期，68 页。

③ 王子今：《秦汉时期的内河航运》，《历史研究》1990 年 2 期，26 页。

秦汉江汉漕运的演进及其历史价值

张晓东

一般认为秦汉是大一统和漕运制度的开创时期。其实，在秦汉漕运制度形成的同时，全国性的漕运体系也开始形成，并对大一统的确立起到了重要的作用。虽然秦汉漕运体系的结构不及后世紧密，但已经出现了全国性和区域性的漕运活动。近年来已有一些对秦汉鸿沟漕运和敖仓的研究，但从秦汉漕运体系来看，在不同的地域，漕运活动和漕运系统有着不同的具体表现，因此，秦汉江汉流域的漕运活动虽然地域特征较强，但仍有必要对其历史作用作深入考察。

一、秦汉江汉漕运系统的形成

以运出巴蜀漕粮为主的江汉漕路的开辟，是在战国末秦国的兼并征战中开始的。从那时起，秦汉江汉漕运系统也开始逐步形成。作为全国漕运体系的一部分，江汉漕运系统由汉水和长江上游的水运网以及巴蜀汉中的漕仓组成。四川盆地中已知的秦汉仓储多分布在水运要冲，积蓄大量漕粮。江汉漕运系统的交通特征是由四川盆地内外的地理条件决定的。四川盆地具有相对封闭的地理特点，盆地内部有长江、嘉陵江、汉水、岷江等多条江河，构成了便利的水运网，但盆地为崇山峻岭环绕，对外水陆交通都不便利。长江和汉水是盆地和外界沟通最方便的交通线。由于三峡的险峻使跨峡航运比较困难，而汉水经鄂西北山地入江汉平原与长江汇合，其间经历的也是险峻山区，顺流易，溯流难。因此即使是走江汉水路也是出川易，进川难。这样就使沿江汉走水路向东南出荆楚为易，逆流而上从下游进入盆地或向东北走陆路入关中为难。这就决定了秦汉在长江上游发展漕运活动的交通局限性，只好利用江汉漕路向今天的豫鄂地区运出上游盆地的资源，很难从汉中向关中运粮。

秦惠王吞并了长江上游的巴、蜀，夺取楚国的汉中，拥有了对位于长江中下游的楚国的军事地理优势。秦蜀郡守李冰对社会经济的发展做出了巨大贡献，“蜀守冰凿离碓，辟沫水之害，穿二江成都之中，此渠皆可行舟，有余则用溉浸，百姓飨其利”①，“冰乃壅江作堋，穿郫江、捡江别支流，双过郡下，以行舟船，岷山多梓柏大竹，颓随水流，坐致材木，功省用饶，又溉灌三郡，开稻田，于是蜀沃野千里号为陆海”②。生产活动和漕运交通建设互为促进，与之相配套的还有当地漕仓的建

① （西汉）司马迁：《史记》卷29《河渠书》册4，中华书局，1959年，1407页。

② （晋）常璩著，任乃强校注：《华阳国志校补图注》卷3，上海古籍出版社，1987年，133页。

设。张仪说魏国“粟粮漕庾，不下十万”。鲍彪注文讲“漕，水运。庾，水漕仓”[①]。“粟粮漕庾”即是通过水运建立的粮仓储备，储量还不小。秦国在郡县也普遍设有仓储。漕仓是依靠集中特定区域的漕粮建立起来，既代表了地区性的粮食储备，又可以为国家调拨各地经济资源服务。这种漕运活动一直沿袭到两汉。

“得蜀则得楚，楚亡则天下并矣。”[②]在秦国规划灭蜀的时候，司马错就计划“其国富饶，得其布帛金银，足给军用。水通于楚。有巴之劲卒，浮大舶船，以东向楚，楚地可得”[③]。秦王威胁楚国说“蜀地之甲，乘船浮于汶，乘夏水（汉水）而下江，五日而至郢。汉中之甲，乘船出于巴，乘夏水而下汉，四日而至五渚”[④]。炫耀秦在江汉上的军事能力。秦昭襄王二十七年（前280年），“使司马错发陇西，因蜀攻出黔中，拔之”。“司马错率巴、蜀众十万，大舶船万艘，米六百万斛，浮江伐楚。”[⑤]秦军顺江而下，夺取了楚的黔中郡地区。后来被楚国收复黔中地。秦昭襄王三十年（前277年），白起再伐楚，拿下郢都，同时张若顺流再次夺取黔中地，“取巫郡及江南为黔中郡”[⑥]。秦始皇灭楚国时派王翦率兵六十万出征，有学者估计每天口粮总数多达66667石左右，若以车载25石计，每日都需两千六百辆以上的车辆运送[⑦]。如单靠陆运则十分缓慢，肯定要借助江汉水运的方式。秦朝统一后，江汉流域的水运仍然可以为秦朝控制长江中游，威慑下游服务。

显然，秦发展江汉漕运是服从于其经营巴蜀和统一关东的需要，因地制宜，通过发展巴蜀汉中地区的生产和仓储、航运交通来为江汉漕运提供物质基础，在客观上构筑了一个由蜀汉仓储和江汉漕路构成的江汉漕运系统。秦朝建立之后在北方依托鸿沟，在南方依托灵渠和江南运河各建立漕运系统为抗击匈奴、开拓岭南等统一活动服务，这些漕运系统和江汉漕运系统共同构成了秦汉的漕运体系。

二、江汉漕运的经济社会作用

秦和西汉的政治中心在西北，由于关中产粮不能满足大一统国家的财政需要，因此大力发展漕运从关东运粮。巴蜀汉中虽然比邻关中，是统治核心区的“后院”，但因汉中向北交通的困难很少向关中供粮，故秦汉主要是将巴蜀漕粮沿江汉水路向下游东运，在区域间进行调配。

秦朝统一后从关中向西南修有子午道和故道，都非常艰难，文献记载中缺乏江汉漕运活动的记载。西汉重视农业发展，也重视漕运和仓储建设。汉武帝时仓储积蓄丰富，“都鄙廪庾尽满，而府库余财。京师之钱累百巨万，贯朽而不可校。太仓之粟陈陈相因，充溢露积于外，腐败不可

① （西汉）刘向：《战国策》中册，卷22，上海古籍出版社，1985年，792页。

② （晋）常璩著，任乃强校注：《华阳国志校补图注》卷3，上海古籍出版社，1987年，126页。

③ （晋）常璩著，任乃强校注：《华阳国志校补图注》卷3，上海古籍出版社，1987年，126页。

④ （西汉）司马迁：《史记》，《苏秦列传》卷69，册7，中华书局，1959年，2272页。

⑤ （晋）常璩著，任乃强校注：《华阳国志校补图注》卷3，上海古籍出版社，1987年，128页。

⑥ （西汉）司马迁：《史记》册1，卷5《秦昭襄王本纪》，册1，中华书局，1959年，213页。

⑦ 王子今：《秦汉交通史稿》，中共中央党校出版社，1994年，21页。

食”[①]。随着西南拓边和经济发展，西汉在巴蜀地区增设郡县，借助盆地内漕运发展了不少新仓储。新漕仓也成为新的县城建设的起点。当时各郡建仓如西汉广汉郡的新都县境内沱江汇合绵水、雒水再奔流入江，“水通于巴”，交通便利，故在当地有“汉时五仓，名万安仓”[②]。广汉郡五城县“在郡东南。有水通于巴。汉时置五仓，发五县民，尉部主之。后因以为县”[③]。五城县即后来的中江县。从地图和地方志的情况来看，秦汉巴蜀地区的郡县治所大多设在水运要冲，选址符合交通网合理布点的原则。

汉武帝时曾想在汉水上游开辟褒斜道，好借汉水漕运关东粮食，以避三门峡黄河运路的艰险，也可借以向北运出巴蜀汉中的粮食。事实上巴蜀地区和江汉流域被作为汉武帝开拓西南夷和南越的大后方，或许也要利用江汉漕运输送钱粮去西南边境。

巴蜀地区运粮关中虽然不便，可是西汉通过江汉向东进行漕粮调配却很有效。汉武帝时黄河水灾规模很大，造成了不小的社会经济困难。“是时山东被河灾，乃岁不登数年，人或相食，方二三千里。天子怜之，令饥民得流就食江、淮间，欲留，留处。使者冠盖相属于道护之，下巴、蜀粟以赈焉。”[④]秦西汉的经济重心一直都在关中，即使如此，仍然要漕运大量关东漕粮满足抗匈奴和供养国家机器等财政需要。秦汉巴蜀地区开发程度较高，经济发展程度仅次于关中，关东北方部分则次之，东南地区经济最为落后。秦西汉的财政依靠主要来自关东的大量漕运，为有限的关中资源做巨大补充。因此华北灾民南下江淮就食对落后的东南地区构成压力，也会影响整个国家的财政来源。为防止社会矛盾激化，西汉只有将巴蜀漕粮沿江汉东下救济。这样对江汉漕运的利用非常合理。此外西汉奉行强干弱枝的政策，重视关中的发展，忽视甚至压制关东其他地方的发展，借助漕运等形式榨取各地财富入关中，巴蜀地域与关中之间交通不便的状况或许因此反倒成为当地经济发展与积累的有利条件。

西汉末公孙述割据巴蜀自立，依靠巴蜀水运网和秦朝遗留的下仓来建立自己的交通和经济体系。李熊游说公孙述说“蜀地沃野千里，土壤膏腴，果实所生，无谷而饱。女工之业，覆衣天下。名材竹干，器构之饶，不可胜用，又有鱼、盐、铜、银之利，浮水转漕之便。北据汉中，杜褒、斜之险；东守巴郡，拒扞关之口；地方数千里，战士不下百万。见利则出兵而略地，无利则坚守而力农。东下汉水以窥秦地，南顺江流以震荆、杨。所谓用天因地，成功之资”[⑤]。秦的下仓仍被使用，“成都郭外有秦时旧仓，述改名白帝仓”[⑥]。公孙述自以为德应白帝，命名成都仓为白帝仓，说明是把这个仓储作为蜀政权的“太仓”使用，其吸引范围当为整个四川盆地[⑦]。荆邯又曾献计：“令田戎据江陵，临江南之会，倚巫山之固，筑垒坚守，传檄吴、楚，长沙以南必随风而靡。令延岑出汉

① （东汉）班固：《汉书》卷24上《食货志》册1，中华书局，1962年，1135-1138页。

② （晋）常璩著，任乃强校注：《华阳国志校补图注》卷3，上海古籍出版社，1987年，166页。

③ （晋）常璩著，任乃强校注：《华阳国志校补图注》卷3，上海古籍出版社，1987年，166页。

④ （东汉）班固：《汉书》卷24下《食货志》册4，中华书局，1962年，1172页。

⑤ 《后汉书》卷13《公孙述列传》，中华书局，1965年，535页。

⑥ 《后汉书》卷13《公孙述列传》，中华书局，1962年，541页。

⑦ 杨吾扬，章国伍等著：《交通运输地理学》，商务印书馆，1986年，156页。

中，定三辅，天水、陇西拱手自服。如此，海内震摇，冀有大利。”[①] 所献计策与三国诸葛亮“隆中对”“跨有荆益”的战略决策有相似之处，从汉中和荆州两路出兵夹击中原。所论“据江陵”和接下来的“临江南之会，倚巫山之固”必然都要依靠跨越三峡的江汉漕运。在平定公孙述的时候，东汉军自中游的荆楚溯流而上进攻。总的来看，东汉一代漕运并不发达，也缺乏记载。

三、江汉漕运的军事历史意义

秦汉时期漕运活动的军事功能很强，江汉漕运即是典型。

第一，江汉漕运系统与秦汉战略格局的关系体现了漕运体系与战略需要的密切关系。

秦朝和西汉的战略格局基本是东西对立的局面。战国时秦国和其他六国间呈现东西对立的军事格局。秦国地处西部，属中国大陆地理第二阶梯，位居大河的上游流域，向东方用兵有高屋建瓴之势，用水路运粮有顺流而下的便利。秦在灭六国的军事斗争中利用了渭河、黄河、洛水、汉水、长江等河流的水运，采取了和地理形势相适应的军事运输方式。“且秦以牛田，水通粮”，鲍彪曰：“因其水为漕。”吴师道曰：“牛耕积谷，水漕通粮。”[②] 秦朝统一之后，重视交通发展，开始利用鸿沟等运河组织全国性的漕运活动，并在南方江淮流域开凿新运河，发展全国性的漕运交通体系，既满足了以低成本方式集中资源完成财政运作的需要，又加强了对全国各区域的战略控制。秦朝统治者的军事关注被牵制在西北，难以向东迁都，必须向西北大量漕运粮草。影响秦朝漕运体系地理架构方式的主要是以上两个因素。因此，秦朝沿着渭河、黄河、鸿沟建立东西走向的北方漕运干线，保证对关中都畿和西北边防的粮食供应，并借助运河在关东建立敖仓等大型转运仓，江汉漕运系统以向下流运输为主的交通方式也在客观上符合了这一建构的要求。江汉漕运可以为秦灭楚的战争提供军事交通服务，也可以在秦朝控制关东地区的战略中被利用。西汉前期的战略格局仍然是秦朝东西对立格局的继续。西汉建立之初分封制与郡县制并存，封国集中在山东地区，郡县主要在原来秦国的故土上。在汉武帝以前，地理上仍然呈现着东西对立的战略格局，故在平定七国之乱时汉朝廷借江汉漕运来支持周亚夫的平叛军。东汉经济重心从关中东迁到关东，首都东迁到洛阳，诸侯割据的问题也早已解决，但国家集权力量较弱，漕运事业并不发达。

第二，江汉漕运与秦汉战争活动的关系反映了当时漕运线在战时成为军事补给线以运送军粮。

楚汉之争中刘项双方曾在鸿沟流域长期进行军事较量，汉一方利用江汉漕运调取巴蜀汉中的粮食。萧何留守关中，征发关中和巴蜀的人力物力，“萧何发蜀汉米万船而给助军粮，收其精锐以补伤疾”[③]。郦食其游说齐王，说：“诸侯之兵四面而至，蜀汉之粟方船而下。”[④] 随何游说英布，也说：“汉王收诸侯，还守成皋、荥阳，下蜀、汉之粟，深沟壁垒，分卒守徼乘塞。”[⑤] 蜀汉之粟正是江汉漕运的

① 《后汉书》卷13《公孙述列传》，中华书局，1962年，539-540页。

② 《战国策》中册，卷18，上海古籍出版社，1985年，618页。

③ （晋）常璩著，任乃强校注：《华阳国志校补图注》卷3，上海古籍出版社，1987年，141页。

④ 《汉书》卷43，《郦食其传》，中华书局，1962年，2109页。

⑤ 《史记》卷91，《黥布列传》，中华书局，1959年，2600页。

漕粟。必然是水运入楚地，自南阳陆运进入洛水流域，再到荥阳前线。所以刘邦拉拢英布，可以控制长江中游，以屏蔽江汉漕运。东汉平定公孙述的时候则首次利用江汉漕路逆流运输。

第三，秦汉战争中漕仓不仅可以作为后勤供应转运中心，又可作为战略大本营和防御要塞使用，成为各方所必夺，江汉流域和巴蜀盆地的漕仓选址同样具有这样的战略和考虑。

秦汉统治者在建设漕运体系的时候往往对战略格局做过深刻的考虑，在局部地区的发展上，也很体现战略规划，主要漕仓的设置也可以体现战略思考。秦汉漕仓多为仓城，选点在水路要冲，外以城墙维护，易守难攻，这是普遍现象。巴蜀地区也不例外，“汉征五县民营造五仓时，仓地多在中江水侧，以广汉部尉督之。遂因部尉所驻立县，称五城县。”上文所述张仪张若在三地“造作下仓，上皆有屋。而置观楼射兰”。任乃强认为观楼是城门上的城楼，射兰是屏蔽敌箭的设施，则秦代起蜀地漕仓就是有军事设施的仓城。漕仓仓城化可在变乱时进行武装防御，或是在战争中作为要塞使用。

四、结　论

通过以上分析，可以得出以下结论。

第一，江汉漕运反映了秦汉漕运体系在实现大一统国家权力过程中的重要作用，而且具有丰富的表现形式。

第二，在漕运发生这种重大历史作用的过程中，仓储，特别是依靠漕运建立的漕仓扮演了很重要的角色。从漕仓的情况可以看出漕运系统功能的多样化及实现途径。

第三，漕运活动的运作及漕运体系的建设都与地理有着密切的关系，地理条件对漕运路线建构的影响几乎是决定性的。

在后来的历史长河中，江汉漕运继续在战略上扮演着积极的角色。

（原载《重庆社会科学》2008年1期，87~90页）

先秦至北朝河洛地区的漕运与仓储

薛瑞泽

漕运作为水运的特殊表现形式，是中央政府供应京师军民所需，或供应其他军事所需粮食的一种带有浓郁政治色彩的经济行为。从先秦以来，国都大多建于长安或洛阳，因此，通过黄河及其支流漕运粮食于东、西二京，是漕运业的主要内容。与之同时，为了漕运业的便利，中央政府沿黄河、洛河两岸修建了星罗棋布的粮仓，形成了颇具特色的仓储业。漕运和仓储所构成的相辅相成的经济表现形式，在振兴和发展河洛地区经济过程中起着极为重要的历史作用。

一、东汉以前的漕运和仓储

《尚书·禹贡》对夏禹治水以后河洛地区的水运交通形势有较为详尽的记录，九州中的冀州“夹右碣石，入于河”。兖州“浮于济、漯，达于河”。青州“浮于汶，达于济”，由济水可以通达黄河。徐州“浮于淮、泗，达于河”。扬州“沿于江、海，达于淮、泗”，由淮水、泗水也可以直通黄河。荆州“浮于江、沱、潜、汉，逾于洛，至于南河”。豫州“伊、洛、瀍、涧，既入于河。……浮于洛，达于河”。梁州“入于渭，乱于河”。雍州“至于龙门西河，会于渭汭”。夏禹治水“尽地力乎沟洫”，虽然有后人的理想成分在内，“但大禹及其以后的整个夏代历史时期，在河洛地区亦即王畿中心确有治水之举，因之，禹的盛名在此地区流传甚久，这也就是伊、洛、瀍、涧何以在《禹贡》中居于如此重要地位的可靠答案”①。由此可以推知，在中国文明的早期，人们已能通过其他河流进入黄河，并进入洛河，初步探讨了以河洛为中心的水运蓝图。

在河东地区的东部，主要是开挖后来名为鸿沟的水运通道——大沟。梁惠成王十年（前360年），“入河水于甫田，又为大沟而引甫水”，“三十一年三月，为大沟于北郛，以行圃田之水②。大沟即后来的鸿沟。《史记·河渠书》云：“自是之后，荥阳下引河东南为鸿沟，以通宋、郑、蔡、曹、卫，与济、汝、淮、泗会。”这是黄河中下游开凿最早的运河工程，表明原来的自然河道已经不能满足经济发展的要求。这一水利工程的开凿成功，将河洛地区与黄淮平原其他经济中心连接起来，为河洛地区的经济发展提供了便利条件。

河洛地区西部河运道路的开通是与开凿砥柱相联系的。《水经注·河水四》云：“砥柱，山名

① 李民：《〈尚书〉与古史研究（增订本）》，中州书画社，1983年，61、62页。

② 李民：《古本竹书纪年译注》，中州古籍出版社，1990年，162、187页。

也。昔禹治洪水，山陵当水者凿之，故破山以通河，河水分流，包山而过，山见水中，若柱然，故曰砥柱也。三穿既缺，水流疏分，指状表目，亦谓之三门矣。”很显然，先民们这次疏通黄河水道，因自然环境极度恶劣和生产力水平的低下，并不彻底，这就为后来多次开凿砥柱以疏通河道提出了要求。而砥柱以下的河运形势同样险恶。上书同卷载：“自砥柱以下，五户已上，其间一百二十里，河中竦石桀出，势连襄陆，盖亦禹凿以通河，疑此阏流也。其山虽辟，尚更湍流，激石云洄，澴破怒溢，合又一十九滩，水流迅急，势同三峡，破舟害船，自古所患。”以禹为代表的先民们虽然未除黄河之上的隐患，但河道毕竟尚可通航，这从下面的史实即可得到证明，《战国策·魏策一》不但记载了魏境内“条达辐凑”“马驰人趋”的陆路交通形势，而且言及魏境内的黄河“粟粮漕庾，不下十万”的水运优势。魏国初都安邑，后都大梁，这段黄河航道漕运的繁忙可见一斑。在洛阳附近则有“伊、洛、瀍、涧，既入于河”的水运便利。周公于洛邑营建之后所说的“此天下之中，四方入贡道里均。”① 当隐含着洛阳周围较为便利的水运优势。

秦与西汉定都关中地区，关中所产粮食在供应原有居民的同时，还要供应庞大的官僚机构、军民以及城市居民，往往捉襟见肘，封建政府不得不倚重关东经济区。关东经济区经历数百年的发展，已成为“膏壤千里”的经济发达地区。贾谊所说的“天子都长安，而以淮东南为奉地”，则正反映了秦汉统治阶级倚赖关东的思想。关东的富庶使秦汉统治阶级急切需要将这些财富运往关中，在当时最便捷的方式则是通过黄河水道漕运而西。

据史念海先生研究，秦自统一六国起，就开始调运东海的黄、腄和琅琊的粮食，溯黄河西上，运往关中和邻近地区，至于说秦每年从东方运来多少漕粮，已难知其详②。而当时河洛地区正处于漕运的中转站地位。楚汉战争之时，以关中为后方的汉政权则借助黄河水道，漕运粮饷支援东方战争前线，《史记·萧相国世家》载，萧何守关中，“关中事计户口转漕给军”。这种逆向漕运是战争环境中的特殊情况，而当战争平息定都长安之后，漕运关东粮食入关的数量则在逐步增加。汉初，因长期的战乱之后，汉政府采取了“与民休息”的政策，所以“漕转关东粟以给中都官，岁不过数十万石”。经惠帝、高后十几年的发展，“衣食滋殖”的局面已经出现③。到汉武帝初年，达到“漕从山东西，岁百余万石”的规模④。武帝中期，因“徙奴婢众，而下河漕度四百万石，及官自籴乃足”。宣帝五凤中，耿寿昌奏言：“故事，岁漕关东谷四百万斛以给京师。”⑤ 当是指这一时期的漕运量。到桑弘羊为治粟都尉时，已达到“山东漕益岁六百万石”的数量⑥。随着漕运量的增加，长安出现了“太仓之粟陈陈相因，充溢露积于外，腐败不可食”的现象⑦。

在生产力发展水平相对低下的古代，水运有量大、便捷的特点。为了漕运粮食的便利，西汉中

① 《史记·周本纪》，中华书局，1959 年。

② 史念海：《河山集》，生活·读书·新知三联书店，1963 年，175 页。

③ 《汉书·食货志上》，中华书局，1962 年。

④ 《史记·河渠书》，中华书局，1959 年。

⑤ 《汉书·食货志上》，中华书局，1962 年。

⑥ 《汉书·食货志下》，中华书局，1962 年。

⑦ 《汉书·食货志上》，中华书局，1962 年。

央政府对包括河洛地区在内的黄河水运通道进行了一系列治理。其中著名的是对黄河之上三门峡砥柱的治理。汉武帝时，河东太守番系曾经提出开发渠田，以减少“砥柱之限，败亡甚多，而亦烦费”的弊病，但是没有结果。后来张卯亦提出开凿褒斜道以避开关东粮食西运途中经砥柱所造成的浪费，也没有成功。汉成帝鸿嘉四年（前 17 年），“杨焉言：‘从河上下，患砥柱隘，可镌广之。’上从其言，使焉镌之。镌之裁没水中，为害甚于故”[①]。这是西汉时唯一一次对黄河砥柱的治理，因技术水平的限制，造成“为害甚于故”的结局。

西汉中央政府对荥阳以东黄河水道和汴河水道的治理虽未付诸实施，但对这一带黄河水道的水运设施仍极为关注，哀帝时贾让所进的治河三策的中策云：“荥阳漕渠……其水门但用木与土耳，今据坚地作石堤，势必完安。”虽然贾氏之策未见实施，但其构想则是正确的，而且当时河南郡用于漕运的船只就比较多，成帝时，黄河在馆陶以及东郡决堤，为了营救灾民，汉成帝令“谒者二人发河南以东漕船五百艘，徙民避水居丘陵，九万七千余口”[②]。有可供救济灾民的漕船五百余艘，而且营救的人数之多达 9 万余口，说明这一带漕船数量之多，也从一个方面反映了黄河漕运业的规模。

漕运业的发展必然要求相配套的仓储业，秦汉政府为了转运粮食的便利，在荥阳附近的黄河岸边修建了当时黄河上最大规模的转运仓——敖仓，亦称敖庾。《史记·项羽本纪》裴骃《集解》臣瓒曰：“敖，地名，在荥阳西北山，临河有大仓。”张守节《正义》引《括地志》云：“敖仓在郑州荥阳县西五十里，县门之东北临汴水，南带三皇山，秦时置敖仓于敖山，名敖仓云。”《元和郡县图志》卷 8《河南道四·郑州》“荥泽县”条记载，“敖仓城，县西十五里，北临汴水，南带三皇山，秦所置”。《河南志》云：“郑州河阴县敖仓故地，距今县治西北一十二里。殷仲丁迁嚣即此也。《诗·车攻篇》：搏兽于敖。《春秋》：晋师救郑，在敖鄗之间。至秦始筑仓于其上，故有敖仓之名。汉高祖亦因敖仓粟筑甬道，以馈军食于荥阳，至今名仓头云。”[③]《十七史商榷·诸仓》云：“秦都关中，故于敖置仓，以为溯河入渭之地。”综合上述诸多材料，可知敖仓建于鸿沟入黄河处的敖山上。由秦攻占荥阳为庄襄王元年（前 249 年），可以推知，敖仓的修建当在此后不久，成为调运黄淮平原粮食入关的重要转运仓。经过数十年的发展，敖仓成为藏粮颇多的转运仓。时人郦食其曾说：“夫敖仓，天下转输久矣。臣闻其下藏粟甚多。”[④]秦时的藏粮在楚汉战争和汉初仍有大量剩余，因而成为楚汉相争的战略要地。汉高祖二年，刘邦败于彭城，逃至荥阳，“汉军荥阳，筑甬道属之河，以取敖仓粟。汉之三年，项王数侵夺汉甬道”，迫使刘邦请和。汉高祖四年，项羽又占领荥阳，当东击彭越时，刘邦又取成皋，驻扎于广武，“就敖仓食”。正因为刘邦据食敖仓，再加之萧何关中漕粮的有力支援，因此史称“汉兵盛粮多，楚王兵疲食绝”[⑤]，充分说明了敖仓在楚汉之际军事上的战略地位。

① 《汉书·沟洫志》，中华书局，1962 年。

② 《汉书·沟洫志》，中华书局，1962 年。

③ 高敏点校：《河南志》，中华书局，1994 年，223 页。

④ 《史记·郦生陆贾列传》，中华书局，1959 年。

⑤ 《史记·项羽本纪》，中华书局，1959 年。

西汉建都长安后，为了使东方各郡国所调运的粮食能顺利地通过黄河漕运至长安，对地处荥阳的敖仓又进行了修补。《汉书·惠帝纪》云：惠帝六年，“起长安西市，修敖仓”。该书在其下紧接着写道：“七年冬十月，发车骑、材官诣荥阳，太尉灌婴将。”此载未有下文，我疑是用军队来修敖仓，或是监视修敖仓的民夫，并以三公之一的太尉亲自率军，足见中央政府的重视。敖仓丰富的粮食，除漕运关中外，还常常用来赈济灾民，汉文帝后六年，天下旱蝗，文帝令“发仓庾以振贫民”①。《集解》应劭曰：“水漕仓曰庾。”由敖仓有敖庾之称，知其所库存的粮食极有可能被用来赈济灾民。又《史记·汲郑列传》载，汲黯自河内巡视火灾灾情后，还报汉武帝曰：“臣过河南，河南贫人伤水旱万余家……臣谨以便宜，持节发河南仓粟以振贫民。臣请归节，伏矫制之罪。”正因为包括荥阳在内的河南郡水旱不断，汲黯可能开放敖仓予以赈济，“上贤而释之，迁为荥阳令”。令其治理灾情最严重的荥阳县，汲黯称病归田里。到了王莽末年，“雒阳以东米石二千，莽遣三公将军开东方诸仓振贷穷乏”②。敖仓之粟又可能在被开赈之列。因为敖仓藏粮之多，人们已将敖仓与粮食等同起来，《淮南子·说林训》云：“近敖仓者不为之多饭，临江河者不为之多饮，期饱腹而已。”七国之乱时，吴国的桓将军曾经劝说吴王刘濞根据吴多步兵，汉多车骑的情况，长驱直入，“据雒阳武库，食敖仓粟，阻山河之险以令诸侯”③。吴王刘濞拒绝了这一建议，而后来周亚夫则据之平息了七国之乱，这也从一个侧面反映了敖仓丰富的储粮在稳定汉军心上的重大作用。到两汉之际，敖仓重新成为新莽军队与刘秀军队的争夺对象，《后汉书·耿弇传》载，刘秀继位后，派耿弇、景丹、陈俊“攻压新贼于敖仓，皆破降之”。《后汉书·盖延传》也记载，建武二年，光武帝派遣盖延“南击敖仓，转攻酸枣、封丘，皆拔”。刘秀拥有敖仓，为其削平割据势力奠定了物质基础。东汉时，随着敖仓转运粮食规模的扩大，敖仓周围的商贸活动也很频繁，《后汉书·刘盆子传》载，刘盆子失明后，刘秀“赐荥阳均输官地，以为列肆，使食其税终身”。荥阳均输官地可能就在敖仓周围，果如此，敖仓周围的列肆存在，表明因转运粮食数量的增加，商贸活动已经发展到一定规模。敖仓转输粮食规模的扩大从下面这一条材料也可以得到证明，《后汉书·安帝纪》载，永初七年九月，“又调滨水县谷输敖仓”。李贤注引《东观汉记》曰：“滨水县彭城、广陵、庐江、九江谷九十万斛，送敖仓。”这次调粮数量之大，是因为“八月丙寅，京师大风，蝗虫飞过洛阳”，庄稼歉收，调粮是为了赈济灾民。

敖仓作为当时黄河流域规模最大的中转仓，其管理受到中央政府的重视，敖仓的管理官员两汉时的所属并不相同，《后汉书·百官志三》“大司农”本注曰：“荥阳敖仓官，中兴皆属河南尹。”据之可知，西汉时敖仓官属于中央的大司农所辖，而到东汉则为地方官吏河南尹所管。

近年来，为了配合黄河小浪底水利枢纽工程的建设，洛阳市第二文物工作队于1998年3月2日至9月15日，在新安县仓头乡盐东村发掘出一处大型汉代遗址——盐仓遗址。该遗址位于黄河南岸二级台地上。遗址的年代为汉武帝元鼎三年至东汉永始二年。建筑遗址整体呈规则的长方形，南

① 《史记·孝文本纪》，中华书局，1959年。

② 《汉书·食货志上》，中华书局，1962年。

③ 《史记·吴王濞传》，中华书局，1959年。

北长179米，东西宽29米，方向215°，由墙垣、通道、柱础石、路面等遗迹组成，从建筑遗迹来看，该遗址与汉代长安城的京师仓有相似之处，但密集的柱础石的存在使其具有独特的建筑内容。在特定的环境中，可能具有仓储转运和军需守备的双重作用①。汉代之所以要在此建立转运仓，与黄河水运形势有很大的关系。据学术界研究，漕船在进入复杂的水路之前，必须减载或转为陆运，八里胡同的一段峡谷即是进入险恶航程的标志，因此，在进入八里胡同以前，必须寻找合适的地方修建码头，建造仓储，以作为漕运物资的中转站，在八里胡同与小浪底之间，从整体的地理形势来考察，盐仓遗址所处的地理位置是最适合修建河边码头和岸边建筑的②。所以可以这样认为，盐仓一带所修建的建筑物是汉代为了漕运的方便而修建的转运仓。而1999年3月以后所进行的进一步发掘中，在遗址主体建筑周围发现的烧窑区、墓葬区和附属建筑基址更进一步说明了这一中转仓在漕运中具有举足轻重的作用，因而才有相应的供应建筑所需以及生活设施的配套工程建设③。

秦及西汉除敖仓有明文记载以外，在河洛地区所设其他仓库名称则不甚明了。但在各郡县设有仓库则是历史事实。秦时在县设有“仓啬夫”专门管理粮仓的官吏，而且受县啬夫直接管辖。仓啬夫专管某一粮仓，其下还有佐、史及禀人等管理人员，当新的仓啬夫及其属官佐、史接替去职仓啬夫及其属官时，必须按照粮仓账目清理粮仓；如果出现疑问，便可报请县啬夫，再由县啬夫派人复查，然后按情况处理④。到西汉时各郡国都设有管理仓库的官吏，《汉书·百官公卿表上》云：“治粟内史，秦官，掌谷货，有两丞。景帝后元年更名大农令，武帝太初元年更名大司农。……又郡国诸仓农监、都水六十五官长丞皆属焉。”从当时各郡国都设有诸仓农监来分析，西汉时河洛地区设有弘农、河南、河内、河东等郡，这些郡当设有专门的“诸仓农监”管理国有仓库的具体事务。再以《通典》卷33《职官·州郡下》“总论州佐”所载，“司仓参军：两汉有仓曹史，主仓库”，其职位在仓曹掾之下。诸仓设仓长，掌出纳。诸多事实表明河洛地区都有粮仓的设置。

二、汉魏时期的漕运与仓储

东汉、曹魏、西晋、北魏相继定都洛阳，河洛地区因之成为全国漕运和仓储的中心，这集中表现在以洛阳为中心的全国水运网的建立。

东汉时随着洛阳城市人口的增加，每年需要通过黄河水道漕运东方诸郡的粮食至洛阳，而从黄河进入洛阳的船只很难直接进入洛阳城内，这就需要开凿新的漕渠以便运粮，于是就有了阳渠的开凿。建武五年（29年）王梁任河南尹，“梁穿渠引谷水注洛阳城下，东写巩川，及渠成而水不流”⑤。到了建武二十四年（48年），光武帝采纳大司空张纯的建议，“上穿漕渠，引洛水为漕，百姓得其

① 朱亮、史家珍、乔栋、张建：《小浪底库区发掘汉代大型建筑遗址》，《中国文物报》1999年1月3日。

② 朱亮、史家珍：《黄河小浪底盐东汉代建筑遗址发现及初步研究》，《中国文物报》1999年1月6日。

③ 朱亮：《小浪底汉函谷关仓库建筑遗址又有新发现》，《中国文物报》1999年7月28日。

④ 高敏：《云梦秦简初探（增订本）》，河南人民出版社，1981年，172页。

⑤ 《后汉书·王梁传》，中华书局，1965年。

利"[①]。阳渠开通以后，由黄河入洛水可直抵洛阳，使洛阳的水运条件大为改观。《水经注·谷水注》载上东门桥首右石柱的铭文云："阳嘉四年乙酉壬申，诏书以城下漕渠，东通河济，南引江淮，方贡委输，所由而至。"此铭文是当时阳渠开通之后漕运便利的真实记录。

东汉时漕运至关中的粮食虽然减少，但仍然有通过三门峡砥柱的船只往来，为了便利船只的往来，东汉时期开始有开凿栈道、纤夫拉船的现象出现，这由三门峡人门栈道上的题刻即可得以证明，人IX段T5题刻云："和平元年六月十四日，平阴李傕□□造"[②]这是目前所发现黄河三门峡最早的题刻，而且因为长期的漕运，出现了一批擅长弄水的船夫。兴平二年（195年）十二月被董卓挟持往长安的汉献帝逃出李傕、郭汜的控制，李乐"欲令车驾御船过砥柱出孟津"。太尉杨彪曰："臣弘农人也，自此东有三十六滩，非万乘所当登也。"宗正刘艾说："臣前为陕令，知其险。旧故有河师，犹有倾危，况今无师！太尉所虑是也"[③]这里的河师就是行船的船夫，说明在东汉时期该河道已有熟练的船夫。在三门峡以下的数百里长的黄河河道两岸，从东汉开始相继开凿了一些栈道，以方便漕运。1997年山西省的考古工作者在垣曲县五福涧村发现的栈道岩壁东汉建武十一年题记，分上下两段，上段内容为："建武十一年□月□日，官造□，遣匠师专治□□〔积临水〕水□"，下段位于上段右下方20厘米处，内容为"时遣石匠□〔赤〕□〔知〕石师千人"。这是当时修凿栈道的题记。这一题记与上文所引人IX段T5题刻的"和平元年"题记可以相互印证，两地相距50千米，反映了三门峡以东的黄河两岸已大规模修凿栈道[④]。

魏晋时期对河洛地区的黄河水道进行了持续修凿，对三门峡水道的修凿，《水经注·河水注四》有详细的记载：

> 魏景初二年二月，帝遣都督沙丘部、监运谏议大夫寇兹，帅工五千人，岁长修治，平河阻。晋泰始三年正月，武帝遣监运太中大夫赵国□□，都匠中郎将河东药世，帅众五千人修治河滩，事见五户祠铭。虽世代加功，水流湍漭，涛波尚屯，及其商舟是次，鲜不踟蹰难济，故有众峡诸滩之言。

这是魏晋时期见诸史书记载的两次大的修凿过程。在这一时期的修凿过程中留下了大量的石刻题记：

> 人门岛的人Ⅱ段题刻T2："石师，政始元年作。"这是石工在完工之后所作。
>
> 人Ⅵ段T3："甘露五年二月十六日，治河都匠左贡、□□、石师江洛善、许是□。"
>
> 人Ⅵ段T9："都匠世以魏黄初二年□修禹王庙河床，治□定弥□急滩，前后七支年七十□，□立石。"

---

① 《后汉书·张纯传》，中华书局，1965年。

② 中国科学院考古研究所：《三门峡漕运遗迹》，科学出版社，1959年，43页。

③ （晋）袁宏：《后汉纪·孝献皇帝纪》，天津古籍出版社，1987年。

④ 张庆捷、赵瑞民：《黄河古栈道的新发现与初步研究》，《文物》1998年8期。

这是所见曹魏时期修凿人门的石刻题记。西晋时也留下了不少这样的题记：

人Ⅻ段 T1：“泰始四……”

人Ⅻ段 T3：“泰始。”

人Ⅸ段 T1：“大康……都匠张□、梁□……□□作人见之□□如□。”

人Ⅸ段 T2：“大康二年。”

人Ⅴ段 T2：“大康二年。”

人Ⅵ段 T1：“大康二年，木匠□伦、石工孙同造。”①

由上述石刻题记可以看出魏晋时期除了史书所记载的两次大规模的修凿外，还有曹魏甘露五年（260 年），西晋泰始四年（268 年）、太康二年（281 年）等几次修凿。

三门峡以下的黄河水道的维护与栈道的开凿也由考古发掘得以证明。在今新安县西沃乡西北的八里胡同峡的栈道在漕运过程中就发挥过巨大的作用，它的实际长度 5.5～6 千米，峡谷的两面悬崖上均开凿有栈道，栈道自然断开，共有 14 个自然段，在北岸东Ⅱ段的栈道有三国曹魏时代题记 1 则，其文云：“正始贺晃领帅五千人修治此道。天大雨。正始九年正月造。”②动用 5000 人来修凿栈道，反映了当时工程量之大，而且在寒冬中冒着大雨，条件相当艰苦。这条航道的航行环境的逐步改善，便利了运粮的漕船往来。《晋书·宣帝纪》载，青龙三年（235 年）：“关东饥，帝运长安粟五百万斛输于京师。”这种逆向运粮的情况是比较特殊的，关中因不再作为政治中心而粮耗下降，在自足的同时反而有剩余以供应洛阳。

为了使洛阳与长安之间的漕运之船避开三门峡水道的艰险，在晋武帝时出现了开辟新航道的想法。《晋书·武帝纪》载，泰始十年，“是岁，凿陕南山，决河，东注洛，以通运漕”。学术界有多种著述认为晋武帝时有引河注洛的举动，然而，根据当时生产力的发展水平和该地区复杂的地形来分析，这实际上是一种设想。《通典》卷 10《食货·漕运》认为“虽有此议，竟未成功”。杜佑的分析是颇有见地的。

魏晋时期禅代，虽然引起了小小的政治波动，但洛阳政治中心的地位并未动摇，故河洛地区东部的水运建设仍以此为中心而展开。具体而言，就是在该地区的东部以黄河为轴线，开凿了许多地方性的运河。黄河以北开凿有白沟、平虏渠、泉州渠、新河、利漕渠等运河，以连接海河各大支流。黄河以南，于建安七年（202 年）开凿睢阳渠，接通了汴渠。黄初六年（225 年）又凿讨虏渠，沟通了汝水和颍水，从而与淮水各主要支流和原有的各运渠相连，成为通往洛阳的各水运渠道之一。司马懿在正始三年（242 年）又“奏穿广漕渠，引河入汴”。次年“广开淮阳、百尺二渠”③。这些地方性运河的开凿，一方面沟通了与黄河联系的通道，便于漕运粮食到洛阳；另一方面又有灌溉

① 中国科学院考古研究所：《三门峡漕运遗迹》，科学出版社，1959 年，41～46 页。

② 河南省文物管理局、水利部小浪底水利枢纽建设管理局移民局：《黄河小浪底水库文物考古报告集》，黄河水利出版社，1998 年，65 页。

③《晋书·宣帝纪》，中华书局，1974 年。

的便利。

十六国北朝早期，河洛地区沦为战场，漕运业一度退居历史的帷幕背后，及至孝文帝迁都洛阳以后，黄河、洛河的水道畅通才又引起重视。北魏迁都洛阳之始，韩显宗就向孝文帝建议“端广衢路，通利沟渠”。史称“高祖颇纳之”[①]。同年十一月，孝文帝自邺还洛阳，“泛舟洪池，乃从容问（李）冲曰：‘朕欲从此通渠于洛，南伐之日，何容不从此入洛，从洛入河，从河入汴……以至于淮？下船而战，犹出户而斗，此乃军国之大计。今沟渠若须二万人以下、六十日有成者，宜以渐修之’”[②]。魏孝文帝纳贤臣之言，进而有了开凿运渠的战略设想。不仅如此，孝文帝还亲自驾船于泗水、黄河、洛水进行实地考察，《魏书·成淹传》载，太和十九年（495年）四月“高祖幸徐州，敕淹与闾龙驹等主舟楫，将泛泗入河，溯流还洛”。成淹考虑到水行有黄河“浚急”的危险，劝孝文帝陆行，而孝文帝则认为：“朕以恒代无运漕之路，故京邑民贫。今移都伊洛，欲通运四方，而黄河急浚，人皆难涉。我因有此行，必须乘流，所以开百姓之心。”孝文帝之所以坚持水行，其目的是在考察水道的同时，更可以起到“开百姓之心”的作用。到了次年，疏通航道的宏伟构想便付诸实施了，《魏书·高祖纪下》云：太和二十年九月“丁亥，将通洛水入谷，帝亲临观”。这条航道的开通，对漕运河洛地区以东的粮食至洛阳和运兵至南方前线都是极为便利的。对于漕运的船夫，北魏政府也颇为优容，太和二十一年四月庚寅，孝文帝下诏“其营船之夫，赐爵一级”。宣武帝时，崔亮“又议修汴蔡二渠，以通边运，公私赖焉”[③]。此后对于运渠的管理仅只是小规模地进行。

对于三门峡水道的开凿虽然因种种原因而未真正的施行，但从《魏书·食货志》中我们也仍能发现有此构想，如三门都将薛钦的建议却未实行。再从三门峡人门栈道摩崖题刻也可以发现蛛丝马迹：人Ⅵ段T7：“景明四年三月十六日”，人Ⅵ段T8：“景明……”，人Ⅵ段T10：“景四年三月廿六日。”[④]说明在景明年间曾经有过修凿栈道的举动。

综观汉魏时期河洛地区的水运航道的疏通，我们可以看出随着全国政治中心移离关中地区，虽然历代对砥柱的修凿仍在进行，但已不是主要的开通对象。对洛阳以东的洛河、黄河水道则日益重视，多次疏通，使其与洛阳的联系日益紧密，便利了漕运的正常进行。

汉魏时期河洛地区的仓储业也是以洛阳为中心而展开的，仓储分布于各州郡和黄河、洛河沿岸。州郡粮仓所储基本上是其租赋收入供应中央政府之后的存粮，除供应州郡官僚机构所需之外，有时还用来赈济百姓。至于说沿黄河及其可通航支流沿岸所设的粮仓，所储之粮是为了中转的方便。

东汉京师洛阳设有太仓，《河南志·后汉城阙古迹》载皇城之内有太仓，并由专门官吏管理，《后汉书·百官志三》云：“太仓令一人，六百石。本注曰：主受郡国传漕谷。丞一人。”李贤注引《汉官》曰：“员吏九十九人。”中央内部用于管理太仓的官吏达百人之多。东汉洛阳可能还设有常平仓（史书记载颇有扞格之处，故未敢下定语）。常平仓的设置始于西汉宣帝，《汉书·食货志上》

① 《魏书·韩麒麟传附显宗传》，中华书局，1974年。

② 《魏书·李冲传》，中华书局，1974年。

③ 《魏书·崔亮传》，中华书局，1974年。

④ 中国科学院考古研究所：《三门峡漕运遗迹》，科学出版社，1959年，44页。

云："宣帝即位，用吏多选贤良，百姓安土，岁数丰穰，谷至石五钱，农人少利。时大司农中丞耿寿昌遂白令边郡皆筑仓，以谷贱时增其贾而籴，以利农，谷贵时减贾而粜，名曰常平仓。民便之。"到元帝继位后，关东11郡遭受水灾，常平仓未起到应有的作用，朝中诸儒认为"常平仓可罢，勿与民争利。上从其议，皆罢之"。及东汉明帝时又有置常平仓之议，《晋书·食货志》载，汉明帝时又出现了类似汉宣帝时天下丰收的景象，该志云："显宗即位，天下安宁，民无横徭，岁比登稔。"汉明帝乃于"永平五年作常满仓，立粟市于城东，粟斛直钱二十。草树殷阜，牛羊弥望，作贡尤轻，府廪还积。"《通典》卷12《食货》亦持此说，言："后汉明帝永平五年作常平仓。"很显然常平仓设置的前提是农业生产的普遍丰收，其目的是防止谷贱伤农和灾害之年的缺粮之忧。但是《后汉书·刘般传》则记载："(明)帝曾欲置常平仓，公卿议者多以为便。般对以'常平仓外有利民之名，而内实侵刻百姓，豪右因缘为奸，小民不能得其平，置之不便。'帝乃止。"以此而论，常平仓并未设置。究竟上述二说孰是，姑存疑待考。

根据前文所引《通典》的材料，我们知道东汉时河洛地区各郡都设有仓曹史主管仓库。《通典》卷33《总论县佐》云："后汉县诸曹略如郡员。"该地区各县应当也设有仓曹史之类的官员管理粮仓。

东汉末年的战争使河洛地区的农业生产受到了严重的破坏，原来各仓库所库存的粮食亦于此时消耗殆尽，如敖仓在汉以后的史籍中再也未见重新修筑的记载，估计已被彻底毁坏。曹魏时期仓储制度的恢复是与屯田制度在该地区的发展紧密相连的。《晋书·食货志》云："魏武既破黄巾，欲经略四方，而苦军食不足，羽林监颍川枣祗建置屯田议。……于是以任峻为典农中郎将，募百姓屯田许下，得谷百万斛。郡国列置田官，数年之中，所在积粟，仓廪皆满。"说明在各郡国屯田过程中，粮仓已普遍建立起来。河洛地区的河东、河内、河南、弘农诸郡皆有屯田的分布，粮仓的建立自属必然。在河洛地区的东部，"自寿春到京师，农官兵田，鸡犬之声，阡陌相属。每东南有事，大军出征，泛舟而下，达于江淮，资食有储，而无水害"。这仍然可以看出屯田事业促进了仓储业的发展。为了保证仓储业合理有序的发展，曹魏中央政府同样设置机构予以管理，在中央内部设有专门管理仓库的官员，丞相掾属中有仓曹属①。《宋书·百官志上》载，司马师为大将军，所置掾十人中有"仓曹"一人。魏咸熙中，司马昭为相国，所置掾属三十三人中，有"仓曹属二人"。在大司农之下，有"太仓令一人，丞一人"，其职责为"主受漕谷"②。曹魏的二十三个尚书郎中也有"仓部"郎③。由此而论，曹魏时无论在中央内部或是地方的各郡都设有主管仓库的官员。

西晋代魏不仅继承了河洛地区的粮仓制度，而且有所发展。首先是全国性的常平仓设立起来。晋初即有设立常平仓的构想，晋武帝"欲立平籴法，用布帛市谷，以为粮储"。因为当时"军资尚少，不宜以贵易贱"等原因而未实现。到泰始四年（268年），"是岁，乃立常平仓，丰则籴，俭则粜，以利百姓"④。此后不久，京城洛阳也设立起常平仓，《晋书·武帝纪》云：咸宁二年（276年）

① 《三国志·魏书·高柔传》，中华书局，1959年。

② 杨晨：《三国会要》，中华书局，1956年。

③ 《晋书·职官志》，中华书局，1974年。

④ 《晋书·食货志》，中华书局，1974年。

九月“丁未，起太仓于城东，常平仓于东西市”。此二仓的位置《河南志·晋城阙古迹》云：“太仓，在建春门内。杜预曰：翟泉在太仓西南。常满仓，建春门外。”《洛阳地记》云：“大城东有太仓，仓下运船，常有千计。”①可见储纳漕运粮食之仓和平抑市场粮价之仓在洛阳都有建设。

西晋时期由中央到地方设置管理粮仓的官员较之曹魏时期更多，反映了西晋仓库管理更为缜密。《晋书·职官志》载，诸公及开府位从公者，设“户仓贼曹令史属各一人；御属阁下令史、西东曹仓户贼曹令史……各一人”。在尚书郎中，还有“仓部”郎一职。西晋时太仓属大司农管辖，设太仓令。史籍中未见州、郡设仓库官员的记载，而于县级行政建制中则有“金仓贼曹掾史”之设，或许州、郡一级史书记载有疏漏。

北魏时河洛地区的仓储建设是伴随着北魏占领这一地区而开展的。《魏书·食货志》云：“自太祖定中原，世祖平方难，收获珍宝，府库盈积。”拓跋珪平定中原使其代京的“府库盈积”，也开启了北魏在河洛地区仓储业的先河。此后，所制定的九品混通中百姓所缴纳的帛、絮、丝、粟之调外，“又入帛一匹二丈，委之州库，以供调外之费”，州有仓库亦甚明。随着北魏军事力量向南拓展，江淮地区成为北魏的战略重心，“转运中州，以实边镇”，因之作为战略方针得以推行，故“有司又请于水运之次，随便置仓，乃于小平、石门、白马津、漳涯、黑水、济州、陈郡、大梁凡八所，各立邸阁，每军国有须，应机漕引”。说明供应军需的漕运不同于平时，呈现出逆向运输的形势，其目的是以内地支援前线。不过原来各郡国输往河洛地区特别是洛阳太仓的租船仍源源不断。《河南志·后魏城阙古迹》云：“建春门外有租场。”原注云：“即旧常满仓。孝文令为租场。聚蓄贡赋。”述及司空府时言：“在太仓南。”而管理太仓的太仓署则“在东阳门内道北”。在“太仓署西”有导官署。言及治粟里方位则云“导官署南，里内仓司官属居之”。可见太仓署的管理机构及其人员都是集中居住在一个地方的。《洛阳伽蓝记》卷1《城内》也记述了“东阳门内道北有太仓导官二署。东南治粟里，仓司官属居住其内”。官署及人员的集中居住，是为了有效地管理全国各地运来的粮食。

北魏末年的河阴之变，使洛阳及各州郡出现了“仓廪虚罄”的现象，为了稳定根本，充实仓库，庄帝颁行了“入粟之制”，《魏书·食货志》云：

> 输粟八千石，赏散侯；六千石，散伯；四千石，散子；三千石，散男。职人输七百石，赏一大阶，授以实官。白民输五百石，听依第出身，一千石，加一大阶；无第者输五百石，听正九品出身，一千石，加一大阶。诸沙门有输粟四千石入京仓者，授本州统，若无本州者，授大州郡；若不入京仓，入外州郡仓者，三千石，畿郡都统，依州格；若输五百石入京仓者，授本郡维那，其无本郡者，授以外郡；粟入外州郡仓七百石者，京仓三百石者，授县维那。

庄帝之所以用如此高的悬赏让各个阶层输粟于京仓或州仓，其主要原因是因为经过河阴之变的

① （北魏）郦道元：《水经注·谷水注》，上海古籍出版社，1984年。

混乱，国库空虚，不得不用较高的政治地位诱人输粟，以达到安国固本的政治作用。

综观汉魏时期河洛地区漕运业和仓储业的发展，可以总结出如下特点：其一，漕运业和仓储业是相辅相成的两个经济因素，漕运业的发展带动了仓储业特别是沿河转运仓的发展，而转运仓的设置又为漕运业的发展提供了便利。其二，漕运业和仓储业的发展有其历史阶段性。当建都于关中地区时，漕运业的进行是与疏通三门峡砥柱紧密相连的。当定都于洛阳时，对漕运水道的疏通主要集中于黄河中下游水道，并且开凿了一些地方性的运河，将洛阳与黄淮、河北诸地区连成一片。其三，漕运业与仓储业的发展还呈逐步成熟化的趋势。秦汉早期，转运仓的设置仅有敖仓一处，而到北魏时期，转运仓的设置逐步趋于稠密和合理。其四，汉魏时期在某些特定的历史条件下，还出现了逆向漕运的现象，如秦汉之际的萧何漕运关中粮食到荥阳前线，司马懿漕运关中粮食到洛阳，北魏漕运洛阳一带的粮食到黄淮以南的地区，所有这一切都是因为政治、军事的特殊需要而进行的。从总的形势来分析，漕运业与仓储业的存在和发展，对汉魏时期中央集权的稳定和发展起了重要的历史作用。

［原载《洛阳工学院学报（社会科学版）》2000 年 3 期，26～33 页］

魏晋南北朝时期的漕运与管理

马晓峰

漕运是封建统治者通过水运，尤其是通过内河航运进行物资征调的一种经济制度。对于漕运的研究自古以来就引起了人们的重视，取得了一批丰硕的成果。但就魏晋南北朝时期的漕运而言，由于材料所限，使得一些问题悬而未决。漕运的管理问题便是其中之一。许多学者认为该时期的漕运整体上萎缩、没落，没有章法可循。宋人吕祖谦就是这种观点的代表。他认为："所谓汉漕，一时所运，临时制宜，不足深论。"①现代学者也深受吕祖谦观点的影响，他们对于该时期漕运管理的总体看法主要是：①在统一王朝时期，漕运的发展生机勃勃，到了分裂割据之时，漕运便萎靡不振，以魏晋南北朝时期尤甚。②魏晋南北朝时期的漕运主要利用北方的水道，运程较短。在组织管理上呈现出简单和无序。③该时期战争的频繁，使得各统治者无暇，也无必要关注漕运制度的建设问题。但我们发现情况不全是这样，该时期的漕运事业不但没有停止，而且在一定程度上有所发展，对隋大运河的沟通产生了直接影响；另外，其表现出的管理方式与特点更是鲜明地体现了当时的时代特色。现试论述如下。

一、魏晋南北朝时期的漕渠

魏晋南北朝时期基于战争的需要，特别是为了运输以军粮为主的军需物资，使得统治者们都很重视漕运事业。要么开凿新的漕渠，要么在旧有漕渠的基础上进行修缮，形成了一个地跨南北，沟通海河、黄河、淮河、长江等主要河流的漕运网。这个漕运网的形成肇始于曹魏，曹魏的漕渠建设之频繁，在魏晋南北朝时期实属罕见。清人康基田在其《河渠纪闻》卷 4 中即将曹操霸业的成功归结为"始于屯田，而成于转运"。对于屯田的功效，康氏无疑有所夸大②。但漕运在当时所起的作用却是不争的事实。康基田在总结西晋统一前的漕运状况时指出："黄初以后迄晋，当时能臣皆以通渠积谷为备武之道。"③他的这个论断其实是适用于整个魏晋南北朝时期的。现将各朝代重点修治的漕渠列表如下。

---

① 载其《历代制度详说》卷 4，见文渊阁《四库全书·子部·类书类》。

② 关于屯田的作用，黎虎师在《曹操屯田的历史作用与地位》和《三国时期的自耕农经济》中有详细论述。见黎先生：《魏晋南北朝史论》，学苑出版社，1999 年。

③ 《河渠纪闻》卷 4，中国水利工程学会民国二十五年（1936 年）影印本。

渠名	修建者	修建年代	官职	资料来源
睢阳渠	曹操	建安七年	司空、车骑将军	《三国志》卷 1《武帝纪》
白沟	曹操	建安九年	司空、车骑将军	《三国志》卷 1《武帝纪》
平虏渠、泉州渠	曹操 董昭	建安十一年	司空 司空、军祭酒	《三国志》卷 14《董昭传》
新河	曹操	建安十一年	司空、车骑将军	《水经注》卷 14《濡水注》
利漕渠	曹操	建安十八年	丞相	《水经注》卷 10《浊漳水注》
鲁口渠	司马懿	景初二年	太尉	《元和郡县图志》卷 17《河北道二》
讨虏渠	曹丕	黄初六年	皇帝	《三国志》卷 2《文帝纪》
千金堨	陈协	魏太和五年	都水使者	《水经注》卷 16《谷水注》
广漕渠	邓艾	魏正始三年	尚书郎	《三国志》卷 28《邓艾传》
淮阳渠、百尺渠	邓艾	魏正始四年	尚书郎	《晋书》卷 26《食货志》
贾侯渠	贾逵	黄初元年	豫州刺史	《三国志》卷 15《贾逵传》
破岗渎	孙权 陈勋	赤乌八年	皇帝校尉 校尉	《建康实录》卷 2
引黄注洛		西晋泰始十年		《晋书》卷 3《武帝纪》
扬夏水道	杜预	太康元年后	镇南大将军、都督荆州诸军事	《晋书》卷 34《杜预传》
引谷水注九曲	陈狼		都水使者	《水经注》卷 16《谷水注》
千金堨	李矩 袁孚	永嘉元年	汝阴太守 汝南太守	《水经注》卷 16《谷水注》
整修中渎水	陈敏	东晋永和中		《水经注》卷 30《淮水注》
整修泗水	谢玄 闻人奭	东晋太元九年	左将军 都护	《水经注》卷 25《泗水注》
引洸水通泗水	荀羡		监青州诸军事，领兖州刺史	《晋书》卷 75《荀崧传》
杨仪道	桓温、 袁真、 刘岵	东晋兴宁二年	大司马 西中郎将 江夏相	《晋书》卷 8《哀帝纪》
桓公渎	桓温 毛穆之	东晋太和四年	大司马 冠军将军	《水经注》卷 8《济水注》、 《晋书》卷 81《毛宝传》
汴渠	刘裕	东晋义熙十三年	宋王、相国、扬州牧等	《宋书》卷 1《武帝纪》
上容渎		梁		《读史方舆纪要》卷 25《镇江府》
千金堨		北魏太和二十年		《魏书》卷 7《高祖纪》
汴渠、蔡渠	崔亮	景明、正始年间	度支尚书	《魏书》卷 66《崔亮传》

通过上表可以发现，魏晋南北朝时期的漕运事业不但没有停止，而且表现出一种发展的态势。除了兴建漕渠，作为漕渠辅助设施的堰埭的建设在当时也大规模进行。主要有东晋时期为调节中渎水道流量而修建的欧阳埭[①]。太元七年，谢安主持修建的召伯埭[②]。后来又相继兴建了秦梁埭和镜梁

① 《水经注》卷 30《淮水注》。

② 《晋书》卷 79《谢安传》。

埭[①]。此外，在梁普通六年为整修泗水还修建了宿预堰[②]。综合而言，该时期的漕渠建设按其功用，可分为三类：第一类用于军事征伐的军队与辎重的输送；第二类用于从农业区输出租赋，这类漕渠一般还兼有灌溉的功能；第三类便是主要以商业运输为主的漕渠。

曹操主持修建的睢阳渠、白沟、平虏渠、泉州渠、新河等漕渠主要是为了一时的紧急军事行动，除白沟外其余漕渠在军事行动结束后大多也就随之逐渐湮灭了。桓温修建的杨仪道和桓公渎也属于此类。然而，汴渠却是个例外，对它的整修相当频繁。这是因为汴渠在当时是沟通南北的重要渠道。从黄河入汴渠至大梁向南沿蔡水，然后转入涡水通淮水。也可以由蔡水转入颍水通淮水。曹操、曹丕企图伐吴时就利用这条运渠。淝水之战时苻坚率大军南征，“运漕万艘，自河入石门，达于汝颍”[③]。同样是沿汴渠南下。甚至桓温、刘裕北伐时都曾利用并修治过汴渠。可见，军事战略上的重要地位是这条运渠长期存在并不断得到整修的主要因素。

剩下的漕渠便主要是为了进行租赋运输和商业贸易了。千金堨的多次整修就是为了给洛阳城提供生活用水，调运粮食和其他物资。东汉张纯曾“穿阳渠，引洛水为漕”[④]，曹魏时期在其基础上重新整修了千金堨。据《水经注·谷水注》记载：“魏时更修此堰，谓之千金堨。积石为堰，而开沟渠五所，谓之五龙渠。渠上立堨……更开沟渠，此水冲渠，止其水，助其坚也……水历堨东注，谓之千金渠。”之后，千金堨又进行了几次重修，目的还是为了漕运。其中，西晋“永嘉初，使（李）矩与汝南太守袁孚率众修洛阳千金堨，以利漕运”[⑤]。为了进一步完善洛阳城的漕运，“都水使者陈狼凿运渠，从洛口入，注九曲，至东阳门”[⑥]。而太仓就位于东阳门东面，“仓下运船常有千计”[⑦]。

利漕渠的开凿却是为了加强邺城“王业本基”的地位，此渠开通后，白沟与漳水得以沟通，船只通过利漕渠直抵邺城。便利的交通条件更加突出了邺城的战略地位，到了北魏，“邺城平原千里，漕运四通”[⑧]。甚至东魏迁都邺，也是利用这条运渠运输建筑材料营建邺宫的[⑨]。因此，邺城作为北方的军事、政治中心之一与其发达的漕运条件是有密切关系的。

邓艾所修的广漕渠、淮阳渠和百尺渠主要是用于从产粮区运输租赋的漕渠，此外还兼有灌溉农田的作用。如广漕渠“可以引水浇溉，大积军粮，又通运漕之道……每东南有事，大军兴众，泛舟而下，达于江淮，资食有储，而无水害”[⑩]……淮阳、百尺二渠修成后，“上引河流，下通淮颍，大治诸陂于颍南、颍北，穿渠三百余里，溉田两万顷，淮北淮南皆相连接”[⑪]。

---

① 《太平御览》卷73《堰埭条》引《述征记》。

② 《梁书》卷3《武帝纪下》。

③ 《晋书》卷114《苻坚载记下》。

④ 《后汉书》卷35《张纯传》。

⑤ 《晋书》卷63《李矩传》。

⑥ 《水经注》卷16《谷水注》。

⑦ 《水经注》卷16《谷水注》。

⑧ 《太平御览》卷161相州条引《后魏书》。

⑨ 《魏书》卷79《张熠传》。

⑩ 《三国志》卷28《邓艾传》。

⑪ 《晋书》卷26《食货志》。

孙吴时期修建的破岗渎与其他漕渠相比，则更多地体现出一定的商业色彩。据《建康实录》记载，破岗渎“上下一十四埭，上七埭入延陵界，下七埭入江宁界”……这些调节河水流量的堰埭，成了政府收取税收的工具。其中以牛埭税最具代表性。永明六年，“西陵戍主杜元懿启：‘吴兴无秋，会稽丰登，商旅往来，倍多常岁。西陵牛埭税，官格日三千五百，元懿如即所见，日可一倍，盈缩相兼，略计年长百万。浦阳、南、北津及柳浦四埭乞为官镇慑，一年格外长四百许万。而陵戍前检税，无妨戍事，余三埭自举腹心。’”[①] 牛埭税不但给政府带来了可观的经济收入，而且反映了在这条漕渠上进行的商业活动相当频繁。由此可见，漕运在魏晋南北朝时期的政治、经济、军事方面占有相当重要的地位。漕运的建设也就成为统治者关注的重要问题。

二、魏晋南北朝时期漕运的决策与管理[②]

1. 漕运的决策

该时期是如何进行漕运的决策呢？通过上表我们发现，曹魏所修的漕渠主要用于其军事需要。在决策上自然也就由当政者决断。曹操征伐袁尚，“患军粮难致，凿平虏、泉州二渠，入海通运，（董）昭所建也”[③]。董昭时任冀州牧，自然承担了在他的辖区开凿运渠的任务。邓艾大兴屯田时向司马懿建议：“‘田良水少，不足以尽地利，宜开河渠，可以引水浇溉，大积军粮，又通运漕之道。’乃著济河论以喻其旨。……宣王善之，事皆施行。”[④] 可见，漕渠开凿与否的决策权是在当政的司马懿手中。杜预在咸宁元年的上疏很能说明问题，“‘宜发明诏，敕刺史二千石，其汉时旧陂旧堨及山谷私家小陂，皆当修缮以积水。其诸魏氏以来所造立，及诸因雨决溢蒲苇马肠陂之类，皆决沥之。长吏二千石躬亲劝功……夫川渎有常流，地形有定体，汉氏居人众多，犹以无患，金因其所患而宣写之，迹古事以明近，大理显然，可坐而论得。’朝廷从之。”[⑤] 这段材料虽然涉及的多为灌溉事宜，但也揭示了在水利事业上，由朝廷决策，地方官执行的现实。东晋时，桓温北伐为运输需要决定修建“桓公渎”，太和四年直接派将军毛穆之“凿巨野三百里，引汶水会于清水”[⑥]。北魏时亦然，尤其在迁洛以后，漕运问题就成为当政之要务。巡幸徐州后，孝文帝拟从水路回洛，成淹以安全为由反对，“高祖敕淹曰：‘朕以恒代无运漕之路，故京邑民贫。今移都伊洛，欲通运四方，而黄河急浚，人皆难涉。我因有此行，必须乘流，所以开百姓之心。’”[⑦] 这说明孝文帝已意识到了漕运的经济作用，而他开通洛水—黄河—汴渠—清水的意图，则说明他认识到漕运的军事作用，“高祖自邺还京，

① 《南齐书》卷 46《陆慧晓附顾宪之传》。

② 关于漕运的决策问题及之后的主管机构、关涉机构的研究，是依照黎虎师在《汉唐外交制度史》（兰州大学出版社 1998 年）中所运用之方法。特此指出。

③ 《三国志》卷 14《董昭传》。

④ 《三国志》卷 28《邓艾传》。

⑤ 《晋书》卷 26《食货志》。

⑥ 《晋书》卷 81《毛宝传》及《水经注》卷 7《济水注》。

⑦ 《魏书》卷 79《成淹传》。

泛舟洪池，乃从容谓（李）冲曰：‘朕欲从此通渠于洛，南伐之日，何容不从此入洛，从洛入河，从河入汴，从汴入清，以至于淮？下船而战，犹出户而斗。此乃军国之大计’”①。这些情况同时也说明北魏漕渠建设的决策权也是由皇帝掌握的。因此，这种由皇帝——权臣决策，地方官员或军事将领负责执行的漕渠决策体制实际上是魏晋南北朝时期漕运决策的主要形式。

2. 中央管理机构

魏晋南北朝时期负责漕运的官员一般认为是都水使者。《通典·职官九》基本上给我们勾勒出了它的变化过程。现摘录如下。

> 初，秦汉又有都水长丞，主陂池灌溉，保守河渠，自太常、少府及三辅等皆有其官。汉武帝以都水官多，乃置左、右使者以领之。至汉哀帝，省使者官。至东京，凡都水皆罢之，并置河隄谒者。汉之水衡都尉，本主上林苑，魏世主天下水军舟船器械。晋武帝省水衡，置都水台，有使者一人，掌舟航及运部，而河隄为都水官属。元康中，复有水衡都尉。怀帝永嘉六年，胡贼入洛阳，都水使者奚濬先出督运得免。江左省河隄。宋都水使者，铜印墨绶，进贤两梁冠，与御史中丞同。孝武帝初，省都水台，罢都水使者，置水衡令，孝建元年复置。齐有都水台使者一人。梁初与齐同，天监七年，改都水使者为大舟卿，位视中书郎，列卿之最末者，主舟航河隄。陈因之。后魏初皆有水衡都尉及河隄谒者、都水使者官，至永平二年，都水台依旧置二使者。北齐亦置二使者。

《宋书·百官志》与《晋书·职官志》的记载与此大致相同。这些材料似乎说明了以都水使者为中心的职掌漕运的中央管理机构及其演变。可是，检索史籍我们发现还存在着一个与都水使者并行，职掌相近的尚书水部郎。亦据《通典·职官五》记载：“魏尚书有水部郎。历代或置或否。后魏、北齐有水部，属都官尚书，亦掌舟船津梁之事。”这就是说，在魏晋南北朝时期存在着两套漕运管理系统，即属于九卿系统的都水使者（大舟卿）和尚书系统的尚书水部。宋文帝元嘉二十七年，拓拔焘南侵，至瓜步，刘宋大具水军建立了稳固的防线。在严查水军装备时，“都水使者乐询、尚书水部郎刘渊之并以装治失旨，付建康”②。由此看来，都水使者与尚书水部郎之间是一种相互配合，相互协调的关系。至于各自的具体分工，囿于史料有限无法得出具体结论。

两晋都水使者之下还有许多官属，据《宋书·百官志》记载：“晋武帝省水衡，置都水使者，而河隄为都水官属。有参军二人，谒者一人，令史减置无常员。晋西朝有参军而无谒者，谒者则江左置也。……江左省河隄。”但是，魏晋南北朝时期直接职掌漕运的官员不仅仅只有都水使者及其属官，还有监运谏议大夫、监运大中大夫、都匠中郎将等官职③。甚至，度支尚书也有管理漕运的职

① 《魏书》卷53《李冲传》。

② 《宋书》卷95《索虏传》。

③ 《水经注》卷4《河水注》。

能。那么，它们之间是一种什么样的关系呢？要回答这个问题首先还得考察都水使者职掌的变化。在东晋以后的漕运事业中，都水使者所发挥的作用越来越有限。刘宋永初元年，“又运舟材及运船，不复下诸郡输出，悉委都水别量”①。刘劭与刘骏对攻，刘劭“日日自出行军，慰劳将士，亲督都水治船舰”②。刘劭将败，“遣人焚烧都水西装及左尚方，决破柏岗方山埭以绝东军”③。齐明帝萧鸾诛杀诸王，“其夜太医煮药，都水办数十具棺材，须三更当悉杀之”④。这表明在宋齐时期都水使者似乎更多地承担了置办船舰的职能。这种情况北朝时亦然。北魏迁都洛阳不久，“时宫极初建，庙库未构，车驾将水路幸邺，已诏都水回营构之材，以造舟楫”⑤。《魏书·成淹传》也同时记载：“于时宫殿初构，经始务广，兵民运材，日有万计，伊洛流澌，若干历涉，淹遂启求，敕都水造浮航。”另外，蒋少游被任命为都水使者也是由于其“性机巧，颇能刻画”⑥之故。“高祖修船乘，以其（蒋少游）多有思力，除都水使者……”⑦那么，都水使者“保守河渠，督运漕粮”的职责由谁来承担呢？

在魏晋南北朝时期，度支尚书实际承担了这一职责。度支尚书出现于曹魏，据《晋书·安平献王孚传》记载：“初，魏文帝置度支尚书，专掌军国支计，朝廷以征讨未息，动须计量。”可见，这一职掌是为了适应战争的需要而产生的。西晋伐吴前夕，积极备战，“及将大举，以（张）华为度支尚书，乃量计运漕，决定庙算”⑧。东晋“穆帝之世，频有大军，粮运不继，制王公以下十三户共借一人，助度支运”⑨。国家的运输大计在两晋时已由度支尚书负责。北朝也是一样，“（崔）亮在度支，别立条格，岁省亿计。又议修汴蔡二渠，以通边运，公私赖焉。”⑩北齐，“（崔昂）后除尚书左丞，其年兼度支尚书。……度支水漕陆运，昂设转输相入之差，付给新陈之法，有私于人，遂为常式”⑪。因此，度支尚书成为该时期漕运管理的主管机构。原先的都水使者，专司舟楫制造，梁时更改称“太舟卿”，虽然也有“主舟航堤渠”的职能⑫，但在“堤渠”方面发挥的作用已不明显。

3. 地方管理机构

地方管理机构可以分为两类，即在重要地段专门设官和地方郡守负责。据《晋书·职官志》记载：“徐州又置淮海，凉州置河津，诸州置都水从事各一人。”这是分布在各地的管理机构。在重要地段专门设官进行管理的方式其实在曹魏时期就已经出现。“魏景初二年二月，帝遣都督沙丘部，

---

① 《宋书》卷3《武帝纪》。

② 《宋书》卷99《二凶传》。

③ 《宋书》卷99《二凶传》。

④ 《南齐书》卷40《武十七王传》。

⑤ 《魏书》卷62《高道悦传》。

⑥ 《魏书》卷91《术艺传》。

⑦ 《魏书》卷91《术艺传》。

⑧ 《晋书》卷36《张华传》。

⑨ 《晋书》卷26《食货志》。

⑩ 《魏书》卷66《崔亮传》。

⑪ 《北史》卷32《崔昂传》。

⑫ 《隋书》卷26《百官志上》。

监运谏议大夫寇慈，帅工五千人，岁常修治，以平河阻。”[①]这种专门在黄河地段设官，常年修治的制度在西晋时依然得以延续。“晋泰始三年正月，武帝遣监运大中大夫赵国、都匠中郎将河东乐世，帅众五千余人，修治河滩……”[②]“八王之乱”爆发后，“京师仓廪空虚，（陈）敏建议曰：‘南方米谷皆积数年，时将欲腐败，而不漕运以济中州，非所以救患周急也。’朝廷从之，以敏为合肥度支，迁广陵度支”[③]。《宋书·礼志》中还有“监淮南津都尉”这一官号，想必也是专门的地方管理机构。梁时，江子一曾任“南津校尉”一职[④]。《太平广记》同样记载有梁武帝时“南津校尉”孟少卿扣押他人木材之事[⑤]。可见，此类官职也是专门的地方管理机构。

发展漕运同样是地方郡守的职责，贾逵任豫州刺史，“外修军旅，内治民事，遏鄢、汝，造新陂，又断山溜长溪水，造小弋阳陂，又通运渠二百余里，所谓贾侯渠者也”[⑥]。前文已述，西晋时期千金堨的整修工作是由汝阴太守李矩和汝南太守袁孚主持完成的。

在北朝，由于常年战乱，漕运事业发展很慢，加之没有南方那样繁密的天然河流，漕运的管理职能大多时期由地方官履行。北魏太平真君七年，薄骨律镇将刁雍以运军粮沃野镇道路艰险，运输成本过高为由，上表建议开漕运，造船运粮。其建议得到了朝廷的认可[⑦]。另外，北魏也有专门从事漕运事宜的官员，但多为临时制宜。宣武帝元恪时期，刘嵩“请疏黄河，以通船漕，授龙门都将。历年功不就，坐流”[⑧]。

4. 关涉机构

战乱时期运输频繁，漕运这一重要运输方式除了各相关部门重视外，势必还会引起军事部门的重视。军事将领在这方面的表现尤其引人注目。

在中央，西晋时大司农之下设有东西南北护漕掾[⑨]。由于资料缺乏，该职官的具体职能已不可考，但是“太仓”也属于大司农管辖，据此，我们推测东西南北护漕掾很可能是协调全国漕渠通畅，以保证漕粮能够顺利运抵太仓的官员。北魏迁都洛阳不久，著作佐郎兼中书侍郎韩显宗上书孝文帝，要求“端广衢路，通利沟渠”，孝文帝对此建议颇为赞赏[⑩]。这类官员势必会对漕运的决策与管理产生影响。

军事将领方面，刘胤为平南将军、都督江州诸军事、领江州刺史，“是时朝廷空罄，百官无禄，

① 《水经注》卷4《河水注》。

② 《水经注》卷4《河水注》。

③ 《晋书》卷100《陈敏传》。

④ 《梁书》卷43《江子一传》。

⑤ 《太平广记》卷120。

⑥ 《晋书》卷26《食货志》。

⑦ 《魏书》卷38《刁雍传》。

⑧ 《北史》卷20《刘库仁传》。

⑨ 《晋书》卷24《职官志》。

⑩ 《魏书》卷60《韩麒麟附韩显宗传》。

惟资江州运漕。而胤商旅继路，以私废公。有司奏免胤官”[①]。刘胤把持江州漕运，竟影响到国家财政。荀晞为大将军大都督、督青徐兖豫荆扬六州诸军事，“晞以京邑荒馑日甚，寇难交至，表请迁都，遣从事中郎刘会领船数十艘，宿卫五百人，献谷千斛以迎帝。”[②]沈攸之为车骑大将军、开府仪同三司，属官便设有仓曹参军专事运输。“及攻郢城，夜遇风浪，米船沉没，仓曹参军崔灵凤女幼适柳世隆子，攸之正色谓曰：‘当今军粮要急，而卿不以在意，将由与城内婚姻邪？’”[③]这些地方郡守和军事将领对漕运的需要，使得漕运的管理无不受到他们的影响，从而也使他们成为漕运管理的关涉机构。

魏晋南北朝时期的漕运事业主要是基于战争的需要而出现的，所以在工程质量上无法保证，战争结束后也缺乏必要的维护，多数漕渠也就逐渐湮废了。加之由于政权更迭频繁，政治动荡的缘故，表现在管理上，就不可避免地呈现出一种无序的状态。但仔细分析该时期漕运管理的特点，我们发现该时期采取皇帝——权臣决策，地方郡守执行的管理体制。其管理机构由以度支尚书为中心的中央管理机构和以专门职官与地方郡守组成的地方管理机构构成。由于军事斗争的频繁，军事将领也介入漕运的管理，对漕运的管理起了很大的制约作用，因而成为漕运管理的关涉机构。这也是该时期漕运管理的主要特点。同时也反映出了一定的时代特色。

［原载《西北师大学报（社会科学版）》2003 年 5 期，59～63 页］

① 《晋书》卷 81《刘胤传》。

② 《晋书》卷 61《荀晞传》。

③ 《宋书》卷 74《沈攸之传》。

论唐代漕运及其影响

邵院生

无论在经济还是在文化上，唐朝都堪称我国封建时代最辉煌、最鼎盛的时期。唐朝漕运的蓬勃发展对唐朝国运的安稳、经济的繁荣起着举足轻重的作用，并进而影响到文化乃至文学领域。因此，本文将重点探讨唐朝漕运的发展及其对唐代社会的影响。

一、唐代漕运的发展

何谓“漕运”？许慎《说文解字》诠释：“漕，水转谷也。一曰：人之所乘及船也。”司马贞的《史记索隐》则曰：“车运曰转，水运曰漕。”可知漕运的最初意义既可指从水路运送粮食，也可以指人们的乘船行为及船具。到了唐代，只要是水路运输都可称漕运。吴琦先生在《“漕运”辨义》中认为“第一，漕运不是一般意义上的‘水转谷’或‘水转运’，而是特指朝廷的水上转运，即‘官道之运输’；第二，漕运是朝廷通过行政手段自上而下的粮物征调，而非各地自下而上的粮物朝贡，这与先秦时期有着明显的区别；第三，漕运是统一封建王朝的粮物运输，只有高度集权的政治制度方可确保这种大规模的有组织的常年物资运输，也只有庞大的封建中央政权才需要这种大量的、源源不断的粮食供应。”本人基本同意吴琦先生的观点。然而随着社会经济的快速发展，尤其是手工业和商业的兴盛，漕运的意义决不只在于粮食的运输。唐朝的漕运就已经体现了这一特点。天宝二年（743年），水陆转运使韦坚，把全国各地商品用船运往长安广运潭中展览。据《旧唐书·韦坚传》记载：“若广陵郡船，即于伏背上堆积广陵所出锦、镜、铜器、海味；丹阳郡船，即京口绫衫缎；晋陵郡船，即折造官端绫绣；会稽郡船，即铜器、罗、吴纱、绛纱；南海郡船，即玳瑁、珍珠、象牙、沉香；豫章郡船，即名瓷、酒器、茶釜、茶铛、茶碗；宣城郡船，即空青石、纸笔、黄连；始安郡船，即蕉葛、蚺蛇胆、翡翠。船中皆有米，吴郡即三破糯米、方文绫。凡数十郡。驾船人皆大笠子、宽袖衫、芒屩，如吴、楚之制。”可见，在唐代，漕运输送包括粮食在内的所有物资。

唐代漕运的发展有其得天独厚的条件。从全局来看，终唐之世，其水运因袭汉代以来主要是隋代的水运系统。特别是隋炀帝开凿的大运河，贯穿南北，花费了无数的人力物力，对后代经济的发展起着关键作用，“大运河的开凿，事关国家经济发展和封建社会的长期稳定，对后世的影响极其深远。可以认为大运河的盛衰，是衡量隋以后社会经济兴衰的标志之一。”[①] 然而隋朝不久灭亡，唐

① 李治亭：《中国漕运史》，天津出版社，1997年。

统治者坐享其成，大运河成了唐朝的命脉。唐代主要对前代的水道进行全面整治和修补，新开通的运河不多，而且规模都很小，最长的也不过二三百里，就其用工，最多也不过三万人。主要的工程有疏浚汴渠、山阳渎，整修永济渠，开凿丹灞水道，修治褒斜道，整治三门砥柱，开凿关中新漕渠。除了三门砥柱的整治极其艰难外，所有这些工程基本上都取得了应有的效益，并得到了百姓的拥护。如高宗永徽元年（650年），沧州刺史薛大鼎奏请重新开通界内无棣河，引鱼盐于海。百姓为之歌曰“新河得通舟楫利，直达沧海鱼盐至。昔日徒行今骋驷，美哉薛公德滂被！”（《旧唐书·食货志下》）。开元二十六年（738年），润州（今江苏镇江）刺史兼江南采访处置使齐开伊娄河，自今扬子桥至瓜洲镇，为邗沟增添了一个新的运口，据《唐会要·漕运》记载：“开伊娄河二十五里即达扬子县，无风水灾，又减租脚钱，岁收利百亿。”李白也称赞道“齐公凿新河，万古流不绝。丰功利生人，天地同朽灭。”从此瓜洲一直是长江下游北岸重要的渡口。另外，唐王朝的统治者吸取隋灭亡的教训，减轻了对百姓的剥削，励精图治，使得全国水运系统得以顺利地整修和开凿，水路畅通。同时漕运机制也日趋完善，这是漕运得以大力发展的最根本的原因。

二、唐代漕运对社会的影响

当我们审视唐代社会经济、政治乃至文化的状况时，不难看到，漕运对其社会有着广泛而深刻的影响。

首先，唐帝国的安危与漕运的盛衰密切相关。唐都长安，地方狭小，环境闭塞，自然条件很差，最基本的粮食需求难以自足，其漕粮多仰仗关东地区，即河南、山东、安徽、江苏等省成了都城长安的衣食之源。长安漕运以黄河为运道，中经三门砥柱之险，运输十分艰难。开元二十一年（733年），玄宗起用裴耀卿，封之为黄门侍郎、同中书门下平章事，兼江淮都转运使，主持漕运事务。裴耀卿总结前人经验，对漕运进行了卓有成效的改革。漕运空前繁荣，《唐会要·转运盐铁总叙》中记载：“三江五湖，陈陈红粒，云帆桂楫，输纳帝乡，可以震耀夷夏。”从开元二十二年（734年）到天宝十四年（755年）“安史之乱”之前，漕运的年运量增加而且相当稳定，关中粮食充裕，人民生活安定，杜甫有诗云“忆昔开元全盛日，小邑犹藏万家室。稻米流脂粟米白，公私仓廪俱丰实”。漕运的发达，使得商品交流十分便利，大大刺激了手工业和商业的繁荣，唐王朝的经济蒸蒸日上，直接促进了“开元盛世”的出现。漕运的畅通，使得北方的政治中心与南方江淮经济重心联系紧密，唐王朝的发展到了巅峰时期。“安史之乱”后，黄河中下游南北为藩镇割据之地，战争不断，经济遭受巨大的破坏，物资匮乏，人口锐减。唐遂把漕运转向东南，顺着山阳渎、汴河源源西运。《旧唐书·刘晏传》中记载：“关辅汲汲，只缘兵粮，漕引潇、湘、洞庭，万里几日，沦波挂席，西指长安。三秦之人，待此而饱；六军之众，待此而强。”运河成了唐朝的生存命脉，若一旦被控制，漕运接济不上，北方就会因此而动荡。如宪宗时，山东节度使李纳等为乱，“南北漕引皆绝，京师大恐”（《新唐书·食货志》）。

其次，漕运的发达，使得南北联系很密切，促进了江南经济的进一步繁荣。江南经济自东吴以来，发展很快，特别是“永嘉南渡”后，经过东晋和南朝时期的大力开发，长江流域的经济文化有了长足的进步。到了唐代，由于北方经济的凋敝，唐王朝越来越依赖江南经济，著名理财家刘晏就认为江南一些地区“必多积谷”，以备不时之需。由于漕运的发展，沿大运河两岸，水陆交通枢纽，一批城镇相继出现，原有的城镇则发展成为大商埠、大城市乃至成为财赋之区。以扬州为例，约自南朝以来，因漕运的缘故，扬州始见兴起，至隋开通大运河，北通洛阳，南达杭州，处长江入海之区，扬州成为通济渠与江南运河、长江与大海衔接的中枢，而东南漕运的起点亦始于此。扬州遂成水陆交通要冲，为官方漕运、私行商旅必经之地，是江南第一大都会，仅次于洛阳、长安。许多诗人置身于扬州的空前繁华之中，留下了无数歌颂扬州的美丽诗篇。杜牧诗云“春风十里扬州路，卷上珠帘总不如”；徐凝诗云“天下三分明月夜，二分无赖是扬州”。再如杭州的崛兴，是在隋开通江南运河之后，逐渐发展起来的。至唐时，已经是“东南名都，咽喉吴越，势雄江海，骈樯二十里，开肆三万室，”（《全唐文》卷三一六）繁华热闹之状不言而喻。

最后，唐代漕运对文学也产生了深远的影响。马克思在《〈政治经济学批判〉序言》中指出：“物质生活的生产方式制约着整个社会生活、政治生活和精神生活的过程。”经济是基础，是第一性的，经济的前提和条件对人类社会的存在和发展起决定作用。上层建筑的各种因素是属于第二性的，是受经济基础所制约的。但是，上层建筑不是消极地，而是积极地反作用于经济基础。我们考察唐代经济与文学的关系时可以发现，繁荣的漕运事业必然对文学的发展产生一定的影响，而文人的诗文创作也真实地反映了唐朝漕运的状况。

唐朝诗人喜好漫游，畅通便捷的水运系统为他们漫游提供了客观条件。如李白一生有过两次时间较长、范围较广的漫游生涯，先沿江漫游荆湘江浙一带，后以梁园为中心，南至吴越，北达幽燕。杜甫年轻时也曾漫游吴越齐赵十多年，与李白、高适等互相倾慕唱和，过着“裘马颇轻狂”的快意生活。可以说，唐朝士人基本都有漫游经历，这使他们对祖国瑰玮美丽的山河有更广泛更深入的接触，视野开阔，生活阅历丰富，创作了许多脍炙人口的壮丽诗篇。如李白诗“两岸猿声啼不住，轻舟已过万重山”，杜甫诗“窗含西岭千秋雪，门泊东吴万里船”等。由于水运的发达，人们出游或以舟代步，或水陆兼程，因而士人们的相聚别离很多发生在津渡水埠。江水茫茫，孤帆一片的景象最易惹人愁肠，更何况好友远别，亲朋离散，感情丰富、内心敏锐的诗人把满腔的深情厚谊和离愁别绪诉之于笔端。如李白的“孤帆远影碧空尽，唯见长江天际流”等。而诗人自己羁旅千里、飘零江面时的复杂心情也在诗中屡有表现，如张继的“月落乌啼霜满天，江枫渔火对愁眠。姑苏城外寒山寺，夜半钟声到客船”，杜甫的“亲朋无一字，老病有孤舟”等。

漕运的发展为诗人的创作提供了更多素材，丰富了诗歌题材。如前文所述，河渠广为开发，漕运空前活跃，刺激了唐朝商业的繁荣，各地商品的流通主要是通过水路运输，这在唐朝诗人中也屡有反映。如杜甫诗有“蜀麻吴盐自古通，万斛之舟行若风”，“渔阳豪侠地，击鼓吹笙竽。云帆转辽海，粳稻来东吴。越罗与楚练，照耀舆台躯”等，诗歌描写了气势宏大，场面壮阔的水运盛况，反映了唐朝南北物资的频繁流通，颇具“盛唐气象”。唐朝商人很多，而且有外国商人来中国行商，杜甫《解闷十二首》第二首中提到的“商胡”即泛指大食、波斯来中国经商的人。商人旅行也多利用运渠，杨巨源“细雨蒙蒙湿芰荷，巴东商侣挂帆多”，张潮“江上多南风，商贾归欲尽”说的就是这种现象。商人四处经商，常年不归，他们的妻子既担心羁旅在外的丈夫，又满腹独守空闺的委屈，唐人有很多描写商妇情感生活的诗篇，或借以表达自己仕途失意的情绪，或为商妇代言。如最著名的白居易《琵琶行》描写了一位“老大嫁作商人妇，商人重利轻别离。前月浮梁买茶去，去来江口守空船”的女子，既是对她的同情，也抒发了自己贬谪后的愁闷心情。李白《长干行二首》第二首写一位少妇对经商在外的丈夫那种牵肠挂肚的思念，最后自我感叹“那作商人妇，愁水复愁风。”

综述全文，唐代漕运的发达使唐朝社会安定，经济繁荣，国力空前强大，对唐代社会的各个方面都产生了深远的影响。更重要的是，漕运的兴衰关系着唐王朝的盛衰存亡，因而对漕运进行研究，具有重大的学术意义。

[原载《华北水利水电学院学报（社科版）》2004 年 1 期，49、50 页]

《新唐书·食货志》玄宗朝两则漕运史料

张荣强

唐代的漕运事业在玄宗一朝达到顶峰。据《通典》、两《唐书》等记载，开元后期到天宝年间，中央每年漕运租粮有三四百万石。数额如此庞大的漕粮主要来源于哪些地区？学术界普遍认为，唐安史之乱以前，全国的经济重心、赋税重心在黄河流域，中央的上解租赋主要是来自黄河中下游地区。郑学檬新著《中国古代经济重心南移和唐宋江南经济研究》一书，对此有一段代表性的论述：

> 安史之乱前，唐朝的财赋重心在北方，尤倚重河北、河南、河东三道。开元时，裴耀卿主漕事，"凡三岁，漕七百万石"，皆取自晋、绛、魏、濮、邢、贝、济、博诸州。稍后，韦坚继之，曾一岁"漕山东粟四百万石"。安史乱后，河北全部、河南大部、河东一部，皆为藩镇所割据，唐朝赋税重心遂南移江淮，然岁漕江淮米至京师，其数量已大不如昔日山东之粟[①]。

"财赋重心"与"财赋上解重心"是两个不同的概念，以上解漕粮多少直接论证该区财赋的总体地位是否恰当，暂置不论。郑先生上举开元、天宝时期的两条史料，却是诸多学者力主"唐安史之乱前黄河中下游漕粮（上解赋税）重心说"的关键例证[②]。因此，对这两条漕运史料进行分析研究，就大有必要。

关于第一条史料，唐代诸多史籍皆有载录。为谨慎起见，不厌其烦，一一列举如下。《旧唐书》卷49《食货志下》：

> 寻以（裴）耀卿为黄门侍郎、同中书门下平章事，充江淮、河南转运都使；以郑州刺史崔希逸、河南少尹萧炅为副。凡三年，运七百万石，省陆运之佣四十万贯。旧制，东都含嘉仓积江淮之米，载以大舆而西，至于陕三百里，率两斛计佣钱千，此耀卿所省之数也。

《旧唐书》卷98《裴耀卿传》，"语在《食货志》"。《资治通鉴》卷214"开元二十二年（734年）

① 郑学檬：《中国古代经济重心南移和唐宋江南经济研究》，岳麓书社，1996年，12页。

② 如周殿杰：《安史之乱前唐代经济重心在北方说》，《学术月刊》1982年9期；史念海：《开皇天宝之间黄河流域及其附近地区农业的发展》，《人文杂志》1959年6期等。

八月”条记载更为明确：

> 先是，舟运江、淮之米至东都含嘉仓，僦车陆运，三百里至陕，率两斛用十（千）钱。（裴）耀卿令江、淮舟运悉输河阴仓，更用河舟运至含嘉仓及太原仓，自太原仓入渭输关中，凡三岁，运米七百万斛，省僦车钱三十万缗。

《新唐书》卷53《食货志三》则云：

> 玄宗大悦，拜（裴）耀卿为黄门侍郎、同中书门下平章事，兼江淮都转运使，以郑州刺史崔希逸、河南少尹萧灵为副使，益漕晋、绛、魏、濮、邢、贝、济、博之租输诸仓，转而入渭。凡三岁，漕七百万石。

《新唐书》卷127《裴耀卿传》所载较简，径云“引天下租傜盟津溯河而西。三年积七百万石”。《通典》《册府元龟》《唐会要》所述过于简单，皆载“凡三年，运七百万石”云云，不做深究。

对以上诸史料进行分析，可以发现其所记大致可归纳为两类：《旧唐书》（包括《志》与《传》）、《资治通鉴》所记略同，皆无“益漕晋、绛、魏、濮、邢、贝、济、博之租输诸仓，转而入渭”一句，其“凡三年，运七百万石”皆指漕江淮米而言；《新唐书》之《传》《志》所载为另一类，其所述“凡三年，运七百万石”实为漕天下（主要是江淮及两河诸州）米之意。但无论哪一类史料，皆无“凡三岁，漕七百万石，皆取自晋、绛、魏、濮、邢、贝、济、博诸州”之意。

考郑先生所据史料，应为《新志》，“益漕晋、绛、魏、濮、邢、贝、济、博之租输诸仓，转而入渭”句仅见于《新志》。众所周知，《旧唐书》成于后晋，所取史料多为实录；《新唐书》著于北宋，所搜史料更为广博，两书皆有短长，不可偏废。自然不能以《旧唐书》无“益漕”云云来轻易否定《新唐书》的记载。我们有必要对《新志》进行认真分析：

第一，据史籍所载，此事起于开元二十一年（733年）的裴耀卿改革。而裴漕运改革的成绩主要有两点：一是改江淮租船的“旷年长运”为“节级取便”；二是改“东道至陕”的陆运为水运。改革的重点自然是为了加强江淮漕运，但“变陆为水”的措施也会便利关东粮食西输长安。

第二，裴耀卿上书漕运改革，玄宗大悦，进而拜其为“黄门侍郎、同中书门下平章事，兼江淮都转运使”。从其官称看，裴耀卿漕运的重点应是江淮地区。

第三，裴耀卿在漕运江淮米的同时，“益漕晋、绛、魏、濮、邢、贝、济、博之租输诸仓，转而入渭”，这与以江淮米为漕运主体的结论并不矛盾。“益”者，“增也，进也”；此一字足以点出“漕晋、绛、魏、濮、邢、贝、济、博之租输诸仓”，只不过是漕运主体之外的事。

由此，我们可以确知，“凡三年，运七百万石”之主体是指江淮米，其中也可能含有关东部分州之租米。《新唐书·裴耀卿传》径载“引天下租傜盟津溯河而西”云云，或许就是这个原因。《旧唐书》、《资治通鉴》所述亦不为误，只是择其主体而言之罢了。基于以上论证，我们可以说，无论两《唐书》还是《资治通鉴》所载，含义基本一致，漕运七百万石中是以江南米为主。

接下来，继续对第二条证据进行分析。与前述不同的是，此史料仅见于《新唐书·食货志》：

是岁（即天宝三载），漕山东粟四百万石。

而其事缘由，诸书所述颇为一致。今仍以《新唐书·食货志》为例，详载于下：

（李）齐物入为鸿胪卿，以长安令韦坚代之，兼水陆运使。坚治汉、隋运渠，起关门，抵长安，通山东租赋。乃绝灞浐，并渭而东，至永丰仓与渭合。又于长乐坡濒苑墙凿潭于望春楼下，以聚漕舟。坚因使诸舟各揭其郡名，陈其土地所产宝货诸奇物于栿上。先是民间唱俚歌曰《得体纥那邪》。其后得宝符于桃林，于是陕县尉崔成甫更《得体歌》为《得宝弘农野》。坚命舟人为吴、楚服，大笠、广袖、芒屩以歌之……众艘以次辏楼下，天子望见大悦，赐其潭名曰"广运潭"。是岁，漕山东粟四百万石。

欧阳修所撰《新唐书》"事增而文省"，王鸣盛曾讥其"但求文减，不顾义晦"[①]。从此段引文中，亦可窥见一斑。韦坚为何命"舟人为吴、楚服，大笠、广袖、芒屩"一身打扮呢？我们还是看看《旧唐书》卷105《韦坚传》的记载，或可明原委：

（望春楼下穿广运潭而成后）坚预于东京、汴、宋取小斛底船三二百只置于潭侧，其船皆署牌表之。若广陵郡船，即于栿背上堆积广陵所出锦、镜、铜器、海味；丹阳郡船，即京口绫衫段；晋陵郡船，即折造官端绫绣；会稽郡船，即铜器、罗、吴绫、绛纱；南海郡船，即玳瑁、真珠、象牙、沉香；豫章郡船，即名瓷、酒器、茶釜、茶铛、茶栿；宣城郡船，即空青石、纸笔、黄连；始安郡船，即蕉葛、蚺蛇胆、翡翠。船中皆有米，吴郡即三破糯米、方文绫。凡数十郡。驾船人皆大笠子、宽袖衫、芒屩，如吴、楚之制。

广陵（治江都，今江苏扬州）属淮南道，丹阳（治丹徒，今江苏镇江）、晋陵（治晋陵，今江苏常州）、会稽（治会稽，今浙江绍兴）、豫章（治豫章，今江西南昌）、宣城（治宣城，今安徽宣城）、吴郡（治吴县，今江苏苏州）属江南道，南海（治南海，今广东广州）、始安（治始安，今广西桂林）属岭南道，大部分属于唐代的江淮地区[②]。韦坚在广运潭聚漕舟欢歌，主要是为了炫耀自己在漕运上的功劳。其所取东京和汴、宋等地诸船，只是就近取材。从诸船所署州郡名，驾船人皆头戴大笠、身着宽袖衫、脚穿芒履作吴、楚人装扮看，当时的漕船主要是来自江淮诸地。也就是说，韦坚任转运使时，所漕租粮仍以江淮为主。

① 王鸣盛：《十七史商榷》卷69《二书不分优劣》、卷70《新书尽黜旧书论赞》，中国书店，1987年。

② 唐代的所谓江淮，是指江南道的大部分、山南道的东南部及淮南道全部。从地理方位上说，也就是淮水以南的长江中下游地区。

也有一些学者从各船所载物品多为手工业品的现象得出结论：开天时期，江淮所上解的只是珍宝玩好而已。这种说法是值得商榷的。上举史料说得很清楚，韦坚疏浚汉魏旧渠，是为了更便利地输送租赋，所以后文有“是岁，漕山东粟四百万石”的记载。韦坚当时意在举办一次大型展览会以邀功，自然不会将装卸困难的大量漕米放置船上，择取各郡“土地所产宝货诸奇物”来展示是极其简便的方法。何况《韦坚传》中明确记载“船中皆有米”呢。我们并不排除，唐玄宗每年会向江淮诸地索求一些奢侈品，但这不会也不可能成为漕运的主体。下文述及天宝时期，中央每年调运“四百万江淮回造米转入京，充官禄及诸司粮料”，就是明证。由于这次展览会的成功，玄宗龙颜大悦，不久即提升韦坚为“银青光禄大夫、左散骑常侍、陕郡太守、水陆转运使，勾当缘河及江淮南租庸转运处置使并如故”。韦坚任职“勾当缘河及江淮南租庸转运处置使”，也说明漕运的重点是江淮租庸，而非什么珍宝玩好。

经过以上分析考察，我们可以得出韦坚所漕“粟粮”[①]仍以江淮为主的结论。问题是，这一时期的史料中也出现了江淮租米停止上解的记载。《册府元龟》卷502《邦计部·平籴》所收开元二十五年（737年）玄宗敕文：

> 今岁秋苗远近丰熟，时谷既贱则甚伤农，事资均籴以利百姓。宜令户部郎中郑祇、殿中侍御史郑章，于都畿据时价外每斗加三两钱，和籴粟三四百万石，所在贮掌。江淮漕运固甚烦劳，务在安人，宜令休息，其江淮间今年所运租停。

《资治通鉴》卷214系此事于开元二十五年九月：“敕以岁稔谷贱伤农，命增时价什二三，和籴东、西畿粟各数百万斛，停今年江、淮所运租。自是关中蓄积羡溢，车驾不复幸东都矣。”

当时玄宗采纳了牛仙客的建议，广行“和籴”之法，搜刮东西畿粟三四百万石，下令停运江淮租米。这并不意味着朝廷就放弃了江淮租赋入京，《通典》卷6《食货·赋税下》明确记载：

> 开元二十五年定令：……其江南诸州租，并回造纳布。

从这一年起，江南地区停运租米，却又改输租布以作和籴之资。原江淮租米在漕粮中的地位，则被本区的“义仓变造”所替代。江淮“义仓变造”始于何时，已不可考。可以肯定的是，早在开元四年（716年）之前，江淮义仓米已开始变造入京，此年五月被玄宗明令废除[②]。开元十八年（730年），裴耀卿上疏重提江淮义仓米上解之事，史载：

---

① “粟”有广义、狭义之分。粟是五谷之首，广义的粟，泛指谷物，所以稻米也可称之为“粟”。

② 《册府元龟》卷502《邦计部·常平》载玄宗敕文：“天下百姓皆有正条正租，州县义仓本备饥年赈给，若缘官事便用，还以正仓却填。近年已来，每三年一度以百姓义仓造米，远送交纳。仍勒百姓私出脚钱，即并正租一年两度打脚……自今以后，更不得以义仓回造。”敕文虽未指明上解的义仓米是何处所出，但既称“天下”，理应包括江淮在内。从“近年已来，每三年一度”的记载来看，当时义仓米上解尚不普遍。

开元十八年，玄宗问朝集使利害之事，宣州刺史裴耀卿上便宜曰："……今若且置武牢、洛口等仓，江南船至河口，即却还本州，更得其船充运，并取所减脚钱，更运江淮变造义仓，每年剩得一二百万石。即数年之外，仓廪转加。"①

史称"疏奏不省"，未被玄宗采纳。开元二十一年裴耀卿被任命为同中书门下平章事兼江淮都转运使，这项建议开始付诸实施，至天宝时期，朝廷每年调运"四百万江淮回造米转入京，充官禄及诸司粮料"②。这一数字与前引天宝三年的漕运额恰好相同。看来，韦坚所漕的"山东粟"主要是来自江淮的义仓米。

问题并没有完全解决。史书为何不书江淮，而是说"漕山东粟"四百万石呢？要解开这个疑团，须从"山东"之义谈起。

关于"山东"一词，商务印书馆1988年版《辞源》这样解释道：

唐人称山东，指崤函以东的地方，而称今山东省境内为齐鲁、邹鲁或青齐。

实际上，唐代"山东"一语的确切含义，自明清以来就是有争议的③。近年，台湾张荣芳曾专门探讨这个问题。他以《隋书》《旧唐书》为基础，将有关"山东"之材料经过一一分析后指出：隋唐"山东"一词多是指太行山以东、黄河以北，唐河北道之地；但由于受当时士族传统观念的影响，史籍中也不乏以崤山以东为"山东"的例子④。这个结论无疑是比较严谨的。

"漕山东粟四百万石"中之"山东"又是哪一种含义呢？为明了这个问题，我们不妨再从史源学上做点追溯。据史书记载，韦坚之所以能取得年运四百万石粟的成绩，是建立在他对旧有漕渠彻底整治之基础上的。而这条漕渠自西汉时就已开凿，《汉书》卷29《沟洫志》称汉武帝时：

令齐人水工徐伯表，发卒数万人穿漕渠，三岁而通。以漕，大便利。其后漕稍多，而渠下之民颇得以溉矣。

漕渠在当时就产生了一定的功效，班固称颂它"泛舟山东，控引淮、湖，与海通波"⑤。自汉以后，历代统治者皆重视对漕渠的管理和修治，以保障漕运路线的畅通。《新唐书》卷134《韦坚传》载道：

汉有运渠，起关门，西抵长安，引山东租赋，迄隋常治之。

① 《通典》卷10《食货·漕运》，中华书局，1988年，221页；《旧唐书》卷49《食货志》同。

② 《通典》卷6《食货·赋税下》杜佑自注，111页。

③ 如顾炎武《日知录》卷32《山东、河内》主"山东"即太行山以东之意，王鸣盛《十七史商榷》卷35《山东、山西》与卷90《唐以河北为山东》则力陈"山东"为华（崤山）山以东。

④ 张荣芳：《试论隋唐的山东和关东》，《食货月刊》1983年12期。

⑤ 《文选》卷1《西都赋》，中华书局，1977年影印本，24页。

此处的“山东”与班固所称相同，皆是汉代的含义，亦即指关中以外的广大地区[①]。然而，同样的内容，《旧唐书·韦坚传》却记为：

自西汉至隋，有运渠自关门西抵长安，以通山东租赋。

这就将汉代“山东”的含义贯穿到隋代。天宝元年（742年），韦坚整治此条漕渠，《新唐书·食货志》又将其转记为：

（韦）坚治汉、隋运渠，起关门，抵长安，通山东租赋。

再次将西汉时“山东”之含义延续至唐，从而形成了韦坚漕运山东租赋的表述。在此叙事基础上，接下来出现“是岁，漕山东粟四百万石”的说法就顺理成章了。

以上，我们对《新唐书·食货志》中的两条漕运史料一一进行了辨证，目的是说明唐玄宗时期中央赋税的主要来源是江淮地区，而非传统认为的黄河中下游流域。我们承认安史之乱以前，黄河中下游地区是全国的经济重心，也是全国的“赋税重心”。但“赋税重心”是一回事，“赋税上解重心”又是一回事。后者更多地受到交通地理、政治、经济及军事诸方面的影响。而在唐玄宗时期，黄河中下游地区遍驻重兵，租赋基本支留当地以供军需[②]。与之相应的是，江淮流域经过汉末三国乃至六朝的开发，到隋唐时期经济发展达到了一个高潮。加上这一地区水利运输便利，也没有大量军队驻扎[③]，唐玄宗一朝江淮租赋大量上解京师，逐渐成为上解赋税的主要供应地。其上解税目除常规的租庸调外，尚涉及户税、地税等地方支留收入，这些将予专文论述。

（原载《史学史研究》2007年3期，104～108页）

① 邢义田：《试释汉代的关东、关西与山东、山西》，《食货月刊》1983年1、2期。

② 参见拙文《唐玄宗朝黄河中下游地区的财赋特征》，《文史》2001年第2辑（总第55辑）。

③ 《通典》卷10《食货·漕运》载开元二十一年裴耀卿上疏：“江南户口稍广，仓库所资，唯出租庸，更无征防。”

后　　记

2011年4月，在新一轮西安经济大开发来临之际，西安市文物局时任局长郑育林先生到北京，与中国社会科学院考古研究所时任所长王巍先生举行工作会议，商讨如何在新的经济建设中，保护好位于汉长安城遗址之外的以秦阿房宫为核心遗存的秦汉上林苑遗址的考古及一系列文物保护等工作，商定在2002～2008年中国社会科学院考古研究所与西安市文物保护考古研究所（现西安市文物保护考古研究院）联合组成的阿房宫考古队的基础上，成立阿房宫与上林苑考古队，由我担任队长，阿房宫考古队的老队长、著名考古学家李毓芳先生为队员，与西安市文物考古研究所的同仁一起，系统而主动地开展秦汉遗存的考古与保护工作。

随后不久，王巍先生召开考古所工作会议，确定新成立的阿房宫与上林苑的工作范围，是在汉长安城遗址保护范围之外，工作对象的时代是以秦汉遗址为中心。由于本属汉上林苑内的建章宫遗址，当时已被纳入汉长安城遗址保护规划得到统一保护；户县钟官铸钱遗址在之前申报全国重点文物保护单位时是作为汉长安城遗址的“扩展项目”，因此也被纳入汉长安城遗址保护规划加以保护。故上林苑内的汉建章宫和钟官铸钱遗址，就继续由汉长安城考古工作队负责开展其考古工作。而2005年曾由汉长安城遗址工作队开展数月工作的汉唐昆明池遗址，则转由新成立的阿房宫与上林苑考古队负责。这样汉唐昆明池遗址考古与研究，就责无旁贷地成为了新成立的阿房宫与上林苑考古队的工作内容。

2011年底，在陕西省西咸新区沣东新城召开的昆明池文化生态景区项目论证会上，刘庆柱、李毓芳先生指出，之前两次开展的昆明池考古工作的时间短，因此尚有不少区域和问题需要通过进一步的工作加以解决，建议在相关项目全面开展建设之前，尽快开展对汉唐昆明池遗址的全面考古工作。

2012年初，在陕西省文物局、西安市文物局的大力支持下，新成立不久的阿房宫与上林苑考古队，在结束2011年下半年启动的阿房宫与上林苑的区域调查后，与当时拟开展的昆明池文化生态景区起步区项目的负责同志开始洽谈昆明池考古工作事宜，得到积极响应。2012年8月，经一系列必备的程序，对汉唐昆明池遗址的考古勘探与发掘工作正式启动，至今已十二载。

2012年底开始，考古队为确定昆明池的岸线、进水口、出水口等问题，对昆明池东侧、南侧进行了大范围勘探，不仅在2005年确定的昆明池范围内发现一条大型沟渠，而且在随后根据线索对其展开的专题追踪中，将其一直追到石匣口村一带，并基本确定了沟渠取水口的位置所在。

为确定其所取之水究竟来自何方，考古队继续向南追踪20多里，之后根据各种资料，综合判断这条我们追踪水道之水，应是来自秦岭石砭峪中的滈水。而且从取水口往北，则与之前我们在昆明池勘探过程中，在昆明下发现的位于镐京南侧东侧的沟渠相通。从这个沟渠的发掘和其周围遗存分布情况看，我们认为其应是周代解决镐京供水而“南水北调”后形成的“镐水”（即，镐京之水，也可写为“滈水”）。

从位置看，在汉武帝开凿漕渠时，利用这条周代已经出现的水道，在其位于今石匣口村西侧的位置选点开口取水，给漕渠以稳定水源。到 9 年后开凿昆明池时，昆明池也利用这条水道在漕渠的取水口附近取水。待昆明池开凿好后，还将昆明池中的存水向东开渠，汇入到这条我们勘探发现的沟渠之内。

2013 年夏，为确定一系列在昆明池勘探过程中新发现遗存的性质、时代、保存情况，我们对其开展了主动性考古发掘，对这条沟渠布设两条探沟进行探沟式发掘，之后不仅确定其为人工沟渠，而且确定其时代从汉至唐，之后废弃。结合文献，其应即是文献记载和众多历史地理学家一直坚持认为的、在昆明池侧应该存在的汉唐漕渠。

汉唐漕渠可以说是我们“接手”昆明池考古工作后，在昆明池南侧、东侧的一个“意外”发现，也可以说是我们开展昆明池考古的意外“赠品”。当然，基于新的工作理念，我们在昆明池考古中还意外发现了前面提到的作为周都镐京东界和南界的镐水以及碳十四测年基本属于夏时期的关中地区最大的客省庄文化聚落的太平遗址等，它们都是我们昆明池考古的重要收获——“搂草打兔子”的惊喜总是让人开心。

随着昆明池侧汉唐漕渠的发现和确定，一系列之前学者判断汉唐漕渠之水应从昆明池侧引出的意见得到确认，这大体是西安历史地理研究的一个重要成果。当然，无论是从文献记载还是从学者研究看，渭水可能应是漕渠的另一支水源，其取水口和渠道位置，还需我们继续进行不断的探索和发现。

在开展包括昆明池在内的上林苑考古工作之初，我、李毓芳先生和组成考古队的西安市文物保护考古研究所张翔宇、柴怡等同仁一起，分析、研判了上林苑考古的成绩与尚待解决的问题，以及“攻坚克难”的主要方向，决定在坚持开展系统田野工作的同时，要系统收集、整理已发表的考古资料和学者研究成果，形成一个个专题文献集。这一意见得到考古队顾问刘庆柱先生的鼓励，也当然得到了中国社会科学院考古研究所、西安市文物保护考古研究所相关领导的大力支持。

2013 年 1 月，国家文物局发布《大遗址考古工作要求》，要求“高度重视考古研究和成果转化。加强考古资料整理和报告出版，推进大遗址内涵研究和价值阐释。”给我们收集、整理各遗址考古、历史研究资料的工作以巨大鼓舞。

我们希望通过系统收集与考古对象相关的考古学、历史学、历史地理学等多学科研究成果，让新时代的考古工作可以迅速在前人研究基础上前进，充分吸收历史经验，让我们能提前确定，在之前完成的考古和研究中，学界究竟在关心什么，哪些是相关遗址考古和研究的“关键”问题，这样就可以在“有的放矢”后，少走弯路而“事半功倍”。

2012 年以来我们在昆明池、漕渠考古工作中的一系列重要发现，其实就都是我们“有准备”考古工作的“胜利”结晶。

因此，多年来我们陆续收集、整理出版了《阿房宫考古发现与研究》（文物出版社，2014 年）、

《栎阳考古发现与研究》（科学出版社，2020 年）。原计划我们是准备整理一本《昆明池考古发现与研究》，将漕渠的相关研究成果纳入其中。但随着对漕渠研究成果专题收集和整理工作的不断开展，我们很快认识到漕渠和昆明池是有关系但也有区别的两个“工程”。将其混在一起出版，不仅在体例上多有不合，而且也必使拟出版的资料集体量甚大，不利于使用。

因此经多方考虑，我们决定将昆明池和漕渠的相关资料分开整理，分别出版漕渠和昆明池资料集。这样一来，虽个别文章因均与二者相关会见于两部资料集中，但多数文章还是从主题出发各有侧重，“重复率”不高。因此有了这本《漕渠考古发现与研究》，和另外一本《昆明池考古发现与研究》。

2019 年，在汉唐昆明池考古开展多年后，相关考古学、历史学、历史地理学研究资料收集和整理工作基本完成，由于当时正在整理《栎阳考古发现与研究》，故编写昆明池、漕渠资料集的工作暂时放缓。不过在《栎阳考古发现与研究》于 2020 年底前出版后，2021 年春我们“迅速”提出了出版《漕渠考古发现与研究》等的申请，很快获批。随即我们将之前完成收集、整理的与汉唐漕渠相关的考古学、历史学研究成果再作梳理，提交出版社进行录文、编排。

《漕渠考古发现与研究》所收资料大体分考古与研究两类，对本就屈指可数的考古资料，我们进行了尽可能的收录；对与汉唐漕渠相关的研究成果，受资料集的体量限制，仅收论文文献，在秦汉史、隋唐史、交通史、水利史、运河史等研究专著中的有关漕渠内容未做摘录。多年以来有关漕渠考古的资料虽少，但因漕渠本身的重要性，学者对其开展持续研究，陆续发表大量重要成果。因数量众多，难以尽录，我们只能按一定主题，收集代表性成果。然后大体按发表时间各有侧重的进行排序。

当然，限于所见和学识不足，无论分类还是论文的甄选都难免有遗珠之憾（特别是资料集原截止于 2021 年，后虽在编辑过程中续有增补，但想来还是会有一些重要成果未能收入），望大家多多谅解和批评，以便我们在今后工作中不断改进。

在资料收集、整理和校对过程中，我们尽可能与论文作者取得联系，在慨允收录论文的同时，还幸运得到作者支持，有的作者提供了发表的电子文本，有的将之前发表插图的原件提供给我们，使一些因发表时印刷问题而模糊的图版得以清晰呈献，对此我们诚挚感谢。当然，虽多方努力，至今尚有一些作者未取得联系，但其论述或精深或补空白，实难割爱，因此望作者见到本书后与我们联系，以致谢忱。

由于“新冠疫情”影响，本资料集的整理、校对等工作受到较大影响，原本计划在 2022 年底出版的图书被迫后延。不过古人说“福祸相依”，在被迫放缓节奏的过程中，我们有了反复核查、校对的时间。为减少录文错误，阿房宫与上林苑考古队张朋祥、祝军辉、程芳、彭浩、张兴玉、龚波等全体技师，先后校对了书中一部分文稿。之后考古队员西安市文物保护考古研究院陈怡江、中国社会科学院考古研究所王玥、张效儒、刘云起等同志，先后通校全书，发现了一个个“隐藏”错误，让资料集更加准确。

不过由于一些原发表文字、图版的期刊杂志并不清晰，在录文、制版植字过程中也易生失误，因此虽反复核校，但细心的读者应还会发现一些未校出的问题，望能及时告诉我们，以为今后修订做好准备。

需要说明的是，由于相关研究成果形成于不同时期，发表的报纸期刊杂志范围甚广，各时期体例、注释要求和规范等都存在差异，难以按现行规范加以修改。为保持研究的历史面貌，在整理和校对中，对此情况就不做统一，均保持原状。原发表时的行政单位，特别是地名等，有的后来出现调整，有的则是作者据不同文献使用了不同的名称写法，对此我们也保持原状，没有进行“削足适履”的修改，想来能得到大家理解。

本书内容的收集和出版是考古队的集体成果，刘瑞、李毓芳、张翔宇共同完成了论文目录的编选，刘瑞编写了前言，陈怡江、王玥、张效儒、刘云起等同事都作出了巨大贡献。

感谢中国社会科学院考古研究所陈星灿所长、西安市文物保护考古研究院冯健院长等所（院）内各级领导对汉唐漕渠和昆明池遗址考古工作和本书编写工作的大力支持。

感谢科学出版社孙莉、王琳玮女士的不懈努力，让本书能疏朗悦目的呈现于我们眼前。

2023 年 3 月 27 日，阿房宫考古队的老队长、阿房宫与上林苑系统考古工作的开创者、新时代汉唐昆明池与漕渠考古的最重要参与者和保护者，著名考古学家李毓芳先生永远地离开了我们，离开了她念念不忘的考古工地，离开了她一直尝试寻找机会，希望在发掘一大段后能注水重新行舟而恢复汉唐盛景的漕渠。

我们感谢她、怀念她……

刘　瑞

2024 年 6 月 24 日